U0476605

本书编委会

主　　任：李绍美

副 主 任：蓝　青

成　　员：(按姓氏笔画为序)

　　　　　王隆龙　王德类　白荣敏　庄志韧

　　　　　庄惠丰　陈　斌　林丹枫　林成峰

　　　　　郑　坚　耿世昌　高燕君　梁景容

　　　　　蓝颜勇

主　　编：白荣敏

编　　委：(按姓氏笔画为序)

　　　　　马英杰　冯文喜　狄　民　郑　坚

　　　　　钟而赞　黄建军

福鼎乡镇文史专辑

桐山·桐城·山前

政协福建省福鼎市委员会文化文史和学习委 ◎ 编

海峡出版发行集团 | 海峡文艺出版社

图书在版编目(CIP)数据

桐山·桐城·山前/政协福建省福鼎市委员会文化文史和学习委编. —福州：海峡文艺出版社，2024.5
(福鼎文史．乡镇专辑)
ISBN 978-7-5550-3552-7

Ⅰ.①桐… Ⅱ.①政… Ⅲ.①文化史－福鼎 Ⅳ.①K295.75

中国版本图书馆CIP数据核字(2023)第220465号

桐山·桐城·山前

政协福建省福鼎市委员会文化文史和学习委　编

出 版 人	林　滨
责任编辑	邱戌琴
出版发行	海峡文艺出版社
经　　销	福建新华发行(集团)有限责任公司
社　　址	福州市东水路76号14层
发 行 部	0591－87536797
印　　刷	上海盛通时代印刷有限公司
厂　　址	上海市金山工业区广业路568号
开　　本	787毫米×1092毫米　1/16
字　　数	850千字
印　　张	46.75　　　　　　　　　插页　2
版　　次	2024年5月第1版
印　　次	2024年5月第1次印刷
书　　号	ISBN 978-7-5550-3552-7
定　　价	185.00元

如发现印装质量问题，请寄承印厂调换

总 序

李绍美

福鼎古属扬州，晋属温麻县，隋开皇九年（589）废温麻县改原丰县，唐武德六年（623）置长溪县，清雍正十二年（1734）为霞浦县辖地，归福宁府。清乾隆四年（1739）由霞浦县划出劝儒乡的望海、育仁、遥香、廉江四里设福鼎县，县治桐山。1995年10月，福鼎撤县设市，现辖10个镇、3个街道、3个乡（其中2个畲族乡）、1个开发区。

福鼎建县虽不足300年，但人文历史悠久，早在新石器时代就有先民在这块土地上繁衍生息，并因山海兼备的地理特征创造出丰厚和多元的文化，如滨海名山太姥山孕育了太姥文化，依海而生的马栏山先民则开辟了海洋文化。随着时代的发展，福鼎的文化愈发精彩和独特：与浙江交界的叠石、贯岭、前岐等乡镇，接受瓯越文化较为明显，其方言与温州的腔调接近；与长期作为闽东文化中心的霞浦县相近的硖门乡和太姥山镇，受儒家文化影响较深，文风盛于其他乡镇；地处山区的管阳、磻溪等镇和地处滨海的沙埕、店下等镇，在生产方式与生活习惯上均有很大的不同……新中国成立以来，特别是改革开放后，福鼎各乡镇立足各自的区位特点和地方传统，抓住历史机遇，走出了各具特色的发展之路，在经济建设、社会治理、文化繁荣等方面都取得了长足的进步，变化可谓翻天覆地。

基于市情，我们改变常规文史工作立足县市层面，把视角下移，提出为辖下的13个乡镇、3个街道、1个开发区编纂文史资料并合出一套丛书的思路，使得政协文史工作更细致入微、更接地气。这一思路得到了福鼎文史界和各乡镇（街道、开发区）的积极支持和大力配合。为了做好这项工作，市政协总体协调，聘请文史研究员跟踪、指导、参与丛书具体编纂事宜，努力推进这项工程量巨大的工作。各个乡镇（街道、开发区）成立工作小组具体落实，有的乡镇与高校合作，借助高校的科研力量；有的乡镇聘请当地文史工作者，借助当地"活地图""活字典"的力量……可谓"八仙过海，各显神通"，使得丛书的编纂进展顺利。

本次系统挖掘整理各乡镇的文史资料，是文史工作的一次创新，而且以乡镇为单位编纂成书，使每个乡镇零散的资料归于系统化，实乃为每一个乡镇写史纂志，对各乡镇的文化建设意义重大。在工作中，很多史料的价值以文史的眼光审视得到重新"发现"，更有不少内容属于抢救性的挖掘整理，十分难能可贵。也因此，这项工作具有开拓性，也更具挑战性。自工作开展以来，镇里、村里的老干部、老"秀才"和"古董"们，市里各个领域的文史爱好者，以及高校研究人员，纷纷热情参与其中，为完成这项浩大的文化工程付出了艰辛的劳动。大家既科学分工，又团结协作，怀抱对乡土的热爱、对家乡的厚谊及对文史的关怀，兢兢业业，埋头苦干，无私奉献，终于使煌煌几百万字的"福鼎文史·乡镇专辑"丛书与大家见面了。该丛书的出版，拓展了福鼎文史工作的广度和深度，使福鼎文史工作有了新的突破、质的提升。

文史工作是政协工作的重要组成部分，是一项有益当代、惠及后世的文化事业，在传播优秀文化遗产、繁荣发展文化事业、推进建设和谐社会等方面都具有十分重要的意义。市政协历届领导班子有重视文史工作的优良传统，以对历史负责的求实态度，尊重社会各界的意见、建议，注重文史人才的培养并发挥他们的积极作用，守正创新，破立并举，推进福鼎政协文史工作长足发展，为福鼎地方文化建设做出了积极贡献。在此，谨向所有关心和支持这项工作的各界人士表示诚挚的谢意！

读史可以明智。历史是昨天的客观存在，是我们认识现实、走向未来的前提和出发点。迈入新时代的福鼎，正孕育着新的希望，让我们紧密团结在党的领导下，一如既往地秉承"肝胆相照，荣辱与共"的方针，与全市人民一道，团结拼搏，鼎力争先，不忘初心，接续奋斗，为加快建设宁德大湾区沙埕湾生态临港产业城市发挥我们应有的作用，做出我们应有的贡献。

是为序。

（本文作者为福鼎市政协党组书记、主席）

目 录

山川故里

福鼎市区地理历史概况……………………………………………… 003
桐山史话……………………………………………………………… 006
桐山堡史话…………………………………………………………… 011
桐山营………………………………………………………………… 014
福鼎县城——桐山…………………………………………………… 018
北门关外：福鼎老城的记忆………………………………………… 020
福鼎旧县衙及坛庙祀典……………………………………………… 026
从一张老照片看旧时福鼎城关民居………………………………… 029
桐山八景……………………………………………………………… 031
福鼎市区地名掌故…………………………………………………… 041
福鼎市区的山………………………………………………………… 044
御屏山………………………………………………………………… 048
福鼎市区的溪流……………………………………………………… 050
桐山溪………………………………………………………………… 052
龙山溪………………………………………………………………… 054
福鼎市区古渡口……………………………………………………… 057
桐山港及其码头……………………………………………………… 060
罾坪码头……………………………………………………………… 063
漫话桐山古桥………………………………………………………… 066
桐江断桥……………………………………………………………… 070
潮音岛的前世今生…………………………………………………… 071
三门里………………………………………………………………… 073

经济回眸

计划经济时期的工业………………………………………………… 077

篇目	页码
余养禄与大同化工厂	082
福鼎电厂的创建历程	086
福鼎县城镇手工业的发展	090
福鼎县皮革厂的企业改制	092
福鼎市毛巾厂	095
福鼎县酱鲚厂	097
福鼎县食品厂	098
福鼎工业企业的佼佼者——福鼎啤酒厂	099
福鼎城关中学校办工厂发展始末	103
福鼎市化工厂	109
福鼎市无线电厂	111
福鼎市农药厂	114
福鼎县味精厂	116
福鼎市塑料制品厂	117
福建省福鼎市自动化仪表厂	118
从井水到自来水	119
福鼎市工艺针织厂	120
福鼎市染料厂	121
郑婉如与茂华玩具厂	122
龙山工业区企业简介	125
中港澳合资企业简介	130
福建福鼎工业园区及园区企业简介	132
中国化油器名城福鼎市化油器产业发展情况	151
岙里工业园区及园内企业情况	158
铁塘里工业园区	169
福鼎工业大事记（1891—1949）	183
桐山街市史话	186
久享盛誉的福昌布店	188
福鼎福同钱庄的前前后后	191
"文革"前的福鼎县工商联	193
福鼎县百货公司	196
福鼎历次物资交易会概况	199

福鼎县私营工商业的社会主义改造…………………………… 201
福鼎市中心市场的变迁…………………………………………… 203
合作货栈的建立与发展…………………………………………… 206
福鼎县竹木专业市场……………………………………………… 208
福鼎市闽浙边贸商城……………………………………………… 209
福鼎闽浙边贸商城建设纪实……………………………………… 210
福鼎打金一条街…………………………………………………… 214
大排档和美食街…………………………………………………… 216

宗族聚落

桐山姓氏流源……………………………………………………… 221
桐城姓氏流源……………………………………………………… 225
山前姓氏流源……………………………………………………… 228
福鼎市区代表性家族祠堂………………………………………… 236
桐山高氏宗族发展与当地社会变动……………………………… 240
桐山高家对乡村文化建设的贡献………………………………… 251
玉塘夏氏义举录…………………………………………………… 255
风雅施家…………………………………………………………… 258

往事钩沉

育婴堂和养济院…………………………………………………… 263
近三百年来桐山重大水患简述…………………………………… 266
桐山遭犯录………………………………………………………… 268
金钱会攻打桐山…………………………………………………… 271
三座"去思碑"…………………………………………………… 274
军阀部队三次窜鼎………………………………………………… 278
北洋军过境………………………………………………………… 279
回忆日机轰炸福鼎县城…………………………………………… 281
福鼎桐山师生抗日救亡活动述略………………………………… 282
忆福鼎县城庆祝抗战胜利大游行盛况…………………………… 285

福鼎城关首次拓宽街道……………………………………286
城关溪床的淤积与防洪堤的由来…………………………288
市区防洪堤建造史略………………………………………290
整治防洪堤，造福子孙后代………………………………293
福鼎城关防洪堤焕发青春…………………………………295
灰窑航运沿革………………………………………………297
南溪水库工程………………………………………………299
南溪水库与古岭村移民……………………………………304
建亭石湖桥…………………………………………………307
丹岐"小海"记忆…………………………………………308
修复昭明寺塔………………………………………………310

人物风流

西园王氏名宦………………………………………………313
宋代桐山高家仕宦…………………………………………314
朱熹在福鼎…………………………………………………317
南宋理学家高松……………………………………………320
王十朋夜宿栖林寺…………………………………………323
戚继光抗倭过福鼎…………………………………………325
游朴与福鼎桐山……………………………………………329
福鼎首任知县傅维祖………………………………………333
读书识大体的桐山乡绅游学海……………………………336
桐山三百年来文士谱………………………………………338
"阮洋十八坦"史料汇释…………………………………344
陈九苞出使琉球……………………………………………354
享誉文坛的"兰社"领军人物林滋秀……………………357
林滋秀其人与其"快轩诗则"理论………………………365
林滋秀在正定………………………………………………372
彭蕴章与福鼎………………………………………………377
赵之谦桐山遇"王姓客"…………………………………381
陈鹏翛和他的文成堂书坊…………………………………385

上官春略传……388
记金雁翔大夫……390
忆先父潘雨峰……391
悲怀慷慨：卓剑舟其人其诗……400
忆方东先生……408
提倡伏邪说的林一经……410
家父鲁丽生事略……411

文教卫生

1950年以前福鼎城区教育史料汇编……417
福鼎文庙……422
福鼎县城孔庙形制追记……425
桐山书院……427
清末至民国历次学制改革……431
蓬池女子小学创办经过……435
晚清及民国城区初等教育发展概况……437
城区普通中学发展概况……441
1995年以前福鼎城区职业教育发展概况……444
福鼎县立师范学校的情况……448
在福鼎推广官话的周应杰……449
忆肖宗潜老师和鼎师学校……450
我所知道的福鼎一中……453
抗战时期的桐北小学……458
福鼎实验小学简史……460
福鼎市人民剧场始末……464
福鼎县图书馆的创立和变迁……469
福鼎图书发行……471
福鼎县越剧团团史……474
我和福鼎县新新木偶剧团……480
福鼎提线木偶的兴衰和艺辈……483
福鼎县第一届全县运动会记述……486

福鼎拾锦源流……488
桐山打拾锦……491
布袋戏……493
嘭嘭鼓……496
少年儿童"盘歌会"始末……498
忆桐城业余妇女剧团……502
桐城旧事……504
20世纪50至90年代中期福鼎象棋活动……508
流美社区有支象棋"飞虎队"……512
《福鼎报》创办五年……514
情系两岸……516
中国微演艺：独具地域特色的文化品牌……518
城区医药业的发展……520
福鼎卫生防疫站四十年工作回顾……524
福鼎丝虫病已基本消灭……526
参加援塞内加尔医疗队……528
忆回春堂药店……530
民间中草药单验秘方的收集整理与研究……532
福鼎县中药资源开发与生产……534
1950年以前福鼎中医药漫谈……539
三年困难时期医药欠缺的补救措施……542
福鼎县人民医院和县卫生科的创办……544
中国县级医院竞争力100强的福鼎市医院……549

文物古迹

福鼎市区文物基本概况……553
古人类遗址……556
枕头山遗址……559
窑址……561
圆觉寺……563
金维娇故居遗址……565

青山岭战斗旧址……566

普后北斗宫……567

栖林寺……568

石湖桥……570

林滋秀故居……572

陈九苞故居……573

昭明寺和昭明寺塔……575

玉塘城堡和夏氏义冢……577

三门里交通站旧址……580

丹岐张氏宗祠……581

小浿谢氏宗祠……582

仙翁塔……583

施氏宗祠……584

汀州桥碑群……585

"血染柴山"旧址……586

王明扬烈士墓……588

福鼎革命烈士纪念碑……590

桐山街道其他文物简介……592

桐城街道其他文物简介……595

山前街道其他文物简介……600

民俗风情

清嘉庆《祭至圣先师仪注》中的祀典仪程……605

桐城畲族宗祠源流与祭祖习俗……608

桐山旧婚嫁习俗……611

福鼎畲族婚嫁习俗……614

福鼎城关灯彩习俗……619

水流美端午龙舟竞渡……623

福鼎端午有风味……626

午时草习俗……628

桐山旧时信俗活动……629

溪岗戏与城隍出巡	631
唱酒令	635
民间谚语	643
浮柳畲族棍术	646
畲族舞蹈《六结花》	648
福鼎城关的饼花	653
福鼎剪纸	658
瓦窑工和做缸	660

物华吟赏

话说传统木质用具	667
福鼎油桐生产的兴衰	670
槟榔芋	672
浮柳工夫红茶	675
黄辣椒	678
蒲艾种植	680
草木灰烧制	681
浮柳青草药膳	683
桐江鲈鱼	686
青蟹	690
海蜈蚣	692
跳跳鱼	694
福鼎鲈鱼宴	696
福鼎白茶宴	698
中华名宴——香芋宴	700
桐山"八盘五"	702
头年粽	705
芥菜饭	707
挂霜芋	709
鼎边糊	711
澎海	713

福鼎鱼片……715

福鼎肉片……717

福鼎牛肉丸……719

福鼎扁食……720

蜜汁鸡翅……722

水粿……724

红龟……725

面茶糕……726

八宝鲟饭……728

嘟嘟糍……729

御豆饭……731

御豆酥……733

福鼎小笼珍珠包……734

杏仁豆腐……736

山川故里

福鼎市区地理历史概况

姚满堂

福鼎市区位于福鼎北部，中心区域为溪流冲击小平原，后逐渐"东扩、南移、面海"，如今发展成为一个临港城市，面积129.83平方千米。东与前岐镇相接，北与贯岭镇交界，西北与叠石乡接壤，西南与管阳、点头两镇相邻，南邻沙埕港湾。总体地形为北高南低，北部和西部与贯岭、叠石、管阳等乡镇相邻区域多为山地丘陵，东部和南部地势较为平坦。属东南沿海中亚热带季风气候。有桐山溪、龙山溪、三门溪、后胆溪、双岳溪等多条溪流。母亲河桐山溪发源于浙江省泰顺县，是福鼎市流域面积最大的溪流，主河道长度为50.4千米，流域面积达425平方千米。北距温州市区95千米，南距福州220千米；水陆交通便畅，温福铁路、沈海高速公路、国道104线、省道沙吕线贯穿，有罾坪、灰窑等码头。

行政区域分为桐山、桐城、山前3个街道。清乾隆四年（1739）福鼎建县，桐山作为县治所在地，为直属在坊。民国时设桐山区。1940年改桐山镇。1949年，桐山初为县辖镇，11月改为桐山区。此后名称多有变更。1982年7月，从桐山公社划出19个大队成立桐城公社，城关有了桐山、桐城两个县辖公社。1998年，桐山与桐城合并，同时撤镇分设桐山、桐城、山前3个街道至今。

桐山街道

桐山街道位于福鼎市中心偏北，坐落在鳌峰山与烟墩山之间的一块狭长的冲积小平原上，桐山溪、龙山溪从镇区两侧穿过，两溪夹流，汇入沙埕港。清时，船只沿桐山溪可直驶至水北。东北与贯岭镇交界，西北与叠石乡接壤，南邻桐城街道。区域呈长方形，南北长，东西窄，"形如桴筏"，面积31.65平方千米。2019年下辖6个社区和5个村，人口5.99万人。

福鼎建县前，桐山为霞浦县劝儒乡廉江里十七都，旧称桐山堡，为海防重镇。清乾隆四年（1739）置福鼎县，以桐山营旧堡为城，为直属在坊，作为县治所在地有280多年的历史，一向是福鼎的政治、经济、文化中心。民国时桐山设区，1940年改桐山镇；1949年，桐山初为县辖镇，11月改为桐山区；1955年11月，复为桐山镇；

1958年8月，成立桐山人民公社；1964年，从桐山人民公社划出4个街道和部分大队，改称城关镇；1968年，并入城关公社；1981年8月，从城关公社划出4个街道、3个大队，恢复为桐山镇；1998年10月，桐山镇和桐城镇合并后划分出桐山、桐城、山前3个街道。

桐城街道

桐城街道位于福鼎市区偏南的城市近郊，东至桐山溪，南至点头镇，北、西北邻桐山街道和叠石乡，西南连管阳镇，辖区总面积65.05平方千米。街道位于市区发展中心区域，城市功能配套设施齐全，陆路交通发达，温福铁路、104国道贯穿，桐山高速公路出入口坐落域内，所辖各村（社区）的乡村公路全部实现水泥硬化，且纵横交错，构成便捷的公路交通网络。

桐城街道属沿海丘陵地带，背山靠海，地势自北向西南倾斜，滨海地方为冲积小平原，有大小山峰30多座，海拔高度均在400米以上，最高的鳌峰山海拔627米。主要河流有桐山溪、三门溪，城中还流淌有20多条小溪流，分别汇入桐山溪、龙山溪，均注入沙埕港。在各溪流上有水库21座（其中10万立方米以上4座），蓄水量达162万立方米，有效灌溉面积9000多亩。

福鼎市区俯瞰（吴华育 摄）

桐城原为桐山的一部分，1949年初属桐山区；1955年1月属镇西区，1956年属桐山镇，1958年属桐山人民公社，1961年6月属城关镇，1963年4月属桐山镇，1968年属桐山人民公社，1970年10月属城关公社，1982年7月从桐山公社划出19个大队成立桐城公社，1983年改称桐城区，1987年改称桐城乡，1993年3月改称桐城镇，1998年撤镇成立桐城街道。现辖7个社区和15个行政村，总人口5.95万人。

山前街道

山前街道位于阮家尖山前，故名。地处福鼎城东的城乡接合部，东接前岐镇，西界桐山溪，南向沙埕港，北连贯岭镇，是福建与浙江边界的重要窗口之一。面积33.13平方千米。2019年，下辖4个社区及9个村，总人口约3万人。山前地处沿海丘陵地带，背山靠海，地势由北向西南倾斜，大部分区域为丘陵，滨海内侧为冲积小平原。属东南沿海亚热带季风气候。域内主要有桐山溪、后胆溪和双岳溪。水陆交通畅便，温福铁路、沈海高速公路、国道104线、省道沙吕线贯穿，罾坪、灰窑两座码头担负着福鼎城区三分之二以上的海上交通及货物运输。

1950年为山前乡，1958年为山前大队，1987年设山前村委会并属桐城镇管辖，1998年桐山与桐城合并后撤镇分设桐山、桐城和山前3个街道。

桐山史话

> 白荣敏

桐山是福鼎市区的旧称。清乾隆四年（1739）福鼎建县，桐山作为县治，为直属在坊，后来县城不断发展，撤县建市后市区分设三个街道，其中之一也叫桐山。

宋梁克家《三山志·地理》有"桐山驿，去泗洲驿二十五里"的记载，可知至少在宋代，此地已称"桐山"，并曾设过驿站。民国《平阳县志》记载唐末诗人陈陶时，曾引用其《旅次铜山先寄温州韩使君》诗句，说："盖铜山即今福鼎之桐山，自此至分水关，为温、福必经之路也。"如果"铜山即今福鼎之桐山"一说成立，则又可前推至唐。

桐山原来是一座山名，清光绪《福鼎县乡土志》载："桐山，即县治北五里，距水北溪二里。"可见桐山这座山在福鼎市区北部，距离水北溪二里的地方，但是，桐山后来被削为平地了，《民国福鼎县志》说："开县筑城后，（桐）山尽削为平地，今可辨认者惟城永宁里，有地颇高，曰企岭，及旧游击署中有窦公墓耳。"桐山的得名因其地多植桐树，清乾隆《福宁府志》记曰："桐山，即今县治，平城宽旷，旧多桐，故名。"综上，我们可以得出一个这样的推理：桐山先是山因树名，后地因山名。

作为地名的桐山，虽被认为"平城宽旷"，但实际上旧桐山是一个南北长、东西窄的狭长地带。东西两侧有桐山溪和龙山溪双溪夹流，故清光绪《福宁府志》又说它"两溪夹流，形如桴筏"，说旧桐山像一个桴筏，倒也恰当。

考古发现，市区山前街道的枕头山，

福鼎市树——油桐树俯拍（张晋 摄）

桐山街道岙里的大坪头，以及桐城街道沙埕岐角、岩前，均有青铜时代古人类遗址，可见早在4000多年前，古桐山已有先民居住，他们与福鼎其他几十个古人类遗址的先民一起，在长年的劳动生息中逐步融入史称"七闽"的多部族群落。这是桐山文明的开端。

北宋庆历年间，当地住民就截留桐山溪和龙山溪的溪水灌溉田亩，修建了水利设施桐山陂，据万历《福宁州志》记载，这个桐山陂到了明代还在发挥作用。今福鼎文化馆院子里水井下有两座北宋崇宁二年（1103）修建的古墓，造工考究，规模壮观。枕头山旁亦有宋代大墓，为时桐山望族高家所造，造型奇特的鱼望柱至今犹存。史载朱熹曾受学生高松的邀请在双髻山旁的龟峰一览轩讲学，清嘉庆《福鼎县志·山川》载："双髻山，在治东北五里。双峰并峙，形如螺髻，旁有龟峰，《州志》：'峰最高处，有一览轩遗址，昔徐公履、卫子坚游憩于此。'"双髻山附近还有一座御屏山，前志又曰："御屏山，在治北五里。横展如屏。旁有岩如伏虎，曰白虎岩。前为紫荆山。《名胜志》：'宋秘书郎高昙容斋在此山麓。'"……由此可见，桐山为福鼎人类繁衍、文明开化最早的地区之一，至少在宋代，这里已经有一定规模的人口聚居，耕地面积、粮食产量日益增多，而且文化较为发达。

明万历《福宁州志·兵戎志·古巡检司》载："桐山，洪武间徙水澳，正德间，徙芦门，嘉靖末，仍徙于桐山。"清嘉庆《福鼎县志》亦载："福鼎未设县以前，有芦门巡司，明洪武二年由桐山徙水澳，旋徙芦门，嘉靖末，仍徙桐山。"可见明洪武二年（1369）以前，桐山就设有巡检司。明嘉靖年间沿海倭寇猖獗，前志还载："嘉靖三十八年，乡人筑石堡以备倭。《府志》：'高家一姓所筑。'"清光绪《福鼎县乡土志》载有一位名叫高权的人，那一天，倭寇攻陷桐山，仓促间，他背起母亲躲到了昭明山中，倭寇退后他回到家里，大家正在商议建筑桐山城堡一事，高权立马捐出一千石谷子，以实际行动支持和倡议建造桐山堡。乡民们同时向官府打报告，驻守沈青的芦门巡检史纪善亲临督工，城堡建成以后，他就把在正德年间从桐山迁移到芦门的巡检司又迁回桐山。在官方（实为驻地军事机构）和民众的共同努力下，建成了桐山堡。

但可能在更早时候，桐山就建有土堡。据《桐山高氏宗谱》载清康熙年间孙维文所撰《桐山土堡沿置记》："桐山土堡自宋元二季已坏，嘉靖二十一年（1541）里人始砌墙垣，中护篱落以卫族属。"按这话的意思，起码宋代就有土堡，只不过"宋元二季已坏"。

清朝初年，清政府在桐山设汛备防，康熙八年（1669），福建总兵吴万福拨专款对城堡修缮了一番，又在桐山添设游守，从全省八府范围内抽调兵员充实进来，设

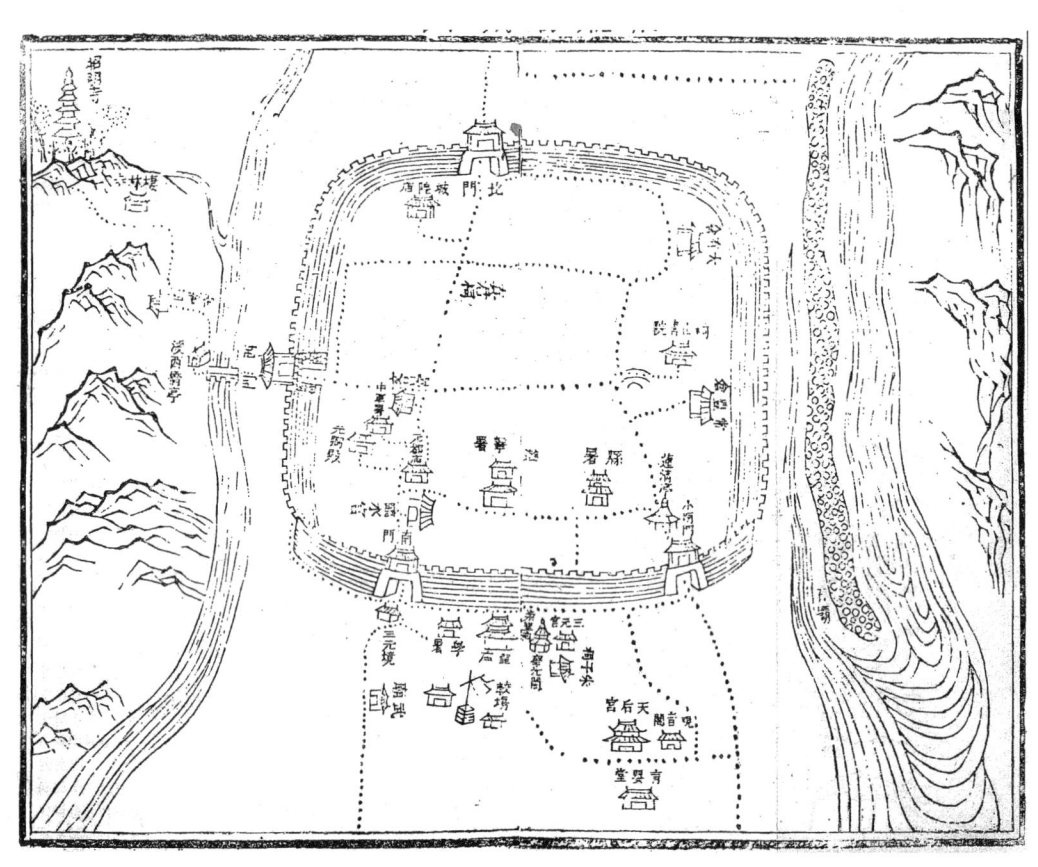

福鼎县城图（引自清嘉庆《福鼎县志》）

置了桐山营。所以清版嘉庆《福鼎县志》说："县城，属营中地。"桐山堡在清康熙五十六年（1717）被大水毁坏过一次，难能可贵的是，当时几位福建地方高官如总督觉罗满保、巡抚陈瑸、藩司石沙木哈，捐出他们的俸禄用于修建城堡。

清乾隆四年（1739）福鼎建县，设县治于桐山，有天时、地利、人和几方面的因素。天时即桐山经济社会发展到这个时候，迎来了设县的大好时机，就如乾隆三年（1738）七月时任闽浙总督衔专管福建事郝玉麟"提报霞浦县所辖之桐山地方改设县治事宜"的题本所说，假如设县治于桐山，有"芦门巡检系驻扎桐山……无庸又设巡检""原有堡城，无庸另筑""仓廒已有八座""武职见有游守等官驻扎，毋庸置议"等诸多方面的有利条件。地利指桐山的区位，前述题本这样表述："臣查桐山地方襟海环山，闽浙接壤，离县一百八十里，程途实远，控制难周，遇有勘验缉捕事件，动需时日。"话虽从"反面"来说，但表达的实质是桐山所处乃闽浙交界地带的重要区位。所谓人和，是当时有许多人助力并最终玉成此事，有一人值得一提，清嘉庆《福鼎县志》载："游学海，字兼山，在坊人，拔贡。读书识大体，邑旧属霞浦，遇公事，往返动经旬日，海倡议呈请制府题设县治，后人便之。"作为地方文化精英，游学海曾参与太姥山寺产清查、桐山溪坝修筑等多项地方公共事务，是一个与官府有密切关系的乡绅，所以，在把桐山设为县治这件事情上，以游学海为代表的地方力量的推动也是不该忽视的。

设县时，"即旧堡为城"《福鼎县乡土志》，就是原来的桐山堡直接被用于县城，而在原来的基础上增缮了一些。清嘉庆《福鼎县志》曰："其城计二里许，周四百八十三丈六尺，高一丈五，厚一丈有奇，加女墙五尺。建敌楼炮台各四，垛三百三十，外有走马路。穴城根四水窦，以泄城内水于两溪。"可就在这一年，城的东角被大水冲塌，新上任的福鼎首任知县傅维祖面对庶事草创、百废待兴的县城，努力腾出手来修复了城东角。不幸的是，这个东边一角乃多事之地，修复之后又先后于清乾隆十六年（1751）、十九年（1754）被大水冲塌，时任知县高琦、何翰南先后修筑。为此，有人提出东向不利，于是把东门堵塞，补开一个小南门。如此，福鼎城的四门：南曰迎薰、西曰庆成、小南门曰和旸、北曰承恩。1939年，为便于市民在日军空袭时及时疏散，遂将大部分城墙拆除，成为后来的环城路。

东城的多次坍塌与桐山的地形有关，从高处而下的桐山溪水成为桐山城的直接威胁。《福鼎县乡土志》说："桐山地本低湿，总汇上游诸水，分为两川，故又名桐川。每夏秋之交，淫雨与海潮冲溢东南一带，潴为泽国。"桐山民谣"三百年前是桐山，三百年后是溪滩"，说的就是洪灾对桐山曾造成的毁灭性破坏。诚然，福鼎北部有"刘海"一样的丘陵低山环绕，这些山川之溪谷靠近地势平旷的桐山就逐渐形成了两条较大的溪流，正如李拔形容桐山地形所言"群峰环拱，两水襟流"。以勤政知名的福宁知府李拔，挂心福鼎县治的水利问题和桐山城里百姓的安危，上任不久即来福鼎视察，结果发现"溪流发自浙之泰顺，走百余里，经县治东流入海，每夏秋水发，洪波巨浪，势如奔马，冲决庐舍，不可胜数"，于是惊呼："无此堤是无鼎邑也，有司奈何忽之！"（李拔《重修福鼎护城堤记》）说当地领导不重视桐城的防汛问题，李拔可能有些误会，其实在此之前，福鼎第一任县令傅维祖于到任后，在"乡民编竹垒石为坝以备涝"的基础上请筑石坝，第三任县令熊煌"踵是役……率绅士游学海、张有华等鸠工砌造"，"石基厚三丈，面广一丈，高一丈三尺，自七星墩至前店，绵亘数里，城赖以安"，他们把它叫作"卫城瀍"。《福鼎县乡土志》此后历任县令"增加缮筑，水患稍息"。据相关史料，福鼎于1739年建县，到李拔任福宁府知府的乾隆二十四年（1759），20年间福鼎换了14任知县，知县虽然走马灯似的频繁更换，但绝大部分重视"卫城瀍"和县城的建设，诚所谓"一任接着一任干"，防汛工作也在不断地积累经验。可是在生产力水平较为低下的当时，石坝难以抵挡大规模的洪水。如乾隆三十六年（1771），石坝又被洪水冲坏多处，知县王应鲸重修，加高加厚加长，内外砌石加固，历时3年才完成。此后，大致十年一修固。道光三十年（1850），坝遭水冲，知县何锦云带领里人筑石坝近千丈。光绪十一年（1885），城内河道淤塞，知县王紫田率民苦干四个月，疏通城中河道，又修筑宽三丈、高丈余的大坝百余丈。

关于人与水的斗争，桐山是一个缩影，几百年来就是这样"屡建屡毁，屡毁屡建"，桐山，就这样在与洪水的抗争中逐渐发展起来。随着生产力水平的提高，以及新时代福鼎财力的提升，政府和人民对"双溪"倾注了大量的人力、财力、物力。尤其是在昔日卫城灞基础上建起的桐山溪西岸堤坝，横亘南北，厚实坚固的水泥坝身，50年一遇的洪水奈何不了它，成为真正意义上的"卫城灞"，桐山也有了真正意义上的"城赖以安"。

千百年来，桐山人民因"双溪"的润泽，诗意栖息，过着幸福安定的生活。忽然有一天，我们发现，这块"双溪夹流"的宝地，已不再"形如桴筏"，新时代实施的"东扩、南移、面海"城市发展战略，已经使她向东往前岐伸出了一条"腿"，向南在白琳方向也迈出了一条"腿"，早先的"桴筏"部分成了人的身体，于是，一个大写的"人"字被书写在桐川大地上。

桐山堡史话

🐚 黄建军

高维文在写于清康熙七年（1668）的《桐山土堡沿置记》（载《桐山高氏宗谱》）一文中说："桐山土堡自宋元二季已坏，嘉靖二十一年（1542）里人始砌墙垣。中护篱落以卫族属。至三十一年（1552）倭奴入寇杀伤守御。三十八年（1559）倭复陷州城，随道桐山，肆虐焚毁，居民远窜，流离万状。迨倭难既平，稍稍宁宇，众议筑城，以资保障。"

又云："以四十一年鸠工，越三载始竣。是役也，倡议之时，众犹难之，而族叔祖权公，号台山者，捐食谷一千石以倡，众乃欣然，照米摊派，或捐金给费，或出地筑基，基之在于他姓者，则拨地相兑，今《州志》载云，桐山土堡高家一姓所筑。此固吾祖之盛举，实则台山公之首倡也。"

桐山筑造石堡，高家的高权首倡并捐谷千石，里人积极响应，捐资出地。嘉靖四十一年（1562）聚集工匠开始筑造城墙，历经三年不懈努力，于嘉靖四十四年（1565）完成桐山石堡筑造，高权其功尤大。嘉靖四十一年筑城墙的同时还挖了护城河，宽三丈余，到清嘉庆十一年（1806）护城河已被淤塞。

清嘉庆《福鼎县志》载："县城，属营中地。旧未有城，明嘉靖三十八年，乡人筑石堡以备倭。国初，设汛官备防，由旧堡补茸，康熙八年（1669），总兵吴万福奉文拨帑缮筑。"

清朝初年福鼎设汛官备防，康熙八年福宁总兵吴万福，奉文拨付府银对旧墙城进行修缮加固。康熙五十六年（1717）城墙多处被大水冲毁，福建总督觉罗满保、巡抚陈瑸、藩司石沙木哈等捐俸禄助城墙重修。

清乾隆四年（1739）福鼎置县，县衙设在桐山城内。首任知县傅维祖对桐山旧城堡进行修茸，当年城墙东边角落崩塌，傅维祖复加修茸，为了减少经费支出，筑城材料多使用桐山溪滩的溪石。

清乾隆十六年（1751）、十九年（1754）城墙东边角落又先后两次被大水冲坏，知县高琦、何翰南先后给予修筑。乾隆二十年（1755），知县萧克昌对城墙进行较大规模的修筑。城墙东门靠近桐山溪，多次被洪水冲毁，有人建议关闭东门开小南门，于是设四个城门为南门迎薰、西门庆城、小南门和旸、北门承恩。

福宁知府李拔莅鼎视察，县令萧克昌对李拔道："鼎旧有城，外薄于溪，内侵于水，屡坏屡修，迩年，雨水为灾，复致坍损，前令修筑未竟，兹奉明访，厥功已将竣矣，愿请一言为记。"知府李拔乃作《福鼎县城池记》，他写道："予自楚中来守福宁，郡城圮废过半……既率僚属捐修，以资保障矣，因饬所属各县，如有坍损，立即设法修补完固。"又云："桐山幅员特小，而门楼毕具，居民鳞袭，俨然一大县也。惟是县当两水之间，雨集溪涨，内淫外浸，数有坍塌，官民患之。"萧克昌被称赞有为吏才，遇事明决，在任时修理学宫、城垣、桥道诸役相继起，邑人信服。

经历任知县增修筑造，至清嘉庆年间，桐山城堡以北城门为主城门，南门通往官道五里牌、岩前，另开小西门供菜农出入，东边面临桐山溪原有东门，后关闭东门开小南门。城墙周长四百八十三丈六尺，高一丈五尺，厚一丈有奇，上加女墙五尺，墙垛三百三十，城墙上建有炮台四座，城墙外围有走马路，城脚下有四个洞穴，四条出水孔道流淌，城内之水排泄于龙山溪和桐山溪。

桐山城堡四周群峰拱秀，龙山溪、桐山溪两条溪流环绕城堡。李拔语："双溪夹流，形如桴筏。"

清咸丰十一年（1861）福鼎县城遭受最严重的灾害，平阳金钱会匪徒数千人攻破分水关，闯入福鼎县城大肆剽掠，烧毁城内外房屋数百间，掠夺所欲，即夕循去，居民四处逃逸，县城几成废墟。过三年，同治二年（1863）广州高要举人陈培桂抵任知县，即与众乡绅商议筑修城墙，并提议按乡分段修筑，各乡富户捐募资金踊跃参与。果阳的朱溢攀，号香溪，积极响应，带头捐资并不辞劳苦参与修建城墙工程建设，一年多后城墙告竣，知县陈培桂依功上奏，朝廷授果阳香溪公五品同知衔，并赠牌匾"急公好义"，此匾至今悬挂于果阳蕉坑朱家老宅。梁丕纯，巽城人，同治年间家开染布坊，知县倡议建城墙，梁丕纯慷慨解囊，出资捐建，并任首董参与工程建造，赢得众人赞誉。

新修建的城墙雄伟壮观，根基牢固，高大的城墙足以护卫一方百姓的安宁。城墙厚一丈多，高三丈二尺，周长达六百余丈，以现在长度单位，城墙高约10米，厚度3米，周长约2000米。城墙上还建有四座炮台，四个城门上方各建有城楼，其中北门城楼民国时期被办成民众教育馆。北城门位于现在的北市场边上，南城门位置现在的医院边上红绿灯处，西城门位置在现在的人民剧场后，小南门位置在原市政府招待所处。城内东边建有县衙署、典史署、游击署、守备署、文昌阁等，南门有文庙、武庙、名宦乡贤祠、先农坛、天后宫等，北门有城隍庙、大帝宫、社稷坛等。

桐山古城城门到清末民国时期逐渐毁坏，城墙也逐段被拆毁。1938年桐山旧城墙开始拆除，遗址辟为环城路，为新街、后街。到20世纪70年代实验小学到北市场一段城墙被拆毁，即告福鼎桐山古城墙全部拆除。现在的后街古城西路，医院前的古城南路，实验小学前的河乾路到北市场，这一圈就是原来古城墙的位置。

作为抵御外敌入侵的防御性军事设施，古城墙的功能已消失，同时作为封闭的区域，的确不利于城市的发展扩建，阻碍城市交通。20世纪开始席卷全国的拆城运动，全国各地古城墙遭到毁灭性的拆除，能保存下来的城墙已经很少。适当保留古城墙，对开展爱国主义教育和传承传统文化有重要作用，作为一种文物及传统文化的载体，古城墙有其历史和文化价值，值得我们珍惜。

桐山营

🍃 黄建军

清嘉庆《福鼎县志·兵制》载："福鼎地方在北,汉唐以前未设兵备,迨宋元而掌兵始有专官。前明益加增矣,其制尚未尽善,国朝慎重海防,分设桐山、烽火水陆两营,重兵驻守。"福鼎地处福建北部,汉唐以前未设兵员驻守,北宋熙宁十年(1077)始设蒋阳巡检司、桐山巡检司、小澜巡检司掌管地方巡逻,捕获盗贼,查捉私煎盐贩。明朝设大筼筜、水澳巡检司,在外洋设烽火门水寨,后改设崳山游、台山游,把总各一名。清朝重视东南沿海边防军队布置,设桐山营和烽火营水陆两营,重兵驻守。清嘉庆《福鼎县志·兵制》载:"国朝顺治间,茸桐山旧堡,由福宁卫拨汛官备守防。康熙八年(1669),总镇吴万福奉文拨帑益加缮筑,抽调本省八府官兵驻防桐山,设桐山营。"

营是清朝的基本军事单位,一个营的兵力无定数,一般在500人至1000人之间。清朝军队有八旗兵和绿营兵之分,绿营兵就是驻扎在各地重要关隘边防的军队,多由汉人编成,分为步兵、马兵、守兵。营一般由游击军官统领,游击是绿营军官,职秩从三品,位级次于参将,营之上绿营武官有总兵、参将、提督,三品将军按当时清朝制度与五品文官地位相当。营中守备为正五品,负责管理军队的总务、军饷、军粮等。游击统领一营的军务,设守备一员,营之下设有千总、把总,游击平时负责军队训练管理兵丁,战时统兵出击。

清顺治七年(1650)设福宁协,顺治十五年(1658)升格为福宁总镇,设总兵统领,福宁总镇下辖镇标中、左、右三营,中营驻守州城霞浦,左营驻守福安,右营驻守宁德。康熙八年(1669)福宁总兵吴万福抽调部分官兵驻守桐山,康熙九年(1670)设桐山营兼辖建宁枫岭营,雍正十二年(1673)枫岭营改辖建宁镇。

清嘉庆《福鼎县志》载:"桐山营,游击一名,中军守备一名,千总两名,把总四名,外委千总四名,外委把总四名,额外外委三名。"马、步兵员总额原定850名,但各时期兵员数目是不同的。

清光绪《福鼎县乡土志》载:"国初,设汛备防,总兵吴万福添游守,调八府兵以实之。"清初以来,由于东南沿海反清势力对清廷构成较大威胁,清廷便在东南沿海军队防务设汛塘制，汛为营下辖防区，塘、哨、卡则是汛的下辖管区，从而形成边东南沿海军队驻防体系，维持地方安全和社会秩序的稳定，但到了晚清绿营兵制度已废弛，失去了稳定社会秩序的作用。

桐山营所辖的汛塘范围为：

福鼎县城驻扎兵丁259名，建有游击署、守备署、军装库、演武厅、箭道等，驻守游击、守备及巡防千总把总，外委把总各1人。

分防分水关汛，兼辖战坪洋、贯岭、马山、岩前、王孙、店头、倪家地、白琳、金刚墩、五蒲岭、三十六湾、蒋泽、杜家、龙亭、钱大王、八尺门等烟台18座，千总1员，外委1员，兵丁122名。

分防沙埕汛，兼辖流江、前岐、东山嘴、岩坑、虎头鼻、大岗、三叉河等烟台7座，千总1员，外委1员，兵丁72名。

分防牙城汛，兼辖杨家溪、半岭、湖坪、古楼墩、沙头墩、天台岭、赤岸桥、乌崎等烟台9座，把总1员，外委1员，兵丁53名。

分防南镇汛，兼辖潋城、白鹭、店下、黄崎、三佛塔、林西桥、昭苍岭、六都亭、硖门、下尾等烟台11座，把总1员，外委1员，兵丁116名。

分防天竺汛，兼辖南溪、叠石、沈青、管阳、金钗溪、乌石门等烟台7座，把总1员，外委1员，兵丁61名。

又额设更戍台湾兵丁181名。

驻守桐山营的兵丁数目在各时期是有变化的，康熙三十一年（1692）拨归福州将军的标兵50名，康熙三十五年（1696）奉文裁兵32名，乾隆四十七年（1708）裁减马兵15名，步兵40名，公费守兵21名。

各陆路汛塘哨卡烟墩，桐山营额拨兵丁巡查防守。重要口岸南镇汛，桐山营拨兵丁对口岸码头及出入停泊船只进行稽查。

六都大箕笃、小箕笃、番奇头水汛归秦屿巡检司，口岸归烽火营稽查，陆路仍归桐山营稽查。

六都黄岐，桐山营额拨兵丁16名就近巡防缉捕。

二十都流江，陆路由桐山营额拨兵丁6名巡缉。

四都店下，陆路桐山营额拨兵丁4名巡缉。

八都港、青屿与秦屿相通，陆路桐山营额拨兵丁6名巡缉。

福宁总镇系福建水师五镇之一，镇守祖国东南大门，承担派兵轮班戍守台湾、澎湖、基隆的军事防务。桐山营也同时承担派兵轮班戍守台湾、澎湖、基隆的军事防务，乾隆五十五年（1716）派拨马兵十名赴台湾防戍，换回步兵十名，清道光八年（1828）

统计，福宁镇调拨戍台营兵中有福鼎营兵113人，福鼎文化馆藏有清光绪六年（1880）刻石碑记载，戍台军兵24人名单，这些营兵守护祖国宝岛，为国家的统一和领土完整作出了贡献。福鼎还有多位将领在台湾当任游击守备等军职，乾隆三十七年（1773）蔡法辉任台湾城守营左军守备，道光元年（1820）张朝发曾任台湾水师协标右营都司，游绍芳咸丰八年（1858）署澎湖水师右营守备。

桐山营游击署设在福鼎县城旧县衙西边，康熙八年奉文建造，即现市政府西旁。正门进入为大堂，堂后为内厅，东边为后廨房，是书吏办公之处，也是接待室，由皂隶通报请示后方能入内，其后有大厨房东花厅，游击家眷居住之处。右边为内书房，为游击读书起居和会客的地方，后面还建有箭亭、箭道等游击练习射箭的场地。正大门前有放置各种旗帜的大厅，右边有库房和兵丁的宿舍，中间是仪门，设有鼓亭，东西各立有栅栏。

守备署在县治文昌社，现市政府对面，邮政局巷内，布局类似游击署规模较小，有大堂、左右厢房、内廨房、内书房、箭道、箭亭等。在守备署东边建有军装库，存放军械物资。在莲池社小河边，现桐南小学附近建铅药库存放弹药火器。在县南关外，现桐南小学对面，原国营茶厂地块，建有演武厅，是兵丁日常操练和检阅军队的场地，又称南校场，民国后废弃。

据载，军装库存放的军用物资有铁盔甲、弓箭、鸟枪、藤牌、大刀、腰刀若干，母子炮十尊、马蹄炮4尊、马上鸟枪11把以及帽子、衣褂、牌袄、虎衣、锣鼓旗等。

清朝游击俸薪银为231两，养廉银400两，马6匹，草干银72两。守备俸薪银90两，养廉银200两，马4匹，草干银48两。千总俸薪银48两，养廉银120两，马2匹，草干银24两。把总俸薪银36两，养廉银90两，马2匹，草干银24两，外委千总把总饷银24两，粮米3石6斗，养廉银18两，官马1匹，草干银12两。马兵全年饷银24两，粮米3石6斗，马干银12两。步兵全年饷银18两，粮米3石6斗，守兵饷银12两，粮米3石6斗。戍守台湾兵丁另给盘费银1两，三年给赡眷银12两。

清朝乾隆年间每升大米价格为10文，每两银圆计1000文，一石米相当于156.5斤，大户人家每月生活费大约是2—3两银圆。由此看来，千总、把总以上军官生活还是比较富足，普通的步兵、马兵生活也能达到温饱。

清嘉庆《福鼎县志》所列康熙十六年到嘉庆十年128年间桐山营共计有44位游击，6位是满人，其余均为汉人，其中出身武进士有9人，武举人3人。同时期桐山营守备是30人，均为汉人，其武进士4人。清朝武官仍以行伍出身为正途，武举次之，到清朝中晚期，武举出身武将不断增多，在军中所占比例较大，录取相对公平，民间习武者也争先恐后参加武举考试。童试在县府进行，3年举行一次，考中者为武秀才。乡试在省城进行，考中者为武举人。会试在京城，考中者为武进士。殿试分出武状元、武探花、武榜眼，武状元授三品参将，武榜眼授从三品游击，武探花授正四品都司。乾隆三十三年（1769）福鼎施如宪中武举人，后任浙江镇海参将正三品武官，雍正四年（1726）高和鸣中武举人，乾隆五十三年（1789）夏鼎奎、王天镐中武举人。

福鼎县城——桐山

 卓亦溪

"两山夹峙海门开,千里双江倒泻来。谁向中流资砥柱?洪波万顷一齐回。"这是清福宁太守李拔咏桐山的一首诗。《福宁府志》概括桐山形胜道:"群峰环拱,两水襟流,七星缀桐岭以生妍,双髻映荆山而竞秀,潮萦岛屿,嶂锁温衢。"桐山为福鼎县城所在地,四面群山环抱,中间平坦,一般海拔为二百米以下,有桐北溪、龙山溪流经。桐山,平坡宽广,旧多产桐,唐、宋时就有其名。桐山因有县城,又名桐城,别名桐川。明嘉靖三十八年(1559)倭陷桐山,多年桑梓几成龙沙。嘉靖四十一年(1562),西园高姓族人兴筑桐山堡,越三年竣工,巡检纪善从今管阳沈青移巡检司于桐山堡。清康熙八年(1669)福宁总兵吴万福奉文拨帑缮筑,调八府兵,设立桐山营。乾隆四年(1739),福鼎置县,县令傅维祖扩建旧堡为城。1938年抗日战争中,桐山城墙全部折毁,遗址成为现在的环城路、新街、后街。

桐山自乾隆四年置福鼎县,就一直是县治所在地,为全县政治、经济、文化的中心,与周围各县及县内各公社之间都有公共汽车或船只往来,水陆交通堪称方便。

桐山景致秀丽,曾有"桐山八景"。《福鼎县志》载为龙山霁雪、石湖春涨、莲花曙月、玉塘秋色、罾坪渔火、御屏积翠、双髻凌云、栖林烟雨,可惜如今多被毁坏。福鼎县革命烈士公墓,在桐城南部岭下,丰碑贞石,耸峙云天,四围花木扶疏,静谧肃穆。纪念宁波王明扬烈士的碑墓也矗立墓园中,每年清明节前后,远近游客,中、小学生络绎不绝地前来凭吊。万古亭距离桐城七里许,咸丰十一年(1861)十一月二十八日,中外反动派互相勾结,在万古亭丛林中,首次用洋枪镇压金钱会起义军。万古亭的存在,使人民不忘血的教训。鳌峰山巍然屹立在桐城的西边,顶峰有梁大通元年(527)所建的昭明塔,山下有后晋天福三年(938)修建的栖林寺,景色清幽,自古以来均被视为览胜佳处,吸引了不少文人骚客。宋代王十朋有《栖林寺》诗:"我如倦鸟欲栖林,喜见禅僧栖处深。家住梅花小溪上,一枝聊慰北归心。"另有福全山边的圆觉寺遗址(即今福鼎第一中学),是明参政游朴年轻时读书的地方。游朴有诗为证:"圆宫性所爱,临眺不妨迟。流水无春夏,岩花自岁时。山人谈梦幻,渔父识推移。予订他年约,归来共钓丝。"

桐山1949年前只有一条南北走向的较长街道和一条小街，街巷隘狭不平。1949年后桐山面貌日新月异，工厂林立，高楼大厦拔地而起。汽车站屹立于萧家坝溪畔，其西南邻矗立着新塑料厂建筑群，扩建了的新街横躺在车站大门外，向北延伸，两旁分列着味精厂、建筑公司、第二旅社、新影院等高大楼群，南校场成为茶叶精制厂，孔庙、明伦堂、三官堂合建成县医院，为救死扶伤之所。环城马路两旁商店绵延，工人俱乐部、县中医院、城关中学等东西错列。河墘头填河后留大涵洞铺成马路，其东建成了县招待所，并扩建了第一小学。太爷前水泥马路宽展，绿树成荫，党政公检法机关和邮电新楼挺立两旁。天灯下则分立着百货大楼、人民银行和新华书店。由此沿大街北行，人民剧场、五交化公司、县文化馆、县图书馆新楼、糖烟酒公司等高大建筑，一一投入眼帘。北到街头顶则皮革厂、毛毛巾厂、农械厂、制药厂、无线电厂、防保站、党校等建筑群，东西错落分布。其西有龙山桥直架龙山，一中桥直通一中和福全山，两山昔时乱坟累累，荆榛没膝，乃狐鼠出没之所，今玻纤厂、五金厂、汽配厂、草席厂、植保总厂、武装部、离退休楼、百货仓库、移民新村楼房鳞次栉比，分别成为人烟稠密之规划区新村，城之东，新建了高20米，宽10米、长204米之桐山桥，凌空飞架桐山溪，雄伟壮观，为福鼎第一大桥，增进了闽浙干线交通的安全和经济繁荣。山前新建了年产万吨的啤酒厂、农药厂与冷冻厂则分列其后，1950年前桐山没有什么工厂，只几家小作坊，至1982年工业产值达到8700万元，有十个工厂产品外销欧美及东南亚诸国。落后的桐山，旧貌换新颜，开始披上了现代化的新装。

（本文摘编自《福鼎文史资料》第2辑，写于1983年）

北门关外：福鼎老城的记忆

> 陈载耀

北门城外恋华年，攘往熙来绪念翩。
旧阁梦回千百度，依稀吟咏弄琴弦。

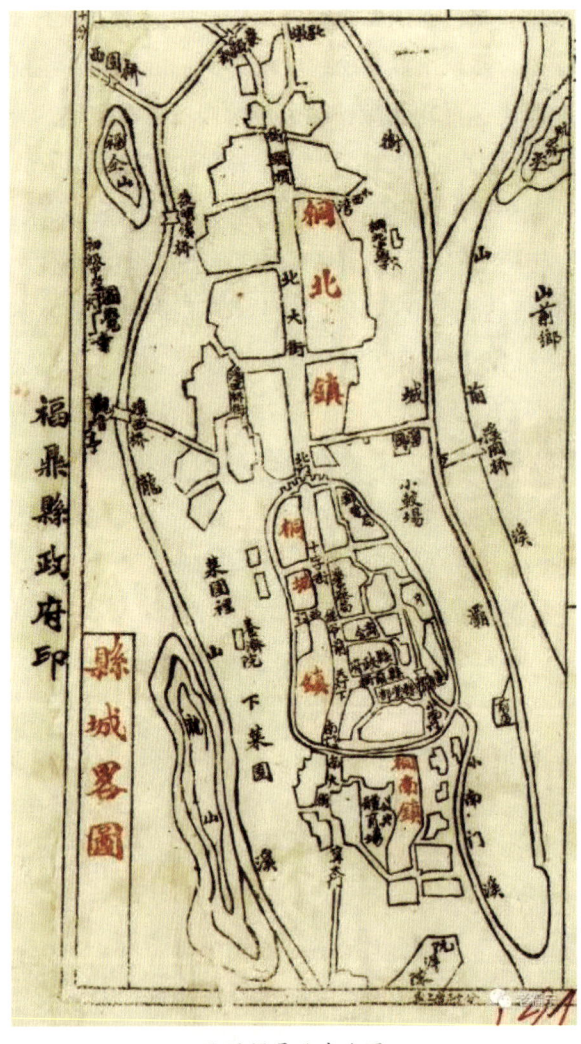

民国福鼎县城略图

我家原在桐山城的北门关外，有一处上百年光景的老房子。老房子距离旧城北门有一百来米。旧城的主街干道南北走向。旧时北门称为承恩门，在今北市场连接环城路与主街道相交的十字路口。清末建城完善时，城门顶上建有城楼（又称敌楼），城楼室内约200平方米，屋顶高约15米，外观如宫殿形式，甚是雄伟壮观。城墙上全部有女墙环绕，女墙全部用特制的30×18×7厘米的青砖砌成。城门洞均为石料磨平密缝结构、弓顶门洞，两扇大门由10厘米厚木梆外加4毫米铁板钉制成，城上筑有炮台，安装有数百斤重的清道光和咸丰间铸造土炮。民国初期女墙上的放矢孔改为步骑枪射击孔，并隔一定距离设一机枪工事，城墙周长1612米、高10至11米（含女墙高1.8米）、顶宽3米多。1939年城楼拆除，成为今之通衢环城大路。

旧时桐山城北门外这一带称为北门关外，是城郊最热闹繁华的地带。我家老房子是窄窄的两层木结构房子，临街的店面向西，有三进两个天井，纵深30多米。宅子后门有一条小巷，可以连接溪冈巷，往东抵达通往山前的石板桥。我和我的父辈都出生在这里，可惜在30年前祖父母过世之后变卖了。父亲有4个兄弟，因大家庭几代同堂、兄弟姐妹人口众多，老房子太过拥挤，父辈们商议另谋发展，就变卖了祖屋，兄弟分家而各奔西东。但在老街的北门外这所老房子尚在，每次经过时总会回首凝望，历经久远年岁的门面依旧不变，老旧木板房的斑驳痕迹犹存。

这个"家"的字眼永远烙印在心中，过往的生活情景历历在目。

几十年里，我搬了好几处家，不管在哪里安家，梦境里家的镜像都是北门外的老家，旧时的生活场景和祖父母的音容笑貌常常浮现。这所临街的老房子及其城外热闹的片区，伴我度过了青春年少的时光。

老房子是曾祖辈留下来的。

曾祖父少年时便从松阳的山村走出来，先到城里给人打工。桐山城北门外有赖姓人家经营糕饼店，曾祖父先是在赖家饼铺学艺谋生，后来自己做小买卖有点积蓄，就在赖家的隔壁建了这所房子。

桐山旧桥（李伟 供图）

父亲是20世纪30年代生人，90年代末在回忆录中对福鼎桐山老城有所记述：

一九三八年（民国二十七年），一岁。

由于长期受日本的侵略，当时的社会是相当贫困落后的，祖父是农民，从松阳乡下迁到城关经营小本生意，当时福鼎城关的人口也不过几千人。城池还在，县城的范围，北至旧北市场，在现在的文化馆北面50米左右有一个北城门，南至现在的福祥大厦，有一个南城门，西城门设在现在人民剧场侧一条巷子中，现在叫西门仔巷，东面因面临溪冈，为了防洪起见不设城门，只在现在的新时代大厦处设一个小南门，在几个城门以内的地方就是真正的福鼎城。城的北面，即现在的桐北小学处有一个小西关，旧时官员到那里要下马。城内有一个城隍庙，即现在文化馆。

南门外有一个较大的广场叫南校场，即现在的旧茶厂范围内，是练兵的场地，也是市民集会的地方。场内有一个小公园环境优美。北门外有一个中山堂，是旧的大帝爷宫改建的，相当于现在的会堂，当时的政要们经常在那里做演讲。中山堂也兼做剧场使用。在溪冈坝内的大榕树下还有一个大戏台，是演地方戏的所在。其他比较有名的建筑有：孔庙、妈祖庙（前两者都在现在的市医院内）、文昌阁、五帝庙（现邮政大楼内）、关帝庙（现桐南粮店内）、三官堂、夫人庙（现福祥大厦内）、浮头宫（现旧汽车站内）、龙船宫、元碧殿（现旧税务局大楼内）、文武爷岗（现气象站山头）、观音亭（现桐城明珠小区）、居士林（现西门原农械厂）、江西会馆（现北门农业银行宿舍）。

城内有一条小河流，北从小西关流入，南至小南门而去，河里长满了河莲，现新时代大厦北侧，有一座拱桥曰"莲清桥"。

城的东面是溪冈大溪，水流清澈，水面有许多竹筏，是农家的主要交通工具。城的西面有一条小溪曰龙山溪，是从北面镇边村向南流至石湖桥至流美方向入海的。

一九四〇年（民国二十九年），三岁。

我家住在北城门以外，地名叫太平境，当年冬天发生火灾，城门的铁皮烧得通红，天空都是火红的一片。我是逃到外婆家去的，二弟树木刚好满月，在床上差一点被烧死。后来知道火灾的原因是邻居用火笼在床上取暖烧起来的，肇事者被警察局抓去收监。当时的街道很窄，大约只有六米宽，两边都是木结构房屋，檐口互相之间几乎靠在一起，防火能力很差。

经过火灾之后重建的房屋两边都向后退,形成了福鼎街道的第一次拓宽。后来又拓宽一次,那是1947年左右,由政府出面派人丈量每个店面应该后退多少,限期完成,才形成了现在的北门大街。

1943年(民国三十二年),五岁。

在王道纯任福鼎县长期间,第一次对溪冈坝进行了整修,从水北溪至肖家坝有三千米长。王县长对福鼎人民做了一件好事,现在人们一讲到溪冈坝,都会提到王道纯的名字。

1947年(民国三十六年),九岁。

在这一年,福鼎的桐城街道又进行了一次拓宽,大街两侧的房屋各后退2米,形成了10米宽的大街,城墙拆除了一部分,铲平了一部分,城关的范围也扩大了。当时的国民政府县长为吴锡章,由建设科长卢声海主持这项工作。我亲睹卢声海在大街上搞丈量,当时的皮带尺是竹篾做的。

父辈所经历的世事变迁记述得很清楚。桐山老城在20世纪90年代又进行了旧城改造,将旧城区的主街道拓宽,范围在旧城内的南门到北门一带。临街店面后退,立面统一设计和施工,形成错落有致的闽东古民居风格,主街道面貌焕然一新。

但北门外旧街依然故我。

我的记忆开始在北门城外。1970年我7岁,因为适龄上小学的人太多,正式的小学校容纳不了,便和许多小朋友自带小桌凳到街道办的小学堂上学。学堂设在北门外溪冈巷边一所大房子的厅堂里,上的是春季小学。第二年改成秋季学年制,才正式到城关第一小学注册上学。20世纪60年代初出生的人口太多,我读初中还是在城关第一小学临时办的初中班上学。我在1977年秋季才到一中高中部学习。

从童年到少年,直到大学毕业工作,我都在这里成长。在老房子阁楼里读书、唱歌、练琴、画画,父母的教诲,祖母的疼爱,青春的恋爱,在这里留下太多的岁月痕迹。

童年时并没有被父母惯养,冬天早晨天刚蒙蒙亮就要被叫起,睡眼惺忪地到中山影院边上的国营饮食公司去排队买油条,一根油条半两粮票2分钱;还要到轻工局食堂去打饭。上小学后,独自到中山影院北边的国营粮店买米,可以背上50来斤大米;每家烧的是蜂窝煤,约上小伙伴一起到凤架山挑黄土,在街边用土制模具压制蜂窝煤饼。晨起跑步在南门老街喝一碗豆浆,偶尔有零钱可以冲一碗蛋花。北门面店有两家,一家在溪冈巷边,一处在中山影院边。小时候菜馆里的面条被看作是奢侈的美食,一大碗的高汤粗面条加几片白切瘦肉，价格二两粮票8分钱。热腾腾的面条温暖了心田，给辘辘饥肠以安顿，让清寡味蕾快乐绽放。北市场里有海货水产门市部，腌制的墨鱼在大木桶里层层摞摞，黑不溜秋的，蒸熟下饭却美味异常。北市场里年节表演七线木偶戏。夏天在北市场边的后街上放映露天电影……

我家隔壁有马树霞先生的旧寓所。马家是书香门第，是远近闻名的大家庭。马厝里有一排传统的两层木构房子和一个栽满花木的庭院，庭院虽小但整洁安静，庭院中最诱人的是一株花果满枝的无花果树。小时候经常企望这一处令人神往的私家花园。马先生的母亲是一位非常慈祥的老婆婆，大户人家出身，知书达理，会画刺绣的图案。我曾亲见她在前屋为大婶们画菊花图案，用以缝制婴儿襁褓，她手持裁缝专用的图粉直接在布料上施画线描，图案枝叶繁复又水灵生动。我又曾在一个夏夜在马厝里看昙花开放，深夜里静待花开花谢。耐心等待之中，月光下风姿高雅的花骨朵儿洁白照人，一种神奇的光亮似乎照彻心扉，淡淡幽香冰清隽永。

北门外集市最有名的还数溪西桥。《福鼎林氏志》关于溪西桥有详尽描述：

> 溪西桥位于福鼎城关西北部，现为桐山街道溪西社区及桐北社区、福全社区部分。旧时没通公路，溪西桥是桐山官道北上的要地，连接柘荣、福安、周宁、寿宁等四县和浙江泰顺等地的必经之路。沙埕港外海海鲜鱼货，内地山货进入福鼎城区，都在这里交易，形成了天然的集市。福鼎置县后，外地人纷纷迁入溪西桥一带，开设客栈、饭庄、钱庄、杂货店、米店、打铁店、香烛店、盐店、小吃店、酒店、布店、渔行、酱行等，店铺林立，人来人往，十分繁华。

在我读小学时，北门外东侧残存一段旧城墙，从北门东侧一直到城关第一小学外围。旧城墙墙体由大块鹅卵石垒砌，中间是坚实的夯土。上下学时光，我们在高高的旧城墙上奔跑嬉闹。城墙的东边是鼎楼下，旧时铸鼎的地方，有一排连体的两层木板房，是建筑社工人的住宅，我的同班同学大都是工人子弟，他们的家就在城墙脚下，上学时经常互相呼唤结伴同行。城墙的东边有大片稻田和竹林，一直延伸到桐江溪的石坝。傍晚之后就很萧索，城区边沿的荒凉地带没有路灯，田野和溪坝相连，坝边有大片的竹林，风吹竹林婆娑摇摆、悉索作响，恐惧得让人不敢走动。

20世纪70年代末，城区扩展，残存的城墙也被拆除，改为环城路，和北门西侧北市场通过街面连在一块。如此一来，北门就成为主大街和环城路的十字路口。

北市场是城区唯一的菜市场，副食品商店、鱼鲜海货、米行粮店、饮食公司等等都集中在这里，早晨人声鼎沸、熙熙攘攘。在北门外大街上、纺织品商店、糕饼店、理发店、工商联、电影院……鳞次栉比，城里人的日常生活离不开这里。夜晚最热闹的地方在中山路电影院，那年代娱乐场所很少，电影院是人们最向往的地方。人民剧场并不经常有演出，除了在工人俱乐部看篮球比赛外，电影院是我童年的天堂。"文革"当中样板戏观看过无数次却乐此不疲。如果有新片放映，售票窗口拥挤得人叠罗汉，从电影院门口到中山路大街人群拥挤得水泄不通，人们为看上电影而急切热望，嘈杂、喧哗、推搡、激动，如潮涌动，此起彼伏。

影院附近有两座很特别的房子：一座是工商联的老房子，另一座是溪西桥与中山路连接处的小洋楼。两座房子门面都比较洋气和别致，可以看出旧街在民国时代的建筑风貌。

桐山地处山区与沿海平原交接部，地形以丘陵和河谷平原为主；域内地势呈东北、西北、西南向中部和南部倾斜。福宁知府李拔对桐山地形有一句形象的比喻："群峰环拱，两水襟流。""两水"就是桐山溪、龙山溪，均汇入八尺门内海。

桐山溪又叫水北溪，由会甲溪、溪里溪、坡里溪、南溪、库口溪、透埕溪6条溪流汇聚而成，发源于浙江省泰顺县雅阳区，流经境内库口、何坑、高滩、桐山、流美等地，注入沙埕港，主河道长度为57千米，流域面积达421平方千米，是福鼎流域面积最大的溪流。龙山溪源于王家洋与浮柳洋，现在王家洋经小坑的溪水已从洋心，经三满、水北一条小溪汇入桐山溪。今之龙山溪水主要来自岙里电站的一条大渠道与桐城电站的水。龙山溪的上游在岙里，从锦云里蜿蜒而出，自北而南，从城西流过，依傍龙山一路欢歌抵达流美归于海湾。

"桐山八景"多在双溪两岸，在桐山溪沿岸有"御屏积翠""双髻凌云""罾坪渔火"，在龙山溪缀连三景"圆觉钟声""龙山霁雪"和"石湖春涨"。

两川滋润、诗意栖息，但愿两水沿岸串起珠贝般的风景线，在这座宜居城市里带给人们更多福利，也给桐川文脉延续增添更多精彩。

随着城市版图不断扩大，现代生活越来越多元化，一些传统乡土文化渐渐被遗忘，"精神家园"成为越来越多的人的内心期盼。对故土的眷恋是人类共同和永恒的情感，为了不让"乡愁"成为一想起便唏嘘不已、黯然神伤的字眼，在记住"乡愁"的同时，让热爱乡土成为我们自觉的意识，共同守护美丽的家园。

福鼎旧县衙及坛庙祀典

黄建军

清乾隆四年（1739），福鼎从霞浦分设置县，百政待举。首任知县傅维祖在《作新楼记》道："当是时，百政待举。朝廷特发帑银二万，责令修城堡，建圣庙，立坛壝，造衙署，营仓廒，买积谷。"一切都属初创新建，傅维祖规划经略营造，选择基址、采办木材等亲力亲为，官吏、匠人配合支持，井然有序，任务虽繁重，但都能按进度完成。县衙署筑造共花费2367两银圆，账目公开，坦诚无欺。

清光绪《福鼎县乡土志》言："傅维祖，浙江鄞县举人，识治体，兼精堪舆术。""识治体"是指懂得治世之道，善于协调各方，任人唯贤，赏罚严明。"精堪舆术"即善于察看地形，能根据地脉水流朝向选择宅基。福鼎县衙署、社稷坛、先农坛、城隍庙、文庙等基址都是由傅维祖选定，三百多年后今日的福鼎市政府办公大楼还建在当年的县衙基址上。

傅维祖到任时先暂住巡检司署衙，乾隆六年（1741）奉文修建县衙署，在原巡检司衙署基础上再购买左边民房以拓宽宅基。五月开工修造，第二年三月即告完成。县衙署西边是桐山营游击署衙，文武比邻，和衷以济。

县署衙头门上悬谯鼓为谯楼，有匾额"作新楼"，门中则三间宽，两旁各半翼，进为仪门，有月台露亭，中正为大堂，其梁柱粗大，基础厚实，显得端庄肃谨，壮观大气。堂后有廊道，为川亭。再进为"六院"，6个房间都为书吏办公场所，东西各有一间衙役跟班的班房（即皂隶房）。二门外东四间有门楼，头门内东为土地祠；西九间是监狱，关押犯人。宅门递进为三堂，宅门旁边有库藏、书室，三堂之后有司茶房、斗室，东边四间是司厨者之宅。

典史署由县衙署头门之东而进，左边为土地祠，右边为皂隶房，中为大堂，堂后有廊道、左右厢房，内有书吏办公的六房。县衙合典史署共有房间89间，围墙较原巡检司增加40丈，廊道增3间，后楼增5间。

新建的县衙署，楼高而宽敞明亮，取名"作新楼"，取意锐意图新、圣德日新。傅维祖专为此楼撰写《作新楼记》，文中写道，他刚到福鼎寓居旧巡检司署，地方低洼狭窄，街上行人寥寥可数，街市的商铺稀少零落，百姓质朴率真，但不懂仪礼知识。

在任三年以来，街市渐变热闹，往来行人不断增多，民气日新，百姓开始懂得仪礼，相信不远将来福鼎会有更大的变化，望后人能体谅他初创的苦衷和艰辛，将县衙建得更加恢宏壮观。

清乾隆三十六年（1771），时任福鼎知县王应鲸抄录乾隆皇帝谕旨一道悬挂于大堂之上，嘉庆五年（1800），福鼎知县岳廷元抄录嘉庆皇帝平定三省纪略谕旨也悬挂大堂。县衙二堂匾"忠爱堂"，内廨"退思楼"匾皆由嘉庆十一年（1806）福鼎知县谭抡立。

下面简介几处建筑：

文庙 在福鼎县城南关外，即现市医院地址上，乾隆六年傅维祖奉文建，中为大成殿，上悬挂康熙皇帝"万世师表"匾额，雍正皇帝"生民未有"匾，乾隆皇帝"与天地参"匾，嘉庆皇帝"圣集大成"匾额。东西两庑，大殿之南为戟门（即传说通往富贵之门），左边有名宦祠，右边为乡贤祠，南为棂星门（传说天上文曲星之门），门外有半月形水池（泮池）、是官学的标志。大成殿左为崇圣殿，奎光阁，右有朱文公祠。

社稷坛 古代礼文繁缛，清朝制定了各种礼仪如接诏礼、迎春礼、乡饮酒礼、救护礼等。官府每年要举行不少的祭祀典礼，祭域内应祀之神，有严格的成规。祀礼教敬，典之重也，凡府、州、县皆建有社稷坛，祀风、云、雷、雨、山、川诸神，每年春秋二祭。由知县作为主祭官，祭前三日要斋戒，祭前一日准备祭物，清扫祭坛，祭祀当日要穿祭服，祭礼包括焚香、燃烛、明炬、迎神、跪、叩首、献礼、读祝文等，程序繁缛。福鼎社稷坛在县城北，清乾隆六年傅维祖建，十六年被大水冲毁，十八年知县何翰南重建。

城隍庙 古代凡有城池都建有城隍庙。城隍又称城隍爷，是民间普遍祭祀的守护城池之神。福鼎城隍庙为城内的安平社，在今天的文化馆内，旧为芦门巡检司公所。乾隆六年傅维祖奉建，里人李枝发等人捐田用于祭祀。每年春秋二祭，祭日为农历二月和八月初三，主祭官为知县。

先农坛 在县城南石湖桥程家洋，傅维祖建。先农为六神之一，每年开春皇帝率百官祭田礼于先农坛，祈福一年丰收，风调雨顺。清朝各州府县也建有先农坛，立春前一日塑造一头春牛于东郊春牛亭，立春之日知县率属官至先农坛举行迎春仪礼，用柳条鞭打春牛，午时举行耕田礼，知县亲自行耕播种，一老农牵牛，另一农夫扶犁，九推九返方结束仪式。

关帝庙 在县城南外宁泰社，清康熙年间西门高家高祖蒸建，清乾隆十五年（1750）知县何翰南修葺，乾隆五十九年（1794）高家重建。每年三祭，除春秋二祭外还在五月十三日祭祀,关帝爷义薄云天,盖世英雄,儒家视为武圣人,道家称之关帝君,是忠义的化身。

文昌阁　　在文昌社,即现在市政府对面邮政局处。清嘉庆六年(1806)列入祀典,每年春祭为二月初三,秋祭另择吉日。文昌帝主持文运,掌管人间读书科举谋职之事,保佑学子科举高中、仕途顺畅。

厉坛　　在县城北二里七星墩,即现在桐北小学北边。清乾隆六年知县傅维祖初建,十六年遭洪水冲毁,乾隆二十年知县萧克昌改建于七星墩。每年清明、中元节(七月十五)、十月朔(十月初一)"三大鬼节",官府都要在厉坛祭祀。

从一张老照片看旧时福鼎城关民居

陈载耀

福鼎城郊老照片

上面的旧照片，是一位 100 多年前到福鼎的传教士拍摄的。画面是清末或民国初年的福鼎城郊的民居群落。拍摄者立足的地方在城西的福全山脚下（现福鼎一中边上），拍摄角度由西往东南方向取景。视角的广度是现在中山中路四角井（又名小西湾）至溪园巷范围。这张照片远处背景是城东的烟墩山的山体轮廓；中景可以看到桐山溪和溪冈石桥，石桥横跨于桐山溪之上，东西走向通往山前村原福鼎啤酒厂北侧，已不复存在，现被人车通行的彩虹桥所代替；近景为一大片的人烟稠密的民居，典型的闽浙建筑风格，有一栋房子很特别，露出了一弯斜挑精致的燕尾脊；前景呈现一段相当狭长的水域，即"龙山溪"，溪流之中水草丛生，溪岸植被茂密，照片左侧角落有段石梁桥似已坍塌，此即横卧于龙山溪上的后明溪桥（又名后门溪桥）。

照片主体是最显眼的建筑群落，几乎清一色的青砖黛瓦马鞍墙，大房子豪华气派，可称得上是县城的一处富人区了。西向福全山圆觉寺的民居紧挨毗邻，单体建筑整体结构也比较相似。溪的东岸筑有一条不高的小堤坝，兼用作民居溪边的通道。堤坝里的房屋建在台基之上。台基是高出地面的建筑物底座，在结构上有承重作用，并有防潮、防腐功能，还可弥补单体建筑不甚高大雄伟的欠缺，此外还有积极的美学意义，可以避免建筑在视觉上易产生的头重脚轻的失衡感。这里沿岸所有建筑都有台基，基身与室外堤坝和溪流间的落差减少了汛期溪水侵入室内的可能性。以照片中一栋单体房屋为例，房屋左边开有侧门，或方或圆，右边建有凸出的门楼，与横向石砌台阶相连。单栋房屋有单开间和多开间，屋面硬山顶或悬山顶。灰砖、黛瓦、白墙，结构优雅实用，似三维视觉，色调明快开朗。在图中可以看到瓦顶的坡度较陡，屋顶有成歇山式的，四角又伸出四个小坡顶；而几层的民居每层都做腰，四角同样伸出小坡顶，形成罕见奇特的福鼎民居屋顶形式。

这一带居民逐水而居，加上历代沿岸拓展，构成了叹为观止溪边富裕街区。沿岸的房屋为砖木结构，群居密集而又单体疏朗。图中远处的山墙是闽东民居特有呈弧线马鞍形封火墙。福建民居封火山墙呈现的曲线型自由式，不同于浙江、安徽民居山墙为直线型台阶式马头墙。本地山墙的曲线轮廓变化自由，跌宕起伏，生气焕发。在这民居集中的城郊，远近曲线型山墙层层叠叠如万顷波浪，呈现闽东民居最突出的外部特征。远处，山形依稀的烟墩山，把绵延的建筑群衬托得更加生动。

对于这一片古宅，许多福鼎老者记忆犹新，现还有些许残存破旧老宅淹没于都市的高楼大厦之中。我问过一中老前辈上官老师，照片左侧的一座老房子正是他的祖宅，至今尚在，前街是店面，一直通到后门进深有20多米。

龙山溪水依然川流不息，但成了水泥砌造的堤岸。陈承宝先生在文字中感叹："说它是溪，却没有沙石、深潭浅滩；它底平坡斜，夏不撒野冬不枯，四季水清流缓。说它是渠，两边都是楼房，没有渠道的灌溉功能，它就是这么特别。"真怀念以前的龙山溪啊！

桐山八景

白荣敏

桐山八景相关风物

2013年8月,桐山溪东岸步行桥至山前大桥(彩虹桥)段滨水景观工程投入使用,名曰"灵性山水"的文化主题区,利用叠水景观、夜景灯光、亲水平台等,嵌入了表现"桐山八景"内容的名家书法和篆刻作品,提升了休闲景观的历史文化内涵。

大约在明代开始,随着福鼎桐山人口增多、市镇发育,以及市井文化的成熟,逐步形成"八景",并开始出现在文人墨客的笔端。目前所能看到的最为完整的题咏桐山八景的诗是清乾隆年间任福宁知府的李拔以及同时代的福鼎县令萧克昌、光泽知县吴名夏、福鼎训导童珒、长乐知县黄瑞鹤、举人张为霖等人所写的诗歌,均被收入李拔编纂的《福宁府志》。据《福宁府志》,桐山八景为"石湖春涨""莲花曙月""玉塘秋色""龙山霁雪""罾坪渔火""御屏积翠""双髻凌云"和"栖林烟雨",以下逐一做些简单介绍。

"石湖春涨"在桐城街道石湖社区石湖桥附近。旧时此处海水到达,为旧桐山一水陆码头,从南边来的商旅在此登岸或过桥进城。龙山溪两岸曾有翠竹芦苇,每逢春到人间,成为踏青之佳所。古迹石湖桥今犹存,为两孔一墩花岗岩石构平梁桥,长约19.2米,宽3.35米,高4.3米,为县文保单位。清嘉庆《福鼎县志》载:"石湖桥,在治南一里上庵山麓。旧为木梁,后人易以石,旁翼扶栏。长八丈,阔一丈,高二丈。昔有王氏号仙源者,尝造三十六桥,皆石。时有'三十六桥风雨夜,几多诗句在人间'之句,今皆莫详,所在惟此桥。成化元年(1465),玉塘夏荣重修;十六年(1480),里人高宏重建屋九间。乾隆十六年(1751),夏勋倡募重修。"

"莲花曙月"在市区东南桐城街道资国村,有莲峰山状如莲花开放,每当晓月升空,清辉四合,别有景致。莲峰山上的资国古寺,始建于唐咸通元年。

"龙山霁雪"在旧县治西,清嘉庆《福鼎县志》载龙山"蟠结数里,矫若游龙"。每值隆冬大雪之后,满山银装素裹,如玉龙飞舞,蔚为壮观。

"罾坪渔火"在桐城街道罾坪村,桐山、龙山二溪,汇于南部水流美,于罾坪入海。

这一带河口之水受海潮顶托，有河中洲渚，水为淡、咸交汇，鱼丰味美，远近渔民在此结网放罾，漏夜不停，晚间渔灯闪烁，渔歌悠扬，蔚成一景。

"御屏积翠"依御屏山而名，清嘉庆《福鼎县志》曰："御屏山，在治北五里。横展如屏……《名胜志》：'宋秘书郎高昺容斋在此山麓。'"附近有村名高滩，大约宋时与桐山高家多有牵连。除了高昺容斋，还有宋衡州司户高融（宋理学家、台州教授高松之父）归隐之无余堂。清嘉庆《福鼎县志》："容斋，在县治北五里。《名胜志》：'宋著作郎高昺居此，光宗御书容斋二字赐之。'""无余堂，在县治北五里。宋衡州司户高融弃官卜隐处。"

"双髻凌云"亦依山而名，清嘉庆《福鼎县志》卷二，山川条载："双髻山，在治东北五里。双峰并峙，形如螺髻，旁有龟峰。《福宁州志》：'峰最高处，有一览轩遗址，昔徐公履、卫子坚游憩于此。'"清嘉庆《福鼎县志》："一览轩，在治东北五里，宋朱文公讲学处。邑人杨通老、高国楠从之游。"

"栖林烟雨"依寺而名，清嘉庆《福鼎县志》："栖林寺，在县治西五里。宋梁克家《三山志》作栖林院。晋天福三年建。"栖林寺其实处在鳌峰山半山腰的一个山坳里，周遭峦嶂环抱，雾气不易散去，每当烟花三月，烟雨弥漫，愈加清幽，成就"栖林烟雨"。南宋乾道五年（1169），爱国诗人王十朋从泉州知府卸任回老家浙江乐清，途经福鼎，借宿栖林寺，写有《栖林寺》一诗："我如倦鸟欲栖林，喜见禅僧栖处深。家住梅花小溪上，一枝聊慰北归心。"清福鼎知县岳廷元《游栖林寺》诗曰："探奇豪气未全休，为访招提挈伴游。剧喜竹阴横翠幛，恰逢梅雨润青畴。人无南北皆真率，胸有溪山足唱酬。到此炎尘都涤尽，置身如在小瀛洲。"

"玉塘秋色"在桐城街道玉塘村，村中地势平阔处兀立一座小山，名曰金山，山上多枫，每当秋季枫叶披红，成就"玉塘秋色"。此地为旧桐山城之东南海上门户，明代时有倭寇侵扰，嘉靖三十九年（1560），乡民集资建堡，为玉唐城堡，旧名塘底堡，2013年被公布为省文保单位。嘉靖四十一年（1562）七月，戚继光奉命入闽抗倭路过福鼎，曾于玉塘一带露营。

世易时移，风物变迁，八景以自然景观取胜的"双髻凌云"等现在尚还能领略其景致，而其中有人类活动因素的如"罾坪渔火"等已时过境迁，但不管怎样，桐山八景深植于福鼎历史与桐山地脉，承载着老桐山人共同的记忆，正所谓"兴废有时，感叹无已"也。

桐山八景之诗

据查，萧克昌在福鼎任县令时间为清乾隆二十年至二十四年（1755—1759），训导童珩在福鼎任职时间为乾隆二十二年至三十一年（1757—1766），李拔于乾隆二十四年（1759）春天履任福宁知府，可以确定他们三人共事过，估计几人同写桐山八景诗，是属于同僚之间的唱和；也或许是应福鼎所请，福宁知府李拔特为桐山八景赋诗，然后福鼎县令、训导等人进行唱和。

兹录《福宁府志》所收桐山八景诗如下：

一、石湖春涨

1. 李拔诗

> 雨过添春涨，晴波没石湖。
> 惊湍穿柳浪，溅沫碎花须。
> 鹭浴看无影，鱼游意自娱。
> 裙腰堤上路，未合让髯苏。

2. 萧克昌诗

> 点缀乾坤赖有春，石湖风景最宜人。
> 晴光潋滟波澜稳，雨色空濛水泛频。
> 信宿棹舟因举网，溯洄携酒可娱宾。
> 乘潮欲觅桃源路，更向渔郎一问津。

3. 吴名夏诗

> 参差石齿砌长堤，春水初生两岸齐。
> 渡口乍移迷故道，沙痕新涨失前溪。
> 雉头俯视围如带，桥面平铺卧似霓。
> 题桂当年怀驷马，长卿题后更谁题。

4. 童珩诗

> 山郭澌流急，渤泗曲岸侵。
> 湖光浮巘翠，云气接岚阴。
> 燕影掠波细，渔歌入浦深。
> 桃花迷怅望，杳杳不堪寻。

二、莲花曙月

1. 李拔诗

> 亭亭高百尺，曙月挂中峰。
> 但见清辉合，还添积翠重。
> 横开金掌影，朗映玉山容。
> 太华芙蓉削，依稀此地逢。

2. 萧克昌诗

一片闲心对碧莲，溶溶曙色影娟娟。
花因月霁香弥远，月印花明态更鲜。
素面亭亭高士韵，奇葩馥馥可人怜。
蟾光掩映真仙品，绝胜西湖六六天。

3. 吴名夏诗

菡萏初开碧映天，多情多恨最嫣然。
柔姿不为风中堕，玉貌还从月下妍。
点点萤灯投远浦，依依渔火宿前川。
采莲约定何时去，遥看花间泊藕船。

4. 童珩诗

冈势分秋辨，苍茫晓月中。
亭亭悬碧影，皎皎映长空。
远杵敲残夜，疏钟落远鸿。
云霞绕北岭，菡萏一溪红。

三、玉塘秋色

1. 李拔诗

暑气移金律，秋容满玉塘。
断霞回雁浦，残照落渔庄。
露后黄橙熟，霜前晚稻香。
宦游多感兴，鲈脍忆江乡。

2. 萧克昌诗

塘映山光卫斗城，秋来秀色可怡情。
无边木叶垂垂舞，不尽蝉声呖呖鸣。
夹道稠桑留阴远，沿崖曲水泻尘清。
闲情更上湖堤望，百里田畴喜埠盈。

3. 吴名夏诗

瀚海翻波势森茫，一痕锦障护池塘。
轻风着意催黄菊，细雨多情润绿杨。
彩色遥天连月窟，荣光映水露莲房。
墙东宋玉如相见，添得秋影又几章。

4. 长乐知县黄瑞鹤诗

　　　　瑟瑟秋容最可人，玉塘秀色一番新。
　　　　闲来漫向楼头望，爽气披襟倍有神。

5. 童珩诗

　　　　　　五里丹枫路，林疏照玉塘。
　　　　　　乱蝉吟故垒，孤艇带斜阳。
　　　　　　潮落村墟日，霜寒塞菊黄。
　　　　　　泰阶辉北极，一一扫欃枪。

四、龙山霁雪

1. 李拔诗

　　　　　　叠嶂如龙偃，凉天积雪深。
　　　　　　山家银作瓦，岭树玉为林。
　　　　　　霁色明初散，寒光晓更侵。
　　　　　　思赓梁苑赋，簪笔愧璆琳。

2. 萧克昌诗

　　　　玉垒祥云羡蜀山，参军豪兴说龙湾。
　　　　桐岗翠绕呈佳色，姥岱霞燕进丽颜。
　　　　雪满岩阿银作障，晛消林薄锦为鬟。
　　　　晴光好探春消息，载酒寻梅莫惮艰。

3. 吴名夏诗

　　　　放眼平沙雪乍晴，神龙首尾渐分旺。
　　　　乱琼摇日牛蹄滑，飞絮因风马足轻。
　　　　诗思灞桥原有约，故人剡曲岂无情。
　　　　开筵却笑桓宣武，落帽区区羡孟生。

4. 童珩诗

　　　　　　朔气连阴海，山深雪未消。
　　　　　　盘空拏玉爪，雄势压琼条。
　　　　　　古树歌寒岫，同行覆渚桥。
　　　　　　回看凝素处，茅舍半烟销。

五、罾坪渔火

1. 李拔诗

　　　　　　远火穿林出，萤灯照岸青。

　　　　　　　遥知悬网路，定是打鱼汀。
　　　　　　　照影移明月，沉波印落星。
　　　　　　　渔童把短笛，吹彻此宵听。

2. 萧克昌诗

　　　　　　　渔歌晚唱起沙州，明灭灯光境更幽。
　　　　　　　月白风清容放棹，山高水落任垂钩。
　　　　　　　羡鱼倍有临渊兴，下酒何曾向妇谋。
　　　　　　　曾结滩头多胜事，每从闲里伴眠鸥。

3. 吴名夏诗

　　　　　　　武陵深处漾轻舟，何似坪头景更幽。
　　　　　　　细雨一罾浮碧水，流萤数点照沙舟。
　　　　　　　唇蛟吐气凝楼阁，蚌蛤含光射斗牛。
　　　　　　　睡起披衣将进酒，高歌一曲醉沧州。

4. 童珩诗

　　　　　　　暮舣垂杨岸，鱼炊入夜阑。
　　　　　　　短蓬沙际宿，新火雨中残。
　　　　　　　磷暗光犹湿，萤飞影共寒。
　　　　　　　芦花吹片片，和月照江干。

5. 举人张为霖诗

　　　　　　　隔岸渔灯傍晚明，渔人抛网水无声。
　　　　　　　坪穿万齿凌江出，渔跃波头逐浪轻。
　　　　　　　应胜持竿眠月夜，何如鼓枻枕霜英。
　　　　　　　兰桡泊近堆篆处，唱和舟中莫问名。

六、御屏积翠

1. 李拔诗

　　　　　　　古嶂如屏合，晴光积翠分。
　　　　　　　明妆浮黛色，入画印松文。
　　　　　　　湿重还经雨，阴浓更薄云。
　　　　　　　错疑苔碣字，帝座勒殊勋。

2. 萧克昌诗

　　　　　　　山岫横开肖锦屏，郁然深秀罩云亭。
　　　　　　　吹箫子晋时留驾，踪鹤仙妃待驻軿。

　　　　　玉垒呈辉颜不改，烟岚叠翠色长青。
　　　　　海隅自昔多名胜，可有英豪应地灵？

3. 吴名夏诗

　　　　　峭壁积空插画屏，重重翠霭绕沙汀。
　　　　　举头云近能扶日，扪手天低欲摘星。
　　　　　娲女炼来同灿烂，石家装出逊珑玲。
　　　　　却缘屐齿人难到，长护遥峰点点青。

4. 童珩诗

　　　　　苍茫平原迥，芙蓉一障开。
　　　　　春风凝翡翠，落日照莓苔。
　　　　　碧向晴光满，青随暮色来。
　　　　　紫荆枝穤秠，连影护屏隈。

七、双髻凌云

1. 李拔诗

　　　　　插汉双峰峭，凌虚两髻丫。
　　　　　盘龙梳月靓，坠马掠云斜。
　　　　　黛绿侵钗燕，螺青抹鬓鸦。
　　　　　天仙谁羽化？簪尽洛阳花。

2. 萧克昌诗

　　　　　高髻侵云别样妆，地灵钟毓兆文昌。
　　　　　双童侍讲凭书案，五诏承宣傍玉堂。
　　　　　秀骨珊珊霞氅丽，仙姿濯濯羽衣香。
　　　　　化形莫教朝天去，留与蓬壶镇海疆。

3. 吴名夏诗

　　　　　山色苍茫压一州，仙姝髻影至今留。
　　　　　烟鬟长自连云绾，雾髻偏因带月浮。
　　　　　照却晴晖双见面，分来晓雨各梳头。
　　　　　当年曾税高贤驾，一览何人续旧游。

4. 童珩诗

　　　　　碧黛双螺合，嵯峨两髻分。
　　　　　只今犹对峙，自昔岂离群。
　　　　　春色披萝径，秋空缀暮云。

烟光凝处紫，轻雾锁氤氲。

八、栖林烟雨

1. 李拔诗

淑气调春雨，疏林抹晓烟。
霏微布谷候，约略采茶前。
着屐寒犹染，沾衣湿欲穿。
杜鹃声断处，仿佛散花天。

2. 萧克昌诗

古木扶疏接远天，栖林佳景最嫣然。
烟凝落叶霏霏下，雨散残云阵阵穿。
清磬名香僧入定，啼莺语燕鸟飞旋。
小桥流出梅花瓣，乐事辋川不让前。

3. 童珩诗

远壑淘飞瀑，涧空烟雨残。
满林青瑟瑟，一树白漫漫。
宿鸟惊禅梵，云樵急暮餐。
相看整归咏，清磬出幽檀。

不同版本的桐山八景

其实，桐山八景有不同的版本。2013 年，桐山溪东岸滨水景观工程"灵性山水"文化主题区要确定在叠水景观的假山上雕刻桐山八景诗，征求大家的意见时，参会人员多数认为选用李拔曾赋诗的一组。

另一种版本的桐山八景，无"莲花曙月"和"御屏积翠"，而替以"昭明夕照"和"圆觉晓钟"。造成不同的原因至少有两种，一种同一时期人文内涵丰富性不同。如"莲花曙月"，只是自然景观的美丽，人文元素较为单薄，而同在县城西边的鳌峰山上的香火旺盛的福鼎六大古寺之一的昭明寺则不然，其真正的魅力在于它的人文内涵。如清贡生曾任建安浦城训导的高昊诗中所写的："古刹南朝地，登临远俗氛。鸟啼山外树，人踏岭头云。塔影参天出，钟声带雁闻。兴亡思帝子，黄叶落纷纷。"

一种是由于时代的发展、时间的流逝，原来所蕴含的人文元素流失了。如"御屏积翠"中的御屏山，在宋代是一座文化底蕴较为深厚的小山，但随着高家的搬迁，遗迹渐消，其人文魅力逐渐淡薄，此处也渐渐被人们所淡忘。而"圆觉晓钟"被列为"桐山八景"之一，是因其充满诗情画意，闪耀着人文光辉而得到文人雅士的推崇。"圆觉"

为寺名，位于城郊福全山（覆船山）畔福鼎一中校园内，原名罗汉寺，明正德年间高家曾捐资修缮并舍田养僧，嘉靖年间"部文变卖天下寺院"，高家索性从官府手中买断整个寺院，后继续费资给予多次维修，并逐渐建成合佛寺与宗祠为一体的综合性建筑。因高大宽敞，后高氏利用该建筑物办起私塾，聘请教师为族内子弟授课。明嘉靖年间毁于倭患，清道光二十年（1840）重修。民国初改为学堂，1938年改办为福鼎县立中学（初名北岭中学），从此，朗朗书声取代了钟声。柘荣人、明万历朝湖广右参政游朴，曾就读于圆觉私塾，曾留有《题圆觉寺》诗：

圆宫性所爱，临眺不妨迟。
水流无春夏，岩花自岁时。
山人谈梦幻，渔火识推移。
预订他年约，归来共钓丝。

清贡生、桐南人施庭嘉（字亮泰）亦有《题圆觉寺》诗：

松杉荫满古禅寺，翠竹黄花遍地芳。
一阙钟声通觉路，十分月色是圆光。

编于清光绪年间的《福鼎县乡土志》言："御屏积翠、双髻凌云、龙山霁雪、圆觉晓钟、莲花曙月、石湖春涨、栖林烟雨、罾坪渔火，皆本境名胜也。"此处虽没有冠以"桐山八景"之总名，但显然让人联想到"桐山八景"，此组合亦为"桐山八景"之另一版本。

彭蕴章与《桐山四景》诗

值得一提的是，清代名臣、文渊阁大学士彭蕴章曾写有一组《桐山四景》，给桐山八景注入了新的文化内涵。彭蕴章（1792—1862），字咏莪，又字琮达。出身于江苏长洲（今吴县）世家大族，于清道光十五年（1835）得中进士，初授工部主事，累迁鸿胪寺少卿，擢工部侍郎。咸丰元年（1851），命在军机大臣上行走，寻擢工部尚书、协办大学士。后拜文渊阁大学士，管理工部及户部三库事务，充上书房总师傅，卒谥"文敬"。在任期间，曾协同军机大臣祁寯藻及桂良、花沙纳、肃顺等大员采取增收厘金、发行官钞、改铸铜钱、扩大捐资及漕米海运等措施，以解决清政府因筹集镇压太平天国的军费而造成的财政困难。

清道光二十六年（1846）十一月，彭蕴章因"明习掌故，勤能称职"，被朝廷任命为提督福建学政。据陈仕玲考证，彭蕴章在任福建期间，曾于道光二十九年（1849）二月，莅临福宁府，并在福鼎逗留，时间虽短，却能"衡文校士"，选拔了诸如王守锐、王守愿昆仲等优秀生员，并为福鼎留下诗词文章。据彭氏遗著《松风阁诗钞》《归朴龛丛稿》及民国《福鼎县志》统计，涉及福鼎者计有序跋3篇、诗5首，其中4首诗即为《桐山四景》，照录如下：

石湖春涨
石湖在吾郡，此地亦同名。
春水碧如此，怀哉范致能。

莲花曙月
太华峰移此，倚天削不成。
月明山夜碧，一杵梵钟声。

玉塘秋色
玉塘横十亩，秋色满渔庄。
白露零丰草，霏霏秔稻香。

双髻凌云
仙姝留髻影，苍翠压人寰。
跨虎归真去，何时放故山？

这些诗言简意赅，寓意深远，甚至以作者苏州老家石湖胜迹（南宋范成大隐居处）比拟福鼎石湖，以西岳太华峰形容资国寺莲花峰迷人景致，可见他对福鼎山水爱慕有加。但为什么彭蕴章只写"桐山四景"而不是"桐山八景"，不得而知。

福鼎市区地名掌故

> 黄建军

桐山　　即今县治所在地,"平坡宽旷,旧多产桐",故名。四周山冈多生长油桐树,开桐花,产桐子。

阮家尖　　相传旧时阮侍郎兄弟卜隐于此。

龙山　　在县治西,蟠结数里,矫若游龙,故名。

福全山　　在县西里许,形如覆舟,俗名覆船山,后雅称福全山。

坪园　　周边种有许多松树,原称松树原,又称上坪园,最后简称坪园。

双架山　　由双髻山谐音演化而来。

普后　　地处104国道公路旁,原名"苦夜"。相传有一皇帝经过此地住了一宿,因皇帝整夜被蚊子叮咬,受苦一夜,因此得名"苦夜"。

万古亭　　章峰王氏族人于清乾隆十年(1745)在浙闽古官道上建造一个凉亭,名"万古亭",供行人憩息和避风雨。后来,有人在万古亭边上建房居住,形成村落,以"万古亭"名村,沿用至今。

皇帝墓　　相传以前有一皇帝落难埋葬于此,就以"皇帝墓"名村,沿用至今。后因沈海高速建设需要,整村搬迁至普后自然村安置地居住。

马井　　前人夜间经过此地下马夜宿,看此地四面环山像一口井,就称"马井",沿用至今。

后门厝　　玉塘夏姓人家搬迁到马井自然村居民房子后门,当外人打听夏家居住地时,当地人会说,往马井后门走,那里的房子就是。房子俗称"厝"后来人们就称此地为"后门厝"。

南阳　　原为南洋,是潘厝自然村村名,村庄前面有100多亩水田,因在村庄的南边,故称。后改"洋"为"阳",叫南阳。

下牛　　一百多年前,陈氏三兄弟一人牵着一头牛,走到了南阳,三头牛突然停下来不走了,便在此安家,取名"下牛"。

罾坪　　因世代都用罾排捕鱼,水面上麇集许多罾排,远远望去恍若坪地,故名。

大岚头　　原名"大树栏头",因村落坐落于四周都是竹林、树林的小旮旯窝里,故称。后雅化为"大岚头"。

梅溪　　晚清时期村中溪流两岸遍植梅花，每当盛开时节，花香四溢，飘散弥漫，花瓣纷纷扬扬落入溪中，甚是好看，故名。

百胜　　清初，因渔港埠头商贾云集，海鲜批零交易繁荣，多达百把杆秤，故称"百秤"。后谐音"百胜"。

田楼　　清代吴姓族人迁此居住，房屋建在田地之旁，称之为"田楼"。

罗七　　该自然村周边农田肥沃，粮食丰产，每分地可收粮一箩七斗，俗称"箩七"。清朝中期由张氏、蔡氏族人迁此居住，后有庄姓、陈姓迁此，蔡氏居住"箩七"，张氏居住"白榄头"，庄氏居住"七斗冈"，划分生产队后合并"箩七"队，后文字简写，改称"罗七"至今。

卢湾　　因该地路湾内芦苇甚多，故称"芦湾"，后简写为"卢湾"。

兰田　　据村民沈世堪口述，兰田村先前有一片海，大片的滩涂上盛产"蛤"，在今马仙宫前有座凉亭，木质结构，时有村民在亭内休憩，并在亭内买卖蛤。因此，人们叫该亭叫"蛤亭"，后变为名，再后来谐音"兰田"。

松柏脚　　清代蔡氏迁至此地，地处半山腰，周边树林茂盛，后门山松树、柏树居多，故称"松柏脚"。

南乾　　南乾村的建村始祖姓王，原居福鼎县桐山前店，经常到此捕鱼，因路途远，来回困难，故名"难行"，后定居于此，方言谐音衍为"南乾"。

资国　　资国村取名自千年古刹资国寺，乃先有寺，而后有村。

岩前　　该村有一块巨大的岩石，传说岩石上有泉水涌出，曾叫作"岩泉"，谐音衍为"岩前"。

丹岐　　丹岐原称"郑岐"，据说最早居住者为郑姓人家，"郑"与"丹"在福鼎方言中读音相近，谐音为"丹岐"。现在丹岐村中已没有郑姓人家。

牛头坑　　因村前有一座山看过去就像牛头探到溪里喝水而得名。其山弯曲的形状像牛的脊背，头没到溪里，十分形象。

八斗丘　　此地方有一丘很大的田，约三四亩，村落便取名"八斗丘"。

拱桥　　村中有一拱桥，是柯岭通往三门的一个小道，一米多宽，村道从拱桥经过，形成了拱桥自然村。该桥是用石头垒起来的小桥，古老质朴，修建年份已不可考，至少有百余年历史。

营盘　　据说是古代军队驻扎之地，军营盘踞于此，称为营盘。

大竹竿　　该村有很大的竹子，因此得名。村民常用竹子来做渔排，后来竹山被砍伐殆尽。

外墩 原为"外遁"，名字由来与地形相关。该地以前是一个岛，涨潮的时候四面环水，落潮的时候才可以走通。

塔下 塔下村因塔而得名。该塔建造于明崇祯七年（1634），原名三条石。据塔下石刻载：塔下村地处桐城之南，夏等姓先民卜居此地。昔有玉塘夏氏东峰建塔，塔下由是而名。塔环绕三丈有余，高七层，花岗岩构造。畴昔塔尖有灯火，整夜通明，以为海上往来舟楫之航标所示。塔已毁，遗迹尚存。

董江 《福宁州志》："其水清冷，江边有山，相传董奉炼丹山中，每渴则来饮水，热则来濯。登仙之后，乡人因名董江。"

八尺门 在八尺门南侧有石亭一座，长宽高皆为八尺，"百尺门"衍为"八尺门"。八尺门的由来，就是源自名为葫芦门的渡亭。因葫芦门三向皆八尺，故也称之为"八尺门"，进而称这个渡口为八尺门渡。再后来，便叫成了这一块的地名，现有村曰八尺门村。古时成群白鹭经常聚集于八尺门，又称"白鹭门"；远眺港口似百尺之距，又名"百尺门"。

流美 原名"水头尾"，20世纪40年代改名流美至今。

灰窑 曾名向阳，原名东山，后因设窑烧蛎灰，故名。

陈其岭 陈琦字公琰，福安人，明永乐进士，曾任江西按察司佥事。陈琦曾流寓桐山，倡建该岭，故名"陈琦岭"，后被写为"陈其岭"。

小西湾 地处今桐北小学校舍北边，原为小西会馆。小西是人名，泉州人，又作筱西，故又称泉州会馆，清光绪间成立，民国废。后人把"馆"变音为"关"，称"小西关"，后又误作"小西湾"。

阮洋陈 清初店下阮洋村陈家迁居于此，成为望族，后得名。

路边亭 清代此处建一路亭于路边，此地因而得名。

玉塘 原称"王使塘"，明天顺元年（1457）夏氏迁居于此，后以避王使天官之讳，改王使塘为玉塘，又称塘底，后取金马玉堂之意改写"玉堂"，清末又改为玉塘。

江桥 徐家的祖宗在这里烧缸，就名之"缸窑"，后方言谐音为"江桥"。

寮赖 此处清代为一交易场所，建有多个草寮仔，称"寮仔赖"，后简化成"寮赖"。

福鼎市区的山

白荣敏

民国《福鼎县志》载:"山以桐山为著,平陂宽旷,即今县治自置营。开县筑城后,山尽削为平地,今可辨认者惟城永宁里,有地颇高,曰企岭,及旧游击署中有窦公墓耳。环拱治城者有双髻山,即宋朱子讲学处;有阮家尖,即阮侍郎兄弟卜隐处;有鳌峰山,即旧传梁昭明太子建塔处;错出其旁者,有南阳山、金钟山、龙山、福全山、紫荆山、御屏山,皆治城所资为屏障。"

以上所列有桐山、双髻山、阮家尖、鳌峰山、南阳山、金钟山、龙山、福全山、紫荆山、御屏山共10座,以下择其中人文底蕴较为深厚者略做介绍。

桐山 清嘉庆《福鼎县志》载:"桐山,即今县治。平坡宽旷,旧多产桐,故名。"清光绪《福鼎县乡土志·坊都表》载:"桐山,即县治北五里,距水北溪二里。"桐山原在福鼎市区北部距离水北溪二里的地方,但后来被削为平地了。民国《福鼎县志》说:"开县筑城后,山尽削为平地,今可辨认者惟城永宁里,有地颇高,曰企岭,及旧游击署中有窦公墓耳。"时至今日,永宁里及旧游击署、窦公墓也难以辨认了。

桐山之名源于此地多产桐树。宋梁克家《三山志》说:"(桐)有四种:青桐,皮叶俱青而无子;白桐,皮白叶青而有子;油桐,有花与子;岗桐,似白桐,无子,可以为琴瑟。"桐山的桐是油桐。《福鼎县乡土志·物产表》载:"制造:桐油,桐子制。"这种制造桐油的桐子就是油桐的桐子。福鼎桐山紧依沙埕港,旧时渔民修造船只,主要用桐油刷漆船身以防腐蚀,栽种油桐制造桐油成为一大产业。福鼎民谚曰:"千棕万桐,一世人不穷。""栽桑植梧,子孙不穷。""家有桐和茶,日子蛮好康。"可见自古以来桐是福鼎的重要经济作物。

双髻山 清嘉庆《福鼎县志》载:"双髻山,在治东北五里。双峰并峙,形如螺髻,旁有龟峰。《福宁州志》:'双髻山旁有龟峰,峰最高处,有一览轩遗址,昔徐公履、卫子坚游憩于此。'"依此记载,双髻山位置与桐山相距不远。双髻山的形状像古时候女人头上梳起的发髻,但旁边的龟峰应该就像乌龟的背壳,比较平坦,故建有"一览轩"。清嘉庆《福鼎县志》载:"(一监轩)在县治北五里,宋朱文公讲学处。邑人杨通老、高国楹从之游。"据载,宋庆元三年(1197),朱熹避"伪学"之禁来到

双髻山（高耆良 供图）

长溪，于潋村石湖观讲学，再受学生桐山高松的延请，到桐山一览轩讲学。一览轩今已无存，"双髻凌云"成为"桐山八景"之一。有宋诗咏双髻山曰："双髻屹立几千尺，古木长藤风瑟瑟。虚空八表气清冷，月白中天露华滴。桂花影照团圆光，猿猱笑声秋夜长。广寒宫府近相逼，妙歌一曲舞霓裳。"双髻山海拔320米，实际上并不高。

阮家尖 清嘉庆《福鼎县志》："阮家尖，在治东北二里。相传昔阮侍郎兄弟卜隐于此。"阮侍郎兄弟无考。

鳌峰山 清嘉庆《福鼎县志》说："鳌峰山，在治西七里，岿然独立，峭拔云霄。磴道盘曲，为十八折。上有寺曰昭明，相传萧梁时昭明太子建，故其山亦名昭明山，西为白浪山。"鳌峰山海拔371.9米，相对市区周边各山较高，故被形容为"岿然独立，峭拔云霄"。昭明寺建于南朝梁大通元年（527），相传为昭明太子萧统所敕建，并"造浮屠以镇温麻"。宋明两代，历经火焚。明嘉靖十三年（1534）重修。清乾隆六年（1741），寺塔并修。1982年，重修寺塔，恢复旧观。昭明古塔为福建省最早寺塔之一，高25.6米，为楼阁式仿木结构，空心砖塔。塔内设有扶梯。登塔俯瞰，山川城郭，一览无遗；双溪环流，尽收眼底。"塔影西斜红日暮，炊烟起处是桐庐。"每当夕阳西下，残照余晖，实为壮观，是为"昭明夕照"为桐城八景之一。明游朴有诗曰："帝子当年迹，

鳌峰山（张晋 摄）

游人此日身。孤台千甲乙，万事一朝曛。铁汉谁还健，金刚不染尘。爽鸠何必问，一醉是仙真。"

龙山 位于城区西部，清嘉庆《福鼎县志》载："龙山，在治西。蟠结数里，矫若游龙。旁为飞凤山，双峰平展，望若飞凤。下有潭，深不可测。"龙山山势巍峨，绵延数里。每值隆冬大雪之后，满山银装素裹，有"龙山如玉龙，霁雪舞当空"的美妙意境。这便是"桐山八景"之一的"龙山霁雪"。因气候变暖，今已极少见。现龙山公园建有许多亭台楼阁，是居民登山锻炼、休闲散心的好去处。

福全山 清嘉庆《福鼎县志》载："福全山，在城西里许。形如覆舟，俗名覆船山。"福全山应为"覆船山"谐音演化而得名。现桐山街道福全社区设在此地，社区因山而得名。

御屏山 清嘉庆《福鼎县志》载："御屏山，在治北五里。横展如屏。旁有岩如伏虎，曰白虎岩。前为紫荆山。《名胜志》：'宋秘书郎高昱容斋在此山麓。'"御屏山位于市区北面，北边群山相拥而来，到了此地山梁突成东西走向，绵延数里成了自然屏障，把西北风挡在了山北；御屏山南端的大幽谷，名为积翠，积翠谷竹木层叠，郁郁葱葱，成就桐山八景之一的"御屏积翠"。桐山望族高家与御屏山有因缘，高昱辞官后在此筑容斋居住。清嘉庆《福鼎县志》载："容斋，在县治北五里。《名胜志》：'宋著作郎高昱居此，光宗御书容斋二字赐之。'"高昱从侄高融辞官归隐后，亦在此筑无余堂；清嘉庆《福鼎县志》载："无余堂，在县治北五里。宋衡州司户高融弃官卜隐处。"高融就是理学家高松的父亲，高松曾先后追随南宋著名理学家陈傅良和朱熹，与朱子高足潋村杨楫齐名。因与高家结缘，御屏山麓有地名曰高滩，今为村庄名。革命战争年代，高滩出了女英雄金维娇。

古语形容福鼎县治："群峰环拱，两水襟流。"颇为形象到位。所谓群峰，远不止以上所列，故民国《福鼎县志·山川志》还收录许多座山，兹录原文如下：

狮头山，在双髻山南。又南为枕头山。

南阳山，在治东五里。俯睇长江，潆洄如带。麓有金钟覆地龙头阜。南为金龟山，后胆山，北为猫虎岚、铁场山、古驿山、蛇山。

大冈山，在治西北三里。峰峦秀拔，林木葱蔚。旁为桂洞岩，下为金字山。

狮子岩，在大冈山南。岩窦幽绝，屈曲盘折。东曰云亭山。

莲花冈，在治西三里。峰峦重叠，形若菡萏。北为老鼠山，南为酒瓶冈，折而东为龟山。

上庵山，巅有庵址，故名。南曰榄下山，麓有岩，谽谺如狮口，潮落则见。

斗立山，在上庵山南。又南为郑墺山，旁有虾蟆岩。

旗竿冈，在治南五里，圆突耸秀。旁有印屿，北为双袋山，西为盐屿，东为缸窑山，为大岭头，为巡检山。

陂头山，在白浪山麓。路势屈曲，有三十六陂。

高山，在白浪山左，后为梅木臭坑，前为天井阳。

金龟山，在治东三里，南阳山之阳。

后胆山，在治东南二里，下即后胆溪。

猫虎岚，在治东南二里，南阳山之北。旁为铁场山、古驿山、蛇山。

其实现在人们熟悉的还有烟墩山，位于山前街道石亭社区，面积约为1.9平方千米，主峰海拔200.5米。因该山上有烽火台，是古时点燃烟火传递重要消息的海防报警点，故名。站在山顶可以瞭望整个福鼎市区。与之相望的是明贵山，海拔略低于烟墩山，给人以视觉上错落和谐之美。点燃烟火传递消息是一条线上的事，故烟墩山不止一座。现体育中心所在地也有一座，建体育中心时被削掉一些，剩下的另一个小山墩，是另一座烟墩山。

御屏山

◎ 郑正样

御屏山横亘于福鼎市区北面。北边群山相拥而来，到了市区五道山梁突成东西走向，绵延数里成了自然屏障，把冬天凌厉的西北风挡在了山北。御屏山在夏季里把猖狂的台风撞散、削弱，加上城东有双髻山、烟墩山，城西有鳌峰山护卫，整个市区就常年安然沉浸在无边的青翠里。御屏山还挡住了北来的激流，自浙地千山万壑汇集的汹涌而来的溪流，到这里被山梁一挡，转了一个弯便变得温顺了，如同两条碧绿的玉带潺潺缓缓流经市区，成为哺育一代又一代市区人的母亲河。诚然，闽浙两省交界边城福鼎是有福的。

御屏山距市区 6 千米许，昔时没有桥，山下村庄完全被溪流阻隔。村民到市区都靠撑竹筏顺流而下逆水而上，出没在竹木拥掩的溪流中，就像早些年电影里"小小竹排江中游，巍巍青山两岸走"所唱的那样。当年红军凭此得天独厚的自然屏障在这里开辟根据地，开展轰轰烈烈的革命活动。这里的高滩村成了闽浙边区革命根据地的前哨，为红军收集、传递情报，采购伤病员急需的药品和手电筒、电池、胶鞋之类的生活紧缺用品。

御屏积翠，名字和山景一样诗意葱茏，为桐城八景之一。御屏山南端大幽谷名积翠。积翠谷满眼是层层叠叠的竹木，苍松、翠柏、绿竹、碧樟，郁郁葱葱，青翠欲滴。翠得全身碧透，满心滋润。御屏山积翠谷如诗如画，如唐朝诗画家王维"山路元无雨，空翠湿人衣"隽永的诗意山水。

御屏山山清水秀，所产的农作物也甘美。诸如马铃薯、红鼻芋酥脆甘甜，盐渍榨菜、芥菜香甜脆生，让人一尝就口内生津；尤其是竹笋六月麻，笋丝甘甜爽口，百吃不厌，我们在整个竹笋生长季都吃它。御屏山，悄悄地积聚着她的青翠，她的甘甜，也悄悄地积聚着她的精神财富。这里的农作物好，人也好，民风淳朴，社会和谐，女人洒洒脱脱，男人朴朴实实。

御屏积翠美景为历代文人墨客所歌吟。清代邑令萧克昌游此地，对这青山绿水惊羡不已，认为虽然福鼎在明清抗倭御侮斗争中出了不少英雄人物，但这灵秀之地还更应英豪辈出。因而他在《御屏积翠》一诗中发出了"海隅自昔多名胜，可有英豪应地灵"

的感叹。果然，就在这位诗人发问苍茫大地之后，当地人在共产党领导下闹革命、抗日救国，英豪迭出。尤其是20世纪30年代，出了一位名震闽浙两省的巾帼英雄金维娇，她有如御屏山青松翠柏万古常青地活在一代又一代人们的心间。

福鼎市区的溪流

> 林承雄

桐山溪 桐山溪，俗名"山前溪"，自北而南穿过福鼎市区，汇入沙埕港，是福鼎人民的母亲河，也叫"桐江"。清嘉庆《福鼎县志》载："桐山溪，俗名山前溪，在县治东。源出金尖山，南流汇为南溪。东至马尾碇步，又东过龙埠，汇苏家山水，为宫下潭。又南，抵鱼仓，折为乌溪。逾水北至山前，分为二，南达马道潭入海，东达后胆入海。"桐山溪实际上是水北溪的一段。水北溪是本市域内最大的溪流，发源于浙江省泰顺县雅阳，在本市叠石乡车头、荥阳村进入，流经南溪、库口、何坑、透埕、高滩等地至桐山梅溪村入沙埕港。流域面积425平方千米，主河道长50.4千米，河道比降7.69‰，多年平均径流量5.962亿立方米，多年平均流量18.9立方米/秒。1974年开始在高滩水文站上游约15千米的支流上兴建南溪水库，该水库控制流域面积164平方千米，总库容6700万立方米，下游建有水北溪引水工程，担负着福鼎市城区的供水任务，属年调节水库。历史上桐江水患不断，生态环境受到破坏。但通

桐山溪彩虹桥段（陈昌平 摄）

过不懈整治，修建防洪工程（比如南溪水库），如今的桐山溪不再是"洪水猛兽"。桐山大桥、彩虹桥横跨桐山溪，溪水静谧、安详地流淌着，红鲤鱼成群，两岸绿树环抱，高楼矗立，桥下溪边开辟休闲绿地公园，桐山溪变得更加美丽和谐。

龙山溪 清嘉庆《福鼎县志》载："龙山溪，在县治西。源二：一出王家洋，一出浮柳洋。东流汇于澳底。又东逾篁潭至岑头洋深港，复分为二，东过寮赖，西过西园，合于三汊港。南至圆觉潭，又南，为龙山潭，东至榄下潭，出蒲洋，与山前溪合流入海。"龙山溪属水北溪的一条支流，发源于福鼎市桐山街道古岭村的白石尖，流经深垅、岭头柴山、岙里由北向南穿越市区，于市区南端流美虎头鼻汇入水北溪，流域面积27.4平方千米（其中1997年12月将龙山溪岙里桥以上16.2平方千米的水经三满新建1.3千米河道在桥村汇入桐山溪，做到"高水高排"）。龙山溪属典型山区性小河道，从源头白石尖（657.8米黄零高程），至虎头鼻（2.5米）天然总落差655.3米，河流总长度16千米，平均坡降为33‰。流域多年平均年径流量为0.33亿立方米。河道上游坡陡流急，洪水暴涨陡落，下游流经岙里洋后河道坡降渐转平缓、水流变慢。1998年开始实施福鼎市城区防洪堤三期工程，新开三满河道，将岙里桥以上主河道改道流入水北溪。

普后溪 普后溪主流为贯岭马洋溪，因经过普后，所以取名"普后溪"，最后流入桐山溪，长约2千米，宽约3米，最深处可达2米，之前溪水村民主要用于灌溉农田和洗衣服，经过多年的山洪冲刷，河床现在被沙土填埋，防洪堤大部分都有损坏，河水很浅。2012年水北村委会争取资金分别修建三段3米宽、0.6米高的拦水坝，用于蓄水，方便村民取水灌溉和洗衣服。2018年福鼎市水利局出资对普后溪下游被冲毁的防洪堤进行重新修建，使得防洪堤继续发挥作用。

后胆溪 清嘉庆《福鼎县志》载："后胆溪，在县东二里。源出西山，由铁塘底南流，经江窑，抵后胆入海。"

三门溪 三门溪是福鼎市西北部的一条独立入海的河流，发源于福鼎市西部管阳镇谢洋村海拔800米山麓，由西向东流经管阳镇的唐阳、亭边、大山、后溪以及桐城街道的三门里、岩前、玉塘等村庄，然后注入福鼎海湾。三门溪流域面积为43.4平方千米，主河道长23.3千米，河道平均坡降17.6‰。流域多年平均年径流量为0.56亿立方米。

桐山溪

林有振

桐山溪，又叫桐江，源于泰顺，南入东海，绵延数百里。江的四周，群山叠翠，与江水相映，桐江若一条翠绿的彩练。福鼎老城区之东的这部分我们叫她溪江。夏日，山洪骤暴，河水奔突，势不可挡；秋冬雨季，天朗气清，河水澄澈见底，似一巨大的明镜，天上的彩云飞禽，桥上的行人车马，岸上的高楼大厦，尽映江里，宛如一幅绚丽的图画。桐城有了它，不知增添了多少姿色！桐城有了它，不知多少骚人墨客流连忘返！

每当清晨，微风阵阵，水流缓缓，江河边上，妇女们选好位置，铺砌好石堆，不停地搓搓刷刷，捣衣声、嬉笑声，此起彼伏，组成一曲曲美妙的协奏！同一时段，堤坝上，涌现出一队队、一群群的中老年人，有男有女，有漫步行走的，有倒退甩手的；在岸边的坪地上，男女老少和着音乐的节拍打太极拳、舞木兰剑、跳街舞和交际舞……多姿多彩，陶然自乐。

夏天的傍晚，桐江又成了盘山歌的舞台。岸边南北相距三五十米，搭起歌台，甲乙各占一方，或男或女，以宛转悠扬的歌声对盘山歌。山歌不限制时空，可以从盘古

桐山溪（叶振环 摄）

开天辟地跨越到今天；内容广泛，或调侃劳动，或唱诵爱情，或讴歌幸福。歌手们出口成诗，他们是民间诗人，是杰出的原生态艺术家，一盘就是三四个小时。听众成百上千团团围坐台下，有的自备椅凳，更多的是依江就地坐在石头上。听歌者如痴如醉，忽而低声议论，忽而鼓掌称赞，一边纳凉消暑，一边欣赏山歌，非常惬意。

炎热的夏天，桐江是天然的泳池，是游泳健儿英雄用武之地，是男女老少浮水消夏的乐园。扯到游泳的话题，又勾起我的回忆。那是青少年时，夏日的每天下午都离不开这条河，无论学习如何紧张，无论有什么不愉快的事，只要泡在这清澈的河水里，一切疲劳、烦恼都荡然无存，顿生"极目楚天舒""今日得宽余"之感。游了十多个夏天的泳，掌握到娴熟的游技，练就了健康的体魄。桐江，母亲河，以她琼浆般的乳汁，哺育我健康成长。我离开了家乡，可我离不开桐江！几回回梦里回故乡，几回回梦里浸泡在母亲河的乳汁里，感到无比畅怀。也正因此，催化了我回故乡的热望。当我第一脚踏上故乡之路，什么都不去想，第一件事就是扑到母亲河的怀里。

桐江之水，透明、洁净、甜美。工业化的今天，要找一条上游无污染源，碧蓝如练的河流，恐怕不是件易事。无怪乎，每年正月初六，这里越省跨地区的冬泳比赛，总会聚集几十支队伍。桐江之水如甘泉，令这些健儿们垂涎，令他们羡慕。"做桐江的人，真有福气！"

桐江之水，也有狂暴、凶猛的时候。如20世纪40年代初，一次山洪大暴发，冲缺了堤坝，淹没了良田，冲倒了民房，夺走了多条人命。据说灾后，时任县长头戴斗笠，躬守坝上，督阵指挥，修复了短短几十米的堤坝，令桐城的人们代代怀念不已。如今，沧海桑田，南北十里的长堤重新全面拓宽加固，像一道铜墙铁壁，不管山洪如何逞暴，滔滔江水总是顺顺服服地奔向东海。

两岸的堤坝，宛若两幅美丽的画卷。一排排的崭新水泥砖混楼房，美轮美奂，鳞次栉比，座座高楼凌空而立。边陲的小城巨变了，祖国哪一个角落不在翻天覆地地变化、发展？

桐江之上，五座大桥飞架东西两岸，国道和高速公路，像两条青白巨龙，依江驰向南北，迎来送往祖国各地的客人。在此，我想提醒我们的客人，我们的朋友，抵达福鼎，可别疏忽了夏夜逛桐江这一美事。

龙山溪

陈承宝

龙山溪旧时源于王家洋与浮柳洋，现在王家洋经小坑的溪水已从洋心经三满、水北汇入桐山溪。今之龙山溪水，主要来自岙里电站的一条大渠道与桐城电站的水，都源于南溪水库。龙山溪清澈见底，从梅湾南流而来，被精心整治过。

龙山溪两边斜坡种植花草，斜坡上镶着绿化带，再上一层是宽敞的大路，大路旁是鳞次栉比的楼房。龙山溪是很别致的绿色飘带，仿佛专为打扮这座美丽的海滨城市而飘来的。龙山桥边古色古香的双层休憩亭，绿化带中小巧玲珑的风景亭，双亭溪畔竞芳姿；清晨随乐曲翩翩起舞的青年男女，门球场上比赛正酣的退休老人，人憩树荫影映溪。散步在绿化带的曲径上，周遭花香弥漫、虫鸟啁啾，再惬意不过了。

龙山溪这条神奇的绿色飘带，竟连接桐山八景之三景。其一是"石湖春涨"。石湖桥在桐城街道石湖社区，旧为木桥，后易为石桥；旁翼扶栏，下系画船，始建何时

龙山溪（佚名 摄）

已无可考，三番重修留到今。龙山溪缓缓穿桥而过，与桐山溪汇于流美竹脚湾自然村流入海湾。清乾隆福宁郡守李拔《石湖春涨》诗云："雨过添春涨，晴波没石湖。惊湍穿柳浪，溅沫碎花须。"据说，从前石湖桥至春牛亭，有一条芳草长堤，春来水涨，视野开阔，山明水秀，令游春之人流连忘返。60年前，从白琳、点头乘船进城，还可在石湖桥畔上埠，大有"三春迎客长堤路，烟雨闻莺系帆船"之美。今天石桥虽在，港埠后退，已是另一番景象。

另两个是"龙山霁雪"与"圆觉钟声"。"龙山霁雪"因天气变暖已极少见，但龙山仍美不胜收，所设公园里亭台楼阁精美，山上风清气爽，是居民登山锻炼、休闲散心的好去处。太阳阁（慧日寺），瑰玮绝特，画栋雕梁，五彩缤纷，檐角高挑，凌空欲飞。凭栏骋目，积翠桐城云水间；夜晚望阁，灯光璀璨阁浮天。"圆觉钟声"早已变成学府书声，福鼎一中2013年在其址建成了十层综合楼和设施完善的体育馆，高考升学率名列宁德市前茅，有3位学子考入清华北大。

溪如修竹逢春绿，桥似竹节生路枝。有溪必有桥，有桥必有路。龙山溪上到底有几座桥，我想弄清楚。清嘉庆《福鼎县志》载，桐山溪有桥梁五座：石湖桥、溪西桥、西园桥、镇边桥、宁泰桥（俗称寮赖桥）。从嘉庆到1950年的100多年间，所增而仍在的是岙里桥（1905年建）。1950年以来，新增的桥有17座，且大部分是近些年所建。除镇边桥、宁泰桥因修路湮没，我从岙里的梅湾沿龙山溪往南数，直到入海口，现共有22座桥梁：岙里桥（重建中）、梅湾桥、职成路桥、西门桥、春晖桥、西园桥、一中桥、溪西桥、桐城明珠桥、中心市场桥、龙山桥、龙山一号楼桥、龙山七号楼桥、六中桥、农贸市场桥、石湖桥、莲心桥、春亭桥、秦川桥、人行桥、新汽车站桥、竹脚湾桥。这些桥有的还没有名字，如中心市场桥、龙山一号楼桥、新汽车站桥等，是我为了表述方便临时取的。

不管是旧桥还是新桥，几乎每一座桥都有故事。比如福鼎一中桥，曾发生三次变化，最早的建在现桥上游40米处，是一条两头碇步中铺石板的漫水桥，一遇洪水人不能过。1958年县政府拨款3000元，建一座2米宽、2.5米高且有栏杆的木桥。不到3年松木开始腐烂。1963年，一中要求改建钢筋混凝土桥，经四次工程预算需13.5万元。1969年，县政府动员全镇居民义务建一中桥，居民每人捐一立方石子，学生每人挑0.5立方沙，建筑社出技工，搬运社承担勤杂工作，县政府负责钢筋、水泥，县交通局负责技术指导、勘探设计。由于发动群众建桥，节约了大量资金，大桥建造只耗资2.85万元。

车水马龙是龙山桥，摩肩接踵是中心市场桥，悠闲写意是人行桥。每一座桥都是一道亮丽的风景，一首优美的诗歌。桥连着路，大大方便了群众。龙山溪串起华鑫锦绣苑、桐城明珠、龙山社区等许多大片区。上游，高架桥凌空飞架，动车呼啸而过；

原苗圃和梅湾一二十层保障性楼群如雨后春笋，拔地而起；岙里工业区厂房如春花遍野绽放。下游，海滨路傍着沈海高速公路，市中心市场、石湖农贸市场、大排档美食一条街偎于东堤；天一大楼、福鼎邮电大楼等楼盘矗立在石湖社区内。真是春涨龙山溪、移步换景、美不胜收。

  龙山遮不断，双水一川通。春涨龙溪画卷开，桐城万象竞奇来。纵横思绪如潮涌，为绘新图扫石苔。

福鼎市区古渡口

黄建军 夏华树 周连华

八尺门渡

从桐城城区出发沿福鼎铁锵大道走，不到 20 分钟即可到达八尺门。古时成群白鹭经常聚集于八尺门，因此又称白鹭门；一说远眺港口似百尺之距，故名百尺门，后衍为八尺门。渡口的北侧今属桐城，南侧今属白琳。古时渡口之间有专门的渡船往来，南侧由藤屿汤姓族人掌舵，北侧由夏姓族人掌舵，渡船一直延续至高速公路开通之前。由于渡口、渡船的存在，架起了桐山与白琳、店下、太姥山、南镇之间的交通，方便了人们。八尺门渡口是清嘉庆《福鼎县志》记载的福鼎十八个古渡口之一。

八尺门与玉塘夏氏颇有渊源。八尺门渡始于明代，八尺门北端有一座渡亭，现只能找到几根早年的亭梁，上书"玉堂夏氏"字样。玉堂即玉塘，《夏氏宗谱》中记："思恭、式达二公建造八尺门渡亭。高垣重楹，巍然轩敞。"由此可知，玉塘族人思恭、式达二人建造八尺门渡亭。该渡亭始建时间距今近 500 年，早年往来搭渡的乡民，都会在亭中驻歇。八尺门港是沙埕港的内港，港内三面山丘环绕，海域面积 30 平方千米，水深 2.7—14.3 米，出口窄，水流湍急。

渡口在古代和近代承担很重要交通职能，对当地经济发展发挥了不可替代的作用，据八尺门村民回忆，以前从八尺门去白琳如往福鼎城里走需要绕一大圈，步行可能需要几个小时，如果从八尺门渡口过就会大大缩减路程和时间，只需半小时。

渡口的存在，产生了渡公。北侧渡船的渡公由夏姓族人指派。当时，每天有渡公专门负责木船、竹筏往来于两岸渡口之间，轮流在渡口划船，每人收费 1 角钱，划船的时

八尺门渡口（黄建军 摄）

候会叫喊"对面的船过来啦"。小孩们觉得这件事情很有趣，有的时候还会帮渡公们喊话，成为一个生动的场景。村民夏华树回忆："以前小时候我哥在白琳那边，我跟我爸爸妈妈就会坐船过去，坐一次一两毛钱，三四十年前，小船用桨摇过去。有专门的摆渡人，有两个，两边各一个，我们这边划过去是这边收钱，白琳那边划过来是白琳收钱。"

随着公路桥梁的建设，两岸村民的搬迁，八尺门渡口的功能逐渐消失，渡船渡公淡出人们视野，成为当地人记忆中的往事。八尺门的大桥建起来以后，村民基本不再需要渡船了。2000年左右就没人渡船了，很多村民搬到福鼎市区居住。

水北渡口

水北渡口地形险要，水流湍急，地处福鼎桐山溪上游，是闽浙两省的交通要津，更是桐山溪的一个极为重要的渡口被称为"第一渡"。清乾隆时知府李拔曾题诗："桐川夹峙海门开，千里双江倒泻来。谁向中流资砥柱，洪波万顷一齐回。"桐山溪在宋代时溪道深广，每逢大海潮期，海水沿溪上溯经水北溪至山满村，来往行人需搭船过渡。水北渡口亦为福鼎十八个古渡口之一，后因溪床逐年淤积不堪排渡，渡口废。

水北渡口的相关史料有多处文献记载，现立于桥头的《奉宪永禁》石碑对渡口做了说明。该碑立于清乾隆元年（1736）三月，清乾隆元年，大兴人包融任芦门司巡检，碑中记载水北溪乃闽浙往来要道，担负商旅过往安全职责，设渡并招募渡夫1名摆渡。此碑对当年的渡口立下规矩：

水北古渡口遗址（白荣敏 摄）

遇水时客商到渡口务须随到随开不许借口推诿；

遇水时客商过渡毋许勒索分文；

遇水夜有紧急差使即渡毋许怠惰偷安；

水退时即将船锁进船厂毋使船身雨淋日晒；

无水时不得借人装运货物，以致渡船损漏。

石碑记载清乾隆年间水北溪渡口运行情景，由桐山望族高氏家族出资建造船一只，捐舍一箩六的地块给渡工自种自收作为工钱，田契存放在水北庵住持处。从"告示"可知，桐山望族高家与水北溪渡口关系密切，修桥建渡口为造福于民。

当年的桥头渡口十分热闹，水北溪村有条老街，不少店铺客栈，因地处古官道驿站，南来北往的客商络绎不绝。桥头有座水北庵始建于唐开元十四年（726），香火旺盛，为唐宋时期福鼎域内主要弘法道场之一，由于地处闽浙古驿道旁，还承担南来北往客商官员下榻住宿的驿站功能。

随着岁月的变迁，曾经热闹的渡口已沉寂，但古渡口承载的历史文化不应忘记。

罾坪渡口

罾坪村落面前曾有一个橄榄潭，潭的西面临海，是桐山溪入海口。清代吴名夏诗："武陵深处漾轻舟，何似坪头景更幽。细雨一罾浮碧水，流萤数点照沙舟。"可见，橄榄潭景色十分幽静宜人。

在罾坪橄榄潭边有一座古埠头，即罾坪渡口，对岸曾是桐城的道士观、山下等村，水面宽200米，渡船是舢板，两岸群众的来往靠舢板船摆渡，渡夫摇着小舢板往来两岸摆渡行人，日客流量约100人次。随城市道路建设交通发展，渡口和渡船已经完成它的历史使命而消失。罾坪渡口也是福鼎十八个古渡口之一。

此外，本区域古渡口还有桐山渡、后胆渡、塘底渡等。

桐山港及其码头

卓乃勇 王孙明 周连华 黄建军

灰窑码头旧址（黄建军 摄）

桐山港位于福鼎市桐山街道东南，是福鼎的重要港口。清初，沿岸建有流美的盐仓、龙船宫、灰窑等民间埠头。桐山港在民国初有两条水道，一是受桐山溪和龙山溪水冲刷的西面流美水道，二是受桐山溪和山前溪水影响的灰窑水道。港口西岸流美的盐仓码头和龙船宫码头，在清代早期就已经形成，该码头在民国时期主要停靠从兴化、沿浦等运载食盐的船只，柘荣、泰顺等县的食盐也多由该港口中转。此外，还靠泊从台湾、上海等地运载煤油等日常生活用品的船只。县内沿海各地的群众，往返于城乡间的客船，也多在流美靠埠。灰窑埠头则主要以停靠海产品船只为主，每至船只靠岸，挑工、鱼贩川流不息，热闹非常。

1956年，在港内罾坪下厝基村修建1座客运码头，1967年改建灰窑码头。1980年在罾坪客运码头下游增建1座货运码头。1981—1987年，先后在灰窑、流美、罾坪新建3座驳岸码头。至1992年底，港内共有驳岸3段，总长1290米，泊位10个，最大靠泊能力200吨级，码头岸线总长490米。此外，有仓库1161平方米，堆场1.53万平方米，装卸机械4台。

桐山港的经济腹地除福鼎以外，还有柘荣泰顺、苍南等县的一部分地区，是一个重要的物资集散地。桐山港进口物资以煤、建材、化肥、化工原料为主，出口货物以农副产品为主。

在流美居民的记忆中，"码头"更多的是一个货物集散地。以前，流美的居民分为两部分，一部分人以田地为生，种植的农作物主要有水稻、蔬菜、水果、芋头等，

码头记忆（黄建军 摄）

到20世纪90年代以后，田地基本上消失了；另一部分居民则靠码头生存。桐山溪是咸淡水交界点，流美是距离城区最近的入海口。以前流美有两个码头，一个是龙船宫码头，一个是盐仓码头。龙船宫码头搬运货物的场面一度很繁华，福州、泉州的货物都是将流美码头作为货物集散地。龙船宫码头可以通往福州、泉州、莆田、浙江舟山，全国各地来福鼎的船都可以在这里靠岸，从码头运进来的主要是食盐、农药、化肥、农作物、钢筋、水泥、布匹等货物，运出去的货物主要是茶叶、粮食、海鲜、鱼类等。90年代初，流美还建造了一个闸门。盐仓码头，清代在这里建有盐仓库，这个码头就叫盐仓码头。流美曾有两个运输社，一个是交通局负责管理的运输社，交通局下辖的运输社负责大型运输；一个是小的运输社，负责内河运输，一直从三四条船经营到后期拥有十几条船，从原来的木头船发展到后来的水泥船、铁甲船。

为什么码头建在流美？因为流美离城区比较近，不用过桥，属城区近郊，而且河水比较深，大船能够靠岸。这边有两条河交汇，一条是龙山溪，一条就是桐山溪，海水涨潮会涨到桐山溪上游。

因为码头运输的繁荣，每天大量的货物在此地集散，在机械化程度较低的年代，靠的是人力装卸，因此产生了码头工，分为两种，一种是固定在码头上，专门为船只装货或卸货；另一种是以码头为中心流动工作，这是一段"肩扛"的记忆。像福鼎味精厂的盐酸、煤炭以及化工材料用船从福州运来，几千吨原材料停靠到流美码头，加上味精厂一年产量上千吨，需要很多人搬卸货物。当年福鼎有味精厂、啤酒厂、制药厂、农药厂、毛巾厂等，都是用煤的大户，一年几千吨煤炭都是船运的，从福州转运到流美码头，再由码头搬运到工厂，流美码头工负责流美码头货物装卸货。码头工是一份很辛苦的工作，但也有较高收益，因此流美的经济状况好于周围几个村落。

码头上的码头工后来发展成为一个码头生产队。那时候流美一共有 7 个生产队，龙船宫码头和盐仓码头都是码头生产队人员负责搬运和装卸，其他 6 个生产队的人不能去当搬运工。码头生产队的田地比其他 6 个生产队少一半，他们也算是交通局下面的流美搬运站，其他地方像罾坪、城关等地都有搬运站，城关的货物由城关搬运站人员搬运到流美码头，然后由流美搬运工装船。

如此繁华的码头环境，并没有形成相配套的贸易集市，集市全部集中在城区，究其原因，那时候流美村庄很小，距离城区又近，所以老百姓都会到城区赶集市，码头只是搬卸货场所，起运输中转作用。

20 世纪 90 年代末，随着自然环境的不断变化，流美水域变了越来越浅，船只无法顺利地进出和停靠，码头因此渐渐消失。除了河道变浅，汽车运输和铁路运输的迅速发展也是码头消失的重要原因，高速、铁路等交通路线快捷、便利，更能满足现代人的生活节奏变化，占据更有利的运输市场地位。

罾坪码头

✍ 李先任 黄建军

罾坪码头在今山前街道罾坪村。1956 年,在桐山港内罾坪下厝基村修建 1 座客运码头,1962 年 5 月重建。1980 年,在罾坪客运码头下游增建 1 座货运码头。1981—1987 年,续建 1 座 1200 吨位驳岸码头,码头边有仓库、堆场和装卸机械。罾坪下厝基村埠头俗称"汽船埠"。

中华人民共和国成立初期,福鼎桐山至沙埕还没有修建公路,沿线村民到桐山走亲访友、办事极为不便,港务部门为适应"闽东三号"客班轮停靠之需,在下厝基村修建了一个木质结构带有栈桥通道的埠头(称柴埠头),在埠头边建有售票处、候客厅。客班轮是蒸汽动力,燃料是煤炭,建有专门存放煤炭仓库。"闽东三号"客班轮载客量上百人,于 1956 年通航运营。

1956 年罾坪码头开始承运"闽东三号"客船的行李、零货,后来承运百货、鲜鱼等。当时国家粮食供应紧张,困难时期人们只顾肚子,有货没人运。在城关公社党委领导的帮助指导下,罾坪大队于 1961 年 7 月份组织成立罾坪码头搬运队,分 7 股,7 部板车,26 个人,由陈延算同志负责,每个人月平均工资 80 元,每部板车日运货量 8 趟,大队按搬运队总营业额抽取 10%。过了三四个月其他社员看到搬运码头收入可观,向大队要求加入搬运队,第二批社员加入了 8 股、8 部板车和 32 人。到了 1962 年 4 月,随着货运量逐步增加,搬运队运输能力也要相应跟上,经大队研究决定,按生产队分土地数量调整股份,再增加 12 股 36 个人,三批共有 27 股 94 个人。码头运输装卸收入由大队统一核算,在码头搬运的人员按最高 2 分分红计酬,形成农副业结合的搬运队。随着工农业生产的迅速发展,货物吞吐量剧增,搬运队原有规模和搬运能力已适应不了社会快速发展,必须着手解决搬运队存在的落后状况。大队领导班子首先采取措施是解决人员不足问题,于 1981 年再增加一批搬运工 35 人,后又增补退伍军人 5 人,形成有 136 名搬运工的较大规模搬运队。分两个作业组,码头站抽取营业总额 30%,作为税收、管理费、养路费等开支;搬运队得 70%,扣除油、维修费等开支外,剩余作为职工搬运工资,形成了独立核算搬运单位。同年,经福鼎县交通局批准同意,将原城关公社罾坪码头搬运队改为"福鼎县罾坪码头搬运站"。

到1968年12月止，罾坪码头拥有固定资金49.2万元，年收入45.3万元，年货物吞吐量达7万多吨，周转量21万吨，职工年平均工资1935元。码头主要担负着全县工业、农业生产所需的原材料及建筑材料水泥、钢材、煤等货物装卸搬运作业，在码头范围内建有燃料公司、木材公司、石油公司、百货公司等的仓库，福鼎、柘荣两县的用煤建有专用码头泊位、仓库，配有吊机及输送设配，居民用煤则由罾坪码头独家装卸运载。

1961年7月，刚成立码头搬运队时只有7架板车。社会在发展，交通运输是先行官，单靠几架板车肯定不行，罾坪码头狠抓经营管理，从发展的眼光出发，逐步走向机械化。1967年，建盖了120平方米二层办公楼，新建了100多米长的埠头。1971年3月，

罾坪码头旧址（黄建军 摄）

到浙江购买了2台手扶拖拉机，从而码头运输装卸向机械化半机械化发展迈出了第一步。1979年从宁波购买了1.5吨活动吊机1台，1981年购入1.5吨级吊机2台，每台2万元，3台每小时能卸60吨货。1976年购入35型拖拉机1台，1980年购买了50型拖拉机1台，因经济效益低，后于1982年、1983年将两台拖拉机先后卖出。1982年从上海购买旧上海"58-1"型三轮汽车13部，于1984年又全部卖出，后到霞浦县购旧拖拉机8台，充实后有12型手扶拖拉机13台（包括农场1台），由5人组成机修组，配备了电焊机、冲气机等，解决了拖拉机维修问题。1984年4月在工商局注册成立"福鼎市罾坪搬运有限公司"，有股东136人，码头泊位8个，年货物吞吐量达12万吨，码头岸线800多米，可停靠1000多吨位的货船。

码头职工发扬高尚精神，有险必救，有灾必抢，不计较个人得失。1979年10月，安海船运载红糖110吨，在涨潮时船被烂泥吸住至将下沉，全体职工及时抢搬，使国家物资免受损失4万多元。1986年，莆田县湄洲航运公司1509号船装明矾已装40多吨，船体断裂漏水，职工们也同样及时抢救。1986年8月，连江县壶江航运公司的船

只运载水泥 120 吨，将靠埠时发生漏水，职工全力开展抢救，终使水泥免遭进水之险。这些事件反映了职工的思想精神面貌，体现了码头职工不计个人得失、甘于奉献的高尚情操。

1983 年 9 月，体制改革时，罾坪码头由曾成顺同志负责。从 1961 年成立码头时由陈延算同志负责开始，历任码头负责人有王贵县、曾成贵、江绍长、庄孝郊、赖时杏、王一札、陈上妹、周宜水等同志。

至 2010 年江滨南大道建设政府征用，码头自此消失。

漫话桐山古桥

🍃 林承雄

清光绪《福鼎县乡土志》载:"桐山地本低湿,总汇上游诸水,分为两川,故又名桐川。每夏秋之交,淫雨与海潮冲溢东南一带,潴为泽国。"于是,桥梁成为沟通陆上交通之纽带,民生之重要基础设施。桐山多古桥,据清嘉庆《福鼎县志·桥梁》载,现福鼎城区辖区内就有石湖桥、溪西桥、西园桥、镇边桥、寮来桥、水北桥、三元桥等。

石湖桥

清嘉庆《福鼎县志》载:"石湖桥在治南一里上庵山麓。旧为木梁,后人易以石,旁翼扶栏。长八丈,阔一丈,高二丈。昔有王氏号仙源者,尝造三十六桥,皆石。时有'三十六桥风雨夜,几多诗句在人间'之句,今皆莫详,所在惟此桥。成化元年(1465),玉塘夏荣重修。十六年(1480),里人高宏重建屋九间。乾隆十六年(1751),夏勋倡募重建。"

石湖桥(白荣敏 摄)

"治南一里上庵山麓"即现在的桐城街道石湖小区内龙山溪段区域。该桥始建无考，明成化元年玉塘夏荣重修，至今桥头尚存"古廉江里""桐山营""桐山堡"等石刻碑记。清乾隆十六年夏勋再修。石湖桥呈东北—西南走向，是两孔一墩花岗岩青石构的平梁桥。桥面分为3节，每节由6至7条石条组成，桥长为19.2米，宽3.35米，高4.3米，护栏高55厘米。石湖桥碑宽80厘米、高1.05米，碑上记："知县杨，连几里，十七都，东尉史，南至本县一百五十里，南取岩前鼓楼五里，北起西北度头五里，北至温州界首三十里。"

桥头宫内放有改造石桥姓氏碑，高2.62米，厚0.11米，宽0.79米，碑座上宽0.95米、下宽1.05米，上长0.4米，下长0.7米，高0.5米。据碑记，该桥乾隆四年（1739）启工至八年正月落成。桥头有一地主宫，宫碑，宽0.46米，厚0.09米，高1.22米，底座宽0.56米，长0.18米，高0.4米，桥头地主宫由门厅、天井、正厅组成，门厅面阔10米，进深7.7米，天井宽6.1米，长4米，正厅面阔3间10米，进深5柱减中柱，抬梁式悬山顶。月梁、斗拱、雀替雕刻有鹿、花卉等图案，雕刻精美，形象逼真，正厅供奉观音、仙娘、关帝。石湖桥对研究古代桥梁建造技术有一定价值。

当年，石湖桥周围山明水秀，视野开阔，景色宜人，"石湖春涨"为"桐山八景"之一。因时代变迁，今日石湖桥风光大非往昔。

水北桥

水北桥位于桐山溪上游的水北溪。清嘉庆《福鼎县志·桥梁》载："水北桥，旧为碇步，水涨辄没。嘉庆六年（1801），县令岳廷元倡建石桥，长五十余丈，行人便之。"

桥为清嘉庆六年县令岳廷元倡建，咸丰年间颓圮，光绪间倡修，20世纪70年代重修。桥长252米，宽1.8米，高2.2米，352柱，63梁，62孔，为福鼎市最长的石平板桥。该桥在国道104线修通之前是闽浙两省交通咽喉之一。

山前溪在宋时溪道深广，每逢大海潮期，海水沿溪上溯经水北溪至山满村，来往行人须搭船过渡。水北渡为福鼎21个古渡口之一，后因溪床逐年淤积乃废，至南宋咸年间遂建碇步。

清嘉庆七年（1802）以和在《建桐江水北桥序》一文中写道："鼎邑城北有地名水北溪者，为全闽之孔道，亦两浙之通衢。昔人建有碇埠一带，以济行人，由来已久。迨乾隆年间为狂波泛溢，致石齿崩，往来阻滞，行旅艰难，于兹盖有年矣……"由此可见，水北渡口废后，曾造碇步。水北溪桥始建时间，或说北宋，或说南宋咸淳间，旧志书未见确切记载。

水北渡口客运历史悠久。历代商人多从福州、温州等地乘船入境。宋梁克家《三山志》为最早记载地方古渡的志书，其中多处提及桐山地理和海道情况，曾有"船至桐山，至桐山东入海"等记载。清中后期福鼎域内形成"十八渡口"：水北渡、桐山渡、流江渡、钓澳渡、店下渡、澳腰渡、店头渡、后胆渡、关盘渡、小巽渡、狭衙渡、牛矢墩渡、屯头渡、八尺门渡、石龟渡、巽城渡、塘底渡、南镇渡。其中，水北渡因其地形险要被称作"第一渡"。

位于桐山街道水北村水北桥西侧桥头的"奉宪永禁碑"是了解水北渡口历史的一个重要参考文献。该碑立于清乾隆元年（1736）三月，宽0.56米，高1.2米、厚0.11米，青石质地，背面未磨平。碑文竖排，正文12行，落款1行。除少部分字迹模糊外，大部分都可辨认。正文前6行介绍碑刻由来，后6行对渡夫提出5点要求如下：

> 遇水时商客到渡务须随到随开毋许借口推诿；
> 遇水时商客要过渡毋许借机勒索分文；
> 遇水夜有紧急差使虽即渡送不许怠惰偷安；
> 水退之时即将船锁进船厂毋致船身雨淋日晒；
> 无水时不得借人装运货物以致渡船损漏。

这些规矩体现了渡夫职业守则，表明了水北渡在当时是便民利商的公益设施。作为彼时沟通闽浙两省的重要渡口，水北渡发挥着南来北往的桥梁作用。

西园桥

清嘉庆《福鼎县志·桥梁》篇载："西园桥在治西北。乾隆十年（1745），里人周承瑞、高鸿勋先后建筑。嘉庆十一年（1806），高实等重建。"

溪西桥

溪西桥，位于桐山街道西溪社区龙山溪上。据清嘉庆《福鼎县志》记载："溪西桥，在县治西，乾隆六年（1741），由高调、张有华、陈鼎募建。"清嘉庆十一年，西门高家高昊等重建，为石板平桥。西桥头有座观音亭，故桥又称观音桥。20世纪50年代桥西边建有粮站，故又叫粮站桥。1969年县粮食局、印刷厂、搬运社和南水公路办公室等单位集资，在原基座上建成长22米，宽2.6米，高2米，5墩6孔的混凝土平板桥。1991年改建后，桥宽5.2米，高5米，长37米。

溪西桥过去是闽浙边界的交通要道，周边是繁华的街市，是商贾云集之地，美食餐饮琳琅满目。据介绍，过去从泰顺、柘荣下来的人都要通过溪西桥，外来做生意的人大都住在溪西桥头，浮柳那边人家挑柴至城关售卖的，也要经过溪西桥，因此周围多小客栈，很是热闹，形成了清末民国时期福鼎最为热闹的商业街溪西街，店铺林立，生易兴隆。

20世纪90年代的溪岗桥（夏念长 摄）

2021年11月21日，福鼎桐山溪西小吃美食街落成。溪西桥附近龙山溪两岸建起观光长廊步道，竖起了溪西小吃美食街牌坊，疏通了河道，整治了沿溪的西园路和龙溪路小街，统一规划，装修一新，"烟火气"与"文艺范"并具，成了桐城的新地标，旧桐山溪西桥繁华街市于新时代重新焕发盎然生机。

肖家坝桥

肖家坝桥，又称"断桥"，位于福鼎市桐江溪肖家坝段。据载建于清代，东西走向，属石梁柱桥青石质地。石桥现存9节，每节宽1.7米，桥残长35.5米，宽1.87米，高2.5米（根据福鼎县志记载桥体原长130.8米、37孔）。桥面每节都由4条石条并排铺成，每条石宽50厘米、长3.6米、厚25厘米。桥下方由3—4条石柱支撑。

石桥多年受强台风袭击现已成残桥，故福鼎人民俗称该桥为"断桥"。肖家坝桥是福鼎县内著名五大石梁柱桥之一，是肖家族人在清时倡建。肖家坝桥对研究古代桥梁建造有一定的价值。

溪岗桥

溪岗桥，位于桐山街道东部，横跨桐山溪，原来是山前各村与县城往来的重要通道。桥长134.4米，宽1.9米，高2米，38墩，清道光年间乡人谢人轩倡建。原为54孔，后被流沙掩埋15孔。自建桥以来，几遭洪水，期间有许可等南洋华侨集资维修。至1952年县人民政府拨款重修时，听取老人纪逢兰的意见，降低桥的高度，避免漂流物冲击，故此后虽遭多次洪水仍安然无恙。

桐江断桥

☙ 陈承宝

断桥原是座石板桥,叫肖家坝桥,建于清道光年间,桥长 130.8 米,宽 1.87 米,高 2.5 米,37 孔,是闽浙重要通道。1950 年以前,福鼎桐江只有 3 座石板桥,另两座是溪江桥和水北溪桥。溪江桥已毁多年,水北溪桥则像挂着拐杖的老人,现已用水泥桥墩与桥板对其进行加固。

人们舍不得拆去肖家坝桥那桥头残留的一小截,断桥得以静静地装点桐江入海处的风景。清晨,沿江畔绿化带散步,可断桥上稍做憩息,坐在桥板上看源于泰顺雅阳的桐江水潺潺而来,缓缓流入海湾。水汽氤氲,远处隐约可见的各式大桥瘦成一线,下游船影隐于海雾;东面佛教会上的小山及七层宝塔的剪影优美;桥下三五洗衣女子手中的棒槌起落,又成一道风景。在断桥上,除了可观景,还可以聆听他的絮语,让你回味历史,关注今天,展望未来。

清咸丰三年(1853)五月十八日,山洪决坝,街可行船,死者不计其数,肖家坝桥仍然屹立;民国时的 1919、1925、1942 这三年,洪水三决堤坝,肖家坝桥依然屹立;中华人民共和国成立后的 1956、1958、1960、1966 这四年,强台风暴雨袭击福鼎,山洪咆哮,连堤坝也有不同程度的损坏,但此桥还是坚强屹立。然而,历尽沧桑的肖家坝桥,终于在 1993 年的洪水中轰然倒下,只残留现在的一小截。

桐江断桥(陈承宝 摄)

潮音岛的前世今生

◎ 刘建清

2018年4月20日，福鼎市桐山溪下游河中岛景观项目工程开工建设。该工程建设的目的，是将位于桐山溪"潮音大桥"的上游，即所谓的"河中岛"，或说茂华中学所在地——铁垫山延伸到桐山溪中去的山脚部分进行改造。通过疏通河道，构筑桥梁、防波堤、码头、樱花漫道、廊桥、水榭、园林，以及绿地种植等相关配套工程建设，为广大市民提供了一座集休闲、健身为一体的岛上公园，即"潮音公园"，俗称"潮音岛公园"。现在，不少市民认为，此处就是旧时潮音岛所在地，是潮音岛开发区、潮音大道、潮音大桥等地名的源头。

这种认识是不对的。在21世纪前的福鼎市历史地名中，从来没有过"潮音岛"。不管是现存四个版本的《福鼎县志》，还是清光绪年间的《福鼎县乡土志》，均无"潮音岛"。

甚至连"岛"这个名称也少出现。在福鼎相关史乘中，大凡是"岛"，都是以"屿"和"山"的称呼出现，如双屿、上下屿、青屿、莲花屿、秦屿、铁闩山（铁厂山）、大小嵛山、台山等。

那么，"潮音岛"这个名称是从何而来呢？

笔者在网上的福鼎卫星地图中，发现梅溪村"凤山寺"的左下方，也就是在"福鼎市滨江时代城"的左上方，有座"梅溪潮音寺"。登门造访后，才知道所谓的"潮音岛"源此。

在20世纪80年代末，山前梅溪凤山寺住持，邀请苍南县佛教协会副会长兼秘书长、藻溪瑞应寺主持释钦安和尚来该寺安单。释钦安俗名许一拥，浙江泰顺泗溪横坑村人。到山前梅溪凤山寺安单后，因能"佛医共济"，"真心博爱，救人无数"，深受山前梅溪村村民的爱戴。1990年，当释钦安欲返回藻溪瑞应寺时，梅溪村民极力挽留，后由该村村贤出面，以出让村中土地十亩供其建寺为条件将其留下。于是，释钦安携弟子释振智，于1991年在梅溪村南山脚下的入海口段岸边建寺。

当年，桐山溪下游水头美的入海口段，并不像现在我们所见到的这样，桐山溪水在山前南大路和潮音大道的约束下，流经岗尾大桥、岗尾码头之后入海，而是流经灰窑村码头后便入罾坪村海口，即入海口就在现在的梅溪村前、潮音大桥之处。当年，在梅溪村前的海岸边，还有一座梅溪造船厂。

据《福鼎县乡土志·坊都分编》记载，龙山溪和桐山溪双流环绕桐山城之后，"总汇水头美，至罾坪入海"。当时的环境与现在不同，在入海处水流又分成东西两脉，东边一脉沿着971县道经梅溪造船厂、梅溪村、岗尾山与西边一脉的海口相汇，二水环绕着下江坪养殖基地，如玉带揽腰，与涛声共鸣，在岗尾山、南墘山和莲峰山夹峙下缓缓向南而去。桐山八景之一"罾坪渔火"，便是在这段海口处。渔民们在下江坪周边用罾排捕鱼，夜间远远望去，闪烁的渔火随着潮水的涨落有如星光明灭，令人产生无限的遐想。

释钦安所建的寺庙，位于梅溪村与岗尾山交界的入海口岸边，此处正是潮来澎湃的海湾，有如宋范成大《宿长芦寺方丈》诗所描绘的"夜阑雷破梦，欹枕听潮音"那样，涨潮时隐约间如闻僧众诵经之声。释钦安心中定是有所感念，便将该寺命名为"潮音禅寺"。

"潮音禅寺"建成之后，释钦安与释振智师徒二人，致力于弘扬佛门正法，救死扶伤，收养弃婴，皈依弟子两千余人，还培养出了大学生。在20纪90年代中期，梅溪村（原百胜村）下江坪养殖基地的村民觉得潮音禅寺的"潮音"二字道出了他们的心声，通过村干部征得潮音禅寺的同意，将潮音禅寺对岸的"下江坪"改称为"潮音岛"。

1995年12月，福鼎撤县建市之后，便把"东扩、南移、面海"的城市规划列为城市发展战略目标。1998年10月，福鼎城区撤镇设办，将桐山镇和桐城镇进行重新划分，成立了桐山街道、桐城街道和山前街道3个办事处。之后，山前的南大路也进入开发阶段，而桐山溪入海口的下江坪（潮音岛），就成为福鼎城市"东扩面海"发展战略的主战场。

首先，罾坪至岗尾段大道成为开发整治工程的重点所在。随着山前南大路的连通，特别是梅溪造船厂前面那一段河道的截流消失，梅溪村村委会文件上及村民口中的"潮音岛"，也就成为梅溪村陆地的一部分，成为失去"岛"这一概念的存在。

其次，下江坪（潮音岛）区域的开发工程被列入实施阶段。2003年8月，随着"福鼎潮音岛建设有限公司"的成立，"下江坪"就被正式确认为"潮音岛"。自此，也就有了"福鼎潮音岛滨江时代城""潮音岛大桥""潮音大道""潮音公园""潮音岛"等，且逐渐为福鼎市民知晓并接受。

原来的下江坪随着地形地貌的改变，已经难以寻觅了。当你站在百胜医院住院部大楼高层往北面看，或站在潮音禅寺的门口向东南望去的时候，前面是一湾溪水和尚未开发的青翠起伏的小山峦，或许还可以让你感受到"岛"的模样。

三门里

◎ 陈启西

  三门里，紧临福鼎城关，旧十九都地，原名山门底，所处之地山峦起伏，势若长蛇。据清光绪《福鼎县乡土志》载，山门底居乱山之内，向西北里许有山曰狮山，屹立千仞，其巅怪石突兀，如狮子蹲踞。山旁有溪曰岩前溪，溪门五丈余。溪流曲折而东南五里曰塘底，其地依山面海，夏门聚其族。明末为防倭寇蹂躏，乡人筑土堡以防之，今犹存。

  三门里几乎四面环山，沿三门溪而出，开一门，故称"山门"，原称"山门底"，后衍化为"三门里"。临高处下望，三门里如一盆地，盆内山地丘陵纵横交错，小溪流密布，山上林木郁郁葱葱。几条古道交错，四通八达。东向翻过一山脊直达柯岭，昭明寺塔近在眼前。

  清澈的小溪远近逶迤，溪岸平坦处，遍布茶园，一望田畴层叠而出。前些年那场大台风，山野上下一扫而光，地方政府下大力气，绿化家园，封山育林，始有今日之葱郁。三门里四周山间被开垦出一条条明显的沟痕，那是育林工人刚植下的新苗木。

  乡人记载古时沿山门溪朔水而上，一路落英缤纷，竹海林阴。曲折二里许，一石桥横卧，曰墙角桥，左转沿小溪流而上，徒步沿溪而入，行不及里，门前古树轮囷，霜皮溜雨，黛色参天，真数百年古物也。溪山罨画，水木清华，山色堆蓝，水声漱玉，令人心旷神怡。一村蜗居于山坳间，一小山盘卧于岗前。村为沿山仔村，林氏聚其族。

  虽然三门里没有什么大的原始森林和高山，但其间灌林纵深，沟壑迂回，丘陵密布，阴暗山涧与山坳交错。如果有一队人马走进去，不出五分钟，所有的人都隐没在乡野，便于隐藏。土地革命时期，三门里是重要的基点村，闽浙边界的地下党人郑丹甫等就曾在这片土地上开展革命活动。当时发展革命，就充分利用了山区的隐蔽。三门里虽然只有一溪门出口，但四周的山岭间羊肠小道密布，向东过柯岭可达城关，便于与城内交通信息；向北过浮柳可达河坑，过叠石直达浙江；向西可与柘荣交通；向南可与白琳、太姥山等地交通，直通省垣。三门里地理优越，据此开展革命，进可攻退可守，是一处绝佳的位置。

  三门里田野宽旷，土地肥沃，便于发展生产。三门里的芋头很出名，是福鼎芋头的发源地。这些年福鼎芋市场看涨，三门里芋头种植发展得很好。三门里风景秀丽，生态环境极好，常年山泉叮咚，是休闲的好去处。每到周末这里游人如织，喧嚣声振动山溪，一派繁花似锦的景象。三门里翠竹四布，乡人称有"三十六大竹园，七十二小竹园"，每年春上，毛笋竞相破土，给当地人又带来创收。

　　近年，乡民大力发展特色农业，开垦田地，种植柑橘，搞生态土鸡养殖、大棚蔬菜等，日子越过越好。

经济回眸

计划经济时期的工业

狄 民

福鼎市印刷厂

福鼎印刷业始于民国初期。1915年，桐山河乾头张厝里张秉祚兴办"文新石印局"，时为福宁府唯一私办石印印刷业。此后，还有潘宗銮的"福新印刷局"、陈青云的"德民印刷局"、陈阿载的"文成堂"等大小不一的印刷局（店）陆续成立。其中，张、潘两家印刷局延至1956年公私合营。

1951年，文新石印局由政府接收定名"新文印刷厂"。1954年，易名"公私合营福安专区福鼎印刷厂"。1956年，实行对私改造，接纳了潘宗銮"福新印刷局"和"桐山文具社"并入印刷厂，定名"国营福鼎人民报印刷厂"。1961年，又易名"地方国营福鼎县印刷厂"，有工人62人，主要产品是零件印刷。

1964年11月19日9时30分，福鼎县新华书店一职工的小孩玩火引起火灾殃及印刷厂，北面厂房被毁。当时福鼎一中数学老师王孝越，带领学生前往扑火，不幸头部被掉落的屋梁击中，送医院抢救无效离世，时年36岁。

1965年，政府支持投资5.4万元在中华路163号厂址上盖一座两层生产兼办公楼，建筑面积656.2平方米，底层临街，设有店面84平方米，是企业印刷业务和经营服务的窗口，主要承印各种宣传品。1968年，企业运用平版印刷，结束了石印工艺历史。

20世纪70年代中后期，企业不断创新，产值逐年上升。1979年，创产值82.76万元，实现利税6.55万元。同年，获福鼎县"先进单位"和福建省"大庆式企业"称号。

1980年，企业增加了照相制版工艺，生产彩印商标，结束了长期以来只有黑白印刷的历史。1984年，企业投资31万元，在文昌阁巷21号原职工宿舍处扩大厂区，盖一座4层半的钢砖混框架结构厂房。当时生产的福鼎花炮厂电光花皮炮商标在全省产品评比中被评为甲级品。

1987年后，全县个体印刷户达几十家，对国营印刷厂造成冲击。企业实行承包责任制。1989年，面对原材料涨价，资金短缺，市场竞争激烈等困难，印刷厂积极创造条件促进生产，购进一台对开单包胶印机，年彩印商标数达1500万张。

1993年9月，福鼎县印刷厂作为福鼎县人民政府对工业企业进行经济体制改革的试点单位，企业实行承包租赁经营，企业法人代表由承包租赁方陈家旺担任，发包方为福鼎县工业局和财政局。企业职工除原有停薪留职者外全部留用。1994年10月，承包租赁经营结束。1995年5月，企业二次租赁经营。承租方吴义强利用出租方的厂房、设备和技术人员进行经营，职工除承租方录用者外，其余全部下岗。同年10月，租赁经营结束。1996年，由宋显斌等人租赁印刷厂进行新一轮生产经营，录用职工26人，成立"福鼎市利源印刷有限公司"。历半年时间，此轮租赁再次宣告结束。

随着印刷行业竞争变得激烈，以及印刷厂印刷技术的落后，许多原有的商标及包装装潢、印刷业务几乎失去，企业已无力再投资和再生产。1997年至2005年，企业以出租厂房、租赁店面收入来维系原有职工生活费。

福鼎农械厂

1949年，桐山李次山在谢厝里开设"铁工厂"，主要产品为铁铸件设备，1959年，"福鼎农械厂"和"通用厂""闽东机床厂"一起从铁工厂分离出来，隶属于福鼎县工业科，厂址设在桐城西门寮赖居士林。1961年，因国家采取精简人员政策，该厂下马。同年9月，成立新的农械厂（国营），隶属于县工业科，拥有B650牛头刨床等机械，生产甘薯切丝机、启闭机、砻谷机等产品。

20世纪70年代后期，农械厂转型，主要生产40-3型揉茶机、烘干机、饲料粉碎机等。该厂积极研发轴流泵、70型水稻插秧机等，投资扩建钳工车间，大大提高了生产能力。1975年，由技术员黄宗炳、张荣珍等试制成功的BCR-55型茶叶揉捻机投产。1985年8月，55型茶叶揉捻机获"福建省优质产品"称号。同年增名为"福鼎县茶叶机械厂"。1987年，分铸造、农机、茶机、仪表等四个分厂，实行承包经营。

1988年4月20日，闽东电机厂承包了福鼎茶机厂（合同期十年），更名为"闽东电机厂福鼎分厂"，以生产机电产品为龙头。1992年，闽东电机厂解除合同，恢复"福鼎县茶叶机械厂"，企业开展生产自救，以茶机为主，运行状况逐渐转好。

1995年后，私企茶机、电机厂家增多，质量虽差，但价格便宜，严重冲击着国有茶机和电机市场。

2000年12月10日，企业因资不抵债，经福鼎市人民法院裁定宣告破产。

福鼎市制药厂

1950—1951年，余养禄串联林望兰、林垂仙、白书文、林寿年、李培华等工商业者，集资2400元筹办"大同化学实验所"，地址在桐城西园村白糖馆（租民房600

平方米为厂房），生产 8 个月，产咖啡因 300 市斤。1952 年，在福鼎县茶厂资金支持下，年底生产结束，纯利 10 万多元，上缴所得税 5 万元，留 3 万元充股金扩大生产。

1954 年 9 月，企业易名"公私合营福鼎县大同化工厂"，并接收了北海酒厂，隶属福安专区管辖。当年生产咖啡因 1.66 吨，90 度酒精 1.62 吨，46 度白酒 4.03 吨，16 度黄酒 55.33 吨，创产值 5.8 万元。1955 年，企业隶属福鼎县工业科，接纳点头、白琳、店下、秦屿、前岐五个乡镇酒厂，投资 3.3 万元修建酿造和酒精蒸馏工场。1956 年，企业转为地方国营企业，主要产品有氢氧化铝、硫酸钾肥、黄连素、海藻胶、纯碱等 10 多种，由上海医药公司订购。

1965 年，企业产品由杭州分公司统一分配，改属中国医药工业公司杭州分公司管辖，易名"中国医药工业公司福鼎制药厂"，并投资 8.3 万元改建冰片车间，年生产能力为 50 吨。1966 年，企业隶属福鼎县工业局管辖。1967 年，新产品藿香正气水投产。1975 年，开发"杀虫脒"。1976 年，分立农药厂。1979 年冬，合成咖啡因产品投产。1980 年，咖啡因由上年的 5 吨增加到 35 吨，冰片产量由上年的 61 吨增加到 115 吨，产值增至 356 万元，实现利税 73 万元。

1981 年，企业实行"利改税，利润留成，盈亏包干"责任制，生产冰片 156 吨，咖啡因 53 吨，并增设中成药生产。

1982 年 3 月 9 日 8 时许，冰片车间结晶槽因静电起火引起爆炸，殉难 65 人，重伤 35 人，停产一年。同年，咖啡因产品荣获"福建省优质产品"称号。

1983 年，企业投资 178.89 万元建成冰片新厂房，建筑面积 3602 平方米，并于 7 月经省、地、县批准复产，当年生产冰片 81.57 吨，比 1982 年增加 56.85 吨。1984 年，"冰山"牌冰片被福建省人民政府授予"优质产品"称号。

1988 年，为应对咖啡因市场需求剧增，企业与香港华闽集团公司、福建省石化工业公司三方合资创办年产 250 吨咖啡因工程，成立"福鼎华闽制药有限公司"。由于厂房建设和设备安装工程进度缓慢，一年后，咖啡因价格下降，且生产率不高，企业严重亏损。至 2001 年 3 月，公司因无力清偿到期债务，经福鼎市人民法院裁定宣告福鼎华闽制药有限公司破产。

1994 年，福鼎县制药厂设立企业管理委员会，由厂党总支书记李俊生兼主任，原冰片车间的颜铭銮、褚培国等人开始三年一轮的承包经营，成立"福鼎县冰片厂"，实行独立核算。1997 年，金建华等人第二轮承包冰片生产。

1999 年，因产品单一，生产规模小，加之企业、市场、银行"三角债"矛盾日益突出，以及伤残人员及家属费用的不断增加，企业已入不敷出。2000 年 12 月 31 日，经福鼎市人民法院裁定宣告福鼎市制药厂破产。

福鼎茶厂

福鼎茶叶种植采制历史悠久，民间小作坊众多。清代至民国，茶叶集散地白琳、点头及城关等多个乡镇均有相当规模的作坊，茶叶销售海内外，享有盛誉。

福鼎茶厂成立于1950年3月29日，在县城关南校场庙宇祠堂的基础上，再租用一些民房作为生产厂房，设有6个简陋剥茶所为工场，固定和临时季节工一度达3565人。企业归福建省茶业公司管理，主要生产"白琳工夫红茶"，生产手段为手工和半机械化，茶叶精制以单机作业为主。1956年，获全国"优秀茶厂"称号。

1957年，归属福安专区农产品采购局管理，设立了原料生产基地湖林、白琳两个初制厂。1958年，归属地、县供销社管理。

企业的发展，离不开高素质的员工，老茶工们还记得，早年茶厂有一位著名品茶师马俊春，曾经有茶农不服，偷偷把他评过等级的茶叶重新包装再送评，所评等级依旧。

20世纪60年代初，在省外贸支持下，王亦森和白琳分厂职工研制成功"中国新工艺白茶"，产品畅销港、澳、新加坡等东南亚市场，成为出口创汇的主产品。其后，企业相继归属闽东茶叶二厂、福鼎县商业局管理，产品以绿茶为主，精制产品以红茶为主。

1974年，企业归属县工业局管理。时任厂党委书记焦锦文依据市场趋势，决定扩大花茶生产，在全县种植茉莉花面积达2020亩。"太姥"牌香云茉莉花茶于1979年被商业部评为全国同类产品质量第一名，后又获"福建省优质产品"称号，1988年还在首届中国食品博览会上获银质奖。同时，也大量生产绿茶，兼制白茶和红茶。1980年，茶厂被省人民政府授予"大庆式企业"称号。其后数年间，又有"太姥山"牌银毫茉莉花茶获省同类产品

1987年福鼎茶厂包装女工（夏念长 摄）

福鼎茶厂建厂40周年老同志留影（邢宗发 摄）

第一名和省优质产品称号，"太姥"牌白毫银针被国家商业部授予"中国名茶"称号，"太姥山"牌茉莉花茶（特级）获"部优产品"称号。工厂则被省政府评为"企业管理优秀单位"和"国家级先进单位"称号，被轻工部授予"出口创汇先进单位"金龙腾飞奖等诸多荣誉。

20世纪80年代后期开始，随着经济改革深入，企业体制逐渐不能适应市场变化。2000年12月12日，经法院裁定福鼎茶厂破产。

（本文据2011年版《福鼎市工业志》整理）

余养禄与大同化工厂

> 方 东

福鼎县制药厂的前身——大同化工厂,是由余养禄先生发起创办的,在建厂过程中,几经曲折,备尝艰辛。到公私合营时,已略具规模,所产咖啡因,畅销国内外。

余养禄原籍古田,省高农学校毕业后,于1939年分配到福鼎县政府担任农场场长、农业技术员,在福鼎落户成家。曾当选为福鼎县第一届和第三届人大代表,担任过县人民代表大会委员会委员。他对农业生产和农副产品的加工销售,具有一定的学识和经验,有一颗强烈的事业心和一种百折不挠的进取精神。

变废为宝 宏愿难遂

1940年,国际茶叶市场不景气,我国海口被封锁,本县出产的和省内外调来的茶叶,在白琳堆积如山,中茶公司鉴于外销无路,繁重仓租难负,决定焚毁一大批积压产品。在焚烧过程中,发现顶层有一些白色粉末状的茶精。余养禄对此深感惋惜,因而萌生了变废为宝的念头,只是对茶精的用途、销路却不清楚。正好这个时候,有三五个平阳人购买了少量茶叶,在南溪偷偷地炼制茶精,但对产品去向严守秘密,不为外人所知。不久,国民政府颁布禁令,说茶精是毒品,严加取缔。原来,平阳人炼制的茶精,是卖给贩毒者,混进吗啡出售。究竟茶精本身是不是毒品呢?余养禄一知半解,无法作出判断。

1944年,余养禄在福安康乐新村担任副技师,认识福安人李春碧,他在安徽茶场工作,知道茶精不是毒品。为此,余养禄走访了在上海英商药厂当秘书的叔父,从技术人员那里问清了茶精的药名叫咖啡因,是一种兴奋剂和制药的重要原料。这促使余养禄进一步坚定了变废为宝的信念,只是禁令未除,宏愿一时难于实现。

探路取经 土法上马

当时,咖啡因在中国名不见经传,英、美、日、德等国的药典里虽能找到它,也仅列出八项规格指标,如何提取仍然摸不着门路。余养禄有个信念,人家能搞,我们也能搞。可是一无资金,二无设备,三无技术,怎么办呢?于是,他就串联了林望兰、林垂仙、白书文、曹超俊、高定芳等几个工商业者出来创办，土法上马，着手试制。1950年成立永兴厂，用大锅煎炼4个月，投入100担茶叶粉末，烧制成100多斤茶精，由于质量差、成本高，销路没有找到，只好任由二盘商压价盘剥，几经折腾，亏尽了老本。

这一次试制，集资黄金18两，结果亏损了16两，仅余破烂设备一堆，折价240元，约值当时黄金2两，等于全军覆没，股东们泄了气，一致作出决定：停业。

重整旗鼓　再接再厉

余养禄不甘心失败，但事实是严峻的，不承认又有什么用？大势已去，力难挽回。于是他只好提出承接厂方的破烂家底，搬回家里，单独搞下去。没有钱，去借；没有人，雇工。他不怕当资本家。股东们终于被感动了，一致表态：要干一起干。

1951年再次集资2400元，股东8人，厂名改为"大同化学试验所"，1—8月份生产300斤咖啡因。技术上，从煎煮改为浸煮。设备上，还是因陋就简，仅用3个油桶和几个面钵、酒缸，炼膏提纯，用活性炭和过锰酸钾漂白，质量虽有提高，但浸煮流程需经二十几道工序，工期长，成本高，投放市场后，仍然无利可图，8个月的努力落空了，勉强保住资金，股东们连一分工资也没有拿到。

鉴于这种情况，加上解放初期私营工商业者不了解政策，对前途缺乏信心，股东们又动摇了，纷纷要求下马或分散经营，可余养禄还是硬撑着，非要干出眉目来不可。

有志竟成　大获成功

1951年底，大同化工厂开始进入黄金时代。当时由于"五反"运动开始了，大多厂商停产，咖啡因收购价成倍上浮，而福安茶厂业务科长王执中正在为闽东各厂每年成万担的下脚废料找出路，他通过福鼎茶厂业务股和余养禄商量，希望大同化工厂能够包销全部粉末茶梗。余养禄如实地向茶厂反映了资金不足的困难。茶厂为了扶持地方工业，答应改现款购买为分期付款，这就为扩大生产创造了条件，这一年产销两旺，到1952年底结算，纯利高达十多万元。

公私兼顾　劳资两利

穷厂一下子变成了富厂。余养禄是县工商联委员，他学习过政策，懂得公私兼顾、劳资两利的重大意义，年终分配时，一次上缴了所利得税5万多元，剩下的一半，按规定提取福利基金、职工奖金，在职股东奖金和股金分红各为10%，所余3万元，全部转作资金,投入扩大再生产。

当时大同厂行政人员和生产工人只有20多人,在职股东和职工人数差不多,股东得到的红利和奖金各为400多元,工人奖金也达到360元,还提存了5000多元的福利基金。这样的分配方案,在当时私营工商业里还是比较合理的,各方都很满意,从而进一步调动了生产积极性。

一波三折　反复起落

1953年,《中国药典》问世了,对咖啡因质量指标提出了新的要求,上年收购的产品,经复检有机杂质多,不合标准,医药公司决定全部退货。这一下,余养禄慌了手脚,急忙奔赴上海,寻找解决途径。通过了解,获悉有一个制药师张某,曾在英商药厂工作过,因英商倒闭而失业赋闲,余立即登门求援。张某热情接待,但也坦诚地告诉余:"我只能识别质量和用在制药上的配方,对咖啡因的制造却是门外汉,不过,你们能搞到这样水平,看来用料还是对头的,可能是投料分量不当之故,让我试试看能不能提纯。"试验中投入硫酸、过锰酸钾为原来的6倍,投入活性炭为原来的8倍,产品质量终于达到了要求。

接着,余养禄把退回来的产品全部放在上海加工改制,如数缴还收购单位,总算过了质量关,也掌握了全部技术,经济损失不多,无碍大局。但在他外出的8个月中,厂里奉命停产,20多人坐吃大锅饭,资金消耗过半,大有一蹶不振之势。到1954年公私合营时,资产总额只有2万多元。

合营后的第四个年头(1958年),企业又陷入前所未有的困境。原因是:全国咖啡因生产过剩,价格由原来的每磅52元下跌到每市斤30元;茶厂开始利用脚料制成茶末投入市场,原料提价;燃料价格上涨,工资又有较大幅度的调整,生产成本成倍提高。不搞吗?坐吃山空。可搞得越多,则亏得越惨。余养禄是私方副厂长,他是个事业心和责任感都很强的人,绝不能把包袱甩给公方厂长。他挺起腰杆,千方百计地在困难中求生存,谋发展。

多种经营　转危为安

对挽救之道,余养禄绞尽脑汁,没有其他出路,只能发展副业生产,广开门路,增辟财源,以丰补歉。他和业务人员高定芳、技术人员林望兰等密切配合,另辟蹊径。首先上马的是制造酒精。一方面,酒精是生产原料,货源没有保证,生产成本也高,自己制造,既能满足本厂需要,又可增加收入。另一方面,当年适逢农作物病虫害流行,臭烂地瓜米很多,它和腐烂水果都是制造酒精的原料,既不用国家一斤粮食,又能为农民解决一些问题。这一措施，受到省、地、县各级政府的表扬。接着又生产食用醋，接收城关北海酒厂和县辖各集镇酒厂，从这些方面盈利支持咖啡因生产，以达到收支平衡。

另外，余养禄又在销售渠道上动脑筋，他和辽宁安东制药厂直接挂钩，以每市斤90多元的高价，签订了产销合同，把获得的4万元利润投入生产设备的改造更新，使用当时比较先进的苯提法，大大缩短了生产流程，降低了生产成本，加速了资金周转。

之后又和上海天平制药厂挂钩，承制氢氧化铝，并以不合格的次品供应印刷工业部门作为油墨制造用料。到1966年，中国医药工业公司成立，福建、浙江、江西三省厂商划归杭州分公司统一管理，回旋余地更大了。余养禄以福建松香多而松节油大量积压，具有原料充足这一优势为理由，争得了在福鼎厂定点生产冰片的机会。整个冰片厂是由江西迁来的，江西不但把整套设备无偿送给福鼎，还给予大力支援，承担了拆迁、安装和培训技工等任务，帮助福鼎厂迅速、顺利地建成投产。此外，还争取到投资100万元的定点制碘业务，可惜当时单纯提碘，产量低，成本高，而副产品海藻酸钠又无法加以利用，结果没有办成。1966年停发股息，过渡为国营福鼎制药厂，其时已经颇具规模，基础也很稳固。

老马识途　有目共赏

在福鼎的私营工商业中，大同化工厂是佼佼者，在福鼎的工商业者中，余养禄不愧是一个实干家，令人佩服。1976年，我县新建的农药厂和制药厂分家时，在人事上争执不下，农药厂新领导提出来："我们只要余养禄和张忠勋（技术人员）二人，其余由你们挑选，剩下的归我们。"余养禄也愿意到新厂去，希望在新的事业中再展宏图。老马识途，他以花甲之年，在省城为新产品的销售和调拨作出了积极的贡献。

1980年，余养禄恢复了国营制药厂副厂长的职务，但农药厂硬是不肯放，工业局也提出异议，最后把他的任命书改为农药厂副厂长。余养禄勤奋工作，直到1985年71岁高龄时才退休。

福鼎电厂的创建历程

朱鼎邦　梁学信

1949年前,福鼎城关有3000住户、10000多居民,长年在煤油灯下工作、学习。入夜,大街小巷一片漆黑。抗战期间,城关商人林士斋先生曾集资兴办过电灯厂,厂址设在小西关。开业伊始,某些官吏豪绅仗势偷电,造成电灯不亮、电费难收等问题,国民政府腐败,未能加以扶持,以致这一新生行业被扼杀在摇篮里,其后遂无人再敢问津。直至1951年,在共产党领导下,福鼎城关才有热心公益的几位工商界人士集资创立"鼎光电厂",于6月1日正式供电,给漆黑的小城带来了光明。

艰苦创业　提前发电

福鼎一解放,人民政府就致力于发展生产,提高群众的政治觉悟和文化水平,各种群众团体、业余夜校,如雨后春笋蓬勃发展,群众踊跃参加。每夜打着灯笼或带着手电筒前往会场或夜校开会、上课,咸感不便,对电灯照明的要求至为迫切。当时福鼎城关粮食加工业因盲目发展,一个非产粮集镇,竟有同华、有丰、仁丰、裕丰(以上私营)、工友(公营)五家碾米厂,开工不足,同行间因竞争矛盾重重。梁学信(当时任同业小组长)等多次提出将动力机较大的同华厂转行为电灯厂,既可缓和粮食加工业生产过剩问题,又能为地方兴办公共事业,实属一举两得。但资方鉴于之前小西关电厂的失败教训,视电业为畏途,转行久议不决。至1950年秋,获悉前岐工商界人士陈伯舟先生等有进城创办电厂之议,始认为如不迅速转轨,将无从解决碾米业生产过剩及工人失业问题,资方有了急迫感,乃由同业小组长召集会议,并有工会代表参加。会上,工人代表表态:窃电问题,今非昔比,可由工人纠察队负责执行监电法规;发供电工程,工人保证刻苦学习,全力以赴。资方的顾虑消除了,当即决定发供电设备由各米厂认股集资,推举职工王德勋、朱鼎邦二人负责办理登记手续及制定估算等事宜。在县总工会的关怀和支持下,经荆利九县长批准,即由朱鼎邦、施得顺、潘国球三人前往温州市洽购发供电设备,中因碾米业资金困难,几将流产,幸有工商界青年李培华、张琴风二君热心公益,毅然动员其父兄投资18股(2000多元),又由李培华、施得顺于1950年12月赴沪采购电机电线,因原计划 15 千瓦电机购不到，改购 31.25 千瓦进口电机，预算超出 3000 多元，资金无着，再度搁浅。当时任县工商科长的潘令同志听到汇报后，自告奋勇，陪同朱鼎邦往访鲁丽生先生，动员其投资赞助，鲁慨然应诺并立电其兄鲁仲泉先生（福州永安船务行经理），旋得复电："电厂乃桑梓公益事业，同意投资，唯应将电灯二字改为电力，以示前程。"同人咸赞其热心桑梓，且目光远大，不愧为我县工商界巨子。以后举凡电业法规、企业管理、公司章程，均赖鲁仲泉先生在省之便，得向福州电力公司学习、仿效，使鼎光电厂一成立，经营管理即走上轨道。此时股金调整为 100 股，每股旧人民币 140 万元（折新人民币 140 元），登记资本 14000 元。1951 年 2 月（春节期间）召开股东会，选举鲁仲泉为名誉董事长，鲁丽生、梁学信、余养禄、方东、张冈 5 人为董事，众推鲁丽生为董事长，由董事会聘温碧如（福昌布店业主）为经理，池礼庭为副经理，池因病固辞，遂不设副职。企业定名为"鼎光电厂股份有限公司"，订立公司章程、供用电制度、会计制度、劳资合同等规章制度，上报核准备案。

3 月间，发供电设备陆续运回，全厂职工立即投入紧张的组装劳动。时电业人才奇缺，除施得顺、潘国球等技工略有书本知识外，多无实践经验，乃商请高英辰老师讲授电工原理，邮电局技工传授架线工艺。厂里除年老多病的留下二人处理日常事务外，其他从业股东、职工全部上阵，投入安装机器、架线、装灯、接线等基建工程，边学习、边生产、分段包干，夜以继日，掀起了你追我赶的劳动竞赛热潮，终于提前一个月完成任务，于 1952 年 6 月 1 日正式供电，全城大放光明，群众欢声雷动，城郊群众扶老携幼进城观看，有如过盛大节日。职工深受感动和鼓舞，分享着为人民做了一件好事的幸福感，把几个月来连续作战的疲劳忘得一干二净。厂方设宴为职工庆功，工会及时号召职工进一步发扬愚公移山精神，全心全意为人民服务，《咱们工人有力量》的歌声响彻云霄。

千方百计　发展业务

当时群众生活水平不高，电料昂贵，多数人无力装灯。电厂发电机 31.25 千瓦，可供 15 瓦灯 2000 盏，但开始供电时，城关 3000 户只报装七八百盏，且大多为机关单位和商店，平民小贩望灯兴叹。电厂为扭转这种局面，便向银行贷款购置电料，并千方百计为用户预约装灯费用，在保证安全的前提下，采取最节省方案，以减轻群众负担。如：职工们利用节假日为困难户义务装灯，不收工资；采用一次装灯、分期还款等办法推广业务；实行临时用电制度，特备临时灯料为会场及群众婚丧喜庆临时用电服务。全厂只有两个线工，既要架设和维修架空线接户线，又要装灯修灯，遇到线务工作忙不开时，职员们便自动参加装线、装灯、修灯劳动，务必实现"装灯接电不过日，修灯、修线不过夜"的保证。收费方面，起初采用坐收制度，效果不佳，后改为走收坐收相结合，用户一时不便，可按规定期限送缴电厂，逾期加收滞纳金，电费回收率在99%以上。由于有了上述措施，群众十分满意，不数月增至1000多盏，变亏损为盈余，职工工资福利也相应提高。

积累资金　扩大生产

鼎光电厂企业管理制度比较健全，列为我县税务自报查账户，"五反运动"时，通过检查，定为"完全守法户"。"五反运动"后，各企业实行整顿，经理温碧如、资方职员李培华奉命召回原企业福昌布店和生兴皂厂主持业务，董事长鲁丽生也因故离职。企业不可一日无领导，董事会推选梁学信为董事长，聘请林桂仙为经理。林桂仙素无企业管理经验，有些畏缩，后来看到电厂职工多能自觉遵守劳动纪律，工作认真负责，工会领导坚强，职工团结一致，相信只要依靠工会，虚心学习，执行劳资合同，就可胜任。她同时认为电是千家万户日常生活所必需，只要做到安全供电，利润十拿九稳，因此，她便大胆放手工作。随着人民生活的日益提高，用电户不断增加，逐渐出现供不应求现象。法定公积金40%远不能满足扩充设备的需要，因此她便通过董事会召集股东会议，提出将上年股东应得分红充作增资的建议。她首先得到公股代表潘祺的支持，工人代表也带头将职工应得的改善安卫设备基金和职工奖励及福利基金转为"扩充设备基金"，显示了工人阶级大公无私的精神，最后终于取得股东的同意，冲转了上年盈利分配，进而取得银行贷款及减征所得税来添置一台一百匹马力的柴油机（改装木炭机约为42匹）。又以原厂房典期届满，工厂设备拆迁困难，租用民房终非长久之计，便购来民房一座（十字街肖厝，后调给针织厂），修建后于1953年迁入新厂，暂时缓和了供求失调现象。

由联营进入合营

第一个五年计划开始实施，福鼎县和全国各地一样，工农业生产蓬勃发展，用电量迅速增加，在这一大好形势下，鼎光电厂为资金不足跟不上形势而大伤脑筋。在党的社会主义过渡时期总路线公布后，资方人员通过学习，提高了认识，深知电业建设光靠本厂区区积累，永远不能满足日益增长的供电需求，一再要求公方派出代表，具体领导电厂。鼎光电厂公股原占32%，但往年只由财政科派员参加股东会及审议预决算事宜。在资方人员的恳切要求下，县府于1953年派陈友诚同志为公股代表下厂协助。陈初来时虽暂任出纳，但全厂职工均以领导尊重之，通过一段工作，奉命与前岐建华发电厂联营。经沟通，双方进行清产核资，鼎光电厂财产估为12663元，建华电厂估为5557元，于1955年春宣布联营，企业改称"福鼎电厂"。前岐厂改称"福鼎电厂前岐供电所"，归总厂统一核算。选李若甫为经理，林桂仙为副经理。不久，上级批准福鼎电厂正式公私合营，任命陈友诚为厂长，李若甫为副厂长，于1955年8月1日举行公私合营典礼，张灯结彩，仪式颇为隆重，劳资双方均感到莫大欣慰与光荣。

合营后福鼎电业迅速发展

电厂公私合营后，企业面貌日新月异。合营伊始，国家即拨款3000元改进设备，并将不使用的设备投入兴办"秦屿供电所"，安装施工只两个月便正式供电，使秦屿镇人民也解决了照明问题。此后，随着经济建设的发展，电厂不断扩大生产，1957年又在南门兜购地建盖新厂房，购置120匹、60匹动力机各一台和120千瓦发电机一台，安装后于1958年迁入新厂（今为城关供电所），开始供电，照明电也由包灯制趋向表灯制。由于成本降低，电费也逐年降价，城郊住民普遍点上电灯。至1966年6月国家停发私方定息，企业转变为地方国营。1970年，国家又拨款兴建车头水电站，装机800千瓦，与城关火电并网供电。至1973年南溪二级电站（呇里电站）发电（装机容量3200千瓦），为了便于管理，县里决定将前岐、秦屿供电所划归当地公社，电厂并入南溪水电站。电厂所有火电设备881千瓦，全部迁到呇里火电车间发电。1981年南溪一级站发电（装机2500千瓦），至此水火电装机容量共达7382千瓦，与城关电厂初建时比较，装机容量扩为382.2倍，发电量增加了887倍，税利增加了120倍，职工人数增加了20倍，平均人员工资提高了50%，而每度电成本降低0.45元，电价降低0.62元，其发展之迅速，可以窥见福鼎县经济建设之一斑。

附：

据《福鼎市工业志》等其他资料补充，1985年12月，福鼎县第一座35千瓦前岐变电站投产，之后，福鼎正式结束以火力发电为主要动力的历史。1996年，桑园水库电站总装机容量为3.75万千瓦的三台机组全部运行，全市发电量达10197万千瓦时。1998年，闽东老区水电开发总公司福鼎发电分公司成立，发供电合一，隶属闽东老区水电开发总公司（总部在福安），当年发电量达12000万千瓦时。2000年12月，福鼎市电力公司发供分离，供电部分沿用原有福鼎分公司名称，发电部分另行组建闽东电力股份有限公司福鼎发电分公司。2004年6月30日，福建省福鼎市供电有限公司在宁德授牌。2005年，建成220千伏桐城变电站，当年供电量增至3.8亿千瓦时。

福鼎县城镇手工业的发展

🍃陈振夏

建国初期，我县城镇手工业仅有缝纫、鞋业、染布、雨伞、鞭炮、刻印、做油灯、修钟表的小店作坊小部分铁、竹、木、棕、棉行业，都是浙江的文成、泰顺等邻县艺人到我县走街串巷，流动加工修配的。在党的政策的支持下，城镇手工业"枯木逢春"，恢复生气，逐步进入了正常发展的轨道。根据不完全统计，1952年从事手工业劳动人数是2138人，比1950年的从业人员增长73%。1953年党中央所制订的过渡时期的总路线，对手工业进行社会主义改造，采取"积极领导，稳步发展"的方针，经过典型示范、普遍发展、合作化高潮的三个阶段，至1956年全县城镇手工业有了长足的进步，各种形式的合作社组织如雨后春笋，合作社达70个，人数2028人，占全部手工业从业人员的94%，基本实现了由个体所有制到集体所有制的伟大变革。1956年至1957年，合作社又发展到88个，人数2231人，创工业产值263万元，占全县工业总产值的35%；进入了正常发展轨道，在全县工农业生产中发挥了越来越大的作用。

20世纪60年代初期，党中央提出了"调整、巩固、充实、提高"的八字方针，颁发了《关于城乡手工业若干政策的规定（试行草案）》（简称"手工业35条"），我县手工业进行了全面调整，实行"统一领导、分级管理"的体制，按五金、服装、铁器、木器、工艺、棕麻、印染、雨伞、造纸、海洋竹器、锅炉等13个厂社为县直企业；分布在桐山、前岐、点头、秦屿等区镇的手工业，设区联社（为县手工业合作社联合社派出机构）管理，统一规划区镇一级的手工业发展；同时，认真调整在"大跃进"时期升格为全民所有制企业按行业归口，恢复集体企业"企业自己管、工人自己招、干部自己选、盈亏自己负、分配自己定"。据统计，当时国营回归集体的职工有631人，占应归数的76%；下放公社回归的有808人，占应归数的109%。对于原在手工业系统就享有盛誉的艺人和产品，恢复其原商标、原牌号、原经营方式，归还其原厂址、原人马、原设备。例如杨隆基锄头、谢孝铭地瓜切、吴钦坚白铁油灯、曹源兴钟表修理、潘承管木家具、万宜月镀白鱼钩等一大批手工业名牌产品得到了党政领导部门的关注，先后兴办了竹器厂、化肥厂、通用机械厂、陶瓷厂、造纸厂、制碘厂、织席厂等一批龙头企业，增大了手工业集体经济规模，走出了低谷。

1965年，根据国民经济发展的需要，便于统一规划和组织生产，对手工业、轻工业部门在行业管理上进行了调整，把塑料制品、皮革制品、服装、家具、五金制品、文教用品、衡器、铝制品、家用电器、工艺美术等12个主要行业和生产企业（包括部分国营）划归二轻统一管理。从此，手工业产品改称为二轻产品，促进了全县二轻工业规模发展，开始踏上新台阶，1966年全县二轻工业创产值从调整前的1960年的94万元，上升到328万元，6年中增长了2.5倍。成为我县工交战线上一支有生力量和主力军。

　　由于"文革"期间极"左"路线的干扰破坏，二轻工业被诬为"资本主义尾巴"，受到极大摧残。但是，我县二轻战线上的广大干部、职工充分发挥工人主人翁精神，艰苦奋斗，开拓进取，狠抓以县塑料厂出口人造皮革箱为主的新兴塑料工业，积极发展日用五金工业，努力提高皮革制品生产能力，进一步拓展工艺美术"四新"产品出口渠道。1966年至1976年的10年中，先后在县织席厂办起了电器开关厂（后发展为汽配厂），县日用品综合社办起了塑料制品厂，县木器社办起了工艺美术厂，秦屿、前岐综合社办起了锁厂、农用塑料厂（现为第二塑料厂），这种"以厂办厂，以社育厂"的"母鸡孵小鸡"式的办厂经验，不失为发展二轻集体工业的有效捷径之一。福鼎县塑料制品厂的前身是由服装、鞋业、棕棉、印染、抽纱等5个手工业社合并的县办集体企业，从1972年办厂到1976年的5年内产值从6万元猛增到150万元，增长了25倍，产品由建厂之初的2种发展到7大类142个品种。厂房从无到有，拥有12000多平方米，资产由5.6万元增长到212万元，成为闽东地区扬名全省的塑料行业"一枝花"。秦屿锁厂广大干部、职工走革新、改造、挖潜的路子，自己设计、自己安装了抽屉锁的一整套机械操作设备，从1975年6月开始，用18个月的时间，锁的月产量从建厂初期的400件猛增到1万多件。1976年全县二轻工业创产值1501万元，相当于1965年的5.5倍，占全县工业总产值的三分之一强，成为省、地二轻工业的重点县。这些，为我县二轻集体工业20世纪80年代的发展和90年代的飞跃（1991年产值首次突破亿元大关，成为福建省二轻系统五个亿元县之一），奠定了坚实的腾飞基础。

（本文摘编自《福鼎文史资料》第12辑）

福鼎县皮革厂的企业改制

民国时期，福鼎民间就有制皮革的家庭手工作坊。1953年，全县皮革产量仅1400张。

福鼎县皮革厂的前身是皮革合作小组。1954年，由唐志诚等7名制革工人自筹120元资金成立的，属家庭作坊。1955年，转为皮革生产合作社，生产规模不大，工人20多人。

1958年，皮革生产合作社与桐山鞋业社合并为"福鼎县皮革厂"，厂址在桐山寮赖，属地方国营企业。

进入20世纪70年代，企业工艺水平、产品质量不断提高，生产规模不断扩大，产量、产值、花色品种明显增加，生产工艺实现半机械化和机械化，成为皮革及其制品一条龙生产的综合性加工企业，拥有制革、皮衣、粘胶鞋、硫化鞋、皮箱、手套6个生产车间，主要产品有猪面革、羊面革、猪箱革、皮服装、粘胶皮鞋、硫化皮鞋、皮拖鞋、皮手套等8大类46个品种300多种花色。1970年，制猪皮革23724张，羊皮革29817张，创产值80.26万元。1981年，创产值1004.1万元，实现利润115万元、税金32万元，创历史新高。

1984年，企业占地面积5万多平方米，建筑面积3.3万平方米，有职工900人，固定资产（净值）246万元，拥有木转鼓、去肉机、磨革机、片皮机、烫革机、喷涂机、削匀机、硫化罐、炼胶机等各种专用设备近百台。

1985年3月，实行经济体制改革，转换内部经营机制，企业分为"四厂一公司"，即县制革厂、皮鞋厂、皮服装厂、皮革制品厂和县皮革公司，各自独立经营和核算。

福鼎市制革厂

福鼎市制革厂原为福鼎县皮革厂的制革车间，厂址在桐山寮赖，1985年3月独立分出设厂，系国营，是福鼎生产猪、牛、羊各种皮革的专业厂，年产量30多万张，被列为福建省轻工业厅服装革生产基地厂和福建省五大皮革原料生产基地之一，制革工艺技术居省先进水平。该厂生产的多色高档薄型轻吹山羊服装革，具有舒适、轻便、

1989年的204皮革厂工人制鞋（傅克忠 摄）

保暖的特点，深受国内外用户青睐，为福鼎皮服装的大量出口打下良好基础。

企业抓生产的同时，在治理利用方面也取得明显成效。用废油生产肥皂，废皮生产明胶，废渣生产氮肥，并大量回收猪鬃、羊毛。皮源紧张时，能利用兔皮、鲨鱼皮制革。

1988年，企业占地面积16621平方米，建筑面积9955平方米，职工225人。同年，创产值384.76万元，实现利润84.46万元。

1989年以后，由于国家取消原材料补贴等因素影响，企业经济效益大幅度下降，生产困难重重。1995年，全面停产。2000年12月12日，经福鼎市人民法院〔2000〕鼎经破字第005号文裁定宣告破产。

福鼎市皮服装厂

福鼎市皮服装厂原为福鼎县皮革厂的皮衣车间，于1985年3月独立设厂，系国营，厂址在桐山寮赖，是福建省最大的皮衣出口基地，生产的"航福"牌各式羊皮服装、皮夹克、皮背心、皮裙、皮裤等款式新颖，用料考究，工艺精湛，产品畅销美国、德国、日本、捷克、挪威、澳大利亚、意大利等十多个国家，在国际市场上享有盛誉。

1987年，"航福"牌皮服装获"福建省优质产品"称号。1989年，"航福"牌皮服装获国家轻工部"金龙腾飞"铜牌奖和福建省首届工业博览会银奖，成为福鼎工业的拳头产品，为福鼎皮服装行业的发展打下了坚实基础。企业被福建省人民政府授予"先进企业"称号。同年，创产值152.5万元，实现利税11.8万元。

1990年，企业占地面积1809平方米，建筑面积1841平方米，有职工127人。同年，创产值156万元。1991年，企业全面停产。

2000年12月12日，经福鼎市人民法院〔2000〕鼎经破字第008号文裁定宣告破产。

福鼎市皮革制品厂

福鼎市皮革制品厂于1985年3月从福鼎县皮革厂分出单独设厂，系国营，厂址在桐山寮赖，职工217人，占地面积6800平方米，建筑面积4350平方米，主要生产帆布箱、全皮箱、劳保手套、皮手套等产品，当年创产值282.8万元，实现利税22.9万元。

1991年，福鼎县皮革制品厂与福鼎县制革厂、福建省鞋业工贸（集团）公司、福建省皮革塑料工业公司联合投资创办福建三友皮革联合公司，生产PU二层皮等产品，因项目未能达标达产，效益不佳，同年产值仅74.6万元。

1992年，企业全面停产。2000年12月12日，福鼎市皮革制品厂和福建三友皮革联合公司经福鼎市人民法院〔2000〕鼎经破字第007号文和第0012号文裁定宣告破产。

福鼎市皮鞋厂

福鼎市皮鞋厂的前身是1985年3月从福鼎县皮革厂分出单独设厂，系国营，时厂址在桐山寮赖，有职工400人，主要生产皮鞋、皮拖鞋、硫化鞋等产品。企业占地面积6800平方米，建筑面积6300平方米。生产和销售一般，效益不明显。1986年，创产值20多万元，利润低下。1989—1993年，创产值432万元，利税为负数。

1994年起，企业处于半停产、停产状态。2000年12月12日，经福鼎市人民法院〔2000〕鼎经破字第006号文裁定宣告破产。

（本文摘编自2011年版《福鼎市工业志》）

福鼎市毛巾厂

狄 民

1950年以前，福鼎纺织业均为私人作坊。1950年以后，城关从事印染业有七八家，从业者约30人，主要为染布等。

福鼎市毛巾厂的前身是1954年创办的"私营合众纺织厂"，经理朱国璋，主要设备有木铁织机（脚踏机）、手摇袜机、漂染铁锅等，厂址在桐山纪厝里，年产值三四万元。

1956年，对手工业进行社会主义改造，印染业大合并，成立"公私合营福鼎县针织厂"，公方代表高耆芳，私方经理朱国璋，隶属于福鼎县手工业联社。主要产品以纱袜为主，还生产童袜、粉条毛巾等。1958年，易名"地方国营福鼎县针织厂"，隶属福鼎县工业局，厂址迁至十字街，产值6.83万元，职工155人。

1970年，企业投入9.7万元更新改造，购置了洗毛巾机、离心机、提花枕巾机、毛巾机、固色炉、配电室等，当年创产值24.04万元。1972年，企业迁至镇西。1976年，县财政拨款4万元建织造车间。1977年，企业易名"福鼎县毛巾厂"。1979年，在全省产品质量和花色品种新颖多样的评比中名列第二名。1982年，技术员李笃平、黄金榜研制的5208纯棉提花枕巾投放市场，销路看好。1983年，研制并投产538腈纶枕巾。1986年，企业开发床罩新产品，并建立床罩车间。

老厂长王德星说："1983、1984年，全国纺织业不景气，我们厂也不景气。从1985、1986年起全国纺织业回升，再回升，而我们厂却没有随着再回升。1986年9月，我到厂与大家共同突围。"1987年，企业实行"死包基数、自负盈亏、超收全留、确保还贷"的经济责任制，同年，"雀屏"牌538腈纶提花枕巾获"福建省优质产品"称号。1988年，企业狠抓劳动优化组合，强化现场管理，充分发挥员工积极性，创产值295.01万元，"雀屏"牌5208纯棉提花枕巾获"福建省优质产品"称号。搞技术改造花了76万元，有人计算要10年才能还清，结果4年多就还清了。也是在1988年，企业被宁德地区行署授予"先进企业"称号。

1989年，为发展生产，扩大市场，购置毛巾自动印花机、手洗机一条龙生产线，结束了建厂30多年来传统的作坊和手工印花工艺，当年创产值333.51万元，实现利税73万元。同年，企业被福建省经委授予"1989年深化企业改革先进企业"称号。1990年，创产值391.7万元，实现利税125.75万元，创建厂以来最高纪录，全员劳动生产率达12842元，超国家二级（11000元）的企业标准。同年，企业被福建省人民政府授予"先进企业"称号，731腈纶提花双人枕巾获"福建省优质产品"称号。

1993年以后，企业效益逐渐下滑。

1997年，孙绍安承包毛巾厂，设立"福鼎市春成巾被厂"，为股份制形式，独立核算，运作一年后停产。

2000年12月12日，企业因资不抵债，无法偿还到期债务，经福鼎市人民法院〔2000〕鼎经破字第009号文裁定宣告破产。

福鼎县酱鲟厂

酱鲟厂的前身是1955年由城关11家酱园店合营成立的"公私合营酱园厂",厂址在北市场"马华记"处。主要设施有大楻桶几十个,中小木桶四五十个,还有大小不一的酱油缸、石磨等手工操作工具。

1956年,成立"公私合营福鼎县酱鲟厂",隶属县手联社。公方代表陈文,私方代表(副经理)纪学英,资产5万元。年产酱油89吨、元酱68.75吨。

1957年,厂址迁至桐山街头顶,扩大规模。

1958年,易名"地方国营福鼎酱鲟厂",隶属县工业科管理。

1959年,增加米醋生产。

1970年1月,与福鼎酒厂合并为"福鼎县酿造厂"。

1977年后,转轨兼营蘑菇罐头。

1988年后,深化改革,分罐头、酱油两个承包组,主要产品有酱油、盐水蘑菇、酱菜罐头、豆干、食醋等。

进入20世纪90年代,企业生产销售不景气,效益下滑,时职工103人,退休工人30多人。

1996年,经市政府批准,企业解体,盘活资产,安置职工。

(本文摘编自2011年版《福鼎市工业志》)

福鼎县食品厂

民国初期，福鼎城关较大的糕饼店有"信春阳""美且有"等。至20世纪40年代末，城关有30多个糕饼店。1956年，店坊联合联营为桐山镇饼业生产合作社，1958年进一步创办"地方国营福鼎县食品厂"，主要产品有双果饼、芙蓉糖、八果饼、水晶糕、面茶糕、八珍糕、杏仁酥、香蕉橘饼等传统糕饼。

1966年，购置冲印式饼干机，结束了手工制饼的历史。1968年，添置电动冲糖果机。1973年，增置高粱饴糖制作设备，年产量达300吨。1981年，购置辊式饼干机，利用红外线烘干。

1985年，技术副厂长曹泽江、夏念松等研制开发槟榔芋新产品，为国内首创，并获省食品工业新、优、特传统产品展销评比会优秀奖。1988—1989年，"太极"牌槟榔芋系列产品获"省优质产品"称号和轻工业部出口铜牌奖。

1990年后，私营糕饼类生产逐渐占领市场。1994年4月4日，经市政府批复企业拍卖解体。

（本文摘编自2011年版《福鼎市工业志》）

福鼎工业企业的佼佼者——福鼎啤酒厂

林翔生

福鼎啤酒厂前身系福鼎酒厂，建于20世纪50年代中期，发展于80年代中期，经历了私营—合营—全民3个不同体制的发展阶段。

斗转星移，时轮飞转。今日的福鼎啤酒厂历经40年的不懈拼搏，闯出了社会、经济的莫大效益。

初期——艰难的起步

福鼎啤酒厂前身为福鼎酒厂，1955年对私改造时期，店下、白琳等私营酿酒作坊实行了公私合营成立"福鼎新君山酒厂"，同年12月以在城关的福鼎大同化工厂的北海车间吸收全县大小酿酒作坊，成立"公私合营福鼎酒厂"，厂址在城关解放路（企岭街）。

1996年福鼎啤酒厂流水线车间（夏念长 提图）

建厂初期，企业厂房简陋，流动资金不足，主要以手工操作为主，生产单一的黄酒、白酒，产值最高年份只在50万元左右。

"文革"间，企业领导调动频繁，生产不正常，产值、利税明显下降。

20世纪50年代后期到70年代中期，企业几经合并、分立、易名，没有稳定的生产环境。直至1979年，福鼎酒厂易名为"福建省福鼎县啤酒厂"，至此，才得以较稳定地围绕质量、生产、销售、服务一条龙开展工作。

企业通过广泛市场调研，鉴于市场对啤酒的看俏，而福建省还无生产啤酒的情况，进行多方努力并试制成功"闽东啤酒"，投放市场后深受消费者青睐。为此，企业于1974年投资33万元建成年产100吨生产能力的啤酒车间，为福鼎啤酒厂的发展铺平了道路。

发展时期——成功的揭示

福鼎啤酒厂近40年来走过曲折的道路。它之所以能创下业绩，其根本原因在于：

抓活力——以质取胜，发展自我

自建厂以来，企业始终把质量视为生命，摆在企业重要位置上，坚持部门负责、厂长亲自抓。

1963年，企业为解决历史性夏酿黄酒度低酸高问题，派人三度北上取经，使大米黄酒质量赶上了省定标准；当年工效提高88.5%，燃料消耗降低44%，全年节约费用4万元，节约粮食11.8万斤，同年创产值248.6万元，人均劳动生产率达4万元。

1971年，为解决米曲设备提高糖力，企业积极开展工艺改革与技术攻关。在厂技术员朱齐泰等同志的努力下，试制成功液体糀新工艺，又用8个月时间自研自制一套酒体制米糀设备，经实践，使糖力达200度以上，全部代替固体米糀，产品、产值成倍地增加。

1984年6月，由于洗瓶工人一时忽略，啤酒质量出了"事故"，被福建电视台"曝光"，一时"闽东啤酒"声誉大跌。厂领导及时进行整顿，一方面严格质量检测手段，规定"6·20"为"企业质量日"；一方面引进新技术新设备，保证质量。1985年，与青岛啤酒厂进行技术合作，投资50万元从捷克斯洛伐克引进一条自动化啤酒灌装线，当年创效益达30万元，啤酒产量突破1万吨，企业实现"二位数三同步"好效益，太姥山牌12度闽东啤酒获省优产品称号，畅销福州、宁德、温州、苍南、泰顺等地，供不应求。

抓基础——扩大销售渠道、生产规模

厂历任领导深深懂得，企业要生存，质量是保证，企业要发展，扩大销售渠道、生产规模是基础。20世纪70年代以来，企业千方百计地广开销售门路和扩大生产规模，并保证了生产稳定性、持续性。

1974年投资33万元建成年产100吨生产能力的啤酒车间，1980—1983年投资843万元建成1万吨生产能力啤酒工程，1986年投资1600万元扩改1万吨为3万吨的啤酒生产能力，1991年投资200万元增建麦芽车间满足啤酒生产线。企业在做好销售部门工作的同时，积极了解客户、掌握市场动向，建立网点，分别与糖烟酒公司、县果品公司实行"联营"，保证产销两旺好势头。

揽全局——把企业推向市场经济，狠抓内部配套改革

20世纪70年代以来，企业认真开展了增产节支，工艺改革和技术改造工作。进入80年代，企业积极推行生产经济责任制和内部三项制度的配套改革，取得明显效果。

1987年以来，企业面对市场疲软、原材料涨价、紧缺及后来的银根紧缩与供电不足等情况，大胆地与县主管局签订"死包基数、自负盈亏、超收全留、确保还贷"责任状。内部层层分解，建章立制，最大限度地调动干部职工生产积极性，1987—1989年，企业创产值1858.65万元，利税995.46万元，啤酒生产能力达2万吨。

跨入20世纪90年代，厂长黄一民一班人积极转变观念，以一流产品的质量，上乘的销售服务保驾企业走向市场。1992年以来，与县财政签订税利大包干经济责任状，完善各项经济承包制度，每年以30%—50%幅度递增产值和税金。1993年实现产值4000万元，产量达2.22万吨，实现利税885万元，为福鼎工业企业创税大户。同时12度闽东啤酒1991年获厦门国际博览会金奖，1992年获国际巴黎展评金奖。

20世纪90年代的福鼎啤酒厂（夏念长 供图）

福鼎啤酒厂自1955年至1993年的38年间，变化巨大，发展飞速，其社会、经济效益是良好的。特别是20世纪90年代初期以来，年年有变化，岁岁新效益。这在于决策者有方、组织者有力、生产者的努力。38年间，共创工业总产值约达2.5亿元。从1984—1989年累计固定资产投资额达1277万元，累计实现利税达2729万元，其利税总额为福鼎工业系统所创总额的三分之一；其利润为工业系统创造总额的约四分之一；至1989年，福鼎啤酒厂全体干部职工已经赚回了目前拥有一切的中型啤酒厂。

目前，福鼎啤酒厂有职工586人，拥有固定资产原值2494万元，为1989年1255.5万元的2倍；净值1947万元，为1989年982.72万元的2倍；厂区面积65754平方米，建筑面积38145平方米，下辖城关、店下、白琳、秦屿等酒厂，生产实现自动化、程序化；设有麦芽酿造、灌装、黄酒等主体车间，动力、制冷、机修、车床、锅炉等辅助车间和招待所、劳务公司等生活设施，还具有较先进的麦芽、糖化、制冷、灌装等检验功能齐全的配套设备和技术工程、检测队伍。

玉犬报春开盛世，金鸡辞岁启新程。新年伊始，啤酒厂全体干部职工正满怀信心，为实现产值4000万、税金1000万的目标而拼搏。

（本文写于1993年）

附：补充材料

1955年，成立"公私合营福鼎酒厂"，厂址在城关解放路226号（企岭街），产品有黄酒、白酒、和五加皮、鸡尾酒、蜜沉沉等，年产量800吨。

1959年，福鼎酒厂易名"第一联合厂"，并于翌年吸收本县溪岗、点头两处土油坊，设有酿酒、榨油、炸药、化工等车间及分布各区乡的酿酒车间。

1962年，联合厂易名"福鼎酒厂"。

1970年1月，福鼎酒厂与福鼎酱碚厂合并，易名"福鼎酿造厂"，增设酱碚车间。

1972年，筹办啤酒厂，属省内首家。1974年，小批量生产啤酒。

1975年10月，撤销福鼎酿造厂，恢复福鼎酒厂。

1995年，啤酒厂创产值6467万元，实现利税1543万元。

1997年10月，福建九州综合商社兼并啤酒厂，成立"福建九州福鼎啤酒有限公司（国有）"。2001年9月，经省财政厅批准，公司整体资产划转市政府重新注册，企业又更名为"福鼎啤酒厂"。

2002年6月5日，经法院裁定宣告破产。

（附文摘编自2011年版《福鼎市工业志》）

福鼎城关中学校办工厂发展始末

刘建清

　　福鼎城区学校勤工俭学的开展由来已久。1958年，国务院发布《关于教育工作的指示》后，全国上下掀起了"教育大革命"。"教育大革命"的主要内容之一，就是"要进行教学改革，坚持教育与生产劳动相结合，开展勤工俭学"。我县中小学为了贯彻"教育与生产劳动相结合"的方针，从那时起就开始开展勤工俭学活动。据《福鼎教育志》记载，福鼎当时除农村学校创办小农场外，在城关的中小学也断断续续办起了与教学用品相关的小工厂，如薄本装订，教学仪器、墨水、粉笔的生产等。但这些勤工俭学的开展，主要任务是"对学生进行劳动教育，掌握一定的劳动技能，即将教育与生产劳动相结合"。这种勤工俭学活动与改革开放之后，为了"创造物质财富"的勤工俭学有着很大的区别。本文所记述的内容，主要是指20世纪80年代以后开展的勤工俭学活动。

　　1982年8月，国务院制订了《全国中小学勤工俭学暂行工作条例》，并于1983年2月20日发布施行。

　　该条例明确表示："开展勤工俭学活动，是学校教育工作的组成部分。实行教育与生产劳动相结合，是坚持马克思主义教育思想，全面贯彻党的教育方针，培养德、智、体全面发展的有社会主义觉悟的有文化的劳动者的有效途径之一。勤工俭学的开展，对提高教育质量，发展我国社会主义教育事业具有一定的作用。"其中所规定的勤工俭学的主要任务为："除培养学生的道德品质、使学生学到一定的生产知识和劳动技能外，还要搞好生产，创造物质财富，为改善学校办学条件和师生的福利提供一定的条件。"还规定："各级教育行政部门可根据本地区的实际情况，建立健全勤工俭学的管理机构。根据需要还可设立专业公司。"因此，在该条例的指导下，为了加强对勤工俭学的领导，健全机构，建立队伍，1986年，福鼎县教育局依据福建省教育厅宁德地区教育局文件精神，配齐了勤工俭学的各级专职人员，成立了教育局生产站，指定张大罗同志专管勤工俭学工作，加强对校办企业进行管理和扶持。

　　1986年开始，在教育局生产站指导和扶持下，福鼎城区中小学的勤工俭学工作逐步进入高潮，以创造财富、改善学校办学条件和提高师生福利为目的校办企业就蓬勃发展起来了。除教育局自行成立的学生文具用品门市部、印刷厂、校服厂外，福鼎一中将原先不以营利为目的的生产指南针、滑轮、单相电机演示器等教学仪器的加工厂，转为生产对外经营的煤气调压表、汽车油泵、化油器等产品的校办厂；福鼎县城关中学（福鼎市第六中学前身）也先后办起青少年科技门市部、玻璃纤维钢厂、玻璃塑料竹制品厂、电脑公司；福鼎县城关职业中学（福鼎市职业中专学校前身）也成立起珠帘厂。

20世纪90年代前后，改革开放正进入关键时期，我国处于以公有制为主体，个体、私营、中外合资、国外独资等多种所有制并行发展的初始阶段。这个时期，许多国营、集体企业正面临着改制和破产；生产资料的供应价格实行双轨制，在物资紧张的情况下，价格差拉得很大；全国各企业之间的三角债难以消除，严重影响着资金的周转；政府实行宏观调控，采取银根紧缩政策；等等。校办企业这时期开始创业，必然会遇上前所未有的困难。尽管福鼎城区校办企业通过自己艰苦卓绝的奋斗，历经百般磨难，坚持十多年之久，也创造了数百万的产值，但最终结果却是或停办，或破产，或转包私人经营，以致最终停止了勤工俭学这项工作。

下面以福鼎县城关中学（福鼎城中）的校办企业为例，来看看校办工厂办厂走过的艰辛过程。

1984年，福鼎城中依据国务院文件精神，由校总务处温庆生、朱葆生老师等人负责成立"青少年科技门市部"，经营轻工产品，以获得收益。1986年，福建省教育厅文件要求："校办企业应作为独立核算，自负盈亏，能依法承担责任的经济实体存在。"因此，"青少年科技门市部"终止经营，创办"城中玻璃纤维钢厂"。校办工厂由朱葆生老师负责，温天敏、曾呈崧两位老师协助。当时，大家普遍认为，办好校办工厂，是为学校积累办学资金，改善办学条件，提高教师的福利，为促进勤工俭学作出贡献。因此，作为教师个人都愿意，也应当积极参与到勤工俭学工作中去。不过，教师承办校办工厂，经商经验远远不足。虽然在生产技术上不存在问题，所生产的玻璃纤维产品也远销各地，但在资金的回笼方面出现了问题，很多货款无法收回，成为三角债，很快就使校办厂难以为继。"城中玻璃纤维钢厂"仅仅存在一年多的时间，就面临倒闭，很快就停产。在此情况下，学校为了继续搞好勤工俭学，只得另谋出路。

1988年4月，学校考察认为，刘建清与许生辉老师在1977年恢复高考之前，分别在皮革厂和农药厂工作过五六年时间，有一定的生产管理、经营销售等经验，相信可以承担校办工厂的工作，帮助学校摆脱教育经费紧张的困境。于是，通过教育局生产站任命刘建清老师为校办工厂厂长、企业法人代表，许生辉老师为协办，后又聘社会经验比较丰富的严延贵老师协助，在"城中玻璃纤维钢厂"基础上，更名成立"玻璃塑料竹制品厂"。

新厂成立之时，福鼎县人民政府鼎政〔1988〕综68号文件传达，使校办企业新的领导班子欢欣鼓舞。文件通知主要内容是：结合我县学校实际情况，为了保证我县勤工俭学活动顺利开展，要求各级政府有关部门和单位树立新观念，充分认识勤工俭学不仅是教育部门的事情，也是全社会的事，大力扶持中小学校的勤工俭学；要求县计委、经委把学校的勤工俭学纳入工作计划，财政把勤工俭学周转金列入年度预算计划，银行、税务也要大力支持，教育部门更要把勤工俭学列入重要议程，明确强调学校选派到校办企业的教职工享受教师同等待遇，可以参加教师职级评定；等等。因此，校办工厂新的领导成员认为，校办工厂有了上级机关、学校领导和社会的大力支持，加上工厂需要的流动资金教育局和银行如能帮助解决，生产技术没有问题，产品销售渠道和资金回笼也相对稳定，那就一定能够办好。

鉴于之前的经验教训，新厂筹办之初，就经过联系和求援，争取到福鼎制药厂的支持，即为该厂生产藿香正气水的药用玻璃瓶，以保证销售渠道和资金回笼的稳定。当时，制药厂领导表示，对校办企业一定会大力支持，并许诺：如果产品质量没问题，价格比原供货的厂家略低，就一定会向校办厂进货。经校办厂了解，福鼎制药厂每年所需要的藿香正气水瓶近400万个，只要有四分之一的销售量给校办厂，也就能稳定发展了。

但事情的变化却使校办厂始料不及。就在校办厂放心大胆地去购买设备，聘请技术人员，培训工人，购置原材料，着手生产之际，有福鼎制药厂的供销人员向校办厂送来消息，说原福鼎制药厂的药用玻璃瓶供应方缙云县玻璃厂厂长来到福鼎。次日，校办厂负责人去福鼎制药厂找领导联系时就被告知：他们已经和缙云厂家续订了合同，无法向校办厂购买药用玻璃瓶。这样一来，校办厂上马之初就陷入了困境，生产无法进行。在此情况下，学校只好让许生辉老师暂返教学岗位，刘建清、严延贵老师则继续经营，谋求新的出路。

面对困境，校办厂负责人分头行动，聘用销售人员除继续寻找药用玻璃瓶的销售渠道外，还通过其他途径开发新的产品。真是"山重水复疑无路，柳暗花明又一村"。1988年9月中旬，销售人员与温州一家公司签订了80万只的易拉口药用玻璃瓶销售合同，校办厂转危为安。然而，一波刚平一波又起，校办厂所需要的流动资金、生产用电、生产燃料以及培训的技术工人数量都不足。校办厂历经千难万阻，在社会有关部门的帮助下，一个多月后终于解决了种种困难，顺利开工。

1989年下半年，校办厂顺利向温州公司交货，货款也及时得到回笼，1989年的总产值达25万元。但惋惜的是，温州公司作为中间商，却因被厂家欠债而资金发生困难，无法向校办厂续订1990年的合同。于是，校办厂的易拉口药用玻璃瓶的生产，在没有新的销售渠道的情况下，无法继续生产。不过，东方不亮西方亮，校办厂寻找到了一条新的路子，即与一名外聘销售人员，以合作联营的方式生产竹塑汽车坐垫和竹凉席，并通过外贸公司出口国外。

1990年1月，经过两个月的筹备和试产，竹塑汽车坐垫的生产终于走上正轨，但按合同要求要在5月份之前完成27000片的坐垫，还是存在很大的困难。首先是当时福鼎电力存在严重供应不足的问题，而竹制品的烘干是耗电大户，因此工厂自身需要配置大型的柴油发电机，可当时的柴油作为紧俏物资，其供应也受到限制。其次是福鼎工业基础薄弱，很多的设备零配件及五金材料都要到温州等地购买，而竹坐垫的配料，如尼龙丝、塑料边、胶水等原材料均要去温州等地寻找购买。待这些都解决了，离交货时间就很近了。但校办厂还是采取各种办法，最终解决了这些问题。竹塑汽车坐垫和竹凉席的生产规模不断扩大，并通过外贸公司打开了国际市场。至1991年底，全厂生产工人最高峰时达到近300人（厂内职工133人，厂外加工在册人员达到158人），总产值达到70多万。校办工厂也得到了福鼎县教育局生产站的表彰，福建省教育生产供应管理办公室领导还来到城中校办厂参观指导。同年，校办工厂荣获福鼎县纳税先进单位称号。

尽管如此，对校办厂来说，每一次接到外贸的订单，都是一次严峻考验。因为出口外销，合同期限刻不容缓，而订单的产品并不固定，每一次新的产品都是一种新的挑战。在没有抉择的境地中，校办厂只能勇敢地去尝试，使之化险为夷。比如，在1990年12月8日，校办厂接到福州工艺品进出口公司要求生产20万片"出门提示牌"的合同。该合同要求在一个月内先交2万片样品，验收合格付款后，再生产另外的18万片。"出门提示牌"的生产看起来容易，但制造起来却是困难重重，因为一块竹制的长方形"提示牌"弧度大小都是不一样。为了解决在18×10厘米竹片弧面上烙烫深浅均匀的文字，首先就要解决烙烫设备的设计和制造问题。而为了解决这一问题，校办厂负责人员与技术人员，冒着严寒在车间连续三天三夜，不眠不休地反复试验，最终才达到质量要求，并顺利在一个月内按时交货。

1990年，福鼎城关中学已陆续搬迁到下龙山，而县教育局也要在城中校办厂的原厂址上建设办公大楼。1991年，校办厂在县教育局拨付给的10万元搬迁款基础上，又通过学校向农行贷款20万元，在岭下购置了3.4亩山坡地，作为校办工厂生产基地。校办厂为了生产的需要，同时建设了竹制品生产车间和药用包装瓶生产车间。竹制品生产车间是由原福鼎城中的老房子拆迁重新搭建而成；生产药用包装瓶的车间，则按照制药企业的要求兴建一座260平方米的钢筋混凝土建筑。1991年底，福建省中心检验所派员到厂视察生产产地，并抽检了药用包装瓶产品质量。此时，学校为了加强校办厂的生产管理，又调许生辉老师到厂协助工作。

1991年10月，校办厂又接到省外贸通知，要求到12月30日前交一个货柜，即4万片竹塑坐垫，余下一个货柜的坐垫则在3月底交清。可在1992年春节期间，与校办厂联营的外聘销售人员听信传言，校办厂将要自行生产竹塑汽车坐垫和竹凉席，独立通过外贸公司进行出口，因此中止了与校办厂的合作，并带走大批订单。在这种情况下，1992年4月13日，校办厂完成了省外贸生产任务之后，便决定自行开辟国内外市场，生产竹塑坐垫和竹凉席。此外，还继续生产药用玻璃瓶。1992年，福鼎制药厂改制，中成药车间承包经营，因此，校办厂与其签订了"藿香正气水瓶"供货合同。同年，还与福州的一家药厂签订了广口的药片玻璃包装瓶供货合同。

1992年4月15日，校办厂领导班子召开会议，确定了内销生产竹制品的方案，并通过县外贸联系外商出口竹坐垫。之后，至1993年6月底，校办厂共生产内销竹塑坐垫约10000张，竹席200床，销往温州、杭州、武汉等地；向印尼出口汽车坐垫一个集装箱，计6240张，空心竹凉席1000床；完成了福鼎制药厂中成药车间的"藿香正气水瓶"和福州药厂的药片广口瓶的生产任务。

但校办厂在1993年原定向闽东制药厂提供的太子参口服液易拉瓶，在1994年与马鞍山市海江贸易公司签订的50万个口服液易拉瓶，都没能进行生产。究其原因，一方面，原闽东制药厂准备与校办工厂联营而成立的鼎荣药用包装厂，而所需要的生产太子参口服液的许可证迟迟得不到落实。更重要的一方面是，我国自1992年确立了社会主义市场经济后，市场竞争日趋激烈，各种原材料的价格不断攀升。校办厂生产药用玻璃瓶所需要的玻璃管原材料，必须向苏州昆山购买，除运费大幅涨价外，玻璃管原材料在1993年每吨提价10%，即200多元；生产药用玻璃瓶所需要的液化气，每瓶提价21元；还有氧气、自行发电的柴油等也都涨了价，使生产无利可图。另外，加上玻璃瓶生产技术性强，工人需要培训后才能上岗，而福鼎只有一家校办厂生产玻璃瓶，在本地没有形成产业规模，一旦停产，工人流失，再招工培训浪费极大。同时，校办厂的流动资金绝大部分来自社会借贷，平均利率在2.5%上下，社会效益固然不错，但对校办厂来说，经济收益上不去，生产得不偿失，导致与闽东制药厂的联营也无意义。因此，自1993年7月13日开始，至1995年上半年，校办厂仅维持原有竹制品的生产，并开辟新的市场，寻找新的出路。

1995年，在校办厂效益不明显的情况下，福鼎城中自身却因为不断扩招本地城乡初中线下生，招收浙江苍南等地高中线下生的经济效益明显。使学校的办学条件、教师的福利待遇也得到了很好改善。学校有人提议，为管理好那300多名扩招的苍南籍和乡镇学生的寄宿生活，将刘建清老师调回负责。于是，在1995年9月，刘建清老师调回学校管理苍南寄宿学生,并参与政教处工作,许生辉老师安排到总务处,严延贵老师则借调教育局印刷厂。校办厂则移交给学校的总务处,由曾呈崧老师担任企业法人代表。

福鼎城中校办厂移交时,经校工会提议,交由县审计局审计。审计结果是:土地厂房及机器设备折旧后残值,与投入的教育局拨给的搬迁费10万元及农行借贷的投资20万元基本持平,账目资金尚有盈余。同时,县审计局通过账目审计,对校办企业的工作人员的勤俭节约、艰苦奋斗的精神给予正面的评价,认为校办厂既无贪污行贿行为,也不存在吃喝浪费的现象。

1996年,福鼎城中将校办厂承包给温天敏老师,成立"城中玻璃雕刻厂",生产磨砂玻璃等。一年之后,因无经济效益停办。1997年,福鼎城中将校办厂厂房出租给缪又凌美术培训机构。1998年,学校成立校办电脑公司经营电脑业务,两年之后终止。2009年,学校为了筹建校本部后山操场,缺乏资金,以近300万元的价格将岭下校办厂生产基地出售,福鼎城中的校办厂历史也到此落下了帷幕。

福鼎一中、福鼎职业中学的校办厂也落下了帷幕。福鼎一中校办厂,先是生产汽车、摩托车油泵等产品,生产一度出现困难。1993年11月20日,县教育局生产站传达了全省在漳州召开的校办企业现场会精神,要求各校的勤工俭学工作在1994年要上新台阶,并提出勤工俭学工作要抓福鼎一中这个重点,帮助其解决资金问题。之后,福鼎一中集资办厂,产品转为生产化油器、煤气调压表等。1997年之后,因为产品销售货款无法回笼,而集资的资金无法返还个人,校办厂负责人被迫出走。至于福鼎职业中学的校办厂在此之前就默默无闻中无疾而终了。

至于教育局创办的文具营业部、印刷厂、学生服装厂等企业,自1998年之后,也承包给了私人。2001年,教育局生产站等领导转换观念,将勤工俭学工作回归到20世纪50年代的"对学生进行劳动教育"上,坚持"教育与生产劳动相结合"的方针,成立了"福鼎市区中小学劳动实践基地",获得较大的成功,先后荣获福建省体验式生命教育示范校、福建省校外美育实践基地、福建省青少年校外教育先进单位、福建省中小学示范性综合社会实践基地、福建省中小学生研学实践教育基地等荣誉称号。2018年,被教育部列入"全国中小学生研学实践教育基地"名单中。现在,坐落在市区莲峰山的"福鼎市区中小学劳动实践基地",成为福鼎市中小学生开展素质教育重要场所。

2003年,由于各学校勤工俭学工作的名存实亡,福鼎市教育局依照鼎编〔2003〕26号文件通知要求,将"福鼎市学校生产设备站""福鼎市教学仪器站""福鼎市电化教育站"合并为"福鼎市生供站"。这之后,中小学的勤工俭学工作就由"生供站"负责指导。

福鼎市化工厂

🔹 狄 民

福鼎市化工厂创办于1959年，其前身是由福鼎县城关手工业的印染合作社、焚化社、化工社三合为一的"国营福鼎县印染厂"，厂址在后来的城关北市场，下设印染、焚化、化工3个生产车间，产值万元左右。1960年，国营福鼎县印染厂下马，化工与焚化生产车间合并，称之"化工社"，主要产品有印染、蜡烛等，生产工艺低下，手工操作，厂房简陋。

"文革"开始后，企业一度易名"红卫化工厂"。1966年底，企业为寻求出路，派洪雅治、刘英弟等4位同志往温州厂参观取经生产海藻胶，并在确认可利用福鼎县海带进行生产的前提下，聘请温州厂的郑、潘两位师傅来厂传授技术，经过努力，掌握了生产海藻胶的技术，试验出产品，并送福建省化工厅鉴定，符合标准后列入计划内生产。该厂为福建省生产海藻酸钠的第一家，产品由福建省医药总局经销。

1968年，企业易名"福鼎县海藻化工厂"。1969年，企业更名为"福鼎县制碘厂"，系集体企业，隶属福鼎县工业局。同年，福建省化工厅投资20万元，福鼎县财政支持10万元，建设新厂房（江澳），成功投产了碘产品。

1971年3月15日，企业迁至城关江澳新厂房，内部推行班组经济核算，碘与胶并举生产，当年创产值56.09万元。1973年，企业投资6万元增添离心机、水塔、电动机、工业泵等，建造了酒精仓库等，年产值达100.79万元，首次突破百万元大关。

1974年，企业改造洗海藻车间、消化池、沉降池等。1975年，投资8万元新建厂办公楼，投资6万元盖职工宿舍，增加一台烘干机，扩大了生产。当年，创产值171万元，实现利税90.55万元。

1977年5月，企业易名"福鼎县化工厂"，原制碘厂作为制碘车间。同年，产碘1.03吨，胶116.7吨，创产值141.41万元。1978年3月，在李启楣、马树旺、刘英弟、潘孝惠等人的努力下，试产成功BLN分散蓝染料，填补了福建省的空白。

进入20世纪80年代，面对激烈的市场竞争和原辅材料的涨价因素，企业加大生产规模，积极应对不利因素，产量、产值稳步上升。1983年，投资123万元，扩建制胶车间。1984年，实现"三同步"，创产值222.56万元，比1983年增长7.77%，实现利润15.02万元，比上年增长16.9%。1986年，企业分设染料厂，生产分散蓝、分散黄等产品。1987年，开发了分散大红产品，年创产值213.62万元，实现利税22.74万元，胶出口交货值73.75万元，企业扭亏为盈。

1988年5月至12月，企业与香港太嘉国际贸易公司双方合资800万元创办"太嘉（福鼎）化工有限公司"，当年创产值124.19万元，海藻酸钠出口交货值达169.22万元。

1989年，企业设有染料厂和制胶、制碘、机修等车间，主要产品有碘、海藻酸钠、分散大红、分散黄等，厂区面积10393平方米，建筑面积6601平方米，固定资产（原值）158.63万元。年产海藻酸钠153.96吨、碘1.394吨，产值达247.51万元，企业亏损达4万元。1991年，企业加大承包工作力度，同年创产值650.8万元，实现税金58.4万元。1994年，创产值1200.1万元，实现利税11万元。

1998年4月至2001年，由陈茂全承包企业，另成立"福鼎市金源化工厂"。2001年以后，因多种因素，企业生产、生存困难。2002年，企业因资产无法偿清债务，拍卖解体。

福鼎市无线电厂

狄 民

福鼎市无线电厂的前身是"城关电讯器材厂",几经变更易名。1965年3月,公助民办建立"城关工艺厂",主要产品有竹筷、再生布等,设备简单,手工作坊,产量产值低。1968年10月,经过整顿后,原城关冶炼厂、城关工艺厂、新华化工厂、反帝综合厂合并为"城关综合厂",隶属城关镇,主要产品有竹筷、再生布、松节油、铝坠等,企业营销不景气。1974年,厂长洪吉经试制广播喇叭未能成功,后聘请上海、南京师傅成功试制了倒顺开关、稳压电源等产品。1975年,试制直读式阻抗表等产品,打开生产营销局面时工人78人。

1976年3月,城关综合厂易名"城关电讯器材厂",主要产品有倒顺开关,交、直流万用表,稳压电源等,至此,企业为转向生产电子产品打下坚实基础。

1977年3月,企业易名"福鼎县无线电厂",系集体企业,隶属县工业局管理,原址在城关解放路三巷19号,后迁城关中山北路1号。厂区面积660平方米,建筑面积2660平方米。同年9月,在厂长王军(南京师博)的带领下,积极创新产品,开始试制MKC快速充电机,为国内首家。1981年,试制矿灯快速充电机。1982年9月,MKC-2型快速充电机获福建省科技成果奖。

1984年7月,厂长朱小同等技术骨干与上海煤炭科研所签订试制隔爆型快速充电机的技术合同。1985年2月,MKC-180/0-180-D1矿用隔爆快速充电机出样机;同年3月,AVC矿灯稳压器通过煤炭工业部科研所鉴定;同年7月,KMKC-102型矿灯快速充电机获宁德地区科技成果一等奖。1986年9月,MKC-180/0-180-D1矿用隔爆快速充电机通过国家煤炭工业组科研所和福建省电子工业公司联合鉴定,同年获福建省优秀产品奖;调试车间QC小组获省电子工业第四次QC小组成果发表优秀二等奖。1989年,MKC-180/0-180-D1矿用隔爆快速充电机获"福建省优质产品"称号,并获国家星火三等奖。企业下设电源、开关、快充、金工、喷漆五大车间,系列产品11个品种销往全国20多个省(市),深受用户青睐。

意外的惊喜是,时隔20年后,凭借这项国家大奖,步入古稀之年的朱小同老厂长获得了以中共中央、国务院、中央军委的名义颁发的"庆祝中华人民共和国成立七十周年纪念章"，这也是闽东工业系统唯一的一枚意义如此重大的奖章。

在颁奖会上，朱小同说：

> 1964年，我以优异的成绩考取了清华大学，这是党培养、人民养育的结果。从那时起，将平生所学报效祖国，把所学知识奉献给人民，造福社会，成了我不变的初心，也是我半世纪来始终追求的梦想。
>
> 在那激情燃烧的20世纪80年代初，十年"文革"刚刚结束，国家百废待兴，我从军工企业回到家乡福鼎，在一家小企业工作。企业生产的矿用一般型蓄电池快速充电设备无法适应煤矿井下运输效率对设备的要求，当时，我是工厂的厂长，又是唯一的一名工程师，研制一种能在甲烷、瓦斯密集的易燃、易爆的煤层环境下运行的隔爆型设备，是市场提供给我的信息。
>
> 但是研发这种产品风险很大，对社会承担着很大的安全责任。我们是用企业职代会决议的形式决定研发产品的。用企业的命运、员工的饭碗与承担的责任相捆绑作为代价去承担可能的风险，最后由我负总责，每台设备必须有我亲笔签字才准予放行出厂。
>
> 我主持了产品研发的全过程，为了使电器电子线路在完全封闭的恶劣环境内可靠运行，我对当时还处于前沿技术的可控硅主电路和数字脉冲控制电路进行了大刀阔斧的集成优化，尤其对核心放电电路进行了脱胎换骨的创新，为设备顺利研发提供了技术支撑。中国煤炭科学研究院在主持产品鉴定会上认定，设备的定型生产解决了煤矿井下运输的急需，关键的核心技术设计新颖，处于国内同类产品的先进水平。
>
> 项目的研发过程，我承受了极大的心理压力，历尽艰辛。为了争创一流的产品，优化设计和制造，我经常下矿井考察设计运行效果，头戴矿灯，身背急救包，怀揣干粮，经常工作在负几百甚至一千来米的煤层工作面上。回到地面，除了两只眼睛，满脸都是黑的，活脱脱一个老矿工形象。
>
> 一个名不见经传的县办小厂，在研发技术含量、制造精度比较高的产品，我们受到了全国煤炭系统和省、地、县各级科委的支持和关注。作为一名工程技术人员，亲自参与主持设计的产品获得国家级奖励，已属凤毛麟角，我得到了，是我的幸运，多年承受的压力、经历的艰辛得到了回报。现在，我又以获得国家级奖励人员的身份，获得了这枚贵如千金的纪念章，我将无比珍惜这份来之不易的殊荣。

20 世纪 90 年代初，受国内机电产品市场疲软等各种因素影响，企业生产困难。1994 年 10 月，由李笃和、卢声和等人租赁经营，一年后停产。1997 年 6 月 26 日，企业解体。

福鼎市农药厂

福鼎市农药生产始于20世纪60年代中后期，属小型、不定型专业的厂家，生产"920"农药、"420"农药等。

1973年12月，福鼎县制药厂技术员张忠勋潜心研制农药杀虫脒成功。同年，企业投资8万元建了杀虫脒农药车间和锅炉房。1974年，投产并批量生产。1976年，农药车间生产杀虫脒741.17吨，创产值222.3万元。1976年6月份，由于农药生产的特殊性，由福建省化肥农药工业公司牵头，报福建省计委批准，国家拨款42万元在山前铁塘里征地11.43亩，建了化验室、冷冻机房、仓库和杀虫脒主车间，总建筑面积1780平方米，当年10月，农药车间移至山前新厂。

1977年4月，新厂定名为"福鼎县农药厂"，系国营，生产能力1000吨，为全省第一个生产杀虫脒的厂家。当年产量达817吨，创产值245万元，实现利税49.58万元，一年就收回了全部投资额。同年，国家拨款120万元，在厂区附近再征地22亩，设立叶枯净生产车间，设计能力为年产100吨90%的叶枯净原粉。1980年3月，试产成功，质量达到部颁标准。后因销售原因，年底被迫停产。

1981年，企业技术引进贵州省化工研究所的沙蚕毒素农药杀虫双，生产能力1500吨，为国内第二家25%杀虫双水剂生产厂家。当年生产300吨试销。同年，企业经福建省科委批准，成为省内第一家复合化肥定点生产厂家，投资57万元征地6.5亩筹建复合化肥厂房，兼挂"福鼎县复合肥试验厂"牌子。后由于复合肥形不成批量生产，企业利用叶枯净车间改装年产500吨的甲胺磷车间。1982年，因甲胺磷生产未列入省厅计划，产品停产。

1983年10月，企业与贵州省化工研究所合作研制杀虫单原粉成功，省拨款31万元，贷款28万元，新建一座占地180平方米，建筑面积360平方米敞开式杀虫单原粉车间。同年创产值362.84万元。1984年12月，由技术副厂长林涵生、技术员周云负责开发各种剂型灭鼠毒饵，为省内第一家鼠药加工点。1985—1987年，创产值50多万元，获利10万元，为企业在"特困"期排忧解难。

1988年，企业实行班子成员经营承包制，企业管理得到充分整合，生产杀虫双

767 吨，复合化肥 1917 吨，杀虫脒 658 吨，创产值 528.17 万元，实现利税 70.99 万元，一年盈利摘掉连续三年的亏损帽子。同年，企业与福建省农科院联合研制 3.6% 杀虫单颗粒剂。是年 10 月，筹建年产 2000 吨 3.6% 杀虫单颗粒车间。

1989 年，研制开发增效杀虫双和稻全灵两个产品，创产值 808.82 万元，实现利税 102.34 万元，产值产量均创历史新高。同年，宁德地区行署授予"先进企业"，宁德地区工业局授予"无泄漏工厂"，福鼎县人民政府授予"双文明建设单位"，国家化工部授予"农药生产先进单位"。

1990 年，企业从浙江化工所引进开发灭蚜农药，并投资 56 万元筹建生产设备。同年 12 月，18% 杀虫双水剂获"福建省优质产品"称号。翌年，企业被福鼎县人民政府确定为首家科技先导型企业。

1996 年，福鼎市农药厂从单一产品发展到有 18% 杀虫双水剂、18% 增效杀虫双水剂、90% 杀虫单原粉、3.6% 杀虫单颗料、多元素复合肥、灭蚜等三大类 7 种产品，拥有固定资产 2641.5 万元。杀虫单原粉出口日本等国，创外汇 50 万美元。当年创工业总产值 2466 万元，销售收入 1820.4 万元，实现利润 126.3 万元，是福鼎工业的龙头企业。

1999 年，企业因设备滞后，资金运作困难，出口订单中断，市场竞争激烈等诸多原因影响，仅靠内销维持生存。

2000 年，企业产品单一，且人员负担沉重，生产困难。同年，林仕安等 5 人以承包责任制形式运作一年，当年创产值 891.5 万元，利润为负数。至 2002 年，企业全面停产。

2003 年 11 月 18 日，福鼎市农药厂因无法清偿到期债务，经福鼎市人民法院（〔2003〕鼎经破字第 001 号文）裁定宣告破产还债。

（本文摘编自 2011 年版《福鼎市工业志》）

福鼎县味精厂

福鼎县味精厂创办于1970年7月，前身是城关微生物化工厂，由手工业社的钟表零件合作工厂、棕绳合作工厂和调味化工厂三个集体小厂合并而成，系集体企业，占地面积2179平方米，建筑面积1739平方米，固定资产（原值）15.83万元，净值12.07万元。1972年5月，味精试制成功并投产。

1975年，易名"福鼎县味精厂"。同年，企业制造第三台5000立升发酵罐，年产味精50.6吨。1977年，创产值75万元。1978年，征地5.5亩，建发酵车间1100平方米，提炼车间464平方米等，投资21.55万元。

1980年，企业积极挖潜，实行经济承包责任制，生产味精150.25吨，创产值237.38万元，实现利税28万元。同年，企业获福建省人民政府"大庆式企业"称号。

1981年，企业推行利改税，内部实行"五定一奖"经济责任制，年产味精193.75吨，创产值302.59万元，实现利税33.47万元。同年，投入42.20万元扩建精制车间，建筑面积2050平方米，扩建淀粉仓库、锅炉房、等电点并池罐、糖化锅等。

1986年，提取工艺改锌盐法为冷冻法，投资27.4万元改造糖化设备，原料改为大米，产品质量稳定，创产值612.83万元。同年，企业与福建省外贸土畜产进出口公司联营筹办年产1000吨柠檬酸厂，双方合资724万元。1987年，"太姥山"牌80%粉状味精被福建省人民政府授予优质产品称号。1988年，由于企业管理不善等诸多内外因素，染菌严重，生产倒罐频发，产品质量严重下降，亏损达231万元，企业濒临破产。

1989年，企业在政府的重视和扶持下进行整顿和自救，调整厂主要领导，引进新菌种（514号），改进净化系统，产品质量迅速提高。"太姥山"牌80%粉状味精，被福建省消费者委员会授予"消费者信得过产品"称号。

1990年以后，由于粮食市场的双轨制价格和味精行业个体业的发展与竞争，及生产菌种的技术质量等因素，企业生产极不稳定，成本高，造成亏损。1994年味精产量仅482吨。1995年，全面停止生产。1997年3月8日，经福鼎市经济委员会（鼎经〔1997〕57号文）批复，企业停厂关闭，拍卖解体，安置职工。

（本文摘编自2011年版《福鼎市工业志》）

福鼎市塑料制品厂

福鼎市塑料制品厂的前身是"福鼎县工农兵服务社"。1971年，由服装、鞋业、棕棉、印染、抽纱5个手工业社合并成立。1972年，企业更名为"福鼎县日用品综合社"，成功试制人造革生产设备，发展生产人造革产品，并加工成人造革箱、手提袋、枕头、自行车坐垫等产品。

1973年2月，由福鼎县日用品综合社的印染车间和抽纱车间组建"福鼎县塑料制品厂"。1974年，企业掌握吹塑技术，生产各种薄膜制品。1975年，发展塑料电镀工艺。1976年，开发出具有国内先进水平的ABS压模旅行箱新产品。其时，企业主要产品有压模箱、公文箱、刮胶革、刮胶手套、旅行袋、吹塑薄膜等，成为当时福鼎县最大的塑料制品生产厂家。1978年，企业被福建省人民政府授予"大庆式企业"称号。1982年，企业开发出ABS中高档公文箱，填补了省内空白。

1984年，县塑料制品厂扩展为塑料工业公司，下辖人造革箱、压模箱、帽袋3个分厂和1个供销经营部，实行责任制承包，两级核算。同年，创产值291.08万元，实现利税14.97万元。

1988年，企业有职工605人，占地面积1万平方米，建筑面积1万平方米，当年创产值1026万元，实现利润26.89万元。

1990年9月，恢复县塑料制品厂，实行统一核算经济责任制。

1991年，ABS公文箱获"福建省优质产品"称号。同年，创产值1062.14万元，实现利税62万元。

1994年，企业拟利用"土地级差"，走"搬迁、改造、发展"之路未果。同年，创产值867万元，实现利税25万元。

1998年，企业解体，职工实行一次性安置。

（本文摘编自2011年版《福鼎市工业志》）

福建省福鼎市自动化仪表厂

福建省福鼎市自动化仪表厂始建于1972年2月,时系县织席厂的一个仪表车间。1975年,由于受农村所谓"砍六头"影响,织席厂的主要原料成了无源之本而寻求转产,时任厂长郑家川旋即与温州厂肖师傅联系并得到支持与帮助,转产TA产品。1976年,成立"福鼎县仪表厂",与县织席厂一套班子、二块牌子。1979年,与织席厂分开独立核算。同年9月,TA产品通过福建省机械局鉴定并批量生产,当年创产值32万元。

1980年,企业定名为"福建省福鼎县自动化仪表厂",隶属福鼎县工业局(原属县二轻局)。1981年,企业推行"利润留成,盈亏包干"责任承包制,当年创产值105.71万元,首破百万元大关。

1982年,为适应生产发展,扩大生产规模,国家投资90万元,在中山北路征地15亩新建厂房。1983年,与上海自动化仪表研究所合作研制的YED-2000型多孔纺丝机及切片干燥自控装置,获国家机械工业部科技成果三等奖。1985年后,企业加大技术革新改造,先后开发数字式、模拟式小方表,巡回温度检测仪,温度记录仪,经络导平仪等新产品。1988年,TE型(模拟、数字式)电子调节仪、TA系列电子调节器,皆获"福建省优秀新产品"称号。

福建省福鼎县自动化仪表厂自1980—1989年共创工业产值1695.97万元,实现利税276.80万元。至1989年,企业拥有年产值1000—1500万元的生产规模,生产实现自动化。主要产品有TA、EK、自控成套装置等3个系列几十个品种,产品销往东南亚、泰国、圭亚那等国和国内各省市近1000家用户。

进入20世纪90年代后,仪表行业受到进口同类产品的冲击,企业缺乏研发人才,产品竞争力不强,加之企业资金短缺和银行贷款困难等诸多因素,导致产品销路不畅,生产成本增大,加之生产困难。1993年,企业内部实行承包责任制,在一定程度上激活了职工的生产积极性,但利润负增长,企业面临危机。1996年,企业正式停产。2002年,企业破产解体。

(本文摘编自2011年版《福鼎市工业志》)

从井水到自来水

狄 民

福鼎自来水业起步于20世纪80年代初。在此之前，即使是县城，也是靠井水作为日常生活饮用水，企业则靠抽取地下水维持生产。

桐山街从南到北，大大小小的井很多，其中知名度较高的水井有人民银行门前的"天灯下井"，建于元朝，现在已属于保护文物；有南门外的"宁太井"，建于清朝。其他如街头顶、二小附近和溪江巷各有一口四角井，十字街有一口圆井，桐山城内城外，有人家聚居处，便有一口井。在中国的传统文化中，井就是家乡的象征。

打水、挑水要有体力，于是就有了"担水爷""担水哥"这个行当。20世纪60年代，挑一担水到预定的人家，收费是2分钱。到了70年代，升到3分、5分钱。清凉的井水倒进人家的水缸里，然后用木炭在墙上画一笔（写正字），按月结算。那个住木头房年代，每天晚上，都有人提着铁话筒沿街巷大声喊着：柴离灶，水满缸。

1983年，福鼎县自来水厂开始供水（日供水能力5000吨），城区居民家家户户才真正用上了自来水。当时厂址位于山前村阮家尖的桐山溪畔，全厂从业人员20人。

1998年，位于岙里大坪山的第二水厂建成，全市日供水增加到4万吨，水源来自南溪水库。2005年，日供水能力已达6万吨，职工183人，管线总长115千米，不但城乡居民用上了干净的饮用水，也为城乡经济发展提供了强有力的保障。

2015年11月，省水投集团、省供水公司和福鼎市水投公司三方组建了福鼎水务公司，整合使用全市水务资源、资产、资本要素，发挥省水投、省供水优势，破解安全饮水项目缺资金、缺技术、缺专业化管理等难题，全面推进全域供水一体化、供水产业一体化、建设管理一体化。如今，全市集中供水工程人口覆盖率达93.3%，2305户、7405人建档立卡贫困人口全部解决饮水安全问题，实现城乡供水跨越式发展。

福鼎市工艺针织厂

簇绒床罩是20世纪80年代初期纺织行业新型的高档产品，为福鼎县工艺针织厂的拳头产品，也是福建省纺织行业当时仅有的一款产品。

福鼎市工艺针织厂的前身是福鼎县毛巾厂的床罩车间。1986年初，县毛巾厂为打开销路开发新产品，由副厂长欧阳淑贞率员到温州考察学习取经，由于工艺易掌握，产品销路良好，回厂后立即组建床罩车间，购置设备，聘请师傅指导并派员学习操作技术，同年试制簇绒新产品并生产几百条试销，深受消费者满意。

1987年，县毛巾厂实行内部层层承包，由欧阳淑贞承包床罩车间。当时租用民房为厂房，贷款3万元，并由县毛巾厂提供机器设备等。同年，生产床罩2330条，小商品小件15286个，被套1084件，创产值17万元，实现利税2万元，生产的簇绒机罩被宁德地区消费者委员会评为"适销对路，深受消费者欢迎产品"。

1988年1月10日，县毛巾厂床罩车间划归县工业供销公司领导。同年，县毛巾厂床罩车间易名为"福鼎县工艺针织厂"，为县属集体企业，业务网络扩至全省5个纺织站、4个市场、14个县纺织和县百货的业务往来。同年，福鼎县人民政府授予"重合同、守信用"和"先进单位"称号。

1990年，县工艺针织厂划归福鼎县工业局管理。同年，创产值57万元，从这年起，企业连续三年被宁德地区行署授予"重合同、守信用"称号。1993年，企业聘请上海郑师傅后，增加提花毛巾品种，当时产量虽然不大，但销路很好。1994年，企业增加生产绣花被套、床罩、踏花被，年创产值120万元。

1997年，由于市场经济改革等多种因素，企业生产处于半停产状态。

2000年因溪岗坝建彩虹桥，企业搬迁。同年，购买星火工业园区土地7亩，建厂房12榴。2004年，租赁厂房，少量生产，维持企业。

2005年，企业注销营业执照。

（本文摘编自2011年版《福鼎市工业志》）

福鼎市染料厂

◎ 狄 民

福鼎市染料厂的前身是福鼎县化工厂的一个染料车间。

1976年,县化工厂为发展多品种,派员二进苏州参观染料生产工艺。1977年3月,李启楣、马树旺、刘英弟、潘孝惠等人第三次往苏州取经学习。1978年,新产品进行中试,同年3月,投产试产成功BLN分散蓝染料0.5吨,价格每吨3万多元。同年,分散蓝染料产品获宁德地区科技二等奖,填补了福建省的空白。

1986年,成立县染料厂,与县化工厂一套班子两个牌子。

1992年10月,县染料厂与县化工厂分立,独立核算。同年11月7日,县染料厂被承包,法人代表孟献明(江苏无锡人)。1993年,创产值907.2万元,销售收入489.2万元,利润-8.6万元,税金1.7万元。

1995年4月,企业由江苏无锡兴中染料化工有限公司租赁后,另成立"福鼎县兴中染料有限公司"。1998年6月,福鼎市兴中染料有限公司兼并福鼎市染料厂,负责人朱兴中。1999年,福鼎市兴中染料有限公司因没有年检被福鼎市工商行政管理部门吊销营业执照。

2000年4月,重新登记成立"福鼎市鼎峰化工有限公司",负责人朱晓东(江苏无锡人)。2001年7月,被吊销营业执照。此后,福鼎市染料厂靠租赁厂房维持企业一些办公费用等。

2005年,福鼎市染料厂成立职工资产管理小组,企业停产。

郑婉如与茂华玩具厂

🍃 陈海亮

　　福鼎县茂华玩具总厂（福建省工贸联营）是一家专业生产出口布绒玩具的企业，产品达3000多个品种，均通过福建省轻工业品进出口集团公司销往美国、日本等国家和欧洲地区。总厂位于福鼎流美开发区，占地面积5000平方米，厂房面积4000平方米，有职工500多人，固定资产300万元，主要生产设备200台，设有3条生产线，5个车间，厂长为郑婉如女士。

　　郑婉如，福鼎县城关人，慧敏好学。1984年1月待业期间，一个偶然机会，有上海亲戚寄给她2个布绒玩具，她在把玩间触发思路，感觉这种玩具自己也可以制造。不等过春节，她便下定决心，于除夕日只身闯沪探望在上海玩具厂工作的亲戚，日间

1987年茂华玩具厂车间

随亲戚往玩具厂玩,乘机观摩玩具制作流程及方法。观摩了几天,她便去街上买回各种制作玩具的原材料,在亲戚家自行试制,并将自制玩具与厂制玩具反复比较,感觉形神俱似。亲戚看了也认为她所制玩具与厂制的不分伯仲,相当出色。她满怀信心,南归福鼎,约晤七名志同道合的待业女伙伴,说明玩具自制的可行性。大家看她自制的玩具,兴高采烈,一致同意设厂制造。于是七姐妹合筹资金3000元,由郑婉如再度去上海置办原材料,材料购回后,7姐妹以7把剪刀、5台缝纫机起家,创办了福鼎茂华玩具厂。

人们对郑婉如的更进一步的认识,是从一场无情的火灾开始的。

1987年4月,刚刚创出一个茂华小家当的郑婉如,风尘仆仆地赶到福州与省外贸签下了一笔20万元的订单。郑婉如手握订单还来不及喘息的时候,一个无情的噩耗传来:茂华厂绒毛静电起火,全厂化为灰烬。闻此消息,外贸的负责人懵了:"合同退了吧?""不!我们一定会保质保量,按期交货。"赶回福鼎后,姐妹们抱头痛哭一场,擦干眼泪,立即振作奋起,埋头苦干开来。县委书记、县长亲临现场帮她们清场地、扫灰烬。政府动用了扶贫款,外贸代垫了原材料费,居民腾让了住房,兄弟厂支援缝纫工,姐妹们搬来了自家的缝纫机,灾后仅只3天,茂华厂就恢复了生产,并提前完成了订单量。一把火烧出了茂华的声誉,烧出了郑婉如和茂华姐妹们的风格,这一年的秋季广交会上,茂华厂的玩具大受赞赏和青睐,外国商家争相订购,茂华厂接下的单超过了300万元。此后郑婉如所到之处,记者争相采访,郑婉如到广交会,到香港,外商见到交口称赞:"你这么小小年纪,就创造出这样大的成绩,真是了不起啊!"省、地领导人来福鼎,都必定要去看望郑婉如,表示刮目相看,寓鼓励和慰勉之意。人们爱这样形容郑婉如和她的伙伴:"太姥山下飞出了'金凤凰'。"抚今追昔,郑婉如一如既往地平静:"我们都是普普通通的人,如果说有什么长处,那就是能吃苦耐劳,有股只知进前不肯后退的傻劲。"这种吃苦精神,不仅表现在她们能没日没夜地拼赶订单上,更表现在她们对世界市场的研究和把握上。郑婉如深知,福鼎地处边远,茂华设备简陋,想在国际市场占一席之地,只有靠信息和产品的款式、质量。听说有一次郑婉如揣摩外商心理,独具慧眼,设计出一种奇形怪状的玩具,姐妹们都感到惊讶,不敢动手去制作。郑婉如说:"大家大胆照样赶造出来,销路我负全责。"结果造了几千打,投向广交会,一下子全被外商抢光。凭着这种独具慧眼,加上坚持艰苦创业,坚持自我发展,几经奋战,走出了一条"小商品,大市场;小洋货,高创汇(1993年创汇120万美元)"的路子,终于跻入国际市场。

茂华玩具厂从小到大,发展迅速,这中间自有全厂职工团结拼搏的功劳,尤其是郑婉如苦心经营,冲破种种困难,奋发图强的得力带头。

茂华生产的产品选用进口材料，自行设计、采样、定型，按照严格的工艺规程和操作细则，对产品进行质量管理。

茂华玩具厂坚持"以质量求生存，以品种求发展"的方针，从无到有，从小到大，从一个只有7名职工、5台缝纫机、3间小平房的小型手工作坊，发展成拥有500多名职工，年产12万打毛绒玩具，1993年产值已达到1500万元，税利超过200万元的乡镇企业，产品荣获1988年福建省优质产品称号，轻工业部优秀出口产品铜质奖和全国轻工产品创汇先进企业金龙腾飞奖。1989年荣获中国乡镇企业第二届出口商品展。

郑婉如对"茂华"所作的贡献，获得上级的表彰。1988年，获评福建省十大杰出女企业家的荣誉称号，（名列第七位）；1989年3月，被全国妇联会授予"三八红旗手"的光荣称号；1989年5月，被共青团中央授予勇于改革新星全国十杰荣誉；1989年9月被国务院授予全国劳动模范荣誉。一位当时才20几岁的女青年厂长同时获得这么多荣誉，这在福鼎县是没有先例的。

1993年秋，日本有关部门邀请中国青年企业家组团访日考察，为期匝月，所有费用全由日本负担，中央有关部门分配福建两个名额中指定郑婉如一名，亦属殊荣。

郑婉如自1991年起被委兼任福建省轻工玩具设计中心主任至今，1993年被选为福鼎慈济基金协会会长，1994年1月又获选为福建省政协委员。郑婉如虽自奉俭约，但却热心社会公益教育事业，近年连年捐献希望工程、修溪冈坝工程、县奖学金及各种慈善救难等款项合计已达68万余元，受到群众好评。

（本文摘编自《福鼎文史资料》第12辑）

龙山工业区企业简介

狄 民

福鼎市织席厂

福鼎市织席厂是生产出口草席专业厂家,成立于1964年,系集体企业,原厂址在现文化馆斜对面,后迁至福鼎龙山工业区4号,有职工252人,企业占地面积7406平方米,建筑面积4622平方米。当时生产的草席主要出口美国、中东、东南亚等国家和地区。

记得当年桐山城外东面和西南面水田里就种植了很多席草,全县各乡特别是沿海一带种了更多。原织席厂织席工人高为弟(女,85岁,先在茶厂做临时工,30岁入厂,50岁退休)回忆说:"厂里当时有100多工人,女工为多。车间里使用的是铁木编织机,噪声很大,但大家工作积极性很高,星期天常常也要加班。女工大多没有文化,厂里还特地请了一位姓王的老师上夜校教大家认字,女工们都很开心。"她还说:"一般熟练的工人一天可以织13到15领草席,计件工资,一天大概有一元的工资。那时候物价便宜,一块钱能买不少东西。"织席厂是福鼎第一家实行计件工资的企业。

1972年,农业砍"六头"(指各种副业),席草属被砍之列,企业被迫转产生产电器开关和全自动仪表。之后,电器开关车间和仪表车间分别分出,成立汽车配件厂和仪表厂。

党的十一届三中全会后,农村扩大席草种植面积,企业恢复草席生产,并积极进行技术革新与设备改造。1988年,月产草席从1980年的7000条增加到5万条。当年出口草席60.7万条,创产值125.5万元。

1992年以后,由于棉布、棉纱、席草等主要原材料涨价,企业连年亏损。1998年,企业停产。之后,实行租赁经营。

福鼎市农业药械厂

福鼎市农业药械厂(原五金厂)是福建省植保药械主要生产厂家之一,系集体企业,厂址在福鼎龙山工业区14号,有职工265人,占地面积4249平方米,建筑面积3571

平方米。其前身是1950年后成立的小手工业合作社"城关白铁社",主要生产喷水壶、木杆秤、煤油灯等产品。1970年,开始转向生产喷雾器配件。之后,生产规模不断扩大。1979年生产552丙型压缩喷雾器2万台,工农16型喷雾器配件180万件,年产值达83.2万元,企业也被福建省人民政府授予"大庆式企业"称号。

1981年,与县玻纤厂、前岐农塑厂、城关塑料厂联合,从配件向整机生产转型,生产的玻璃钢、塑料壳和铁壳等各种喷雾器,产品畅销全国20多个省(市)。1984年,企业通过技术进步试制成功BDS-1型"猫头鹰"牌捕鼠器,获福建省人民政府新产品开发奖、福建省轻工厅科技成果奖。同年,生产捕鼠器车间分出,成立福鼎县电子器材厂。

1989年以后,由于国家银根紧缩、原材料涨价等影响,企业处于半停产状态。2000年以后,企业实行租赁经营。

闽东汽车机电工业(集团)公司

闽东汽车机电工业(集团)公司的前身是"城关电器开关厂",主要生产拉线开关等电木制品,厂址在龙山工业区3号,厂区面积6600平方米,建筑面积4273平方米,有职工389人。

1976年1月,企业更名为"福鼎县汽车配件厂",生产汽油泵、机(汽)油滤清器等产品。

1981年,试制成功仿台式自行车涨闸,出口新加坡、泰国、印尼等国。1985年,试制成功23IC型化油器,为福鼎县化油器产品的发展闯出一条新路子,填补了福建省汽车配件行业中化油器生产的空白。1989年,试制成功QSS手动牵引器。1990年,创产值709万元,实现利税98.2万元。

1993年,以县汽配厂为龙头,组建闽东汽车机电工业(集团)公司,法人代表潘道壹。是年,创产值2516万元,实现税金117.1万元。

1994年,手动牵引器出口1.3万套,创汇1309万元。是年,创产值2800万元。

1996年,"龙山"牌QSS手动牵引器被评为"福建省名牌产品"。

1998年起,因债务负重,企业处于半停产状态。

2000年12月11日,经福鼎市人民法院(〔2000〕鼎经破字第004号)裁定宣告破产。

福鼎市化油器厂

福鼎市化油器厂的前身是"福鼎县植保机械总厂",原系生产手摇喷雾器等植保机械专业厂。1982年2月,由福鼎县玻纤厂24名职工自筹资金购一块山坡地,从银行贷款15万元创办而成,并与县玻璃纤维厂、县五金厂、城关塑料厂、前岐农塑厂联合生产。厂址在上龙山工业区99号,负责人周题续。生产产品有工农16型塑料、玻璃钢外壳喷雾器、552丙型、钢单管喷雾器,后又开发闽江10型塑料喷雾器、无气室15-D型喷雾器等,产品销往新疆、辽宁等13个省(市)。

1991年福建华龙化油器厂车间(傅克忠 摄)

1987年,企业开发汽车化油器新产品——BJH201型化油器,各项性能指标达到或超过部颁标准要求,与北京化油器厂联营,形成年产8万台的批量生产能力。之后,企业相继开发101型汽车化油器、CR80摩托车化油器、本田125摩托车化油器和汽油泵等新产品,逐步向生产汽车配件方向发展。年底,企业一厂两牌,外挂"福鼎县化油器厂"。1990年,福鼎县植保机械总厂正式更名"福鼎县化油器厂",厂长周题续,有职工208人,厂址在上龙山工业区,企业占地面积4249平方米,建筑面积3571平方米,固定资产104.2万元,主要设备有线切割机、综合流量检验台等200多台,当年创产值639万元,实现税金25.29万元、利润71.77万元。

企业于1988年被评为"宁德地区先进级企业",1988—1989年被评为福建省"深化企业改革、完善承包先进单位",1990年被评为"福建省先进级企业";产品FJH20IA型化油器获"福建省优质产品"和"宁德地区二轻系统优秀产品奖"。1990年,企业成为全国化油器协会会员单位,被誉为"化油器行业一枝花",促成全国摩托车化油器会议在福鼎县(本企业)召开。

1990年以来,企业生产不断发展扩大,本田125、本田100等系列摩托车化油器出口新加坡、马来西亚等国家。1991年,企业与香港华闽集团公司投资65万元建设化油器生产基地。1993年,企业(资产折合75万美元)与美国华博罗有限公司合资组建"福建华龙化油器有限公司",福鼎县化油器厂占股30%,周题续任总经理。

1996年,福鼎市化油器厂的主要骨干周题续等人购买福鼎市中山北路69—71号(原市自动化仪表厂厂房),与广州宏祥公司合作成立福鼎市博华内燃机配件工业有限公司,法人代表周题续。福鼎市化油器厂作为股份分红的单位。

2000年,福鼎市化油器厂在"福建华龙化油器有限公司"的股份转让给美方,福建华龙化油器有限公司由美国华博罗有限公司独资经营。2001年,福鼎市化油器厂经股东大会决定进行终止清算，分配剩余财产。

福鼎市漆器工艺厂

福鼎市漆器工艺厂于1983年4月从县工艺美术厂分出单独设立，系集体企业，厂址在龙山工业区，有职工150人，年产值19万元，是以生产嵌贝首饰盒（箱）系列产品为主的外向型企业，是福建省外贸公司专项出口定点厂，产品有玉片首饰箱、螺钿首饰箱、贝雕盘盒等六大类300多个花色品种，产品销往东欧、西欧、东南亚等地区和10多个国家。

1984年后，在厂长陈金木带领下，落实经济责任制，推行全面质量管理，注重开发新产品。1989年，嵌贝首饰箱以新颖的设计，在广交会上受到外商青睐。同年，嵌贝首饰盒（箱）产品获福建省百花奖和第九届中国工艺美术品百花奖，017T-01珠宝箱获轻工部优秀产品二等奖，9017T21首饰箱获福建省第八届工艺美术百花奖优秀新产品奖；企业获称"全国二轻工业出口创汇先进单位"，获称福建省人民政府"先进企业"获称"福建省二轻工业出口创汇先进企业"。是年，创产值566万元，实现利税44.3万元。1990年，嵌贝首饰盒（箱）产品获国家轻工部优质产品奖。企业将涂料喷漆新工艺应用于生产，使产品质量大大提高。企业积极发展横向联合，扩大加工，先后发展桐城配件厂、木画厂、点头木器厂等7个加工点。同年，企业有职工602人，占地面积11500平方米，建筑面积7600平方米，创产值654万元，实现利润24.03万元，缴纳税金26.23万元。

1994年，企业由于债务沉重等原因，生产陷入困境。1995年，企业实行拍卖解体。

福建华龙化油器有限公司

福建华龙化油器公司，系1993年由福鼎县化油器厂资产折合75万美元（占30%股份）与美国华博罗有限公司（占70%股份）合资组建的中外合资企业，董事长由美方担任，总经理周题续。公司址在龙山工业区，占地面积4249平方米，建筑面积3571平方米，主要生产汽车、摩托车化油器产品。期间，投入技改资金365万元，当年完成产值2112万元，实现利税385.2万元。1994年，公司投入技改资金1490万元，年生产能力从50万台扩大到100万台。1995年，创产值4457万元，实现利税2537万元，公司步入全国同行业前三强、福建省百强三资企业，是宁德地区和福鼎县纳税大户。1997年，"福华"牌摩托车化油器获"福建省名牌产品"称号。1999年，公司通过ISO9000质量体系认证和14001认证，被福建省科委确认为"高新技术企业"，同年，创产值7453.8万元，实现利税1899.6万元，成为同行业的"小型巨人"企业。

2000—2003年，公司由美国华博罗有限公司独资经营（2000年，市化油器厂股份转让给美方）。

2004年，由香港科盈技贸有限公司、浙江科劲涡轮增压器有限公司出资收购美方华博罗公司在华龙化油器有限公司的全部股权，变为中外合资企业，法人代表陈献祥。公司投入800万元技改资金，添置先进设备，开发新产品，发展生产。2005年，创产值1463万元，实现利税126.5万元。

福建省友力化油器有限公司

福建省友力化油器有限公司的前身是"福鼎市友力化油器厂"，成立于1996年6月。2004年5月，更名为"福建省友力化油器有限公司"，是中国内燃机工业协会、小型汽油机工业协会的会员单位，是大型摩托车化油器、通用汽油机化油器专业生产厂家之一。公司为私营企业，注册资本500万元，法人代表李秀峰，厂址在龙山工业区8号，占地面积4500平方米，固定资产3600万元。

公司自创办以来，高位打造企业知名品牌，积极引进人才精英，重金投入现代高科技设备，现有日本"Brother"加工中心，日本"SUGINO"动力头生产线、专机加工线，瑞士"MIKRON"数控车床，量孔公司开发型综合流量测试台，日本小野测功系统等检测设备60多台，年产化油器可达600万台。

公司生产四大系列60多种型号的化油器。产品和国内数家大型主机厂（如嘉陵、力帆、大阳、宗申、隆鑫、劲隆等）配套，远销东南亚、中东、南美洲等地区。

公司"KEI K HIN""You-4Att"等品牌以优良的品质、完善的售后服务深得国内外广大用户青睐。1999年9月，KEI K HIN被宁德地区行署授予"闽东知名商标"。2000年8月，公司顺利通过ISO9001：2000国家质量体系认证。同年10月，中国质量万里行工作指导委员会授予"中国质量万里行荣誉单位"称号。当年，创产值510万元，销售收入510万元，实现利税20.8万元。2001年，分别注册K-SHENGWEY、京滨JINGBIN商标。2003年，创产值2005万元，销售收入1510万元，实现利税186万元。

2005年4月，福建省质量协会授予"福建省用户满意产品"奖牌。同年8月，KEI K HIN被福建著名商标认定委员会授予"福建省著名商标"和"福建名牌产品"等荣誉称号。2007年，公司创产值逾亿元。成为宁德市"功勋企业"和"纳税大户"。

（本文摘编自2011年版《福鼎市工业志》）

中港澳合资企业简介

福鼎市鼎港服装联营公司

福鼎市鼎港服装联营公司的前身是福鼎县服装厂。1953年12月，成立服装生产小组。1955年6月，改为"供销生产合作社"。1956年1月，改称"生产合作社"。1958年7月，恢复"手工业生产合作社"（与一、二服装生产社、鞋业社合并）。1971年，与鞋业、棕棉、印染、抽纱合并为"工农兵服务社"。1972年1月，改为"福鼎县日用品综合社"。1976年3月，更名为"福鼎县服装鞋帽厂"。1979年，改设"福鼎县鞋厂"。1983年，改设"福鼎县棕棉社"，后更名为"福鼎县服装厂"，主要生产呢绒、纯涤纶等男女服装。

1985年6月，福鼎县服装厂与澳门港澳合成贸易公司合资创办"福鼎县鼎港服装联营公司"，经理唐招华，系福鼎县第一家中外合资企业。企业主要从事服装加工，生产西装等产品，职工103人，厂房面积1230平方米，固定资产74.4万元，拥有电动平缝机、高速平缝机、特种缝纫机等一整套从国外引进先进的缝纫设备。1987年8月，实行外商承包经营，是福建省首家外商承包合资企业。1988年，创产值314.4万元，比上年增长55.7%，实现利润11.5万元，比上年翻了一番。

1996年，福鼎市鼎港服装联营公司因经营困难，外商撤资，停止营业。

2003年，企业清算解体。

福建双福麦芽食品有限公司

福建双福麦芽食品有限公司由福鼎啤酒厂、香港双益贸易有限公司、福建省公路开发总公司三方投资，是1995年6月1日经福建省经委批准，宁德地区工商行政管理部门登记注册组建的中外合资企业。注册资金2600万元（其中，福鼎啤酒厂1105万元，占42.5%，已全部到位；香港双益贸易有限公司650万元，占25%，到位647.52万元；省公路开发总公司845万元，占32.5%，到位420万元）。法人代表兼总经理黄一民，员工88人，厂址在福鼎县桐城五里牌，占地面积1161.4亩，建筑面积 15289 平方米。固定资产（原值）4392.3 万元。

1995 年 4 月，开始征地。同年 7 月，经广州设计院设计，年生产能力 2 万吨麦芽（即啤酒生产原料），计划 1 年竣工。由于固定资金严重不足（缺口 2000 多万元），加上增加部分工程，工程施工拖至二年预 1997 年 6 月才完工，使工程前期费用加大（银行贷款利息增加，建材、设备价格上涨等），造成工程超出概算较多。同年 7 月，经试制，麦芽产品质量符合国家标准，当年 10 月份投入批量生产。至 1998 年 6 月，生产麦芽 6455.5 吨，麦芽制成率 83.7%，达到国内先进水平，比同行业平均水平高 3.7 个百分点，创产值 2167 万元，销售收入 1761.4 万元，实现税金 200 多万元，利润负数。由于流动资金严重不足（缺口 1600 多万元），生产断断续续，4 个月的生产期拖到 9 个月完成，货款回笼缓慢，股东失去信心，不愿意如约投入资金，企业从中外合资变为内资，又转为独资，法人代表、总经理几经调换。1998 年 8 月至 2000 年 10 月企业停产。企业因资不抵债，无法清偿债务，于 2000 年 10 月 16 日，由福鼎市人民法院（〔2000〕鼎经破字第 002 号文）裁定破产还债。

（本文摘编自 2011 年版《福鼎市工业志》）

福建福鼎工业园区及园区企业简介

◎ 雷正川

福建福鼎工业园区概况

1998年9月，根据中共福鼎市委、市政府为推动福鼎市新一轮创业，全面实施工业立市战略，经宁德地区行署批准，设立福鼎市星火民营工业园区，为全区3个民营工业经济试验区之一。园区选址在桐城街道岩前、五里牌、玉塘、塔下4个行政村衔接的一片未利用地及部分农田上，占地面积2.1平方千米。A区首期300亩轻工区于当年付诸实施。2002年，园区升格为"福建省级工业园区建设基地"。

根据福建省人民政府2006年3月15日《关于同意设立福建东侨经济开发区等5个开发区的批复》（闽政文〔2006〕129号）、国家发展和改革委员会公告（2006年第23号）核准：宁德福鼎星火工业园区更名为福建福鼎工业园区，成为省级工业园区。主要产业为食品加工、轻工机械制造。2010年1月，为了优化资源配置，形成新的产业格局，福鼎市委、市政府决定将福建福鼎工业园区与福鼎市温州工业园区（文渡项目区、双岳项目区）面积15平方千米，实行统一管理、统一规划，分区运作，适时实施。2012年9月，根据宁德市编委（宁市委编〔2012〕23号）文，福建福鼎工业园区升格为副处级单位，机构更名为福建福鼎工业园区管理委员会。至2013年底，园区原批复的总体规划面积3000亩，由A区（星火工业园片区）和B区（铁锵片区）两个片区组成。

星火项目区简述

1998年9月，园区动工建设；1999年6月，园区土地具备土地出让条件；1999年底，已落户企业13家，其中中林工贸有限公司为园区首家建设投产企业。到2004年，园区完成一期450亩的开发建设，20家企业建成投产；2004年3月，园区二期项目动工建设，开发面积498亩；2005年起，福鼎市永大合成革有限公司、福鼎市丰泰化油器制造有限公司等7家企业陆续建成投产；到2007年，园区的基础设施配套建设基本到位，园区已形成稳定的生产平台。2015年，星火民营工业园区开发面积1080

亩，投产 32 家，其中规模以上工业企业 24 家，拥有食品生产企业 8 家，主要产品为啤酒、茶业、乳制品、水产品等；化油器生产企业 11 家，主要产品为汽车、摩托车、通用机化油器；合成革生产企业 1 家，主要产品为 PU 合成革。规模以上企业工业产值 60.6 亿元，职工 3000 多人。由于城市拓展，自行形成了许多商业和物流等项目。园区企业注重产品研发和质量管理，华益、丰泰牌化油器和绿雪芽牌茶叶成为园区标志性的产品。

企业性质构成

福鼎工业园区是以非公有制企业为主体的工业项目集中区，有限责任公司占企业总数的 90%。星火项目区浙商企业 4 家，本地企业 27 家，上市公司下属企业 1 家。

园区管理体制

1998 年，市政府成立星火民营工业园区管理委员会，负责园区开发建设协调工作，由副市长丁永任主任；1998 年 9 月，组建星火工业园区开发公司，负责园区开发建设运作。1999 年 9 月，市编委下发《关于成立"福鼎市星火民营工业园区管理处"的通知》，福鼎星火民营工业园区管理处成为常设管理机构，属科级事业单位。2006 年 9 月，福鼎星火民营工业园区管理处更名为福建福鼎工业园区管理处，原规格性质不变，管理处与开发公司实行"两块牌子，一套人马"。

2010 年 1 月，为做大做强工业园区，市委、市政府将福鼎工业园区（星火园区）与温州工业园区（文渡项目区、双岳项目区）整合成新的福鼎工业园区，调整充实园区领导班子，采用管理处行政运作模式，星火工业园区开发公司、温州园投资有限公司逐步退出运作。管理处下设党政办、计划财务科、企业管理科、招商服务中心和安征迁办，分设星火、文渡、双岳项目部，统筹管理园区行政事务。2012 年 9 月，园区升格为副处级单位，"工业园区管理处"更名为"工业园区管委会"，其职责为组织实施园区规划建设、土地管理、安全生产、环境保护、招商引资、企业管理等工作。

园区高度重视企业自主创新工作，坚持以企业为主体，努力推进企业科技进步，增强企业自主创新能力。一是引进高素质人才，打造创新型人才队伍。近几年来，福鼎华益机车部件厂、福鼎市丰泰化油器制造有限公司、福鼎市新龙机车部件有限公司，先后引进 40 多名高、中级化油器专业技术人才，开展高端产品攻关。同时，各企业注重培养本地科技骨干，稳定企业技术创新基础，成为现场生产、工艺、技术、质量控制等重要岗位的中坚力量。二是企业与科研院所实行产学研合作，建立长期战略合作伙伴关系。福鼎华益机车部件厂的电子喷射系统等前瞻性项目，就是依托科研所合作开发。三是坚持产品创新和工艺创新相结合。园区企业立足"重质量、创品牌、讲效益、谋发展"的宗旨，在产品创新方面，园区共获国家专利138项，其中福鼎华益机车部件厂49件，具有代表性的行业共性关键科研项目10项。2005年10月，福建燕京惠泉啤酒福鼎有限公司获得"全国创建和谐劳动关系模范企业"称号。2011年11月，福建燕京惠泉啤酒福鼎有限公司获得"福建省和谐企业"称号。2013年，福建省天湖茶业有限公司"极品牡丹""白毫银针"分别获中国茶业学会第十届中茶杯一等奖和特等奖，福鼎市叶东贵食品有限公司的"水产品温和加工技术研究与应用"获中国水产科学研究院的"中国水产科学研究院科技进步奖"。此外，园区10多家合成革及上下游企业，不断改革生产工艺，在节能、环保方面取得进展。

园区荣誉

福鼎工业园区自1998年创办以来，充分发挥闽浙边界区位优势，在招商引资、打造福鼎工业平台、创建精品园区、提升福鼎工业经济总量等方面都取得一定成绩。园区在推进过程中，得到上级领导的亲切关怀和热情指导。2002年4月26日，时任福建省省长习近平到园区视察，深入福建燕京惠泉啤酒福鼎有限公司建设工地，听取园区和企业发展情况汇报；在福鼎市金鸿化油器制造有限公司，实地了解企业生产经营情况，对福鼎民营经济发展给予充分的肯定。

园区在推进过程中，坚持党建带工建，两个文明一起抓，努力构造文明和谐园区。2002年、2003年连续两年被福建省乡镇企业局授予"福建省工业园区建设先进单位"。

福鼎市大吉剪刀厂

福鼎市大吉剪刀厂系私营企业，其前身为"福鼎县桐城日中剪刀厂"，由陈品观、陈品格于1987年5月创建，并租用桐山麻坑里民房为厂址，生产"品"字牌民用剪刀，手工作坊，产品单一，设备简陋，年产值20万元。

1997年1月，企业易名"福鼎市大吉剪刀厂"，自筹资金在桐城五里牌赤沙岔63号旁自建简易厂房，占地面积200平方米，增加设备投入。期间，企业生产技术和生产工艺日趋成熟，不断创新产品，由单一的民用剪发展到铁纱剪、塑纱剪、皮革剪等4个系列10多个品种，采用全自动连冲模机组生产线，扩大生产规模，产值、产量倍增。2002年，创产值553万元，销售收入503万元。2004年，创产值1200万元，销售收入1200万元，实现利税171.2万元。

截至2005年，企业狠抓技术改造，开发新产品，投入1450万元购置设备。2005年，生产"大吉"牌系列刀剪1312万把，是1996年的2.3倍；创产值1718万元，与

1996年相比增长2.6倍，实现利税330.9万元。

福鼎市大吉剪刀厂，本着"质量求生存，科技求发展，诚信招客户"的经营理念，开发市场，创新技术，拓展规模，拥有各种先进专用设备210台（套），专业生产"大吉"牌裁缝剪、皮革剪、绣花剪、园林剪、生活用剪、办公用剪、强力剪、修线剪、厨房用刀等9个系列70多个品种，其中高档裁缝剪、皮革剪、强力剪等6个产品获得国家专利，剪刀产品在国内市场销售占有率达29.3%，部分产品出口英国、法国、日本、韩国、印度、美国和东南亚等12个国家和地区。2005年，"大吉"牌商标被评为"福建省著名商标"，"大吉"牌复合钢裁缝系列产品被确认为"中国十佳五金工具名优产品"，福建省质量技术监督局授予大吉公司"标准化良好行为证书"等多项殊荣。2006年易名"福建大吉刀剪五金有限公司"，厂址在星火工业园区，占地面积2.3万平方米，建筑面积0.75万平方米，员工260人，固定资产1038万元。

福建省福鼎市华博龙化油器有限公司

福建省福鼎市华博龙化油器有限公司的前身是创办于1990年的"福鼎县机械工具厂"，厂址在山前路50号，人员30人，主要生产仪表机床、船用挂机、减速器等产品，年创产值30万元。1992年，创产值45万元，实现利税2万元。1995年，创产值100万元，实现利税15.5万元。

1999年，企业更名为"福建省福鼎市华博龙化油器有限公司"，系私营企业，法人代表詹其棋。2000年，创产值522万元，实现利税76.5万元。2003年，公司迁入星火工业园区新厂房，占地面积2万平方米，建筑面积1.5万平方米。同年，创产值612万元。

这几年，公司在激烈的市场竞争中吸收了国内外先进的生产技术、工艺技术和管理模式，技术力量雄厚，设备精良，管理严谨，产品齐全。拥有日本"发那科"、美国"哈斯"加工中心和卧式数控车床、日本"star"、津上瑞士型数控自动车床、日本"速技能"动力头加工线和专机加工线等加工设备300多台，及日本"小野"测功机和其他各种检测设备20多台，是集开发、设计、生产、销售为一体的汽摩配件专业生产厂家，已成功开发制造摩托车化油器、汽油机化油器、割草机化油器60余种和日系、欧美车系的各种汽车水泵，年生产能力达百万台，产品销往全国各地及东南亚国家。2005年，创产值985万元，实现利税110.2万元。

福建省圣王乳业有限公司

福建省圣王乳业有限公司是洪振荣于1990年经多方筹集5000元租用贯岭镇财政

所办公楼创办的"福鼎县贯岭乳品厂"发展而来的。初创时有员工七八人,家庭式作坊,系私营企业,主要从事福鼎槟榔芋制品粗加工。

1995年,创产值50万元,企业被列为"福建省旅游产品定点生产单位"。1998年6月,公司集资50万元,租用原福鼎茶叶包装厂厂房,企业更名为"福鼎市旺旺食品工业有限公司",主要经营膨化食品、豆乳制品、槟榔芋等深加工,生产规模逐年扩大。

1999年5月,购买福鼎茶叶包装厂并进行改建,企业易名"福鼎市圣王乳业有限公司",占地面积1433平方米,总建筑面积1086平方米,员工50人,主要生产加工乳制品,当年创产值1700万元,销售收入1680万元,实现利税102万元。

2001年6月,公司迁至福鼎市星火工业园区。2002年,公司注册资本500万元。2003年,注册资金1199万元,企业再次易名"福建省圣王乳业有限公司",主要加工乳制品、香芋粉、香芋冰激凌粉等。

福建省圣王乳业有限公司自初创到成长乃至发展阶段,注重产品开发与技术更新,积极推行品牌发展战略,强化产品的结构调整和贯彻"以质量求发展,向市场要效益"的经营理念,走出了一条既有自身特色又能适应社会可持续发展的新路子——投资建设了闽东首家奶牛养殖基地及液态奶、含乳饮料、奶茶系列产品开发,并扩建生产线,产品远销国内外市场。

福建省圣王乳业有限公司是一家集奶牛饲养、产品研发、生产、加工、销售为一体,拥有自营进出口权的食品企业,是中国乳制品工业协会和中国食品添加剂和配料协会理事单位。2004年,创产值8900万元,实现利税240万元,企业拥有固定资产1550万元。同年,公司被评为"全国食品安全示范单位"。2005年,福建省总工会授予"就业再就业先进企业"和"全省双爱双评先进单位"称号,创产值8950万元,实现利税217万元。2006年,"圣王"商标被评为"福建省著名商标"。

福建省福鼎市金鸿化油器制造有限公司

福建省福鼎市金鸿化油器制造有限公司系私营企业,其前身是1991年成立的福鼎县金鸿汽车附件厂,当时由几个合伙人组成小加工场,厂址在上龙山,法人代表王鸿某。公司现址在福鼎星火工业园区,占地面积10000平方米,建筑面积4800平方米,拥有固定资产1200万元。

1997年,随着业务发展和生产需要,企业易名"福建省福鼎市金鸿化油器制造有限公司"。2000年,创产值687万元,实现利税160万元。2002年,公司通过ISO9001:2000国际质量管理体系认证,同年,创产值831万元,实现利润139.6万元。

公司是一家具有独立开发、设计、制造能力的市重点企业,拥有先进水平的加工中心及动力头等高精设备组成的加工流水线、组装流水线，形成有等真空型、柱塞型和通用机型化油器三大系列，产品的质量得到国家权威化油器检测机构认证，福建省技术监督局授予"免检企业"称号，产品除出口东南亚、欧洲、非洲等地区外，主要供给国内浙江派尼尔、中马、中设、林海股份等摩托车厂家，产品油耗低、排放少、启动快等各项性能指标在行业内属领先水平，在市场有一定的占有率。2005年，创产值1363万元，实现利润81.8万元、税金116.4万元。

2006年，公司注入资金研发的MS290汽油锯以及配件新产品，填补了市场的空白，为企业的发展打下良好的坚实基础。

福建品品香茶业有限公司

福建品品香茶业有限公司位于福鼎市资国村，占地面积36亩，建筑面积7000平方米，员工50人，设有白茶精制加工、包装厂房。公司的前身是由林振传于1992年2月创建的私营企业"福鼎县一品香茶叶加工厂"，家族式作坊，规模小。之后规模扩大，产量增多。1996年，创产值210万元，实现利税73万元，固定资产1051万元，主要产品有绿茶、花茶、乌龙茶、白茶等。

1999年9月，企业更名"福鼎市品品香茶厂"，创产值450万元，比1996年产值翻番，实现利税96万元。2000年，公司在福鼎市贯岭镇文洋村投资1200万元建设3200亩福建省首个有机茶基地。

2004年2月，企业易名"福建品品香茶业有限公司"，法人代表林振传，公司属下有品品香有机茶加工厂、2个福鼎白茶初制加工厂、3200亩有机茶生产基地、400亩高优新品种茶树示范和推广基地及2万亩名优无公害茶叶基地。同年，创产值6063万元，销售收入达6128万元，实现利税712.1万元。

多年以来，公司以"质量上乘，诚信经营"为宗旨，以"科技、人才、合作、服务"为经营理念，以"绿色、健康、和谐、发展"为目标，加大与茶业科研单位的合作、研发力度，更好更快地开发品品香茶系列产品，产品"太姥绿茶""茉莉花茶""金观音""白琳工夫""太姥翠芽""一品茶王"等获得"福建省优质产品"称号。2004年，公司被评为"十佳茶叶企业""宁德市知名商标""福建省用户满意企业""福建省著名商标"。2000—2005年，公司通过中国农业科学院茶业研究所质量认证中心的有机茶认证。

2005年，公司主要产品产量达326吨，创产值8177万元，销售收入8010万元，实现利税1052.8万元。产值、产量、利税从2002—2005年，年年"二位数、三同步"

福建品品香茶业有限公司

增长，经济效益显著，成为福建省级农业产业化重点龙头企业。

公司为加强科研力量，成立福鼎市品品香白茶研究所、福建（宁德）茶行业星火技术创新中心和福建省白茶工程技术研究中心，开展福鼎白茶的品质跟踪和新产品的开发研究，同时与科技院校密切合作，引进先进茶叶加工工艺和技术，自主创新白茶自动化生产流水线设备，获得8个实用新型专利和2个发明专利。企业通过农业部良好农业规范（GAP）认证，中农质量认证中心有机茶（OTRDC）认证、德国BCS、日本JAS、美国NOP有机食品认证，产品实现自主出口美国、韩国、加拿大、日本、德及等国家和我国香港地区。2007年"品品香"牌太姥翠芽在日本荣获世界绿茶最高金奖，2008年"品品香"牌福鼎白茶荣获中国名牌农产品称号，2009年企业相继荣获茉莉花茶十大品牌企业和茉莉花茶产业年度贡献奖，2010年品品香河山茶园基地列入全国标准园创建示范基地，2012年"品品香"被认定为"中国驰名商标"。2013年"品品香"品牌价值4.6亿元，位列2013中国茶业产品品牌价值排行榜第12位。

福鼎市华益机车部件厂

福鼎市华益机车部件厂是一家专业从事农林通用汽油机化油器研发、生产、销售的民营股份制合作企业，成立于1994年。

企业总资产3亿元。公司占地2500平方米，拥有5个现代化独立厂房，设备1000多台套，其中高、精、尖生产设备、进口设备共600多台套，产品涵盖P系列、

福鼎市华益机车部件厂

M系列、X系列等三大系列220个品种的通用汽油机化油器,是我国最大的通用汽油机化油器生产基地。企业的主导产品是P系列通用汽油机化油器、PZ系列通用汽油机化油器、M系列通用汽油机化油器以及X系列舷外机化油器4个品种,可与各式摩托车整车、动力和通用汽油机系列配套。产品畅销国内重庆、广州、江苏、浙江、上海等18个省37个城市的市场,远销美国、加拿大等欧美国家。企业员工800多人,其中高级研发人员91人、高级工程师9人,中、高级技工30人。

企业先后被国家科技部和福建省科技厅认定为"高新技术企业""国家知识产权试点企业""科技创新型试点企业",企业技术中心被认定为"福建省省级企业技术中心"。企业连续多年被福鼎市人民政府和税务部门评定为"重点企业""明星企业""功勋企业""纳税大户"。2006年,"华益及图"商标获"福建省著名商标"称号,华益牌通用机化油器被评为福建省名牌产品,"中国化油器公证十佳品牌"。同时,华益企业还是国家《通用小型汽油机化油器名称和型号编制规则》和《通用小型汽油机化油器技术条件》两项行业标准的主要起草与修订单位,是中国通机协会会员单位。企业共获得国家知识产权局颁发的专利49项,其中获得国家发明专利2项。总经理陈俭敏和品质保证部经理朱建玲被授予"福建省劳动模范"称号。

福鼎新龙机车部件有限公司

福鼎新龙机车部件有限公司

福鼎新龙机车部件有限公司，专业从事生产汽车和摩托车节能环保精密零部件产品，通过严格贯彻执行严密的质量管理体系（ISO/TS16949：2009）与制度管理流程，加强汽车核心零部件技术研发，实施科技兴企战略，拓展产业规模，已经跻身极具实力规模和竞争力的汽摩配件行业领先企业行列，成为汽车精密零部件制造行业的重点企业。

公司占地面积 10000 平方米，建筑面积 8000 平方米，拥有员工 200 多名，其中高新产品研发人员 30 多名，凭借引进日本 CITIZEN、STAR、TSUGAMI、HANWHA、MIYANO 等高精密数控车床和 BROTHER 加工中心和主要生产设备 180 台，所生产加工的各种精密零部件涵盖航空、电子、汽车、IT、医疗、光学等众多领域；专业生产各类汽车、摩托车专用风门轴、特氟龙节气门轴、油针、喷嘴、浮子总成、比例阀柱塞、感载阀柱塞、化油器、改装件、燃油泵及油锯化油器配件包等相关精密部件，生产电子及光学类接插件、连接器以及 3G 零部件产品。同时配备国外先进精密检测设备，确保产品质量，颇获各大行业配套国际厂商的认同。

福鼎市劲力压铸有限公司

福鼎市劲力压铸有限公司的前身是福鼎测绘器材厂的模具车间，厂址在山前供销社罐头厂内,由测绘器材厂职工朱良朋、喻足跃、陈祖荣等 3 人经营承包。

1997 年 11 月,正式成立"福鼎市劲力压铸有限公司"。随着市场消费需求量的增多,公司资产不断扩大,产值逐年增多。公司进一步扩大生产规模,加大投入。2002 年,固定资产投资 600 多万元,在星火工业园区征地 7 亩建设厂房等。2003 年,迁至新厂房,地址福鼎市星火工业园区 2-1 号,占地面积 5000 平方米,建筑面积 3000 平方米,总资产达 2000 万元,法人代表朱良朋,是一家股份制企业。

公司主要产品为铝合金压铸件和特钢模具,各种规格型号的机壳、端盖和模具,主要设备有压铸机、机械加工设备等。2004 年,产品通过 ISO9001 质量体系认证,畅销福建、浙江、广东等全国各大中城市。

2005 年,创产值 2060 万元,比上年增长 28.66%;销售收入 2058 万元,比 1998 年增长 5.57 倍;实现利税 152.5 万元,是 1998 年的 4 倍。

福鼎市丰泰化油器制造有限公司

福鼎市丰泰化油器制造有限公司是中国内燃机工业协会小型汽油机分会会员单位,福建省化油器行业协会副会长单位,福建省化油器行业协会副会长单位。参与制订、修订《摩托车和轻便摩托车化油器》的国家标准,公司占地面积 8680 平方米,注册资本 538 万元,年产 100 多种各类化油器 200 多万只,年产值 6000 多万元。拥有员工 200 多人,各类专业技术、管理人员占 30%,是具有独立研发、设计、制造

福鼎市丰泰化油器制造有限公司

化油器的专业厂家。公司技术研发中心被授予"宁德市市级企业技术中心"称号，2002年率先在同行业中通过ISO9001：2000国际质量管理体系认证。2014年通过ISO：14001环境认证。

公司秉承"以质量求生存，以效益促发展"的经营理念，以"高度精密、快速交货、敬业创业、奋发进取"为宗旨，充分挖掘及合理利用人力、物力、财力，不断改善、完善各种技术指标，取得最佳效果。2007年、2010年和2014年分别被福建省科技厅授予"福建省高新技术企业""福建省科技型企业""创新型试点企业"。2011年起"丰泰"商标连续3次荣获"福建省著名商标"，连续多年被福建省工商局评为"守合同、重信用"单位，被福鼎市人民政府授予"明星企业"称号，被宁德市总工会授予"先进职工之家"。是2007—2012年度"福建省先进私营企业"，2012年被宁德市科学技术局和宁德市知识产权局授予"宁德市知识产权优势企业"。

公司拥有日本"BROTHER"和韩国"起亚"加工中心，日本"SUGINO"动力头生产线、专机加工线，日本"CITIZEN"和"TSUGAMI"牌数控车床；公司主导产品分别与广东华南、北汽福田、重庆嘉陵、江苏耀锋、南通泰格、扬州金邮等多家国内知名摩托车及发动机厂家配套。2015年以来研发成功的ATV400、ATV250、海王星、CG200等产品大排量、低排放、低油耗，技术含量高，经济效益好，远销美洲、欧洲、东南亚、非洲等地区。为适应摩托车市场排放法规的需要，公司已着手电喷系统的研发，并与台湾磐欣公司共同开发了电喷节气门体。

福鼎市叶东贵食品有限公司

福鼎市叶东贵食品有限公司由叶东贵于1998年创办，初名"福鼎市东贵水产制品厂"，系民营企业。当时在城区海口路租下民房，招收三五个工人，投资10万元，生产出第一批"东贵"即食海蜇皮，得到消费者的认可，销售良好。当年创产值19.2万元，实现利税2.49万元。

2003年，公司通过ISO9000质量管理体系认证。2004年，投资1000多万元在星火工业园区盖起5000多平方米的现代化生产车间，花巨资购买生产设备，配备最先进的实验室。8月，易名"福鼎市叶东贵食品有限公司"。10月，公司获得HACCP食品安全卫生管理体系认证书，"叶东贵"牌海蜇皮王被吉林省消费者协会评为"消费者信得过产品"，公司福建省政府采购供应商"重合同、守信用"单位，海蜇系列在全省同行业中销量排第一。当年创产值1611万元，销售收入1535万元，实现利税53.8万元。

2005年，公司加大技术改造和新产品开发，主要产品有即食海蜇、魔芋制品等，当年创产值1728万元，销售收入1644万元，实现利税69.7万元。

公司现有固定资产1200万元，占地面积12亩，建筑面积8000平方米。

福建省天湖茶业有限公司

福建省天湖茶业有限公司成立于2000年，是集茶叶种植、加工、销售、出口、科研、茶业人才培训及茶文化推广等为一体的国家扶贫龙头企业和福建省农业产业化省级重点龙头企业。2008年开始连续七年被评为中国茶叶百强企业，是"福鼎白茶"国家标准参与起草单位和"福鼎白茶"国家地理标志认证实物样制作单位。公司先后通过了中农质量认证中心有机茶（OTRDC）、瑞士（IMO）有机认证、ISO22000国际质量管理体系认证、农业部良好农业规范（GAP）认证及国家质检总局的原产地注册、出口食品生产企业卫生注册和食品安全管理体系QS认证。公司总部拥有正式员工155人，其中中专以上学历86人。

公司在国家5A级风景名胜区太姥山建有1500亩的有机茶基地，并以"公司+基地+合作社+农户"的形式，带动周边农户5367户发展有机茶、无公害茶园11730亩。为了深入挖掘"绿雪芽"深厚的文化底蕴，将"绿雪芽"品牌与太姥山茶文化相互结合，2007年开始公司在原有1500亩有机茶基地及配套加工厂的基础上，投资3200万元在太姥山有机茶基地建设集生态茶叶生产加工、茶文化观光、旅游度假于一体的"绿雪芽"白茶庄园，开辟了有机农业发展的新领域。

2008年，公司成立福建省天湖白茶研发中心，积极与福建省农林大学等高校科研机构合作，推动产学研深度融合，创制了白茶紧压茶加工技术和萎凋等先进的技术和设备，全面提高茶业科技和加工水平。2012年，公司率先在行业内提出白茶专业"仓储"新理念，带动业内白茶存储技术的重大革新。

公司主要生产"绿雪芽"牌有机白茶、绿茶、红茶、茉莉花茶等产品，先后取得80多项金银奖项，如国际名茶金奖、首届"觉农杯"名茶金奖、全国优质茉莉花茶原料质量评比金奖、中国

福建省天湖茶业有限公司车间

太姥杯品质大赛茶王、首届中国白茶文化节茶王、全国三绿工程放心茶中茶协推荐品牌、"中茶杯"特等奖、日本世界茶叶评比会最高金奖等。2013年，"绿雪芽"荣获中国茶品牌"金芽奖"（中国白茶标志性品牌称号），并被国家工商总局认定为"中国驰名商标"，品牌价值评估3.37亿。

天湖茶业以直营专卖和连锁加盟形式，建立了以北京、广州、上海、西安、济南、郑州6个营销中心为重点，覆盖全国各地主要城市的专卖连锁销售网络，并被农业部评定为"农产品连锁经营重点企业"和"全国乡镇企业创名牌重点企业"。现有连锁经营销售网点400多个，且连锁经营的规模还在不断扩大。公司的目标是，把企业从生产型的龙头企业转变为生产、服务并重的集团化企业，秉承"白茶始祖　传世经典"的产品文化，汇融福鼎文化、白茶文化、太姥山文化、"绿雪芽"母树文化，从科技、文化和市场着手，全力打造中国正宗白茶品牌。

福建燕京惠泉啤酒福鼎有限公司

福建燕京惠泉啤酒福鼎有限公司成立于2001年9月，注册资金8000万元，由福建省燕京惠泉啤酒股份有限公司（占81%股权）、福鼎市城市建设投资有限公司（占10%股权）、福建闽东电力股份有限公司（占9%股权）三家股东出资组建，是宁德市、福鼎市重点工业企业和纳税大户。公司占地面积130亩，总投资规模为年产啤酒20万吨，首期建设于2002年10月建成投产，产能超过8万吨啤酒，总资产超过1.3亿元。至2015年共完成啤酒产量50多万吨，销售收入超过7亿元，上缴税收超过1.8亿元。

公司产品主要销往闽东、闽北、浙南三大区域及辽宁、江阴等市场。

企业先后被评为"全国创建和谐劳动关系模范企业""福建省和谐企业""福建省就业再就业先进企业""福建省最佳信用企业""福建省食品卫生A级企业""福建省全省质量管理先进企业"，在福建省"安康杯"竞赛活动中被评为先进单位，也

福建燕京惠泉啤酒福鼎有限公司

是宁德市"文明单位""五星级劳动诚信用工企业",福鼎市"先进企业""功勋企业""纳税大户"。公司工会被授予"福建省模范职工之家"称号。

公司依托"燕京""惠泉"两大集团的品牌、资金、技术、管理、市场等优势,秉承"以情做人,以诚做事,以信经商"的企业经营理念,发扬"尽心尽力的奉献精神、艰苦奋斗的创业精神、敢打硬仗的拼搏精神、顾全大局的协作精神、为企业分忧的主人翁精神"的企业精神,按照燕京啤酒集团全国一盘棋发展战略的统一部署,立足闽浙边界地域经济区,努力打造地方强势品牌,推动惠泉啤酒快速发展。

福建省福鼎市精宇机械部件有限公司

2002年5月,福建省福鼎市精宇机械部件有限公司成立。2007年1月1日,更名为"福建省精宇机械部件有限公司",属私营企业,法人代表梁祥平,位于福鼎星火工业园区,占地面积10000平方米,建筑面积5680平方米,总资产3100万元,其中固定资产1245万元。

公司主营模具制造及压铸加工,具备新产品开发能力。生产的产品种类有汽车摩托车配件、电动工具配件、电机、电器配件,各类电子显微镜支架、仪器仪表外壳等,产品销往国内10多个省市,出口法国、日本等东南亚国家地区。

公司具有实力雄厚的技术团队和先进设备,拥有进口CNC、数铣床、电脉冲、线切割机、三维坐标测量仪、硬度计等专业加工设备及检测设备35台,125T-800T冷室、热室压铸机16台,年加工锌、铝合金铸件能力2000多吨。公司通过了ISO9000:2000质量管理体系认证,获福建省"高新技术企业""2005—2006年管理先进企业"称号,是宁德市和福鼎市的"龙头众业""纳税大户"。2009年,创产值6011.5万元,实现销售收入5872万元,销售税金25.8万元,增值税229万元,利润356.4万元。

公司已从单一的化油器配件企业发展为模具制造及压铸加工全方位发展的企业,建立了相当规模的客户合作网,如日本三洋、日立、上海爱工、浙江钱江集团、厦门麦克奥迪、艾默森、利莱森玛等一批海内外知名企业,为福建区域目前规模较大、实力雄厚的专业生产模具及压铸加工的技术型企业。

福鼎格丽特颜料有限公司

福鼎格丽特颜料有限公司成立于2002年12月25日,注册资金1500万元,落户在福建福鼎工业园区,公司占地面积19358平方米,建筑面积12889平方米,拥有员工150多人,其中管理人员25名,研发人员7名,工程师8名。公司主要产品为"格丽特"牌金葱粉(七彩片)、云母粉,年生产能力可达3000吨,被国内外多家著名

福鼎格丽特颜料有限公司

化妆品公司使用，并成为特定的原材料供应商。

2003年5月，投资2000万元建成的年产1300吨规模湿法合成云母粉和有机高分子材料及制品的金葱粉生产项目正式投产。公司注重高起点发展生产和开发新产品工作，不断投入巨资购置一流的生产设备和精密仪器，设立研发部和检测中心，集聚着一批专业的技术精英，组成了一支领先同行的科技团队，充分利用新材料、新技术、新工艺不断开发耐溶剂、耐水性、耐酸碱、耐氧化等环保型产品，填补了国内空白。2004年，开发出耐溶剂产品，应用于皮革等行业；投资70多万元购置了卧旋离心机进行废水废渣回收再利用和LYX-C麻石高效雾化脱硫除尘器进行脱硫除尘，均达到了排放标准。2005年相继开发用于化妆品的耐水性、耐水煮产品。2006年，成功开发了奥特系列产品，为公司发展打下了坚实基础。2007年，投资1100万元建设彩片涂布车间，用于卷挠式真空镀膜项目。2008年，投资300万元引进高速涂布机及高真空镀铝机。2009年12月，通过ISO9001：2008国际质量管理体系认证。2011年11月，通过SGS国际第三方检验、鉴定、测试和认证机构认证。2011年12月，投资1200万元成立上海蓝涂新材料科技研发中心，引进国内外先进设备，有高级工程师5人，专业研发人员32人，实验检测人员20人。2012年4月成功研发出水性涂料在金葱粉上的应用，并投入工厂批量生产，产品质量、安全指标均达到国际领先水平，被2012年伦敦奥运会开幕式指定为演员彩妆产品。

公司生产的"格丽特"牌金葱粉系列产品，主要应用于圣诞礼品、工艺美术、挂历贺卡、玻璃艺品、化妆品等领域，是一种效果独特的表面处理材料；云母粉主要用于化妆品、建材行业、珠光颜料等领域。公司在广州、义乌、无锡、济南、天津、成都、沈阳、温州等20多个地区设有办事处，在欧洲、东南亚、美洲10多个国家有了代理商和专业分销商，产品深受客户喜欢。

在全体员工努力下，2013年公司产品销售额达17000万元，并新研发产品200多种，均为化妆品级金葱粉，备受国内外企业的好评，被中央经济频道关注采访。

2004年，公司被福鼎市人民政府授予"二〇〇三年度重点项目建设先进单位"。2006年12月，被宁德市委、市政府授予"第九届文明单位"。2011年6月，被宁德市和谐企业创建工作领导小组授予"和谐企业"称号。2012年6月，被福建省品牌文化研究会授予"讲诚信、重质量"品牌服务单位。2013年11月，被宁德市宣传部评为"2011—2012年度十佳文化企业"。

福鼎市晨冠乳业有限公司

福鼎市晨冠乳业有限公司成立于2003年3月，注册资本5200万元。公司专注于婴幼儿配方奶粉和调制奶粉的生产和经营，产品专供上海晨冠乳业有限公司。2013年

福鼎市晨冠乳业有限公司

实现总产值1.6亿。公司连续被福鼎市人民政府授予"先进企业""明星企业",被宁德市人民政府授予"2009—2010年度农业产业化市级龙头企业""2011—2013年度农业产业化市级龙头企业",被中国农业发展银行福建分行评为"AA+级客户信用等级"和"2011年度黄金客户",被中国农业发展银行福建分行评为"AA级客户信用等级"。

公司拥有现代化的生产设备和工艺流程,具备先进的检测手段和检测设备,公司建立并通过了ISO9001:2008质量管理体系、HACCP、GMP食品安全管理体系、国家诚信管理体系认证和安全生产标准化认证。实行全程质量监控,对产品质量严格要求,精益求精。公司采用优质原料、先进工艺设备与科学严谨的质量管理、科学配方,精心制造一流产品。

公司坚持"以质量为生命、以客户为中心、以市场为导向、以服务为纽带"的经营理念,依法诚信经营,向百姓大众奉献优质健康营养食品,倍受消费者喜欢。

福鼎康乐药业有限公司

2003年5月16日,经福建省药品监督局和宁德市经贸委批准,浙江康乐药业有限公司在福鼎投资成立"福鼎康乐药业有限公司",厂址在福鼎市西园路223号(原福鼎制药厂厂区),公司董事长谢远典,总经理潘展兴,厂区占地面积3580平方米,建筑面积4000平方米,固定资产2500万元,职工210人。

2004年9月,公司取得国家药品GMP证书和18个品种药品注册文号。10月,开始投产,主要产品有大容量注射剂。当年生产180万瓶,创产值1251万元,实现利税7.5万元。

2005年,公司主要设备有聚丙烯输液瓶装的大容量注射剂生产线和多层共挤膜输液袋装的大容量注射剂生产线各1条,并配有注塑机、吹瓶成型机及辅助设备等。当年,生产大容量注射剂530万瓶,创产值4033万元。同年,公司经福建省经贸委批准在星火工业园区征地100亩,投资1.3亿元,进行二期易地技术和改造工程,建设含有各类头孢粉针剂、大容量注射剂、固体口服制剂等产品的大型现代制药企业。

福建誉达茶业有限公司

福建誉达茶业有限公司是一家集茶叶种植、加工、销售、科研为一体的省级农牧业产业化龙头企业,公司在福建福鼎工业园区22号,拥有茶叶初制厂和精制厂,占地面积8442平方米。

公司以高起点、高品位打造品牌。通过中国农业科学院茶业研究所的有机茶认证和 QS 认证。"誉达白茶"荣获福建省人民政府授予名牌产品称号。"誉达"商标获"福建省著名商标""福建省企业知名字号"。2010 年起连续 4 年被称为"中国茶叶行业百强企业"。公司还被评为首届中国茶叶 AA 信用等级企业。公司生产的黄冈翠绿、白毫银针、白牡丹茶获"福建省优质茶"、广州国际茶博会金奖、第七届中国农产品交易会金奖、上海国际茶博会特别金奖、中国顶尖名茶等荣誉，产品深受国内外客户喜爱。2009 年，创产值 9060 万元，销售收入 7942 万元，实现利税 496 万元，为促进福鼎的经济发展做出贡献。

公司董事长、总经理周庆贺系中国茶叶流通协会、福建海峡茶叶交流协会常务理事，广州南方茶叶商会副会长。

福鼎市永大合成革有限公司

福鼎市永大合成革有限公司成立于 2004 年，系民营企业，公司董事长王岩雄、总经理王岩豪。公司在福建福鼎工业园区 28 号，占地面积 69.3 亩，建筑面积 28814 平方米，现固定资产 1.2 亿元，是福鼎首家合成革私营股份制企业。

公司设施完备，先后投资 1.17 亿元，建有湿法干法车间、后段、锅炉房、成品半成品仓库和辅助车间等，设计年产"永旭"牌湿式 PU、干法 PU、CmPU 合成革 3000

福鼎市永大合成革有限公司

万米，年产值达 7000 万元，是一家集科研、制造、销售为一体的专业生产合成革企业。2005 年，创产值 6074 万元，实现税利 883.2 万元。

公司注重产品质量，花巨资引进全自动电脑控制生产流水线，从单一的 CmPU 革制造，逐步向 TMKPU、汽车压延地带革、仿超纤合成革等系列产品发展，广泛用于服装、沙发、箱皮、制鞋、家具、体育用品、现代装饰和国防军工等领域，初步形成福鼎市永大合成革的生产基地，产品远销欧洲、澳洲、东南亚、中东等地区。2005 年，公司先后被福鼎市人民政府评为"功勋企业""纳税大户"，被宁德市评为"重合同、守信用"单位，被福建兴业银行授予"AAA 级信用企业"，获福建省塑料制品企业"国内市场占有率 50 强"荣誉称号。2006—2009 年，创产值 61798 万元，实现销售收入 60173.8 万元，销售税金 557.6 万元，增值税 1899.5 万元，利润 871.1 万元，为福鼎的地方经济建设做出了应有的贡献。

中国化油器名城福鼎市化油器产业发展情况

缪新民

基本情况

福鼎市化油器生产始于 20 世纪 80 年代，在市场经济竞争机制的推动下，化油器行业迅速发展。特别是近三年来，我市化油器行业年均增长速度达 50% 以上，已成为我市重要的支柱产业。我市化油器产品在生产发展过程中，分解成众多零部件的生产环节，发展了与生产化油器配套的模具、压铸、铜件、冲件、塑胶件、柱塞、针阀等各种配套件企业，市内还有专业经营化油器标准件的商店，形成了配套完善的产业链和专业化分工合作网络，即可在本市范围实现生产配套。

发展至今，我市共有化油器及配件企业 175 家（其中化油器整机生产企业 78 家，模具、压铸及相关配件企业 97 家），化油器类型从摩托车化油器发展到通用机化油器、电控化油器、环保型（以液化气为燃料）化油器、舷外机化油器及电子燃油喷射系统装置，产品从原来的五六个品种发展到 150 个品种。2009 年化油器整机产量约 8600 多万台（其中摩托车化油器 3800 多万台，通用机化油器 4800 多万台），年产化油器配件近 1 亿套。2009 年，我市化油器产值达 50 亿元，年纳税额超过 6800 多万元，直接从事化油器及配件生产人员达 15000 多人。

发展现状

从发展现状看，行业技术水平不断提升，市场占有率持续攀高，行业地位优势明显。

市场占有率高，市场份额占全国市场的"半壁江山"

根据有关资料显示，2009 年，我市摩托车化油器产量为 3800 多万台，占全国摩托车化油器产量（9500 万台）的 40%；通用机（草坪机、油锯、手持割草机、扫雪机、汽油发电机等）化油器产量为 4800 多万台，占全国通机产量（8200 万台）的 58.5%。全国摩托车化油器出口量为 2000 多万台，我市摩托车化油器出口 560 万台，占 28%；全国通用机化油器出口量为 2100 万台，我市出口量约为 950 万台（含间接出口），占 45%。

市场覆盖面广,化油器产品与国内主要的摩托车企业和通用机企业形成配套

福建友力化油器有限公司、福鼎华益机车部件厂、福鼎京科化油器有限公司、福建华龙化油器有限公司、金雄机车部件厂、佳磐通用部件有限公司等35家企业生产的化油器基本上与国内较强的摩托车企业配套,如嘉陵、天马、三国、金诚、迪豪、新大洲、建设、大阳、宗申、力帆、钱江、隆鑫等摩托车生产集团,都配套有我市生产的摩托车化油器。我市的通用机化油器与大主机集团和企业配套,除了供应国内多家企业,还出口德国、美国、韩国等国及东南亚地区。

企业规模不断壮大,龙头企业不断涌现

通过20多年的发展,我市化油器企业从小到大、从弱到强,企业规模不断壮大,并涌现出福鼎市华益机车部件有限公司、福建友力化油器有限公司、福建华龙化油器有限公司、福鼎市京科化油器有限公司、福鼎市佳磐通用部件有限公司、福鼎丰泰化油器有限公司、福鼎市创新动力设备有限公司等多家各具特色的龙头企业。龙头企业的发展壮大,带动了一批中小企业和配套企业发展,促进了产业链的完善,加快了技术进步,提升了产品质量,有力推进了我市化油器产业整体快速发展。如,华益公司专业生产通用机化油器,现已开发7个系列100多个品种通用机化油器,年产量600多万台,年产值达1.5亿元。仅2009年生产700多万台,产值突破2亿元。华益牌通用机化油器获得"福建省名牌产品"和"福建省著名商标"。目前,该企业正在积极申请"中国名牌"。又如,友力公司专业生产摩托车化油器,现已开发8个系列37个品种摩托车化油器,年产量480万台,年产值上1.2亿元。该企业产品获得"福建省名牌产品",其"K"牌商标获"福建省著名商标"。再如,京科公司、丰泰公司是福建省科技厅认定的"福建省高新技术企业"和"福建省制造业信息化应用示范企业",主导产品"京科"商标获得"福建省著名商标"。该企业自身拥有省级化油器研发中心。企业年产量420万台,年产值6600万元。

重抓质量体系,树立品牌意识

我市化油器企业在发展过程中,十分重视科技投入,加大技术创新力度,保证产品质量,培育自身品牌。全市有67家企业通过了国际质量体系认证,华龙化油器有限公司通过ISO:14000环境管理体系认证。4家企业获省名牌产品,4家企业被认定为省高新技术企业,8家企业获省著名商标,22家企业获知名商标。

引进国内外先进设备,提升产品质量和提高生产效率

化油器作为精密的机械装置,其产品质量的保证和提升,需要先进的加工和检测设备来加以保证,为此我市化油器企业十分重视设备投入,以此带动化油器质量提升及新产品开发。目前,我市化油器企业从日本兄弟公司、西铁城公司、森精机公司,韩国现代公司、韩华公司，美国哈斯公司、哈挺公司，台湾嵩富公司等处共引进加工中心122台，数控车床236台；从日本速技能公司、瑞士瑞帮公司、英国美高公司引进动力头2720台；拥有香港力劲集团和国产的压铸机425台（从100吨到820吨各种规格型号），满足各种型号化油器壳体的压铸；还有从德国进口尾气排放仪，瑞士进口的量孔专用机床、底盘测功机、综合流量检测台等先进的加工设备和检测设备。

建立研发中心，加快新产品开发

近年来，我市企业加大技术投入，加快新产品开发，走在了国内化油器行业前列。如福建华龙、福建友力、福鼎华益、福鼎京科、福鼎丰泰、福鼎佳磐、福鼎创新等企业均建立了研发中心，对产品进行不断地创新，不断地研制出新产品。目前，我市化油器行业企业拥有75项国家专利的自有知识产权。京科公司研发的主怠双腔化油器，解决了长期制约汽油机动力技术进步的瓶颈问题，创新点在于不影响功率和扭矩的前提下，节省燃油，降低有害气体的排放。

发展前景

从发展前景看，我市化油器行业前景十分广阔，大有作为。

一方面，随着摩托车、通用机等产品市场的不断拓展，为化油器产业的发展提供了良好的发展机遇。一是摩托车产业发展为福鼎化油器的发展提供机遇。根据国家机动车检测中心，天津内燃机研究所和中国摩托车技术中心提供的相关资料可以看出，国内摩托车市场主要以国产中、低排量车为主，进口车比例小。中、低排量摩托车仍将是国内市场的主流，国内价格在6000元以下的中、低排量车，日本和欧洲无法与我们竞争。同时，随着我国经济的发展，人们收入的提高，小城镇建设的加快，城乡道路的改善，摩托车在城镇、乡村市场的潜力越来越大。二是2006年以来，我国通用机产业发展迅速，产品质量、档次在不断提高。该产品原来只能出口越南、马来西亚、印尼等东南亚国家，近两年来开始出口欧美、俄罗斯，产量连年翻番，产品供不应求。通用机产业的发展为我市化油器产业发展提供机遇。

另一方面，随着化油器产品自身的技术创新、更新换代，化油器产业的发展前景十分看好。化油器行业也将适应市场需求，适应节能减排的总体要求，加快产品研发创新力度，推进化油器产品升级，提高产品附加值。如：着手开发电控化油器，低温易起动化油器；开发高精尖、技术难度大的配多缸摩托车发动机的化油器和扫雪机化油器；开发环保型（以液化气为燃料）摩托车化油器；采用补气装置调节空燃比降低排放；等等。又如友力、丰泰，分别与美国、中国台湾合作开发电子控制燃油喷射系统（电喷）。此外，我市还将积极支持企业向通用机（油锯、草坪机、手持割草机、汽油发电机等）整机发展。

做大做强

从政府层面看，我市不断加大扶持措施，促进化油器产业做大做强。

近年来，我市采取了一系列举措，促进化油器产业发展。为此，专门出台了《促进化油器行业发展若干意见》，进一步强化政府扶持化油器行业发展导向，促进化油器行业做大做强。一是牵头成立行业协会，经福建省民政厅批准，组建了福建省化油器协会。成立省级协会，加强政府与企业、社会各界的沟通联系，大力推动企业制度创新、管理创新，制止不正当竞争，营造良好的经营环境，增强了企业内在活力，促进了行业健康发展。二是组织参加全国摩托车及配件交易会、广交会、中国—东盟博览会等活动。多次举办了化油器专家报告会、技术交流会，聘请了天津内燃机研究所、国家机动车检测中心等单位的国内著名化油器专家分别做了关于化油器原理、技术、工艺、检测等多场专题讲座。三是搭建银企合作平台，成立中小企业担保公司，解决企业融资难的问题，促进企业发展。兴业银行福鼎市支行与本协会签订了2亿元的受信合同，今年该银行为化油器企业提供贷款1.17亿元的固投和流动资金贷款。四是建设化油器及配件企业集中区，扶持60多家化油器及配件企业搬迁落户工业项目区，并在江边项目区规划1800亩用地，建设化油器工业园。鼓励企业做大做强，为企业做大规模、产业集群化发展创造良好空间。五是依托省、市技术监督局、省中心检验所，引进先进的检测设备，组建福建省化油器检测中心，对化油器产品进行全面的质量管理，促进提高化油器的质量和档次，提升我市化油器行业整体水平。六是建立"中国化油器网"网站，提高了我市化油器在国内外的知名度，建立了更加大强的客户体系及更经济的资讯互动与效率服务通道，该网站的建立，提供了技术交流机会，增加了许多订单，取得了良好的效果。

福建省化油器行业协会

福建省化油器行业协会自2005年6月26日选举产生以来，遵循协会宗旨和章程，求真务实，开拓创新，在服务会员、维护化油器行业会员企业的合法权益，积极反映会员意见、建议和要求，在促进化油器行业的发展，推动我市经济建设等方面做了许多有益的工作。

建议市政府及相关部门支持鼓励会员企业加大技改投资，促进行业发展

近年来，我市化油器行业企业规模不断壮大，龙头企业不断涌现，很重要的一条，是企业加大了技术改造，加大固定资产投资力度，扩大规模，引进国外先进的机械加工设备和检测设备,提高了生产效率,同时保证了产品质量。协会建议市政府及相关部门(经贸局、科技局、发改局)从争取省级补助资金、减免设备进口过程增值税和海关税、协调融资等各种办法来支持鼓励企业加大技改投资力度。近三年,全行业投入固定资产投资约达 2.8 亿元,特别是福建友力化油器有限公司、华益机车部件有限公司分别投入 4500 多万元,华龙、京科、丰泰、佳磬、创新、中益等 16 家企业分别投入 800—2000 万元的扩大规模技术改造,取得一定的成效。

近年来,协会与相关部门配合帮助会员企业,如:增强了会员企业技改投资信心,促进了会员企业技术改造的顺利进行。争取各种省级补助资金 650 万元;减免海关税和进口过程增值税 520 多万元;融资贷款 1.17 亿元(兴业银行与协会签订 2 亿元的授信合同);帮助会员企业协调土地、环保、质监、专利侵权纠纷等相关个案 40 多件。

参与起草制定化油器福建省地方标准和国家标准的拟定

由协会提出,并和福鼎市质量技术协会共同起草、制定了《摩托车和轻便摩托车化油器通用要求》(DB35/T755-2007)及《摩托车和轻便摩托车化油器质量评定》(DB35/T754-2007),经福建省技术监督局批准作为福建省地方标准,来指导规范化油器的技术要求和试验方法,进一步提升我市化油器的质量。

协会受全国汽车标准化技术委员会摩托车分技术委员会的邀请,作为《摩托车化油器技术条件》和《摩托车化油器试验方法》等国家标准的编制单位,参加该标准的修订。

建立化油器产业集中区

2005 年,协会建议市政府划出一块土地作为化油器产业集中区,以利于化油器行业的发展和管理,得到了市政府的大力支持,当即规划岙里和铁塘里项目区为化油器产业集中区,目前已进入这两个项目区的企业共 54 家。根据当前化油器产业的发展势头和化油器产业的发展需要,市政府决定在江边项目区再行规划 1800 亩,作为专业的化油器生产工业园区,为化油器企业做大规模、产业集群化发展创造良好空间。

积极参与协办项目对接会活动

由福建省经贸委主办,福鼎市政府和协会承办的福建省化油器行业项目对接会,是贯彻落实福建省委、省政府"保增长、调结构、扩内需"战略决策,积极应对国际金融危机的重要举措,旨在利用中国·海峡项目成果交易平台,积极承接国内外科研成果与我市化油器企业对接,推广先进适用技术,加快科技成果转化和厂学研合作,推动我市化油器产业技术进步和产业转型升级,推动产业发展。

项目对接会有来自国内高校、科研部门及美国、日本等国的相关机构,推介科研成果 31 项,我市化油器企业发布急需解决的技术难题和行业重大技术需求 60 项,实现对接 21 项，其中 6 个重大对接项目现场签约，取得了良好的效果。

帮助企业树立品牌、着力创新，建立研发机构，加快新产品开发

我市化油器企业在发展过程中，十分重视科技投入，加大技术创新力度，保证产品质量，培育自身品牌。本行业现有 67 家企业通过了国际质量体系认证，4 家企业获省名牌产品，4 家企业被认定为省级高新技术企业，8 家企业获省著名商标，22 家企业获知名商标。本行业拥有专利技术 75 项，友力、华益、京科、华龙、佳磐等公司均建立了研发中心。在这过程中，协会努力帮助企业与相关部门沟通，并帮助整理相关资料。为应对金融危机，各企业投入新产品开发，如友力、丰泰开发电喷技术，帝龙公司开发电控化油器，佳磐公司开发舷外机化油器，华龙开发气化器，金鸿开发油锯等，为化油器行业的发展，培育强有力的后劲。

建议市政府支持职业中学为化油器行业培养技术人才

近年来，我市化油器行业从日本、美国、瑞士、韩国等国家和中国台湾地区引进大量的机械加工设备和检测设备，急需一批素质较高的技术工人。为此，协会建议市政府在职业中学为化油器行业开设专业技术课程，培养专业人才。此建议得到了市政府、职业中学的支持。经研究，计划在职业中学开设计算机班、数控机床班、模具班，办学形式为全日制和培训班制两种。全日制教师由学校外聘，培训班教师除外聘，我行业高工可根据可能情况下支持兼职。资金来源：一是向学校上级主管部门要求一部分，二是由市政府支持一部分。请本行业会员企业将退下来的部分工具、量具及简易设备赠送给学校，作为学生实习之用。

申报"中国化油器名城"

我市各类化油器总产量占全国的"半壁江山"，是全国最大的化油器生产基地，是名副其实的"中国化油器名城"，但该"名城"必须得到国家相关部门的确认或批准。在市委、市政府的高度重视和支持下，协会组织了相关材料，由市政府副市长郑敬国同志、协会常务副会长陈文起同志亲自跑省城、跑京城，向相关部门汇报了福鼎化油器行业的发展情况，得到了福建省工业经济联合会、福建省机械工业联合会、国家机械工业联合会的大力支持，国家机械工业联合会召集国家机动车检测中心等相关专家到我市进行为期 3 天的考察调研，认为我市化油器产业符合中国机械工业联合会关于集群示范工程的有关规定，具备申报"名城"条件，于是正式授予我市"中国化油器名城"荣誉称号。

组织专家进行技术讲座，对我市化油器行业技术提升进行诊断辅导

协会曾多次组织专家为化油器行业进行技术讲座。如在福建省经贸委和福鼎市政府的支持下，我会分别邀请天津内燃机研究所、厦门大学、福建工程学院的专家、教授对我市化油器实施行业技术提升进行诊断辅导，前往企业，从管理上为企业把脉，为企业提出合理的建议，从技术上为企业解决相关的技术难题。

福鼎市"中国化油器名城"的金字招牌，是改革开放的硕果，是自主创新的结晶，它进一步坚定了福鼎大力发展化油器行业的决心和信心。

一个向百亿元规模挺进的产业航母，一个有着悠久历史但又汇集了技术创新的传统产业，一个构筑了产业聚集和完整产业链的支柱产业，在快速航行的过程中所勃发出的经济能量将不断被放大，实现了由名企、名品向名城的飞跃，提升了福鼎市的综合竞争力。福鼎已成为全国最大的化油器生产基地，我们将为化油器行业的发展做出不懈努力。

岙里工业园区及园内企业情况

郑 磊

园区概况

岙里工业集中区是福鼎市委、市政府为实施"工业强市"发展战略而建设工业"一园十区"中的一个"区",先前称为"岙里工业项目区""岙里工业园区",后改称"岙里工业集中区",位于桐山街道镇西村(现为岙里社区)岙里自然村,距离福鼎中心城区2千米,属城郊接合部,交通便捷,地理位置突出,园区内绿树成荫、道路宽敞、厂房洁净。该集中区于2003年经福鼎市委、市政府批准立项,2004年经福建省政府批复征地,总体规划面积350亩,主要功能定位是整合和引导福鼎市城区部分化油器系列企业到集中区内办厂,促进化油器产业做大做强、转型升级,促其成为桐山街道乃至全市唯一生产汽摩配产业集中区,打造成为名副其实的"中国化油器城"。同时,加强对化油器企业节能减排的管控,整治桐山"母亲河"龙山溪污染,解决市民多年反映的环境保护和龙山溪整治热点问题。

岙里工业集中区内企业90%以上是化油器即汽车摩托车配件制造企业,有杰力王、福建三横精密、佳磐、福海、中星、万历、卡夫卡、国益、宏达等化油器品牌企业。同时,有福建海燕挂机、张元记茶叶、福建双成模具、俩好食品等其他船舶制造、茶叶、模器、食品等企业,集中区一期、二期共有入园企业39家,其中年产值达2000万元以上的规上企业16家,另外60多家各类小微企业租赁在39家入园企业当中。2019年、2020年岙里工业集中区工业总产值达21多亿元,创年利税近2000万元,解决劳动就业人员3000人。自2008年集中区内企业建成投产以来,成为桐山街道经济发展的"台柱子",吸引宁德市委、市政府和福鼎市委、市政府历届领导及省内外、国内外客商来调研考察参观,得到了各方充分的肯定。当前,岙里工业集中区在桐山街道党工委、办事处的领导下,实现了科学发展、加快发展、持续发展的预期目标。

岙里工业集中区管理处

岙里工业集中区位于桐山街道镇西村岙里,总体规划350亩,分两期建设,一期187亩现已建设完成,现有入园企业29家(其中规上企业16家),另有租赁小微企业60多家，2019年、2020年工业产值均达21多亿元，创年利税近2000万元，解决劳动就业人口3000多人；二期规划130亩，引进企业10家，其中建成投产4家，另6家企业正在建设或装修当中，预设年工业总产值可达8亿元。2005年以来，作为主管部门桐山街道加大对该工业集中区配套基础设施建设的投入，累计投入4000多万元，完成了道路硬化、自来水、电力、通讯、网络、污水处理、停车标识、视频探头、天然气管网等配套设施建设。

该集中区2012年7月成立管委会，有工作人员5人，由时任桐北社区党支部书记蔡其良调任该集中区担任管委会主任。2017年6月蔡其良退休后，12月经桐山街道党工委研究决定，下派街道党政办副主任叶志亮兼任该集中区党总支（下辖12个非公企业党支部）书记、管理处（原称管委会）主任，配工作人员6人。2019年5月，该集中区"四化联动，打造福鼎市化油器产业党建示范带"和"叶志亮五员工作室"的经验和做法，被宁德市组织部、非工委授予"十佳特色项目"；同年6月，被福鼎市委评为"全市先进基础党组织"。2019年7月，"叶志亮五员工作室"为集中区内企业开展党建指导、普法宣传、职工维权和扶贫帮困等的经验，得到福建省政法委黄敏琛副厅长及宁德市政法委领导的充分肯定。2020年，在疫情防控和企业复工复产中，由于成绩显著，岙里工业集中区受到宁德市委通报表扬。

百年茶号"张元记" 续写传承看今朝

百年茶号"张元记"源自福鼎市贯岭镇，始创于清同治年间的1868年。始创号人张永德生有四子，分别为元、亨、利、丁4房，不惑之年他创立的茶坊，取"元"作为茶坊的名号，故称"张元记"。清末民初，"张元记"声名远扬，成为茶叶行业中的佼佼者。当时民间流传有谚语曰："世上有钱张元记，采茶捆烟头一家"。第四代传承人民国时期的张君武系福鼎县议员、名乡绅，曾任福鼎县茶业同业工会会长。百余年来"张元记"伴随着福建茶业的发展历史一起经历了跌宕起伏的传奇岁月，是至今福建省内仅存为数不多的百年老茶号之一。

"张"代表张氏家族，"元"为开始、为首之意，代表了企业从加工、生产、管理到服务永争第一的经营理念。"张元记"茶业历经百余年的制茶技艺和历史文化传承，凝聚了五代人的努力。

1998年，在原福鼎市名茶新技术研究所的基础上，组建成立了现在的福鼎市张元记茶业有限公司，并在2000年注册了商标"张元记"。而今公司坐落在福鼎市城区北部岙里工业集中区，占地面积有5000平方米，规划并新建现代化集生产、加工和仓储为一体的标准化厂房近万多平方米，2019年度年产值达5000万元，成为中等

张元记茶业有限公司

规模企业,被宁德市政府评为宁德市龙头企业。多年来,公司利用国家著名风景区太姥山得天独厚的自然环境条件和独有丰富的茶树良种福鼎大白茶和福鼎大毫茶(华茶一号和华茶二号)等资源,开发并生产出各种名优福鼎白茶系列、白琳工夫红茶系列、传统高香茉莉花茶系列等上百个深受消费者欢迎的茶叶品种。绿茶"金绒凤眼"荣获中国茶叶学会主办的1994年首届"中茶杯"一等奖,并被中国茶叶大典收入;"茉莉太姥玉蝴蝶"荣获2002中国茶叶博览会金奖;张元记牌茉莉太姥大毫银针荣获2003年第五届"中茶杯"名优茶特等奖;福鼎白茶"白牡丹"荣获2010年上海世博会金奖;特色产品"太姥白毫银针"荣获2011年度中国茶叶学会主办的第九届"中茶杯"一等奖;福鼎白茶"白毫银针"荣获2015年米兰世博会金奖;特色福鼎白茶产品"太姥银针"荣获2017年度第十二届"中茶杯"一等奖;张元记茶业被福鼎市人民政府评为2018年度"质量创新企业";2019年在浙江大学中国农业产品茶叶企业品牌价值评估项目中,张元记品牌价值为3.77亿元人民币;2019年,张元记品牌"2005年白茶寿眉"350克的2个茶饼在参加杭州第二届全国茶叶博览上,拍出了50000元价值。

该公司总经理张礼雄1984年毕业于宁德地区农业学校茶学专业,是张元记茶业第五代传承人,他继承张元记百年之祖业,是非物质文化遗产福鼎白茶制作技艺和非物质文化遗产张元记(白琳工夫)红茶制作技艺两个项目的代表性传承人。

2019年,"张元记红茶制作技艺"项目被福建省人民政府评定为第六批福建省非物质文化遗产。

福鼎市电子器材厂

福鼎市电子器材厂是一家生产彩色天线输入器、中高压瓷介电容的技术密集型电子元件专业厂，系集体企业，厂址在岙里，企业占地面积4000平方米，建筑面积1300平方米。

福鼎市电子器材厂的前身是1984年从县植保药械厂分出单独成立的福鼎县电子器材厂。当时仅有42名职工，430平方米破旧厂房，2台钻床和2台仪表，分摊14.8万元债务，生产电子捕鼠器等产品。

1985年，在厂长曾提端的带领下研制开发成功TS-1型彩电天线输入器，各项指标达到日本标准，填补了省内空白，并与福日公司、厦华公司、北京电视机厂、石家庄电视机厂等长期配套配额生产，引进新技术，开展优质服务，生产迅速发展。

1988年，TS-1型彩电天线输入器获福建省二轻工业科技成果二等奖。当年，企业创产值407万元，实现利润74.11万元、税金23.92万元。1989年，企业被福建省人民政府授予"大庆式企业"称号。

此后，企业开发用于彩电、电磁灶、复印机等电器的中高压瓷介电容等系列新产品，并进行技术改造，但终因技改未能达标，债务负担沉重，生产陷入困境。2002年8月，企业解体。

福建海燕挂机有限公司

福建海燕挂机有限公司是船舶机械制造企业，成立于1991年，注册资本770万

福建海燕挂机有限公司

元,公司位于福鼎市岙里工业集中区内,拥有自有产房1万多平方米,是一家具有独立设计、研发、生产、销售能力的现代化企业,年生产船用挂机能力2万多台。历经20余载的奋进博发,该公司拥有自主"海燕及图"等多种品牌,所研发的产品获国家多项知识产权专利,公司在管理过程中运用ISO9000管理体系,进行科学、有效地管理,主要产品有6-32P挂机、6-120P座机、200—300离合齿轮箱型等,分为一体式,离合型、双油缸型、北海型、大连型、湖北型等多种类型。

公司产品性能好、寿命长,有结构紧凑、牢固可靠、维修方便等特征,广泛用于近海和内海捕捞、养殖,交通运输的中小型船只装配等。2016年以来,产品销售覆盖黑龙江、辽宁、河北、山东、江苏、浙江、福建、广东、广西、海南等各省,并建立长期、稳定的销售网点及售后服务点,让客户享受良好的服务品质。产品还由代理商远销朝鲜、非洲、南美等国家和地区。公司发展过程中,成立技术研发部门,引进加工中心、数控车床及装配流水线,在确保产品品质的基础上,加快技术创新工作,确立了依靠科技兴企的发展战略,始终坚持以市场为导向,不断加强新产品的研发,建立健全市场营销网络,提高产品在行业中市场占有率。2018年以来,产品不断发展创新,得到了船舶制造同行业的关注。

福鼎市舒洁洗涤有限公司

福鼎市舒洁洗涤有限公司,租赁在岙里工业集中区铁路桥下原福鼎朝旭压铸有限公司内,前身是福鼎市美洁洗涤厂,创建于1998年,经过20多年的发展,拥有员工近50人。洗涤机械设备有全自动洗衣机10台,快速烘干机8台,具有国内最先进的高速双面烫平线和进口槽烫线各1套,都配有展布机和折叠机。公司在服务中不断提高自我,现已能生产出星级酒店标准的布草品质,努力服务于广大客户。

据统计,福鼎市区90%的酒店都是该公司的客户。目前业务正在发展中,北边拓展到浙江平阳、瑞安,南边拓展到宁德市。目前宁德市金海湾大酒店VIP客房的布草也是由该公司负责洗涤,合作半年多来,服务质量受到金海湾大酒店的认可及好评,服务项目也日渐增多,已增加了环保拖鞋租赁及布草租赁等项目。

公司长期秉承"以质量求生存,以信誉求发展"的宗旨,获得了广大客户的信任,正立足民生所需,继续为更多客户服务。

福建福鼎京科化油器有限公司

福建福鼎京科化油器有限公司创办于1999年11月,厂址在福鼎市中山北路69—71号,占地面积12000平方米,建筑面积10000平方米,厂房绿化率达50%。公司经过多次体制改革，是一家集化油器研发、生产、销售于一体的专业生产厂家。

1996年，原福鼎市化油器厂厂长周题续等人购买了原自动化仪表厂厂房，为扩大生产经营，当年与广州宏祥公司合作成立"福鼎市博华内燃机配件工业有限公司"，法人代表为周题续，主要生产摩托车化油器配件。

1999年，博华公司与香港刘秀箴女士合资成立福建福鼎京科化油器有限公司，法人代表郑节昭，主要生产摩托车化油器和通用机化油器。2002年，法人代表为陈茂微，公司积极开拓市场和加大技改工作力度，争得市场份额。2003年，先后投入资金1150万元进行技改和设备更新，引进世界先进水平的流水生产线和加工检测设备群，企业质量体系通过ISO9001认证，"京科"牌化油器获"中国化油器公证十佳产品"和"福建省著名商标"称号。2004年，公司被福建省科技厅确定为"高新技术企业"和"制造信息化应用示范单位"。2005年，产值4500万元，实现利税364万元。

企业现有员工260人，拥有高级工程师3名、工程师9名中、高级技工数十名，建立了一支由高级工程师、工程师和专业技术人员30多名组成的科研精干团队，成立了省级研发中心和公司实验室。公司现有资产5600多万元，年生产能力300多万台摩托车和通用汽油机化油器，年总销售收入6000多万元，2019年产值1.9亿元。至今已成功开发生产了多种新型化油器产品，如双浮子室化油器、柱塞式化油器、真空式化油器、电控化油器、电喷节气门阀体等。公司在引进、吸收、消化国内外先进技术的基础上，已发展成为一个综合实力雄厚、管理体制成熟、营销网络广布的化油器技术产业公司。

经过多年不断的努力，京科公司先后被国家科技部评定为"高新技术企业""国家知识产权试点企业""省级知识产权优势企业"，被评为"福建省创新型企业"，荣获福建省"著名商标""名牌产品"和"制造业信息化示范企业"是福鼎市第一家通过TS16949质量体系认证的企业。"京科"摩托车化油器及通用汽油机化油器获"中国化油器公证十佳品牌"和"福建省乡镇企业名牌产品"。公司产品不但畅销重庆、广州、天津、无锡四大国内市场，还出口英国、日本及北美、东南亚地区。公司自创建以来，经济效益稳步发展，历年被福鼎市人民政府和税务部门评定为"纳税大户""纳税先进企业""市重点保护企业""市工业发展先进企业"。

科技开发项目"环保节能主、怠双腔摩托车化油器系列产品"，获得福建省科技创新资金及福建省"6·18"项目转化扶持资金。P16-If控温膜片式化油器作为小型汽油机动力用化油器的替代品，获得福建省"6·18"项目转化扶持资金。"MP16-1S分层扫气膜片式化油器"新产品，获得福建省优秀新产品二等奖。"环保节能低温低耗油摩托车化油器"产品，被省科技部门认定为"福建省自主创新产品"。截至目前，京科公司研发的新产品获得专利达 30 多种，其中两项节气门阀体为发明专利产品。

2012 年第十届海峡项目成果交易会上，作为宁德市对接项目之一，福建福鼎京科化油器有限公司与英国尚努公司签约合作电喷技术项目。目前，该项目已在福鼎市双岳工业园区征用地 62 亩，计划投资 7000 万元，前期投入 3000 多万元用于厂房建设，主要生产电喷系列和符合国家产业产品的化油器产品。

2015 年以来，京科公司保持了平稳发展，呈现出结构调整和增长方式转变加快推进的态势。但在发展中也面临着一些困难和问题：首先是企业生产经营资金趋紧，金融紧缩措施的累积效应已经显现——小企业现金流紧张，成长型中小企业很难获得中长期贷款；其次是资源成本大幅上升，企业用工成本增加；再次，是外贸出口形势严峻，在出口退税率下调、人民币持续升值、贸易壁垒增加等多种因素的影响下，京科公司依靠第三方出口的传统外贸模式受到了考验。

福建三横精密五金有限公司

福建三横精密五金有限公司坐落于岙里工业集中区，创建于 2004 年，于 2014 年继续投入 5000 万资金，扩建新厂区 20000 平方米，引进先进设备，增加人才技术储备，现有员工 120 人，企业每年用于转型升级的设备投入在 800 万元以上。

该公司是一家集化油器针阀总成，各类高精密铜铝不锈钢金属切削件、精密弹簧等研发、生产及销售的一体化专业公司，产品广泛适用于汽摩配件、化油器、机械电子、医疗器械、钟表机械等与之相关配套的产品。企业技术力量雄厚，设备先进一流，

福建三横精密五金有限公司

管理科学严谨,市场信誉度高,已通过IATF16949汽车行业质量管理体系认证。

公司无论在产能上还是品质上,均已在同行业中走在前列。目前公司配备进口CNC走心机100余台,辅以加工中心车铣复合设备、刀塔机、排刀数控等60余台,并配备众多高精密进口检测设备,包括2台进口三坐标检测设备、圆度仪、二次元检测设备、高低温试验机、扭力测试机、压力测试机等完整的检测设备,在加工能力和品质保证上致力于赶超欧美国家。除去针阀总成生产以外,公司还具有高度定制化的服务,通过完善的工程团队以及先进的加工设备为用户提供各种各样的精密零部件定制生产。

公司倡导诚信务实、责任奉献、团结拼搏、创新高效的价值观,以"精益求精"的理念来建设自身、服务客户,不断加强生产工序管理、严格过程控制、确保产品品质,满足客户需求。

福建福鼎杰力王机车部件有限公司

福建福鼎杰力王机车部件有限公司创建于2005年,是一家集产品研发、制造、销售、服务于一体的化油器生产制造型企业,厂址位于吞里工业集中区。企业刚创办时在灰瑶小作坊,员工40多人,租用厂房500平方米,有几十台设备,主要生产单一摩托车化油器(PZ、PD)系列。

经过5年的努力,2010年为了扩大再生产,杰力王公司决策者决定租用福鼎市上龙山工业区厂房1000多平方米,员工人数发展到60人;设备更新升级,新购5台大王加工中心、4台综合流量测试台、2条组装流水线和10台自动化组合专机,高新聘请技术、品质、管理等高管技术人员,从此公司进入快速发展阶段。

2012年10月杰力王公司搬迁到吞里工业集中区自建厂房,占地面积4666平方米。

2015年公司先后扩建生产大楼,新建办公大楼、员工食堂,外租员工宿舍楼,员工人数达100人,并成立企业工会组织解决职工生活等方面问题;机加车间和组装车间自动化设备达200多台,组装生产流水线5条;成立行政部、生产部、营销部、财务部、技术部、品质部、采购部、工程部,进一步完善管理、分清职责、建立标准、提高效率、提高品质。2015年4月8号宁德市安全生产协会授予杰力公司"安全生产标准化三级企业"证书;5月15号,福鼎市总工会授予杰力王公司"工会社会团体法人资格证书。"

目前企业固定资产在8000万以上,现有员工130多人(其中管理人员占8%、技术人员占5%,品质人员占12%),占地面积4666平方米,生产厂房8000平方米,办公楼1600平方米。

公司主要生产摩托车化油器(PZ、PD)通用汽油机化油器(P)及园林机械化油

福建福鼎杰力王机车部件有限公司

器（MZ）三大系列产品，品种规格达300多种，型号齐全，年生产能力在500万台以上。

公司一直坚持"注重管理、持续改善、提升品牌、顾客满意"的质量方针，恪守"杰出品质、力创品牌"的经营理念。目前，企业已成功与国内各大主机厂建立良好的配套合作关系，并顺利通过ISO9001：2008国际质量管理体系认证；产品在市场上已享有极高的声誉，销售网点覆盖全国各重要市场并远销欧洲、中东、东南亚等地区。

福海化油器有限公司

福海化油器有限公司坐落在岙里工业集中区内，是一家专业生产化油器的国家级高新技术企业。2020年营业收入2742万元，净利润68.61万元，上缴税收94.8万元，研发费用投入139.78万元，各项经济指标比上年度都有较大增长。

公司于2005年正式挂牌成立，现有员工180人，其中各类技术人员26人，高级工程师2人。公司先后与天津市内燃机研究所、银坤机车部件有限公司建立技术合作关系，所生产的Pz20、Pz16国Ⅲ、Pz19-3三类新产品采用了最精准的空燃比控制新技术，使汽油机在不同工况、不同环境、不同气候下都能通过智能电控系统得到比较理想化的空燃比，促使燃油燃烧更充分，降低污染物排放。

2010年以来，该公司积极运用高新技术，扩大生产规模，新购置各种设备100多台（套），其中高、精、尖生产设备、进口设备共30多台（套），产品涵盖100多个品种近200个型号的摩托车和通用汽油机化油器。

2014年1月，公司被授予"宁德市技术中心""宁德市知名商标企业"等荣誉称号，2016被授予宁德市企业技术中心，2014年、2017年获福建省科技型企业，2016年获福建省科技小巨人领军企业，2019年获宁德市知识产权优势企业、福建省"专精特新"中小科技企业、福建省高新技术企业、国家级高新技术企业等荣誉称号，是福鼎市化油器行业的骨干企业和重点企业。自2019以来，取得国家知识产权局授权的专利3项，其中发明专利1项。公司依据技术成果撰写的计算机软件著作"化油器调试软件V1.0"，已获国家版权局颁发的计算机软件著作权登记证书，登记号为：2020SR83930。

公司主动适应经济发展新常态，在科技创新方面下功夫、做文章，致力于产业转型升级，研发新型农林通用机化油器产品，主要应用于农业机械、园林机械、发电机械等，力求成为福鼎化油器行业的骨干企业和重点企业，正努力创建福鼎小型通用汽油机化油器研发基地。

福鼎市中星汽摩配件有限公司

福鼎市中星汽摩配件有限公司是一家专门生产汽车摩托车部件的化油器企业，位于福鼎市岙里工业集中区内。公司始建立于2005年，专业生产汽车及摩托车柱塞、进气阀部件，通过十多年的努力，目前总投资2000多万元，占地面积3000多平方米，有员工100多人，已成为生产能力2000万套部件的汽车摩托车配套企业。2015年以来，公司自行研发专用生产设备及各种数控、挤压机台，得到国内外同行的肯定。

公司以顾客为基石，以技术为支撑，追求产品的卓越性，用高品质的产品满足顾客的需求，为客户创造价值。产品销往福鼎本地和外省市各化油器厂家，并为印尼、菲律宾、马来西亚、印度等国家各大型企业提供摩配供应产品。自2005年创办以来，企业产品以生态环保性、功能多样性和产品中高端化为发展方向，质量稳定，深受顾客好评。

福鼎市中星汽摩配件有限公司本着"质量第一，信誉至上"的宗旨，竭诚为广大新老客户服务。

福鼎市岙里工业污水处理有限公司

福鼎市岙里工业污水处理有限公司是桐山街道办事处主管的企业，成立于2009年，为350亩的岙里工业集中区（含一期、二期）共39家入园企业（其中规模以上企业16家）和60多家租赁的小微企业提供工业污水收集和预处理，日处理量设计为700吨，目前处理量达300多吨。岙里工业污水处理有限公司的建成并投产，大大改善了龙山溪生态水质，改善了生态环境，促进水循环，为龙山溪上游的工业企业节能减排工作做出了应有的贡献，促进了福鼎城市稳定发展，得到各级领导的充分肯定。但由于多方面原因，呑里工业污水处理有限公司自 2009 年运行以来，至今未向企业收取任何排污处理费用，所需的员工工资、化工药品投入、机械设备维修等费用，均由桐山街道办事处承担，无偿为企业及社会提供服务。公司于 2018 年 10 月成立福鼎市呑里工业污水处理有限公司党支部委员会，有党员 7 人，该公司党支部以"党建引领，服务型和谐企业"为目标，不忘初心，牢记使命，致力于节能减排和生态环保保护工作。

铁塘里工业园区

庄志韧

山前原来分别隶属桐山街道和桐城镇管辖，1998年10月成立山前街道办事处，为市政府派出行政机构。山前地理优越，资源丰富，水陆交通畅便，至2001年，有化油器、摩托配件、压铸、造船、石材、印刷、饲料、建材等各类企业81家，其中年产值500万元以上企业有6家，全街道工业总产值达1.1亿元。

由于历史原因，山前企业布局分散，工业用地缺乏等成为发展瓶颈。2002年1月10日，办事处正式向市政府请示，拟请在山前铁塘里建立一个100亩地的工业小区建设项目，预期可容纳企业约50家。获得市政府支持后，因众多企业有入园意愿，总体规划面积调整为310亩，一期建设130亩。2003年7月4日，市政府同意扩大园区面积，实施二期150亩规划。至2004年6月，首期14家入园企业大部分办理起建厂手续，有两家已投入生产。到2000年，工业区已累计入园企业38家，其中规上企业有21家，主要以化油器行业为主，另有食品加工、机械配件、包装、压铸等项目。整个园区产值达24.5亿元，共解决农村富余劳动力3000多人。

福建闽威实业股份有限公司

走上鲈鱼养殖之路

福鼎作为中国鲈鱼之乡，以盛产肉质肥美的鲈鱼而闻名。

方秀出生于福鼎的一个渔民家庭，1987年7月毕业于上海水产大学。1992年3月，为了帮助乡亲们合理利用当地资源发展水产养殖，他组建了闽威水产实业公司批发部，至此与鲈鱼结下不解之缘。

公司成立之初，方秀便致力于发展现代化的渔业生产方式，主要养殖品种定为桐江鲈鱼。只是那时，他没有雄厚的资金基础，也缺少专业的技术支撑，等待他的是一个个亟待攻克的难题。首先要解决的就是鲈鱼的销路问题。

1993年，方秀在一次赴韩国旅游时，发现韩国市场上的活鲈鱼售价很高。回国后，他想到要是能把活鲈鱼出口到韩国，那销售的难题不就迎刃而解了？1994年7月，15吨鲜活鲈鱼首次出口韩国。为了能够源源不断地往韩国运送活鲈鱼，方秀还请人设

福建闽威实业养殖基地（山前办事处 供图）

计了一种活水船，1999年11月，"南鱼北调活水船"工程开启。

鲈鱼在韩国市场打开销路之后，养殖鲈鱼的渔民马上多了起来。很快，又一个难题出现了：鱼苗从哪里来？如果纯粹靠从海里捕捞鱼苗，杯水车薪，难以为继，可当时人工培养鲈鱼苗的技术在国内还是一片空白。"只有把人工育苗搞成功，鲈鱼产业才能有大的发展前景。"方秀下决心要突破这个难题。

经过努力探索，方秀与福建水产研究所共同研发，终于使得人工鲈鱼育苗成为可能。在鱼苗质量问题上，与中国水产科学院黄海研究所雷霁霖院士的一次偶然交流，让他看到了解决的曙光。方秀与雷院士达成共识，引进了青岛的优质鲈鱼苗，以保证繁衍的鱼苗质量。终于在2007年，方秀与雷霁霖院士合作研究的花鲈生殖调控育种技术取得成功，彻底改变了鲈鱼四年性成熟、一年一产卵的自然规律，这项技术被称为"花鲈生殖调控的室内人工育苗技术"。这项技术的运用，首先，实现花鲈一年一次产卵变为一年三次的人工育苗，提高了花鲈的质量与数量；第二，苗种的孵化率由60%提升到90%以上，成活率从50%提升到85%；第三，在亲鱼成熟前，选择体质最为健壮、色泽优良、生长速度快、具有典型生物学特征的后备亲鱼进行强化培育，对亲鱼进行人工调控，有效克服了鲈鱼自然繁衍的劣势，改变了传统花鲈抗病能力低的问题。由此形成的稳定的规模化培育花鲈优良苗种的生产能力，为花鲈产业化生产奠定了良好的基础，更是鲈鱼养殖的一次革命性的飞跃。在第五届中国·福建"6·18"成果交易会上，这一成果荣获2008年宁德市科技二等奖。

与此同时，2006年4月，福建省福鼎市闽威水产发展有限公司正式成立，并于2007年9月荣获福建省水产产业化龙头企业。

从无序散养到标准化

2006年8月，百年不遇的超强台风"桑美"袭击福鼎后，一夜之间，拥有上千口网箱的养殖基地就变成了一片废墟。为了重建遭受重创的养殖基地，在缺水缺电的情况下，很多工人睡在露天的渔排木板上，仅用两个月时间就全面恢复生产。在这过程中，很多工人还把自己的工资捐献出来，帮助公司渡过难关。福建省委书记卢展工在视察公司基地时对方秀说："从你们公司我看到福鼎灾后重建的力量与希望。"

灾情之后，困难面前渔民的帮助让方秀大受感动，方秀更意识到，在沿海台风多发地区，当前的养殖模式急需改革。

2007年初，为了更好地推广"订单农业"模式，方秀带头成立福鼎市闽鼎水产专业合作社，与1051户养殖户签订购销协议，通过提供优良种苗、技术辅导、质量跟踪、统一收购等保障措施让农民吃了定心丸，销售价格略高于当地市场价，由公司统一收购出口韩国、日本等地。7月，经农业部严格考察后，闽威水产又与越南农业部门签订合作协议，准备投资在越南建设水产养殖基地。同月，经过层层挑选，闽威水产生产的鲈鱼被指定为北京奥运会的专供鲈鱼。

2007年12月，闽威水产养殖基地被中华人民共和国农业部授予"农业部水产健康养殖示范场"称号。2008年1月，公司更名为"福建闽威水产实业有限公司"。

为了找到一种新型的养殖模式，2008年，闽威公司与雷霁霖院士再次进行了项目对接，即"花鲈鱼工厂化养殖技术"项目。项目投资3000万元，把花鲈的养殖从池塘和网箱养殖，变为室内工厂化养殖，拓宽养殖方式，规避台风等自然灾害，促进海水养殖可持续发展，使花鲈鱼从育苗养殖到成品鱼深加工产业链更加完善。

然而，水产行业的人都知道，闽威花鲈对于生存水域有特殊的要求，全球范围内仅福建、浙江、广东等江海交界的少数沿海水域适合这种鱼的生存。"我们的任务就是鲈鱼的抗逆进化试验，如果能把这种缺陷改造，以后这个鱼种就不会灭绝！"为找到花鲈对于何种水域具有敏感性，方秀他们必须通过一次又一次的试验，将鲈鱼的声波型号记录下来。然而，他们找遍省内所有水产院校以及有关的研究部门，均没有这种记录声波的设备，最后通过科技和农业部门得知，这种设备只有中科院的李启虎院士有。经过努力，2009年，李启虎院士与闽威公司签订了改善福鼎鲈鱼的物种缺陷的技术合作协议。

2010年11月，公司更名为"福建闽威实业有限公司"。2012年4月，公司与中国工程院雷霁霖院士签订离岸智能化抗风浪深水网箱研制与产业化示范项目。

如今，经过几代的更迭网箱已升级为周长104米的新型全塑胶环保深水大网箱，公司建立标准化仿生态养殖模式，在海域使用面积达50亩的养殖基地，采用浮动式抗风浪深水钢构网箱。新型的离岸智能化深水钢构网箱依托科技合作单位黄海研究所在网箱制备方面的优势技术，转化中国水产科学院黄海研究所有关深水网箱研制与应用技术，结合智能化离岸抗风浪网箱相关成果与专利技术，引进新型浮式合金网箱框架及其制造技术，配置智能化管理作业平台、海上风光发电、海水自动化检测系统、环保型海上活动房等，建设具有实质性合作关系的产学研用协同创新体，开启了绿色环保型基地建设的新模式，提高了基地科技含量，在有效改变传统网箱的养殖容量小、抗风浪能力弱、使用寿命短等缺点的同时，注意环境友好、能源节约和净化，实现了规范化、现代化养殖，年产商品鱼3500多吨。

公司采用引诱式、分段式方法投喂无公害饲料、野生小杂鱼，以"供不应求"模式，刺激鱼争抢饵料，以达到提高鱼运动频率为目的，使肉质更紧实、有弹性，口感也优于野生鲈鱼。同时，公司的可追溯模式，对亲鱼的挑选、苗种繁育、鱼苗的投放及每个网箱的生产记录、产品出处、精深加工等方面都进行详细的登记，实现产品质量的全程可控和可追溯，保证产品从源头到终端的食品安全质量。

创新突破，深入开展科研攻关

在一次采访中，方秀告诉记者，闽威创办这么多年，有两件事深深感动了他。一个是"桑美"灾情过后渔民义无反顾地参与重建和对公司的帮助；另一个就是公司不少技术人员在实验培育鱼苗时观察亲鱼的产卵过程，为了不惊扰鱼群，有时赤脚站在昏暗的水中一动不动，一站就是几个小时。

十多年来，方秀广罗人才，聘请院士等权威专家进驻闽威，成立福建省首批"院士专家工作站"，先后与中国科学院黄海研究所、福建省水产研究所、天津科技大学、上海海洋大学、厦门大学、集美大学等科研院校展开合作，取得了多项重要技术成果，成绩斐然。2011年，方秀参加APEC工商领导人峰会期间，获悉美国麻省理工学院的专家发现在海鱼中可以提取出一种能够延缓人体细胞衰老进程的珍贵物质，可用于制成保健品和化妆品。便几经努力，与美国华盛顿美福药业有限公司达成合作意向。同年，闽威的"院士专家工作站"被评为"福建十佳院士专家工作站"；公司养殖育苗基地被确定为"国家级福鼎花鲈良种场""农业部健康养殖示范场""农业部无公害农产品产地双认证""中国农技协会鲈鱼养殖专业技术交流中心""福建省水产研究所海水鱼类试验基地""福建省闽台科技合作基地"等；公司产品"闽威花鲈""闽威大黄鱼"顺利通过农业部无公害农产品、产地双认证，还荣获2007年中国优质名牌产品称号。在闽威公司的推动下，2010年福鼎市荣膺"中国鲈鱼之乡"。

同时，闽威成品鲈鱼长期出口至日本、韩国等国家和地区，并与当地相关企业建立了牢固的合作关系。2007年俄罗斯中国年上，闽威花鲈作为"中国优质海产品"参展，受到俄罗斯客商的一致好评。

一次次地迎难而上，在面对难题时的不抛弃、不放弃，使闽威不断地发展壮大，不仅在鲈鱼产业上独占鳌头，更顺应时势地将重心转移至水产品精深加工上，成立子公司福建闽威食品有限公司。2010年，闽威投巨资打造闽威高新技术园。该园区位于福鼎市桐城江边工业园区，占地158亩，计划建设现代水产加工车间、水产品安全检测中心、存储仓库、科研楼等，并通过引进其他水产企业入驻，扩大区域合作范围，使之成为福建省乃至国内屈指可数的大型水产品物流集散中心及科研基地。

如今，公司通过原始创新、集成创新和引进消化再创新，为福鼎海洋经济产业发展提供了核心技术支撑，走出了产供销一条龙和产学研相结合的发展道路。

文化先行，以文促渔，以渔彰文

公司注重海洋文化的传承与推广，建有中国鲈鱼文化博物馆，并被授予全国海洋意识教育基地、爱国教育基地。公司通过举办中国鲈鱼文化节，编制《中国鲈鱼》书籍等形式，传承中国鲈鱼文化，深挖鲈鱼文化内涵，打响桐江鲈鱼品牌，提升鲈鱼品牌价值。

为充分展示桐江鲈鱼文化底蕴和福鼎市秀美的城乡面貌以及强劲的发展态势，提高鲈鱼的知名度和美誉度，闽威实业联合福鼎市政府，于2011年举办了第一届中国鲈鱼文化节。首届鲈鱼文化节以"弘扬海峡渔业文化、促进两岸渔业发展"为主题，搭建了"首届中国鲈鱼节暨闽台渔业合作发展论坛"，在文化上，中国工程院院士雷霁霖与福鼎市人民政府签订了《渔业科技合作战略框架协议》。该协议为海洋渔业和农村经济发展提供战略决策咨询，为水产养殖高产创建技术集成开展联合科技攻关，进一步加强了海洋渔业技术方面的研究和交流以及人才的培养，提升了鲈鱼产业的自主创新能力和自我发展能力。首届鲈鱼文化节的举办，充分展示了福鼎市海洋经济建设的发展成果，集中力量打造了当地渔业特色品牌，加快了海洋渔业科技成果转化，提升了渔业综合生产能力，加速推进了现代渔业的发展。

第一届中国鲈鱼文化节的成功举办，极大地鼓舞了福鼎市鲈鱼从业者的从业信心。为进一步发挥福鼎优势，提升福鼎的经济文化形象，将福鼎市鲈鱼养殖业做大做强，提高"中国鲈鱼之乡"的文化内涵。闽威实业在福建省海洋与渔业厅的支持下，于2012年、2015年、2016年、2018年、2020年先后举办了第二届和到第六届中国鲈鱼文化节。为当地探索海洋经济形势，提升渔业综合生产能力，挖掘海洋文化，推进海洋经济文化并行发展奠定了坚实的基础。同时，以鲈鱼文化节为契机，借助海峡西岸海洋渔业、海水养殖业、海洋交通运输业等方面的发展优势，福鼎市鲈鱼产业借力资本市场，推动海洋经济与金融融合对接，为福建省创新中小型企业融资模式上探索多元渠道，为海洋经济的可持续发展寻求新径。

中国鲈鱼文化博物馆是中国第一座鲈鱼文化博物馆，修建于2012年5月，由福建闽威实业股份有限公司出资建立，总面积为1000多平方米，共分为七大主题展区，针对每个展区进行个性化设计，旨在弘扬中国鲈鱼文化。博物馆被国家海洋局教育中心授予"全国海洋意识教育基地""新时代宁德市百个社科普及基地""福鼎市社会科协普及基地"等称号。为发挥和利用好我馆的资源，推动全民科学素质的提升，全面落实科学发展观，让更多的人对中国鲈鱼之乡、对博大精深的海洋文化有更充分的了解，闽威以鲈鱼文化旅游节、中国鲈鱼之乡为载体，开展系列科普教育活动——通过文化旅游节让更多的人认识到中国鲈鱼文化博物馆；以博物馆展览资源为依托，建立与学校教育互补的第二课堂，通过与福鼎市院校合作，将博物馆作为学校的合作基地，建立馆校共建的长效机制，开展形式多样的科普教育活动，为学生提供更加直观的体验，以更好地解读海洋文化；自博物馆建立以来，每年接待参观游览人数达上万千人，其中有来自埃及、迪拜、丹麦及日本等国的参加者。为了更好地弘扬鲈鱼文化精神，闽威还经常开展不同的活动主题，如宁德市小记者团的采访活动，让小朋友从不同的角度解析鲈鱼文化。

如今，福建闽威实业集团已发展成为一家集生态农业、水产品精深加工、进出口贸易、农业技术研究等多领域共同发展的综合性集团企业。公司坚守初心，始终如一，必将继续践行"取之于水，惠之于民"的宗旨，通过"产业扶贫""技术扶贫""科技扶贫"等方式，让桐江鲈鱼产业成为助力福建省乡村振兴发展的道路之一。

福鼎市永盛工程塑料有限公司

1989年，在沙埕镇海港北路3号，福鼎市沙埕永盛工程塑料厂创立，是国内最早专业从事摩托车化油器、通用机化油器、园林机械化油器等塑料配件生产的企业。2006年，公司正式升格为"福鼎市永盛工程塑料有限公司"，并在福鼎市铁塘工业园区B2号建立新厂区。公司注册资金1300万元人民币，占地6000多平方米，建筑面积7000多平方米，有员工80多人。

公司拥有YUZUMI、LK、PROTEK等先进的全自动电脑温控注塑生产设备和全套模具加工设备，技术力量雄厚，具有完全自主的新产品研发能力。公司产品主要利用聚甲醛、聚乙烯、PPS、ABS、尼龙等原材料，经注塑加工后成型，广泛用于化油器、通用机零配件。公司生产的产品与国内外知名摩托车企业，化油器、通用机企业配套，并获得良好评价。

长期以来，公司坚持"注永盛精神、塑一流品质"的信念，以高效卓越、务实创新为宗旨，每五年制定一个发展规划，完成土地购置、新建厂区、业务增长等目标。2015年8月，通过市委市政府的组织引领，主动与福鼎数家知名企业如新龙机车部件、金九龙大酒店、六妙茶业、金港高分子、闽威实业等公司联合创办福鼎青年企业家商会，组织企业学习、交流，为福鼎经济发展助力。2002年公司被授予"福建省首批诚信单位"称号，2004年公司通过ISO9001质量管理体系认证。

福鼎市华强化油器有限公司

福鼎市华强化油器有限公司于1995年成立，为民营企业，位于山前街道铁塘工业集中加工小区，资产已达2000万，占地面积9128平方米，建筑面积15000平方米，有员工190人。

公司主要生产排量从30毫升至250毫升平吸柱塞式（PZ）、平吸等真空膜片式（PD）、油气双燃料、助力和人力多用、通用汽油机化油器及汽车化油器六大系列几十种型号产品。主要产品现与国内知名主机厂配套，远销全国各地及出口马来西亚、新加坡、巴基斯坦、印度、泰国、越南等国家和地区，得到广大用户赞誉。

公司技术力量雄厚，具有较强的研发设计能力、完整的工艺技术及检测手段、科学的质量管理体系，引进了国内外先进设备，生产能力强，产品质量好。

福建省瑞星化油器有限公司

福建省瑞星化油器有限公司于1996年成立，专业生产摩托车化油器，2001年以后陆续开发生产通用机化油器。现位于山前街道铁塘工业集中加工小区，总投资1000万元，占地面积2000多平方米，建筑面积6000平方米，有员工130人，其中技术员10人，管理者7人，人员结构合理稳定。

公司技术力量雄厚，具有较强的研发设计能力、完整的工艺技术及检测手段、科学的质量管理体系，引进了国内外先进设备，建有5条先进而适用的专业化油器生产线。

公司通过了ISO9001等认证，积累了丰富的专业生产经验、先进的生产工艺、严格的检测手段、健全的生产管理制度，产品在通用机行业中享有信誉，多种产品与国内外多家企业建立业务往来，远销东南亚、非洲等地区和印尼等国家，深受广大用户好评。

公司发扬"团结、勤奋、高效、创新"的企业精神，坚持以"质量为本、锐意进取、精益求精、创一流品牌"为企业宗旨，以永不满足、锲而不舍的进取之心，把握时代脉搏，努力开创更灿烂的明天。

福建省捷龙模具压铸有限公司

福建省捷龙模具压铸有限公司，创建于1998年6月，地处福鼎市山前街道铁塘工业小区，占地面积5600平方米，建筑面积6000平方米，现有员工119人，是一批品质优秀及经验丰富的模具技术骨干，其中专业设计人员10人，管理人员21人，系专业从事各类精度模具开发设计、制造及压铸件生产的现代化制造型企业。

公司装备了具有世界先进水平的计算机设计及分析软件，在2006年8月通过ISO/TS169149的质量管理认证体系，拥有进口CNC加工中心、中走丝线切割、高精度电火花及相配套的合模机、各类通用加工机床和三坐标的专业检测设备，还拥有300吨至800吨压铸机共17台，年产模具200付，压铸产品780万件。

公司质量方针是：以人为本、以质创优、管理增效、服务至周。公司加大质量检测设备的投入，充分利用检测器，严格执行质量管理标准，对所有的产品进行严格控制和检验。几年来，长期为美国特赛业公司、日本TK公司、三汽东风乘用车有限公

福建省捷龙模具压铸有限公司（山前办事处 供图）

司和苏州中成公司等企业提供模具、压铸产品和模具开发制造服务。

公司的精神是"追求卓越、诚信敬业。持续创新、开拓进取",在未来发展中,将继续坚持"优质的服务、合理的价格、诚信于人"的原则,让客户满意,共谋发展、共创未来。

福鼎市中联机械部件有限公司

福鼎市中联机械部件有限公司创建于1998年,属股份制企业,位于山前街道铁塘工业集中加工区,固定资产1800多万,厂区占地面积5000平方米,建筑面积6500平方米,专业设计、开发和制造各种中小型精密、复杂的压铸模企业之一。现有员工58人,拥有包括压铸模具高级工程师在内的设计、工程技术人员11人,约占公司人员的19%,员工结构较为合理。

公司主要产品是汽车、摩托车及仪表上的零部件,擅长化油器模具的设计和制造及压铸,于2010年底通过ISO9001质量体系认证。目前,公司已为日本NIKKI(沈阳日新)、日本K牌(福建友力)、美国WALBRO(福建华龙)、浙江精湛、浙江吉利、浙江天信、浙江仪表等国内汽摩化油器、通用机、电喷阀体及仪表知名企业配套模具。拥有进口的三坐标测量仪1台,进口的加工中心数台,进口的精密磨床数台,高精度内外圆磨1台,日本沙迪克慢走丝1台,数控车床1台,其他的通用模具制造设备如电火花、穿孔机、线切割、车床、铣床、磨床、摇臂钻床等若干台,还拥有包括金属材料金相分析仪、金属探伤机、冲击实验机、铝料直读光谱仪、铝料硬度仪、X光探伤仪、拉力实验机及模流分析软件等从模具制造到试模样件各个环节的检测设备。

公司模具制造设备仍在不断更新中,目标是模具设计和制造近两年内达到国内领先水平,大力引进模具设计和制造方面的技术人员和技术工人,缩小同国外的模具设计和制造水平的差距。公司本着"质量第一、顾客满意、持续改进、追求卓越"这十六字质量方针,秉承"致专、致精,用户至上,实现共赢"的理念,一如既往地制造更好的模具,提供更好的服务。

福鼎市建兴机车部件有限公司

福鼎市建兴机车部件有限公司(原福鼎市建兴塑胶制品有限公司)创建于1998年,位于福鼎市山前街道铁塘工业小区,注册资本600万元。公司用地面积4.07亩,建筑面积为5000平方米,车间员工70人,专业技术人才9人。

公司专业生产各类汽摩、通用机械、缝纫机配件,精密塑胶件和精密金属件等,同时对外开发生产各种精密锌、铝铸模具，主要产品有铜件系列、铝件系列、塑料件系列等。

公司现拥有各类国内外先进的加工设备和精密检测设备，严格按照 ISO9001：2000 标准认证管理体系生产，并取得了认证。公司本着精心管理、精细操作、持续改进、不断创新的企业理念服务于广大客户。

福鼎市安达汽车配件有限公司

福鼎市安达汽车配件有限公司，位于山前铁塘工业区，创办于 2003 年，厂区占地面积 6000 平方米，厂房建筑面积 5600 平方米，员工 80 多人，固定资产 2500 万元。公司主要生产油锯、割草机、切割机、植树机、绿篱机、草坪机、喷粉机、喷雾机、弥雾机、灭火机、切割机、航模、无人机等小型汽油机系列化油器。公司拥有国内外先进加工和检测设备，年生产化油器 200 多万台。

公司严格按照 ISO9001 标准，坚持"以质为本，顾客满意，追求卓越，创造一流"的质量方针，打造上乘品质的产品，不断满足客户要求。经过多年努力，产品远销国内外，百分之百与主机厂配套。2005 年"安霸"商标被宁德市认定为宁德市知名商标。公司注重研发投入，瞄准行业先进技术和管理经验，生产性价比高、实用性好、节能减排的产品，争取创造高效益，为员工谋福利，为社会多做贡献。

福建天盛油脂科技有限公司

福建天盛油脂科技有限公司是福鼎市人民政府 2003 年在温州市招商引资引进的一家专业生产脂肪酸与洗涤剂厂家。公司成立于 2004 年，股份制企业。其前身是温州市大型化工企业温州天盛企业集团公司的子公司——温州天盛油脂化工有限公司。

脂肪酸制造业创建于 1942 年，由温州清明化工厂和温州肥皂厂延传下来，具有 80 多年的生产历史。建厂初期，是家庭作坊型，设备简易，技术缺乏，产品单一，生产简单，产量低。在党的改革开放政策和当地政府大力扶持下，公司以市场为导向，坚持以"质量求生存、科技求发展、诚信引客户"经营理念，抓住机遇不断创新，开发市场，拓展生产规模。2021 年企业固定资产约 2200 万元，与 2005 年相比翻了 11 倍，职工人数 70 人。

为适应市场竞争，这十年多来公司投入大量资金进行技术改造和开发新产品。现有一套先进的蒸馏设备和压榨设备，专业生产"钻石"牌脂肪酸等系列产品，荣获浙江省部优产品等荣誉称号。产品曾远销到东南亚国家起，享有一定的声誉。

在营销中公司采取了区域总经销打"品牌"效应的经营策略，在各省设立了销售

福建天盛油脂科技有限公司（山前办事处 供图）

网络。从2004年起，每年销售量递增速度较快。

回顾福建天盛油脂科技有限公司发展历程，大体上分两个阶段：

第一阶段，2000—2003年稳定发展。改制后，组建温州天盛油脂化工有限公司，坐落在温州市高田路137号。随着温州市城市建设的逐渐扩大，该地段成为市区中心地段，周围为商业住宅区地带。

第二阶段，2004年以后，进入规模发展。企业整体搬迁至福鼎市，更名为福建天盛油脂科技有限公司。公司占地面积32亩，厂房建筑面积近8000平方米，隶属于福鼎市经贸局，企业法人代表叶正胜。2005年公司人员60人，有工程技术人员7人，招福鼎下岗职工近20人，这一年是迁建投产的第一年，是对搬迁后新公司的生产安全、生产工艺、设备能力、产品质量、原材料的供应、产品销售、环保、人员安排与管理等的完善。随着企业规模的扩大，生产技术和生产工艺日趋成熟，经技改后，采用先进的生产设备和工艺技术，生产效率明显提高，达到国内同行领先水平。原先产品单一，现已开发了一系列新产品，能更好地适应市场需要。2021年1月至10月企业工业总产值达4970万元，与2005年相比增长了3.5倍。现企业法人代表黄加军，公司人员70人，其中福鼎籍职工占75%以上。公司组建机构健全，系统运作已能适应市场发展的需要。

公司自创办以来，坚持"团结创新，诚实经营"的原则，得到各级政府的大力支持，得以稳步、健康的发展。公司作为第一批从温州引进的重点投资建设项目，2006

年度被福鼎市人民政府授予"先进单位",2007年度福鼎市人民政府山前党工委授予"先进党组织""先进党支部", 2008年度被福鼎市人民政府授予"纳税大户",2010—2015年度连续5年被中共福鼎市委、福鼎市人民政府授予"明星企业",2010年度被宁德市和谐企业创建工作领导小组授予"和谐企业",2011年度被中共福鼎市委、福鼎市人民政府授予"功勋企业",2011年度被定纳税信用等级A级纳税人,2017—2018年度全国油脂行业"最受欢迎品牌"十佳企业。

一个知名品牌往往让人联想到品牌背后所拥有的上层品质和优良的信誉,在一定程度上说代表一个企业的良好形象。公司主要使用"钻石"牌注册商标,在生产经营中先后注册了"幸福""增产"牌等商标。

福鼎市圣龙汽车摩托车附件厂

福鼎市圣龙汽车摩托车附件厂创办于2005年4月22日,位于山前街道铁塘工业区,总投资2000万元,占地面积4.99亩,建筑面积6500平方米,员工45人。

公司拥有加工中心、动力头、激光自动检测仪、综合流量测试台、怠速负压测试台、测功机、精密流量测试仪、空气泄漏测试仪、万能工具显微镜、数显显微维氏硬度计、数显弹簧拉压试验机、盐雾试验机等先进加工和检测设备,严格按照ISO9001标准组织生产优质产品,主要生产汽车摩托车等小型汽油机系列化油器,产品质量在行业内受好评,百分之百与主机厂配套。

公司始终坚持"以质为本,顾客满意,追求卓越,创造一流"的质量方针,严格按照国家安全、环保等法律法规及质量标准的要求开展工作,努力打造上乘品质的产品,不断满足客户新的需求。

福鼎市光大通用机械有限公司

福鼎市光大通用机械有限公司创立于2006年,落户于山前铁塘工业园区,拥有固定资产3000多万元,用地面积3.39亩,有4000多平方米的标准生产厂房,员工70余人,是集研发、制造、销售、服务于一体的通用汽油机化油器的生产企业。

公司经过多年的专业技术累积,先后引进日本、美国的精密加工设备和检测设备,通过了ISO9001：2008质量管理体系认证,产品质量的稳定性已得到行业各大主机厂的认可,深受海内外用户的青睐。公司在同国内各主机厂配套的同时,加大网络销售的投入,开通了阿里巴巴诚信通网络平台和阿里巴巴国际站平台,大力推广自身品牌,增加国内外同行的认识度,不断开拓国内国际两个市场。

公司本着"敬业、务实、创新、自强"的宗旨,努力打造企业辉煌前程。现为中国内燃机工业协会小型汽油机分会的会员单位，曾荣获福建省"诚信经营先进单位"的荣誉称号。

福建柏艺丰软包装有限公司

福建柏艺丰软包装有限公司，成立于2006年12月22日，前身是温州南方软包装有限公司，因发展需要搬迁到福鼎市。公司现坐落于福鼎市山前铁塘工业区永康路5巷15号，注册资金600万元，固定资产1100万元，占地面积2万平方米，建筑面积约1.38万平方米，现员工60多人（其中管理人员10人，高级技工和专业人员15人），公司董事长谢昌盛（宁德市印刷协会副会长）。

公司专业生产多层真空镀铝、高温蒸煮铝箔、异型袋及多功能高阻隔等高新技术彩印复合食品包装膜，采用无污染原材料，着力研发绿色环保软包装产品。

2013年，公司被宁德市广电总局评为第三批文化产业示范基地，被福鼎市评为安全生产标准化三级企业。2017年，公司通过了ISO45001：2018职业健康安全管理体系、ISO14001：2015环境管理体系、ISO9001：2015质量管理体系等认证。

公司以"秉持领先技术，倡导行业规范，标志上乘品质，推动工业文明"为企业宗旨，追求卓越品质，营销网络遍布全国各省、市、地区市县等区域。努力满足新老客户的需求。

柏艺丰软包装有限公司（山前办事处 供图）

福鼎市鸿辉机车部件有限公司

福鼎市鸿辉机车部件有限公司坐落于福鼎市铁塘里工业区B-5，从事铜、铁、铝等合金零配件生产、加工以及销售已有28年有余。公司虽然是在2008年6月正式注册成立，但是在注册前已经经过了数十年的摸索。

1993年，福安市赛岐镇中一处民房中，两台设备以及一个埋头苦干的人——陈旺，这便是福鼎市鸿辉机车部件有限公司的前身。经过长达5年的摸索，陈旺及其伙伴逐渐掌握了自动车床的调试、生产技术，而后于1998年搬迁至福鼎市，租赁于原福鼎皮革厂区内进行生产。在1998—2010年间，随着规模的不断扩大，公司不断改换租赁场所，由原先的皮革厂迁至山前街道程家洞，而后迁至铁塘里工业，租赁于华强公司的左侧厂房，并于当年注册成立福鼎市鸿辉机车部件有限公司。随着规模的不断扩大，租赁厂房已经不能满足日益增长的生产需求，公司于2008年购下铁塘里工业区B-5地块，并于2009年通过各项审批后动工，于2010年12月完成厂房的竣工以及验收，2011年正式搬入自己的厂房。不断拓长的市场，使公司意识到人工已经无法满足如此大的需求量，便开始寻求在自动化上的突破。经过不断尝试以及研究，公司从原有的几十台自动加工设备，到现在已经拥有将近300台自动生产及自动加工设备，在产能上拥有极大的进步。

福鼎工业大事记（1891—1949）

清代

1891（光绪十七年）

迁居桐山的泉州人丁金恩在城关街头顶四角井开设"丁泉泰"酿酒厂，从业4—5人，年产销各种酒计1000多缸（每缸60—80市斤），主要有黄酒、白酒、炖酒及熟酒（老酒）。其后丁金恩儿子丁汉义子承父业，继续经营至1956年公私合营。

1897（光绪二十三年）

桐山人氏洪承删与人合伙在桐山街头顶开设米粉作坊。翌年，洪承删自己开设"洪合春"米粉坊，雇工2人，日产米粉500市斤。生意延至1956年公私合营。

1900（光绪二十六年）

经三都澳输出的烟丝达400吨，福鼎成为省烟叶主产区。（缪品枚《宁德史话》）

民国

1912年

桐山徐春和在今桐山农资公司大楼（后街）边开办酱园店，从业人员4—5人，主要生产豆制品。

1913年

桐山马阿五开办"马怡记"酱园店，伙计3—5人，生意跨6—7个县，远销上海等地，年产酱油500多缸（每缸700市斤），时规模域内为最。生意延至福鼎解放。

1915年

桐山河乾头张厝里张秉祚兴办"文新石印局"，时为福宁府唯一私办石印印刷业。此后，还有潘宗銮的"福新印刷局"、陈青云的"德民印刷局"、陈阿载的"文成堂"等大小不一的印刷局（店）陆续成立。其中，张、潘两家印刷局延至1956年公私合营。

1919 年

桐山城里吴明远在街头顶三角埕开设"铸锅店",从业人员 2—3 人,直至 1956 年公私合营。

1926 年

桐山钱布庄老板钱坤甫与蔡鼎新、杨阿宗合股,在仓头里(原老酒厂处),用船用蒸汽机带动石砻进行碾米加工,是闽东最早采用机器取代传统方法的碾米厂。

桐山施得穗承父业在南门外开办"信春阳"饼店,伙计 2—3 人,生意延至 1956 年公私合营。

1930 年

桐山林志安、谢树仁合股在小西关(今桐北小学附近)开办以 16 匹马力柴油机带动铁制砻绞的碾米厂,夜间兼发电照明。

1934 年

桐山王正文开办"黄合和"酱园店,从业者 4—5 人,年产销酱油 300—400 缸。

桐山马俊昌在今北市场处创办"马华记"酱园店,其规模和"黄合和"酱园店相当。

1937 年

桐山寮赖设有"新成发皮坊"。之后,陆续有温培旺皮坊、街头顶的"顶太记皮坊"、西门洋尾皮坊等,为后来福鼎皮业生产的发展打下了基础。

1938 年

由桐城经营脚碓的方第古与碾米厂司机饶道枝、彭鼎其合股,在山前碧石潭制作能同时带动 18 寸石砻和头号清水铰的水力机,为福鼎最早。

1939 年

7 月 18 日,召开成立裁缝业职业工会大会,会员 180 多人。

1941 年

成立县铁匠业同业工会,到 1943 年,全县铁匠业、铁业、铁钉业、机业工会会员发展到 142 人。

1942 年

成立县饼业同业公会,时城关、前岐两个镇饼业有 21 户。

桐山林鹤信兄弟创办卷烟厂,生产"白鹤牌"香烟,和其他厂家生产"大新"等牌号卷烟销售中国台湾、东南亚。之后,有颜厝"颜和盛"的制茶、卷烟店等数家作坊。

1947 年

桐山黄吾和、黄正文在街头顶黄正文厝后门合股开办"苏苏织布厂",从业者 10 人,规模较大。

桐山吴永成等人在今桐北教堂里开设印染店，从业人员 3—5 人，主要为染布，延至 1956 年公私合营。

1948 年

鲁丽生、方东合股在现北市场处成立"桐华"面粉厂，兼发电，后易名"鼎光电灯厂"，开创了福鼎电力工业的雏形，延至 1956 年公私合营。

桐山张如准在福昌对面开设修配店，拥有手摇皮带车床，加工农器件，从业 3—4 人，延至 1956 年公私合营。

1941 年

福鼎县成立铁匠业同业工会。

1949 年

桐山李次山在谢厝里开设"铁工厂"，主要为铸件设备，伙计 5—6 人，延至 1956 年公私合营。

6 月 23 日，裁缝手工业者颜承先等人发起组织裁缝业工会。7 月 18 日，在县党部召开成立裁缝业职业工会大会，会员 180 多人。

（本文摘编自 2011 年版《福鼎市工业志》）

桐山街市史话

◎ 刘寿沂

明嘉靖四十一年（1562），西园高姓族人，兴筑桐山堡，当时居民在2000人左右。清康熙八年（1669），巡检纪善从管阳沈青移巡检司于桐山。乾隆四年（1739），福鼎建县，扩堡为城。清初至民国的200多年间，桐山集市贸易，北盛南衰，主要与地理条件有关；因北门在浙江泰顺、平阳途经处。福鼎与温州地区贸易源远流长，商旅往返频繁，鱼、米、酱园、南北杂货、棉布等行业，较集中地设铺于北门街，晌午前街道人流拥挤，商旅很多，甚为热闹，而城里、南门则显得冷落。

桐山街道原为鹅卵石铺砌，宽1.5米。两旁店铺为遮阳避雨，用毛竹搭棚，盖上竹簟，日盖夜开，故有白日"不见天"之称。

清嘉庆十一年（1806），桐山有四大街：大街，北自承恩门，南抵迎薰门；小南门街，自和旸门西北折抵大街；衙前街，东至小南门街，西至大街；西街，自庆城门至大街。中华人民共和国成立后，桐山人民沿以上三条大街建盖大量店铺住宅，逐步形成完整的桐山集镇。有两条小街：南关外街、北关外街。

北门街最闹市一段，鱼行较多，俗称鱼行街。城里，南门街道狭窄，并很少搭盖，既不潮湿，又无鱼臭，略显清净整齐。

1938年桐山旧城墙拆除，遗址辟为环城路，为新街、后街。集市交易亦逊北门。

1947年，福鼎县政府下令拓宽街道。初始，计划路面为12米，后因财力拮据，改定8米，至1948年3月竣工。拆建扩宽后，自七星墩至茶厂，建一条较直的五里街，路面用水泥灌制。原北门街铺户拆去竹棚搭盖。街道两旁商户尽力装饰店面，市容较整齐美观。

20世纪80年代初，县委筹建龙山开发区，建成居民干部的住宅区。另开一条龙山大街，自春牛亭直通福鼎一中。

1984年，南后街菜园里筹建闽东大市场之一的福鼎县中心市场。占地面积1206平方米，建筑面积8900平方米，实用面积10174平方米。主楼一层固定摊位828个，二层固定摊位250个，天井搭盖内，固定、临时流动摊位350个。市场总投资208万元，上市日均人流量达万余人次，商品成交额最高日达18万余元。

北门兜（原城墙旧址，后为环城路）设有猪仔市场。街头顶赖寮亦建一座固定性的街头市场。中山路南端的原北市场，改为水果批发市场。

1989年，新街自小南门至龙山大桥一段，由原有的12米拓宽为24米。原小南门（和旸门）通往城外的大片开阔地，现在也建成一条宽广的街道，旧街接新街直达车站，并延伸至流美下渡馆。至此，小南门反变成桐山城交通要津，繁华闹区。

南门靠近城郊海口，小海产品由南门入城，进中心市场。

1988年，后街（原环城路）开辟一条服装专卖街。炎夏晚上，男男女女挑选时装，热闹非凡。

1992年，原五里街再度拓宽成12米宽大街，店面全部改建成四层和五层建筑，气派雄壮。此后，集市贸易南移，北盛南衰历史从此结束。

20世纪90年代桐山街景（夏念长 摄）

（本文摘编自《福鼎文史资料》第11辑）

久享盛誉的福昌布店

✎ 方　东

福昌布店创建于1896年，店址在桐山城内，是福鼎县解放前规模最大的私营商业企业，拥有十多万银圆的资金，以货真价实驰名全县，信誉卓著。

福昌布店创始人温敬修，原籍浙江吴兴县（现为湖州市）。清咸丰末年，洪扬揭竿起义，下湘鄂，取金陵，苏浙连年兵燹，温敬修挈眷来到福鼎。开始，经营货郎担串乡走户，小有积累。继而摆设杂货摊，发展为夫妻店，成小康之家。其子温唐卿，为人豁达大度，喜交游，结识颇广，继承父业，重视商德，恪守信誉，与江浙绸布批发商建立牢固的往来关系，如湖州绸缎庄、上海金源新布庄、温州金三益布店等均给予先进货后结算的优惠待遇。当时深受广大农民喜爱的南通筒布、八丈标粗布等在很长一段时间内，由福昌独家经营。由于货源充裕，声誉卓著，事业蒸蒸日上，在同业中独占鳌头，资金雄甲一城。

福昌虽是偏远县份的小型资本主义企业，但其经营管理之完善，颇足称许。时至今日，还有不少措施，值得借鉴。

福昌店内的劳资双方关系协调。职工们同心协力，爱店如家，数十年如一日，从无重大分歧，其主要原因是采取经理负责制。在店工作的子女，不许干预经营管理事务。受聘为经理的，委以业务大权，充分调动其管理才能，沟通劳资双方。用人唯贤，既用不疑。担任经理的先有温香泉，后有叶咏言。

三共同。劳资双方同吃同住同劳动，生活在一起，工作在一起，店东子女不许特殊。

两照顾。职工病、事假，一律照发工资。所有职工，规定隔年一次探亲假，时间两三个月至半年不等，工资照发，不管路程远近，路费全由店内列支。

店在人在。一经录用，终身供职，除非自动离开，绝不中途辞退，信守不渝。

福利从优。店中伙计，半为湖州同乡，供其膳宿。所有职工理发、抽烟费用也由店里列支，规定自农历十二月十六日（尾牙）起至正月底止晚餐供酒，但平时自费沽饮亦所不许，防杜误事。除固定工资外，年终还根据经营情况酌发奖金（红包），以资鼓励。

这些做法，在旧社会来说，无疑都是比较开明的，广泛调动了职工的积极性，自觉地为企业经营献策出力。

与福利制度并行的还有一整套管理制度，借以保持企业信誉，促进企业的稳定发展。

货真价实，童叟无欺。温唐卿在世之日，曾书"货真价实"金字匾额悬之店堂。所有货物，明码标价，亲友不让，老少不欺。在旧社会，这就难能可贵。农民上街购物，最怕上当受骗，福昌这间店铺，叫小孩去买也可以放心，所以誉满全县，久享盛名。

热情待客，顾客至上。店规规定，所有店员站柜台，必须面向街道，坐时要正襟危坐，见有顾客，马上起身招呼，老顾主还得敬烟待茶。服务要耐心，百问不厌，绝不许怠慢顾客。

遵守时间，不许擅离岗位。营业时间，不得走出阶前，打烊以后或上班之前，严禁外出嫖赌和嬉游，杜绝一切漏洞，避免沾染恶习。

和睦同行，扶持小商。福昌业主给人的印象是敦厚诚实，对同行和睦相处，耐心忍让，从未发生纠纷。街对户陈某也经营布匹，起初和福昌约法三章，他专营棉布，福昌专营绸缎，互不争占市场，亲友劝福昌兼营棉布，福昌信守诺言，不增品种。而陈某却中途背盟，兼营绸缎，福昌还耐心等待一段时间才着手兼营棉布，并由兼营转为主营。这时陈某才感到损人害己，悔之莫及。对于农村集镇的小布店，凡是信用可靠的，福昌都尽量给予支持照顾，从而在同业中树立了信誉。

福昌就依靠这套制度，保障了店里的安全，从未发生贪污盗窃事件，全店所有职工，生活都很严肃，业余时间很多店员上图书馆借书阅读，成为图书馆的常客，由于作风正派还受到群众的普遍尊敬。

福昌业主是外地人，在本县一无亲友，二无靠山，孤军作战，处处谨小慎微，以谦虚敦厚，深受社会赞扬，并没有受到歧视。但在旧社会，政治上的压抑，经济上的掠夺，仍然在所难免。苛捐杂税之外，临时摊派多如牛毛，福昌业主只能逆来顺受，勉力支应。不料大劫难逃，1945年日寇过境一番洗劫，几至一蹶不振。

占领福州日军奉命北撤，过境前夕国民党政府通知疏散，兵荒马乱，运输工具及雇工都有困难。福昌本身有几十担存货，而前此温州商人鲁仲泉（原籍福鼎）也曾为疏散运来五十多担货物，委托福昌代为保管和转移，福昌先人后己，先运走寄存部分，而让自己的堆放暗仓。日寇迫境后多续运不及，惨遭洗劫，损失近十万银圆。国民党还传讯业主，要治以玩忽资敌之罪，福昌既受沉重经济损失，又遭政治陷害，真是雪上加霜，惨不可言。

遭受洗劫之后，福昌所余资产十不及一，幸赖温州关系户的大力支持，勉强维持门面。抗战胜利后，原谓可以生息复苏，孰料国民党又发动内战，重置人民于水深火热之中。反动政府进一步搜刮民脂民膏,加以硬性压价及滥发纸币,导致通货膨胀,农村沦于破产,福昌只能勉强支撑,苟延残喘。待到本县解放,重见天日之时,店内资金已濒枯竭,与鼎盛时期相比,仅剩百之二三矣。

  1949年后,在党扶植私营工商业政策的指引下,福昌布店幸获新生,并过渡为国营企业的一部分,福昌业主经过自我改造,成为自食其力的劳动者,并在工商行政部门任职。

(本文摘编自《福鼎文史资料》第5辑)

福鼎福同钱庄的前前后后

谢兴国

20世纪20年代的福建政局和金融状况

20世纪20年代福建政局处于地方武力纷争割据的局面下，如闽南的陈国辉、张雄南，闽西的钟绍葵、卢新铭，闽北的卢兴邦、卢兴荣，闽江下游沿岸的钱玉光，闽东地区则完全为海军陆战队所控制，省政府命令不能越雷池一步，只局限于福州一隅。由于各地区皆各自巧立名目，横征暴敛，甚至对国家规定的正式赋税如田赋、关税均任意截留，不予上缴。因此，造成整个财政的极端紊乱，尤其金融币方面，更是五花八门、杂乱不堪。

当时在福建全域行使的货币，是以硬通货为主，亦称硬币（即银圆），中国银行发行的纸币，也同时在民间行使。辅币，就是毫洋（亦称"银角"）、铜圆两种。初时地方金融状况还算稳定，后来因为各个地区的军阀要进一步向人民榨取膏血，便在各自的势力范围内擅自设立银行，滥发纸币或毫洋之类，如闽南发行的中南银行钞票，面值是壹拾元，在福建几乎和中国银行钞票一样流通，有的地方甚至有过之而无不及；海军系统则在福州郊区洪山桥设立铸币厂，大量铸造毫洋（通称"12年角"），在福州和闽东地区普遍行使；此外，福州商人还利用他们在商业上的雄厚资本做幌子，竞相发行临时性的纸票（即所谓"台优"，也叫"白条"）在市场上作为现金流通，该票通常因商业失败而随之倒闭，对群众造成的损失实难以计算。

福同钱庄出现前的福鼎金融面貌

福鼎地处福建的东部，与浙江的平阳、奉顺毗连，1949年以前，除沿海有船运可通福州、温州和上海外，内陆没有公路，一切商旅来往，依靠肩挑贩运，可称闭塞至极。地方外销产品以茶叶、黄烟为主要收入外，其他如粮食、海产品等，仅足自给，有时还需向外调进。因此，地方金融尚属平稳。民间通用的货币，基本上以硬币为主，纸币次之。但有部分产茶地区如白琳、磻溪等处，在每年茶叶上场季节，为了便利向农村零星茶户收购茶青，和发放厂内拣茶工人的工资起见，除毫洋、铜板外，间有由若干殷实茶商如广东帮之金泰、广泰，本地帮之双春隆、同和春、恒丰太等也临时发行一种变相的辅币券——钱票，面值有壹角、伍分，作为补救解决毫洋、铜板等大量供应不继的问题。此种钱票，一到茶叶收场阶段，即由原发商号陆续收兑注废，从无发生倒账或挤兑等现象。

福同钱庄的出现及其活动

直到1928年间，霞浦人方琥、佘岸及福鼎人施得兰、施介生等相勾结，企图在福鼎设立钱庄，印发钞票，意在搜刮和套取民间游资，方琥、佘岸及原系霞浦福同钱庄的创办人兼经理，当时密谋结果，决定在福鼎成立福同裕记钱庄，资金预定拾万元，由施介生等出面招股参加，当于同年冬筹备成立，设钱庄于环城路原宜春当铺旧址。该钱庄当时并未依法呈报批准，只是偷偷向福鼎县政府商得同意后，就擅自锣鼓登场，计当时发行辅币券五角、二角、一角3种，发行总额无法查考，据估计总数在拾万元以上。银行储备，原计划由股金充抵，经调查当时关于股东股金问题，确曾收集过一部分，但不久均被原股东投资人间接或直接陆续抽回，以致倒闭时封仓查账，库室如洗。

福同钱庄开业后不久，由于一部分股东负责人利用钱庄头寸，进行粮食投机，向市场大量套购囤积粮食，一部分人则向农村和城市平民采取放贷方式，进行高利贷盘剥，因而引起群众的不满。当时在霞浦留学的部分学生开始反抗活动，利用福鼎留霞学会名义揭发该钱庄的种种非法行为，并向国民党中央财政部、福建省政府、财政厅指控，请求给予取缔。历时8个多月，经反复奔走呼号，并利用暑假机会推派学生代表赴福州请愿，结果终获省财政厅批准，指令该钱庄即日停止营业，限期清兑。可是，该钱庄在奉令后，还明知故抗，迟不遵办。至此，留霞学会乃罗列该钱庄滥发纸币、套购粮食、进行高剩贷盘剥、破坏国家金融政策、造成社会经济危机等十条罪迹，并附同省财政厅勒令福同裕记钱庄限期停业的指令全文，印成传单，于1930年6月间连夜派人携带传单赶回福鼎散发，结果全县哗然，一日之间，由县城关开始波及各乡镇群众不下万余人，都纷纷持券询该钱庄挤兑，自晨至暮，把钱庄围得水泄不通，终以现金告罄无法应兑，而宣告倒闭了。该钱庄倒闭后，还由地方社团出面成立善后机构，负责督促该钱庄处理废票问题，当时经债权人持券主动向清理处登记废票数额达三万多元，后按三成折贴，其余未经申请登记的就以不了了之而告终。

（本文摘编自《福鼎文史资料》第1辑）

"文革"前的福鼎县工商联

◎ 温鼎铭 温碧如

筹建与发展

1949年6月,福鼎解放,旧商会解体。县人民政府成立伊始,工、农、青、妇相继成立了组织。工商界人士热切冀望建立机构,维护自身合法权益。1951年初,工商界代表人士上书反映,得到县长荆利九的赞同并指定民运干部潘令同志指导筹建工作。3月,由工商业者温鼎铭草拟《告工商界同胞书》,并由温鼎铭、鲁丽生等联名倡议筹建工商业联合会。5月,召开了县第一次工商界代表会议,研讨筹建事宜。8月1日,召开第二次县工商界代表会议,选举温鼎铭、鲁丽生、李海、陈传茂、梁学信、江祥首、卓朝礼、雷丰年、洪宇光、杨秉楠、杨仕汉、李培华、周忠富、叶树桑、王孝钺、蔡祖耀、丁昌海、张慎贤、温碧如、纪学英、李若甫等21人为筹备委员,并由筹委会选举温鼎铭为主任委员,鲁丽生为副主任委员,聘请方东为秘书。

1952年9月,在县委统战部领导下召开县第三次工商界代表会议,改组筹委会。出席会议的有国营企业和供销合作社的代表,选出由各种经济成分组成的23人为执行委员会,并由执行委员会选出温鼎铭、陈诸玉、温碧如、李海等13人为常务委员,温鼎铭连任主任委员,陈诸玉、温碧如选为副主任委员,王德钰为秘书。10月,温鼎铭调任县各界人民代表会议常务委员会驻会委员,由温碧如副主委主持县工商联筹委会日常工作。

1953年8月,召开县工商联首届一次会员代表大会,正式成立县工商业联合会,纪天声、温碧如、陆锐颐、李竹英等23人当选为执行委员,陆锐颐、温碧如为副主任委员。纪天声、陆锐颐、温碧如、李海等13人当选常务委员。常务委员会选举纪天声为主任委员,陆锐颐、温碧如为副主任委员,李竹英任秘书。

1954—1956年相继召开第二、三、四届会员代表大会,执委、常委只作个别调整,正副主委连选连任,由蔡国铭担任秘书。

1958年召开县工商联第五届会员代表大会,选举纪天声、鲁丽生、李海等21人为执行委员,纪天声、李海、蔡国铭等13人为常务委员,纪天声为主任委员,鲁丽生、李培荣为副主任委员，蔡国铭任秘书。

1966年8月，"四清"运动开始，12月下旬"四清"工作组撤离，纪天声主委病故。随着"文革"全面展开，工商联机构瘫痪，组织解体，工作人员星散。

县工商联筹建伊始，因旧商会被县邮电局占用，无固定会址，几经迁徙，直至1954年购置私人房产，经修葺后作为永久性会址。

县工商联内设组织、宣教、业务、财会四个股，各配备股长一人，干事若干人，在正副主委和秘书领导下进行日常工作。

点头、白琳、秦屿、店下、沙埕、前岐6个集镇设立办事处，作为县工商联的派出机构。办事处各设立主任1人，干事1人。磻溪、硖门、西阳、水北溪等处设立工商组，没有配备脱产干部，分别由白琳、秦屿办事处和县工商联兼管。

县工商联成立后的十多年中，在党和政府的领导下，工作重点始终放在宣教工作上。在筹建阶段，着重宣传贯彻共同纲领，教育广大会员爱国守法，搞好生产和经营，为恢复国民经济发挥应有作用。1953年以后，在党的过渡时期总路线的光辉照耀下，围绕"一化三改"这个中心，以党中央制定的社会主义建设远景规划为动力，进行思想改造与企业改造相结合，教育会员以企业为基地，自觉接受社会主义改造，全心全意跟党走，为建设社会主义作贡献。在政治教育和文化教育的基础上，提高了会员素质，培养了骨干队伍。同业公会与同业小组的基层骨干，带领广大会员参与各项运动，如支援抗美援朝，捐献了6亿余元（旧币）；国家首次发行公债券，踊跃认购达3.85亿元（旧币）；成立护税小组，协助税务部门做好管征工作等等。

基层行业组织概况

1951年县人民政府组织桐山镇工商登记工作组，对城关（包括郊区）各行业进行全面整顿登记。县工商联在此基础上，按不同行业类别划分为工业、商业、手工业、摊贩等组织若干同业公会和同业小组。

工业有电厂、碾米、化工（茶精）。

商业有棉布、百货、水产、米业、酒业、国药、南货、肥皂、烟丝、客栈、食盐、屠宰等。

手工业有文具、皮革、制鞋、竹器、木器、弹棉、缝纫、染坊、雨伞、铸鼎、铁器、五金、酱鲚、糕饼、榨油、理发等。1954年前后，各手工业陆续划归手工业联社领导走合作化道路，并由手工业联社作为团体会员参加工商联。

摊贩有饮食、小百货、豆腐、烟杂、日杂、小海、蔬菜等。后来为便于管理，在工商联领导下，专门成立了"摊贩委员会"作为团体会员参加工商联。

各集镇办事处根据县联行业划分情况，也有了相应基层组织。

全县私营工商业的发展情况

全县私营工商业据1951年调查统计，共有工业16家，从业人员144人（其中工人118人），资金4.3853亿元（按旧币计，下同），营业额为10.4283亿元。手工业707家，从业人员1264人（其中工人319人），资金19.5557亿元，营业额89.9362亿元。商业（包括摊贩）920家，从业人员1628人（其中工人423人），资金34.9236亿元，营业额260.8544亿元。总计全县工商户1643户，从业人员3036人（其中工人860人），资金58.8646亿元，营业额361.2189亿元。

1953年统计，工业仍为16家，从业人员141人（其中工人109人），资金6.3876亿元，营业额15.67亿元，手工业689家，从业人员1460人（其中工人278人），资金19.4524亿元，营业额130.4593亿元。商业854家，从业人员1475人（其中工人304人），资金25.479亿元，营业额319.811亿元。全县私营工商企业总计1559家，从业人员3076人（其中工人691人），资金51.319亿元，营业额465.4277亿元。从上列数据看，充分说明党和人民政府通过银行大力支持私营工商业等一系列方针政策和先后召开省内外城乡物资交流大会等措施，促进了市场的活跃繁荣，激发了私营工商业者的经营积极性，从而出现了前所未有的崭新局面。前后对比，变化最为突出的是在企业户数、从业人数基本稳定，资金总额通过"五反"补税略有降低的情况下，营业总额却上升了68%。

对资本主义工商业的改造政策深得人心，倍受拥戴，赢得了丰硕成果。除手工业提前组织起来走合作化道路外，于1956年全国迎来了轰轰烈烈资本主义的社会主义改造高潮，全县私营工商企业都以一步登天、公私合营、经销代销、合作商店等形式转化，通过清产核资定股定息的赎买政策，变为全民经济和集体经济。原工商业者成为国营企业职工，由剥削者转化为自食其力的劳动者。35位行业骨干都得到适当安排，成为国家干部。

（本文摘编自《福鼎文史资料》第13辑）

福鼎县百货公司

狄 民

一

20世纪50年代以前，福鼎县所需百货多从浙江省温州购进，靠人工肩挑运输。申（上海）沙（埕）航线开通后亦有从上海购进，船运至沙埕港再转到城关。当时城关有10多家百货店，较大的是"虎华"与赖思齐百货店；农村向城关百货店批发，或由货郎担肩挑销售。

1949年，百货归贸易公司经营。1952年，福鼎县百货公司成立，负责经营县内的日用百货，进货渠道仍以温州为主。1955年对私营经济改造时，城关私营百货店10家，从业人员26人，组成百货公私合营商店，归属百货公司。百货公司成立后，机构下伸，分别在沙埕、秦屿、点头、前岐设立了4个批发商店。1956年，福州—福鼎分水关公路（属104国道）通车后，省内计划商品改由福州调运，计划外商品多从上海、温州进货。为节省人力、财力，防止商品倒流，经济区划仍归温州。1958年，针织品、文化用品两公司并入百货。1959—1961年国民经济困难时期，为满足市场供应，县百货公司从3个方面抓进货：一是抓计划物资调拨，派专人长驻福州、上海催调；二是抓计划外采购，派出大批采购员以"余缺调剂""互相支援""交流平衡"等办法到各地进货；三是抓地方产品收购，采取"供应原材料、收回产成品""签订合同供销产品"等方式组织地方货源。1962年，五金交电公司归并百货公司。1978年，县百货公司购进的地方产品品种达145种，价值达89万元，占当年总购进额的64.56%。其中，毛巾、人造革包、皮箱、皮鞋、布胶鞋、注塑凉鞋、纸品等78个品种做到县内自给或自给有余。同年，五金交电公司分出。1982年纺织品公司分出。此后，百货公司机构稳定，到1989年已是批零兼营的国营中型企业，公司下设百货、文化、小商品、钟表4个批发部和百货大楼、联营商场、溪西商店、秦屿商店以及一个装潢包装厂。

改革开放前，百货商品大部分属归口计划调拨，其中部分紧俏商品还实行发票凭证供应，因而限制了进货量和进货渠道。中共十一届三中全会后，国家实行改革开放政策，允许商业部门向外自由采购。为适应市场竞争新形势，县百货公司多方外出组织货源，进货渠道遍及全国各地，如手表采购，北到长春，南到广州，联营的工厂有15家，专业手表公司7家，跨省二级站7家，业务往来单位210家，购进经营的花色品种达110多种。随着市场经济的日益活跃，百货采购渠道不仅多，而且形式也发生变化，除了少量由采购员外出采购外，大部分商品则由批发单位或生产厂家直接送货上门。商品购进也呈逐年上升势头，1995年，仅县百货公司购进额就达1249万元。

二

1952年，县百货公司成立之始，经营的品种有3700多种，1959年利润总额22.41万元。而后一直到1961年，年利润降至3.62万元。1963年后开始回升，1965年利润总额10.58万元。1971年，百货公司改为批零合一单位，下设1个批发部、4个零售门市部。为提高销售额，公司采取"分级管理、统一核算、定额到柜、责任到人"的办法，对零售实行"六定"，定销量、资金、品种、毛利、损耗、人员；对批发实行"五定"，定库存、销售、品种、毛利、人员。1978年，又推行柜组核算制度，使全年零售额比上年增长24%，职工人均劳动生产率达7.4万元。

1980年，县百货公司进行核算改革，指标落实到柜（组），责任落实到人，计分评奖，促进了企业经营，全年人均劳动生产率达10万元，全公司上缴利润68.2万元，占年计划122%，比上年增加33.3%。批发实行商品分类分组交款，分纺织、针织、文化、大百货、小百货5个组。经过改革管理，销售额显著增加，如手表，因打破地区封锁，开展横向联系，1985年就批发销售18万只，金额达780万元，利润14万元，分别占当年商品批发额的40%与利润额的65%，销售面遍及全国9个省（区）100多个县（市）。涤棉布也是畅销商品，1988年仅1—2月就销出17万多米，比上年同期增长97.7%。1989年，县百货公司经营的商品达1.2万种，城关百货大楼当年销售额达469.57万元，利润14.01万元。期间，曾多次被评为宁德地区商业系统和宁德地区行署先进单位。1987年被福建省人民政府评为承包经营责任制先进单位，1985—1988年连续4年荣获福建省商业系统先进单位称号。

1992年，县百货公司为了适应经济形势发展需要，对经营、用工、价格、分配实行大胆改革，在零售部门推行联销计酬办法，将每个职工原工资的40%作为基础工资，60%参与浮动，上不封顶、下不保底；对批发部门则采取联利计酬、超利分成、减利赔偿；对行政人员实行成员定岗定责，鼓励其到生产一线，以大力促进销售、降低成本、提高企业经济效益。当年，县百货公司销售额达1606万元。

1995年，国家实行商业体制改革，县百货公司当年8月中旬组建闽东首家股份制企业——百货大楼有限公司，1996年，实现商品销售额达1261万元。具体做法：一是产权明晰，责权分明；二是建立劳动用工和分配制度；三是利润分配按同股同利、利益共享、风险共担的原则；四是建立领导体制和管理体制；五是建立新型经营模式。采取全员风险抵押，承包责任制，承包项目为：包销售额、包上缴利润基数。柜组以平等抵押、同利共风险，承包人员按承包的全年利润的一定额度付出抵押金，同时按照移交的库存商品的总值的一定额度付出抵押金，承包者享有"六权"，即进货权、销售权、定价权、残次商品处理权、资金使用权、分配权。

2000年，市政府决定陆续整体拍卖长期亏损的国有商业企业，以资抵债，筹资安置下岗职工，并着手核资、追欠、清产。根据"三个有利"和"二个确保"，于2002年12月对百货公司进行企业改制，出售拍卖企业资产，偿还债务，职工分流安置，人均安置费12000元，医疗补助费3000元，遗属人均8333元，退休人员按比例提取归社保部门统筹发放。

半个世纪，奋斗，收获，荣耀，于此落幕。

仅以本文向老百货所有员工致敬。

福鼎历次物资交易会概况

福鼎县地处闽浙两省交界处，具有得天独厚的经济优势与地理条件，历史上与浙江省苍南、泰顺等地经济贸易交往频繁。1949年后为进一步繁荣我县经济贸易，商业系统经常举办有组织有领导的物资交易会，以疏通渠道，活跃城乡经济。

1952年秋季举办桐山城乡物资交流会，购入587931380元（旧币制），销出700202900元（旧币制）。

1953年6月12—13日举办桐山镇物资交流会，采取现款现货、零售买卖为主的交易方针，上市群众有15000人，成交总额计45202万元，其中购入方面，国营占10.40%，合作社占2.75%，私商占42.34%，农民占44.42%；销出方面，国营占36.6%，合作社8.62%，私商占32.98%，农民占22.02%；工农产品比重，工业品占33.86%，手工业品占3.01%，土特产品占63.13%；批零比重，批发16718万元，占36.92%，零售28484万元，占63.08%。交流会上市物资主要有木炭、柴片、小麦等土产以及棉布、百货、南货等商品。交流会时间虽短，但收效很大。如棉布原日均营业额889万元，交流中达2037万元。百货业原日均营业额165万元，交流中达288万元。南货业原日均营业额217万元，交流中达426万元。

1959年，为了满足农民需要，推动生产，我县在城乡逐级广泛召开物资交流会，为国家市场起了补充作用。据仅在下半年全县就召开大小型交流会计有数百余次，参加人次达88万多，成交额计865734万元，其中城关服务部7—12月成交额93553万元，成交品种50多种，基本上做到稳定物价，便利购销，买卖公平，服务周到，沟通了城乡经济，满足了农民需要。

1960年1月19—20日，在城关继而召开物资交流会，农副产品投售额颇大。

1961年至1977年，实行了社会主义统一市场，并因"文化大革命"，物资交流会很少举办。

党的十一届三中全会以后，国家经济得到普遍发展，城乡经济空前繁荣。1979年12月30日至1980年1月7日召开了全县商业旺季市场商品展销会。由百货、糖烟酒、五交化、饮食、医药、食品六个公司联合举办。展出商品包括大小百货、针纺织品、服装、皮革、文具、五交化商品、糖烟酒类、医药类以及禽蛋、肉类、糕点等地方食品共计5725种。应邀出席和洽谈业务的省内外单位代表有263人，参观选购的群众75000多人次，9天营业额达284万元。

1984年，由工业品、纺织品、五交化、副食品9个贸易中心和肉食品贸易货栈5个单位联合举办的首届商品交易会，3天时间内营业额达215万元，其中批发157万元，零售7万元，签订期货合同51万元。

1985年，工业品、纺织品贸易中心联合举办春节商品交易会。前来交易的有山东青岛，江苏粟阳，浙江宁波、温州、瑞安、泰顺、平阳、苍南等3省8个县市和本省三明、福州、连江、罗源、宁德、福安、霞浦、柘荣以及各地客户计76家151人。3天会期成交商品总额120万元，同时签订期货合同80万元。

宁德地区边界物资交易会于1986年10月11日至15日在城关召开。这次交易会规模大、影响广、效益高，前来参加的有北京、辽宁、甘肃、陕西、河南、湖南、广东、广西、上海、江苏、山东、江西、浙江、福建等14个省市代表共计2000多人，设有进口商品和农副特粮油复制品、海产品、小商品、木材、牲畜5个专业市场，各类商品花色品种共计1万多种。5天成交额5846万元，其中福鼎县4397万元，单单县商业系统销售商品750万元，推销积压商品19种计22.83万元。纺织品公司还与温州帽厂、三明印染厂实行产品联销，并设经营点，分别向闽浙辐射。这次交易会的成效创闽东及本县有史以来物资交易会的最高纪录。这次交易会是放宽政策、搞活边界贸易的宣传会，也是信息交流、发展横向经济联合的促进会，起到宣传和认识闽东、开拓市场、推进边界贸易的作用。同时，本年内商业系统利用与浙江毗邻优势，共举办各种较大规模的展销会供应会10次，共计销售额1801万元。

1987年5月间，由福建省商业厅等4家联办的宁德地区商品交易会在我县召开，历时4天。我县商业系统6个公司参加，展出商品数百种，供货总金额达600多万元，销售总额371万元，其中现货成交271万元，期货成交100万元。

1987年10月15—17日，城关还举行了一场交易会，来自14个省（市）、60个县（市）近千名代表参加。交易会提供商品2300多种，会期3天成交额2703.15万元，平均日交易额901万元，超过上年交易会本县商品日均交易额860万元的水平。商业系统4个公司在该会中交易额达419.03万元，其中零售12.24万元，批发406.84万元。交易会期间，手表、17寸黑白电视机、棉布等大宗商品销路看好，百货公司仅手表一项就销出48万元，占该公司批发销售额的40%。

（本文由福鼎县商业局供稿，摘编自《福鼎文史资料》第12辑）

福鼎县私营工商业的社会主义改造

1953年党中央提出过渡时期总路线，福鼎县委为实现对私营工商业的社会主义改造，于1954年首先在粮食、食盐和棉布等行业推行经销、代销和批购零销等形式。1955年6月，城关工商界全行业申请公私合营，各行业递送申请书、喜报，全城工商户张灯结彩，提灯游行，工商界家属也组队参加。至1956年，形成私营工商业的社会主义改造高潮。

经代销及批购零销

1954年，粮食零售商和盐店开始转入经销代销，由归口的粮食局和盐务所供应货源，纳入经代销轨道的计54家，从业人员128人，资金35112元，全年销售额965000元。

1954年9月20日，实行棉布统购统销之后，全县棉布业75家分两批进行改造，由花纱布公司供应货源，批购零销。当时全行业从业人员91人，资金总额46444元，1955年销售额1125000元。

公私合营

1955年6月20日，开始，棉布、百货、国药、水产、南货及饮食、服务等行业，全行业申请公私合营。1956年批准设立公私合营企业18家，设置98个门市部，从业人员420人，其中私方在职人员320人，资金总额110056元。

饮食行业1956年开始公私合营，1957年完成。全行业合并为两家合营店，从业人员36人，其中私方在职人员30人，资金1468元，1957年营业额92000元。

服务业包括旅社、照相两个行业，1958年公私合营，照相原只一家，旅社也并为一家，两行业从业人员33人，其中私方在职人员30人，资金3699元，1956年营业额34000元。

合作商店和合作小组

属于小商贩范畴的个体商业（当时称为独立劳动者），分别按经营规模大小组成合作商店和合作小组两种形式。到1957年，全县最后组成合作商店71家，门点229个，从业人员804人，资金61796元，当年销售额2080000元；组成合作小组36家，门点281个，从业人员348人，资金18470元，当年销售额545000元。

饮食业的铺户也分别组成合作商店和合作小组，1957年组成合作商店10家，门点40个，从业人员161人，资金3203元，当年营业额198000元；合作小组22个，摊点267个，从业人员283人，资金7497元，当年营业额17200元。

服务行业组成合作商店22家，门点64个，从业人员188人，资金7253元，当年营业额64000元；合作小组10家，门点43个，从业人员53人，资金1425元，当年营业额7000元。

至1957年底，私营商业的社会主义改造已基本完成。同时，开始发放股息，领取股息的公私合营企业的私方人员141人，投资127000元，每年息金6292元；饮食业12人，投资2000元，领取股息82元；服务业12人，投资4000元，领取股息183元。

1959年，公私合营的国药业、酒业、食盐业、屠宰业、粮食业分别过渡归口国营医药公司、水产公司、专卖公司、食品公司、粮站等部门，还包括棉布、百货。私方经理成为国家干部，从业人员均成全民职工。

公私合营阶段，私方人员中不定息的208人（部分为合营后安排的家属），拿定息的工商业在"文革"期间停发。1979年福建省委8号文件规定"1966年9月结束定息前资产阶级分子未领的定息可以补发"，据此，全县归口企业已于1980年落实补发。

合作商店和合作小组原业主所投入的资金，在其退职或因故离店时，全部退还，与商店脱钩。

（本文由福鼎县商业局供稿，摘编自《福鼎文史资料》第12辑）

福鼎市中心市场的变迁

◇ 狄 民

民国时期，桐山城里就有自然形成的小市场，如南门的小海市场、北门的鱼行、溪西桥的山货市场等。北门市场的位置相当于今天的溪岗巷一带，以鱼鲜为主，沿城墙摆开，更有简单搭盖防雨防晒的布棚，以免鱼鲜变质。

1949年后，各行各业快速发展，人民群众安居乐业，市场也随之发展。1956年起，县政府逐渐投入15万元，历经3年多，在原北门市场的基础上，修建了全县第一个形成规模的农贸综合市场，占地面积662平方米，建筑面积662平方米，为一层木质结构，场内设有固定摊位56个，主要经营农副产品的零售。

1966—1976年，受"文革"影响，市场贸易遭重创，一些小商贩被压缩到农村，或被取缔停业。

福鼎市中心市场内景

进入 20 世纪 80 年代，社会繁荣，经济发展，一个更大、功能更齐全的福鼎市桐山中心农贸市场诞生于福鼎市区中心。新市场位于古城西路市场巷 15—19 号，于 1984 年开始筹备兴建，1985 年 10 月竣工并投入使用。市场共三层，主体框架为三层混凝土敞开式结构，是当时宁德地区最大的农贸市场，占地面积 12036 平方米，建筑面积 8900 平方米，总投资 268 万元。一层为农副食品市场，设有固定摊位 1028 个，流动摊位 350 个，主要经营行业水产品、水产干品、蔬菜、猪肉、豆制品、家禽、家禽蛋品、粮食及制品、饮食等 3000 多个品种，有本地的土特产，也有外省市的农副产品，经营方式以零售为主，兼有批发。二层原为小商品市场，经营服装及大、小百货，以零售为主，兼有批发，后随着福鼎市时装街的建成，这些小商品经营者逐渐迁往时装街经营，至 2002 年底该市场二层已停止经营。

另外，当年市场南面（现中心市场天桥下）露天空地还设有柴草市场，面积为 1388 平方米。随着城镇生活水平的改善，从蜂窝煤到液化石油气，柴草市场早已自然消亡。

据 1995 年的统计数字，该中心市场为闽浙两省边界最大的农副市场，日均人流量达 3 万人，年均交易总额达 3 亿多元，为福建省十个亿元市场之一，居宁德市之首。2002 年 9 月，被确定为农业部菜篮子的价格信息网点，是实现全国范围内农副产品批发市场商品价格和交易共享的市场。

在新市场建成之后，一直习惯被称为"市场"的老市场，自然被改名为"北市场"，而新市场则被称为"中心市场"。据 2005 年的数据，中心市场当年的农副产品交易金额达到 3.9 亿元，而北市场当年的农副产品交易金额也达到了 1910 万元。2013 年 9 月至 2014 年 8 月，福鼎市市场建设管理服务中心投入 34 万元对北市场进行整体改造升级，2017 年 7 月又投入 30 万元改造为 7 个店面，使老市场在新的时代里依然发挥着重要的作用。

另外，建于 1984 年的福鼎市桐山中心农贸市场，在 2015 年 7 月因确定为危房被拆除，开工重建后于 2016 年 9 月 28 日通过市住建局建设工程质量安全监督站工程质量安全初步验收，于 2017 年元旦投入试营业。

为全面提升市场建设水平，吸纳先进商业理念，桐山中心农贸市场率先引入星级市场建设标准，设有食品检测室、网络系统、金融系统和大型电子显示屏等。同时考虑到卫生、安全、人、车、物流等方面的因素，采取独特的"双首层"概念进行设计。

该工程是市政府为民办实事的一项重点民生工程，整合了原柴草市场和原工商综合楼用地，一并规划建设新的农贸市场。市场用地面积 11229 平方米，建筑占地面积 5956 平方米，高 4 层，总建筑面积 20658.27 平方米，其中，一层农贸市场面积

5002.14平方米，有摊位222个、店面24间，主要经营海鲜、冷冻包装食品、海鲜批发等；二层面积5244.45平方米，建有摊位158个、店面34间，主要经营猪肉、蔬菜、南货、熟食、水产干品等；三层面积5047平方米，四层面积4167.48平方米，三层为商超，四层作为超市的配套仓库。为方便购物，一至四层共安装人行电扶梯6部，无机房客梯1部，货梯2部，疏散楼梯9座。建有室外非机动车停车位1132平方米，室内非机动车停车位583平方米。

附：市场管理机构的变迁

1987年3月，根据鼎编〔1987〕004号文，成立"福鼎县中心市场管理所"，与福鼎县工商行政管理局基层工商所同为股级事业机构。

1996年5月，根据鼎政〔1996〕综75号《关于同意市工商行政管理机关与所办市场分离实施方案的批复》精神，成立"福鼎市市场服务中心"，为自收自支全民事业单位。

2000年11月，根据鼎编〔2000〕23号文，"福鼎市市场服务中心"更名为"福鼎市市场建设管理服务中心"，机构性质不变。

2002年10月，根据鼎编〔2002〕26号文，福鼎市市场建设管理服务中心升格为市政府直属正科级事业单位。

2005年2月，根据鼎编办〔2005〕01号文，设立"福鼎市桐山中心农贸市场管理所"，为福鼎市市场建设管理服务中心派出的股级机构。

合作货栈的建立与发展

1961年商业部提出恢复建立社会主义货栈的指示精神，组织农副产品进城，同时划出一部分三类工业品，通过贸易货栈，与三类农副产品交流。先在点头供销社试点，举办农民服务部，组织农民在完成交售国家统购派购任务后的农副产品上市，进行产销见面，议价议销。接着各区、社也成立农民服务部，积极开展自营业务。同年11月又在沙埕、秦屿、城关三个社，单独建立水产品贸易服务部，专业经营完成国家收购任务后的水产品，以不得超过国家收购牌价30%—35%的价格自营。

福鼎县合作货栈随于1962年8月正式成立，加强对各基层供销社和农民贸易服务部的议购议销工作的领导。

县合作货栈开展自营业务，以"平抑物价，调剂供求，发展生产，打击投机"为目的，开展议购议销。在保证国家任务完成后，实行"半议半平"和"低来高出，高进低出，以盈补亏"等多种多样的灵活的购销形式，采取自营运输、代购代销、加工复制和内外系统协作，组织地区调剂，长途运输。1962年全县自营业务总额达870万元，占供销社购销总额的27.7%。

1963年初，县合作货栈先后与6个省50个市县，组织采购商品有110多种总值160万元，投入市场增加供应，进一步促进农村市场的好转，市场价格大幅度下降。议购议价水平比国家牌价高20%左右，全县自营业务购销总额753万元，占全县购销总额23%，其中自营收购303万元，自营销售393万元。

1964年县合作货栈，密切配合各区供销社、粮站抓紧时机，完成超额谷子15000担，小麦200担，地瓜米10000担，议价收购谷子3000担，地瓜米9000担。

同年12月，县合作货栈拿出一批议价粮食加工复制品，采取一个品种一个品种代替、一个地区一个地区占领的办法，在全县10个区的13个集市点，先后开展了粮食复制品代替工作。在一个多月内，仅城关、白琳、点头、秦屿4个镇就供应米粉92.5万斤，线面1.3万斤，年糕2000斤，使市场粮价稳定，人心安定。

由于国民经济基本恢复，商品购销计划管理进一步加强，议购议销范围缩小，货栈贸易活动也随逐渐缩小。1965年全国供销总社、省供销合作社发出"销消各地供销合作货栈机构"的指示后，我县合作货栈和基层农民贸易服务部也随着停业。

1978年10月，县供销社决定先在土产公司内设立"福鼎供销贸易货栈"，对外挂一个牌，组织一个工作班子，与土产公司统一核算，对全县开展代购、代销、代储、代运业务，搞些自营业务，为基层供销社和用户及生产者服务，基层社、公司要开设专业门市部，把业务搞活。是年经营品种40种，议价收购总额达107万元，占全县纯收购12%，议销总额达117万元，起着市场调剂补充作用。

1979年11月，附属于土产公司的供销贸易货栈，改为"福鼎县供销贸易货栈"，成为全县议购议销业务指导中心，同时13个公社供销社相继成立"供销贸易货栈"，促进了议购议销业务的迅猛发展，全县议购议销总值达472.8万元，其中议销222.45万元，较1978年增加90%，占全县供销社零售总额4.61%；议购总值250.4万元，比1978年增加133.09%，占供销社农副产品收购总额23.3%。管阳供销贸易货栈把安排群众生活为己任，经常派出采购员长年奔赴浙江瑞安、温州等地采购水产品2000担，咸猪肉700担，以满足山区群众生活需求。1982年，该社到外省采购解放鞋、床单、童毯、涤棉布、缝纫机、自行车、手表等产品投放市场，还配合季节及时组织供应。如当年5月油菜收获时，就组织采购"湖南牌"手表1600块供应市场；太子参收购时又采购"芙蓉牌"手表1000块，一个星期全部售完。县果品公司及时向外地议价采购干海鲜产品3200担供应市场，既满足群众需要，又平抑了市场价格。县供销贸易货栈为了平抑物价，直接向江苏购进腈纶衫裤60000件投入市场。由于购销业务蓬勃开展，1982年这一年，全县议购议销总额达653093万元。

1983年底，福鼎供销贸易货栈改为"福鼎县供销贸易公司"。

1984年7月创办"福鼎县农副土特产品批发交易市场"，营业所面积达1100平方米，内设农副产品、干鲜果品、水产品3个农民交易所，并以供销贸易公司为依托，开展以"四代"为主的批发贸易服务。与省内外供销社、工厂等50家单位开展业务往来，"为两户一体（个体户、专业户和经济联合体）"办理"四代业务"，各基层社贸易货栈加强组织农副产品货源进场交易。开业之初，生意兴隆。创办5个月时间，销售额达118.44万元，在一定程度上解决农民对一部分农产品卖难的问题。

（本文由福鼎县供销社供稿，摘编自《福鼎文史资料》第12辑）

福鼎县竹木专业市场

福鼎县竹木专业市场原位于现福鼎一中南侧大路两边,严重阻碍交通通行,后经宁德地区牵头搬迁至福鼎县桐城乡山前村(现程家洞社区城东北路450号),占地面积为7920平方米,建筑面积为328平方米,国道104公路横穿而过,交通运输较为方便该市场于1987年建成,并于10月投入使用。

竹木专业市场场内分三层塔形状态,最高层为杂木、松木交易场所,次层为杉木交易场所,底层为松木板、方料交易场所,整个市场可容纳木材1500立方米,场内个体工商经营户有64人,市场木材年成交量1万立方米,年成交额为600多万元。市场从投入使用以来,交易情况良好,吸引了许多浙南地区的客户前来洽谈生意,木材源源不断地从南平地区、建阳地区及本县各地运到交易市场,市场交易量不断递增,从原来单纯零售发展到木材专业批发,产生了良好的经济效益和社会效益,为发展福鼎县边界贸易创出一条新路子。

福鼎县竹木专业市场成立之初属于福鼎市工商管理所的下属国有企业,之后在市场经济的冲击和影响下转型成为私有制。

(本文由山前街道办事处供稿)

福鼎市闽浙边贸商城

福鼎市闽浙边贸商城位于桐城街道春亭社区景宁路96号，靠近104国道，是闽浙边界最大的边贸商城。

1994年福鼎县委、县政府为落实宁德行署提出"市场建设年"号召，由县财委牵头，联合工商、烟草、桐山办事处、开发区等5个单位的下属公司，组成股份制形式的"闽浙边贸商城开发有限公司"进行项目的开发筹建，筹集注册资金400万元，吸收社会资金6000多万元，于1997年11月18日竣工并投入使用。

为了提升边贸商城的市场培育和招商引资的能力，经市政府研究决定，于1997年6月成立闽浙边贸商城管理委员会，由丁永副市长任管委会主任。2001年12月18日，闽浙边贸商城业主委托管委会管理闽浙边贸商城，并签订授权委托管理合同（委托时间为2001年12月18日—2007年12月17日）。2003年，由福鼎市市场建设管理服务中心接替管理。

商城占地36亩，投资7700万元，高7层，建筑面积6.6万平方米，其中，三至六层为商品房；一、二层为综合批发商城，面积达3.5万平方米，200个营业店面，主要经营的批发行业有副食品、日用大小百货、服装、家用电器、自行车、摩托车、家具、建材陶瓷和金银首饰加工等，兼有零售。

2000年闽浙边贸商城（傅克忠 摄）

（本文由福鼎市政府办供稿）

福鼎闽浙边贸商城建设纪实

王祥康

福鼎闽浙边贸商城像一只正在展翅的巨大的鹰，昂视蓝天。它成为闽东大黄鱼节的第一个展示项目，成为宁德地区五个商贸试验区的第一部模本，成为福鼎市新一轮创业的第一张王牌……

一

决策层的意图，区位优势与历史责任，全省第一个以股份制形式建市场……一波三折多磨难。

1994年的春天，社会主义市场经济的风已在古老的中国大地上激起阵阵狂潮，福鼎县政府分管财贸的丁永副县长此时正急驰在浙江宽阔平直的公路上。受县委、县政府的委托，丁副县长带领有关部门负责人北上浙江考察市场建设情况。几天的奔波劳顿，他打开了视野，心中的云团渐渐消散。他摁下车窗玻璃，姹紫嫣红的田野伴随4月融融的阳光迎面扑来。

浙南这片最先苏醒的土地，以它强劲的改革力度和独特的经济模式震撼中国。浙江商品流通的激流，几天来一直在丁副县长的心中起伏，夜不能寐。此时，他又陷入了沉思。

福鼎，紧邻浙江，是多地连接内地省、市的必经之路。福鼎正是靠贯岭关卡的一面旗帜、一条横杆，使国务院限制流通的24种禁运商品在这里形成"洼地效应"，一度边界贸易十分活跃。1986年，全省第一次边界物资交易会在这里隆重召开。1993年边界贸易额近10亿元，名列全省5个边界县（市）之首，被称为"福建边贸第一县"。

但是，市场经济体制的建立，使福鼎的决策者意识到原有的优惠政策已岌岌可危。他们从福鼎地处商品经济发达的浙南与乡镇企业、外向型经济发达的闽东南的夹缝中的区位优势，要求福鼎必须发挥桥梁与纽带作用的历史责任出发，开始寻求边界贸易的新出路。

早在1992年底的县长办公会议上，福鼎已经确定要建设一座"闽浙边贸商城"，由于计划经济体制和其他诸多原因未能付诸实施；而1993年，宁德地委、行署将这一年确定为"市场建设年"，要求每个县（市）都要建设一个大市场，福鼎理应走在前头。然而，财政资金紧缺，工商又"管办分离"，怎么办？"学习温州搞流通"！

浙江的市场建设确实有许多值得学习借鉴的经验。当听完丁副县长的汇报后，福鼎的党政主要领导已经跃跃欲试了！"干！就以市场经济的办法，建一座有规模的闽浙边贸商城！"

决策一定就开始行动。采取政府行为、企业管理的办法，大胆融合房地产开发，广泛吸收民间资金，由市财办牵头，流美经济开发总公司、工商局直属的市场建设投资开发公司、烟草公司、财办下属的通亚经济开发公司、桐山镇直属的流美工业小区开发公司等6个单位作为投资主体，筹资398.5万元作为注册资本，按现代企业制度的要求，组建"福鼎县闽浙边贸商城开发有限公司"。1994年10月18日正式挂牌运作。

这是全省第一个以股份制形式建设市场的，足见决策者当时的勇气与魄力！

开发建设闽浙边贸商城，在这座小城成为人们关注的焦点。从36亩土地的征用，到图纸设计，到施工议标花了近一年时间。

1995年6月30日，上级的一纸明传电报把正在下乡的丁副市长紧急召回。他火速赶赴贯岭，按上级规定，在7月1日零时撤掉了这个省界关卡。

长长坚固的横杆没了。

这意味着全国性的自由贸易大市场开始建立，意味着福鼎特殊商品的特殊优势通道没有了，"边界壁垒"产生的"边界效应"和边贸的双向功能走向衰退，更意味着福鼎每年将失去3000万元的财政收入！

面对严峻的挑战，福鼎上上下下产生了从未有过的危机感。

福鼎的领导把挑战当作一种新的机遇，建设闽浙边贸商城的决心更大了。

1995年8月，边贸商城正式动工，10月开盘发售，吸纳民间资金。然而，好事多磨。基础部分完成后，房地产市场出现滑坡，地基销售困难，资金无法回笼，工程陷入困境。而已购房的业主对商城能否形成产生怀疑，纷纷要求退款。商城建设再次搁浅！

二

工程一停就是十个月，这300个日日夜夜是难熬的。等待房地产市场的复苏，这是谁也无法预期的。

看着36亩土地上那一大片的萋萋野草，把原先整齐而巨大的"回"字形基础掩盖得不复存在，领导的心焦了。市委、市政府的领导通过多次认真细致的分析探讨、反复的调查研究，决定主动出击。

新的总经理、新的工作班子从1996年9月起，整整用40天的时间，与业主代表展开了反复耐心的谈判，采取各种对策，顶住无理取闹。一方面，立即进砖，摆出施工架势，稳定业主情绪；另一方面抓紧协调设计、预算、施工、建设行政部门的关系，争取早日动工。局势扭转过来了，大部分地基也陆续售出了。余下的北外26栋地基，大胆决定改建为54个套房。经后来测算，这一决定给公司增创300万元以上的利润。

10月10日，商城主体工程建设开始了。但是，一波未平一波又起。刚上马不几天，施工队伍又因为单位造价太低难以接受而停顿下来。他们马上召开董事会，从实际出发，为大局着想，抱着非完成不可的决心，在个别材料价格上给予适当调整，终于使工程迈出了关键的一步。仅3个多月时间，一、二层3万多平方米的商场主体工程就拿下来了。

边贸商城与一般工程完全不同，它是政府行为指导下实行企业管理的新模式。工作难度之大，超乎一般人的想象。

三至七层住宅区中，有120多户业主。8座楼群，要求整齐划一，保证工期和质量，必须由公司统一代建。但因业主间财力不齐，意见不一，公司从平衡业主、承建单位及公司的三者利益出发，采取先易后难、各个击破的办法，与业主代表和承建单位分别进行了20多轮的谈判……

市委、市政府主要领导多次带队到商城工地现场办公，帮助解决实际问题。丁永副市长自始至终参与每一个疑难问题的协调处理，每个周末都到工地现场指导。有关部门也紧密配合：土地局雷厉风行，按公司承诺期限，于1997年5月1日前将土地许可证发放到业主手中；地税局根据承建单位的实际困难，同意按工程总造价的50%征收建筑税；建行得知业主代建款未能如期缴纳，工程资金紧缺，及时安排临时贷款200万元，支持代建工程……

5月17日终于签订了第一栋施工协议，18日立即动工。于是4个建筑公司的13支工程队的数百名工人进场了，高峰期每天施工人员达1500人以上；于是，从工程一开工就放弃所有节假日的领导与工作人员，每天6点到工地，晚上9点、10点才回家，有时干脆连续几天几夜地泡在工地。材料组织、队伍协调、场地安排、质量把关……事情太多太多了。脚上的鞋磨破了一双又一双，身上的肉掉了一斤又一斤……

于是，商城地上部分6.6万平方米的建筑面积，仅用9个月时间就完成了；于是，一座总投资7000多万元，全省县（市）规模最大、功能最全的商业城，于1997年11月18日如期交付使用。

福鼎的迎宾路上又增添了一道傲人的风景！

三

边贸商城还在紧锣密鼓地施工中，福鼎市委、市政府已经为如何使商城做到有场有市而积极努力。

市政府于1997年6月成立"福鼎市闽浙边贸商城管理委员会"，丁永副市长任管委会主任。同时，参照江浙各大市场的管理机制，丁副市长召集有关部门，反复研究、探讨行之有效的商城管理办法。

这是一次多年前提出"学习温州搞流通"的口号落到实处的过程，更是一次思想大解放的过程。这个过程伴随着一些部门既得利益的失去，所以，这也是形势教育与政策较量的过程！

《边贸商城管理办法》六章三十款的实施细则，规定一条龙服务，一个窗口收费，得到市委、市政府主要领导的赞同。文件由市政府8月正式印发出台后，也得到了宁德地区行署傅贤光副专员等上级领导的充分肯定。

商城管理办法出台，在市内外刮起一阵小小的旋风。9月16日商城开始招商，不到10天，原规划的副食品行业摊位已经爆满。

10月8日，福鼎市政府在温州市与温州市商业局联合举办"闽浙边界商贸合作洽谈会"。福鼎市委书记来了，正在江苏考察的傅贤光副专员赶来了，各地新闻记者赶来了。会上，温州商业系统各集团公司与边贸商城签订了18项商贸合作协议。闽浙两省9家报纸、5家电视台相继作了报道，一炮打响。

10月17日，温州市商业局李大年局长率所属集团公司的各位老总，对福鼎市场进行全面考察，商城预留的15间店面被抢租一空。

抢占边贸商城的热潮一浪高过一浪，场面之激烈出乎人们的意料，商城不得不对原先的行业布局进行了调整。

到10月30日，商城一、二层400多个店面已全部安排完毕，其中，70%的店面被温州地区的经营者租用。11月18日，商城交付使用的当天，就有20多个店面隆重开张。

闽浙边贸商城已经成为宁德地区与温州地区两省边界商贸的纽带和窗口。宁德地委、行署提出"建设大市场、发展大边贸、搞活大流通"的发展战略，把福鼎确定为边贸试验区。闽浙边贸商城正是试验区的龙头项目，它的崛起将带动边贸试验区的快速发展，形成边界贸易的新格局。

福鼎打金一条街

◆ 缪友强

一提到黄金，很多人马上就会想到它是保值产品。人们除了购买黄金来实现保值的需求以外，还有一种需要，那就是结婚、生子、祝寿等等，都得买一些黄金，这也是大家购买黄金的主要原因。这和要不要佩戴、是不是高端消费无关，而是和体面、脸面、门面有关，和风俗有关。

在福鼎这座小县城，全县城老百姓的谈婚论嫁、结婚生子、祝寿理财这些庞大的需求还是少不了的，黄金不管走到哪里都深受人们的喜爱，这些需求自然而然便造就了打金街应运而生。

20世纪80年代末，随着结婚彩礼"三金"普及性需求的逐步形成，为黄金规模化奠定了基础，一部分人看到了商机，纷纷跑到温州打金铺学艺回来，在家里叮叮当当开起了打金店。规模化的过程，无形中形成了产业的集中。1989年11月，福鼎县中心市场工商所林所长，把福鼎县城关各个角落的打金商铺集合起来，正式为大家办理福建省第一家首饰加工特殊行业许可证，成立福鼎县金银首饰加工服务部，号称新雄广场，二十余家金铺结束了偷偷摸摸的手工坊作业，1989年底，23家金铺持证开张。

打金街原本没有名字，但是全城人都知道它的精准位置，去的人多了，叫的多了，也就有了名字，那年头，没有一条街，像打金街一样包罗万象。这条长不过20米、宽不到4米的小街，一个人走时不到3分钟走完，但在20世纪80年代，要想走完需要2个小时。当时人们早晚闲来无事，都会来到这条街走走，这家店看看、那家店看看，特别是家里置办黄金的老百姓，像打了鸡血一样，一天到晚有事没事故意路过，脖子伸得比甲鱼还要长，24小时最好和店主同吃睡，倒不是急着要货，主要是生怕店主动了手脚。据了解，当时到打金街日接待流量最多一天达1万人，被称为"人山人海，日进斗金"的黄金街，消费动辄数十万。

1995年福鼎撤县设市，黄金行业政策更加开放，打金街由小变大，原先第一批开店的金铺纷纷往品牌发展，涌现了鑫盛、盛霖、福鑫、阿福、老福祥、金鑫、赛菲尔、金缘、良缘、三鑫、鑫永鑫等品牌，尤其是加盟了梦金园珠宝、德诚珠宝，打破了外地人垄断福鼎钻石、珠宝品牌的局面，整条街望过去，金碧辉煌，琳琅满目，黄金白金 K 金，按克论价，款式应有尽有，年交易额过亿，成为闽东规模最大的黄金一条街。

2000 年以来，随着大品牌的驻入，许多金铺从打金街搬走，入驻商场内成立自家品牌公司，同样又有一批人加入打金街开起小店铺，经营着自己一亩三分田。这条街，作为浓缩的福鼎一角，其中的变化与曲折，既有鲜明的福鼎特色，又富含时代况味，像一位外表任人打扮的老者，见证着城市的新旧与荣华。

大排档和美食街

福鼎大排档是从 20 世纪 90 年代初开始发展起来的,当时是以蒙古包和简易搭建两种形式出现的,大排档随着时间的推移,地点也在逐步移动,1990—1995 年间大都聚集在已拆迁的原福鼎宜宾菜馆、原外贸局门口、原太姥饭店对面空地上,大都是以蒙古包的形式夜间经营,仅福鼎电影院周边广场内简易搭建的大排档,就可容纳 60 个桌位。1996 年起,在边贸商城后侧、石湖小区、春亭桥一带,大排档发展了近百个蒙古包,一入夜,灯火成团成簇处,是大排档开市地了。1999 年后,大排档经营地点相对固定,在石湖小区内侧一条街和靠龙山溪一侧,租赁民房开展经营,大多数一排榴房紧挨在一起,半敞开、前灶后堂式的,内设包厢,桌面设施也有所讲究,开始有了小转盘,又似小酒店。刚开始因为这大排档占道,所以白天不见,晚上出现,而 2000 年后,大排档会在节假日中午开始经营,平常大都在暮色恰霭时露面。

每家大排档都有 100—120 多个品种,可谓琳琅满目,主要是以海鲜为主,有海鲫鱼、鲈鱼、带鱼、小石斑鱼、春仔鱼、海鳗鱼及深海鱼等,也能尝到滩涂上的弹涂鱼、蛤、

溪西美食街(桐山办事处 供图)

蛏、海蜈蚣、泥螺、麦螺、小方蟹、土丁、土熘肠、油螺、花螺、章鱼等，还能尝到海岸边礁岩上的辣螺、虎七、岐乳、笔架、野生紫菜以及小海蛎等珍品。

新千年后已经发展出了上百家经营海鲜的大排档，分布在市区及各乡镇，在市区的石湖小区就分布了谊荣、逗你玩、鼎食记、老福鼎、日夜等23家大排档。2011年起，这20多家大排档自发开展装修改造门面，改前灶后堂为前堂后灶，每家都讲究灯光照明，卫生环境得到改善，规模也得到了扩大，每家都有30、40个包厢。坐落于石湖小区延中路33号的谊荣美食园大排档，2006年秋装修开业，营业面积达1200平方米，有40多个包厢，员工55人，年营业额近1000万元，年利税30万元。

溪西美食街（桐山办事处 供图）

石湖美食街市（福鼎烹饪协会 供图）

近年来，美食产业已成为推动福鼎经济社会发展的重要引擎。2021年10月，以举办宁德市文化旅游节为契机，结合多样化的福鼎特色饮食小吃，分别在桐城街道石湖大排档、山前街道石亭社区通和路大排档和桐山街道溪西打造出集小吃、休闲、旅游于一体的三条美食街。山前休闲美食文化街区长约300米，总投资近800万元，主要对原大排档进行提升改造，包括通和路路面改造、沿街立面改造、美化亮化、电线下地、美食展馆建设等。现今，沿街商铺共50户。山前街道美食街项目得到沿街商铺、周边群众的大力支持和配合，也充分挖掘出山前"全、新、特"的美食文化和传统文化内涵，打造了"来福鼎、逛山前、品小吃"文化旅游品牌。另外，山前美食街将物产资源转化成为山前人的生活方式和文化产品，使美食文化在社会发展进程中更好地体现历史记忆的魅力，让游客品尝"舌尖上的山前"，尽享旅游之趣。

桐山溪西小吃美食街位于桐山街道北片区，涵盖西园路、龙溪南路、溪西桥等街巷，与福鼎市第一中学相邻，涉及福全社区、溪西社区、桐北社区地域，属于新旧结合区，老街氛围和新兴美食相互交融，街巷文化特色明显。该项目分为一、二、三期进行，其中一期项目主要位于龙山溪两岸的西园路和龙溪南路，经由一中桥和溪西桥（又称"观音桥""粮站桥"）两座桥连接形成环线。西园路为主要交通道路，长约260米，沿街商铺共有66户，主要以大型的餐饮类业态为主，已经具备美食街的初步形态。

龙溪南路为可单向可双行街道，长度约为280米，沿街商铺共有65户，有部分特色餐饮以及部分零售和其他商业业态，种类较多。美食街以福鼎特色美食为主，搭配多样性的休闲型商业业态，融入多元的城市文化特色，通过立面改造设计、亲水栈道建设、夜景灯光布置等景观系统设计，打造出一条龙山溪水系景观轴、一条西园美食主街区、一个龙溪美食步行游览环、三个文化休闲区、一座跨河廊桥，配套建设美食街桐心服务驿站，满足本地居民和外地游客特色饮食、休闲娱乐、文化参与的多方位需求，成为一个有福鼎特色的地方文化标志性美食街区。二期项目主要范围从西园路美食街中间路口向西延伸至桐城明珠小区门口，沿街店铺共22户，初步具备了美食街形态，再配以景观系统和夜景灯光系统，与西园路美食街连接形成西园美食主街区。三期项目主要坐落于溪西桥老街，是福鼎早期最繁华的商埠聚集地之一，承载了无数人的记忆，也见证着历史的变迁，拟采用特色怀旧的外形设计还原老场景，营造古早旧街氛围，与当下风格产生差异化，满足当下群众的猎奇心理和新鲜感，充分还原曾经的老街美食和商铺"夜市"景象，融合吃喝玩乐、慢食走廊等内容，解锁"夜经济"新玩法，重现城市"烟火气"，逐渐打造出一条覆盖餐饮、购物、文化、旅游、娱乐、休闲等内容的网红步行街，吸引周边游客，形成"来福鼎、逛溪西、品小吃"文化旅游品牌。

（本文由桐山街道办事处供稿）

宗族聚落

桐山姓氏流源

西园高氏

西园高氏源远流长，是开拓桐山的第一批。西园高氏原为广陵高氏，为齐太公姜尚（子牙）的后裔。

据家谱记载，高氏尊齐文公为一世祖，郡望为渤海郡。东汉三国时，高氏三十世祖高瑞仕吴，为丹阳太守，就家广陵（扬州），由此派衍出广陵郡。高瑞以征东将军身份担任丹阳太守，初居广陵，故为桐山高氏广陵肇郡之祖。

再传至四十九世高璠，于唐玄宗天宝九年（750）任长乐太守，可见高氏入闽之祖是高璠。但高氏族谱中尊四十六世高智周为入闽始祖，应该是高智周曾在贞观年间任右仆射加太尉，地位显赫的缘故。

唐僖宗元年（874），五十八世高龚，又名忠，字本直，为躲避黄巢之乱，举家迁至怀安石崌（今福州石崌村）。当时的节度使王审知命高龚为郡佐，共同攻打范晖。

高家大厝高大的青石门槛（黄建军 摄）

梁开平年间，王审知被封为闽王，高龚为少傅，配享闽王庙。高龚生四子伯、仲、叔、季。伯生邳，邳之子鲁宾任浙江平阳县令。鲁宾生二子十四、十五，十四居平阳日溪，十五居石邑祖址。叔生子英，宋太祖乾德二年（964），高英从石邑迁至长溪（霞浦）桐山。高英为六十世，是桐山西园高氏肇基之祖，尊为西园高氏一世祖。

高氏家族从中原迁至福建后，因上任官职、躲避战乱、开拓新家业等，经过几次移居，才得定居桐山。从公元964年至今1000多年间，桐山高氏又因战乱、经商等各种原因，逐渐向外移居，福鼎桐山为高氏族人主要聚居地。高氏耕读传家，逐渐在当地成为望族，于宋明时代为地方社会发展发挥了重要作用。

桐山施氏

施氏也是桐山大姓之一。

福鼎桐山《施氏宗谱》中十二世孙施从翰所写《桐山施氏小史》一文载：

> 吾桐山施姓源出温陵，支分浮海，明嘉靖年间由泉州府晋江县衙口乡十四世祖应显公（字贤咸，十三世祖有典公次子也）外出迁居福宁府宁德县二都施家山，公为宁阳始祖，生太夫子三人。万历年间，因倭寇骚扰，吾国沿海宁德二都施家山受其波及，吾施氏庐舍被毁一空。次子翘馨公（号明德），携眷陆太孺人转迁罗源县，即浮海十五世祖，亦即迁桐之第一世祖也。生子三，次子肇道公，字孔禄，号荣所，于天启间由罗源转迁福鼎前岐。生子二，次子永佑公，讳盛，号正庵，崇祯间转迁浙江泰顺县永庄，复由泰顺迁回福鼎桐山南门外桑园境构屋而居，遂聚族于斯。生子四，长元龙、次元驹、三元熊、四元俊，分文、行、忠、信四房。

福鼎桐山施氏先祖于明嘉靖年间，由福建泉州府晋江县衙口乡辗转迁至福鼎桐山城南桑园境（今施厝巷）定居，称施明德为迁桐始祖，开枝散叶，繁衍生息，已历时400年。施家历代曾7次修谱，据宗谱记载，清康乾盛世，亦是施家辉煌之时，繁衍发祖，支分派别，枝繁叶茂，建祠修谱，高厦栉比，科第蝉联，贤人辈出，声名远播。

桐山林氏

林氏是福建省一大姓，在福鼎亦在大姓之列。

林姓出自子姓，形成于西周初，源出黄帝，成汤帝胄，赠谥忠烈公比干之后裔。比干被奉为林氏太始祖。林氏有过几次大迁徙，其中第三次迁徙是林禄入闽。西晋末年，因中原连年内战，晋宗室被迫南迁，中原士族大批迁徙入闽。《闽书》载："永嘉二年（309），中原板荡，衣冠始入闽者八族，所谓林、黄、陈、郑、詹、丘、何、胡是也。"林禄初任安东琅琊王府参军，镇下邳，永嘉初随琅琊王司马睿移建业，除给事中、黄门侍郎。夫人孔氏，生二子景、逻，其子孙居侯官都乡西里（今福州境内），到唐代发展成为望族，其苗裔散居侯官、福唐、长乐、连江、温陵、晋江、南安、安溪、德化、惠安、龙溪、漳浦、福鼎等地，形成"闽林晋安派系"。

　　福鼎2000人以上的"林"姓有两支，一支于北宋时由浙江昆阳迁入福鼎磻溪。另一支于明崇祯十七年（1644）由福清迁入桐山流美，始祖林维福。桐山街道的林氏宗族分布较分散，源于晋安禄公、唐"九牧"之后裔，郡望西河郡。《西河郡林氏宗谱》："第十世祖常春公，讳乾，字汝初，宋淳祐时迁安溪县柏叶大帽山，肇基始祖也。"林常春之后裔移居莆田，至五世孙林承宗，因避明末之乱，15岁时同其叔林元玉（长青）由莆田迁居福鼎，先定居在前岐，后徙迁福鼎桐山北门外后街西洋境（今溪西街）。林承宗字万正，追号宝亭，生明崇祯七年（1634）七月初七，为后街林氏肇基始祖，在鼎为一世祖。林承宗有子廷选，林廷选有子三人，即孝房天松，悌房天柏，慈房天桂。从此，桐山林氏分为孝房林天松派下（又分仁、义、礼、智、信五房）和悌房林天柏派下（又分乾、坤二房）繁衍发展。

桐山马氏

　　福鼎马氏共4支，分布疏散，主要居住地有桐山、秦屿、管阳、前岐、点头及磻溪等地，追踪溯源，同属一脉。战国时期，赵武灵王之子赵奢。在阏屿大战中凭借智慧和胆识一举击败秦军，被赵武灵王封为马服君。赵奢的后代遂以"马服"作为自己的姓氏，后来弃"服"留"马"，尊赵奢为马氏始祖，世代居于邯郸。传至第三代马兴，又自咸阳迁居扶风茂陵成欢里（今陕西扬凌毕公庄），从此以后就有了"扶风马氏"。

　　福鼎马氏源自第十一世祖伏波将军马援的二哥马余支系。马余，字圣卿，西汉末年王莽在位时任中垒校尉、扬州太守，英年早逝。他的两个孩子马严、马敦均由他们的四叔马援抚养成人。马严有七个孩子，福鼎马氏皆是马严的第三个孩子马歆和第五个孩子马融的后裔。

　　据家谱，桐山和秦屿的马氏是马歆的后代，经过几次的辗转迁徙来到福鼎。马氏二十七世祖马君才是唐代的武侯大将军，被封为南阳郡公，携家眷从扶风茂陵迁至河南汝州郡。三十世祖马燧（字询美），唐德宗时期的三大将之一，官至宰相，举家从河南汝州迁到河南郑城。三十三世祖马大同，唐咸通五年（864）任吴宁（浙江东阳）邑令，致仕后居南松山，自成一族，谓茂陵郡（扶风茂陵郡）。马氏桐山始祖马仁山是马大同的十九世孙,于清乾隆初年从浙江东阳迁至福鼎。

桐山褚氏

褚姓源自河南洛阳。褚姓来源有两种说法:一说褚姓是以官为姓氏,褚本为殷商王族,春秋时宋国君共公有个儿子名叫段,分封褚地(今河南商丘),段品德高尚,褚地人敬仰他,都把他视为做人的楷模,称之为褚师。后来其子孙就以"褚师"为复姓,在漫长的历史变迁中,有的就简化后改为褚姓。另一种说法褚姓是以居住地为姓。

宋真宗年间,褚洪洵入闽居泉州南安蓬岛(溪浦),并在南安繁衍生息。据泉州地方志记载,明嘉靖四十年(1561),当时族人褚铎参加永春蓬壶吕尚四率领的农民起义军,成为这支农民军的三大将领之一。义军曾发展至3万余人,先后攻克了永春县城,活捉知县林万春,乘胜攻克南安、安溪、仙游等县。但义军缺乏训练,被德化知县张大纲用计击溃,起义失败。义军首领吕尚四、褚铎被杀。为避灾难,褚氏族人纷纷外迁,大部分迁往台湾,还有的迁往仙游、兴化、福宁、漳州、邵武、温州、处州(今浙江丽水)等地繁衍生息。清乾隆十年(1745)褚朴园夫人虞氏率子孙来鼎定居。1943年,褚氏家族修谱时,因查不到褚朴园以前先祖的情况,遂以褚朴园作为福鼎始祖。据2006年福建、浙江、台湾褚姓联谱行第,确认福鼎始祖褚朴园应排行在第二十世。福鼎始祖褚朴园至后六世行第为:朴玉启瑞品铭。自第七世起,其字为:梓修克孝,公正慈祥,绍文继武,志在宜芳。

(本文据各村居资料和各姓族谱整理)

桐城姓氏流源

桐城街道的各大姓氏大多数是由北方迁往闽浙，最后定居于此的。记载中最早迁移至福鼎桐城街道的宗族约在明嘉靖时期，大多数宗族是在清朝或者更晚的时候从其他地方迁至桐城落脚生根。

玉塘夏氏

明永乐二年（1404），武德将军夏章保（号万真），由金陵凤阳定远携家入闽，落屯建宁右卫，卜居长溪桐北大嶂。第三世祖夏荣（号肇一），于明天顺元年（1457）由南溪移居玉塘（旧名塘底），为玉塘肇基始祖。到天顺八年（1464），玉塘夏氏通过购买田产、另立户头的方式，在玉塘发展起来。玉塘夏氏发展后，不断捐资捐建基础设施，为桐山地方发展做出过突出贡献。

对玉塘夏氏的房派世系进行梳理，可知其第一世祖夏章保，为入闽始祖，妣金氏，生男二。第二世祖夏景旻，字彝鼎，妣李氏，生男夏荣；夏景清，字彝圣，妣孙氏，生男二刚能、刚普。第三世祖夏荣，字仁昭，为玉塘肇基始祖，妣黄氏，生男二，二室陈氏生男一，三室黄氏生男一，以齿序长夏英、次夏怀、三夏雄、四夏成。列为文、行、忠、信四房。玉塘夏氏现有七房，分别为文房、行房、孟房、仲房、季房、世房、信房，后六房居住在玉塘村、塔下村，文房已迁至浙江瑞安汀田。

丹岐张氏

丹岐张氏始祖为张景良，系山阜坪张礼和曾孙、张伯清长子。《清河郡张氏宗谱》载："按张氏之始祖曰景良，明洪武间，山阜坪徙郑岐，遂家焉，迄今阅500多年，子姓繁衍，先后亦间有文人交相辉映，固亦鼎邑一巨族也。"张氏先祖张景良于明洪武年间迁入丹岐，而后繁衍昌盛，人丁兴旺。迄今相传24世，繁衍400多户、1600多人。如今代代相传，支派繁衍如襟如带，现有5000多人。清初，丹岐张氏有一脉迁居到外墩。

浮柳蓝氏

据《汝南郡蓝氏宗谱》记载，蓝氏于明朝由广东潮州而来。自始祖蓝意清初移福州府侯官县四十都平址坑，不数年生二男，长法祖，次法春，遂转徙牛干东居住。越二年，乃迁浙江温州平阳之北港王庄。厥后蓝法祖徙居瑞安三甲民坑，生子五：长必先、次必大、三必坤、四必达、五必兴。未几，蓝必先移居衢州府龙游县；蓝必大迁三条碓，生子三，其次子蓝国进转居平阳五十二都陈家湾；蓝必坤转迁泰顺八都，其子孙之繁衍，散处福宁霞浦；蓝必达之苗裔迁居处州府之青田景宁；蓝必兴移居鼎邑浮柳。而蓝法春派下直抵陈家湾。

五里牌郑氏

五里牌村《阳荣郑氏宗谱》记载，郑氏始祖郑大有，原籍闽省安溪依仁里古坂，于万历中因遭官事，即携二世祖迁浙江平阳南湖横山外居。无几，犹见世系繁衍，星分棋布，各处分迁，或移九都、墨城、状元内及二沙、白水，或迁下垟、埠后厂及凤阳，或移石砰内、外湖及鼎邑五里牌，或移南港、观美、双溪及矾山等地。

江边村徐氏

江边村《徐氏宗谱》记载，徐嘉喜、徐嘉成原居漳州府海澄县阔庭村，清初时耿精忠作乱，兄弟二人移居浙瓯平之四十二都北山脚居住。徐嘉喜生子二，长曰太，为览下始祖；次曰太三，生子，徐灵二为缸窑始祖。而徐嘉成配妣夏氏，生男五：长国英，次国育，三国璠，四国养，五国跻。徐国养同子徐应麟迁福鼎十九都佛塘内居住，徐应麟配妣陈氏，生四男，长其生，次其明，三其艮，四其禄，分为文、行、忠、信四房，迄今凡有十余世。

浮柳村钟氏

浮柳村钟氏始祖钟百户，自明嘉靖二十九年，由宁德罗源迁居浮柳下半山，然后陆陆续续有其他族人从浙江泰顺、平阳、苍南等地迁过来，还有从福建霞浦来的。

丹岐村叶氏

丹岐村叶氏开基始祖叶高章于清康熙三十年（1691）由浙江省平阳县赤溪镇迁福鼎桐城镇丹岐村而居，至今该族已历经300多年，发祥12代。

三门里蔡氏

福鼎桐山蔡氏，肇基于康熙年（1674），出自云霄霞河，可上溯至入闽始祖瀛洲学士蔡九恭。原宗祠由蔡则旌于咸丰间立建于石湖，第一代祖先的坟墓在三门里。福鼎蔡氏总共有1700人左右，三门里蔡氏有130多人，在城关大约有350人，岩前大约有230人，主要是二房蔡华的后人。

董江张氏

董江村的张氏是300多年前从福建泉州、安溪一带迁到霞浦，在霞浦居住了约5年时间，后又迁到浙江平阳水头镇。此时张氏后世有一家分居至董江，在董江村生了三个儿子，长子在董江，二子在边防，三子则在海尾。

三门里邱氏

三门里邱氏主要居住在三门里后湾村，祖上因避乱从福建省汀州府上杭县白砂里邱坊迁往后湾。现后湾村全为邱姓，200多人。2010年，因宗祠在浙江苍南，祭祖不便，邱氏在后湾兴建了邱氏祠堂。

流美林氏

流美村的主要姓氏为林氏。据林氏族人讲述，林氏祖上从福清迁来，现有天、地、人、和、礼、义、恭、亲八房，在流美村算是大户。该林氏宗族有3000多丁，分布在桐城流美村、龙安开发区、点头镇以及浙江苍南等众多地方。

（本文据各村居资料和各姓族谱整理）

山前姓氏流源

曾氏

南乾曾氏 曾氏先祖可友与弟麟友，由汀州府上杭县大栋背奎竹巢，乔迁平阳廿三都将军岭。越数年间，曾可友单独于康熙年间迁至南溪石竹坑繁衍。福鼎县政府建设南溪水库，又于1982年间从南溪石竹坑迁移到福鼎县桐城兰田村埕尾，1989年南乾生产队从兰田村分出成立南乾村，埕尾归南乾村管辖。

酱坪曾氏 据《曾氏宗谱》记载，酱坪曾氏属天水郡，最初发源于今山东省临沂市兰陵县西北一带。酱坪村曾氏是浙江省平阳县麻步渔塘始祖曾滨泉，明万历四十三年（1615）从福建安溪县龙门镇龙山村迁入浙江省平阳县麻步渔塘南岸狮头中堡定居。曾滨泉长子曾省池未婚娶时就来到福鼎酱坪村定居，至今已传12代，主要分布在酱坪、狮口路、汽船埠自然村。

百胜郭氏

过洋坪郭氏即汾阳郡后裔。据族谱载，虢叔后裔七十世（依此谱应为六十八世）孙郭子仪生八子，长子郭曜子孙徙河南光州固始县。唐懿宗咸通年间郭曜孙郭嵩（官授枢密使）随同闽节度使王审知从弟王想自河南光州固始县奉汾阳王香火入闽（同行十九姓），居于新宁郭坑（今长乐芝山）。郭嵩子孙又析居兴化、泉州、仙游、莆田。宋孝宗时，莆田郭氏裔孙常盛两子一天与一育徙居长溪大桥头（今霞浦赤岸）。宋嘉定七年（1214）前后，一天之子若仪、一育之子若凤一同迁居秦溪。不久，若仪定居城东棠发境（今棠发洋、东门头一带），为东族始祖，其后裔称户衣东郭氏；若凤定居城西鹿斗境（今莲池、后巷、小西门一带），为西族始祖，其后裔称户衣西郭氏。郭洋坪郭氏传至21世分7房，现已传至29世，总人口420余人。百胜郭氏居住在过洋坪。

赖氏

铁塘社区赖氏 赖氏17世赖登立于康熙年间从福建汀州永定县迁到福鼎贯岭

柘头，约200多年前从贯岭柘头境搬迁至铁塘岭脚。在铁塘社区分春、夏、秋、房四房。春房大多居住在铁塘岭脚门头厝，夏房大多居住铁塘岭脚岭脚店，秋房大多居住铁塘岭脚油杭，冬房大多居住在铁塘洋中。铁塘社区赖氏家族现有500多人，居住于岭脚片区。

罾坪赖氏　　罾坪赖氏属颍川赖氏，源自中原。罾坪村半山派赖氏，从颍川赖氏第十七世赖生贵兄弟4人于康熙年间由汀州永定县迁来二都青潭菁山，赖生贵后转移罾坪村半山定居。1889年，有一房从半山迁居罾坪自然村。半山派赖氏在罾坪村至今已传到27世，主要分布在罾坪、狮口路自然村。

郑氏

大岚头郑氏　　浙南、闽东郑氏多数是三十四世祖郑熙的后裔，熙生二子泰、浑。郑泰四世孙郑庠于晋永嘉元年（307）迁江苏丹阳秣陵，郑泰次子郑昭，于晋永嘉二年（308）入闽，为入闽始祖之一。郑昭十三世孙郑孝仁后裔分布福鼎等地。六十八世郑德山，流落罗源定居于凤山镇岐阳村（原名岐柄），成为罗源开基始祖。延至八十五世郑隆一、郑隆二兄弟为避兵燹，于明万历间北迁闽东福鼎，寻找偏僻地居住，原先在山前乡梅溪村梅溪亭搭茅屋暂居。为解决饮淡水问题，在此挖井。在此住几年后怕官府搜捕，后迁至梅溪后门山大岚头村定居，成为大岚头开基始祖。现主要分布在大岚头、下坑自然村。

石亭郑氏　　从嘉庆二十五年（1820）由浙江苍南贵溪搬迁至岭头湾至今，为石亭社区第三大姓氏，至今有200多年的历史，分布在岭头湾。

许氏

百胜许氏　　百胜许氏由浙江苍南迁来，已有300多年历史，人丁兴旺。宗祠、祠堂、家谱至今都未迁到本地，每年许氏子孙都要回浙江苍南祭祖两次。家谱已是浙闽连环谱，每16年更新一次。百胜许氏现多居住在大坪、新庄、宫岗自然村。

梅溪许氏　　福鼎梅溪始祖是许进元，生于1618年，约于1640年因避乱谋生由福建泉州晋江县大城内安良巷马坪移来福鼎桐山石湖桥南岸居住。后因土地缺乏，生存困难，第三世祖搬到了大岚头居住。第五世祖许肇圣约于1761年，从大岚头搬到梅溪定居，今人口发展到1000多人。

梅溪亭许氏　　始祖天宇，讳范，字以盖，生于明隆庆二年（1568）九月二十四。从泉州南安搬到浙江苍南居住，到了第四代灿元和灿臣两兄弟从苍南迁到福鼎乌石鼻，因为所住的地方离海比较近，水患较多，后迁移到梅溪亭定居。

南阳许氏 源自入闽始祖许爱。许爱,号仁佐,河南光州固始县人,唐僖宗中和年间,入闽镇守漳、泉二州,先居瑶林,后迁石龟,子孙遍布漳、泉二州。许爱后裔许德政,其第八世孙许天宇,原居福建省安溪县光德村,为谋求发展于明万历年间迁居浙江省温州市苍南县大门村(道门村)。许天宇生有三子,南阳许氏皆是其次子许嘉泉后裔,迁至南阳村约有290年历史,集中在坑口、横溪、六斗3个自然村。

陈氏

山前社区陈氏 陈氏祖源河南固始,陈邑父子因与李林甫不合,于公元763年入闽,先居福州,后迁入惠安,后裔又迁入罗源。回龙下始祖陈世贵于公元1546年由罗源鳌江迁入回龙下,因山前山川秀丽,卜居于此开创基业,为回龙下开基始祖,至今473年,传16代,后裔有迁前岐、白琳、桐油垅、薛家山、塘底等处共计2000人,现主要分布在回龙下、阮家尖。

铁塘陈氏 铁塘社区陈氏有多个支派,分属不同的宗祠。其一始祖陈志贤,系陈德诚二十四世孙,属下涝双桂里陈经一、陈子美派下,明中期,十八世祖陈传芬(字在华)由浙江龙港迁居福建漳州龙溪大天堡北溪大庙,明万历年间,陈志贤携妻林氏带长子其凤、次子其阳向浙南迁居,几经周折,途中拆散,陈志贤携长子其凤迁福鼎铁塘定居。其二颖川陈,发祥于河南光州固始县,唐高宗时随开漳始祖陈元光奉令漳州平乱,到明万历年间,历经千辛万苦由福建漳州龙溪县搬迁至浙江苍南繁枝村,约1840年陈景简搬迁至福鼎铁塘定居。其三也是颖川陈,明末大乱,始祖陈毓馨从福建兴化府莆田县桥兜村避难迁到福鼎桐山,为迁桐山始祖,乾隆年间其中的地房派迁到福鼎山前的铁塘。

程家洞陈氏 程家洞社区陈氏主要是颖川派陈宸的后裔,西晋末年,中原动荡,居民纷纷南迁,于763年入闽,先居于福建永春县,繁衍成族,后裔又迁入浙江省苍南县桥墩镇墓安头村,尔后裔孙陆续分居,因山前山川秀丽,卜居于此开创基业,至今280多年。程家洞陈氏后裔繁衍至今已有300多人,主要分布在程家一队,位于城东北路至烈士陵园之间。

晋坪陈氏 康熙年间从泉州田源乡迁居晋坪,主要分布在晋坪、狮口路、汽船埠自然村。

王氏

灰窑王氏 有三支源流:叠石王、透埕王、泰和王。其中,福鼎桐山王氏,王务琨子王不奢第七世孙小荣、小敬、小二，于唐宝应二年（763）从福建霞浦赤岸迁徙福鼎桐山西园。透埕王姓始祖王小荣进士出身，官授浙江严州知府，后周显德三年（956）由福鼎桐山西园迁居透埕，为透埕肇基祖。后又从透埕搬到山前灰窑。泰和王的祖先200年前从浙江瑞安市陶山镇荆谷八角村搬迁过来，一个兄弟在福鼎街头顶落户，一个兄弟迁居福鼎灰窑冠庄，数年后于灰窑埠头落户开店铺，起名叫"泰和店"，经营染布坊、制饼店、香烛坊三间店铺。叠石王，其祖为王不奢之孙，1596年从福建霞浦赤岸迁徙福鼎叠石，清道光年间从叠石搬到灰窑，咸丰十一年（1862）建有宗祠，繁衍人口750多人。

南乾王氏 属山西太原郡，是最早迁居福鼎的王氏家族。唐长溪县令王务琨，为琅琊王氏江左王导支派，退隐霞浦赤岸，繁衍成族，是为赤岸王氏祖。王务琨子王不奢是福鼎桐山王氏始祖。山前南乾王家宗族属王小二的派下，居福鼎西园（现西门）。福鼎第二十四世祖王回生，从西园分迁到桐山前店，其后代又从桐山前店分迁到山前南垅，至今已有400多年，繁衍人口700多人，主要居住在南乾村。

石亭王氏 王不奢为福鼎王氏肇基第一始祖，福鼎第二十四世祖王回生，从西园（西门）分迁到前店，竖立北山庵一所，捐山多岗，捐田12箩；福鼎第二十六世祖王渊，字仕芳，山前石亭里的"石亭"即其所建。渊生六子，长子王相分迁山前里洋坑口，至今已有500多年，子孙分派西园、洋尾、点头塘坪等地，至今已经发展到43代，至排行"功"字辈；次子王榕从前店分迁到水门底（现山前街道石亭里），至今已有490多年，子孙分派岭头、河乾等地，目前已经发展到41代，至排行"其"字辈。光石亭里，当地现有王姓人口达700多人，主要分布在石亭小区，少许城东片区。

山前社区王氏 山前王家先祖是二十世王小二派下，其子王朝炳居住福鼎西园（现西门），有四子，其中一子王国铭搬迁山前，再迁至二十八世王知十之子王在中子禹相，在浙江处州府任通判官，王氏宗族从明崇祯皇前后20世延续43世至今（"功"字辈），已有400多年历史。现有子孙千把人，主要分布在王厝、阮家尖、里洋。

高氏

百胜高氏 百胜高氏系桐山西园高氏分支，分支迁居百胜村300余年，其中亨福天房居百胜过洋坪、亨福地房居百胜卢湾、亨福元房居百胜海边，现有人口300多人。

梅溪高氏 属元房派下17世高尉松长子，元房始祖为讳宏，字廷远，其分支迁居梅溪里，至今400余年，现有130人。

黄氏

兰田黄氏 黄氏第二十六世黄孔晨从福建漳州南靖县马坪携子文灼经商于桐，因明季避兵燹乱居住在福鼎桐山。后三十一世声如迁至兰田腾埠（程步），至今已经13代，子孙300多人。黄姓村民主要分布在程步和桥头自然村，现程步村民有的搬迁到福鼎，有的搬迁到桥头。

梅溪黄氏 据《江夏郡黄氏宗谱》载，始祖为黄祖忘，生于康熙四十一年（1701）。其分支搬到梅溪居住，始祖为朝树，生于乾隆七年（1742）八月初八。梅溪黄氏主要分布在梅溪、梅溪亭自然村。

石亭林氏

七世祖林应朝，名新，字廷瑞，于清康熙十二年（1673）从福建泉州市安溪县赤岭迁居福鼎前岐彩澳，是为肇基始祖，至今已有300多年的历史，主要分布在城东片区。

程家洞徐氏

源出东海徐山承偃之裔，居海州，远祖徐元洎平阳郡守，避王莽之乱，携家渡江而南下，到达今天的衢州，至十九世徐重宝迁徙至福鼎桐山，至今已有700余年。现今后裔主要分布在程家洞社区徐厝、汽车北站、双桂公园，贯岭何坑村，桐山马槽，白琳一带，仅居住在程家洞的徐氏后裔繁衍至今已有300多人。

江氏

据各地现有《江氏宗谱》记载，入迁福鼎的江姓，基本上由汀州府上杭县和泉州府等地辗转迁徙至此。

水北上坪园江氏 始迁祖为江应选。谱载林应选于大明万历辛巳年（1581）由福建泉州府惠安县夏安移居于福宁州劝儒乡廉江里十八都水北溪松坪园（现福鼎市山前街道水北村上坪园）肇基，生二男仰平、爱平（无传）。江仰平生六子：宸荣（无传）、宸彩、宸华、宸爵、宸玉（无传）、宸韬（无传）。江宸彩徙居十六都管阳碧山尾，而江宸爵于清顺治己亥年（1660）移浙江衢州府卢舆县，今已失考。江宸华居上坪园生子六，长子延凤（仁房）分居灰窑，义、礼、智三房仍居松坪园，五子延翼（信房）迁浙江泰顺东门，今已失考。另有江思三于明弘治十一年（1497）由汀州迁居福鼎松洋，江汉辉于清康熙四十一年（1703）由上杭而来福鼎点头僻兜，与上坪园并祠合谱。

南阳九斗江氏 山前南阳九斗江氏始迁祖江永成，于由清康熙年间闽汀州府上杭县徙居福鼎县十八都员屿李家溪，后传三世至江尔堃兄弟转迁桐山十九都南洋九斗（今山前街道南阳村九斗）。现繁衍人丁100多人。

南阳下洋江氏 山前南阳下洋江氏始迁祖江廷观，于清康熙六十一年（1722）由闽汀州府上杭县三坪乡迁居福宁府鼎邑下洋（今山前街道南阳村下洋）。其源流为汀州府上杭县三坪开基祖江八郎裔下，后裔分居山前小溪、秦屿等地，现繁衍人丁50多人。

百胜过洋坪江氏 始迁祖江永侯，系江朝琛苗裔。江朝琛，讳维生，号虚文。原籍闽省泉州府安溪县清泉乡赤岸人（应是修仁乡清源里东溪一带），仕于温州府经历司，居温州东门肇基。清雍正十年（1731）再移居鼎邑一都郭洋坪小湾仔（今山前百胜村过洋坪小湾），生子三：廷标、廷法、廷奎。长子江廷标、次子江廷法分居过洋坪，三子江廷奎仍居过洋坪小湾。现繁衍人丁300多人，主要居住在过洋坪一队、下小湾队。

谢氏

水北谢氏 始祖谢申伯，八十一世谢良植于明万历年间由福建泉州南安十四都东门乔迁至福鼎山前水北溪上坪园，已有430多年历史，至今已传16代，子孙已逾千人，遍布福鼎、浙江等地。当初同至这里还有其胞弟谢良富，后良富迁至苍南矾山赤洋，为赤洋肇基始祖。

上坪园谢氏 始祖谢瑶唐末迁入福建泉州，宋高宗绍兴年间迁居泉州南安东门，明万历年间迁居上坪园。谢良植从祖父谢椿开始颁定行第，共颁定28代后裔的名行、字行，至今已有183年。

山前董氏

山前社区董氏 1850年由董作赤、董作臣从浙江苍南观美双溪搬迁至福鼎桐山。由于当时双溪董氏人员繁多无法养育太多子女，董作赤从双溪一路挑担卖货至福鼎桐山，后接妻儿定居于桐山山前。而后他的哥哥董作臣从双溪投奔董作赤，两兄弟购买山前王厝一个大厅，为山前董氏创基始祖。董作赤生6子，董作臣生3子，为发展繁荣，董作赤搬迁至千里尾，董作臣留在王厝购买的大厅，后形成由董作赤后人定居的董厝（里董），董作臣后人定居的外董，历经169年，山前董氏8代500多人在山前安居乐业。

李氏

梅溪李氏　据梅溪李家人口述,几百年前李家的祖先是因为被大水冲到梅溪乌石鼻,然后就居住在乌石鼻。

石亭李氏　原籍安溪长泰里镇抚乡,李仕享于康熙丙午年(1666)由原籍迁平阳石头岭,再迁卅六都中峰,二世祖李淑宝于清康熙戊午年(1678)迁到排头金山头,同时又有族亲多人迁入排头周围安居。20世纪50年代排头三斗李氏三兄弟相继迁入福鼎市区安家立业,经历150多年,繁衍23代。

程家洞洪氏

据考证,洪姓是从福建泉州、晋江、永春、南安、安溪等地入迁浙江苍南定居,繁衍成族。程家洞社区洪氏系浙江苍南五凤嘉隆洪姓,始迁祖洪弓弼,字治康,约于明万历年间入迁。配周氏,生子四,繁衍成族,后裔陆续分居,迁址于福鼎城关、点头、前岐等地。程家洞洪氏后裔繁衍至今已有200余人。

大岚头刘氏

大岚头洋棋刘氏系刘武周第五世孙刘绳淮迁住福鼎山前,刘绳淮孙(第七世)刘开府由福鼎桐山水头尾迁居山前棋盾(十九都),即大岚头村洋棋自然村,传承10世,现有人口130多人。

南阳潘氏

潘氏第十三世的潘银胡于元仁宗宝庆年间从漳州移居泉州笋江,1313年为避乱迁入永春卓口,1316年在永春胥宇溪源定居。子孙分别移居福鼎、前岐、坝头。潘银胡的第十四代孙潘士永的次子潘应苞,于清初从浙江玉环迁入福鼎南阳定居。福鼎南阳潘氏始祖潘应苞迁入福鼎南阳后,后代不断繁衍生息,历经300多年,目前已发展成700多人口的大家族。

梨阳宋氏

唐代初期,宋氏祖先从河南迁徙入闽,并定居于闽西武平。大约18世纪30年代初,宋士旺、宋士光兄弟俩从汀州府武平县岩头坪村外出经商,来到福宁府,后迁到福鼎梨阳定居。"梨阳"原名"犁阳",这里四面环山,重峦叠嶂,钟灵毓秀。

埕尾雷氏

埕尾雷氏原居住于浙江省台州市黄岩区宁溪镇桥亭井头，搬迁至南乾埕尾已 200 多年，主要居住埕尾自然村。

兰田温氏

属山西太原郡，祖上先居宁化，后迁入上杭，后裔又迁入温州平阳。平阳世系第四世温国华，字元衷，于清康熙年间迁入福鼎桐山蛤亭柴坪子（今山前兰田温厝），为兰田温氏始祖。至今已传 12 代，子孙 200 多人，主要集中在温厝和高厝自然村。

藻溪蔡氏

原籍济阳郡，属信房派，第三世蔡长旺于清初率四男一女从闽南安溪来浙江瑞安飞云，后转平阳矾山。乾隆十三年（1736），次男鼎财重移居福鼎蚶亭（今福鼎山前兰田）藻溪。至今已有 11 代，子孙 200 多人。

蚶埕沈氏

清雍正期间，沈氏第三十三世沈期善携秀盟、秀辉、秀进三子来福鼎，江秀辉移居泰顺洋心街，江秀盟移居柘荣金坑，江秀进居住福鼎蚶埕。已有 12 代，子孙 300 多人。

南阳卓氏

最早在泉州永春，后搬迁到浙江平阳，大概 100 多年后再搬迁到南阳牛楼，到现在有 320 多年，主要分布在内牛、外牛自然村。

石亭方氏

由浙江苍南县赤溪分支到福鼎，后迁移至石亭下村，至今已有 260 多年。

（本文据各村居资料和各姓族谱整理）

福鼎市区代表性家族祠堂

🍃 黄建军

西园高氏宗祠

西园高氏于宋乾德二年（964）迁桐，此前的祖祠已不可考。明正德六年（1511）最初在瀛中门头（即今市委大院）建祖祠，规模宏伟。至明嘉靖四十四年（1565），桐山常遭倭寇、海贼骚扰，官兵占据高氏宗祠作为营房，祠内神主毁损大半。嘉靖丁酉年（1537）海寇登岸，祠堂和关帝庙同时被烧毁。明正德庚辰年（1520），高家捐资重建圆觉寺，嘉靖年间高家向州府购得圆觉寺资产并再次加以扩建。后来祠堂被毁，圆觉寺无恙，高朝见等把神主移于圆觉寺后进并建为宗祠。高家移祀祖祠于圆觉寺之后，圆觉寺前殿供佛像，后楼祀祖宗。

圆觉寺宗祠沿用近200年，清雍正己酉年（1729），因为高氏家族人丁旺盛，且大多聚居西园，圆觉寺无法满足祭祀的需要，因此亨禄房高旸倡建西园新祠。新建的宗祠共四进，建造三年完工，自此祭祖在西园新祠举办。

西园坑里岭高氏宗祠门楼（黄建军 摄）

经年累月，寺庙堂寝腐坏朽落，漏风进雨，高氏主持家族事务的高大亮于清道光二十六年（1846）六月组织族人动工改建圆觉寺，经此一番扩建的圆觉寺达到了空前的雄伟壮观。殿堂面阔5间，前殿进深3间，后楼进深6间，穿斗式木构架，歇山顶，殿前立一太子亭。正殿敬佛，后楼祀祖。以圆觉寺太子亭为中心，沿寺建有寺门、牌楼、庑房、风雨廊、鱼池、拱桥、栓石、旗杆、广场、围墙等。

20世纪30年代，圆觉寺祠堂曾办广陵小学，后借给北岭初级中学（福鼎一中前身）所用。西园祠堂1949年后则被县市看守所占用，至今已全部拆除改建。

改革开放后，族人决定建造新祠，选择在新亭仔，1998年夏季动工，2002年9月落成，共耗资23万元，自此恢复春秋两祭。不料又遇拆迁，遂在西园坑里岭再建祠堂，2004年12月破土动工，2005年11月落成。祖祠背有山峦拥立，左右余峰环峙，占地面积4.93亩，建筑总面积800平方米左右。头门额曰"高氏宗祠"，四周围墙，二进为仪门，左右两侧为二层庑房，供各房聚会用。中为甬道，三进正厅，陈列西园高氏家族历史，楼上设列祖神主神龛，为祭祀场所。

施厝巷施氏宗祠

施氏宗祠坐落于施厝巷9号，该堂前后左右衡宇相望，均为施氏族人。据施氏宗祠碑文载，施氏于清道光五年（1825）肇建宗祠，道光九年（1829）正式落成，立堂号"时思堂"。施氏宗祠坐南向北，属一进合院式砖木结构，由门厅、天井、正厅组成。门厅面阔4.28米，进深7.72米，正厅面阔5间，进深5柱减中柱，抬梁式悬山顶。两旁有厢房。祠内的雀替、斗拱、梁架上雕刻精美，刻有狮子、花卉、人物等。门外有一对旗杆夹，为青石质地。

施氏宗祠自建成后一直坐落于古巷内。雕梁画栋，尽显庄重雍容气派。祠堂大门彩绘两尊相貌威武的门神，大门两侧还踞立着一对雕工精细、形神兼备的青石狮子，更显得气势威严。修旧如旧后的宗祠内部依然古色古香，精湛的建筑装饰随处可见。各类雕塑装饰图案造型雅致、内容丰富，表现出深邃的文化内涵与精湛的艺术品位。

1949年以后，施氏宗祠曾被政府单位征用，先后作为毛尖茶收购站、"文革"支左站、县人武部宿舍、县医院洗衣房等。自20世纪90年代开始，桐山施氏宗族逐渐由封闭转向开放，同世界临濮施氏宗亲会等海内外团体沟通日益频繁。2008年

"时思堂"牌匾（黄建军 摄）

5月23日，在历经数代族人长达半个多世纪的不懈努力，以及海内外宗亲族裔的奔走呼吁下，施氏宗祠终于得以金瓯完璧。宗祠回归以后，施氏族人多方筹资，对祠宇进行整修，使其恢复昔日模样。施氏家族承袭祖例，一年春秋两祭，春祭为每年正月初五，秋祭为每年中秋。

玉塘夏氏宗祠

福鼎玉塘夏氏宗祠，原在城堡内季坤房高派屋前，明崇祯癸未年（1643）始建。由先祖夏鉴区等发起移建城堡南郊，顺治甲申年（1644）再建，系三进四面交井砖木结构徽派风格，宗祠大门为八字开，前后历经四年于1646年完工落成。清顺治丁酉年（1657）八月十七日夜，盗寇破城入村，烧杀掠夺，宗祠有一堂两庑毁于兵火。清乾隆丁巳年（1737），玉塘夏氏众宗亲慷慨捐银二千余两重建。

玉塘夏氏宗祠门楼（白荣敏 摄）

1960年，玉塘夏氏宗祠进行修缮。1982年，宗祠从办玉塘小学和初中班的学校收回，玉塘夏氏宗亲又进行为时3年的恢复历史原貌的大规模重修。2006年8月10日"桑美"超强台风袭击福鼎，玉塘夏氏宗祠遭毁灭性破坏。玉塘夏氏众宗亲团结一心，共同努力，2009年陆续筹集40多万元进行宗祠整修。2013年，众宗亲再继续捐资100多万元进行宗祠第一进修缮。历经沧桑至今，玉塘夏氏宗祠已有近400年历史。

2002年7月，玉塘夏氏宗祠被福建省文化厅编入《八闽祠堂大全》，2003年10月被香港中国宗祠文化研究会聘为特约会员单位，2016年2月被福建省新农村文化建设促进会、宁德市闽学和传统文化研究会授予"2014—2015年度文明祠堂"。

丹岐张氏宗祠

丹岐张氏宗祠位于福鼎市桐城街道丹岐村，合丹岐、外墩、三斗湾、沙垅小镜等周边自然村张氏等十余支各地张氏共建而成。距城区5千米，背山面海，明堂辽远。宗祠始建于清嘉庆丁丑年（1817），时为砖木结构，堂开五檩二进一院。由十二世祖张正枝、张士㙟、张正羡等主事兴建。正堂设神龛灵位，梁上悬挂名人题匾，梁廊庑雕刻人物鸟兽。清末至中华民国间多次修葺，然因年深月久，颓坏严重，更因"文革"中屡经破坏，祠内楹联牌匾散失殆尽。

2001年冬，族主事张儒曼等收回宗祠外埕占地，扩大宗祠占地面积。2004年冬，经宗祠理事会多次会议及征求老中青宗亲意愿，终于议定重建新祠。新祠于2005年六月初六破土动工，占地4000多平方米，建筑面积1300多平方米。此次重建仍按清代祠宇风格建造，堂开五楹二进一院。新祠连开三大门二偏门，祠右增建办公、集会大楼，祠左修葺原祠宇以为宗祠膳房诸用。祠前一双巨狮守护，又新辟花园式前埕，上镌"祖功垂百世，宗德润千秋"对联。四面围墙，外围墙正对祠门，又建一巨型牌坊式门楼。此次重建仍按清代祠宇风格建造，堂开五楹二进一院。然已改用新式仿古形式，青石石柱为底，上顶巨木柱梁坊檩，雕琢花木虫鸟，精巧细腻，厅顶八角藻井，有八龙缠鼎、盘龙吐水、八仙过海等浮雕装饰，而祠宇屋顶双龙并对，堂皇气派。

祠厅上设本村各房暨并祠各宗支上祖神龛灵位，列位灵牌；正中几桌陈列，以祀供品，几桌后正中案桌上塑丹岐始祖景良公木雕像；两旁一列排开供桌，以备祭祀之用。梁上陈列各宗祠赠匾，祠厅、两庑、石柱均雕刻楹联；祠厅及两庑左右配制张氏始祖张挥公功德图，张氏名贤画像，祖训、家训、家约若干，圣谕十六条，唐王中书观孝文等，以此启迪族人动孝思行孝道，观瞻学习。

水北谢氏宗祠

水北上坪园谢氏宗祠始建于1912年，坐落在本村之东，占地面积约500平方米，正殿五楹开间，建筑面积约150平方米，屋面前后出水，三面火墙包殿，大殿雕梁画栋，檐下木刻惟妙惟肖，又经琉璃点缀，更显美丽壮观。2010年对祠堂进行扩建，祠堂整体结构，二进三通，火墙包殿四面交井。前庭及左右走廊，混凝土立柱，正殿选用圆形花岗岩立柱，牌楼选用四方形花岗岩立柱，支撑着全杉木屋架。大殿五楹开间，神坛用4根木刻龙柱，撑连着15扇雕花、玻璃神窗，窗内陈列着肇基始祖谢良植。金九龙黑漆"宝树堂"横匾，地面放置元宝形大几桌，神坛两侧楹联"入斯第怀宗怀祖，登此堂必敬必恭"，明示进入祖祠祭祀厅堂，要怀着尊敬虔诚的心情，缅怀祖辈的恩泽。祠堂正门向左右两侧加宽，门楣上悬挂谢氏族徽，两侧石雕阳文楹联"祥云缠绕坪园翠峰呈秀丽，慧日光耀谢氏寝庙焕巍峨"，体现上坪园谢氏，对秀丽巍峨的谢氏宗祠的自豪。

桐山高氏宗族发展与当地社会变动

林鸿宇

桐山，指桐山堡，为桐山高氏首倡修筑，亦是清代福鼎县治所在。在万历《福宁州志》中仍有"桐山堡，高家一姓所筑"的记载，可见桐山高氏与地域社会的发展密切相关。正如道光年间邑人江文池为《桐山高氏族谱》所撰之序所言：

> 邑之所籍以为重者，必有巨家大族好行其德者为之倡。而闻风而起者，莫不殷于向善，然后可期人心正而风俗淳。桐山高氏，发源于渤海，衍派于广陵。唐天宝时因官而家长乐，历代累迁，聚族鼎邑，代有闻人。其最显者，国楹先生受学于朱子之门，以笃志励行，为群儒宗延及；有明倭寇不靖，高氏族营筑土堡以资捍御；国朝，改建县治，所藉以为保障者，高氏营造之力也。

桐山高氏无疑是福鼎县邑中巨家大族的代表。无论是宋代高国楹从学朱子门下，还是明季倭乱时的兴筑土堡，入清之时依托桐山土堡设县。桐山高氏作为宋代入迁闽东北的移民，至明清时代已然完成在地化、成为本地的望族。由宋至清，桐山高氏在福鼎地方社会中发挥着持续不断的社会影响力。本文借梳理桐山高氏的迁移定居以及在地化的历史，探寻从入迁新客到本地望族的桐山高氏宗族发展进程与地方社会变动之间存在的紧密联系，从而厘清宋至清闽东北地方社会发展的历史脉络。

宋代桐山高氏的迁居历程

在唐宋时期闽东北开发大势下，一些移民在参与区域开发的同时，迅速积累家族的社会经济实力，实现由入迁新客到本在地化转变。其中，福鼎桐山高氏即为一大代表，其定居与发展的历程与福鼎地区的早期开发密切相关。

桐山高氏始祖高郑，北宋乾德二年（964）从福州长乐石邰迁入长溪桐山，高氏谱牒中最早关于入迁本地的族源传说，见于南宋乾道八年（1172）七世孙高昺所撰谱序：

我桐山高氏，肇自齐之太公，姓兼姜吕，以功绩羽翼周室，赐土封齐。八世孙，曰文公赤，赤生三子，曰成公、脱公、子高公……仁生瑞，三国时仕吴为丹阳太守，初居广陵，吾广陵郡望自此始也。瑞生二子，长澄，字一清，次懋，字则大……申生龚，一名忠，字本直，僖宗乾符间，因黄巢之乱，爰自长乐挈家迁于怀安石岊之常山，节度王审知辟公为郡佐……仲，少傅公次子也，行三，生一子曰郑，又名为同，行八，自石岊徙长溪西乡仕洋，生子四人，禧、祥、祉、祚，俱家柳田。祚之子曰芹，字子云，徙福安廉首；叔，少傅公之三子也，行四，生一子曰，行七，宋太祖乾德二年甲子，爰自石岊迁于长溪之桐山，是为桐山肇基之祖也。季，少傅公之四子也，行五，入释氏门，开于祥云寺。郑公生一子曰祺，行三，生二子，曰士由，曰昙。昙迁建州渔溪。祺公以暮年访柳田，宗族因而终焉，就葬柳田前□。自桐山始祖郑公而至昙，又七世矣。呜呼！吾广陵高氏隐显之大略，徙迁之次第，有若是夫，良由祖宗创业之宏仁，居安资深之懿德而致然也……

谱序中的族源叙事包括两个部分：第一部分，发凡于春秋，骤而跨至唐末，多有语焉不详、记载模糊之处；第二部分，展现了高氏宗族由闽江流域迁至闽东北开枝散叶的经过，迁徙过程较为清晰可考，真实性较高。高氏支派有分迁于长溪县西之地界者，包括仕洋、柳田、福安廉首，甚至有深入建州者，而桐山高氏支派的始迁祖高郑迁居、开基于长溪东北之桐山。高氏的迁移故事与闽东北移民开发大势相契合，反映了此时闽东北地区相较闽江流域人地关系较为缓和，尚有充足的开发空间。

关于桐山高氏开基置业，见于《桐山高氏族谱》："吾高氏先祖，自宋创基水北高滩。"水北高滩何在？乾隆《福宁府志》载桐山"平坡宽旷，旧多桐，故名。左右两溪夹岸，亦名桐川"。桐山位于两溪之间的冲积平原，优良的地形与水源条件使得桐山成为移民迁入定居的绝佳选择。"水北高滩"，水北即双溪上游的北部地区，高滩为高氏定居之傍溪浅滩。有研究者认为高氏始迁祖高郑迁居桐山的契机是开拓茶叶种植，然而笔者通过检阅高氏谱牒，这一说法有待商榷。更为可能的是，高氏先祖充分利用良好的地形与水利条件，从事农田开垦，从而迅速积累经济实力以践行耕读传家。

尽管缺乏早期高氏宗族经济生活的记载，但在高氏后人高维文所撰《水北溪废桥记》一文中可见早期高氏族人主持修筑水北溪石桥的记载：

桥之废久矣，往者朝见公见水北王家屋角之小石塔，始知此桥宋咸淳间，吾家先世有汉公与其孙广禄独力所成者。塔则桥中物，旧没于中流，不知何年为王氏所得。及闻是事，族长老议往视之，王氏惧其还也，已劖去汉公等名姓，余尚存，多磨灭不可读。原桥墩四，嘉靖末桐山土堡成，拆其一以砌五门。迄万历，水北庵僧烟霞复拆其一，砌磴埠三百余齿，绝水以济行人。至顺治壬寅七月间，又崩其一，声如轰雷，远近皆震，而存者今仅一焉。呜呼！自桥废日久而磴埠始成，由是南北商贾、过客、游人、舆夫、担夫、樵父，往来扰扰，如行康庄，无褰裳濡涉之苦。当此之时，若似可以无桥者，及乎夏秋淫雨，溪流奔放，澎湃万状，渡以略约，行者惴焉。然后知向者之桥为其利，而汉公之名之果可以不朽也。

水北溪石桥始建于南宋咸淳年间，位于高氏族人聚居地附近。水北桥的修建与所处地带的地理环境相关：在夏秋连续降水下溪水暴涨，行人无法经由水中浅滩上的碇步渡河。为便利过往行人，高氏先祖汉公、广禄公2人建水北桥。石桥桥墩有4个，其中之一即可当修葺5个城门、碇步300余齿之用，可以推测水北石桥规模相当宏大。该石桥的修筑出自桐山高氏族人之手，可以推断高氏在迁入定居200余年的时间里已经积聚颇为丰厚的经济实力，并积极参与地方公共事务。

在早期经济积累之下，桐山高氏族人推崇理学，与士人交游，从而使高氏家族在文化上跻身上流，扩大了高氏的社会影响力。自第五世以降，桐山高氏屡获功名。第五世的高崇，是桐山高氏宗族派下最早取得科举功名者，为元丰八年（1085）进士。最早撰写高氏始祖源流的第七世高昙也是源出高崇派下，同一派下的高融、高松父子分别为乾道乙丑（1169）、绍熙元年（1190）进士，高崇之胞弟高义派下有第八世的高龄，淳熙丁未（1187）进士。就科举成就而言，族谱中记录了宋代期间高氏族人先后已有10位进士及第，步入仕途。可见至迟于第五世时，桐山高氏已具备一定的经济实力，足以供部分族人读书应考。

此后，高氏族人积极拓展社会关系，与本地望族联姻的同时，更积极参与士人交游。高氏第六世高栯之女，适与潋村杨楫。潋城杨氏唐末入迁福鼎潋城，至宋"科名极盛，为前代望族"，杨楫为淳熙戊戌年（1178）进士，曾求学于朱熹门下。通过联姻，高、杨二族建立了紧密的联系。高氏族人亦有与浙东名士交游者，如第八、九世的高融、高松父子，与朱熹、陈傅良二位理学大师交游。其中高松更邀朱子至桐山一览轩讲学，在高松去世后温州著名文士叶适为其作墓志铭。嘉庆《福鼎县志》专辟"理学"一节，载高松、杨楫于其中："自高、杨诸君子游紫阳之门，深得其邃，大阐宗风，名儒辈出，后先辉映。"

由上可知，在宋代闽东北移民迁入的浪潮中，福鼎桐山高氏先祖充分利用良好的地形与水利条件，从事农田开垦，从而迅速积累经济实力。随后紧抓宋代兴科举重文士的机遇，通过科举促使家族跻身仕宦，又借助大族联姻与士人交游拓宽人际关系网络，不仅扩大了高氏的社会影响力，还使高氏在文化上跻身上流，从而牢牢把握家族早期发展的先机，迅速完成入迁新客到在地化望族的转变。

明代桐山高氏的宗族实践

元明之季，闽东北持续受到山海寇盗的威胁，社会不靖。正如万历《福宁州志》"宋时民物殷庶，好尚文雅。及元之季，民户日耗，风俗亦异。"元末明初的战乱使得闽东北人在籍人口迅速减少，田土抛荒。从《高氏族谱》中关于元明之际战乱的记载可见一斑："元季方国珍、陈友定之乱，家家流离、族人奔散。"元明鼎革之时，十三世祖高谦举家逃散，"率其子信、辛、进、坚暂逃于才山二载"。待兵革渐平之时，遂归故里。可见元明之际高氏家族的社会、经济实力受到沉重打击。比起兵乱频仍，对高氏家族影响更剧烈的则是明初的军事征调政策。

明初高氏族人自水北高滩顺溪之下，迁居溪流下游之地，与曹、徐、王三氏为邻。甫至洪武年间，高氏传至十四世时，高氏诸多支派及其后代被抽充为军，下表可窥见一斑。

桐山高氏 13—15 世部分世系表

13世	14世	15世	备注
寓	华		洪武元年，为事，充军福州左卫，原籍失传。
	伏		
谦	信		
	辛		洪武十四年，王邦达事，问发工役，病故。
	进		
	坚	冈	桐山高氏元、亨、利、贞四房出自此支派下。
襄	祥	域	洪武二十六年，为王俊军役事，充军西安左卫，原籍无传。
		洪	永乐十七年，为勾解补役，原籍无传。
赞	孟让		
	孟汝		为兵锋事，问发莒州守御千户所充军，原籍失传。
	孟玉		
宋	宁		为兵锋事，同弟安问发四川盐井卫充军，原籍失传。
	安		为兵锋事，同兄宁问发四川盐井卫充军，原籍失传。

宇	孟璋	为兵锋事,问发莒州守御千户所充军。
	孟仁 喧	孟仁,为兵锋事,问发莒州守御千户所充军;喧,洪武二十五年为勾补起解,中途病故,原籍失传。
	宗贤 有松	为兵锋事,问发云南易门县充军,原籍无传。
	有柏	同兄有松充军云南,无传。

由上表可见,桐山高氏在第十四世时已有族人被抽充为军,即高氏家族第十三世诸多兄弟的后代中,至少有一人被抽充为军。明代卫所军士的主要来源有四:从征、归附、谪发、垛集。上表中被抽充的高氏族人多因事而充,即"谪发"为军;更有甚者,因兄终弟及、清勾补役,使得这一支派尽数抽充为军。明代对户籍的限制十分严苛,洪武二年(1369)规定:"凡军、民、医、匠、阴阳诸色户,许各以原报抄籍为定,不许妄行变乱。违者治罪,仍从原籍。",这些承担军役的族人大部分从东南沿海被派往遥远的西南、西北边疆应役,路途遥远,更有甚者病故于途中。可以推测,高氏族人或因罪而受到牵连,因而有如此大规模的高氏族人因罪受谪发而充军,使得高氏宗派近乎断绝。族谱中对这一时期的记载相当隐晦,仅有仲逊公派下宗茂公(高谦)传中所提及:"天厌胡元群雄各据,风尘倾洞,兵革侵凌。当此之时,境土摇摇,靡从依止。乡之远近编氓不能常守。至有相将而沦没者,公独以万全之计挺家祚于烟波披靡之时,而能上承宗绪,下启孙猷。"在兵乱之时,高谦以"万全之计"保全家祚,这"万全之计"究竟如何保全家祚呢?这一隐晦的记载留给了后世诸多的想象空间。

宋怡明在研究明代军户的日常政治中指出,明代的军户群体并非被动接受国家推行的制度,而是在制度实践中利用不同的策略进行"制度套利",称之为"被统治的艺术"。尽管明初的军事制度对高氏家族的影响十分剧烈,各个支派因抽充为军几近绝后,"原籍无传",付出了相当沉重的代价,但这也可以使得更多族人享受到身在军籍的好处。位于桐山的族人获得了军户的世袭身份,享有免除劳役的特权,一定程度上有利于财富的积聚。在十三世至十五世居于桐山的"谦——坚——冈"一支即为如此,明代中期桐山高氏的宗族复兴正是出于此支派下。冈公的次子,十六世高尉(1403—1465)在高氏宗族的发展中占据举足轻重的位置:

尉,字伯泰,号修谷。户名祖蒸,冈公次子也……按:公甫六岁,即丧父。赖母赵氏极力抚养,比长,德性温和,与物无忤。迨兄宣见背,世路坎坷。公以详审矜慎,得不踬挫。宣德戊申,聿新轮奂。泊沙寇入桐,独携家簿、宗谱二帙,踰垣而奔居海岛者三年,庐舍家资为之一空。景泰丙子,乃奋砺拓土,重兴居宇,大竟。

十六世伯泰公高尉，在父辈乐善好施中，于乡里拥有一定的名望。但是，"斯时也，建宁军人以屯种来乡，专张威势，以圈民产，乡人无敢与忤者。予之膏田，渐归其计。予尚在童稚间，吾母以状闻于官。蒙与追究，核得强借状军被鞭挞而致死者凡几人，由是悉还所图，乃得以安其业"。明永乐二年（1404），卫所体制发生变动，亦兵亦农的屯军大量进入闽东北开展屯种，掀起了一波移民潮。永乐年间建宁右卫屯军大量进入此地，这些屯军侵夺田产、凌虐生命，与地方居民发生激烈冲突，高氏田土也为屯军所占，最终才得以赎回。可见这一时期桐山高氏的家族力量仍较薄弱，尚无法于此地的屯军抗衡。随后，闽东北地区也受到邓茂七之乱的波及：

> 正统戊辰，沙县元恶邓茂七擅谋不轨，闽浙豪酋闻风响应，大肆剽掠。是冬十一月十三日，忽群盗数百辈，皆甲杖划至，诈言以假道复仇，蠹屯村落。里中老幼悉皆惊窜。群盗乃乘机突进。予度不能万全，惟携宗谱一帙及流水田簿一扇，越垣而奔，家赀罄掠，庐室俱焚。予虽集众而追击之，终以势孤不遂。呜呼惜哉，厥后猖獗纵横，里邻奔匿，予乃挈家避于海岛者二年。寻蒙朝廷诞敕重臣总兵锄之，平荡巢穴，绥抚黎元，居民安堵。

明代前中期的社会动乱对闽东北社会造成了沉重的打击。作为地方望族的桐山高氏也束手无策，甚至只能弃家远遁，这反映了高氏宗族势力相当有限，在寇乱侵扰的大背景下无力应对。劫乱之后，高尉与建宁屯军李氏联姻，改善与屯军的关系；为保留家族的社会经济基础，高尉在逃难之中仍保留宗谱与田簿，田簿为高氏宗族名下产业提供了产权依据。

经邓茂七之乱后，高氏族人再次修谱，完成宗族整合。首先，高氏分家析产，分为四房。高尉生四子宏、宗、冠、汉，分为元、亨、利、贞四房，四房派系传承相延至今，各个房支始有大、小宗之别。明成化年间，高宏、高宗建立祠堂，置办祀田，增修族谱，完成敬宗收族之举。明正德六年（1511），择地营中，创建宗祠："吾家祠堂宋元以来不可考矣，逮宏、宗、冠、汉四公以正德六年始择地于瀛中门，首创祠一所，前临方池，后构层楼，以祀先代。"

随后，高宏为高氏大宗置办祀田。"我宏公为田以诒子孙，输上赋供岁祀，凡四十有余石，后人赖之，非止祀也。统之以祀，令子孙不忘本也。"捐置祀田实为供家族递年祭祀之需，也成为团结族人的手段之一；至于增修族谱，明成化二十三年（1487）高氏宗族繁衍，为整合族人，高宏率众修谱，延请福宁州同知马迪为谱撰序：

"宏念世系之远，族姓之繁，恐后世无所考，乃摭家庭所闻，爰求文人叙为斯谱，以诒其子孙。其用心勤矣。"

在桐山高氏敬宗收族、明辨世系的同时，还将山林田土印于谱后，反映高氏家族对田土产权的确认。此次修谱起于高氏家族重振经济实力之际，体现了高氏在桐山城内强大的经济实力。在《高氏族谱》中有着诸多关于山林田产争讼的记载，如《田山记》有云："前此吾家与塘底夏大尧有古驿山之争，后与水北王华七等有高滩山之讼，幸方揭二父母直之，已悉之审单矣。兹复与刘元臣争田之衅，仍讼之州。夫竹石坑等处之田，吾祖蒸尝之田业。高滩古驿之山，吾之祖居也，坟墓在焉，皆讼而得。自是争之所在，不可不以记也。"明季围绕高氏田土的争控不断，因前代簿册尚存，尤其是成化八年底册与正德六年所修之谱，为庭诉提供产权依据。可见将田土登记附于族谱之后，实际上也是出于防止争讼的需要。

高尉所建之圆觉寺，正德年间高氏族人增修一新。并且，高氏四房出资捐田，供养寺僧，"舍田四石、园三石以供衣钵，米则撒广陵元、亨、利、贞四房代为输官，分毫不以累僧"。高氏族人捐田于寺，实际上是为了家族公共财产，防止侵渔。"夫寺虽有常所，而更历岁年，创修不一。田园固有定额而段落星散，侵夺可虞。矧世值多难，聚散靡常。过此以往，寺可必其常存，而田可必其常有乎。"至嘉靖年间，为应对倭乱，圆觉寺完成寺祠合一的建置，并形成固定的荐祖传统。"然寺而又为祠者，因嘉靖间倭奴告警，所至焚毁，独敬佛，不毁寺观。故先人奉祖宗栗主，祀于后楼，盖以避倭也，至今仍之。例年中元荐祖在其中，族人寄菴在其中。"

在明中期的社会动乱影响之下，桐山高氏宗族紧抓山林产权控制与宗族组织建设两大关键，完成宗族的初步整合，在明代中期完成桐山高氏宗族复兴。在明末倭寇大举袭来之时，为抵御倭乱，高氏宗族组织筑堡自守。《高氏族谱》中《桐山土堡沿置记》载有桐山高氏兴修桐山堡的具体情况：

桐山土堡自宋元二季已坏。嘉靖二十一年，里人始砌墙垣，中护篱落以卫族属。至三十一年，倭奴入寇杀伤守御。三十八年，倭复陷州城，随道桐山，肆虐焚毁，居民远窜，流离万状。迨倭难既平，稍稍宁宇，众议筑城以资保障。西北约略仍旧，东南以王、曹二姓不相协议，故稍缩之。以四十一年鸠工，越三载始竣。是役也，倡议之时众犹难之，而族叔祖权公号台山者，捐食谷一千石以倡，众乃欣然，照米摊派，或捐金给费，或出地筑基。基之在于他姓者，则拨地相兑。今州志载云：桐山土堡，高家一姓所筑。此固吾族之盛举，实则台山公之首倡也。

桐山堡兴修于嘉靖二十一年（1542），最初的作用即是筑堡自守，但防御能力极其有限。在嘉靖三十八年（1559）的倭寇侵扰对桐山造成了巨大的破坏，因而在倭寇退去之后，桐山城内诸多宗族聚集商讨筑堡防御之事。参与修筑的并非只有高氏家族，而是城内诸多宗族，筑堡的过程是与众多家族势力协调、谈判、博弈的过程。一同参与桐山堡修筑的王氏宗族也在族谱中记载了修筑城堡的相关细节：

> 高姓丁米繁盛，有高台山公先捐谷一千箩。以资始事，余照丁米洒派，或捐金助费、或出地筑基，三载始告成功。当兴工之始，恐众难协志，向罗州主呈请沈青芦门史巡司纪善公前来监督。竣工之后，以沈青之芦门，前由桐山移徙至是，而转归桐山，为桐山驻守，桐山有芦门之称，正为此也。

桐山堡的兴筑体现了各个家族合作的过程，参与合作的家族按丁米摊派钱粮，出银出地，共同兴筑而成。虽然高氏为桐山一大族，但在筑堡之时并未取得统御城内各大宗族的社会地位。然而高氏族人首倡修堡，功不可没。高权带头捐谷一千箩，后世方志特将桐山堡冠以"高氏一姓修筑"之名，这也体现了官方对筑堡行为的认可。

清代桐山高氏的宗族复兴

作为前代望族来说，明末清初的兵革对高氏宗族带来了毁灭性的打击，"明末清初，山海寇乱，祠宇焚烧，逃散他乡。田土荒废，人丁消耗。"族人颠沛流离，转徙靡定。苟全于明末清初乱世的高敛卿，曾撰其18岁至77岁近60年颠沛流离的《自述遭遇状》："援笔记之，俾后之子孙览此，知余处乱世之艰，并以戒子孙各自谨慎尔。"借以警示子孙不忘在乱世中苟且偷生的艰难处境。

在高敛卿的记述中，自其18岁刘中藻起兵攻福宁州城始，至清康熙二十六年（1687）桐民得以安稳之时，闽东北遭受兵扰已然将近40年。顺治初年，闽东北成为明清军队拉锯的战场。桐山一地的防御力量极其有限，形同虚设，为流寇侵扰提供可乘之机。"是时州未设镇，桐未设营。只有把总一员、兵二十名在城外住。时小岳后湾有泉州人名马贵，鸠集亡命百余人，假以倡义，遂乱桐山，把总奔回州。"只需百人规模即可为乱桐山，可见此地实际人口稀少、防卫薄弱，但仍频遭洗劫。无论南明将领，还是山贼海寇，至桐山均"不论贫富，勒银助饷"。如隆武朝福安籍进士刘中藻，曾与冯生舜、阮春雷、陈文达等人起兵攻陷福宁州城，当其率兵驻扎桐山时，"富者勒饷二三千金，稍殷者四五百金"。又有山寇以倡义来桐，不论贫富，勒其助饷；战乱的长期持续使得桐山地区田土荒芜，生灵涂炭，生产停滞，人口死徙。至清顺治十三年（1656）时，陈文达船部直抵桐山城郊，焚劫玉塘堡。是时，"桐山稻在田无人收，蔗在园而无人砍，兼以瘟疫流行，至（顺治）十四年冬，人民死徙，十不存一矣"。重以自然灾害不断，"猛虎甚多、洪水横流，北门外店舍漂没无余，男女溺死二三百人"。平乱之后，桐地"民穷财尽，囊积百金者无之"。

清初山海交乱，桐山"断人迹者三年"，高敛卿辗转奔逃于闽东浙南数地，最终得以苟全性命。这无疑是面对社会不靖时高氏族人周旋应对的真实写照。在面对不绝如缕的战乱之时，高氏族人极强的收族意识延续了高氏宗族编修族谱的文化传统。二十世高朝见"虑世系之散漫而失其传也"，汇集宗人至圆觉楼，3月之间采访纂辑、编修族谱，"起而会集宗人，慨然为修谱盛举"。恰逢沙寇侵扰，族人四散奔逃，二十二世高维文挈家逃窜，历泰顺、瓯，括走景宁、庆元至寿宁县避难。"担头则惟箧谱稿，与亨房印阄一帙"。在寿宁叶永年家书楼，高维文秉持谱稿，为高氏修康熙丁未年（1667）新谱。

迨至康熙展界之时，高氏族人旋复故里。无处栖身，分往各乡开垦田园。高氏族人开拓因战乱抛荒的自家田土，收归高氏公产所有，并详细载于族谱之中。《公产地段》有记："兹从旧册录出，见当时先人产业之腴……将现管田亩山园统列其地段于后，俾世世子孙咸知祖业之所在，且可使后人无敢生觊觎之情。果有此情，我族人当持宗谱以正之。庶几祖业长存，永无遗失矣。"《高氏族谱》中载有数量极多的田地山场，在平乱之后重修族谱之举，实际上是桐山高氏对桐山城周边高氏族属山林田土产权的重申。桐山高氏继承了前代的经济基础，将田地山场载于族谱之中，以昭后世。对山林资源的大量控制，使得桐山高氏在复界之后家族经济实力迅速恢复。

在经济实力逐渐恢复之后，高氏族人陆续开展敬宗收族行动，完成宗族整合，实现宗族复兴。清康熙四十二年（1703）时，高维文"修辑旧藁，次第誊入正谱，前后合为一帙。四房始祖俱不敢增删只字"。高氏族人在这一时期编修族谱，一方面在整合历经战乱渐回故土的族人，强化宗族意识；另一方面，是以编修族谱的形式确认田地山林的产权，收归于高氏大宗所有，快速积聚族产，增强家族的经济实力，并完成再分配。清雍正七年（1729），高氏族人将所存积的数百两银与数十石田，重以弃卖三分之一的公田，构造三进两庑的西园高氏大宗祠堂，团结高氏元、亨、利、贞四房族人，并公抽祭田，付予四房轮值祭之人收租备办。《西园祖祠图》中有记："吾家旧聚族于潋中，祖祠在堡内东门首莲池境。后毁于寇。至我朝雍正七年己酉，亨禄明房祖旸公始创建于今，聚族于西园前……环祠而居者，皆亨房派下。"高氏宗族的重新整合实际上是以亨房为主导的，可见亨房人丁兴旺、经济实力较为雄厚。高氏宗族整合的过程中保留了高氏大小宗祠之界限，"大宗祠"指的是西园高氏大宗祠堂，而"小宗祠"指的是各个房支的"房祠"。在族内地位较高者，多为致力于大、小宗祠的公共事务之人。如亨福房之高正侯，"初以力田起家，手创产业。急公向义，邑中事如增修河坝、创建水北溪石桥，重修昭明寺浮屠，皆身任之。掌管亨福公堂，设立规矩，增厚公产，区处事务，皆井井有条；中年以后，掌管大宗祠公务，克俭克勤，严正不阿。数年内为大宗祠厘清侵欠，增置田园公产，又为兴复一览轩遗迹事，与玉塘夏家争控，备极辛劳"。可见亨房子孙有着较为雄厚的经济实力，足以支撑其完成地方公共事务的创设，并积累一定的家族、社会名望，不仅掌管亨福房之事务，更参与"大宗祠"公务的掌管。

高氏族人以高氏大宗祠为单位，参与地方公共事务。清康熙年间，高氏大宗以高祖蒸之名参与公共事务。"祖蒸即吾家先祖户名。是时建诸人，即深公、题公、启公、嵋公、捧公、贞吉公诸先祖也。"又有元房高松龄，于清雍正六年舍基地创建溪西桥头观音亭一座，随后的修缮工作由高氏宗族接管。高氏宗族参与了桐山城内诸多神祠的修建，如高龙光所作《元弼殿记》载：

> 桐山中军府前有元弼殿一座，巍峨宏敞，极县治所壮观，明成化间我太祖西岳东海诸公所建，以奉华光大帝者也……
>
> 吾祖所建神祠多矣，若关庙、临水宫、真君堂及此皆是。今临水、真君二庙归于境内修葺奉祀。而檀越仍书高元、亨、利、贞，若本殿与关庙则属吾族所奉祀，即改建修葺皆族任之。噫！我先人乐善好施，敬奉神明挚矣！至于神之灵应，桐人皆知之，无俟我族人之赘也。

由上引可知，元弼殿为明成化年间高氏族人所建，万历、康熙、嘉庆年间反复有重修。除元弼殿外，高氏宗族参与兴建了桐山城内诸多的神祠，包括关帝庙、临水宫、真君堂。现如今部分庙宇归于社区，为域内民众共同奉祀，但均声明庙宇有高氏元、亨、利、贞四房参与修筑。高氏族内仍保留元弼殿、关帝庙为高氏的家族庙宇。桐山高氏将神灵信仰私有化的过程，展现出桐山高氏强大的社会影响力已然渗透桐山城内的民间信仰世界中，并掌控较大的话语权。

此外，高氏族人还不忘援引宋代高国楹的文化成就，将高国楹纳入朱文公祠的配享中，接续高氏先祖在前代的文化正统地位，扩大社会影响力。高氏族人在修纂族谱时反复重申桐山高氏与桐山堡兴筑之间的紧密联系，指明桐山顺利完成新县之设实际上依托了高氏所筑之土堡，促成了由土堡至县治的转变。这一时期，国家力量介入了以桐山高氏为核心的地方社会秩序，这一举动也在事实上确认了桐山高氏在地方社会上的优势地位。

总之，作为前代望族的高氏族人，尽管受明清易代将近 40 年的社会动乱影响下，族人四散奔逃，但在展界之后迅速完成宗族整合，敬宗收族，增强经济实力的同时塑造文化正统，扩大社会影响力，实现高氏宗族的再次复兴。由于桐山高氏广泛控制桐山周边的山林田土，参与地方社会中的公共事务，控制桐山城内的信仰世界，因而能够牢牢掌握着地域社会的话语权。此外，复界以来相对稳定的社会环境也有助于桐山高氏长期维持着强势的社会地位。

综而观之，由宋至清，桐山高氏在闽东北地方社会中有着延续不断的社会影响力。在宋代闽东北开发大势下，一些移民在参与区域开发的同时，迅速积累家族的社会经济实力，并在文化上跻身上流，实现由入迁新客到本地望族的在地化转变；元明之际的战乱使得高氏家族的发展遭受打击，但桐山高氏在明代中期抓住机遇，通过山林产权控制与宗族组织建设积累社会经济实力完成宗族的初步整合，在明代中期完成桐山高氏宗族复兴，并且积极参与公共事务；明清交替之际的兵革再次打击了高氏宗族的发展，复界之后高氏族人陆续开展敬宗收族活动，编修族谱，倡建大小宗宗祠，影响力渗透入桐山城内居民的信仰世界，展现了高氏族人在地方社会中拥有着强大的话语权，这也推动了区域内部宗族社会秩序的形成。

桐山高家对乡村文化建设的贡献

<small>黄建军</small>

高家作为桐山的望族，从宋明开始就为桐山的地方文化社会发展发挥巨大作用。兹列部分事迹如下：

水北溪建桥

桐山西园高维文写于清康熙七年（1667）的《水北溪废桥记》载："桥之废久矣，往者朝见公，见水北王家屋角之小石塔，始知此桥宋咸淳间吾家先世有汉公与其孙广禄独力所成者。"

文中记载宋咸淳年间高汉与其孙高广禄在水北溪上"独力"造桥。建成的水北溪石板桥有4个巨大桥墩。宋代所建水北溪石板桥不知哪年被洪水冲毁，但4个桥墩仍立于溪流之中，明嘉靖年间桐山建土城堡时曾拆解一桥墩石用于建筑城门，到明代万历年间水北庵僧人烟霞又拆解水北溪桥一石墩，在水北溪上建碇步三百余齿，方便两岸行人往来。清康熙元年（1662）七月发大洪水冲毁一桥墩，声如雷轰。

福鼎宋代建造的石板桥保存到现在仅有太姥山下才堡一座虾蛄桥，按当时条件，建桥是十分艰难的，宋代高家先祖建桥水北溪无疑耗资巨大，历经艰辛。

水北溪建渡口

桐山水北溪水面宽广，溪流湍急，此处是通往浙江的交通要道。

遭遇大雨，山洪暴发，溪水猛涨，两岸就无法通行，又是高家首倡在水北溪建渡口。水北溪桥头至今保存一块《奉宪永禁碑》，据碑文记载，清乾隆元年（1736），高家出资造渡船一只，在水北溪设立渡口，招募渡夫一名，摆渡于水北溪两岸，高家已故生员高行男捐一箩六斗田，给渡夫自种自收作为工钱，田契藏于水北庵处，刻石碑立于桥头。对渡工规约：渡船往来禁止收受任何钱文，摆渡要随到随开不得推诿，夜间有紧急差事即刻渡送不得怠惰，不得将船只借予他人运送货物。

两岸摆渡不收任何费用，高家出资造渡船，捐田给渡夫自种当作工钱，可见当年渡口是公益性质的，水北溪渡口作为福鼎十八古渡口之一，当年渡口人来人往，很是繁忙。

倡建桐山城堡

清嘉庆《福鼎县志》载："明嘉靖三十八年，乡人筑石堡以备倭。"清福宁知府李拔《福鼎城池记》："有明嘉靖之间，倭奴肆虐，所在蹂躏，土人因筑城堡为自守计。"

高维文写于康熙七年《桐山土堡沿置记》道："嘉靖二十一年，里人始砌墙垣，中护篱落以卫族属……三十八年倭复陷州城，随道桐山，肆虐焚毁，居民远逃，流离万状。迨倭难既平，稍有宁宇，众议筑城以资保障……以四十一年鸠工，越三载始竣。是役也，倡议之时，众犹难之，而族叔祖权公号台山者，捐食谷一千石以倡，众仍欣然，照米摊派，或捐金给费，或出地筑基，基之在于他姓者，则拨地相兑。今《州志》载云：'桐山土堡，高家一姓所筑。'此固吾祖之盛举，实则台山公之首倡也。"

高家首倡谋划建筑桐山堡，捐谷捐地，遇到他姓之地基，不愿捐献者，则用高家之田地予于相兑换，保证城堡建造得以顺利进行。建古堡资金来自众人捐献，但高权首倡并捐谷千石大力促成筑堡，其功绩尤大焉。清光绪《福鼎县乡土志》在"恤"中载："高权，字良经，倭陷桐山，权仓促负母林避昭明山中，倭退乃返，众议筑桐山城，权捐谷千石以捐。"高权背负母亲至昭明山中躲避倭寇，乃至孝之人，首倡并捐谷千石建古堡，乃大义之辈。

倡建桐山溪坝

桐山溪汇合上流多条溪水，每至夏秋之季，洪水与潮水冲汇，溪水猛涨，冲垮房屋，淹没庄稼，桐山城变成一片泽国。清福宁知府李拔曾到福鼎视察，感言道："每夏秋水发，洪波巨浪，势如奔马，冲决庐舍，不可胜数。无此堤是无鼎邑也，有司奈何忽之！"

另据《高氏族谱》载，明朝天启、崇祯年间，高家族中长者就与桐山众乡绅商议筑建桐山溪防洪堤，众议纷纭，但终因意见不一而未能动工。又多次呈文上报福宁州，得到多位州官的首肯支持。明崇祯四年（1631），高维文之父与众乡贤合力排除各种非议，首倡捐款献地，集聚工匠开工筑建桐山防洪堤坝，在城外东北处开始筑基，城中民众踊跃参与，从岭头新街到水流尾一带，居民积极参与挑土筑石成堤，以遏奔流之溪水，让城中百姓免遭洪患侵袭，为桐山百年计。筑堤防洪，高家先祖有功劳于桐山。李拔言："吾闻鼎俗，急公尚义，慷慨好施，凡邑中城池、学校、书院建设，以及道路、桥梁之类，靡不取资群力，有非他邑所能及者，余于此堤见之矣。"鼎邑之民众对筑坝建堤之大业全力投入，主动参与，建成堤坝高五尺、长数十丈，这是好的开端，为以后堤坝筑建打下了基础。

乾隆八年（1743），福鼎知县熊煌率绅士游学海、张有华等再建较完整石坝，其后吴寿平、胡建伟、赵由俶、王应鲸、岳廷元等历任知县对桐山溪堤坝不断加以修筑，修堵缺口，使水患稍息，减少洪患对桐山百姓的灾害。

捐建圆觉寺

高维文写于顺治十年（1653）的《圆觉寺记》载："其初不知始于何代，故老相传旧名罗汉寺。"明正德十五年（1520），高家捐资在原寺旧址上扩建，寺院殿宇轩昂，法堂、方丈、斋房、厨库俱备。明万历和崇祯年间僧人多次对寺院进行修造，其所支费用皆出于高家公捐与族人私助。据高维文记载，寺院初创之时，高家祖上"捐舍田四石、园三石以供僧人衣钵，米则洒自广陵元、享、利、贞四房代为输官"。圆觉寺最初非高家所建，后高家捐资在原寺旧址上扩建，并为寺僧提供给养。

清咸丰五年高龙光《重建圆觉寺》载，高家建寺舍田以给僧徒，开始是寺而非祠堂，"先时，族长老有云：'吾家祖祠向在营中门首。'"高家祠堂最早建在瀛中（现在的市政府办公楼处）。明嘉靖年间倭寇骚乱，四处焚毁，独敬佛不毁寺观，故高家先人移祖宗神位于圆觉寺，以躲避倭寇之乱。寺祠合一，圆觉寺才成高家祠堂。清道光年间寺院风雨侵蚀，朽坏严重，清道光二十六年（1846），族人高大亮主持复修，历经2年，费银3000多两，终告完成，寺殿堂面阔5间，进深3间，后楼进深6间，穿斗式木结构，殿前有太子亭，正殿敬佛，后楼祀祖。每年中元节，高家在圆觉寺院延僧荐祖，合族少长亦得一聚。

高家诗书传家，热心办学，明代高汝德在家设私塾，又分内塾、外塾，内塾习文，外塾习武，随学生人数的增加，移到圆觉寺举办学堂，延聘名师，招收高家及亲属子弟就学，名"圆觉寺学堂"。明朝嘉靖年间游朴曾在圆觉寺的高家学堂读书，后考中进士，官至湖广布政司右参政。清末民国初年改名为"私立西园初级小学"，民国中期又更名为"广陵书院"，20世纪30年代北岭私立中学借用圆觉寺办学，圆觉寺就成了福鼎一中校园的一部分。

圆觉寺是集寺院、祠堂、学堂于一体，体现了高氏家族对教育的重视。圆觉寺办学在福鼎教育史册上有其重要地位。

捐建寺、路、桥、亭

高家在桐山还捐建倡修不少道路、桥梁、茶亭等公益设施。据《昭明寺塔记》载，明嘉靖十三年（1534），昭明寺住持僧广性请同福宁州十七都桐山信士徐湖、信官高祥同弟高汉，募众同修采妆圣相，塔后复建禅堂5间。另据清朝高晚成《重修栖林寺记》

载，明代天启、崇祯年间，高家先高祖潜庵在栖林寺故址上复建大殿。清康熙年间，高晚成之师邀他和弟高晚得同住栖林寺数年，目睹寺院之荒芜凋敝，即有修复之志，四处募捐资金，先建大雄殿门，依次复修寺院其余殿堂斋楼，使寺院震风凌雨，百年无恐。

清嘉庆《福鼎县志》载，石湖桥，明成化十六年（1480），里人高宏重建桥头屋9间，以便行人及游客在此歇息。溪西桥，在县治西，清乾隆六年（1741）高调、张有华等募建。西园桥，乾隆十年（1745）里人周承瑞、高鸿勋先后建筑，清嘉庆十一年（1806），高实重建。桐山这些桥、亭、寺的建筑都见到高家人的名字。古代交通要道上建有茶亭，供往来行人挑夫避雨歇息，高家在多处交通要道上募资捐建多座茶亭，如通往南溪泰顺路上坡头亭、听涛亭等。

玉塘夏氏义举录

🌿 黄建军

明代天顺元年（1457）夏氏由南溪移居玉塘，夏荣为玉塘夏氏肇基始祖。几百年来，玉塘夏氏族人乐善好施，矜贫救厄，筑坝修路，造桥建亭，义举卓卓，展示了家族的良好家风。

夏荣，号肇一，字仁昭，才情豁达，见事伶略。明成化元年（1465）捐金四十六两修建石湖桥。明正德十年（1515）选西渠之麓造坝引水，长达四十二丈宽一十八丈，逾年竣工，耗金四十有余。在玉塘村开建七井、七巷、七墩。公之四子英、怀、雄、喜舍百两白金建资国寺，并助寺僧田亩，年课收千担，以资其寺。

夏雄，夏荣三子，天性仁厚，才略过人，广置良田，大力拓展祖先家业，但不为私己。每遇歉收年份，慷慨好施，为乡民之依靠。

夏泩，号碧湖；夏沛，号安然，字安山；夏子渊，字维山，三人共倡建玉塘城堡，以御倭寇，护卫村民。福宁州守夏汝砺，闻而犒之。

夏氏由大嶂迁徙南溪，明天顺元年（1457）三世祖夏荣由南溪卜居玉塘，桐山至南溪沿途道上夏氏族人多处修桥造路，捐建茶亭。明嘉靖三十九年（1560），夏沛在桐山通往泰顺古道上捐建菰岭香山亭，为这条古道上最大的路亭。清康熙三十二年（1693），夏沛世孙夏仍迈、夏月朗、夏星晖捐资重修香山亭。

夏仍迈，一生修桥铺路，乐善好施，修建南溪菰岭路和南溪碇步桥，舍透埕苗田，建佛堂，纳僧众。

夏嘉棠，监生，乾隆年间同儿子夏之时、夏九鼎重修菰岭香山亭，又在菰岭喜舍凉亭一座，在玉塘堡内建西山宫、南朝宫。

玉塘民居门楼（黄建军 摄）

听涛亭，建于清乾隆三十四年（1769），是闽浙古道较大的路亭，由玉塘夏氏和西门高氏共同捐资倡建，夏嘉棠捐金百两。听涛亭现已坍塌，遗址在浮柳村，梁木楹联："云引鸟呼忘作客，雨奇晴好解留人。"

坡头亭，在浮柳村，始建于清乾隆二十四年（1759），由章峰李氏捐基，西阳吴家倡建，玉塘夏氏、西门高氏等均有资助。

夏勋，字捷生，庠生，族人中有遗孤者，他帮助哺育培养，友人中有无子者，他赠婢女与其婚配。清嘉庆《福鼎县志》记载："生平建义冢里冢，修桥亭，赈荒减粜，构义塾。"募资捐田在村中办义塾，免费让村里贫困家庭的孩子到义塾念书，乡民德之。建义冢，让无钱安葬者入土为安，民国《福鼎县志》记载："义冢共十六所。一在资国寺后，里人夏思恭筑，在资国寺，生员夏勋筑。俱十九都。"还多处参与修桥铺路建亭等公益慈善事业。乾隆十六年（1751）倡重修石湖桥，捐银二百六十二两，自乾隆四年七月起工，至八年正月落成。清光绪《福鼎县乡土志》载："石湖桥，治南一里，成化元年，玉塘夏荣重建，乾隆十六年，夏勋倡募重修。"

夏嘉枚，字式轩，乾隆二十八年（1763），福鼎桐山发大水，淹没溺水而死者无数，他率众人施救，全活者甚众，又沿海岸打捞死尸，为打捞上来的尸体买棺木给予安葬。第二年大饥荒，将家中谷物贷给乡民，赈济灾民，长生甚众，常捐献修路桥，众人颂之。

夏嘉柔，夏嘉枚弟，字式迹，例贡，尝砌筑堤坝及家边路千有余丈。清乾隆三十七年（1772），米贵，减价出售以赈救灾民。施舍棺椁，捐资造八尺门义渡，使往来两岸者得便，人尤德之。

夏斗山，共倡建玉塘城堡，又创建西山宫，捐资建菰岭香山亭。

夏正书，秉性慷慨，明末清初倡建东门外两座桥，又修筑西山角城墙。

夏思恭，乾隆年间庠生，身平足迹不涉公庭，维喜义举，筑义冢于资国寺后。乾隆十四年（1749），子夏式轩等捐金予八尺门，与夏式达首建八尺门渡亭。《夏氏宗谱》载："思恭、式达二公首建八尺门渡亭，高恒重楹，巍然轩敞。"

夏效，性敦厚，好施予，独任建慈渡庵、马仙宫、王家坪亭，供人歇脚喝茶。

夏腾飞，一生谨行善事，清嘉庆元年（1796），倡修堡外西门外大路八百余丈，重修西溪泗州佛塔，重葺堡内诸宫，如东山宫、西山宫、常丰宫等。

夏聪光，字孟明，号月轩。公性友爱，守身行善。清嘉庆七年（1802），县举行乡饮宾宴，兄弟并与筵宴，邑令岳廷元赠额"福协箕裘"。清嘉庆十一年（1806），饥饿四乡，哀鸿嗷嗷，公心中悕念百姓，出积谷平市，众赖以活，邑令谭抡手书"惠济乡邻"褒之。

夏云蒸，字孟议，号憩菴，州廪贡生。清道光十七年（1837）赴任龙岩州宁洋县训导，为官清廉，克勤奉公。道光二十一年（1841），调任福建延年府南平县训导。为表彰夏云蒸孝廉为本，德可型家，清道光二十五年（1845），皇帝颁旨加封爵号。

为纪念抗击海寇惨遭杀害的村民，清道光十五年（1835），夏炳文、夏陈常在玉塘东门外金山下倡建玉堂夏氏义士冢。

夏尚堃，轻财好施，喜做善事，如南溪大帝宫、马仙宫、永安桥、菰岭尾万安桥皆他独建。

夏根郎，善治家，恤贫乏，广交游，建宫造桥诸义举挺身向前，不畏冗繁。

夏绍文，字茂之，修建菰岭香山亭，筑本堡外堤坝。

夏雪舟，少时业为士，后奋家事，弃而学农，又弃而学贾。由玉塘迁翁潭，再迁白琳，学商岁贩茶于福州，获其利者三十年，置大田亩，广宅第，为富家翁。不忍自私，溢其余以施惠急。白琳篙尾茶亭、大岭头万安亭皆其创建。八尺门渡亭坍塌毁坏已久，公重修新之，每年夏秋两季在八尺门渡亭为往来者施舍茶水，又因渡口道路崎岖不平，夜间行人易倾跌，每夜燃灯至天亮，以方便行人。计前后修路共计长达数千丈，皆翁之义举。与他人共同建造的杨家桥被大水冲毁，翁引以为憾。夏雪舟有一侄子，业已分家自立，但常贫困不能自立，公怜之，复安排他到家中一起吃住，侄儿丧偶，为之续娶，子女长大，又为之置办婚嫁，同住二十余年，帮助建造房屋，促使独立成家。翁之善迹不可胜书，乐善不倦。副贡、桐山书院山长周梦虞先生为其传。

夏坐霖，光绪年间武生，内行修谨，言无枝叶，识大体，善于调解诉讼案件，化解小纠纷，以抑强扶弱为己任，不凭自己喜好奖惩他人。

夏桂英，民国元年任县参议员，后为福鼎保安团团总，与林英共同建造南溪惠济桥，砌结凤岭石栏杆，倡建大洋猴王宫及水尾大路官衙碇步、石佛宫亭等。

风雅施家

🍃 黄建军

桐山有条施厝巷，巷内原有十几座建于清代、民国时期的大宅院，住着施氏家族。桐山施家于明代崇祯年间迁居桐山城南桑园境，繁衍生息，是清代桐山望族。

施如宪，号叙斋，生于乾隆二年（1737），乾隆二十二年（1757）考取邑武生，乾隆三十三年（1768）中戊子科武举人，诰授武义大夫，曾任诏安游击、浙江镇海参将、闽安协护理、广东南澳总镇、福建水师提督军门等，正三品武官。征战四方，率官兵打击海盗山贼，维护东南沿海的安宁，威震海疆，先后三次受到乾隆皇帝的召见。乾隆五十六年（1791）奉准解职回鼎，告老还乡，御批在桐山建"大夫第"，俗称"官厅"。"大夫第"为当年桐山城内最为壮观宏大的建筑，大门前石旗杆两根，立有一对石狮子，气势威武庄严，开启了施家建造大宅院序幕。

施如宪一生为武官，武艺高强，却是琴棋书画样样精通，尤精于翰墨，擅长国画，以画交友，福鼎民间至今流传施如宪画葡萄的故事，当年桐山文人及大户人家以拥有施如宪葡萄画为荣，《施氏宗谱》记载："求者户为之穿"，他曾为乾隆乙卯（1795）科举人、著名诗人林滋秀作《桃林会高图》，桃林喻指教书育人，施如宪称赞林滋秀为教育界的高士，林滋秀主讲过浙江罗阳书院、福鼎桐山书院等。可惜施如宪真迹今已难寻其踪，无缘一睹其真容，实为憾事。

施如宪晚年筑居易轩，读书吟诗，挥毫泼墨，在院子四周广植各式名花异木，怡情自乐，修身养性。他的画被收入《画林艺友录》。

施大惠，字迪峰，生于乾隆元年（1736），年长施如宪3岁，但族中辈分大施如宪一辈，是一位痴心于民族音乐的奇才。施大惠少习儒学，聪慧博才，酷好音律，一生不慕功名。当年施家常邀江浙戏班到桐山演出，并蓄养家班，在浓厚的艺术氛围中造就了他的艺术涵养和对民间音乐的执着喜爱。《施氏宗谱》记载："迪峰公善作器具，屋中箫笛无数，皆手制，每风清月朗、酒阑烛炽时，吹奏娓娓动听"，所创施家"打拾锦"是根据昆曲中伴奏音乐的特色，融合中国传统乐器板、笛、箫、笙、弘子、锣、钹、鼓等打击乐器和丝竹乐器，以集锦方式组合演奏，曲调悠扬，旋律优美，节奏明快，古雅动听，有儒家雅乐气韵。施大惠对传统音乐的研究达到很高水准，能用中国古老的工尺谱来记录他所创作十首"打拾锦"曲调。他创作"打拾锦"曲十首，流传至今有《想当初》《莫不是》《游春拍打》《思凡》等7首。"打拾锦"最早是施家用于祭祀的伴奏乐，后来为大型民俗活动如铁枝、踩高跷等队伍前乐队的伴奏曲，深受桐山百姓的喜爱。现在仍有一群老人用笛、箫、板胡、二胡、月琴、琵琶、夹板等传统乐器在演奏200年前施大惠谱写的"打拾锦"，有时光倒流的感觉，细听却是超脱红尘的清音、意境悠远的雅乐。

施如全，字自扬，举人，学识深厚，才学渊博。清光绪《福鼎县乡土志》载："博学能文，笃友谊。"施如全一生无意仕途，志诗文，行医道，博览古今医书，研习古方医案，善于从传统医学中吸取精华，医术精湛，尤擅儿科。医者仁心，他对贫困者从不收门诊费，且免费赠予药物，医道高尚，赢得好口碑。桐山广为传颂施如全"不为良相，当为良医"佳话，故有"善人"之称。

清嘉庆年间知县谭抡编撰《福鼎县志》，聘施如全为分修，收集清代福鼎地方历史、地理、风物、民俗等大量资料，他还为《福鼎县志》出版捐资千金。他立德行，笃好施，县里建考棚倡捐巨款，施家办私塾便在私塾掌教三年，遇灾荒年平价售粮食以赈济灾民，还建义冢、修桥铺路、造茶亭、捐学款等。霞浦举人杨廷梁北上进京科考，路费被盗贼所窃，施如全赠银200两以帮助他北上赴考，后来此公官至广东南雄州知州。

施如全于清嘉庆年间建大宅院，因曾中乾隆甲寅科经魁，故其大门前立一对旗杆，称"旗杆里厝"，占地约2亩，门楼和高大的封火墙气势恢宏，门窗、横梁、斗拱雕工精细，青砖黑瓦古朴典雅，四合院内有天井、厅堂、左右厢房及后花园。施家后来又陆续建造十几座四合院，形成施厝里院落群，这一带地名后称"施厝巷"。

施家为福鼎名门，家道殷实，崇尚诗书礼乐，家族文化氛围浓厚，既出诗人、

施家宅院门楼拱形门上置一葫芦，门联"世业传洙泗，家声绍石渠"（黄建军 摄）

画家、名医、音乐家，也出美食家。据说，从清代到民国施家出了4位十分讲究的美食家。夜晚，桐山的文人名士常聚集在施家，吟诗唱曲，吹箫弹唱，打拾锦，谈天说地话美食，吃夜宵。福鼎桐山夜间有不少小吃担如扁食担、猪头粿汤担、锅边糊担、肉燕肉片担等，会直接挑到施家，文人食客们在品尝小吃的同时会提出改进建议，使小吃向更精细发展。逢年过节宴请宾朋施家也会独创不少美食，如"金包银"炒饭、"雪里红"蟹红膏、挂霜高丽、醉酒金瓜饭等菜品，引领福鼎美食时尚。桐山的糕点如被施家看上品尝品评过后，就会在桐山流行，成了名糕点。施家美食特点是，一是讲究食材的季节性，要用当令的食材；二是美食富于文化内涵，要有诗化的名字。

　　福鼎桐山有句俗语："北门钱头，城里拳头，南门行头。"旧桐山城北边做生意人多钱多；城里开武馆多，拳头大；施家在南门，施家人讲究穿衣体面有档次，体现施家文化人多，可谓风雅施家。

往事钩沉

育婴堂和养济院

方 东　翁世英

育婴堂

育婴堂，为旧社会慈善事业之一，旧址在坊南，今改建为茶厂宿舍。原为三进三间平房，后进摆设通天圣母（奶娘妈）神像，前两进为保姆及婴儿宿舍。创办之初，定额收养弃婴40名，雇有保姆抚育，后改为群众领养，按月在初二、十六日两次发放抚养金，每次约为1元大洋，由婴儿的养父母抱到堂内，验名无讹后发给。

收养的婴儿，都是被遗弃的女婴，领养者为贫苦农妇，领养之日，须验明女婴发纹（顺）竹为标志，记录在册，领取抚养金时，凭册核对，以防冒领。《福鼎县乡土志·政绩》载："邓嘉绳，字公武，江宁书生，光绪初，宰鼎邑，故有溺女之风，闻之恻然。乃筹建育婴堂于南门外，妥立善后法，并将余资寄存质库，权子母，每年额育女婴40名，迄今遵守旧章全活甚众。"

《福鼎县乡土志·耆旧》载："郑作栋，字文白，孙店人，庠生，急公好义，有姑妇赖氏，早寡，为之请旨建坊，又营孝子周廷左家，竖先贤孙龙坡碑，建宗祠，立厉坛，开放生池，起惜字社。邑旧溺女之风最盛，呈请上官严禁，设育婴社，著戒溺女千字文，刊保婴摘要书训世。咸丰三年（1853），饥，复偕同志采籴平价，闾里赖之。"

根据以上记载，育婴堂之设应在光绪初年。咸丰时，虽有郑作栋设育婴社之记载，可能只是私人出资在当地设社收育少数弃婴，而建造堂舍、定额收养、改民办为公办则在邓嘉绳县令任内。

据当地老人施杰山、施品岳等回忆，育婴堂经费，系由地方人士乐捐资金，设公款产会董其事，民国时，每次发放抚养金，地方士绅施家麟、陈鉴波、施宗彦等必亲临监视，似为首事之人，1933年移交国民党政府第一区公所（设城郊）管理，以后曾由林锡龄（邑绅）主持发放。但这些只是后期的情况，其时已经由收养改为领养，育婴堂堂址长期空置，仅在每月放款时一用。民国后期，停止收养，堂舍改为桐南小学校舍，当时还余存部分地租、经费，移交国民党政府税捐经征处接管，育婴之举遂废。

养济院

民国初年，福鼎县设有养济院一所，在城西门外，即今桐城村委会旧址。养济院为旧社会慈善事业之一，创办年月无从查考。据一些老人回忆，约在民国初年，时建有平房7间，中为神堂，奉祀郑元和、李亚仙神像，左右各3间，为收容乞丐之所，最多时也只有20余人，每人发给腰牌一块，凭以证明身份和向县政府领取饷款（赡养费）。养济院亦名孤老院，四面围墙，围墙内庭院正中一条通道，两边园地种植柑橘等花果蔬菜，环境颇为整洁。前向门楣大书"养济院"3字，后向为"护我黎庶"4字匾额。

养济院收养的是乞丐，他们因有政府收养，就可以较少外出求乞，对流窜乞丐，也可以发号施令，干涉他们强讨和偷窃闹事行为。当时乞丐分为四等，在院的为在册食饷丐，已进香未食饷的为正式丐，未进香的为非正式丐，外来的叫散丐。院内设有正副院长，每年春、夏、秋、冬四季，由院长率领正式丐，到县衙前列队凭腰牌领饷（金额不详），回院各起炉灶，不过集体生活。

民国初期的院长白其舟，是个大跛子，略有文化，善于交结讨好富人，颇有名气，有妻盲人洪氏，生一子取名锡鹿，小读私塾，后在杨茂春伞店学艺，制伞骨，20多岁死亡。副院长唐升柴，文盲，早年丧偶，生有二子，长子步青先在菜园里一带打短工为生，后入赘霞浦，30多岁死亡；次子步先，也学制伞骨工艺，后到霞浦学制饼，也在30多岁时死于霞浦。院长权力很大，来院进香的乞丐，须经其审查行乞年限及健康状况，核准入册后，举行进香礼，由院长设坛请神，命进香乞丐行三跪九叩礼，礼毕依次捧出糖茶，请院长及已进香丐帮共饮，从此互相间不唤名而称"同年"，如张同年、李同年等。食饷丐死亡出缺时，由院选拔进香丐报县批准递补。除进香丐外都为散丐，须经院长准许，才可夜宿走廊。不管是正式丐、散丐，如被控有在外强讨或扒窃行为，院长可派丐帮抓回究办，在神座前设立法堂，堂边罗列刑具（上过油漆的木棍、大板等），审问后分别作出处理，如正式丐除名、散丐驱逐出境等。

城关和近郊所有婚喜筵席，必请老白、老唐等光临，并款以比较丰盛的酒菜，以镇住散丐，有院长们在场，其他丐帮便不敢苛求，更不敢借故吵闹，所以主人都乐于奉承丐首，免惹麻烦。

养济院之设，与其说是为了安顿救济孤寡，不如说是有利流丐管理，在维持治安方面起了较大作用。旧社会乞丐很多，上门强讨和顺手牵羊之事时有发生，有了救济院这些食饷丐首及时给予惩禁，为所欲为者会有所收敛。另外，因为院里供奉的是郑元和、李亚仙神像，象征着夫妻和合，共苦同甘，县里人遇有夫妻吵架、儿媳不和的也常到这里来烧香许愿，祈求保佑家庭和睦，香火颇盛。

白、唐两院长死后，县里另派张世文接任，张死去后，养济院机构遂告消亡。

（本文摘编自《福鼎文史资料》第 8 辑）

近三百年来桐山重大水患简述

✎ 李 海

清康熙十四年（1675）八月二十二日夜，天降大雨，溪洪暴涨，满城洪水横流，北门外所有店舍被淹没无余，全城男女老少被水溺死者500多人。那时店屋矮小，水皆涨满及檐。

清咸丰三年（1853）农历五月十八日起，大雨倾盆而下，至二十二夜三更山洪暴发，山崩地裂，满城大水横溢，邑人全家溺于水、压于山而惨死者不计其数。桐山城关，全部水满及檐，人尽居于楼上，饮食无着。到了第二天水稍退，始得作食。城外如前店、街头顶、坝仔外、鼎寮脚、萧家坝、水流美一带，人屋淹没者不少，西园村地势稍高的地方，屋内水满一丈余，低的水满及檐。居住溪边屋矮无楼的人家，为了活命皆拆椽瓦，由屋脊越至有楼之邻家以避难。这是数百年未见的特大水患，惟西门高姓富房老屋及贵房旗杆里新屋，水只满至大庭，尚未入厅。延至二十四、二十五日，水稍退后，附近居民，络绎不绝地走到高姓两座较高楼屋避灾者很多。

1920年，九月初四大风大雨，山洪暴发，溪岗新坝亭一段（即小路以上地方），石坝被溪流冲破数丈，连亭一起冲掉。

1923年，农历八月间，台风大作，头一天刮东北大风，一阵狂风，一阵暴雨，日夜不停。第二天回南风，风力更猛，雨亦增大，至中午，溪洪猛涨。沿溪边居住的群众，家具被洪水冲走不少。农作物受损不计其数，所幸人民生命没有多大伤亡。

1924年七月二十八、二十九两天，大雨，溪洪暴涨，溪冈桥头的石坝被冲破数丈，洪流直入，溪冈戏台被冲掉，戏台四根大石柱被冲离数十丈外，戏台基变成一大潭，戏台南面的溪埔变成溪流。溪冈石桥被冲去好几堵。街头顶坝仔外及前店萧家坝等处民房均被水淹，各地溪边田地农作物和家具、农具、尿楻被水漂流，不计其数。

1942年三月初十晚上，整夜大雨不停，十一日雨继续下，南校场一带已成泽国，洪水翻滚而下，水势极凶，许多物资家具，间或有人被冲漂而去。城内水满至现在的理发厅地方，政府大办公厅，水也满上一尺多高。灾后调查，这次洪水是因水北溪石牌坊以下的堤坝被冲破，镇边至街头顶大坝里的农地，被冲成一条溪流。街头顶坝仔外的一家客店被水冲掉，死了5人。其他如鼎寮脚、前店、萧家坝等处尽被洪水浸没。

我在路边亭住屋大厅内的三合土，被地下水冲成几个大洞，整整三天不能下楼煮饭。

1924年，由于党和人民政府对防洪问题极为重视，专设防洪指挥部，派技术人员调查水文情况，采取有效措施，确保人民生命财产的安全。特别对起自水北溪直至萧家坝的一条洪堤坝，每年派熟谙水利人员，经常查察，并拨专款雇工补修漏洞，将坝身内外，灌入水泥浆，以求坚固，同时也逐渐对坝身加高加厚。所以城关全部居民以及机关、工厂、学校等，均能保证安全。只有1973年因建筑龙山大桥以利南溪水库兴建运料之方便，而建桥工程施工未久，才搭上木架，东面桥头公路加高几米，以致当年九月十六日下午下了一场比较大的雨，山洪暴发，一时溪流被堵，不能畅消，龙山溪水位顿时增高，水向东南漫溢，下菜园及南门外一带水涨两米以上，新华西路水满一米以上，县物资局水泥及南门关帝庙粮仓所储粮食，被浸湿一小部分。

（本文摘编自《福鼎文史资料》第1辑）

桐山遭犯录

🍃 黄建军

元朝至正十二年（1352），福安穆阳贼寇康一攻陷福宁州城，而后率兵马300余人至桐山，桐山高公玉和高天壁设计将康一擒拿捆绑。因闽路梗塞，崎岖险阻，而将俘虏送至温州，交予温州帅吴世显。高家族人为护卫桐山城立一奇功。

明洪武年初，温州叶丁香起义造反，活动于浙南闽东山区，温州郡丞王全奉旨镇压。叶丁香为攻福宁州曾途经桐山，桐山遭受屠戮甚惨。

叶宗留，浙江庆元（古称处州）人，自幼习武，精于搏击，闻名乡里，明正统十年（1445）赴福安采银矿，遭福建参议竺渊领官兵千人前来驱逐，禁止矿工采矿。叶留香等人杀死竺渊，自称大王，拥众数千，转战闽浙赣边，曾劫掠桐山，祸害百姓。

据明万历《福宁州志》记载，明洪武三年（1370）六月倭寇首次入侵福宁州沿海，民众遭受掳掠，洪武二十年（1387）开始倭患严重。明正统十三年（1448）十一月，一股倭寇自南而下一路抢夺掳掠，至桐山时，"村落中老幼悉皆惊鼠，高祖宗茂公携宗谱及流水田簿越垣而奔，家资罄掠，庐室俱焚，鸣呼惜哉，猖獗纵横，里邻奔匿，予乃挈家避于海岛者二年"（桐山《高氏族谱》）。

明朝晋江人曾异在《桐山芦门司陈公辖图留别序》言："抵桐山，则原臁泽纡，扑地间阎焉，然北迄浙之温州、平阳，东薄海，前岐、秦屿、沙埕皆襟带咽喉也，海寇往来闯入，陆贼亦时时窃发，嘉靖年间虽设有四巡检司，斯为芦门，又从沈青、天竺移桐，独当要害，非具锁钥保障之才，弗能胜也。"可见，盗贼多发，地方不宁，军中无卓越领兵者，军官皆不能胜任。

明朝军队不能保护沿海百姓，百姓像羊被一群恶狼驱赶，实在悲惨。玉塘夏氏夏嘉梁（拔贡）在《县记》一文中写道："昔元至正、明启祯之际，海氛迭起，草泽攘窃，乘虚而入，荼毒远迩。一二故老，聚谈轶事，未尝不涕涔涔下。"从元代至正年间到明朝天启、崇祯年间，沿海居民屡屡遭受山贼倭寇的烧杀掳掠，贼人强盗占据岛屿，四处攻城略地，无恶不作，给沿海百姓带来深重灾难。

据《高氏族谱》载，明嘉靖三十一年（1552），桐山传有倭寇进犯，众人商议在东山虎岩两岸用木头围成一道木栅栏，将入海口横截留一口通道，仅供小船通过。

倭寇的船进入港口，先将船和人埋伏在金鱼塘及马道口处，仅行驶一艘载有六七十人的船进入。刚抵达港口栅栏处，狡猾的倭寇看出两岸可能有埋伏，便假装害怕慌忙拖船曳帆退出。众人以为倭寇已离去，就撤离阵地掉头回去，不想倭寇探得情报，迅速率数十艘小船及大量倭寇冲过栅栏门，进犯桐山。桐山高氏家族的高溥（号兰轩）、高拱、高佐都是乡练团总，率众乡勇列阵于桐山水头尾（即流美码头处）同倭寇展开激烈战斗，顶住倭寇的疯狂进攻，冲敌无数。倭寇自知不敌，乘潮败退而去，但高溥、高拱、高佐及高溥长子高仕（字良学），在与倭寇博击中身负重伤而阵亡。他们的不惜个人生命，英勇抗击倭寇，为桐山百姓的安宁奋力斩杀，令桐山百姓对他们心怀感激和敬意。他们既不是朝廷编内有俸禄的官兵，也未受官府的委任，却为捍卫桑梓、保家卫国献出生命。高溥平时就以侠义为怀，乡里有造福百姓的善事肯定有他的份，乡里遇到不平之事他也会站出来帮忙调解，深受乡人的信任和敬重。

《高氏族谱》载，明嘉靖三十一年（1552）"倭陷桐山，遍地几成焦土，民居寥寥焉"。《福宁州志》载："明嘉靖三十一年倭寇犯桐山，明嘉靖三十八年（1559）倭寇犯桐山"。清代高龙光《明抗倭义士高溥传·补记》写道："倭犯桐山有二次，其一在嘉靖三十一年壬子九月十一，其二在嘉靖三十八年己未秋间，兰轩公之亡于阵，则在嘉靖三十一年事；迨后倭破福安，复陷寿宁，随道桐山杀伤众多，此嘉靖三十八年事。"嘉靖三十八年三月倭寇数千人攻福宁州城，守城军民与其激战七昼夜，敌不克而撤退；四月倭寇攻陷福安，城民众被杀2000余人，焚烧殆尽；又攻陷寿宁，而后顺道攻占桐山，焚烧劫掠。

《泰顺分疆录》载，嘉靖三十八年十月，3000多倭寇从福鼎桐山登陆，因桐山防范严密，倭寇转而直逼泰顺县城，后被泰顺知县指挥五路兵马击退，南遁入海。嘉靖三十八年四月，参将黎鹏举在崙山岛将倭舟冲击为两截，击沉其一，追至三沙火焰山，大破之。

《福鼎县乡土志》载："高权，字良经，倭陷桐山，权仓促负母林避昭明山中，倭退乃返。众议筑桐山城，权捐谷千石以倡。"这是嘉靖三十八年倭寇犯桐山时的事。

清嘉庆《福鼎县志》载："顺治五年，福安刘仲藻等作乱，攻福宁州，屯桐山，逼富户助饷。"刘仲藻起兵反清复明，十月占领福安城，顺治五年（1642）攻克福宁州，曾驻兵桐山三官堂（现市医院处），拥兵万人，勒索富户钱财助饷，"富者勒响二三千金，稍殷者四五百金"（《福鼎县志》），南校场、马矢巷均为其阅兵操练处。顺治五年十月清兵冲营，被屠戮者千余人，桐山城堡内外及水流美一带不少居民房屋遭焚毁，刘仲藻逃入福安。顺治六年（1643）刘仲藻所率人马在福安被陈锦率清兵所灭，他自杀身亡。

清嘉庆《福鼎县志》载："顺治十三年（1656），海寇陈文达焚劫玉塘，汀州人王拉夫、寿宁马兴等剽掠桐山，居民绝迹者三年。"顺治十三年八月十七夜，海寇陈文达船直驱八尺门外盾埠头，夜袭玉塘堡，村中族人遭辱杀，房屋被焚毁，财物遭劫掠，惨不可言。陈文达，温州人，残忍狡诈，清初活动于乐清湾一带，占领玉环为基地，掳掠沿海百姓。夏氏族人英勇抵抗，终因寡不敌众，惨遭荼毒，尸横遍野，后族人将惨遭杀害者堆尸葬于城堡东门外面，立碑"玉塘夏氏忠义冢"，每年祭祀。

清康熙八年（1669）之前桐山未设兵营，只有把总1名，兵员20多人住城外。泉州人马贵纠集数百人于前岐小岳后湾，祸乱桐山。王拉夫，铜匠，曾在柘荣陶家帮工，被诬为小偷遭痛打，愤而落草为寇，结寨叠石乡隘门里，举兵火烧柘荣双城。顺治十三年王拉夫、马兴等率四五百人一路焚劫章峰村、金钗溪等处，剽掠桐山，城中居民四处逃匿，稻在田而无人收，蔗在园而无人砍，兼瘟疫流行，至顺治十四年冬，桐山城内人迹罕至。

清康熙十七年（1678），海寇掠桐山，平阳把总王彪领兵前来援助，奋勇剿灭海寇，回归途中至才堡岭遇敌，激战海寇，血战而死。康熙二十六年（1678）十月，海寇数十人自泰顺至透埕烧屋劫掠，将至水北溪，桐山营郭把总领官兵截之，力战而死。又有山寇沈可耀、张养忠、林君仲等亦以反清复明之名来桐山，不论贫富，勒其助饷。

明代中晚期海寇山贼众多，其原因是多方面的，地方官吏贪墨不法，民众遭受欺压盘剥严重，一些工匠、矿工、雇工生活失去来源，被逼落草为寇，成为打家劫舍的山贼流寇。明清朝代更迭之季，打着反清复明的旗号蛊惑民众者众多，亦为一大原因。再有闽东浙南山区高山险恶、道路崎岖、环境复杂，易滋生山贼。

金钱会攻打桐山

> 黄建军

清咸丰八年（1858），闽浙边区爆发了赵启所领导的平阳金钱会起义。金钱会从咸丰八年到同治三年（1864），共历7年之久，势力遍及于浙江的平阳、瑞安、永嘉、乐清、泰顺、景宁及福建的福鼎、霞浦、福安、宁德、寿宁等县，队伍最多时达十几万人。

咸丰八年，太平军石达开部进入浙江攻克处州（今属丽水），温州震动，在这样的历史背景下，平阳县钱仓镇人赵启、浙江金华兰溪人周兆荣聚众数千人在平阳县钱仓镇揭竿而起，不久又有谢公达、朱秀三、缪元、张元、孔广珍、刘汝凤等参加密谋，在北山庙结盟，创立了"金钱会"——给大铜钱一枚，红帖条约一纸，无论少长老幼皆相呼兄弟。到咸丰十一年（1861），金钱会发展到平阳、瑞安、永嘉等处，势力不断扩大到泰顺、福安、霞浦、福鼎等处，声势渐大。

咸丰十一年六月二十六日，金钱会在平阳钱仓镇在北山庙宣布起义，以三千之众打垮了陈安澜的"白布会"，金钱会队伍顺势攻占平阳县城，并控制平阳全县。八月二十八日，赵启、潘英、蔡华等率领金钱会万余人攻入温州府城，占领道台、知府衙门。

十月初五，谢公达率部叩开分水关，并由小路直扑水北溪隘口，图谋两路窜犯福鼎县城，奈何此关清军整队以待，防守甚严，金钱会人马只好退回桥墩。

十月十五，谢公达率部再攻分水关，并由小道直扑水北溪隘口，亦未能冲克福鼎县城。

十月十八日，谢公达率部抵达桥墩镇附近。福宁镇总兵陈朝甫驻扎水北溪桥头，游击许中标带领南下兵勇驻扎分水关、贯岭一带，抗击金钱会军。许中标率清兵进抵桥墩时，谢公达暗令桥墩附近群众宰猪杀羊盛设筵宴，欢迎和慰劳清军。清军官兵不知是计，开怀畅饮，酩酊大醉，昏昏睡倒。金钱会伏兵于夜半齐出，杀得清兵纷乱奔逃。游击许中标脱去黄马褂，割掉胡须向五岱南山头山村逃命。金钱会军乘胜进攻，驻守分水关的清军被谢公达率众击退。

十月十八日午后，谢公达率金钱会军攻占福鼎县城，"劫军局，取银库，开禁门，出死囚"。桐山书院讲席高南英所作《记匪患》载：

十月十八日各营盘兵勇四散。是日未刻，桐城遂陷。为祸甚烈，焚劫城内外三千余家，街市自北门小坝外起至城内临水宫止，焚毁净尽，抢掠罄空。惟文武衙署、文庙、考棚书院等及吾族所建关庙、元弼殿、圆觉寺上下祠堂并我西园村屋宇在焉。幸桐人早避，不罹戕夺。彼时，文武官俱逃走，城内一月有余无官守。贼势益张，往来各乡掳掠，索银钱粮米，不遂其欲者，则烧其屋，掠其家赀，迫其丁壮以从……至此，又经贼乱，乃贼氛甫退，而大兵旋至，需索百端，肆夺无忌，民不堪命，莫甚于此！……呜呼！鼎小邑也，凶荒之后，继以刀兵剪迫之时，驱之离散，欲其不逃亡而至于失业不可得。虽其后得返田里，而市无米，囊无赀，地方凋敝，里巷萧条，伤心惨目，尚忍言耶！

兵荒马乱之年，百姓苦不堪言。城中百姓惊闻金钱会杀来，早逃避一空，金钱会四面放火，自街头顶坝仔外，至城内南门临水官，民房悉数焚毁。

到第二天，有消息传白布会欲乘机攻占金钱会根据地钱仓，金钱会遂拔队回平阳而去。金钱会军撤退后，查悉白布会没有来攻，谢公达又于十月二十日率金钱会再次攻克福鼎县城。清光绪《福鼎县乡土志·兵事》载：

遂分党来寇福鼎，攻分水关，官兵与战，失利。十月二十日，贼数千人闯入关，兵勇尽溃，申刻至县治，大肆剽掠，烧城内外民居数千间。贼即饱所欲，即夕遁去。

金钱会退走之后，福鼎县城无官兵镇守。士绅叶蓁等人以金钱会势力旺盛，当地驻军无法平定，乃具文，星夜驰赴福州向总督衙门求救，行至连江，适遇福建省督奉旨派闽安镇总兵秦如虎率领3000多清兵入浙，支援浙江清兵攻打围攻杭州的太平军。叶蓁等遂向秦总兵拦马递呈，请求攻打金钱会军。秦如虎因未得上命，叫叶蓁星夜赶赴福州省督请示，并答应暂停连江候命，省督庆瑞据叶蓁报请，乃批饬秦如虎取道福鼎，先攻平阳金钱会军。

十一月十九日，秦如虎率领清兵由连江到达福鼎，驻白琳，二十三日驰抵石湖桥，由小南门进入福鼎县城。驻扎桐山一月有余，命令福鼎游击许中标为先锋，等待机会，伺机攻打金钱会军。"当县城之失守也，大吏闻报檄，前闽安镇总兵秦如虎前往剿贼。如虎兵扎桐山月余，察该处有密藏金钱者，即行枭首。"（《福鼎县乡土志》）秦如虎四处搜索金钱会党徒，抓获者即行砍杀。

十一月二十六日，谢公达策划再次进攻福鼎，秦如虎已得情报，乃派兵埋伏在万古亭附近各要道道旁，金钱会兵一到即用单弹快枪，截路射击，金钱会所持武器都是梭镖刀矛，仓皇应战，又遭到前后夹攻，抵抗两小时后大败，阵亡数百人，被俘7人。清军追剿十余里，因山高路险，才收队回营，分水关以南尽归清军。

十一月二十八日，谢公达率余所部反攻水北溪，被秦如虎所率清军击败。

"十二月十六日，贼大至，如虎率师以御，自驻水北溪桥上，遣游击许中标与贼战于万古亭，大破之。"（《福鼎县乡土志》）

十二月十七日，秦如虎所率清军进驻桥墩门，杀金钱会义军十余人，并于十二月二十日攻占灵溪金钱会营垒，金钱会败退钱仓。

万古亭（黄建军 摄）

十二月二十九日，清军秦如虎部连战直捣平阳，生擒匪首谢公达，斩首于军门，摧毁所建营垒，金钱会军战死者200多人。为首数人被擒，次第解浙省斩首。本县茗阳村洪高雕，亦系金钱会军小首领之一，被擒解送回本县，在南校场斩首示众。

（本文参考了李海的文章）

三座"去思碑"

◎ 刘顺庸

福鼎旧县衙门前,立有5座"去思碑"。这5座"去思碑"是县民为五位治县成绩显著的县官立的记事碑。其中清代4位,民国1位。"去思",是表示县民对卸任的好官思念之意。碑高约3米,宽约1米,庄严地竖立在门厅东侧走廊上。这些碑对后来的历任官员的确起了"镜子"作用。可惜后来邓宗海改建县府大门时把它们拆掉了。"去思碑"现在鲜为人知,我仅对其中3座碑的情况略知一二。

改建桐山城墙的陈培桂

一座"去思碑"是同治年间为知事陈培桂立的。陈培桂是个勤政实干、了解民情、办事公正的好县官。他尤其热心公益事业,在任时除修昭明古塔、建文昌阁和城隍庙外,还致力于扩建福鼎城墙,把原来又矮又窄、无门无楼、墙无垛的旧土堡改建成具有一定规模的城墙,解决了因耗资巨大使历任县官都不敢动手的问题。城隍庙刚竣工,陈老在庙里开建城墙会议,因资金不能落实,会开了三天无结果。期间,有个小商贩在旁插嘴说:"上面难办,就放下面去办,大家看行不行?"与会的绅士们不理他,陈培桂却认为对营造之事或许生意人比秀才强,就请他坐下来谈,果然,他的意见与众不同。不搞募捐,不派款,也不一桩一件地预算工程造价,而是把工程分发给基层包干。陈培桂采纳他的意见,一个建城方案很快就定出来了,四个城门楼发给一都的北门、城里、南门和城郊(以西门高姓和玉塘夏姓为主)包干。城墙全长分为19段,发给全县19个外都包,按各都人口数确定每段的长短。东门行走不便(原东门设在现实验小学操场处)堵死不设,移位改建小南门,并修路直通码头。小南门内开挖一条小河,既可解决城墙填土需要,又可解决城里排水不畅的老问题,一举两得。这工程由桐山营士兵承担,一切工料和伙食全部自筹自理,县衙不拨款,只制两面锦旗推动竞赛开展评比。这位商人姓梁,家住城隍庙斜对面,夏季每天下午在庙里吹凉风,听见会上讨论不决,耐不住站出来提建议。陈培桂重视人才,不怕非议,选他为建城工程总指挥,总部就设在庙里。工程开工后,陈培桂首先带人员到金乡城参观,学人长处,对门楼设计、城墙分段打桩、各都定位、城垛砖定窑定价等等,无不和梁总指挥密切配合。两面锦旗确实起了大作用，工程一年多时间就全部竣工。评比时，城墙东中段第一，在那里还额外建了有两个炮位的炮台。城门楼北门第一，门洞加宽二尺，高大雄伟。陈培桂亲为此门题名，落款"知事陈培桂"五个字。西门为第二，它在城门内加建一座兵器库。工程结束后，陈培桂聘请梁总指挥当他的师爷。陈培桂之后，梁总指挥还再当了二任知县的师爷。

这些是我少年时在梁宅店前一家药铺当学徒期间，听梁总指挥后代谈起的。他家媳妇还说，陈培桂工作忙时，常就近在她家吃便饭，并说她丈夫六七岁时，正月还骑着马灯到衙内向陈培桂拜年。

治盗、禁赌、创建义仓的丁芳

一座"去思碑"是光绪年间为丁芳立的。知县丁芳为人精明刚直，有关他的故事民间传说最多，我只说几件事。

丁芳上任不久，得知县里赌博多，盗贼多，就从治安入手。他特造两个木栅枷笼，摆在衙门大门口两旁：一个关赌犯，一个关盗犯。人犯站在笼内脚垫砖块，头枷在栅外，白天示众。听说这办法实施后，只关过4人，再无人敢赌、敢偷了。有个叫"塘里棉"的惯偷，据说能飞檐走壁，曾在一家当铺楼上棉被堆里住了几个月，夜夜出入，无人知觉。但他因怕被丁芳抓了去站笼，带着徒众逃之夭夭。

清朝时知县上任，游击不必去迎接，而游击上任，知县则必须带领官员到五里牌迎接。因游击是带兵武官，都是旗人担任的。一次某游击上任，丁芳不去迎接，师爷问他不去行否。他跷起脚指指鞋子不语，师爷会意——底子厚不怕跌倒。原来丁芳是科举进士出身，为人刚直，曾得罪权贵而降为县官的。师爷的担心是有原因的，因为我省旗人都聚集在福州城内旗下街，那条街大员府第毗连，不混住汉人。旗下街不但统揽全省兵权，而且也掌握全省人权事，有人说旗下街的狗也比人高一等。这就是为什么县令五里迎接游击，主次倒置的原因。丁芳无媚骨，清廉勤政如此，难能可贵。

丁芳创建了"民豫义仓"有口皆碑，从募聚经费、建仓库、捐谷子，不知花了他多少心血。听说他薪俸一半用于捐建仓库，建仓期间他天天微服混杂于民工之中。有一天，他亲自发给每位民工五个光饼做点心，一民工却发牢骚说太爷太小气，五个饼才五文钱，谁稀罕，便把光饼吊挂在背上。丁芳看见就问为何不吃，民工好久才答："太爷赏的饼我舍不得吃，带回家孝敬老母。"丁芳信以为真，夸他孝顺，再给五个饼叫他自己吃，在场的民工都暗笑丁芳受骗。有次省里某一委员到县里住了十多天，走后账房拿账单请批，丁芳看了好久，叹惜说："太浪费了，这十元钱可以给我的义仓解决半榴的椽木。"丁芳在任时，从无用公款办过酒席请客。他这种"小气"精神，很是值得其他官员学习。

义仓是造福于民的事业，对解决饥荒、平抑米价起了很大作用。歉收年或青黄不接时打开义仓，发放谷子，到新粮登场时一担收回二担，所以义仓谷子库存不断增加，解救饥荒的作用也越来越大。每个吃过义仓米的人，永远不会忘记创办义仓的丁芳。

"无印"县长陈廷衡

1929年正月，福鼎县曾发生两件大事：一件是整条街张灯结彩恭送县长，一件是千人冲入县衙打县长。一个月之间为何出现两个不同待遇的县长呢？福建省长李荫人（军阀），趁浙兵北上打仗之机，派兵攻入浙江，想吞并浙江大半个地盘，正当节节得胜之时，不料后院起火，红军由闽西攻入闽南，占领了泉州城。闽军掉头南撤时，浙兵配合大军阀孙传芳某部从后追赶，闽军慌乱逃窜，到处抢掠。当时县民惶恐无比，纷纷逃跑，整个县城十室九空，变成空城。县民一怕闽兵抢夺，二怕浙兵报复，三怕福建北大门两军对垒殃及城池。这时正值两位县长移接期间，刚接印几天的黄县长吓得带印连夜逃跑了。已卸任县长陈廷衡看到两军来势凶猛，紧急关头便动员商贾绅士快逃，自己则充当"无印"县长坐镇县衙，应付过境的两军。在陈廷衡周旋下一切安排妥当，县城安然无恙。第三天，北兵窜过县境时无惊扰，县民陆续回家，店门也陆续开了。后来听说，有的县城无人敢出来接待，被抢掠得一塌糊涂。过了不久（我12岁），听邻居说陈廷衡挽留不住要真正卸任走了，全街张灯结彩欢送。那天清早我到县衙门前观看，密密麻麻站满了人。连五帝庙那边也被围得水泄不通。大门前，有3个人举着3把"万民伞"。伞是金黄缎做的，伞沿围挂着二尺多长的五色绸飘带，每条飘带两端都绣花，上面写满了人名。"万民伞"是民众献给地方官的最高荣誉纪念品，称誉他是万民的保护伞。陈廷衡湖南人，高个子，方脸，身穿长袍马褂，头戴黑缎帽。我随人群到大街时，街两旁全用竹子白布扎成斜棋盘格子栏杆，顶上遮着用白布或榕树叶和纸花彩条结成的天幔，天幔两沿挂着各式各样彩球和彩灯。这五彩缤纷的长廊，从南门结到北门街顶，足有1千米长。每隔一段路，安放一张红绸桌围的桌子，上面排列干果和酒具。每到一张桌前，陈廷衡总是还礼并举杯到唇。在总爷前（现人民剧场）那段宽阔街上，好多人跪在桌旁，陈廷衡一一扶起，并饮酒3杯，许多人都流下惜别的泪，陈廷衡见了，也不能自己地掉下感动的泪。欢送队伍到北郊新亭（即农械厂门前）凉棚下才停下休息。这时已正午，1千米多的街路足足走了4个小时。这里已停着不少轿子，陈廷衡上轿时，有一帮人跪在道中间送行。回家后父亲说："这场面我一生见过两次，一次是慈禧太后做万寿，那是官府要老百姓做的。这次是百姓自发的，大家都争着比排场。"护送陈廷衡回乡的两个绅士回来说，陈廷衡高升本省为官，到他家受到热情款待。陈姓族人非常重视，三把"万民伞"择日在陈氏祠堂举办授伞仪式，陈廷衡接伞后由族长把伞插在厅中特别的插座上，仪式非常隆重并设宴庆祝。民初乱世出一个这样好官，真使全族生辉。

元宵后一天，我舅舅带我在天灯下亲戚店里（即现百货大楼处）等着，说今天有好戏看。原来，那个临阵脱逃的黄县长又带原班人马来上任了，大家要去和他算账。到衙内，群众喊打连天，黄县长夺门向内院狼狈逃去。不知是谁将火笼抛打在他身上，满身火和灰，他边掸火灰边奔进内院。内院是家属院，墙高，墙外群众大骂。第二天，这个被人民臭骂的县长又连夜挂印脱逃了。

两个月后，我看见了为陈廷衡县长立的"去思碑"。

（本文摘编自《福鼎文史资料》第 15 辑）

军阀部队三次窜鼎

李 海

民国年间,军阀部队窜扰福鼎共三次。

第一次是民国初年,军阀混战,盘踞福建的北洋督军周荫人,受直系军阀孙传芳指使,发动侵浙战争,于1924年九月间,派彭得铨旅取道闽东经霞浦、福鼎入浙,沿途拉夫派款,无恶不作。各校校舍,各处民房,以及南门外学宫等房屋均驻入部队。

该部队一驻下,即命令派款派夫,刻不容缓,因其勒索过苛,县知事吴涛无法应付,就一边派出人员与他敷衍周旋,一边暗自躲避起来。该旅长以行军紧急为借口,日夜在城关拉夫勒饷,全城人民皆奔跑避难,彭旅先头部队驻扎的分水关附近老百姓也逃匿一空。部队官兵均跑到浙江关爷庙一带,乱挖农民所种地瓜,以充军粮。

彭得铨部队在桐山城关,一星期内共勒去现洋几万元。有一天夜里,突然沿街拉夫百余人,以当时浙江平阳江南的一个劣绅汤长孚为向导,奔温州而去。福鼎被拉去的挑夫,痛苦难受,逃跑,被打死多人,跑回染病死亡的也有多人。一部分人被久扣不放,经绅士往浙交涉领回者才几个人。总之,这是辛亥革命推翻专制帝王统治后,福鼎第一次所受的兵灾。

第二次是1926年冬,广东国民革命军举行北伐,东路总指挥何应钦攻打福建。闽省督军周荫人率溃军数万人奔逃入浙,所部周荫塘、蒋启凤等率队取道闽东,一由福安过管阳,一由霞浦过白琳、点头,均在福鼎县城会合,沿途占驻学校民房,索饷拉夫,肆掠无已。该部抵霞浦时,县知事、商会长和有名士绅,均被扣留,勒款数万元。讯传福鼎,县知事黄若柏先期逃遁,城中人民莫不惊惶失措。该军队到福鼎约有1万人,所有学校机关民房均被占驻。所幸有卸任离职移交未走的前任县知事陈廷衡与该军队旅长周旋,县民仅花了一笔招待费,军队驻没几天先后拔队而去,全城幸免蹂躏。

第三次是1949年春末,中国人民解放军横渡长江,解放南京,原盘踞在芜湖一带的李延年兵团的溃军数万人,由皖浙边区逃到浙西南龙泉一带,窜入福鼎县城抢夺掳掠。那时我携眷避居沙埕南镇亲戚家中,溃军走后返回家里,家具被毁坏不少,所有衣服被裙被抢夺一空。幸好6月11日晚人民解放军就到了福鼎,五星红旗插遍全县。

(本文摘编自《福鼎文史资料》第2辑)

北洋军过境

<small>郑宗三</small>

古语云："兵过篱破。"62年前的一次"北兵过境"，周边各县皆遭严重扰害，独福鼎例外，盖得力于卸任县知事陈廷衡应变有方。

陈廷衡，字芷屏，湖南人，1926年8月任福鼎县知事。在任勤政爱民，同年12月他调，各界挽留未果，省里派黄若柏继任，已接篆视事。

时值北伐，统辖福建军政、受北洋军阀孙传芳指挥的福建督军周荫人，其所属兵力约计5万人。当时的国民革命军第一军何应钦军长（不久改任东路总指挥），奉命率部入闽追击，北洋军或被消灭或归顺。周荫人残部在闽无法立足，乃自福州取道闽东，向浙江台州一带逃窜，企图与孙传芳在浙部队会合。

福鼎与浙属平阳接壤，为北洋溃军入浙必经之地。他县频传溃军扰害的消息，邑人惊惶万状，纷纷避往乡僻。新任知事黄若柏竟放弃职守，携带县印，逃匿邻邑。一时福鼎成为无政府状态，群情哗然。地方士绅们紧急集会，决定商请已交卸而未离鼎的县知事陈廷衡复行视事，以应付危局。陈廷衡本极爱民，不忍地方糜烂，慨允肩此艰巨，协同士绅募款动员，筹办兵差，冒险应变，备极辛劳。

事有凑巧，北洋军先头过境的补充旅旅长蒋启凤，与陈廷衡原有金兰之盟。蒋启凤一面约束官兵，严禁外出骚扰，尽快开拔，一面与同行首脑下一道手令，交陈廷衡收执，后续过境溃军一见此令，无不迅速离去，不敢停留作歹。吾邑由此平安无事，兵差所费亦非太多，与受祸惨重的他县相较，真是幸运极了。因此，陈廷衡知事成为万家的救星，口碑载道，间里讴歌。

陈廷衡先生完成任务后，随即定期离鼎。邑人感其恩德，热烈欢送，盛况空前。自南门外下街尾至北门街头顶，整条街道悬灯结彩。有些路段上覆布幔，下铺红色地毯。五至十家搭建一彩牌门，上嵌四字横额，如"万家生佛""爱民若赤""救民水火""万民感德""公正廉明""泽被万家""恩同再造""今之邓侯""一路福星"等，而且有对联。两旁店铺、住户，有独设香案，也有合设香案。每一香案，正中悬明镜一面，案上供长生禄位牌、檀香炉、花果，并置清水一盆。水和镜乃颂扬陈知事清若水、明如镜。送行队伍以彩旗作前导，次为鼓乐，包括锣鼓队、得胜鼓队、唢呐队、校乐队、昆曲队、八音坪，再次为高跷队，最后便是陈廷衡和欢送人群。

荣行之日，天气晴和，陈廷衡着深蓝色布长袍，黑色团花缎马褂，足穿黑面白底布鞋，神采奕奕。在士绅们陪同下，自寓所出发，由南门而城内而北门，缓步前进。沿途锣鼓喧天，乐声悠扬，家家燃放鞭炮，震耳欲聋。送行者从城乡各地涌来，人山人海，一两小时前即扶老携幼在队伍必经的街道或巷口等候。陈廷衡所过之处，有的跪地叩首，有的鞠躬为礼，然后加入欢送行列，不少人感动至涕泪交流。陈廷衡一路答礼，频频用手帕拭泪，遇有香案之处，则稍做停留，接受叩拜。

欢送的行列长达数里，许多人坚持送至十里外。抵达离城十里的万古亭时，陈廷衡阻住去路，要求留步。后面的人群快步赶来，把万古亭挤得水泄不通，但秩序非常良好，亭内鸦雀无声。此时大家的视线，不约而同地集中在亭壁上醒目耀眼的对联"一年春送一年客，万古亭留万古名"上，别绪离情莫不涌上心头。

送君千里，终须一别。士绅们请陈廷衡登上各界为他所准备的肩舆，当此临别一刻，人人显得不胜依依。陈廷衡硬起心肠，拱手道谢，泪如泉涌，亭中登时呜咽之声此起彼落，真可谓别泪洒遍万古亭。许多送行者更伫立北望，直至轿的踪影在重峦叠嶂中由大而小，由小而模糊而消失，才拖着疲乏的身躯踏上归途。

送别陈廷衡后，是日下午，市野虽已渐复常态，但大家对陈十分怀念，不少人家仍在谈论上午送行的盛况，忽传因畏惧北洋溃军逃往邻县的新任知事黄若柏手握炸弹（以后才知炸弹是假的）在县衙出现，这一突然消息，霎时燃遍百姓们心头的怒火，街上叫骂之声四起，更有一部分人怒不可遏，涌进县公署找黄理论，适于二进走廊上碰到，责骂他不该临危弃职远遁，置全县百姓生死于不顾，问他何颜以对福鼎父老。可是黄若柏态度仍然傲慢，扬起手中的假炸弹，厉声斥责群众无礼犯上，喝令立即退去，违则重惩不贷。此语一出，群众更是怨愤沸腾，齐声喊打。有的俯拾地上的小石块击他，有一老人则以随身所带用来御寒的火笼向黄掷去，火笼与石块齐飞，现场乱成一片。黄见众怒难犯，乃在亲信护卫下，自纷乱人群中抽身逃去。一个县令的下场狼狈如此，实为开县以来所仅见。

不久后，各界为陈廷衡镌立一座"去思碑"，竖于县衙前面，表彰其功绩，用垂久远。1940年，福鼎县政府屋宇重建时，此碑移置文昌阁，今已不存。

陈廷衡离任后，曾出任国民党部队刘和鼎师军法处军法官，一度随军入闽，邑绅林锡龄曾晤陈廷衡于其任所。刘师他调后，音信杳然，不知所往。

（本文摘编自《福鼎文史资料》第8辑）

回忆日机轰炸福鼎县城

> 张崇祺

我六七岁时，日本飞机曾三次轰炸福鼎县城。一次在南门外朱厝里，对面乡绅陈玉庭家遭毁，波及猪肉店陈阿坤家，其子陈子银从楼上下来，满脸都是血。其时我们一家借租在朱厝里已有几年，听警报响了，就从大宅院后门逃出，到龙山溪边水带旁的甘蔗园避难。当时叫"逃飞机"。敌机轰炸后，隆隆声消失，逃难者纷纷从甘蔗园"出笼"，田埂上都是人，呼儿唤女。我母亲在喊："你们看到我家从徐（我的乳名）吗？"我听到了，却茫然不知所措，没有马上回应，只是傻傻待着。等我清醒过来，才叫了一声："阿奶，我在这里。"妈搂着我"阿呀、仔啊"哭叫个不停……

一次，炸弹扔在南门外城头顶基督教福音堂。这堂在当时算是像模像样的建筑，前门有很矮的墙，进门有甬道，两旁栏杆好像有"美人靠"。福音堂在当今福鼎市医院对面。据吴豪庄回忆，炸弹炸中福音堂，庭院中炸出一个大坑。他家与福音堂只一墙之隔，冲击波冲毁一侧火墙。老吴家。一侧砖墙只煽动一下，又恢复站住，只是有些歪斜，保住了房子。福音堂就没那么幸运了，毁坏严重，几乎废弛。

还有一次，炸弹扔在小南门柴寮附近。柴寮是桐城近郊一个小村落，面对溪岗的支流，村前一片空地，搭起的柴档（桩）上搁置许多杉柴圆木，供居民挑选。深秋初冬正是福鼎青年男女谈婚出嫁办喜事的好日子，长辈要盖新房子修饰新居，为子女办喜事。日本飞机扔下一枚炸弹，随即有传单纷乱从空中飘落。

福鼎是地处东南沿海太姥山下的一个小城，三次轰炸据说是日本飞机从台湾起飞而来，毫无军事目标，充其量只是一次侵略者的空袭"游戏"，但已对家乡父老乡亲造成灾难，形成了阴影也挥之不去。

（本文摘编自 2014 年 3 月 28 日《福鼎周刊》）

福鼎桐山师生抗日救亡活动述略

陈海亮

虽事过境迁，但回想当年的经历，感慨系之，记忆犹新。兹特将亲身经历及相关事实概述如下。

抗战时期的宣传活动

临时报告京沪战况

1937年7月我任县民众教育馆长，被福建省教育厅选送往教育部电化教育训练班受训。8月下旬，我从南京刚回到本县，亲友和群众闻知，当晚即纷来探询抗战大事。我看大家爱国情殷，即欣然与林豪庵、郑干人等在城内大榕树下（即今人民剧场处）挂起汽灯，摆好临时讲坛作报告。我将国共第二次合作，一致团结抗日的喜讯和我亲眼所见首都首次空战，上海军民浴血抗战将日寇赶入黄浦江的捷报，向群众传达。当年交通不便，信息闭塞，群众无法及时闻知战况，我所报告战况原已是明日黄花，但在福鼎群众听来仍属新鲜佳讯，条条件件激动人心，听得兴高采烈、情绪高昂。

在城关街道进行巡回抗日宣传

1937年9月上旬，县民教馆发起联络文教界热心爱国人士郑干人、林豪庵、潘菊农、梁鉴洲、曾润谷等（陈伯恭、黄士箴有时来城也主动参加，丁如香、缪向平有时也来演讲），逐晚轮流在桐北、城内、桐南三条街道上巡回宣传，鼓动群众出钱出力，踊跃服兵役，宣传打倒日本，听者填街塞巷。在民教馆的夜校中除授识字等课外，也增加抗战课目，着重抗日救亡宣传。

组织抗日宣传队下乡宣传

1937年9月下旬，由县抗日后援会会同县民教馆带头发起倡组抗日宣传队，出乡宣传抗日救亡，立即得到文教界热心爱国人士梁鉴洲、林豪庵、潘菊农、缪景铭的赞同和支持，组成一支很有实力的抗日宣传队，由县城出发往点头、白琳、磻溪、秦屿、硖门、店下各乡镇进行宣传工作。每一乡镇停留一至二晚，通常都是不分日夜，在闹市区以八仙桌为脚垫发表演说，介绍抗日形势，鼓动民众抗日热情。过去交通不便，乡下人平时连报纸都看不到，消息不灵，我们一个接一个高站桌上，发出豪言壮语，大声疾呼，颇吸引人。群众初是好奇，认为新鲜，听后动容，义愤填膺，万众一心，高呼"打倒日本帝国主义""拥护国共合作""出钱出力保卫国土"等口号，收到预期的宣传效果。宣传队经过上述6个乡镇，历时10天，最后从店下回县。

劝募抗日救国公债

国共第二次合作，全民全面抗日，军需浩繁，国家财政支出剧增。为补充国库大量消耗，南京国民政府在全国范围内发行救国公债法币5亿元，福鼎县派额为5万元。本来凭既往习惯，收捐派款乃是绅士们的分内事，文教界有识之士集会研究讨论，最后一致决议此次救国公债的劝募工作事关神圣抗战大计，应由县党政及文教界知名而有操守的人士亲自负起责任，分头下乡募缴。民众看见来募款的委员都是斯文的老师和县中有声望者，对人都和颜悦色，态度和蔼，这才主动交缴所派款额。

悬挂木板抗日形势图和标语牌

1938年春，县民教馆为提高民众对抗战形势的认识，特向木匠订制7块均1.8×1.5米的木板，彩绘上祖国全图，标明抗战形势，分挂城关各街衢及郊区要口，使群众一目了然，激发起爱国热情。

1940年冬，福鼎县抗敌后援会雇木匠制作0.2×0.7米的木板100块，作为标语牌，书写上各种抗战标语，盖以清油，分别钉悬各闹市店与店间的隔墙或柱上，唤起民众全力支援抗日。此事当日系由县后援会负责人丁梅薰和我共同主办。

中小学师生、妇协的宣传募捐活动

北岭中学师生主动组织晨呼队，每日在拂晓前，全体学生穿齐童子军军服，军容十分威武，齐集操场，由军训教官陈范率领整队出发，沿城关街道跑步高呼："打倒日本帝国主义！""打倒日本侵略军！""团结起来，有钱出钱，有力出力，万众一心，共赴国难！""打倒日本侵略者，为死难同胞报仇雪恨！"数百师生齐声高呼，声震桐城晨空，激发了师生的爱国热情，唤醒了酣睡中的群众，激起了老百姓的觉悟，起到鼓舞民心民气。初中师生还组织抗日宣传队，每逢星期日晚上，分头在城关闹市摇铃集众，开街头宣传演讲会，把一周来前方军民英勇杀敌的壮烈事迹，向群众宣传讲演。群众听到动情处，往往自发地喊起抗日口号，表现出同仇敌忾、气壮山河的气概。师生们还办墙报，写抗日标语，并向前方抗日将士写慰问信。

各小学师生纷纷组建抗日宣传演出队或话剧团。桐山小学教师高英辰导演了话剧《一片爱国心》，主要演员是杨逸群、吴月凤。高老师调到桐北小学后，又和卢学钧老师合作，导演了话剧《卢沟晓月》，表彰自卢沟桥战火燃起，我抗日将士的英勇杀敌事迹。此剧由卢学钧负责布景，演员全是桐北小学的学生。

在抗战初期，福鼎地处闽浙边陲，交通不便，报纸不能及时邮到，民众关心国事，急于听到抗日消息而不得。高英辰老师有鉴于此，利用自制收音机，收听抗日消息，他在桐山小学收听广播发的战讯，每晚收到重庆台播出的抗日战讯数十条，录交张校长和赖思麟老师整理组编成《抗日战讯》，每日印发300余份，免费分发各机关单位，并张贴各处，供公众阅览。

教学不忘救国，除教课本外，还收集各种爱国题材资料作为补充教材，如语文科的《读书与救国》《抗战与科学》《国难可兴邦》，史地科的《五月三日蔡公时被残杀的济南惨案》《五月九日日占我胶州湾铁路》《五月卅日沪日纱厂工人顾正红等七人被杀》《九月十八日日侵占我东北三省》《七月七日日侵卢沟桥后杀我同胞二千万人》等等，激起学生的义愤，加强了爱国抗日教育。

课余时间，还教学生唱抗日歌曲，如《只怕不抵抗》《我是小小义勇军》《打倒东洋兵》《战战战》《打倒一切侵略者》《大刀进行曲》《流亡三部曲》等。桐南小学教师陈兆基、陈兆祥、杨逸群等，在校长施从光大力支持下，由陈兆基执笔，合编并自导《流亡三部曲》三幕歌剧，在县中山堂（现中山影院旧址）公演，主要演员陈兆祥、杨逸群等，效果很好。福鼎抗日剧团团长林鸿筹，福州人，生活极清苦，而抗日热情极高，导演《野玫瑰》（即《天下第一号》）这较大型的话剧演出，在中山堂连续会演五天，观者人山人海。后曾多次续演，历久不衰。

县妇女协会委员李月娥、毛培芳、郑雪青、杨逸群、陈廷伽、毛培珍、林桂仙、毛蒲霭等为"妇女号"飞机捐献奔走，以支援抗日。她们除举行街头宣传、话剧义演，积极募捐外，还请浙江越剧团来本县演出，并将卖票收入全部票款献给国家。她们还夜以继日地积极筹募和自制各种慰问品，如手帕之类，印上"打倒日本帝国主义！""抗战必胜！""抗日战士万岁！""打倒日本侵略者"等，献给前方将士。

（本文摘编自《福鼎文史资料》第7辑）

忆福鼎县城庆祝抗战胜利大游行盛况

喻捷华

1945年8月14日，日本天皇宣布无条件投降，中国人民抗战终于胜利了，举国欢庆。福鼎的庆祝盛况是空前的。各机关、学校和社会团体从上到下都紧张地筹备庆祝大会的具体活动。我还在福鼎师范学校读书，全校师生为庆祝游行，在李熙光老师的指导下扎了水族鱼虾、飞虫鸟兽、飞机大炮、坦克战船等各种花灯。整个桐城的商户、机关，城郊农民都热烈地为庆祝游行进行筹备工作，家家户户贴门联挂彩灯，南门、北门、城里的商户都掀起了办高跷、放焰火、扛台阁、舞龙灯的各种演习准备。

游行这天晚上5时左右，全校师生提前吃饭整队出发，每个同学提了彩灯到南校场司令台前集中，各机关、学校、军警、商户、城郊农民都陆续到齐，游行的队伍人山人海，把校场挤得满满的。校场的公园内大放焰火，这是我第一次看到焰火放到半空中涌现出各种色彩的景观，如飞雪梅花、八仙过海等。南门的台阁是孙悟空过火焰山，观孙悟空拿着芭蕉扇在铁枝上翻跟斗。城里得台阁扮的是绿牡丹，余千在方桌上兜圆圈。踩高跷的队伍戴着各种面具，全身一掀一扭地摆动走着。福州旅鼎的三山龙灯队，穿着特制的服装起劲地舞着龙灯，演着含珠、抢珠、绕珠的各种动作，令人眼花缭乱。

7时许，队伍开始游行，前头是军警队，骑着枣红马的作前导，接着学生的游行队伍提着各色彩灯吹打着洋鼓洋号，最后是各机关、商户、农民团体队伍拿着彩旗沿途欢呼。游行队伍自南而北，全城人民夹道欢呼，大放鞭炮，大放焰火，军乐、拾锦、歌声响彻云霄，全城沉浸在狂欢之中，游行一直到半夜以后才散去。自这晚以后，连续好几天仍在踩高跷、舞龙灯、扮台阁，盛况空前。

（本文摘编自《福鼎文史资料》第13辑）

福鼎城关首次拓宽街道

卢声海

城关的市容旧貌

城关街道自开县以来，路宽只有一米许，路面均铺鹅卵石，两爿店对店为遮阳起见，用毛竹杠搭棚相连，盖上竹簟，可以随时开合。北门溪西街的街道最热闹，不见天日，入其市腥气臭味难闻，终日潮湿，尤以早晨为甚，群众拥挤，秩序混乱；而桐南、城内虽狭窄，但无潮湿与臭味，可见日照。

拓宽街道的措施

直到1947年吴锡章任县长，坚决认为县城街道必需宽拓，乃指令建设科计划进行，派我负责先勘测地形，继而设计拓宽程度。当时公路未开，汽笛未响，拟全街路面拓宽12尺，后因县财政紧张，原有计划改变，以中山堂（现系北门电影院）宽度为标准，开宽8尺，使两辆车可以同时通行。工程自设计施工至验收均由我个人负责，自1947年10月开始，至翌年3月全部完成。全县的木、泥匠，都赶来参加修路与修店工程，情况相当热烈，政府没有给任何人津贴。

溪西桥老街区（黄建军 摄）

建设中的斗争

城关修路,是本县首次创举,一早就预料定有阻力和纠葛。首先遇到的是北门开布庄的陈祥生,他认为我是他的嫡亲外甥,多少有情面可讲,便出面阻挠,继而要求我母亲出面说项,均被我婉言谢绝,推说方案经县府决定,我无权改变。接着工程进行到溪西桥长关巷小巷一段,计划拓宽4尺,不料两旁铺主李恒馨竟倚仗李家的势力(李登俊、李登梅)为护符,郑福盛靠他姻亲(当时任县府秘书的林时端)的背景,出面阻挠,借口面向大街要拆,面向小巷又要退,那自己店内面积就所剩无几,拒绝拆建,整个工程几陷停顿。后李梦生经吴锡璋亲自动员,勉强答应下来;而固执的郑庆元,却仍图抵制,总想耍赖占便宜,建三次拆三次还不罢休,中间还让县府秘书林时端出面讨情,但计划已定,最终还是照旧拆建。继而进行到城内林鹤樵门面右边店前(现五交化中心),当时林任县参议会议长、戡乱委员会副主任及县商会会长等职,只差一柱之地也拒绝,他认为自己是福鼎的大人物,硬是挡在街中不动。群众纷纷议论,讥笑道:"拆我们店快,拆鹤樵店难。"当时我考虑这一关如过不了,下段工程就无法进行,故决定以甩纱帽不干为威胁,结果还是吴锡璋出面斡旋才平息风波。最后到了南门关帝庙(现系桐南第一粮店)一段,因戏台横在街中央,前前后后均系商店与民房,群众损失甚巨,县财政又无法弥补,群情嗷嗷,势至功亏一篑。经再三解释宣传,打通住户思想后,众人牺牲小我利益成全大局。至此,工程顺利完成。

中山路老街区(黄建军 摄)

工程完成后的新面貌

1948年全部工程完成后,大家争相铺上水泥路面,用心装饰门面,拆去原有店对店的竹杠,掀开遮阳竹篁。至此,暗不见天日的北门街重见光明,路面变得干燥平坦,空气也清新了。

(本文摘编自《福鼎文史资料》第4辑)

城关溪床的淤积与防洪堤的由来

陈敬钦

溪床的淤积

据老人说,在很久以前,海水可涨到距县城上游约5千米的山满,山满也因此得名。什么时候向下推移,没有史料可稽。不过山满至梅溪这段溪床,确实积沙非常迅速。水北溪原来是建一碇步通行闽浙的孔道,以后逐渐被泥沙淤积,水位逐渐升高,经常断绝行人来往,故清嘉庆六年(1801)县令岳廷元倡建水北溪桥,桥长五十多丈,行人便之。现中部十多孔已被砂砾淤积,几与桥顶平。溪岗桥在设计时,也与水北溪桥一样的孔数和宽度,据山前老人说他少时牧牛,经常骑在牛背于桥下乘凉,现已淤积得只剩33个孔排水。1952年要重建被洪水冲掉的溪岗桥时,需要长石板来添补,根据老人的建议,在靠近山前一边挖深3米,果然一堵一堵的石板完整无损地埋在地下。在水流美一段,50年前往沙埕载重500多担的汽船、帆船都停泊在盐仓一带,那时埠头上还有客栈、货栈、杂货店、布店等,颇为热闹,现在汽船埠要下移到罾坪。据高滩水文站自1965—1978年这14年的统计,每年输砂量最多16.3万吨,最少2.66万吨,平均7.11万吨。

溪床高速度积沙原因,一是上游树林砍伐殆尽,覆盖层极差,加上近年来公路、开荒频繁,一遇暴雨,使大量泥沙尽向下游滚动,二是下游建筑物的不合理布置,也容易引起泥沙的沉落,如肖家坝的公路桥,和肖家坝对岸的建材预制厂等,这都是造成排砂的主要障碍物。

城关防洪堤的由来

城关防洪堤,又名卫城坝。它并不是一气呵成的,而是经过许多年代才完成的。防洪堤,上自水北溪山麓,下至肖家坝盐仓,全长4.5千米,平均高5米,全部是外用块石铺砌,中填河卵石。据县志记载,清康熙十四年(1675)山洪暴发,至康熙三十八年(1699),游击焦云偕巡检,谕令兵民于溪头编竹垒石为坝以备涝。从县志材料看,当时河床很低,水位不高,仅用竹笼装块石就可以抵御洪水的入侵。康熙五十一年(1713)八月大雨,溪水暴涨,坝崩。清雍正八年(1730)州牧张秉纶劝谕修筑，数年复圮。清乾隆九年（1744），县令熊煌率绅士鸠工砌造，基厚三丈、宽一丈、高一丈三尺，自七星墩至前店（约1千米）。乾隆二十四年（1759）县令吴寿年、胡建伟加以修葺，嗣后县令王应鲸、岳廷元增修坝三百六十丈（这一段应是以七星墩向上延伸的），时间历二年。1943年，王道纯任县长时又增修镇边石牌坊至水北溪山脚，长600米，至此4.5千米长的防洪堤才臻完整。

1949年后，县人民政府鉴于防洪堤拦洪标准极低，不断拨款修建，累计花工程费30多万元。1952年恢复溪岗石桥，便利行人来往；1956年建挑水坝4座；1961年、1964年在薄弱部分从事加高培厚。1966年冬开始，全线普遍增高1.5米，外坡勾缝，断面不够大的都加砌平台，至1968年春结束。这次整修，完全消灭曲线形堤顶和薄弱堤身。1973年陆续培修加固，即前店建一座挑水坝，体育场附近砌成水垱，镇边段加砌平台。数次整修，大大扭转了由于堤身薄弱造成灾害频繁的局面，经过了历次洪水的考验。

县城自清代康熙以来，曾经受8次重大水患，其中5次是属于堤防冲垮引起的，据县志记载，清康熙十四年八月十四日晚，天降大雨，溪洪暴涨，坝崩，全城男女老少被水溺死者达500人，那时店屋矮小，水皆淹满及檐。1920年九月初四，发生大水，溪岗新坝亭一段防洪堤冲决数丈，连亭一起冲掉。1925年（亦有人记忆是1924年）农历七月初十大雨，溪洪暴发，溪岗桥头一段防洪堤冲掉大缺口，使溪岗一带居民生命财产损失不计其数。1942年三月初十，整夜大雨不停，十一日陆续下雨，溪岗水位暴涨，因水北溪石牌坊以下的石堤被冲决，镇边至街头顶、溪岗被冲成一条溪流，其他如鼎寮脚、肖家坝、前店等被洪水冲得不成农田。据档案资料了解，这次洪水全城溺死24人，毁房屋110间，此外如农作物、牲禽等总计损失109.8万元（旧币）。

可以说这条防洪堤是保护城关居民生命财产的生命线。清朝福宁太守李拔来福鼎视察，叹曰："无此堤，即无鼎邑，奈何忽之。"接着赋七绝一首，以示防洪堤的重要，诗云："两山夹峙海门开，千里双江倒泻来。谁向中流资砥柱，洪波万顷一齐回。"

（本文摘编自《福鼎文史资料》第2辑）

市区防洪堤建造史略

🔹黄建军

福鼎桐山溪汇上游诸水，每年夏秋之季暴雨和海潮冲溢，城东一带成为一片泽国，冲毁良田房屋无数，对桐山百姓造成巨大灾害。福鼎桐山流传民谣："三百年前是桐山，三百年后是溪滩。"讲的就是山洪灾害对桐山百姓所造成的威胁。

乾隆年间，福宁知府李拔在《重修护城堤记》中写道："每年夏秋水发，洪波巨浪，势如奔马，冲决庐舍，不可胜数。前邑令筑坝上流以御之，其害稍息，乾隆乙卯秋，复至溃决。"

清嘉庆《福鼎县志》记载，明成化二十一年（1485）夏，大水。清康熙十四年（1675）二月，大水淹死男妇500多人；康熙二十六年（1687），大水淹没民舍；康熙五十一年（1720），大水淹没田庐无算，死者相枕藉；乾隆四十七年（1782），大水，坝崩数十丈，东城不没者三版，漂溺田庐、人畜无数；嘉庆元年（1796）正月初九日，大水。

据《高氏族谱》记载，明天启、崇祯年间高家族人多次与众乡绅商议筑建石坝防御水患，也多次呈文州府，但因意见不一，众说纷纭，无法开工筑造。崇祯四年（1631）高氏族长者再次与桐山众乡绅合议建堤坝之事，大家排除各种非议，达成一致，开建桐山溪防护石坝。大家积极参与挑土筑石成坝，筑成长数十丈、高五尺的石坝，这是最初的桐山防洪堤。

清康熙三十八年（1699），桐山营游击焦云，榆林人，偕巡检，发布告令，桐山营士兵和桐山居民在桐山溪东头编竹垒石为坝，以御水患。可是到了康熙五十一年八月，大雨，溪水暴涨，堤坝又为冲毁。雍正八年（1730），福宁州知州张秉纶出谕告劝勉民众捐资出力修筑堤坝，所修堤坝数年后又被洪水冲毁。乾隆七年（1742）知县傅维祖详案呈报府衙请修筑石坝，但不久他就卸任，筑坝之事又告停止。乾隆九年，县令熊煌到任，又呈文福宁府申请修筑堤坝，并得到乡绅游学海、张有华等人的鼎力支持。知县和热心的乡绅悉心筹划，召聚工匠砌石筑基，筑造堤坝基宽三丈，坝面广一丈，坝高一丈三尺，从七星墩到前店，绵亘数里，护卫桐山城，百姓才能得以安泰。

清乾隆二十四年（1759），福宁知府李拔因公莅临福鼎，视阅桐山溪流情景，惊言："无此堤是无鼎邑也，有司奈何忽之？"（李拔《重修护城堤记》）谕令知县吴寿平和即将上任的新知县胡建伟立即倡捐修固加长护城堤坝，以防台风暴雨侵袭。众乡民踊跃捐募，用了3个多月时间完成，新修筑堤坝长百十丈，高度依旧不变，共费银1400多两，并张贴布告公示开支明细。知府李拔颁令嘉奖，感慨道："吾闻鼎俗，急公尚义，慷慨好施，凡邑中城池、学校、书院建设，以及道路、桥梁之类，靡不取资群力，有非他邑所及者，余于此堤见之矣。"（李拔《重修护城堤记》）李拔对福鼎普通民众热心公益建设，给予高度评价。

乾隆二十八年（1763），堤坝又被大水冲垮，时江西南丰人赵由俶任福鼎知县，他倡导重修堤坝，增加坝堤的长度，并疏浚桐山溪河床，使水流顺畅。

乾隆三十六年（1771），直隶任邱举人王应鲸为福鼎知县，又对堤坝进行大整修，他在《重修福鼎城东石坝记》中写道："余自乾隆辛卯仲春抵任，每阅城坝，不禁惧然，辄自忖曰：此坝所系綦巨，坝坚则有是城，坝圮则无城，咸余责矣。"又云："余首倡蠲俸为经始计，率绅士鸠捐庀材，自十月初旬兴筑砌石，内外坚甓，阅两载，至乙未季夏末告竣，计新修石坝长一百七丈五尺，每丈费钱七千二百，坝高连基一丈六尺，面阔一丈五尺，基阔三丈。复修旧坝伏龟共七十七丈，阔二丈，共费银一千零九十六两二钱。自是城邑、仓库、民庐、田园，庶悉可保无虞。阖属用是贴然，遂并开折，具报上宪，以志士民秉公捐修，相与乐成之美意，故记之。"知县带头捐献俸禄，乡绅百姓捐谷捐资，投工投劳，所费银钱张榜公布，取信于民，并上报福宁府。

清嘉庆五年（1800），知县岳廷元对堤坝进行修筑加固。据嘉庆《福鼎县志》载，至嘉庆十年，堤坝通长计为三百六十丈。

清道光三年（1823），湖南巴陵人何锦云任福鼎知县，"县城夹双溪，东溪每逆涨，筑石坝捍御之，近千丈"（光绪《福鼎县乡土志》）。何锦云任知县率乡民整修加固和新筑建石坝，使桐山溪堤坝达到近千丈，为提高堤坝防御暴雨洪水能力立下赫赫之功。

经历届县官和乡绅民众坚持不懈筑坝，屡毁屡建，至道光年间桐山防洪堤坝基本定形，抵御洪灾水患能力不断提升，为桐山民众安全筑造坚强的屏障。

萧仰山，白琳翁潭人，1920年得知修筑桐山溪防洪堤坝因缺少资金无法竣工，不顾年老体弱多病，步行到县府提议愿捐巨资助力工程完工。桐城百姓为感恩萧家功德，把此段堤坝称为萧家坝，坝周边地名也称萧家坝。福建省长萨镇冰莅临福鼎视察，了解此事迹后，亲题匾"乐善好施"相赠，至今仍悬挂于翁江萧家大宅。

1942年，堤坝又遭水患，多处被冲毁，县长王道纯征召近万名民工对被冲毁的坝段进行修补加固，并新建堤坝达600米长。

桐山防洪堤坝设计建造充分体现古人才智，首先是在堤坝边设计建造多处大伏龟，既减缓水流速度还可以护坝;二是堤坝曲折而不是直线,坝沿溪流自然走向而筑;三是就地取材,大量用桐山溪滩鹅卵石沙子筑坝。

桐山溪堤坝南端流美处有座华光大帝宫,中段溪岗巷两颗大榕树下建神台祭祀华光大帝,堤坝北边有明代高家建了石宫祭祀华光大帝。道光年间至民国长近百年时间,桐山乡绅商户每年夏天都在溪岗坝大榕树下搭台唱戏,举办祈福仪式,俗称"做溪岗戏"。

20世纪50—70年代,人民政府也对桐山溪堤坝修整加固,但防洪标准偏低,堤坝渗漏严重,加上河道淤积,堤坝仍不甚安全。1991年,福鼎县人民政府决定对桐山溪堤坝分期展开全面整治,1992年完成了第一期工程,对3.18千米堤坝进行加高加固除险。1992—1994年第二期工程新建堤坝2.12千米,从而形成全长约5.06千米的防洪堤坝,将防洪能力提高至20年一遇。当年,全县机关、企事业单位干部职工、学校师生有两万多人次参加了修筑堤坝的义务劳动。

2002年,建成从普后大桥到流美大桥桐山溪两岸全长11.2千米的防洪堤坝,有效抵御了洪水对福鼎市区的威胁,防洪标准进一步提高。同时,对桐山溪两岸进行绿化景观、夜景灯光改造,并建造几十千米慢道,使桐山溪两岸成为市民休闲运动的好场所。

修筑堤坝义务劳动(夏念长 摄)

整治防洪堤，造福子孙后代

萧兰芳

城关防洪堤，旧称"卫城坝"。中华人民共和国成立以来，县人民政府重视治水工程，多次拨款对溪岗坝进行加固修补，组织人力进行抗洪抢险。1956年，建挑水坝4座；1961年、1964年，在薄弱部分加高培厚；1966年冬至1968年春，大坝全线增高1.5米，外坡勾缝，断面不够大的都加砌平台，并全部消灭曲线形堤顶和薄弱堤身；1973年，又陆续培修加固，前店建一座挑水坝，体育场边砌成水墙，镇边段加砌平台。数次整修，经过了3次较大的洪水考验。由于整条堤防均建在深厚的砾卵石基础上，堤身用河卵石填筑而堤基又无防渗设施，渗漏较严重，防洪标准低，特别是上游堤身严重破损漏水，洪水来时还威胁着城关6万多人民生命财产的安全。于是，整治城关防洪堤已成为城关人民的迫切要求，已到了非治不可，刻不容缓的

整治城关防洪堤万人开工动员大会（夏念长 摄）

时候了。

整治城关防洪堤的工程设计方案，报请福建省人民政府审核批复示下：全堤由原来 3.188 千米旧的开口堤，增修成 5 千米长的闭口堤；旧堤顶宽 2—3 米增修成 4.5—5.5 米；堤外靠水一侧施用 0.2 米混凝土防洪板加固，堤内侧施用干砌块石护坡 3 万平方米加固。整治工程竣工后，防洪标准提高到 20 年一遇的大洪水，确保了县城人民生命财产的安全，可谓造福子孙后代。

福鼎县人民政府对这项整治工程的实施，决心大，信心足，施行有力。1991 年 11 月 14 日上午，在县长李元明主持下，县体育场内召开规模盛大的整治城关防洪堤万人开工动员大会。参加大会的有县五套班子领导，县直机关，工厂，企事业单位，桐山镇、桐城乡的干部、工人、农民、中学师生和社会各界人士计 1.2 万多人。会上号召全县人民为彻底整治城关防洪堤、建设美好家园、造福子孙后代做出积极奉献。到会者纷纷表示了决心，当即开赴现场，参加修堤义务劳动。福鼎第一中学有 2000 师生员工参加修堤劳动，县城 80 多位已退休的老教师也加入劳动行列，全国著名歌唱家曹燕珍到工地巡回演唱并参加修堤义务劳动……工地上人山人海，盛况空前。

整治城关防洪堤，彻底治理城关洪涝灾害得到了全县人民的拥护支持。许多机关企事业单位的干部、职工，城关的居民、农民、学生以及旅居港台同胞，纷纷捐款资助建设。在庞大捐款队伍里，有捐上几万元的单位，有捐上几千元的个人，旅居香港的同胞捐款千元以上的就有 12 人。城关酱醅厂退休工人朱培德，把他毕生积蓄的 5000 元捐出，献给修堤工程。桐南施厝的 6 岁男孩林业宇，由其母亲施巧敏携带前去修堤工程指挥部，将平时积蓄的零食钱和压岁钱共 100 元现金全部捐给整治修堤工程。

其时，一个为整治城关防洪堤出钱出力的热烈场面已在全县范围内轰轰烈烈地开展起来。

（本文摘编自《福鼎文史资料》第 10 辑）

福鼎城关防洪堤焕发青春

☙ 萧兰芳

《福鼎城关防洪堤的加固扩建工程初步设计书》，经福鼎县人民政府报请福建省水利电力厅审查批复，其工程分三期实施：第一期为旧堤整修加固防渗；第二期为建新堤2.01千米，形成右岸闭口堤防，使城区与流美开发区免受洪水与海潮正面威胁；第三期为龙山溪改道，做到高水高排，解决城区内涝问题。

第一期工程自1991年11月动工以来，在全县广大干部群众和社会各界人士的积极努力下，经过300多天日夜奋战，已完成3.188千米的旧堤整修加固防渗土石方9万立方米的工程量。整修加固后的防洪堤从水北溪到镇西段，长0.734千米的堤顶宽度从旧堤的2—3米增宽到4.5米；从镇西到体育场段，长1.15千米的堤顶宽度从2—3米增宽至5米，并采用土工膜防渗技术；从体育场到桐山新大桥直至县妇幼保健院段，长1.304千米的堤顶宽度从2—3米增宽至6米，外坡采用混凝土面板防渗，堤顶增设防浪墙一道。这一地段是城区中心，群众在堤顶活动频繁。为结合游览、休息和美化城区的需要，防浪墙建成花台式种植花草，防浪墙每间隔50米设一座椅，供人们歇息。同时，在堤顶浇灌上0.15米厚混凝土路面。平坦而宽畅的堤顶水泥路面沿着溪边蜿蜒而上，显得雄伟壮观。每天早上，可以看到三五成群男女老少在这里进行慢跑、打太极拳、做体操等晨练。在桐山大桥与溪岗桥之间，费资人民币10万元建造碑亭一座，镌刻着慷慨捐资者的姓名与出力整治防洪堤的功绩，流芳百世，颂功千秋。

第一期工程完成后，经受了1992年8月30日第十六号强热带风暴的袭击，堤身牢固，无发现渗漏溪水到城内的现象，城区人民有了安全感，对整治后的防洪堤交口赞扬。这期工程费资人民币243万元，其中社会各界捐资人民币72万元。旅居台湾的福鼎籍乡亲们很关心家乡整治城关防洪堤的工程，他们慷慨解囊，乐助人民币7.1490万元（收到赠款为美元，按当时汇率兑换成人民币计算）。

整治城关防洪堤的第二期工程紧接着于第二年（1992）的10月份全面迅速展开。10月26日上午，在县长李元明主持下，县体育场召开规模盛大的"整治城关防洪堤第二期开工动员大会"，有县直机关、工厂、企事业单位、桐山镇、桐城乡的干部、工人、农民、中学生和社会各界人士计万余人参加。回乡台胞谢先生也被邀请到主席台就座。会上李县长郑重地提出:"二期工程要新建堤防2.01千米,将使城关防洪堤从开口堤改变成闭口堤,确保城关地区免受洪水和海潮为害,同时,实施堤线取直的工程后,可围滩40亩,增加城区用房建设,从而保证城区经济、社会生活各个方面的蓬勃发展,意义重大。面对时间紧、任务重,二期工程造价450万元的资金奇缺等困难,县委、县政府是有决心也有信心发动全县人民齐心协力克服困难,把二期工程拿下来,造福于福鼎人民。"到会者纷纷表示钱出钱、有力出力,表明了整治溪岗坝的决心。会后,一支浩浩荡荡的万人劳动大军,开赴工地参加为期3天的义务劳动。老干部萧怀高同志向二期工程带头捐资人民币1000元。只4个月,全县已陆续为二期工程捐资人民币11万元,上场民工、技工有五六千人,原设计的二期总工程量16.8万土石方长2.01千米的堤身主体工程已完成。

(本文摘编自《福鼎文史资料》第11辑)

灰窑航运沿革

灰窑码头位于山前街道灰窑村，20世纪50年代是简易码头，沙埕、崳山的鱼鲜船运到灰窑码头上岸，主要靠挑担工用肩膀挑到城关及临近的柘荣、福安等县。

福鼎市第二码头搬运站前身是福鼎县灰窑码头搬运队，组建于1950年以前。1950年3月成立灰窑码头搬运站，拥有职工42人，橡胶胎人力板车42辆，办公场所、工人作业场所就在灰窑村委会周边地段，码头工人当时用肩膀挑货到城关，有时挑到临近县域。1977年12月由福鼎县交通局接管，编制为其下属的一个集体企业单位，正式成立福鼎县第二码头搬运队，那时，码头岸线20×1000米，职工在册72名，交通工具橡胶胎板车72辆，办公楼、仓库二层砖木结构各一间。由于灰窑码头地处城郊边缘，地理位置特殊，距离城关只有1.5千米，交通便捷快速。当时海上运输皆是木质小吨位船舶，适合灰窑码头停靠，又大大节省中转运费，崳山、沙埕客运轮渡都在这里上岸转运到城关。从20世纪70年代起，木质小吨位船舶升级到15吨，福鼎外地进来物资，如从福州、温州，远至上海来的船舶，都停靠在灰窑码头。

1981年修建码头岸线400米，1986年再修为200吨级驳岸码头，码头周边设有农资化肥、水产渔业、盐业、糖烟酒副食品、水泥钢筋建材、化工等物资仓库，配套设施齐全，便于仓储搬运。市内各工厂货物销售外出也在这里中转下船，所以，灰窑码头是全天候作业，白天车水马龙、人来人往，晚上灯火通明、热闹非凡。当时有"小台湾"的美誉。

到20世纪八九十年代，码头交通工具从人力板车向手扶拖拉机、三轮摩的、龙马农用车到四轮货车演变发展，并有三台2吨吊臂车，彻底改变以前以人力为主的搬运作业模式。2008年底，为了支持政府建设南江滨大道直通百胜新区主干道，政府征用灰窑码头岸线和作业场所，旧码头自此消失，统一安置到前岐镇双屿村，以鸡母岩附近的滩涂地作为灰窑码头搬运仓储作业场所。"灰窑码头搬运站"现已更名为"福鼎市新港仓储有限公司"，打算建新码头作业场所以解决职工下岗再就业的问题。

1991年，福鼎航运公司投资77.8万元在桐山镇灰窑村码头边建造有500吨级修船滑道的船舶修造厂。全厂占地面积6201平方米，其中修船滑道占地1494平方米，滑道长 107.51 米、宽 14 米，纵坡为 1 比 20，铺设钢轨滑道，修船驳岸总长 80 米。修船厂年维修能力为 500 吨以下钢轮 20 艘，从此结束了福鼎修船靠外地的历史。它的建成不仅解决了福鼎桐山修船难问题，减少船舶带病航行，提高船舶周转时间，为企业创造更好的经济效益，还逐步扩大对外修理业务，为邻县航运船舶提供修船服务条件。灰窑船舶修造厂后来倒闭，2010 年政府征用这里地块建江滨南大道。

（本文据灰窑村提供的资料整理）

南溪水库工程

方 东

南溪，属福鼎的水北溪支流。水库建在南溪中游，坝址在竹石坑白箬潭下的石鼓岚，距城关19千米。上游控制流域面积164平方千米，占水北溪支流流域面积的46.6%，坝址处多年平均流量6.68立方米/秒。平时水面宽约20米。坝区山高坡陡，河深流急，基岩裸露，坝址地段两岸地形不甚对称，右岸山体浑厚坡陡，左岸悬崖削壁，工程施工难度较大。

水库工程经过多年筹划，1971年规划上报，经福建省革命委员会生产指挥部批准立项。1972年11月26日成立福鼎县南溪水库工程指挥部，为了加强党的领导，后又成立了党委会，从全县各单位抽调干部、职工上百人，负责工程施工管理工作。1973年2月8日，组织7000民工，分区划段包干，仅用40多天时间，筑成自城关通往坝区的近10千米施工道路，为最后完成勘测设计和顺利施工提供了必要条件。

一期工程自1974年8月10日开始清基，至1983年5月建成坝顶交通桥止，工期将近10年。1984年3月15日至18日，福建省水电厅组织了以胡汉光同志为首的验收委员会，在福鼎召开一期工程竣工验收会议。参加会议的有福建省水电厅、宁德地区水电局、中国建设银行、福鼎县人民政府水库工程指挥部、水库管理处等单位负责同志及相关人员48人，听取设计、施工、管理等单位汇报，并查看工程现场，组织专业分组审查鉴定，一致认为水库一期工程的建成，对促进福鼎工农业生产发

青山环绕的南溪水库（古岭村 供图）

展起着重要作用，福鼎人民为水库建设付出巨大力量；省水库建设成绩很大，施工砌筑均符合设计要求和施工规程，试运行正常，工程质量好，财务收支清楚，有关竣工验收资料完整。验收委员会同意正式交付使用，并作为福建省参加国家级优秀设计项目上报。最后工程被评定为省全优工程，并荣获水电部双优工程金质奖和国家级优质工程银质奖。

1983年11月，成立福鼎县南溪水库管理处，原来设置的坝区管理所、一级水电站、二级水电站、城关供电所等职能机构，均归管理处统一管理。1985年8月，福鼎县政府作出水电分家的决定，成立福鼎电力公司和南溪水库管理处，统一归县水电局领导。电力公司为企业，管理各级电站发电供电业务。南溪水库管理处则为事业单位，向电力公司征收水费并利用库区自然条件发展综合经营。

工程施工情况

大坝工程　　水库大坝系100号细骨料混凝土砌条块石双曲拱坝，坝顶高程164.3米，总库容6700万立方米，坝体最高处为67.3米。

南溪水库大坝雄姿（隋海鸿 摄）

1974年8月10日开始清基，1975年1月30日完成大坝右岸一期清基。1975年2月5日经省、地有关单位派员进行现场审查确认开挖完成，验收通过。1975年3月18日开始浇筑大坝基础垫层混凝土，4月21日正式投入大坝砌筑，于1981年11月砌至151米高程，具备了堵孔蓄水条件。1981年11月22日，应县委要求，由省水电厅郭怀玉等同志主持召开福鼎县南溪水库双曲拱坝导流底孔堵前检查会议，认为坝区工程量已绝大部分完成，工程设计与施工质量良好，工艺水平较高，具备了提前封堵导流底孔的条件，根据会议纪要，1981年12月17日顺利封堵，正式蓄水。1982年5月26日完成溢流段钢筋混凝土浇筑。1983年5月建成坝顶交通桥。底坝坝顶达164.3米高程。

电站工程　　鉴于福鼎工业生产严重缺电，大坝工程又由于各种原因短期内无法竣工，而坝头至岙里（二级电站）总干渠道已经施工，提早开发水能资源，先建二级电站发电已经具备条件。因此，县委向福建省水电厅报告，请求先建二级电站，争取提前发挥发电效益。省厅批准将国家核定一级电站的补助费149.51万元移建二级电站。二级水电站基建工程自1976年10月正式动工，1988年6月26日两台机组2×1600千瓦发电投产。1988年10月增容2500千瓦，二级电站目前装机容量为5700千瓦。

一级水电站随水库大坝工程一道批复，1974年省水利电力勘测设计院提供施工图纸，根据设计，一级水电站装机容量为2×1250千瓦，由于受大坝施工等各种因素影响，施工进度比较缓慢，又因批准动用国家投资先建二级电站，一级站工程缓建，延至1980年5月才由银行贷款150万元续建，1982年8月底基本完成，1983年5月1日正式并网发电，总装机容量为2500千瓦。

三级水电站设在苗圃，由桐城乡营建，1983年动工，1987年1月投产，两台机组2×400千瓦，总容量为800千瓦。

渠道工程　　总干渠长7.56千米，流量9立方米/秒，于1977年12月完工通水，主要建筑物有：一号隧洞长498米，于1976年6月13日凿通；二号隧洞2480米，于1976年12月18日凿通；间隔洞2座，分别长为560米和160米；土洞1座，长36米；钢筋混凝土渡槽1座，长20米；石、土渠长1941米；泄洪闸7座；节制闸6座；暗洞两条，共320米。

库区移民　　水库淹没耕地1630亩，需迁移人口1860人，（由于人口的自然增长，至移民结束时实际移民数为2200人）、拆迁房屋3170间，移民经费124.42万元，其中国家补助55.3万元，县自筹68.62万元。县委原定"原拆原建，就地上山，小型分散"原则，库区移民除小部分迁往秦屿、硖门、管阳、叠石等地外，大部分就地往高处迁移，至1981年已基本就绪。后来由于土地淹没，就地移往高处的群众人多地少，生活有一定困难，因而决定再往沿海垦区的函头及兰田两地重新移出 108 户、378 人，增支搬迁费 49.8 万元。

工程工作量 整个一期工程共开挖土石方 307.54 万立方米，砌石 21.39 万立方米，浇筑混凝土 21161 立方米，工程使用劳力 504.91 万工日，其中义务工 327 万工日，使用钢材 985 吨，水泥 22399 吨，木材 5466 立方米。

工程投入

一期工程于 1974 年 4 月由福建省革命委员会水电局组织有关部门对初步设计和概算进行审查，核定概算工程造价 1523.5 万元（上报概算造价 2041 万元），1974 年 5 月 7 日福建省革命委员会计划委员会批复：根据自力更生的原则和民办公助的精神，核定国家补助 1260 万元，其中坝区和一级电站 752 万元，渠道 508 万元，由地县包干使用，以后县委考虑到总干渠施工后可以利用已有水资源先建二级站，以发挥效益。经请示福建省水电厅，同意缓建左右干渠和一级电站，将核定补助费 149.51 万元移用，使二级电站得以提前动工，先期完成。

1981 年 9 月福建省水电厅同意分期建设，并批准增加 100 万元的工程补助，连同原核定国家补助共为 1360 万元。

这里应说明，福鼎对工程要求十分迫切，而工程造价国家补助超过 1500 万元需经福建省委常委会研究通过，当时正处于"批林批孔"时期，一时难以解决，福鼎县委为达到尽速施工的目的，不得不承担责任，压低要求。

另外，还有其他多种因素，导致工期延长，预算突破。如：

工程初步设计审查通过时，由于各种原因，有些应列入的工程项目被削减或砍掉，民工补贴预算偏低，大坝部分每个工日仅定 0.4 元，渠道部分每个工日仅定 0.2 元。

对整个工程的统筹布局考虑不周，漏掉一些项目必不可少，如城关至一级电站的进站道路、一、二级电站的输电线路、坝顶交通桥等，而有些项目未经上级批准，如保坝标准等，在实际施工中已经同时建成，占用了部分经费。

由于施工初期尚在"文革"间，受到"左"的干扰，工程施工计划难于实施，劳动定额难于执行，劳力进进退退、打打停停，造成很大浪费。另外，由于管理经验不足也增加了管理费用。

三材紧缺，特别是水泥供应脱节，一年进料不足半年使用。更严重的是三材价格不断提高，仅水泥一项，后期进价比前期高出一倍以上，而且供需不继，经常停工待料，造成窝工浪费，预算突破。

当时的方针移民是原拆原建，库区住民大部分就地上山。淹没区迁移高处后，耕地不足，劳力没有出路，生活发生困难。面对这一情况，福鼎县委不得不重新考虑，另辟移民区，再向沿海围垦地迁移一部分，两次拆迁，移民经费增大。

工程效益

按照原来设计，水库效益以灌溉为主，结合发电和防洪综合利用，设计灌溉效益为10.2万亩，保灌面积8.1万亩，其中拟在八尺门围垦及开荒4.6万亩。这一计划，因二期工程搁置，左右干渠没有开进，八尺门围垦迟迟未能实现而落空。但对下游城关已起了一定的削减洪峰作用，并使下游8000亩农田改善了灌溉条件。反而发电效益，成为工程的最大效益。这一方面是鉴于福鼎工业生产严重缺电，另一方面也为了尽快发挥经济效益，以弥补工程资金的不足，因中途决定先建二级电站，后建一级电站，而三级电则由桐城乡与县水电局合建。二、三级站并网发电，二级站在1988年10月增容设备也建成投产。三所电站总装机容量已达9000千瓦，1989年实发电量3557万千瓦小时，为千家万户提供了充足的照明等家庭用电，初步缓解了工农业生产十分急需的电力资源。

（本文摘编自《福鼎文史资料》第9辑，参考了王天海和福鼎县水利电力局、南溪水库管理处、南水移民办等单位提供的资料）

南溪水库与古岭村移民

➢ 黄建军

福鼎南溪水库是一座中型水库，是发电、灌溉、防洪综合利用的水利工程，现在主要以供水为主，是福鼎城区饮用水源地，为福鼎城区十几万人口提供清洁、干净的水资源。南溪水库拦河大坝建在古岭村的石竹坑自然村，石砌的拱形大坝耸立于两山之间，气势磅礴，宏伟壮观，特别是满坝溢洪时洪水倾泻而下形成巨大的飞瀑十分壮观。水库的建造形成巨大的人工湖，碧水如玉，青山倒影，生态环境优美。

建造南溪水库的条件极其艰苦，1974年开工建设，1984年6月竣工验收，历时10年，让我们记住曾经的艰辛岁月，向当年无私奉献的建造者致以敬意。

让人感动的还有库区的百姓。水库周边有3个行政村：古岭村、岔门村、南溪村。

南溪水库建设者曾经居住的砖木房

水库建设淹没了他们世代耕种的田地和居住的房子。当时政府提出的口号是，投亲靠友往后移，除了自己投亲靠友，就是要动员村民搬迁到地势较高的山上居住。他们不等不靠，在亲友帮助下自己主动搬迁，为水库建设做出巨大贡献。

南溪水库淹没耕地1630亩，库区移民439户2200人，拆迁房屋3170间。移民户除一部分就地上山安置外，大部分迁往秦屿、硖门、管阳和沿海垦区的龙安等地。

古岭村原书记苏秉勋介绍，建设需要付出，库区移民更是无偿奉献。古岭村正好位于南溪水库大坝建设的中心，当年全村368户、1300多人口，无偿献出要被南溪水库淹没的田地、房子，而且房子要自己动手拆，亲戚朋友一起帮助搬迁到较高处。自己再盖房子，政府补贴很少，一榴房子有木头，坏一根木头补一根木头。20世纪70年代初，南溪水库移民在一栋房子只有80—150元搬迁费情况下，仍主动搬迁到较差的环境中居住。由于缺乏明确的规划安置点，移民居住较为分散，而且基础设施薄弱，交通不便，饮用水、照明电不通，导致搬迁库区移民生活十分艰苦。改革开放时期，正当库区移民希望利用水库优势大力发展种养殖业时，南溪水库又被划入为福鼎市饮用水资源重点保护区，为了城区近20万人的饮水安全，古岭村民便自动放弃了种养殖业的发展。

南溪水库渡口与渡船（古岭村 供图）

当年古岭大队社员还和全县每个大队一样，也都抽出一部分强壮的劳动力，参与南溪水库建设。

石竹坑旧村地址以前密密麻麻都是房子，下雨天在屋檐下走动都不会淋湿衣服，他们的祖先清初迁居于此，已有300多年历史。大山里的村民憨厚淳朴，邻里间友善关爱，一家有事全村帮忙。因水库移民搬迁到各处分散居住，他们时常会回到老家旧址看看，故土难舍，乡情难忘。

1982年，南溪水库竣工后便成立渡船管理站，为石竹坑渡、岭脚渡、坑里渡3个渡口周边的百姓免费义务摆渡，至今已逾40年。南溪水库渡口有6名渡工，他们默默地为生活在水库周边的2个乡镇、7个行政村、70个自然村的村民出行坚守着，每年春节期间都要照常义务摆渡，正月初一也不例外。

以前偏远的山村没有通汽车，石竹坑渡口非常热闹，叠石乡的庙边村、古林村和泰顺雅洋的几个村到福鼎桐山，都要乘渡船到石竹坑，再坐班车到福鼎，现在各个村落都直通了公路，渡口就冷清了。

建亭石湖桥

⊱ 白 杨

福鼎城区群峰环拱，有桐山溪、龙山溪两溪"夹流"桐山，水系发达。因此，在古代，桥梁与碇步是老百姓生活与出行必不可少的建筑。由于内海湾直通到城内，多台风、雨大，城内水患频繁，桥往往屡建屡圮，集资建桥成为常态。

老福鼎人云："五桥里居民才是真正的城里人，五桥外就是郊区。"五桥即石湖桥、溪西桥、西园桥、水北桥、溪冈桥，以石湖桥为首。以前海水经常涨到石湖桥，桐城八景把"石湖春涨"列为一景。石湖桥附近的居民说，20世纪80年代，巽城砖头厂的砖头可以直达石湖码头。

根据民间传闻与《史氏宗谱》记载，点头大娥人史继华曾在石湖桥建亭。《史氏宗谱》载："史继华，字帝协，号虞山……公秉姿豁达，少读书，博览周通，旁精世务，载菁种杉，贻谋者远；天性孝友，兄被虎伤，以身相当；建亭石湖桥，兴寺太姥山；积善既多，故航海遇风失桅，得以临危而安，做客江淮，贸易屡中，家之丰裕，公之力居多焉。"

谱牒说到史继华的儿子史濂娶玉塘夏氏为妻，史家与玉塘夏家是亲家。据前述，桥于明代成化年间由玉塘夏氏重修，乾隆十六年夏家又倡募重修。其时，史继华可能已与玉塘耆宾夏阿瀚结为亲家，修桥铺路捐资时，史继华出巨资顺理成章，而且"建亭石湖桥"。

相传史继华天生异禀，身材伟岸有神力，肩扛几百斤木柱健步如飞。经营明矾、烟草、茶叶、百货，常年往来江浙沪一带，货物都从石湖桥码头进出。当时码头有地痞敲竹杠，史继华一次船运货快到码头时，从船甲板上提起一袋几百斤的货物，飞腿一扫，货物直飞码头，众皆惊诧，服之。从此，史继华经商越来越顺畅，成为大财主。

（本文据陈敏、史正革口述整理）

丹岐"小海"记忆

> 黄建军　张从芝　张庆库

丹岐原称"郑岐",据说最早居住的是郑姓人家,"郑"与"丹"在福鼎方言中读音相近,后来就变成丹岐。现在丹岐村中已没有郑姓人家。丹岐村70%的村民姓张,张氏先祖张景良于明洪武年间迁入。丹岐村靠近海边,有大片的滩涂和围垦的虾塘。

讨小海

张庆贝是丹岐村的老村干,其健硕的身材是长年在海上讨生活练就的,说起年轻时讨小海的情景依然激情澎湃。钓青蟹,100多米长的草绳两旁绑了许多小蟹,绳子两头系石头让它下沉,上面挂竹筒作浮标,用网兜捞起吃小蟹的青蟹。挖章鱼,一根细细的竹签上方也是绑个小螃蟹,找对章鱼的洞穴,将竹签伸入洞中吸引章鱼,当章鱼咬上螃蟹时慢慢往外拖,接近洞口迅速用锄头挖。捉海蜈蚣更是技术活,首先要找对海蜈蚣的洞穴,捉拿时心细手快平稳挑拉,不让海蜈蚣断成半截。随时代的变迁和发展,这些凝聚劳动者经验和智慧的讨小海,现在已很少人了解。

丹岐村滩涂(黄建军 摄)

虾塘往事

20世纪80年代丹岐百姓在海边滩涂上围起了一片虾塘。全村村民集资15万,再向银行申报贷款近20万元,申报的项目是围海造田。围垦虾塘面积280亩左右,在山头湾还有虾塘120亩左右。围垦虾塘的时候,丹岐村约2000劳动力几乎都参与虾塘建设。围塘工程提供一部分补贴，按工作量计算，土方一方2块钱左右，石方每方5块钱左右，运输工具主要靠人力板车和拖拉机。那年代围垦虾塘，水很深，水流又急，堵住流水全凭人力，大家冒着生命危险在干。围垦的虾塘采取按股份制分配的方式，按大家捐钱金额所占的比例来分，只要是丹岐村的村民都拥有虾塘股份。

如今，虾塘采取对外承包方式养殖海蛏。丹岐村民每户按股份来分租金，这是村民重要的经济收入来源。丹岐村虾塘养殖的海蛏个头大肉质肥嫩，口感爽滑，加工成蛏干炖肉熬汤更是香醇鲜美。丹岐还一种特产海蜈蚣干很有嚼劲，越嚼越香甜，不过现在已经很少见到，很是珍贵。

围垦记忆

沿海地区百姓在滩涂上围海造田，增加土地资源，古已有之。在桐城的董江村、丹岐村等地，都有过围垦，它改变了当地村民的生产、生活方式。

丹岐海堤是在1989年建的，没有海堤的时候，来往丹岐和外墩要沿海岸线转一大圈才能到达对方。丹岐和外墩之间的海滩有一条海沟，退潮时候露出来，跟河流一样，一边归属丹岐管辖，一边归属外墩管辖，有二三十米宽，船只可以在海沟里来往行驶。在修建海堤的时候，把海沟两边的泥巴挖掉，将另处运来海沙填到海沟里面去，海沟的两侧用小石头垒砌成坡，海堤最外面再用大石块垒砌。

围垦的过程中，海沙的运输主要依靠船只，开始搬运主要靠人力板车，后来才有手扶拖拉机帮忙运料。当时的海沙都来自八尺门外面海边，只有退潮的时候才挖得到。运沙是用小木船，按当时的计算，把一袋叫作一石，一般小船都运五六十石。工程队队员的都是本村村民，大家一起投工投劳，搬运石头和运沙几乎同时进行，石头从附近山上开采，用小板车运。

围垦以前，这里是一片滩涂，现在丹岐的白茶园原来也是一片海滩。丹岐围垦前后耗时一年多，围垦以后，人们的生活方式也发生了很大变化。村民把围垦的区域建成了虾塘，有的发展农田种植，但是随着国家建设征用土地，丹岐村民的农业种植业逐渐减少。现在丹岐村民主要靠海滩养殖牡蛎生存，竹子一根一根扦插在海边，等待牡蛎生长起来，再把牡蛎挖出来卖。

丹岐村的空埕上常见到成捆成堆的竹竿，那是用于滩涂养殖牡蛎扦插，丹岐、外墩等村养殖的牡蛎肉质鲜美清甜，未经淡水浸泡的牡蛎称"干牡蛎"，可放置多日仍保持新鲜。常见村中三五个大妈大嫂围坐在一起挖牡蛎，成了渔村里一道独特的风景。

修复昭明寺塔

🍃 马树霞

昭明寺塔，位于桐城街道外洋村鳌峰山山顶，始建于梁大通元年（527），现为福建省第七批文物保护单位。昭明寺塔在"文革"初期就遭受比较大的破坏，昭明寺改为林场，仅余大殿、塔、白衣阁几个建筑。塔原来存放在各层塔龛的石雕佛像，大部分遭受破坏，许多都没有了，存下来的也缺胳膊断腿的。通往塔的楼梯基本损坏，无法攀爬。"文革"后一两年，昭明寺归还和尚使用，寺庙慢慢得以恢复。为了更好地保护昭明寺塔，由福鼎县文化馆牵头，依靠群众，由郑应龙、潘国球、褚克振等人发动6个工厂，由工厂工人义务帮忙制作6条铁梯，将塔内楼梯恢复。并有热心人士出资将塔内部分破坏砖头和梯坪修复，让游客能登塔参观。

到1983年，新加坡居士集资3万元，由福鼎建筑公司设计室主任陈明古负责，县文化馆配合做出修复方案，原则上修旧如旧，除去塔身生长的杂草，对塔进行落架维修，主要对塔基、塔座、塔身、塔檐、塔顶等毁坏部分做了修复和加固。也对周边环境进行清理，将掉落到地下的石塔刹安装到塔顶。后来有人认为原来的塔刹太小，在原来的塔刹上加上水泥。另外，从缅甸仰光请了33尊铜佛像，安放在各个塔龛内。

昭明寺塔的修复，以现在的观点，确实存在一些不合理因素，如塔外墙的粉刷、内部白灰上墙，一定程度上改变了原来风格。但以当时的观点，很多人认为修复得还是不错的。也幸亏有那次修复，当时塔刹损坏，塔内下雨天会漏水，塔身长满杂草，不修复会加速塔的损坏，甚至倒塌。

人物风流

西园王氏名宦

✍ 冯文喜

福鼎西园王氏家族的历史最早可推到唐武德六年（623），肇基始祖王务昆世袭父亲温麻县令而播居赤岸。第三代王不奢，号善辉，任唐贵溪主簿，后来升迁台省提刑。据《太原郡王氏迁桐山西园世纪》载，他大约在唐大历年间迁徙西园，是福鼎西园王氏的开基建业始祖。

王文瑛生于唐咸通十年（869），为西园王氏的第四代人，即赫赫有名的石湖桥修建者王仙源的第四个儿子，字大玉，自明经擢进士，授知江西广信府贵溪县，后升广信府尹，直至御史加赠工部尚书。到晚年，恐怕想做点事业也已力不从心了，他于是上疏皇帝，干脆从工部尚书的岗位上退了下来，返回故里。王文瑛雅爱自然，不慕虚荣，不依权贵，放迹山水，流连林泉，常常是随身携带一把古琴，邀好友一同前往悠游于山水之间，并置酒畅饮，引以为暮年之乐事，寿九十而终。葬于水北后湾。

桐山西园王氏做高官出名的还有王小回，他生活的时间大概是北宋初期，与弟弟王小荣都中进士。兄弟二人乐善好施，宋太祖乾德二年（964）舍山场、田产给福鼎最为古老寺院昭明寺，从而使昭明寺恢复旧规，大振寺宇。

王小回中进士后到顺昌县当了县尉，回乡后从西园举家迁居贯岭，成为贯岭王氏的迁居始祖。王小回墓在贯岭大洋一个小山丘下，景祐元年（1034）建，与其夫人张氏合葬。民国时期，该墓已经沉陷于泥土，在周围的竹林掩映之中显得破落不不堪，仅露出石碑一块，上刻八个字："顺昌县尉王公之墓。"字体楷书，阴刻，碑边沿凿浅框，成"回"字形，碑四角在对角处也凿线。

王小荣（934—995），字行华，官授浙江严州知府，致仕后于后周显德三年（956）迁居贯岭透埕。他解印归来，流连于山水，每日与诸好友登高作赋，临清流，赋新诗。一天，他沿水北溪西行，所见前有众山环卫，后有重峦叠嶂，似是飞凤下洋，左右对峙，如龙盘虎踞，再加上长溪横流，王小荣大为感叹："真秀地也！"因行程于此，遂名为秀程，并建屋居住。今"透埕"即由"秀程"谐音而来。

宋代桐山高家仕宦

✿黄建军

　　高家是最早迁居桐山的家族之一，宋代以来对桐山发展建设做出巨大贡献，人称"西门高"。唐末，高龚为躲避黄巢之乱举家迁移到福州怀安石岊，其后于宋乾德二年（964）迁居长溪福安，大约在宋嘉祐年间高英率族再移居桐山，成为桐山西门高氏的始祖。初到桐山，高家先居住在高滩，而后逐步向南边迁移，开荒拓土，繁衍生息，耕读传家。

　　据清嘉庆《福鼎县志》载，宋代西门高家就拥有诸科3人、进士9人之多，还有多位因品行兼优、德才兼备而被举荐。高崇、高昙、高融、高松、高宗弼等9人，在嘉庆《福鼎县志》"理学""宦绩"中有传记，记载他们的功绩。

　　宋元丰八年（1085），桐山西门高家出了第一位进士高崇。高崇字俊卿，先任掌管文档典籍的小吏，后为高邮知州。宋徽宗时，高崇为淮安都转运使，五品官，掌管财赋，同时负有监察各州官吏之责。由于上书反对朝廷崇尚黄老，高崇被贬到偏远的陕西榆绥德州当佥判，不久就告病返乡。

　　高崇儿子高景德，字新民，宋重和元年（1118）中进士，先授高安县尉，后升武昌县令。

　　宋绍兴三十年（1160），南宋都城迁移到临安（今杭州），这一年，福鼎有3位举子中进士，分别是桐山高家的高昙、潋城杨家的杨兴宗、今属贯岭的王成。高昙，字子云，号容斋，高景德之子，高崇之孙，初任太学博士，后迁秘书省著作郎兼皇孙平阳王（后为宋宁宗）王府教授。宋代著作郎职责是掌修日历，就是记录皇帝每天的言行、朝廷发生的大事及大臣们的奏议。杨万里当时也在平阳郡府任教授，与高昙多有交往。当时宋宁宗赵扩的父亲宋光宗赵惇还是太子，有一次在宫中宴请幕僚，高昙也被邀，与赵惇聊得很融洽，太子还亲书"容斋"两字赐予高昙。后改任朝散郎，著有《乾道会要》《易说》及诗文集20多卷。

　　宋乾道五年（1169），高昙的侄子高融考中进士。高融字光仲，调任余杭县尉，执法严明，为地方权势所不容，被解除职务。后调衡州司户参军，不久就辞去官职，跟僧人一起云游四海，挂着一根竹杖独来独往，有时几年时间不回家。高融遵循自己内心的意愿辞去官职，不被身外之物所困，南宋著名学者、永嘉学派陈傅良为他写墓志铭，称他为"隐君子"，"萧然退藏，不滞于物"。（陈傅良《高光仲墓志铭》）能心平气和的辞官引退，不受官位而困，割舍放下，真乃世间高人。高融晚年隐居于高滩无余堂。其子高松作《无余堂》称："无余，即父志也。"清嘉庆《福鼎县志》将高滩村的"容斋"和"无余堂"列为古迹。

高龄，字德一，宋淳熙丁未年（1187）进士，授永州金判，协助州官处理政务及文书案牍，任内为官有能声。宋绍熙二年（1191）父亲去世，他回家丁忧，守丧期满除服，接诏旨补泉州金判加信州尹。信州在江西上饶，他敢于得罪地方豪强恶势力，处罚不法之徒，并为地方举荐人才。

高龄的侄子高迁于嘉定六年（1213）中进士，初授承事郎，后迁调山西宣抚使。南宋宣抚使主要职能转变为巡察郡县，维护地方治安。高迁莅政以劝农桑为本，善于审理积压的案件，并依据事实给予处理，不滥用刑，民咸敬服。

宋代有举荐制度，规定各级官员可以向朝廷举荐有德有才的布衣和低级官员充当朝廷和各级官员，充实朝廷和地方政府官员。

清嘉庆《福鼎县志》记载宋代高家有多位德才兼备、品行端正的人才被举荐成为地方政府官员。高仅，字子观，宋乾道乙酉年（1165），以举贤良任丽水县佐，有治绩，秩满，迁雷州金同。宋代县佐是指主簿、县尉等辅佐知县的官员，多由首次任官职的人员当任。高仅因品德高尚、才能突出，未参与科考而被推荐任地方政府官员。雷州位于广东湛江，当地福鼎籍进士王成也在雷州任通判。新任雷州知州为人贪婪苛酷，高仅恶其品行，不愿与之共事，遂称疾病而返回故里，并写诗寄王成表达对新知州的反感之情。王成亦辞官，跟他一起返回故里，"相与优游桑，诗酒往还"。

另一位被举荐的高景明，字孔熹，曾任浙江青田知县。

宋元祐四年（1089），高廉也因有德有才、声誉在外而被举荐为江西抚州棠阴巡检。宋代巡检司职责是维持地方治安，缉捕盗贼。高廉任巡检在老百姓中有很高的威望，百姓像神明一样崇敬他，有犯罪者想用金钱贿赂他，高廉严厉拒绝。因官声好、能力强，高廉又被举荐到江西行省，但过了许久朝廷没有下文，他便告老还乡。

宋代高家还出了一位武进士，高宗弼，字昭可，宋嘉熙戊戌年（1238）以武举正奏名第三授合门舍人。合门舍人相当于皇帝身边的侍从官，皇帝朝会宴客时掌礼仪，引领官员朝见皇帝。后出任西南边陲军事重镇广西庆远府知府，又调任柳州最高军事长官。当地苗民作乱，宗弼对苗民讲信义，赏罚分明，得到苗民的认同和拥戴。又改为琼州知州，即现在的海口市琼山一带，后辞官回归故里。

高松，字国楹，宋代理学家，绍熙元年（1190）中进士，祀乡贤。从小聪颖过人，悟性高，笃志励行。少年的高国楹被父亲高融送到瑞安，跟随著名理学家陈傅良学习，后来陈傅良又举荐他到理学大师朱熹处学习。登进士后授台州教授，与同道及学生一起研讨理学，孜孜不倦，沉深好学。宋庆元年间朱熹到鼎邑，高松迎朱熹到桐山，同登高家的一览轩，师生相聚，畅述理学思想。高松晚年回鼎邑为家乡文化建设做贡献。

高松的孙子高篯，字居仁，于宋绍定二年（1229）中进士，先授国子监丞，后授淮安漕运判官，又升两浙监运司佥同。

朱熹在福鼎

谢兴国

朱熹是一位杰出的思想家、哲学家和教育家，在中国近代哲学发展史上是一个关键性人物，是我国后期儒学的集大成者。

清末民初时，在福鼎南门孔庙旁有一座替朱熹建立的专祠（朱文公祠），规模颇宏伟，并同样按孔庙规例每年举行春秋祀典，以示崇敬。由此可见，当时福鼎社会对朱熹这一历史人物的景仰是很深的。

朱熹流寓福鼎时间，据推断当在庆元三年（1197）左右，逗留时间不长，约只半年上下。他被贬斥后，首先回到建阳考亭，建竹林精舍（即考亭书院）聚徒讲学，但不久后迫于形势不得已外出避祸。不过据杨天石著的《朱熹及其哲学》一书载："庆元四年朱熹左眼全瞎，右眼也不大看得清东西，加上腹胁胀满，艰于行动。"若此则谈不上外出游学，两年后他便因病死了。所以，他到闽东福鼎的时间，应是在庆元三年前后。福鼎是闽东山城小邑，朱熹以一代贤哲，莅临海澨，观光讲学，实足为吾福鼎山川生色。关于他在鼎的具体活动情况，兹分述于后。

朱熹画像（福鼎朱氏族人珍藏）

据清嘉庆《福鼎县志·流寓》载：

朱熹字元晦，宋绍兴十八年进士，庆元间以禁伪学避地长溪，主杨楫之家，讲学石湖观，从游者甚众。

《太姥山志》载：

朱子庆元间以禁伪学避地长溪，初游赤岸（时属霞浦辖）未及月，移辙潋水，主杨通老家，讲学石湖观，从游者甚众。

又载：

石湖观近灵峰寺，朱子与林、杨楫讲学处，朱子题"溪流石作柱，湖影月为潭"十字镌于石。今废。

又据桐山《高氏宗谱·高国楹传》载云：

宋庆元间，朝禁伪学，朱元晦避禁至长溪潋村（今福鼎潋城村），主杨通老家，公负笈从之游。后元晦游永嘉，取道桐山，公留元晦数日，邀同登览双髻山，讲学于龟峰一览轩。

《福宁州志》载：

双髻山旁有龟峰，峰之最高处有一览轩，在县治北五里许，宋朱文公讲学处，邑人杨通老、高国楹从之游。

杨楫字通老，福鼎潋城村人，宋淳熙五年（1178）进士，早在宋绍熙五年（1194）朱熹在建阳考亭书院讲学时，杨楫即负笈从游。所以，庆元三年左右，朱熹因避伪学禁，由福州北游长溪，在霞浦赤岸稍做停留，即转道到潋城村找杨楫，并在杨楫家住了段时间，同时在石湖观设石湖书院，聚徒讲学。高国楹也就在这时会见朱熹并听他讲学。当时，朱熹还特地为石湖书院撰写了一副对联"溪流石作柱，湖影月为潭"，至今民间尚有这副对联的拓本。

此后，朱熹可能准备到温州访问永嘉学派的朋友这才取道桐山，由高国楹接待，在西园高家做客住了数天，同游双髻山，并在龟峰一览轩做了一次讲学，听者不少。当时，朱熹还写过一首《咏双髻山》的诗：

双髻屹立几千尺，古木长藤风瑟瑟。
虚空八表气清冷，月白中天露华滴。

桂花影照团圆光，猿猱笑声秋夜长。
广寒宫府近相逼，妙歌一曲舞霓裳。

他们师弟间的关系还很真挚，有过通信。

此外还在我县管阳乡的岩洞庵发现摩崖石刻一处，上刻"洞天福地"四字，每字方五尺许，均苍劲有力。末署款晦翁。不知是何时所书？抑或系从别处拓来？尚待查讫。

(本文摘编自《福鼎文史资料》第 3 辑)

南宋理学家高松

 周瑞光

有宋一代由于封建社会经济的稳固和发展，加上赵宋王朝对意识形态领域之控制相对宽松，对教育事业比较重视，致使南北书院林立，授徒讲学之风盛行，形成了丰富多彩、辉煌灿烂的宋代文化，而于其中起主导地位则为理学思想。诸多鸿儒硕士，皆博学多识，各有专长，在理学传承中彼此融会贯通，交流互动，既能保留自家学术风格，又相互间进行组合、发展。彰显了宋元理学思想发展过程的和谐、完整和多元性。本文且以朱熹、陈傅良以及他们共同的学术传承人高松为例谈谈。

朱熹（1130—1200），字元晦，别号晦庵，生于闽长于闽。其所创立的学统，称为闽学或朱子学。由于历代统治者的极力推崇，闽学成为官方哲学，尊为中国封建社会后期的正宗意识形态。

陈傅良（1137—1203），字君举，号止斋，出生于浙江瑞安乡村的贫寒家庭，长期在家乡讲学授徒，从游问学者遍及东南各省，成为一代教育宗师和永嘉事功学派之领军人物。

多年来笔者在闽浙理学渊源关系研究中，发现一件奇特而有趣的现象：

据《朱子门人》一书的作者——美籍华人陈荣捷教授的统计，朱子门人有籍贯可考者共327人，其中福鼎籍3人：高松、杨楫为及门弟子，孙调则为朱熹讲友。

另据《宋元学案·止斋学案》一表所列之陈傅良门人，共有蔡幼学、曹叙远等25人名单中，竟同时出现一"高松"，岂非怪事？诚如温州大学教授胡雪冈先生在《陈傅良门人考略》一文中惊叹："在永嘉学派成员中，这种中途转学的情况是极为罕见的！"

龟峰讲学图（清·陈九芭 作）

查阅桐城西园村的《高氏宗谱·宋九世祖国公楹传》（高龙光撰）可知：

> 公讳松，字国楹，号静谷，少游陈止斋门。笃志励行，颖悟过人，为文有奇气，先生甚器伟之，如咏梅花诗句："红紫芳中不见阴，状元枝上露香心。"为士林称美。登光宗绍熙元年（1190）庚戌余复榜进士。庆元间朝廷禁伪学，朱元晦避禁至长溪潋村主杨通老家，公负笈从之，后元晦游永嘉取道桐山，公留元晦数日，邀同登览双髻山，讲学于一览轩中，如公之任台州教授也，惟务忠实，勤于职事，训导有方，其发挥性理若决江河，沛然莫之能系，人皆化之，欣然向慕。出其门者皆衣冠闻望之士，台人咸相与言曰："义理昭通，掌教高公。"——其德教之入人心一至于此。致仕后，乃游心溪谷，纵志园林，学者称为静谷先生。

此篇记传为当今所发现的有关高松生平最完整之资料。由此可知：朱子理学又通过继承人高松传至浙江台州。清嘉庆《福鼎县志卷八·艺文》保存有瑞安陈傅良《送长溪高国楹从学朱子》诗一首：

> 洛学今无恙，东南属此翁。
> 从游虽已晚，趋向竟谁同？
> 一第收良易，遗经语未终。
> 归期定何日？我欲叩新功。

似此，永嘉学派大师陈傅良先生当是高松从学朱子之介绍人。诗中对年轻学子寄予极大之希望，对饱学之朱晦翁推崇备至，一扫文人相轻之陋习，可想见理学老前辈之道德何等高尚！而朱熹果然不负道友之付托，予高松学业方面以热心指点。现录《朱熹答高国楹书》如下：

> 所喻不能处事，乃学者之通病，然欲求方法，力与之竞转成纷扰而卒无可胜之理。不若虚心观理，收拾念虑，使之专一，长久则自然精明，而此病可除矣。但读书有次第，取其切于心者读之，若经理世务，商略古今，窃恐今力量未易遽及，且少缓之，门人未为失也。

果然，朱门高足不负导师教诲，当高松执教台州时"与诸生更进迭问，疑难交发，满意而后退。"即采用启发式教学，常提问题，开动脑筋，循循善诱，使得台州诸生学问大进。此正是名师出高徒之谓也。

圣人学无常师，大儒转益多师，作为理学传承者的高松，不囿于门户之见，虚心向学，能探深处，见闻高远，身体力行。故能消除闽学和永嘉学两派之间存在的诸如"道器""义利""体用"等方面之分歧，善于博采众长，善于团结调和，故能"见闻益高远，华枝蔓叶，自然消落"（叶适语）。

"洛学今无恙？东南属此翁。"这是陈傅良对朱熹创建的闽学在文化积淀和影响力及成就之充分认可。

"归期定何日？我欲叩新功。"这是陈傅良对高松的谆谆规勉和殷殷企盼，祝愿他在理学传承方面能开辟新途径，学成归来后，事业更上一层楼。

可惜，由于偏安一隅的南宋朝廷的政治黑暗，使得高松这位饱学的桐山文士，因不专为科举功名，不屑于奔走形势之途，"以是不骤合于俗，而昔之同进反先达矣，盖二十年方有名第……又二十年，同年或已改官登朝，而君方至台州"。孔氏之言曰："良农能稼而不能穑。嗟夫！君亦不能穑而已！"（《水心文集·台州教授高君墓志》）

呜呼，怀才不遇，报国无门，终至退居林下，这就是"幼学于陈，长学于朱，参明理性，为宋名儒"的高松之悲剧！也是中国封建社会中万千知识分子之悲剧！

王十朋夜宿栖林寺

白荣敏

王十朋（1112—1171），字龟龄，号梅溪，南宋著名政治家、诗人、爱国名臣，生于温州乐清（今浙江省乐清市）四都左原梅溪村。初讲学授徒，后入太学。宋绍兴二十七年（1157）中进士第一，任校书郎兼建王府小学教授。数次建议整顿朝政，起用抗金将领。宋孝宗立，力陈抗敌恢复大计，历官起居舍人、侍御史等。宋隆兴元年（1163），张浚北伐失利，主和派非议蜂起，他上疏恢复大计不应以一败而动摇。先后出知饶、夔、湖、泉诸州，救灾除弊，有治绩。刚直不阿，以名节闻于世，卒谥忠文。诗文刚健晓畅，有《梅溪集》等传世。

王十朋于乾道四年（1168）八月起知泉州府事，十月间到任。其间，他从乐清出发，沿着浙闽古官道一路南下，长溪县为其必经之地。21个月后，乾道六年（1170）闰五月，以病兼夫人之丧乞奉祠（退休仍领官俸）得允，离开泉州回乐清老家，走的依然是来时这条道。这一去一回的路上，王十朋在长溪区域内得诗7首，去时4首，回时3首。这7首诗，状旅途艰辛，抒心中感慨，咏山川风物，语言平实朴素，诗味隽永清雅，富有理趣。其中，最后一首写道：

> 我如倦鸟欲栖林，喜见禅僧栖处深。
> 家在梅花小溪上，一枝聊慰北归心。

这首诗明万历《福宁州志》收录时题为《栖林寺》。栖林寺在福鼎市区桐城西北郊的鳌峰山下，始建于后晋天福三年（938），宋政和年间重修，为桐城六大丛林之一。此处峦嶂环抱，山川清秀，栖林寺隐伏于幽谷之中，"栖林烟雨"为桐城八景之一。每当烟花三月，幽谷弥漫烟雨，朦朦胧胧，若隐若现，为古今文人结集题咏之处。诗中所写，

王十朋画像

栖林寺（白荣敏 摄）

那天傍晚，在不紧不慢的木鱼声中，王十朋看着一只只归巢的鸟儿从眼前掠过，隐没于暮色之中，他心想自己宦海沉浮半辈子，如今卸任，终于放下了一副担子，如倦鸟归林，可以回老家休养了。

那天傍晚，在栖林寺里，王十朋应该还看到一株梅树，睹物思情，就想起越来越近的家乡梅溪；或者，他还想到了更远的北方，那里，是沦陷于金国铁蹄之下的大宋江山，是凌寒盛放的梅花的故乡。但那天傍晚，仅有南方长溪栖林寺里的"一枝"。第二天早晨，王十朋离开栖林寺继续北上，步履因心切而匆忙。

顺带一说，王十朋行旅闽东所写的7首诗中，就有3首写了寺院，分别是双岩寺、天王寺、栖林寺。这一路走来，能够入他法眼的为何都是寺院呢？个中缘由，除了眼中所看契合心中所想，还有就是与宋时的驿站设置有关。

考宋代福建官府交通，除了县、镇设立官驿外，其他站铺都交给寺庵来承担。政府或利用现有寺院，或新建寺庵，置田赡僧，让僧人接待官府过客。所以，离当时政治和经济中心较为偏远的福鼎，白琳和桐山两驿就分别由天王和栖林两寺承担。王十朋行走古官道，这些寺院为必经之地，且可以借宿。

戚继光抗倭过福鼎

◎周瑞光

明代民族英雄戚继光抗倭的故事，可谓家喻户晓。福鼎县民间也流传有戚家军过福鼎的传说，有人还说"我县玉塘城堡就是明大将戚继光所筑"，但各版县志未见记载。

1982年夏天，我陪同省博王振镛、林公务两位同志考察，在南溪工地上发现一座古墓，查阅了玉塘的《夏氏宗谱》，意外地发现了有关玉塘城堡的文献记述：

城广二百一十丈，高二丈，址厚丈有奇，壁门三，敌楼亦三，女墙数十垛。明嘉靖三十九年（1560），夏碧湖、夏继山二公率村民倡筑，至丁卯岁（1567）福宁州守闻而奖之，旋扒沙关牙税一百金为犒余。

此可证明戚继光筑玉塘城堡纯系传说。

据戚继光哲嗣戚祚国、戚充国、戚兴国昆仲辑的《戚少保年谱》，说戚继光及其部伍确于明嘉靖四十一年七月二十八日（1563年8月27日）首次入闽，取道福鼎。

以下说说戚继光过福鼎的事。

"比年岛夷犯闽，闽残甚矣"

自嘉靖三十四年至三十七年（1555—1558），倭寇连续侵扰闽省沿海地区，首次攻陷福清县城。嘉靖三十八年（1559）又攻陷福安和福宁州。嘉靖四十年至四十一年（1561—1562）春又连续攻陷宁德、永宁等县城，并在宁德县郊的横屿岛及福清县境的峰头等澳设立了两个窝巢。从此，北自福宁州，南至漳、泉二州的数千里沿海地带都变为贼窟。由于明朝廷的腐败，严嵩、赵文华等专权，福建地方军队的粮食补给和装备严重缺乏、陈旧，不堪一击，只好"历年坐守竟莫敢进"，对倭贼的猖狂肆虐束手无策。为了保住封建统治地位，嘉靖皇帝听取了中丞游震得的计议，命浙江总督胡宗宪的部将戚继光率精兵六千火速入闽赴援，并以王春泽为护军。戚继光欣然领命，详细摸索了情况，分析了福建的局势变化，进行全面的战略部署。首解宁德之危，全奸盘踞在横屿之倭，继而进军福清、兴化，迂回包抄，各个击破。

明嘉靖四十一年七月中旬，戚继光率六千子弟兵从金华义乌出发，经过长途跋涉，历经缙云、台州、太平（今温岭县）、乐清、永嘉抵达浙江重镇温州府。

首次入闽，取道福鼎

当年农历七月二十一日（公历8月20日）黄昏，戚家军从温州东门外瓯江乘帆船，沿瑞安飞云江，冒着狂风巨浪，于二十五日在平阳登陆。第二日取旱道经钱仓、灵溪、水头、桥墩门，于二十八日上午越过分水关抵达福鼎域内。一路上，戚继光与新结识的浙南文士叶某边走边谈，谈的内容都是一些家常话和养生学，偏偏不谈用兵之道。但见队伍行军的步伐十分整齐，没有一个人掉队，叶先生十分惊讶地问道："将军的部队是怎样训练的？真不愧称为无敌军。那平常为静，战时是动，这一动一静如何融成一体？今天看到你的队伍井井有条，你又这样安闲自在，好像太平无事一般，你难道心中没有半些儿杂念？没有一丝儿畏难惊怖的情绪吗？"戚继光笑着回答道："予终日纷纷，心里头没有个人的恩怨，有的是民族的悲观、国家的安危，从没有起过憎厌与劳倦的念头，所以动与静没有两种境界，才达到忘我的地步。到了临阵作战的时候，内心只打算着如何克敌制胜而置生死于度外，做到没有杂念，毫无顾虑。要不然，思想一开小差，临阵时就张皇失措，怎能够指挥军队呢？"叶先生听了后连连点头说："佩服！佩服！"

从分水关到贯岭再行十里许，桐山堡就在眼前。这时，戚将军同叶秀才下榻水北铺。铺内有两名掉了队的病兵，面黄肌瘦，瑟缩在两庑间，戚将军走近盘问了一阵子，原来这是中军戴冲霄的部属，二人都是浙江籍，一是浦江人名季诏，一是义乌人名许传，因为患病走不动，被哨长摘了腰牌，抛弃在半路。明代，士兵凭腰牌才能领到一份伙

《戚少保年谱》书影

食，两名病兵走投无路，每人身上只剩下银一钱五分，住不起铺馆，只躺在两庑间歇息。戚继光见此情形十分怜惜，便掏出二两银子分赠他俩，并随手写了介绍信，命一差役护送病兵到平阳南港水头街，由绅士许廷器负责把二人连信件转交给平阳县令，嘱地方官好好关照，待病愈后送他们归队。

自古以来有兵过篱破之谣，当戚家军入闽的消息传进桐山堡，堡内人民因几经倭贼、山寇的蹂躏，又备尝了明朝军官过境的敲诈勒索的苦头，于是心有余悸，四处躲避。见到戚家军"号令金石，秋毫无犯"，连城堡都不进，只在塘里、岩前一带野营露宿，用自备干粮（即光饼）充饥，桐山堡的老百姓才消除顾虑，大家"以手加额曰：'今日始见仁者之师矣！'所至箪食壶浆，争相餽饷"，但子弟兵们都一一谢绝了。

到了八月间戚家军大破横屿岛，收复了宁德、福安两县，接着长驱闽南，又取得了牛田、林墩二捷。十月间福建域内倭寇基本肃清，遂班师回浙，在义乌一带进行练兵补给。

流散的倭贼见"戚老虎"一走，又重新集结，掠、杀、烧、淫，无恶不作，八闽大地，万户伤心，哀鸿遍野。

二度入闽坐镇福宁

明嘉靖四十二年春三月十七日（1563年4月9日），戚继光带了一万多义乌兵越过闽北仙霞岭首抵浦城南下，沿途痛杀倭寇，收复了兴化、平海卫、崎头堡、福清等城镇，五月底转战闽东，在连江马鼻、尚石岭等处连捷，旋又克服政和、寿宁二邑。五月二十日（6月10日）又从罗源出发进剿宁德新倭。到了六月间，共恢复一府、二县、三卫，计水陆擒斩山倭二寇1609首级，焚溺万余，释救男女3000多名。此时，戚继光因功勋卓著"诏升分守温、台、福、兴、福宁中路等处副总兵，命敕驻福宁州并统水寨，参游以下悉听节制"，坐镇福宁。

是年冬十月初三日（11月19日），有倭舟13艘驾台山，准备进犯烽火门水寨，戚总兵命把总朱玑、督护陈聪等率水师出海痛击之，当即击沉绣鞋船一艘。余寇见状，慌忙逃向外洋，明军乘胜追击，在东纪洋上又烧毁敌巨舰一艘，焚溺250多人，斩首11级。初四日大竿塘海洋倭舟7艘又向烽火门进犯，朱玑、张威等舟师追至台山岛，击沉巨舰1艘，小舟2艘，斩首3级，生擒倭寇9名，沉溺300多人，余孽惊惶四遁，其中有两艘倭舟载百余名敌寇开到三沙岛，焚舟登岸，继而窜犯福宁州东关。戚总兵遂命全科、叶大飞等与守备罗章佐分头夹攻，前后围剿斩首49级，余贼奔匿民居，亦被兵民合围举火焚歼殆尽。初六日（11月22日）复有倭舟16艘流突台山，仍趋烽火门，把总朱玑、千户陈聪和百户张威，马云鹏等舟师追至七星洋，攻覆大舰1艘、小舟7艘，生擒23人，斩首13级。沉溺倭舟流窜水澳，贼半护舟半登岸，来势甚猛，把总朱玑、千户刘木昂、百户马云鹏犁船埋伏，仍调水兵登山鼓噪，倭贼惊溃，开船逃向外洋。

自嘉靖四十二年冬至四十三年春，戚家军水陆并进，六战六捷，倭氛乃靖。

戚继光入闽抗倭的事迹传遍八闽九州，至今闽东沿海还流传着一首童谣：

> 戚我爷，戚我爷，
> 爷未来兮民咨嗟。
> 爷即来兮凶妖荡尽，
> 草木生芽。
> 欲报之德，
> 昇天无涯。
> 愿爷子孙世世兮为公为侯，
> 永定国家。

（本文摘编自《福鼎文史资料》第4辑）

游朴与福鼎桐山

🍃 白荣敏

游朴（1526—1599），字太初，号少涧，号别柏谷畸人，福宁州柘洋（今柘荣县）人，明万历二年（1574）进士，历成都府推官，大理寺评事、右寺副、左寺正，刑部郎中，广东按察司副使，湖广布政司右参政。诗文俱佳，有《藏山集》《诸夷考》等存世。

游朴历官26载，恪尽职守，公正廉明，是一位从事实际政务的中级官员，任上雪冤狱、革政病、剔巨恶、珍民脂，时朝野所共誉，足称良牧，是一位受人尊敬的清官，深受广大闽东人民的景仰400多年，其传说故事仍流传于闽浙间。

在福鼎桐山，盛行一个"游朴吃柴鸡腿"的传说故事。

圆觉寺新修复的太子亭（白荣敏 摄）

故事说，游朴曾经寄居桐山西门高氏外舅家读书。高家在圆觉寺办有私塾，游朴读书刻苦，只是因为家境贫寒，缺吃少穿，体质很弱，富家学生都看不起他。一天，学堂隔壁有户人家丢了一只鸡，主人找不到鸡，就怀疑是游朴偷的，但没有证据。第二天早上，学堂隔壁这户人家，从壁孔中看到游朴吃饭，手里正好抓条鸡腿配饭，心想他穷得跟水一样，哪里有钱买鸡，于是更加坚信昨天丢的鸡一定是他偷的。游朴确实有条鸡腿配饭，只是这条鸡腿是用木头刻成，平时浸在盐汤（一说酱油）中，吃饭时取出来嗦一嗦当配菜……游朴自然是受了冤枉，但"柴鸡腿"的故事就这样传扬开来。

　　传说未知真假，但可见游朴在桐山的"影响力"；以柴鸡腿配饭，反映的是游朴当时生活的贫困而求学的坚定和艰辛。游朴15岁失怙，幸母亲陈氏坚毅，"四顾茕茕，每日夜抚诸孤而哭，且哭且治丝台，织作穷岁年，不少休手，自爇松薪继明，杼轴轧轧声与晨鸡恒相接也"（游朴《先妣陈氏圹志》）。这是游朴虽家贫但仍得以继续求学的原因。

　　圆觉寺为桐山名胜，旧名罗汉寺。依高家族人高维文写于清顺治癸巳年（1653）《圆觉寺记》和高龙光写于清咸丰乙卯年（1855）《重建圆觉寺记》的说法，明代正德年间高家曾捐资修缮并舍田养僧，嘉靖年间"部文变卖天下寺院"，高家索性从官府手中买断整个寺院。倭寇侵犯桐山，所到之处烧杀掳掠，但倭人敬佛而不烧寺观，故高家主人移祖宗牌位放置圆觉寺内以避倭，后继续费资给予多次维修，并逐渐建成合佛寺与宗祠为一体的综合性建筑。因高大宽敞，后高家又在这里办私塾，圆觉寺则又增加了教育的功能。关于游朴在圆觉寺求学一事，《重建圆觉寺记》曰："且夫寺之自明迄今虽曰未甚壮丽，顾亦邑中一名胜区也，前明游太初参政曾读书于此，佛壁上向有题墨，余犹见之，今无存，其所为诗犹载在邑乘。"魏高鹏、魏定梆、游再生三位先生点校之《游朴诗文集》附《游朴年表简编》载："嘉靖十九年（1540）庚子，15岁。入泮为州庠生，旋补廪生。此前后数年间，分赴福鼎桐山圆觉寺高家私塾及榕城求学。"

　　据此，游朴在福鼎桐山圆觉寺高家私塾求学的这段经历可以确认，但具体何年何月、求学多长时间，因资料阙如，有待详考。按前文"吃柴鸡腿"的传说，高氏为游朴外舅家，外舅即岳父，游朴娶桐山高家女为妻，这个也是事实。但如果游朴真的是完婚后再来到圆觉寺读书，而富裕的高家再让他吃饭配柴鸡腿，则于情于理又多有不符。游朴到桐山高家私塾读书的机缘，除了高家为桐山望族重视教育办有私塾这个基本条件，两个家族之间有什么特殊的关系呢？有说游朴外公家和高家有交情，舅母也是高家的，云云，但目前未掌握可靠资料，均尚待确认。或许完婚后的秀才游朴再来高家私塾进修以备更高级的考试也不是没有可能，"吃柴鸡腿"的故事本身就是一个口耳相传的传说而已,无非渲染一个成功人士出身贫穷而立志坚定罢了。

明万历《福宁州志》"卷十三"收有游朴咏桐山风物诗四首,可见游朴对桐山的熟悉并褒有情感。诗如下:

昭明寺

帝子当年迹,游人此日身。
孤台千甲子,万事一朝曛。
铁汉谁还健,金刚骨亦尘。
爽鸠何必问,一醉是仙真。

重上昭明寺

灿熳寻幽约,山门订再来。
直穷千里目,高上九重台。
石涧天中落,川云海上回。
尘踪遗落尽,亦可壮吾怀。

圆觉寺

圆宫性所爱,临眺不妨迟。
流水无春夏,岩花自岁时。
山人谈梦幻,渔父识推移。
预订他年约,归来共钓丝。

栖林寺

预报栖林寺,林僧尽日迟。
绿杨芳草径,红蓼落花时。
欹枕看云起,深尊到月移。
空山更何物,竟夕度弦丝。

圆觉寺是游朴求学的地方,也是他寄托青春梦想的地方,而历经世事和繁华之后,也是很好的安顿身心的地方,故有"圆宫性所爱"及"预订他年约,归来共钓丝"句。昭明寺和栖林寺均为桐山名胜,游朴多次登临,怀古、咏物、遣兴、抒怀,均可见他与桐山有颇高的"融入度",这只有在当地生活多年的人才会有。

游朴21岁结婚，娶的是桐山高家女孩。这段姻缘被详细记载于《桐山高氏宗谱》中，兹录高龙光《明二十五世祖姑游恭人传》如下：

恭人名玉润，吾十九世祖一川公次女，配柏溪游公讳朴，赠恭人。当其作配也，事则甚奇。初，游公为诸生时，州牧翁进士讳灿号见愚者，系嘉靖间礼部员外，尝以谏忤旨，谪本州同知，时署州事，甫下车，试士首拔公，大加赏识。翁公廉，知游公贫未娶，适恭人叔父侃公以循例输税于州。翁公以一日谕侃公曰："游秀才，大器也，而未有室，本州欲为之择配。汝家，州旧族也，汝试择其可者呈之。"侃公因以恭人复，翁公大喜，遂遣人到刺恭人之父一川公，速其入州，谕以此意。一川公唯唯，翁公乃请游公与一川公以翁婿礼相见于署。即为之备聘，一切礼物皆自翁公出。恭人貌修伟，有德器，其适游门也，必勤必谨，克尽妇道。游公守贫二十余载，得肆志艺林，养成德业者，恭人之力为多。游公甚德之，终其身未尝置妾。厥后，游公官至参政，封恭人敕诰有云："名宗毓秀，哲士作述，穆修壸政，翼赞官常。"大哉王言！洵恭人当之不愧也。游公字太初，尝读书于溪西圆觉寺，其题咏载在志乘，今崇祀乡贤祠，芳声煊赫。恭人与有荣施焉，后游公数年卒，享年七十有余。

游朴夫人高玉润，桐山高家高一川女儿。时任福宁州同知翁灿因赏识当时还是穷秀才的游朴，委托桐山高侃牵线搭桥并玉成好事。高玉润嫁与游朴后，必勤必谨，克尽妇道，夫妇二人感情甚笃，游朴官至右参政后，高玉润被敕封恭人。游朴写有《谒墓奠岳翁一川高公文》，亦载于清宣统辛亥《桐山高氏宗谱》，全文如下：

惟年月日，辱子婿前湖广副参政游朴，谨具牲帛于墓道前，造以文曰：
蒿里长归兮英雄掩袂，薤露声断兮壮士沾襟。知幻泡石灰火之闪，倏则委蛇如遗。若夫上为星辰，下为河岳，此至人长存，非草壤共腐也。我岳翁一川所自为不朽者，何如曾以此一抔土为存殁也耶？其毛发爪齿为飞尘泠风耶，其松根石上为碧玉青芝耶，不可得而知也。若夫吹笙缑山，化御华表，此踪迹往来天地间，一抔土亦生前之庐宇，因于斯何憾焉？何憾焉？骨肉之情，明幽之隔，聊写以为异日泉下相讯，在可知不可知之间耳。至于狐兔跳立，蓬蒿满眼，古来贤达不能免也，何必为翁悲？至于牛眠钟毓，石兽褒封，增龙冈之胜，永马鬣之封。翁倘徉于斯也，宁云骨肉之返于故土也哉！

福鼎首任知县傅维祖

白荣敏

傅维祖，字文孙、云开，浙江鄞县举人。清乾隆四年（1739）任福鼎首任知县。时初建县，经画规模，造衙署、办学宫、修城堡、营仓廒、买积谷、建祠坛，无不苦心筹划，部署有序。还留意民瘼，兴利除弊，决狱明慎，为民平冤。在任3年，多方建树，政绩卓著。后因年迈，自感精力不济，遂以老告归。离鼎时，桐城士民夹道欢送，途为之塞。

创业维艰，克俭清明

清乾隆四年，福鼎获准设县。当年冬季，首任县令傅维祖到任。傅维祖于康熙五十年（1711）中举时应是年方少壮，但在候选20余年之后才获得到福建漳平县为官的机会，积累了一定的行政管理经验，也获得了好评，又4年后被派到新设立的福鼎县任县令。百政待举，创业维艰，他寓居于破旧不堪的芦门巡司署中，满心欢喜地开始了创业之程。傅维祖虽然莅任福鼎时间不长，但他以他的才干和勤勉，为崭新的福鼎县奠定了良好的开局。

清代县官的主要政事在于为朝廷征收赋税钱粮，治理刑狱诉讼，缉捕盗贼，维持社会秩序，劝农、劝学，建造修葺城池、堡寨、衙署、监狱、坛庙、学宫及水利、交通等设施，建立粮食、军械等仓库和办理救灾赈济等事务。当时新建的福鼎县，就如一张白纸，诚如傅维祖所说："予初至时，寓巡检之署，湫隘不堪。且居民寥落，市廛阒寂，人多朴率，仪礼未谙。"一派萧条冷寂的景象。

对当时的福鼎来说，有几件事情比较急迫，均关乎民生。

首先是筑坝。县治桐山夹在东西两溪环抱之中，溪流湍急，每逢夏秋台风大雨，涨潮顶托，往往洪水暴发，冲决堤坝，危及民居田舍，成为一大祸患，所以修坝保城是一件大事。傅维祖就任当年夏天，一场大洪水便冲垮了东面的旧城墙。傅到任后，亲自组织了修复工程，还曾向上司申请将桐山溪原有的"编竹垒石"之坝改筑为石坝，以解除桐城百姓的洪涝之灾。

其次是修城。建县之初，朝廷特地拨给二万两白银，官民配合修城堡、造衙署、建圣庙、营仓库、买粮草、筹划规模，颇有条理，用3年时间把旧桐山堡扩修为县城，使得县城初具规模。用傅维祖自己的话说，就是"莅兹三载，寥落者渐以稠密，阒寂者渐以杂沓，人皆仪礼是尚，而朴率之风非旧"。乾隆六年（1741）五月，花2367两银子买来芦门巡检司署和民房建造县衙，傅维祖带病坚持，督导民工，废基址，伐木材，只经11个月，诸役告竣。县衙建成后，傅维祖亲手题楼匾"作新楼"，并撰《作新楼记》，文中"光明正大，无党无偏，仰以瞻圣德之巍焕，俯以验民气之日新。并望后之登斯楼者，鉴予之经营缔造，恢扩成规，谅予苦衷，庶告无罪，故记之"，表达他为福鼎发展"继往开来"的良苦用心。

第三是兴学。教育是千秋大计，万世基业，新建政府尤要重视教育事业。傅维祖创建学宫，并配置数十亩学田以供养师生，学子们不用再跋山涉水到邻县求学了，此举也为福鼎后世教育的发展奠定了良好基础。

筑坝、修城、兴学，傅维祖"无不苦心筹划，部署有序"，除此，他还重视刑政。傅维留心民众疾苦，判案明慎公平。首任如此清明，为接任者留下了好的榜样。

另外，他还重视修路造桥，任内修造了桐山名桥溪西桥，为孤寡老人在桐城西郊建了一座拥有15间房的养济院，还用两年时间修建了12间储存谷粮的恒丰仓。

兴利除弊，民生为重

难能可贵的是，他不仅投身于繁重而艰巨的新县基础设施建设，还能把心思用于经济制度的设定和改革上。乾隆时期，战事平息，海禁解除，沿海的渔业生产开始恢复发展，可严苛的渔税制度却压得百姓们无法喘息，渔船税的征收更是混乱。据文献记载，海禁初开之时，官方对沿海渔船进行双重征税，州县既征收渔船税，海关又要征收梁头税。此外，官府为增加财政收入又多立名目、增重税额，渔民的课税负担越来越重。清乾隆元年（1736），朝廷颁布福建省渔船税，分上、中、下三则起科，豁免沿海采捕鱼虾单桅船税，但地方执行不力。福鼎渔业资源丰富，但福鼎沿海的百姓并不乐于从事渔业生产，使本该繁忙的渔业陷入萧条。傅维祖上任后，看到渔民的惨淡境况，深入民间，经过缜密调研，大胆革新，想出了一个合乎国家法度又照顾百姓利益的好方法。他将福鼎县内的大小商渔船，分别冠以"海""晏""河""清"四字号，"海"字号年征税银一两，"晏"字号年征税银五钱，"河"字号年征税银三钱，"清"字号则是有底无盖的舢板，每年征税并无定额，丰收则收，无收则免。新规一出，渔民们按规纳税。尽管福鼎县财政一年内仅收到百两渔船税，却大大减轻渔民们的负担，唤起他们对发展渔业的热情。至此，福鼎县鲜有出现渔户死绝逃亡的现象。

深入百姓，体察民情，体现了傅维祖以民为本的思想和民生为重的情怀。"海晏河清"本用以赞颂天下太平、百姓安居乐业，傅维祖以此为商渔船命名，寄托他希望天下永远太平的愿望。

他还对太姥山的开发振兴给予了很大关注。他到任福鼎的第三个年头才登了一次太姥山，不是他不爱名山之游，而是实在抽不出时间。那一天，他是到太姥山脚下的秦屿视察城垣勘估情况，结束之后，长舒了一口气，才终于下定决心上山一趟。他爬山不忘政务，还取道半山腰的太姥洋，顺带考察了"僧田之兴废"。由于清初迁界，造成"寺废僧逃，旧业荡弃，古木凋残……住僧频年争讼"，所以他"欲为之亲览风景，与蔽都人士商振兴之策，非徒逞游观而振衣舒啸也"。游山之后，他写下《游太姥山记》，文章末尾，他期待着"倘得同志协扶，名山增胜，荒径重开，或幸再往"。如今的福鼎太姥山，成为世界地质公园、国家级风景名胜区、国家5A级旅游景区、国家自然遗产，是历任当政者重视的结果，我们自然也应当记住首任知县傅维祖的一份辛劳。

急流勇退，遗泽在民

登太姥山回来不久之后，傅维祖自感精力不济，遂以老告归。卸职前夕，作《解组诗》3首，第一首写道："自顾头颅鬓已斑，诗筒钓艇好闲闲。经时素志讵如许？开县微芳且尽删。衰鬓不争涂抹巧，疏慵怕列缙绅班。若发犹作奔驰态，恐有移文出北山。"诗中表达了自己两鬓斑白，渴望能够停下来歇一歇的愿望。福鼎开县3年多来，他鞠躬尽瘁、尽力而为，已为后来者奠定了良好的基础，为福鼎人民办了许多好事实事，实现了他造福福鼎百姓的抱负。这时候请求卸任，已无愧于心矣。他深谙急流勇退的人生哲学，在《解组诗》第三首中写道："酒饮微醺花半开，总留不尽待将来。急流能退方成勇，烈火刚腾定作灰。叠受君恩无报称，转惊年齿赋归来。桐山缔造苟完矣，换着荷衣扫旧苔。"其实这不是推卸责任，而是出于对福鼎县的深切之爱，因为年事已高，他担心再任职下去会耽误了福鼎的事业，还是要让年富力强的人来担此重任，让年轻的福鼎县能够得到更好的发展。

傅维祖在《解组诗》的小序里说到一件事，颇有意味。他说自己还没进入仕途的时候，滞留于京师，有一天梦到被"签掣"到福鼎当官，梦醒之后便去查找，可是各省并无一个名叫"福鼎"的县，心想梦境荒唐，后来也就搁置而忘却了。可是等他到任福建漳平第五年的时候，从霞浦东北路分出新建了一个县就叫"福鼎"，并在全省遴选合例之员时就选到了他。这是一个令人温暖的梦境，傅维祖相信冥冥之中的约定，故"不觉恍然于前日京师之梦果足凭也"。

读书识大体的桐山乡绅游学海

> 狄 民

谈起福鼎建县，我们应该提到一个读书人，他的名字叫游学海。

对于游学海，我们所知甚少，我们不知他的生卒年，不知他的家庭情况，等等，但我们还是应该记住他。

清嘉庆《福鼎县志》载："游学海，字兼山，在坊人，拔贡，读书识大体。邑旧属霞浦，遇公事往还动经旬日，海倡议呈请制府题设县治，后人便之。"

原来，游学海这位出生于桐山的书生，是当年福鼎设县的倡议发起人，真是功莫大焉！

游学海书读得好，品行也好，但仕途却不顺，终其一生，也只是个小小的拔贡。所谓拔贡，是明清两代的一种选拔读书人做官的制度，大约是每隔一定的年份，便从官办的学校里选一定名额的生员。经层层考核筛选，标准是"学行兼优，年富力强，累试优等"（《明史·选举志》），然后推荐给朝廷，称为拔贡生。再经一次"朝考"，从中选出一部分做官（最高品级为七品），没选上的就回到原籍。

游学海是清雍正年间的拔贡生，关于他，县志里只有寥寥数笔，但回顾一下有关他的史实，却足以让后人见识到他的急公好义。

其一是修建桐山溪堤坝。桐溪旧有坝，乃"于溪头编竹叠石为坝以备涝"，无奈过于简陋，"康熙五十一年（1712）八月大雨，山水陡发，坝崩"，"死者相枕藉"。其后32年间，屡修屡毁，一直到乾隆九年（1744），"县令熊煌请于府，率绅士游学海、张有华等鸠工砌造，石基，厚三丈、面广一丈、高一丈三尺，自七星墩至前店，绵亘数里，城赖以安"。在当时，那肯定是一项重点工程，难怪护城堤坝完工后官府要表彰他"保障一方"。

其二是建义冢。《福鼎县志·恤政》载："义冢，一在乞食袋，贡生游学海筑。"在那个年代，天灾人祸下，"路有冻死骨"是常见的事，修一个公墓，专门收葬无主的尸骸，这种不图回报的善举，直到今天仍然值得我们钦佩，难怪县志中将游学海列在了"义行"篇中，他也确实称得上"读书识大体"这五个字。

其三是维护太姥山摩霄庵。当时的摩霄庵并不像今天这么风光，有时也难免会有些麻烦，比如地产被侵犯等，这种时候就需要社会名流出来维护。今天我们在摩霄庵后还能看到一处石刻，载有该庵的田额及全山界至，那就是游学海当年所立。

乾隆当朝之初，一改其父雍正的严苛，自称"朕实一书生"，推行德政，天下人皆松了一口气，游学海及时抓住了这个百年不一遇的契机，于乾隆三年（1738）率先倡议设县，在各方面的一致呼应下，终于一举成功。

天时，地利，人和，三者俱全，岂有不成功之理。

于是，有了绵延270年的福鼎县乃至今天年轻的福鼎市。

游学海官运不佳，没能在一个更大的空间里施展他的抱负，这是他个人的不幸，但对于家乡来说却是一件大大的幸事。塞翁失马，安知非福？游公有灵，目睹今日之福鼎，亦当含笑颔首于九泉。

游学海平日好以诗文自娱，有《蓝溪赋》和一些诗作流传至今。他的《登太姥山一线天》诗中有"紫气连青嶂，红花照绿苔。丹邱即此是，何必羡蓬莱"之句，或许就流露出他些许的无奈和更多的豁达。

前人栽下一棵树，如今已长成一片繁茂的林子，让我们永远记住栽树的人。

让我们也为后人栽一棵树。

桐山三百年来文士谱

> 谢兴国

福鼎建县距今尚不及三百年，但也涌现了不少文人学士，为吾地生色不少。

下面，简介其中一些人物：

陈九苞

陈九苞（1782—1859），号筠崖，又号友石，福鼎城关人。清嘉庆己巳（1809）岁试，以二等二名补增。道光十八年（1838）奉派为宣诏官，随侯官林鸿年殿撰出使册封琉球。

平生善作篆隶书，尤擅画淡墨山水，在琉球6个月，为士大夫作画甚多，曾绘有"球阳八景"画幅，为世所珍。所作字画，凡属得意者，均钤有一白文朱印曰"曾经沧海"4字，故后世之鉴赏家即多据此作为鉴定其作品真伪的一个依据。

施如宪

施如宪（1737—1807），号叙斋，福鼎南门桑园里人。少习儒业，精于翰墨，性好骑射，蒿目时艰，遂奋志于六韬三略诸书。30岁举武孝廉，挈发督标水师效用，后以军功，累迁至浙江镇海营参将，并即题补瑞安协镇。清乾隆五十六年（1791）以细故被株连，奉准解职回籍。筑居易轩，广植花木以自娱。生平雅好字画，挥毫泼墨，求者户为之穿，尤擅画淡墨葡萄，零笺片缣，为世所珍。

陈瓒

陈瓒，号少倪，晚年自署寿石轩主，生于清光绪七年（1881）。先世系闽之长乐（古称"吴航"）人，后迁居福鼎桐山。家贫，13岁即卖画以奉母。勤研苦练，画艺大进。山水独宗倪云林（元代四大画家之一），且羡其为人，乃以"少倪"为号以自况。擅用"折带皴"法作山水画，潇洒出尘，为世所重。人物画学任伯年（清代画家），所作人物、花鸟，形象生动活泼，往往以勾勒、点簇、泼墨诸法，交相为用，别具一格。晚年，所作神佛画，采传记式，用多幅画面连续描绘一个故事的发展过程，多至数十幅者，绘影绘色，惟妙惟肖，实开近代连环画之先河。与叶汝舟齐名。叶汝舟，字少舫，系福鼎城关人。

陈鹏翛

陈鹏翛（1855—1929），字信昌，号素行，福鼎桐山镇人。生而颖慧，好学不倦，13岁时，以家贫辍学，初措微赀作小经纪，仅足糊口，意犹未惬。维时福鼎置县未久，县僻处边隅，交通闭塞，风气未开，举凡城乡书塾启蒙必读之书籍，固无论经传，即浅如《三字经》《千字文》《百家姓》《五言杂字》等，就地均无有刊行，皆须贩自福州，识者咸感未便。陈鹏翛尤具慧眼，认为清朝自乾嘉以来，江之南北所以科名鼎盛，人才辈出者，非徒以地理山水胜，实由于当时政府创设之文澜、宏文等阁于江南为藏书别库，每处辄皮藏经籍达百万卷，致江南士人学子得以成材，因之为发展福鼎地方文化计，特锐意经营，就北关外设肆刻书，亲自督率诸子镂板刻字，躬任手民，并仿一般书坊成例，男任刻板，女充印刷装订，虽家人妇女，亦均按劳计酬，俨然一工厂也。初时只刻蒙塾必读诸书；继如经、史、子、集等亦广搜善本，加予翻刻印行。已则无间寒暑，虽午夜犹据案校勘不少惰。计40年间刊书数十种，积版高盈数屋。当时闽东诸县无刻坊，自文成堂书局成立后，所印书籍除供本县外，渐且远销至旧福宁府属各县及浙南的平阳、泰顺诸地。他曾自撰一联悬于书局门口云："文艺萃不经，梨枣摹传遵阁本；成章综百代，简编搜检集桐冈。"

五四运动后，他高瞻远瞩，除照旧刻书外，还大量购进福州、上海等地学校教科书、新旧小说及各种进步书刊等向外供售。他特就肆前辟门市部，四壁布置书橱，陈列各种新书，不下百千册，专供学生及社会人士工余课暇浏览阅读，门庭若市，座无虚席，俨若一图书馆然。当时，梁寿仁先生曾赠一联云"生来大雅堪名世，坐拥群书作主人"，盖纪实也。

赖则才

赖则才，号会如，福鼎桐山人，生于清光绪十二年（1886）。家贫失学，自幼学习金银首饰工艺，是纯粹的民间艺人。由于资质颖慧，能触类旁通，他所制各种金银饰物精致出色。平日欢喜浏览《芥子园画册》，极力揣摩各种人物、花鸟神态，作为饰物蓝图，力求形似神似。中年以后，独具匠心，开始用纯银锻制各种立体型人物像，高达尺余，服饰衣着镂丝结缕、巧夺天工，人物神态须眉毕现、栩栩如生，观者叹为绝艺，作品远销京、沪一带和日本，曾参加在日本举办的万国博览会展出，并获奖状。现存作品甚少，福鼎市文化馆保存有其银质李铁拐像一尊。

赵沅

赵沅，号语水，福鼎桐山人，寄籍浙江平阳。清雍正戊申（1728）科拔贡，试国子监，辄冠其曹，以直隶分州用，未上任卒。尝评点杜少陵诗，皆能得其精要。著有《卖饼集》行世，现温州市图书馆、瑞安玉海楼均尚存其本。

林滋秀

林滋秀，号纫秋，福鼎桐山流美村人。清乾隆乙卯（1795）科举人。主讲湖北梅花书院、浙江罗阳书院及本县桐山书院。为文最工骈体，诗取裁唐宋，功力两到。七言古诗尤气势雄阔，神似昌黎，而能别开生面。嘉庆皇帝五旬寿，曾撰集姓千字文以献，几无一字无来历，为时所称。签分湖北荆门州知州，未到任卒。生平著述分为樨园十种，计有《双桂堂文集》《双桂堂经义》《快轩诗存》《快轩试帖》《腐子胫传奇》《竹林合咏》《岘凹余沨》《兰社诗略》《集姓集古千字文》等130卷行世。现瑞安玉海楼、温州市图书馆均尚存其刻本。

王翼谋

王翼谋（1850—1911），号于燕，福鼎桐山人。以名书生终老于乡，课徒奉母，不乐仕进。生平工书法，师绍二王，能得其精髓。治史谨严，旁征博引，不落前人窠臼。著有《史记菁华录集释》，为世所称。自科举废后，历主县立第三小学文史讲席，并尝协修《福鼎县志》。晚岁耽于佛学，筑青莲阁于溪南寺之侧，莳花种竹，焚香习静以终其余年。所遗著作计有《澹庐文钞》《辞通》《红梅斋诗文稿》多种，均未付梓。兹附录其澹庐遗诗若干首于后：

秋日同陈鉴波施萼园登把翠楼
秋色极天不可攀，登高四望旷心颜。
练光滟滟双溪水，画本重重四面山。
出岫云烟时炫白，经霜树叶渐成斑。
半城夕照临风立，万里长空一鸟还。

客来何处豁双眸，同上元龙百尺楼。
不尽岚光横短槛，无边秋色落平畴。
昭明塔畔斜晖挂，太姥峰头暮霭浮。

下界嚣尘飞不到，莫嫌屋小恰如舟。

由沙江舟抵南台
群山环绕钓龙台，高阁层楼势壮哉。
风景繁华今胜昔，春江一棹趁潮来。

步陈检希留别原韵
小桥流水望漫漫，江馆逢君刮目看。
尘牍劳人闲处少，新诗投我和来难。
九秋雕鹗排风远，万顷烟波放棹宽。
未得临岐亲送别，梦魂先立渡前滩。

题画
幽谷无人坐鼓琴，宛然鹤唳与鸾吟。
猗兰妙曲流弦外，传出尼山一片心。

卓剑舟

卓剑舟，原名朝樞，剑舟其字也，后别署天南遁客，福鼎桐山人。曾毕业于上海国语专科学校。早岁与黎锦熙合编《国语》杂志。后远渡南洋群岛各地讲学任教，著有《南洋见闻纪略》。1935年回国，任荷属西婆罗洲华侨驻京代表，抗日战争初期返回福鼎，在县立中学执教。1949年后被选为第一届人代会副主席。1953年病逝，弥留时尤殷殷以收复台湾为念。著有《注音字母讲义》《摩兜坚馆诗草》《太姥山全志》《说剑斋诗文集》《福鼎诗存》等，均有印本流传。《福鼎县志稿》钞本现存县文化馆。

兹录《摩兜坚馆诗》若干首于后：

写感
欲击唾壶碎，蹉跎叹客身。
新亭余涕泪，故国沉荆榛。
放眼殊高古，扪胸无点尘。
茫茫熟知己，十载一灵均！

即席赠汕头余晓天张剑修

大千世界任浮沉,何幸天涯遇赏音。
气味竟如公瑾酒,交游谬许伯牙琴。
忍挥感事千行泪,独抱怜才一片心。
白玉盈樽歌慷慨,腰间雄剑作龙吟。

与柳植人夜话

世路崎岖甚,浮生信可叹。
朋交半零落,慰藉转酸寒。
有价知官贱,无赀作客难。
夜阑悲往事,蜡泪满铜盘。

辞家

可怜门外即天涯,此去迢遥路正赊。
最是伤心阿爷语:捉回浪子又离家。

吊黄花岗

摘得黄花吊国殇,黄花岗上黄花黄。
天愁地惨英魂瘦,两粤河山又战场。

王尚民之立卑诗以送之

王子吾知己,乍逢又别离。
何当分手处,更在异乡时。
天地一身阔,江湖双鬓丝。
丈夫岂儿女,远道不须悲。

婆罗岛客感

故园花草未忘情,日日言归归不成。
又是一年春去也,婆罗岛上度清明。

壮心

壮心天与久沉沦,一创纵横大海尘。

万里投荒般鸟岛,英雄末路作诗人。

邦戛重阳
黄花满地雁声长,佳节思亲未敢忘。
谁念远人愁断绝,柳风蕉雨作重阳。

九月十五夜对月
秋堂寂寞夜漫漫,偶听胡笳惨不欢。
四十五回明月夜,可怜都在异乡看。

万里
万里归来认旧踪,闲云隐隐见诸峰。
五年不到西园路,招月来听圆觉钟。

怀蔡廷楷将军
申江一战建殊勋,国难声中扫贼氛。
四万万人齐下拜,英雄惟有蔡将军。

（本文摘编自谢兴国《福鼎近三百年间文学艺术上有成就的人物》一文,原载《福鼎文史资料》第4辑,题目为编者所加）

"阮洋十八坦"史料汇释

白荣敏

福鼎桐山坊间有"阮洋十八坦"的说法。阮洋本为店下镇的一个村，清前期阮洋陈氏一支搬迁至福鼎县城南门石壁洋崇儒里（今茶厂小区前），逐渐繁衍成大族，其聚居区域俗称"阮洋"。其间，有十八位"坦"字辈的陈氏子孙因陈氏宗族重视教育而成才，他们进学采芹，翰墨流芳，成名奕代，有"阮洋十八坦"之美称。现汇集阮洋相关史料并做简单注释，以存旧时桐山一段风雅，备有心者查阅。

正桥、时煜父子县城创基并接力家族重文传统

先说陈正桥。阮洋《陈氏宗谱》载：

陈正桥，贡生，行敏，字汝陆，号肖云，又号傲寒。赋性孝友，处己谦冲，仗义轻财，气节珊珊，与兄西庚公在乐清砌筑海塘，开拓产业，其营谋擘画，无不周到。又尝手积公银增置肖松公祭产，且天资颖异，又极嗜学，乾隆丁巳年，力堂周宗师岁进福宁府学第六名。旋因金屿门坟山被平阳李豪谋占，公毅然曰："坟茔莫保，子孙何为？"挺身鸣冤，豪浓贿，布置褫公衣衿酷刑，枉断以祖山为无主官山，祖坟为无主古冢。公百折不回，冤沉十载，尝自吟曰："剥复从来应有数，平心坐看洗天时。"果蒙潘中丞开复前程，覆盆得伸，仍以坟山归陈族输粮祭管，福宁府学池教授以孝道，曾孙旌之，宜哉。公事平后，由庠作贡，燕翼贻谋，自阮洋卜徙县城之南石壁洋崇儒里居焉，治家严谨，尤勤课读，有亲书勖孙曹联句云："刻志守吾勤俭，专心攻尔诗书。"先后五创家塾，待先生至忠且敬，现今孙子游庠食饩，入成钧登贤书者不下数十人，皆公赐也。生康熙四十六年丁亥十月初四日卯时，卒乾隆四十三年戊戌三月三十日戌时，享寿七十二。配福安王问臣公三女，勤俭持家，孝敬慈惠，始终如一。啧啧贤声遍于里间，生康熙四十六年丁亥七月十七日戌时，卒乾隆四十六年辛丑年七月廿二日吉时，享寿七十有五。生男五，女一适县城张绍江。合葬宜井青蓝山，坐乾向巽，兼戌辰分金。

陈正桥为福鼎县城石壁洋崇儒里的创基始祖，取得贡生资格之后由店下阮洋村迁居县城，燕翼贻谋，五创家塾，厚待塾师，课读子孙，奠定了崇儒里陈氏家族的文教传统，也为"阮洋十八煜"的产生奠定了基础。

上文提到陈正桥与陈西庚在乐清砌筑海塘事，清光绪《福鼎县乡土志》载："陈殿金，阮洋人，庠生。慷慨有大略。在浙江乐清县南浦、葵墺等处筑塘成田，计八千余亩，后充为东山书院膏火，父老念其功，立祠祀之。"西庚即陈殿金的号。

陈正桥与其子陈时煜均急公好义，父子二人亦被《福鼎县乡土志》列入"恤"加以介绍："陈正桥，字汝陆，阮洋人，岁贡生，邑建文庙，置宾兴、田亩，欲助重金；又于巽城、小巽、石塘各口岸砌石为埠，舟行便之。子时煜，廪贡生，亦好义。先是，正桥延晋安名儒郑兆元为煜师，殁于塾，哀礼俱尽，扶榇回里，赙以厚赀，率同学白衣冠送数十里。"

关于陈时煜，卓剑舟《太姥山全志·艺文》载：

> 陈时煜，字敏斋，号雪堂，桐山人，乾隆间岁贡生。秉性严毅，任事有才智，有胆力，尤好义。其师郑兆源，晋安名儒，殁于塾。哀礼俱尽，扶榇回里，赙以厚赀，率同学白衣送数十里。教训子侄，皆成名，当时士林中有"十八煜"之称。

陈正桥生男五：亨煜、孚煜、时煜、顺煜、通煜。陈时煜为陈正桥第三子，在父亲重视私塾的基础上继续接力"教授子侄"，"十八煜"即陈时煜的下一辈。

陈正桥、陈时煜父子是真正的尊师重教，具体表现：一是办私塾延聘名师，陈正桥聘请晋安名儒郑兆源为陈时煜的老师；二是郑兆源殁于塾，陈时煜哀礼俱尽，扶榇回里，赙以厚赀，率同学白衣冠送数十里。

郑兆源，在《福鼎县乡土志》等史乘中作郑兆元。民国《闽侯县志》载："《韵语偶存》，郑兆元著，字国仁，号春泉，乾隆辛卯举人。"另，清道光《福建通志》载："侯官郑兆元著《双声讲录》二卷。"可见，郑兆元"晋安名儒"名号应为不虚，陈时煜能有郑兆元为师，可谓名师出高徒。郑兆元作有一首七言绝句《太姥山》，载于卓剑舟《太姥山全志》："太姥高峰六六奇，采蓝遗迹说尧时。名山堪作南天镇，不管乘龙事可疑。"

"阮洋十八煜"人物及其名字考释

阮洋《陈氏宗谱》中的《十二世祖肖云公传》载：

公讳正桥，字汝陆，号肖云，又号傲寒……子男五人，亨煜先公而卒，孚煜太学生，时煜岁贡生，顺煜附贡生，通煜例贡生。孙男十九人，怀坦郡贡生，珙坦优贡生，珖坦乾隆己酉举人、特授保安县知县，登奎拔贡生，瑀坦郡庠生，宾在岁贡生，瑛坦、宗镛邑庠生，维坦郡增生，华坪恩贡生、特授永福县学教谕，北封邑庠生，对墀、洪章、应坊、春台郡庠生，九苞郡增生、议叙五品册封琉球宣读官，日增邑庠生，建中岁贡生、道光癸卯捐题宾兴考棚、都人士奉公栗主祀于邑之兴文祠。

"十八坦"都是谁？陈正桥一房孙19人俱有科举功名，他们是怀坦、珙坦、珖坦、登奎、瑀坦、宾在、瑛坦、宗镛、维坦、华坪、北封、对墀、洪章、应坊、春台、九苞、日增、建中。"十八坦"或为实指，是指除了怀坦之外的其余18位兄弟，原因是怀坦早逝。《陈氏宗谱》中《十四世祖玉峰公行实》曰："乾隆庚寅年……方拟云路高骞，谁知泉台永隔。"乾隆庚寅年为乾隆三十五年（1770），据宗谱记载，怀坦生于乾隆辛未年，即乾隆十六年（1751），如此算来，怀坦19岁就英年早逝，故后来盛名的"十八坦"不包括怀坦。

既为"十八坦"，为何有的名字不叫"坦"呢？"坦"为行第用字，以上19人，有的名字不含"坦"字，但皆为"坦"字辈，引文中的名字为谱名。有的人除谱名外还有其他名字，如华坪，《十四世祖仰堂公传》："公讳华坪，原讳琼坦，字亦华，号仰堂。"有的人则多次改名，如希姚，《十四世祖蓝溪公传》："公讳希坦，改希尧，又改希尧，字亦昆，号蓝溪。"《陈氏宗谱》"宗镛"条："行文，字奕山，号辉园年……庚申，云岩钱文宗考取古学，见其兄弟应试甚多，俱名某坦，唱易混，特改宗镛。"有意思的是，宗镛是因为多位"坦"字辈兄弟同时参加考试，容易被唱混而特地改名的。

2021年春，我实地考察"十八坦"的祖地店下镇关盘村，在陈正桥墓的墓碑上见到完整的以行第"坦"字命名的"十九坦"，他们是：瑢坦、□坦、珙坦、珖坦、瑛坦、瑀坦、璒坦、琜坦、璲坦、琄坦、琼坦、瑇坦、珧坦、□坦、琮坦、琚坦、玠坦、瑈坦、□坦。至于这19个名字与《十二世祖肖云公传》中的19位如何对应，则须进一步考证。

陈珖坦和陈九苞的事迹

"十八坦"祖、父辈重视教育，荫得子孙，子孙们"皆成名，当时士林中有'十八坦'之称"（卓剑舟《太姥山全志》），但名有大小。考相关史料，"十八坦"中数陈珖坦和陈九苞兄弟最为出类拔萃，兹录二人相关史料如下。

阮洋《陈氏宗谱》中《十四世碧川公传》载：

公讳珖坦，字奕青，号碧川，又号韫岩，敏斋公长子也。聪颖好学，五六龄入目辄成诵。祖肖云公即以善记忆称之。自少受业于晋安孝廉郑春泉先生，与双溪兄互相磨砻，考览六经，精通《左》《史》，日就月将，俾无间断，旧文新制，罔不毕肄，第见其进，而未见其止也。己亥岁试，受知于云椒沈文宗，以第三名入县庠生。壬寅，朱石君宗师岁试，以一等一名荣食禀饩。历吴香亭、陆耳山各宗师，岁科俱列一等一名，每应古学场，诗赋制艺辄取冠军，陆宗师深为鉴赏不置，以优行报举，送入鳌峰书院肄业，每课俱取超等。己酉大比，瓶庵孟山长拟必其售，徐两松抚军、陆耳山学宪决科俱擢前茅，本科首拟尤贡，及出榜已登贤出，揭晓日，陆耳山宗师向陈春淑主帅津津称道，为得意门下士，将来必成大器。庚戌会试，荐于刑部主事房师翁树培大总裁深为击节，以额溢未售，复留京邸，至壬戌夏四月回籍，不以气数自馁，仍理旧业，设教于崇儒里家塾，教授弟侄亲友，多游庠食饩，著有《访松轩制艺》《韫岩小草》《韵语草存》《春秋辑要》及《售世碎金》诸集。

乙酉冬晋京候选，丙戌五月，挈簦贵州镇远府天柱县，及引见御批改授陕西延安府保安县。时年虽老，壮志不衰，故当弹冠出仕之年，莅民视事之日，本淑身以淑世，先正己而正人。爱民勤政，上垂冬日之温；别弊锄奸，下凛秋霜之戒。执五礼以正民，简八刑而罕用。孚以诚信，被以哀矜。疑狱得情而勿喜，宿讼两让而同归。虽南阳苇杖，未足比其仁；颍川时雨，无以丰其泽。由是，远无不怀，近无不悦。途歌里咏，望之，亲若父母；好之，芬若椒兰。诚恕既孚，不啻郭伋待期之信；廉洁素著，奚待任棠置水之情。陕甘总督何公奉命巡阅，入其疆，民俗醇美，政教大行，乃属藩司称道为治世良才。适因宜川开缺，遂令兼署，更将拜表以奏闻，方期垂诏而升用。不幸遘疾，弥留欤焉，大渐怨上天无厚痛，棠阴之不留，维道光壬辰年六月十五日卒于保安官署，春秋七十有二。居官六年，牧民两邑，有棺无椁，时服薄殓，丧事维约，用过乎廉，城府飒然，吏民哀戚，街衢途巷接响传声，不踰时而达乎四境，虽远必至，望城拊膺，谁嗣作诵，维以告哀，虽邓训致戎俗之哀、羊公之深、罢市之慕，不能尚也。其明年四月，神驾东还，箪食壶浆，扶送踰境，奉觞奠以望灵，仰苍天以自诉，盈途悲泣，震响成雷，乃知忠厚信诚感达民祇，痛惜之情愈久弥结，斯可谓存荣没哀，人鲜能及，盖学道既深，爱人弥至，居官虽小，德望自高，凛冰清玉洁之操，没而益彰者也。吾族中传家并无别物，诗书报国各励精修，其游庠食饩，优拔明经，联翩继起，而公独能承沐天休，荣封祖父，扬名当世，为吾族光，族人奉公栗主，祀于祖祠，显祖之位，宁足报公于万一哉！今岁谱成，嘱余传，余生既晚，未得亲聆教益，而又久荒笔墨，曷敢传公？不敢辞，兹乃访遗言于先辈，考实录于当年，不揣固陋，谨序其事以垂不朽。

本文为陈珖坦侄孙陈巽为其阮洋十四世祖陈珖坦所作的传，文章一边记述陈珖坦一生行实，一边以骈体铺排对陈珖坦进行歌功颂德。依此文所记，陈珖坦聪颖好学，诗赋制艺精通，但一生功名只到举人，曾于家中私塾教授弟侄，年老时得以受任陕西保安知县，任上爱民勤政，剔弊锄奸，政绩突出，不幸殁于官署，棺椁回乡之日，保安乡民夹道相送，场面感人。陈珖坦作为福鼎籍仕外好官被民国《福鼎县志》卷之二十五列入"宦绩传"，清光绪《福鼎县乡土志》则把陈珖坦列入"循吏"。《太姥山全志》记曰：

陈珖坦，字碧川，时煜子。乾隆己酉举人，授陕西保安知县。保安地界西陲，汉回杂处，民顽俗悍，向称难治。珖坦道以德礼，百姓蒸蒸向化，风俗一变，久之，狱讼渐稀。公余，辄手披医书，有入署求诊者，悉为施治，全活甚众。在任六载，并理宜川县事，卒于官。扶柩回籍，囊无一钱，绅者集赆助之。祖奠日，哭声震巷，有白衣冠送至数百里者。著有《树德堂小草》《春秋辑要》藏于家。

陈珖坦"自少受业于晋安孝廉郑春泉先生"，郑春泉即卓剑舟《太姥山全志》中"陈时煜"条所记郑兆源（《福建通志》等作郑兆元），可见陈时煜、陈珖坦父子均受学于郑兆元。

陕西保安即今陕西省志丹县。按《太姥山全志》记载，保安县地处西北边陲，汉回杂处，民顽俗悍，陈珖坦以德、礼治县，民情风俗得以好转，而且陈珖坦懂医，公务之余还替人看病，任上6年，还并理宜川县事。

至于陈九苞，阮洋《陈氏宗谱》中的《陈君筠崖先生行述》载：

陈筠崖，官篆九苞，鼎之县治人，长溪郡增生也。道光丁酉大比，同贵乔梓赴省试，以善盖羁留邑封翁高霁亭宅。比余有册封东瀛之役旋闽，耳其名，聘为西幕，一见若生平欢，询家世，知为己酉孝廉陕右保安县明府碧川君胞弟。碧川赴陕右，筠崖与俱，明府诸善政悉咨诸筠崖，盖筠崖醇谨老成兼笃友爱，天性然也。筠崖善画工诗，又长于秦汉隶，精小篆刻。东洋一役，余之藉力为多，其《球阳八景》诗，与点窜洋人之呈诗者，均风华锦丽，间作一画，精致曲折，辄出人意表，知渊源宏富，胸中具有丘壑，庸手弗能及也。余同役友钱塘高螺舟御史雅爱重之。凡有唱和或摹范山水花卉必及筠崖，亦相与友善。以故洋人紫金大夫及法司耳目等官多执贽门下求画者，以弗获为不快，转免余为关说焉。余在东洋起居食息与筠崖俱。盘阅栢六月，恨得之晚而实知之深，省垣人以善画目之，浅矣！筠崖之孩获交霁亭也，始于予同年友葛君香雨，香雨摄鼎学篆，卓卓有声，独与筠崖为密友，致书霁亭为之先容，然则予得交筠崖，出于霁亭，而霁亭得交筠崖实原香雨，予于筠崖既相见恨晚而实深羡霁亭、香雨二君先有知人之鉴也。因识缘起于此，筠崖将旋梓，无以为赠，即书此还以质之筠崖，以为何如？时道光己亥十九年春也。

钦命一品衔建威将军册封琉球国正使笏村林鸿年撰。

本文作者林鸿年（1804—1886），字笏村，福州人。道光十六年（1836）得中恩科状元，旋授翰林院修撰，官至云南巡抚，后因"捕剿太平军不力"被四川总督骆秉章、云贵总督崇实二人合劾而被清廷革职。林氏返乡后即被闽浙总督左宗棠延聘为首任正谊书院山长，在任19年，掌教闽中，卓有成效，人才辈出，如陈宝琛、林纾、陈衍等皆出其门。著有《松风仙馆诗抄》《使琉球记》传于世。民国徐世昌《晚晴簃诗汇》："林鸿年，字勿村，侯官人。道光丙申，一甲一名进士，授修撰，官至云南巡抚。有《松风仙馆诗草》。"清人郑祖庚《侯官县乡土志》："林鸿年，字笏村。道光戊子举人，丙申擢进士第一。授修撰，历充国史馆纂修、文渊阁校理、方略馆纂修等官。十八年，充册封琉球正使，屏绝馈遗，归舟载石。以故，受宣庙特知。"林鸿年《陈君筠崖先生行述》写于道光十九年（1839）春，陈九苞随林鸿年出使琉球时在道光十八年（1838），此文为出使琉球归国后，陈九苞欲归乡里，林鸿年写的一篇赠文，表示对陈九苞的赏识、致谢和惜别。道光十八年五月，清政府以林鸿年、高人鉴为正副使，率随从百余人，从闽江口启锭扬帆出海远航，经那霸港后安抵琉球群岛。时琉球国老国王尚灏新丧不久，林鸿年即代表清廷为之致祭，然后举行隆重的册封世子尚育袭位大典，由五品宣诏官陈九苞宣读道光皇帝诏书，正式确认新国王为合法接班人。

文中提到出使琉球国事，清人周煌《续琉球国志略》载有《道光十八年封王尚育诏》，为了读者便于了解历史背景，兹录文如下：

奉天承运，皇帝诏曰：朕惟共球向化，荩忱膺丹綍文褒；屏翰铭勋，世守席黄图之旧。嘉象来之致福，久备藩封；绍燕誉以承休，式颁策命。尔琉球国启疆溟岛，率职海邦；懋奕禩之经纶，奉中朝之正朔。中山王世子尚育克承先业，丕茂嘉猷；继堂构以维勤，奉币琛而罔懈。效期宗于碧瀚，风静鲸波；肃拱卫于紫宸，道通鱼屿。兹以序当嗣位，表请赐封；特遣正使翰林院修撰林鸿年、副使翰林院编修高人鉴，赍诏往封尔为琉球国中山王。尔国臣民以暨士庶，其咸弼乃王，益励恪恭，长延福祚。思其艰以图其易，日修庶政以谦和；勤于邦复俭于家，永矢一心而翼戴。缵箕裘于勿替，千秋垂骏烈之光；巩带砺以久安，百世荷龙章之眷。故兹诰示，咸使闻知。

《陈氏宗谱》载有陈九苞小传，可与林鸿年之《陈君筠崖先生行述》一文互读：

九苞，行文，字奕全，号君筠，又号丹山，别号友石。自幼受业于长兄碧川，性聪颖，触类引申，诗赋制艺俱克别闻生面，故应试便能中得。嘉庆己巳岁试，授知于筠潭叶文宗，取入福宁府学十五名，而古学亦为首取，以二等二名补增。道光戊戌年，同正使建威将军林筠村册封琉球，充为宣诏官，赏戴五品衔。癸卯以捐修考栅出力并加奖励，且善篆隶书，兼淡墨山水，为时所重。即修族谱与有力焉。生于乾隆四十七年壬寅九月廿六戌时，辛咸丰九年己未八月初二子时。配秦屿郡庠生王寿明四女，柔顺温恭，克尽妇道，生乾隆甲辰年三月十八日申时，辛道光八年戊子九月二十日吉时。生男三，分惠、迪、吉三房，女一，适巽城菜堂邱淑美。

陈时煜及"十八坦"诗文

陈时煜及其子侄"十八坦"诗书风雅，闻名士林，据《陈氏宗谱》，他们大都各有诗文集问世，如陈珖坦著有《访松轩制艺》《韫岩小草》《韵语草存》《春秋辑要》及《售世碎金》等多种集子，陈琪坦著有《制艺草存》《双溪韵语》《诗赋和声》《古文杂著》诸集，陈希坦著有《周礼摘英》《毛诗辑要》《闲居笔录》等，兹不一一列举。但这些诗文集子如今均不易见到，查阅民国卓剑舟先生《太姥山全志》，其中收有陈时煜及"十八坦"中几位兄弟写太姥山的诗歌，特辑录几首如下：

游太姥山

陈时煜

平生山水癖，嗜奇厌培塿。
海上太姥峰，流传亦已久。
芙蓉三十六，灵气孕众有。
危桥空中悬，云关谁能扣？
万窍俱玲珑，下有神鳌负。
方知扶舆奇，蕴真元气厚。
岩壑辟洞天，白云通户牖。
日出扶桑红，波荡蛟龙吼。
变化不可状，山灵护岩薮。
俯瞰渺无涯，置身凌北斗。
时听紫鸾笙，金石振林阜。
天门佶屈通，劈自神功手。
忆昔容成子，焚修当轩后。
炼药此山中，丹成留石臼。
亦越陶唐时，闻有种蓝母。
飞升跨九龙，遗迹永不朽！
神碑琢元碧，山尖匹岣嵝。
巍巍峙秦川，沧海环其右。
东南眼界宽，登临纵翘首。

游太姥

陈珖坦

胜地辟洞天，太姥嵯峨峙。
三十六芙蓉，灵巧何乃尔？
扶舆万窍通，神工凿地绝。
一线漏天光，去天不盈咫。
仙桥断复连，扪苔印屐齿。
直上摩霄峰，身在烟云里。
龙咽瀑布泉，日浴扶桑水。
神鲸吼怒潮，巨灵劈五指。

雷轰空际悬，摘星差可拟。
登临意欲仙，飒飒松风起。
何必访樊桐？丹灶留遗址。

太姥山歌
陈珖坦

七闽自昔山水国，合沓崄崎不可测。
太姥峨峨镇温麻，扶舆灵气尤怪特。
旧传老母自尧时，丹砂九转驾云螭。
续经汉武封西岳，山灵往往显幽奇。
三十六峰瞭如指，突兀嶙峋还逦迤。
千岩万壑扫云霾，鬼斧神工孰比拟？
丹崖壁立吐莲花，上有真人放飞鸦。
灵龟猛虎仿佛见，空嵌应觅神仙家。
石笋悬钟亘千古，茫茫去天不尺五。
天际芙蓉玉削成，大小灵岩辟洞户。
悬崖仅劈一线通，摩霄俯瞰晨曦红。
望仙桥上登绝顶，千盘遥接鞠陵东。
飞泉古洞叹奇绝，容成仙子去如瞥。
迄今丹灶址尚存，扪萝谁授炼丹诀？
惟有山环秦海滨，岚光如画隔红尘。
何日结庐此山下？云浆更乞种蓝人。

太姥山
陈珖坦

六六奇峰镇海隅，仙真遗迹足披图。
丹砂九转乘龙去，不管当年事有无。

登太姥山观日出
陈瑀坦

巍巍闽川镇，太姥称巨观。
登高骋远望，丹翠罗峰峦。

扶桑五更红，海水回银澜。
灵潮百尺立，鳌吼蛟龙蟠。
瞳瞳出日影，如揭颓珠盘。
东方紫气生，铜钲挂团栾。
踆乌翔渤澥，直作扶摇抟。
天门通一缕，天梯倚云端。
仙风泠然御，指顾明星残。
何须登岱宗，始觉宇宙宽。

一线天
陈瑛坦

不信悬崖劈，空中隙可寻。
天光窥一线，云影漏千层。
石阙何年补？丹梯有路升。
人行看咫尺，羽化欲飞腾。

望仙桥
陈瑛坦

欲访丹丘路，层层上远峰。
危桥临万丈，峭石瞰千重。
承露金茎捧，凌云绛节逢。
染蓝人去后，遥望觅仙踪。

登摩霄峰
陈璲坦

万丈高峰倚穴寥，登临绝顶欲摩霄。
眼中星斗如棋布，空际烟霞向日消。
积翠千重云外树，清光一线海门潮。
为知境与尘凡别，好御仙风听紫箫。

陈九苞出使琉球

🖋 周瑞光

自明洪武五年（1372）起，琉球岛国即开始向明政府朝贡称臣。洪武二十五年（1392）明太祖朱元璋又赐闽人善操舟者三十六姓予琉球。1407年，琉球王以尚思绍名义遣使来中国朝贡。尔后，琉球国王一直使用尚姓，奉中国为唯一宗主国，并使用皇明、皇清历朝年号。据史书记载，明、清两代共有24次册使遣往琉球，长期以来，两国彼此间保持稳固友好之关系。

迨清道光十八年（1838），有恩科状元林鸿年奉旨为册封琉球国正使，赐一品朝服。副使为陈九苞，敕封五品宣诏官。

林鸿年（1804—1886），字笏村，福建福州人。道光十六年（1836）得中恩科状元，历官国史馆协修、文渊阁校理、琼州知府、云南巡抚，著有《松风仙馆诗抄》《使琉球记》传于世。

陈九苞（1782—1859），字奕全，号筠崖，又号丹山，别号友石，福鼎人。其先人祖籍福州长乐县玉溪村，后徙崳山岛。至陈太初于宋祥兴元年（1278）自崳山徙入店下关盘，复迁阮洋村。迨清乾隆三十八年（1773），又自阮洋迁入县城南门石壁洋崇儒里。

陈九苞出身书香门第，祖父陈肖云"以居积致富……贡入成均，诰赠文林郎"，生平好读书，礼贤士。创办私塾，延名师课读子孙。父名陈时煜，字敏斋，号雪堂，乾隆二十九（1764）赴福宁府参加岁试时，被主考官纪晓岚列为一等，旋选为拔贡。陈时煜秉性刚毅，任事有才智，有胆力，尤好义。当其师郑兆源殁于塾时，哀礼俱尽，扶柩返里，并赠以多金，亲率同学白衣送至数十里。

陈九苞自幼天性聪颖捷悟，与年长四岁之表外甥流美村林滋秀皆于城南陈氏家塾同受业于陈碧川、陈希尧，亦兄亦弟，友于甚笃，嘉庆己巳岁（1809）考取福鼎府学第十五名，古学以二等第二名补增生。曾以捐修考棚，热心文教公益，得到福鼎县令嘉奖。值长兄陈珖坦授任陕西保安知县之时，九苞亦随从之，担任县衙文书，并为其兄出谋划策，在实践中得到锻炼，学识与日俱增。而陈珖坦"凡诸善政，悉咨诸筠崖。陈九苞醇谨老成，兼笃友爱，天性然也"，这是林鸿年在《陈君筠崖先生行述》一文中对陈九苞之评介。这二位又是如何结识呢？该文中详细交代：原来，林鸿年有一同年友葛作霖，字香雨，曾任福鼎儒学正堂，在职时与陈九苞结为密友。当道光十七年（1837）大比之时，九苞以增生资格赴省城应试，试罢，以善画工诗，又长于秦汉隶篆为时所重，故被葛作霖郑重地推荐给福州太守高斋亭。太守一见大喜，即延请九苞长住府宅，二人终日吟诗作赋，十分投合。未几，有恩科状元林鸿年慕名趋访，林鸿年一遇陈九苞，"既相见恨晚，而实深佩霁亭、香雨先人知人之鉴也"，遂以重金聘为西幕。

清道光十八年（1838）五月，清政府以林鸿年、陈九苞为正副使，率随从百余人，从闽江口启锭扬帆出海远航，经那霸港后安抵琉球群岛。时琉球国老国王尚灏新丧，林鸿年正使即代表清廷为之致祭，然后举行隆重的册封世子尚育袭位大典，由五品宣诏官陈九苞宣读道光皇帝诏书，正式确认新国王为合法接班人。并赐御书"弼服海隅"金匾一块，悬之国门，垂之永久，琉球举国上下欢庆，山呼之声不绝。中国代表团一行百余人，在琉球共逗留160天，纪律严明，国威整肃，廉洁自守，一概谢绝岛国人士馈赠。林、陈正副使明令禁止随从人员携货勒迫销售，不许走私，并不许收受琉球国慰劳使者们的所谓"宴金"。值得一提的是，当陈九苞访知该国人民生活十分困苦，便发扬其兄陈碧川当年在陕西保安县关心民瘼的作风，向正使林鸿年倡议，将朝廷补贴的出使经费余额240万贯，悉数交给琉球国王，作为该国民众的抚恤金。此举赢得了琉球举国上下的感戴，增进了两国之友谊。应该大书特书的是，秀才出身的陈九苞和恩科状元身份"钦命一品衔建威将军册封琉球国正使"的林鸿年二人配合十分默契，除了协助他处理外交事务外，还充分发挥自己艺术特长，把中华文化精华传播给琉球，产生深远之影响。为此，林鸿年于道光十九年（1934）春返国后，还念念不忘其战友——画家陈九苞，特作《陈君筠崖先生行述》以纪念此段殊胜因缘。文中写道："东洋一役余之藉力为多。其《球阳八景》诗与点窜洋人之呈诗者均风华锦丽，间作一画，精致曲折，辄出人意表。知渊源宏富中具有丘壑，庸手弗能及也！余同役友钱塘高螺舟御史雅爱重之。凡有唱和或摹仿山水花卉必及筠崖，亦相与友善。以故洋人紫金大夫及法司耳目等官多执贽门下求画者，以弗获为不快，转勉余为关说焉。余在东洋起居食息与筠崖俱。盘桓阅六月，恨得之晚而实知之深，省垣人以善画目之浅矣！"这是对有清一代杰出的艺术家和外交家陈九苞先生的真实写照与公允评介。陈九苞出使琉球，将报效祖国引为终生之荣幸，自此以后，凡在其作品下首除署名"筠崖"外，均特镌"曾经沧海"四字，以纪念琉球之行。

陈九苞返国后，婉拒林鸿年等人的荐举，辞官不做，依然以作画、授徒为生。长期流寓于广州、福州等地，与"二苏"——顺德人苏六朋、苏仁山和"二居"——番

陈九苞墓上的林鸿年题刻（陈文起 摄）

禺人居巢、居廉等画家结为艺友，其中，居廉之画风与陈九苞十分接近，二人皆工花卉、人物、山水，具有清新活泼、用笔简洁、形神兼备、文秀抒情之意趣。

人们将陈九苞遗墨珍若拱璧，视同神品，常作为士绅祝寿及婚礼喜庆之展品。其代表作春夏秋冬山水四屏，至今还珍藏于福鼎市博物馆内。犹忆我小学时老师陈兆惠介绍云："陈九苞系吾曾祖父，家严（人称阿葵伯）做寿时，曾将九苞公的山水四屏张灯结彩地张挂在陈家大厅堂，吸引了阖城人士前来观瞻。"溪西秀才李梦醒七十大寿时，特向陈家借展四屏以辉耀门面，增添乐事。我所经眼的陈九苞传世作品尚有两幅：一幅山水画，珍藏在福建师大原副校长黄寿祺先生家中，下款有"抚刘松年"小字并镌"筠崖""曾经沧海"；一幅《中岛洲图》，珍藏于昭明古刹，系民国高僧智水上人传承之手泽。

陈九苞事迹在20世纪50年代末被陈子奋采入《福建画人传》。

享誉文坛的"兰社"领军人物林滋秀

⚪周瑞光　白荣敏

林滋秀,字纫秋,号兰友,室号迟园。他以卓越的才情和诗文,确立了他在闽浙边界文学史上的地位。

清乾隆四十三年(1778)四月二十六日,林滋秀生于福鼎桐山水头美。生8月而能言,性温乖,质颖悟。5岁时父亲教之读,目可兼下数行,里人咸以神童许之。有副趣联"雨打竹林林滋秀,风吹荷叶叶向高",即是先生童稚时巧对,流传至今。乾隆五十八年(1793),年方二八,应福宁府试,以《兰花赋》一文拔置案元。是年冬复试,以第一名入庠。乾隆六十年(1795),18岁的林滋秀赴省城福州参加乡试,考中举人,座师孙定斋和陈榕圃对林滋秀之才学十分器重,时赴鹿鸡之宴者,林滋秀之年龄最小。

但从此科场失意,嘉庆元年(1796)、四年(1799)、七年(1802)

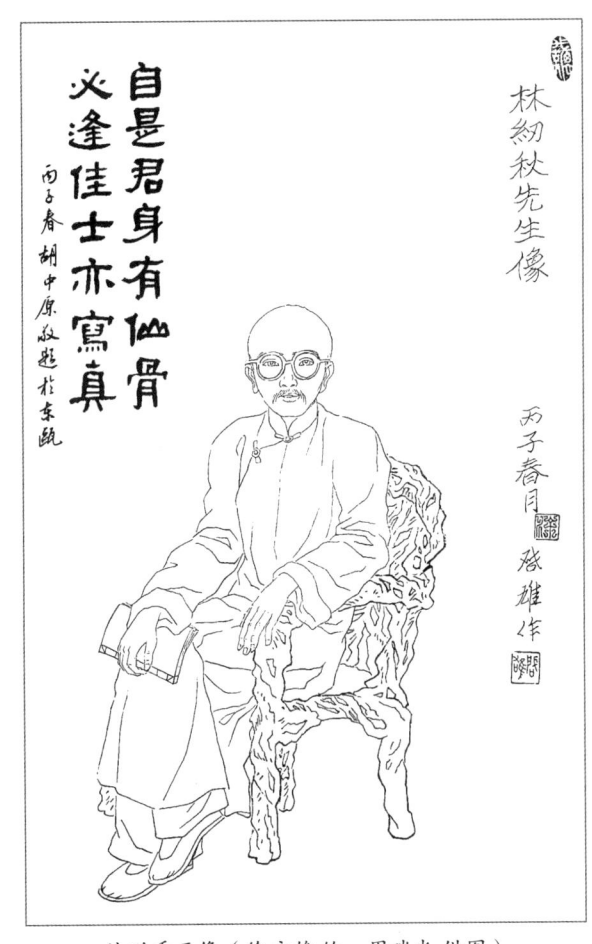

林滋秀画像(徐启雄 绘　周瑞光 供图)

三次赴京会试,皆未中。且喜眼界由此大开,益助文思。"见宫室城池府库,而后知天下大观;看经史子集文章,而后知本人聚薮。燕齐吴越,饱穷两戒山河;草木风烟,想到六朝人物。此际诗肠激荡,酒垒淋漓。"林滋秀《三十自序》期间,与名流盘桓,会徐廉峰、黄树斋二太史及闽东文士魏敬中(周宁人)、李枝青(福安人)等,并拜识了文坛泰斗、国子监祭酒法式善，深得法氏青睐，亲为其序《快轩试帖》文集。还与大学者王芑孙（惕甫）等相过从，诗酒唱和，学问益进。嘉庆四年又不第，乃随福州陈孝廉铨选保定之时，受正定梁德谦之邀在其家蕉林书屋坐馆。梁家藏书宏富，所蓄经史子集各部甚丰，林滋秀如饥似渴昼夜攻读。嘉庆五年（1780）父驰书催归，始作回南之计。途中得见时任扬州知府的大书法家、宁化人伊秉绶，两位文化人，两位福建同乡，惺惺惜惺惺，晤谈甚洽。在知府衙门盘桓月余，伊氏还赠予银两及其父伊朝栋之诗集。从此，林滋秀不复北游。

林滋秀之身世颇似蒲松龄，时运不济，一生只当教书先生。先在前岐贡生李鸣三家教私塾，后又设馆平阳，未几返家。嘉庆十一年（1806）应福鼎县令谭抡之聘，主讲桐山书院5载。中间曾同王锡龄等参与编修县志。嘉庆二十四年（1819）主讲浙江泰顺罗阳书院。时与县令林蓼怀樽酒论文，达旦靡倦，与名士董促常、潘鼎等结为文学密友。及门弟子有谢淞、周京等，皆为卓然不群之士。

清嘉庆二十五年（1820）后林滋秀有12载仍留福鼎，主讲桐山书院，蛰居石湖书屋。执教之余，好吟咏，工四六。其一生著述宏富，诗、文、尺牍，俱称上乘。自嘉庆二十四年至道光七年（1827）的七八年间，共刊行了《双桂堂文集》《双桂堂经义》《快轩诗存》《快轩试帖》《腐子胗传奇》《竹林合咏》《砚凹余渖》《兰社诗略》及《集古》《集姓》二千字文，合称《樨园十种》。时人评其作品，"沉博绝丽，从经营惨淡中得之"（溧阳狄梦松语），"林滋秀著作，流丽运排偶，独辟一门径，允足传之久"（长州王芑孙赞），"骈体数篇，惊才绝艳，实又清艳……《快轩诗集》中，无体不备，无美不兼，取裁唐宋，自成一家"（浙江华文漪评），"读《快轩诗集》，如聆松风雪竹，如挹仙露明珠，如入武夷九曲，为击节叫快不置！今观先生集中，怀人写志、登高吊古诸作，慷慨淋漓，勃勃有生气。其用笔锐入横出，如太阿之锋，无坚不破，何豪快乃尔"（鲍台语）。

林滋秀的诗文并非单纯嘲风月、弄花草的消遣尘虑、无病呻吟之作。有的歌颂祖国秀丽山河，有的追慕历史上的爱国志士、民族英雄，有的关心民瘼而反映封建制度压迫下的穷人疾苦，故其作品具有鲜明的人民性。如《穷民词·保定道中作》，有与杜工部"三吏""三别"之风：

年大饥，穷民塞野皆疮痍，呼爷乞钱爷心悲。爷心悲，难博施，空囊于汝将何为？

晓霜严切风刮耳，月冷长楸烟树里。跪爷乞钱跪不起，呼父乞钱乞不止；三日水浆无沾齿，得一钱生否则死！爷乎爷乎忍坐视？

前有叟，扶杖走；后有孩，提瓢来。绕辕乞命啼声哀。东家娘，步跟跄；西家姬，衣褴褛。垢面相迎泪如雨。

穷民穷民听爷言，爷今触目真怜汝！愿减盘餐相给与，每人一文汝可去。客中倾助不能多，此是年荒怨则那？

又如《谢文节公号钟琴歌》：

君弦一断臣弦绝，文山忠烈叠山节。
各留一砚还一琴，五百年后在闽浙。

这首七言古诗热情地讴歌了宋末抗元英烈文天祥和谢枋得两人的高风亮节，希望后代能数典不忘，发扬爱国传统。林滋秀的诗词风传闽浙各省，激发正气、鼓舞人心。民国时期，福鼎乡贤周梦虞先生在《桐山怀古》中赞曰：

北岭诗家海内推，天生绝艳与奇才。
快轩遗稿愁来读，击碎唾壶亦快哉！

林滋秀一生治家严谨，笔耕不辍，其骈体文章之代表作《双桂堂文集》可谓字字珠玑，掷地作金石声具有文学和历史价值。如《怡亭赋》，为晋安陈海萍别业而作，文中夹注云：

陈氏始祖高，元至正甲午薛继晅榜进士，任庆元路录事。元末弃官图强，复流寓福州。明求之不得，戍其二子于侯官，第四子遂家焉，尝著《不系舟渔集》共十六卷，入四库全书。

这一段注文为了解元代平阳籍爱国文学家陈高生平提供补充，且于闽浙边界姓氏源流也足资考证。赋中怡亭之描述，可供今人研究清代园林艺术之参考。又如《为太姥山僧募修摩霄庵及梦堂疏》《莲花屿赋》《为僧正羲募修昭明禅主浮屠疏》《石湖桥玩月记》《论马道潭周公庙刻石》《绿天居记》及《太姥山纪游》等篇，对了解福鼎旧貌和沙埕、太姥山诸处人文景观，为今日旅游业之发展及返归大自然，加强环保等项工作均具参考价值。再如《桐山黄氏族谱序》《续修西园高氏族谱序》《孟福林江氏族谱序》《劝建鼎邑忠教节义祠序》《劝建鼎邑龙神庙序》等篇，阐述了古代福鼎移民状况及民情风俗。还如《遥哭大参戎施叙斋文》，系为镇海参将施如宪逝世之悼文。施如宪为复台功臣施琅后裔，行伍出身，善画能文。《清高宗实录》"卷一二六〇"乾隆五十一年八月档案中有敕命诏安游击施如宪协拿逃犯叶邦卿一事。桐南官厅即为施参将故居。该悼文为编纂福鼎人物志之宝贵文化资料。

　　林滋秀著作等身，对促进闽浙边界的文化发展贡献多多。奈命途多舛，清道光十年（1830）大挑，公因恃父疾不赴。迨道光十二年春，父故，母又善病，福鼎县令奉部文催其赴京待命，屡辞不获准，遂于是年三月北上，承潘芝轩尚书举荐，签掣湖北荆门知事。赴任之前乃滞留北京，讵意水土不服，中秋之后即患臌胀之疾，同年十月初二申时病逝于京都，享年56岁。

　　《福建省志》《全闽诗综》《两浙輶轩录》及民国《平阳县志》皆刊载其诗文。原平阳中山图书馆、瑞安玉海楼、温州永嘉和丽水图书馆、浙江省图书馆、北京图书馆皆曾收藏其专著，缘因年长月久，漫漶不全。至于福鼎，百多年来，也因各种原因，林滋秀的著作连同其家藏木刻书稿，皆毁灭殆尽！可堪告慰的是，对于这位闽东大才子，鼎邑周瑞光先生倾注大量精力深入研究，掌握了大量尘封已久的历史资料，使之生平事迹、著述情况逐渐为世人所知，并于2011年10月，缀集林滋秀《快轩诗存》《兰社诗略》《快轩诗则》《双桂堂文集》4种著作和部分诗友来往诗文信札，成《迟园挹翠》一书交由海峡文艺出版社出版，使今人得以一睹这位翩翩名士之风采。

　　林滋秀不但是教育家、诗人、文学家、剧作家，还是乾嘉时期继江左三家（袁枚、赵翼、蒋心余）之后，异军崛起的闽浙边界文学团体——"兰社"的创始人，是边界文化的有力传播者。在他的周围，集结了许多朝野文士，其中有福州黄卓人，罗源黄铨，福安李枝青，周宁魏敬中，宁德关德圃，霞浦吴国翰，苍南华文漪、华松生，平阳叶员林（理园）、谢小眉、鲍台，瑞安谢逊谷，永嘉项维仁，临海李午泉，玉环林芷生，闽县谢杏根、林蓼环、蒋容，绍兴何小山，福鼎蔡云海、王面城、施如宪、陈碧川、黄竹岗、周希渊、刘双照、施浩然和山东高密单柳桥，江西南康卢蔗香，湖南衡山毛南垣，江苏长州王苎孙，广东合浦李载园，云南昆明文望卢等等，诗文往来，唱和不断，提倡性灵，不泥于古，写实求真，形成了乾嘉时期阵容壮观、实力雄厚的民间文学社团。

　　清嘉庆二十四年（1819）秋，林滋秀、黄汉章、鲍台、黄铨、华文漪、谢淞等闽浙诗坛六君子合刻了《兰社诗略》一书。在以德行道艺与诸弟子相磨砺之时，为使及门诸子专攻诗学有则可循，林滋秀于道光七年（1827）仲秋，于桐山书院辑梓《快轩诗则》单行本，内收法时帆、王悖庵及东南各省特别是闽浙边地区诸名家代表作，并对他们的生平事迹、师承关系、文学主张等逐一加以介绍，体例有如袁牧《随园诗话》。林滋秀不遗余力"希古振今，衔华佩实"的实践，赢得了莘莘学子的普遍尊敬和热烈响应，也

林滋秀故居门楼（马英杰 摄）

促进了闽浙边界文化的交流，赓续了宋元以降的闽学和永嘉学的遗绪。

　　清嘉庆十四年，值皇帝万寿，命天下各省贡书以祝。林滋秀乃于课余聚书千百，选丽字佳句撰《集古》《集姓》两千字文，广征博引，无一字无来历，递交福建巡抚张师诚呈奉京都。帝览毕，赞叹曰："不意闽海之滨，竟有此博学之佳士！"由是名播海内。浙江省玉环进士林芷生于杭州武林书肆中购得林滋秀著千字文，叹曰："此奇才也，非访之不可！"于是特从杭城肩舆到福鼎，两人一见如故，遂订莫逆之交，在桐山书院促膝谈诗，流连七八日方作别。时与林滋秀齐名的诗友蔡文蛟赞云："兰友、芷生，天生一对。"林滋秀先生特作《送家芷生进士归玉环序》，记述了此段因缘："神交弗隔，朋到斯乎。欣一面之始谋，信两心之久惬"，"名同香草，久必相思；地隔玉环，连而不绝"。

　　林滋秀尚友敦谊，古道热肠，广为闽浙士子所推崇。有苍南县蒲门拔贡华文漪，性耿介，文脱俗。林因妹夫周筦卿之介绍得与华结为文友，但二人终未晤面。华文漪英年早逝，临终时将其一生心血结于《逢原斋诗文集》手稿，嘱家人务必专程送至福鼎林滋秀手里，请他帮助整理付梓。"闻易箦之辰，谆谆遗稿；拟迎舟之举，绻绻鄙

启功题"迟园挹翠"（周瑞光 供图）

人。"林滋秀果不负殷望，惊闻噩耗之际，作《哭华文漪文》，声泪俱下，如失手足："二十年兰社，第有神交；一百里蒲门，从无面晤。""呜呼，往来简牍，各藏数百余笺；规劝箴言，讵等寻常泛札？"哀痛之余，遂变卖部分家产，帮助印行华氏遗著，并亲作序、跋，极力推崇华氏"才学识"三长，"今幸其集告成，付播四方，先生虽未及亲睹，而生前所欲为之止于此而就，即余少效微劳，亦得故人于地下也"。《逢原斋诗文集》印行于清道光六年（1826），即华文漪辞世之翌年。时过180年，该书如今还在浙南流传。

晚清学者福州人林昌彝所著《射鹰楼诗话》是清代一部很有影响力的文学批评论著，同时代的名士温训评论此作"所见极博，所解极精，淹洽同于竹垞（朱彝尊），而特识高于四农（潘德舆），故可贵也"。林昌彝为林则徐族兄，出于硕儒陈寿祺、何绍基门下，经学根底深厚，诗歌有金石之气，在海内文坛颇有影响。难能可贵的是，《射鹰楼诗话》全书二十四卷中有两处提到了林滋秀。卷十一："闽中近代诗家足以雄视海内者，闽县则龚海峰（景瀚）、萨檀河（玉衡）、谢甸男（震）、陈寿祺（恭甫）也，侯官则许铁堂（友）、林畅园（茂春）、李兰屏（彦彬）也，建宁则张亨甫（际亮），光泽则何金门（长诏）也，福鼎则林滋秀也。"皆从已殁者而言。卷十二："福鼎诗家林滋秀（孝廉）著有《快轩诗集》。孝廉幼颖敏，记诵谐博，诗多雅健，七言古、七言律，尤气势雄阔。"下段收录林氏代表诗作《题赵松雪泥金小楷手卷》《晚泊京口》《登广惠寺塔》《赵陵》《颜常山示衣坂》《渡扬子江二首》《秋夜》《题秋林茅舍图》9首，并称"皆雅健可读"。

在以上记述中，林昌彝以诗人之敏锐眼光纵论清代中期诗坛，认定已故闽籍诗人中，能在全国占有一席之地者仅寥寥十人而已。虽然出自一家之见，但能享此荣誉殊非易事，必然要有高深独到之诗词造诣，以及士林之首肯，如陈寿祺、张际亮、萨玉衡等均是蜚声文坛之一代名家，林滋秀能够跻身其间，也可看出他在省内外的影响力之高。周瑞光先生在《迟园挹翠》跋言中评价："在闽省文学史上能占一席之位，且有专著遗留于世者，唯林公林滋秀一人耳。"这是十分恰当与公允的。

与林昌彝同时代的另一位福州籍著名学者谢章铤在《赌棋山庄词话·赌棋山庄词话续编二》中也提到了林滋秀事迹及其著作：

> 林滋秀氏《砚凹余沈（渖）》四卷。按林滋秀，福鼎林滋秀也，与福州黄卓人（汉章）、罗源黄南村（铨）、平阳鲍石芝（台）、华箓园（漪），以诗呈长洲吴枚庵（翊凤）选定，刻《兰社诗略》，此其杂记之作也。中记假馆正定时，三月八日与沈定夫学博、甄毅庵孝廉，置酒城之西北桃林别业中，极一时觞咏之乐。毅庵赋《沁园春》云："约就东风，隐隐飞桥，幂幂轻烟。趁林花浓淡，春行梅坞，溪声远近，路入仙源。共访天台，相随刘阮，不饭胡麻也有缘。长林畔，看赤城霞起，那是人间。霏微细雨无端。空搔首踟蹰欲问天。便流膏然杏，鸠呼布谷，游丝胃柳，马系连钱。玉洞将寻，兰亭莫续，也得浮生半日闲。休孤负、待湿云吹散，月上阑干。"毅庵未详其名，亦未知何籍。

《赌棋山庄词话》为旧时词话要籍之一，被今人誉为"清人第一部以严格求实精神撰成的大型词话"，享有盛名。文中所涉及内容取自林滋秀《砚凹余渖》，此时正值作者"嘉庆四年（1799）公车北上……得于正定梁蕉林（清标）相国家中坐馆"之际。这部著作被列为"迟园十种"之一，至今在国内也没被发现。

在林昌彝盛誉的十位诗人中，最有成就的当属张际亮。张际亮，字亨甫，自号松寥山人，建宁人，道光十六年（1836）举人。据上海古籍出版社出版《思伯子堂诗文集》前言介绍，他在清代嘉庆、道光年间"负海内重名将三十年"，闽中故交、后学更推之为"七闽风雅盟主"，时与魏源、龚自珍、汤鹏并称为"道光四子"。在张际亮《思伯子堂诗文集》中，也保存一首赠送林滋秀的五言古风《福鼎林滋秀先生，乾隆乙卯举人，今来谒选以册索诗书以为赠》：

> 我之始生年，翁登贤书久。
> 安知卅载后，谈笑对白首。
> 相寻涉南北，虚声愧众口。
> 养疴常闭关，迹疏情则厚。
> 昔翁交游辈，尽为泉下叟。
> 当时各意气，盛名孰不朽。

翁今幸健在，行乐宜诗酒。
眼中豪贵儿，焉用问谁某。
吾闻太姥山，秀出映南斗。
苍茫天地初，白云幻众有。
幽阴大海通，神异百灵守。
攀援足不到，万石自老寿。
兹如文章奇，不争世妍丑。
山中长生人，树兰应百亩。
风猿叫秋月，搴芳露盈手。
嗟余傥相从，待翁返林薮。

经查阅《思伯子堂诗文集·张际亮年谱简编》可知，道光十二年（1832）二月二十九日，34岁的张际亮在京郊翠微山苦读五月有余，遂移居城内烂面胡同莲花寺，准备第八次参加秋季恩科会试。这时期的张际亮诗名满天下，"京贵人及名士言诗者，无不知亨甫也"。这一年林滋秀55岁，三月间，在吏部尚书潘世恩的举荐下赴京谒选，客寓闽省同乡龚西（屏）主事家。六七月间，林滋秀到莲花寺拜访张际亮，二人交谈甚洽。林滋秀虽年长于张际亮，却性情温厚，爱才如渴，并不倚老卖老。从诗中原有小注来看，此前一年林滋秀曾专程赴福州访张际亮，当举人高澍然告知张氏北上京师的消息以后，怅然而归，而今未逾一载，二人竟有幸会于京师，心中更觉欣慰。二人见面之后，林滋秀取出一本册页，请张际亮题诗留念。张际亮翻阅册页，触目皆为海内名公巨卿、鸿学硕儒题赠，甚至还有自己平生仰慕之法时帆、王铁夫、张船山等已故诗人墨迹，不由对眼前这位长者肃然起敬，于是怀着仰慕之心，留下了这首流畅婉转、情真意挚的五言古风。张际亮认为名山之下必产名士，所以用大量笔墨描述太姥山秀耸云霄、瑰丽奇绝的自然风光，由此更衬托出林滋秀落拓不羁、超脱尘世的诗人风度。

（本文写作得到陈仕玲先生的帮助）

林滋秀其人与其"快轩诗则"理论

◎张振弼

　　文学创作，不是简单事件记录或生活日记。大凡一个诗人、作家，必须有知识积累、生活储备，即文学上所谓题材积累，更要有创作才华和灵感，还得有特殊的感悟力，讲究文道、修养、继承、创新。从闽浙边乾嘉道年间一代诗擘林滋秀先生的诗文实践看，毫无疑问，他是有充分生活积累和才学识见的。

　　首先，他从小聪明颖慧，天赋极高，属于"高明特达"之士，崇尚高洁，一生以兰性自负自比，"纫秋"（其字）"兰支"（其号）者是也；且为科考，读书孜孜不倦，熟读经史子集，精通古今为文为诗之道。这可为其"厚积而薄发"的创作实践提供才学储备。

　　其次，他有丰富而厚实的生活积累和阅历。他几赴京师，遍游南北，凡名胜古迹，名山大川，他均力争畅游鉴赏，感受祖国山河的壮美，感受历史的信息、脉络与历代英雄的胸襟、风概。正如他所言："见宫室城池府库而后知天下大观，看经史子集而后知本人聚薮。燕齐吴越，饱穷两戒山河；草木风烟，想到六朝人物。此际诗肠激荡，酒垒淋漓。" 且能日与名流盘桓、交流，这些难得的经历，不但给诗人带来丰厚的生活积累和营养，也增进了他不平凡的见识、感悟力，激发了他创作的不竭灵感和经验。从他现存作品中，可以明显感受到他熟练把握了创作规律。

　　其三，从对其现存作品阅读品味中，虽不能全然谙识其文字深意和含蕴，但可明显感受到他具有极高的文学涵养和文藻品位。

　　提到林滋秀的诗文理论，从其受业弟子敖慎写的《快轩诗则》"序"中概括，可知其大略及造诣，敖慎曰："夫子以名孝廉著声闽浙，入都时与法梧门祭酒、王铁夫学博相亲炙，为学益大进。生平善取人善，遇有名流杰作，钞存夹中，参以论诗之旨，辑为《诗则》四卷。其中痛陈俗弊，推阐元音。自海内贤达以逮乡先生佳咏，约至数百首，裁体一归雅正。"而从林滋秀本人就《快轩诗则》所写的前言，所集贤达、乡先生诗选诗评见解，及《兰社诗略·序》所述，我们可以大致系统了解其关于诗歌之系统理论。

　　下面，先简单归纳阐述一下《快轩诗则》"前言"（实际是总论）所持关于为诗的见解、理论。

作为诗论，在林滋秀实际上只是于讲席之余自身作诗之自则，他并不想太早与学子谈论此道，"余忝膺讲席有年所矣……诗学一道犹缓及之。近有以其旨来叩者，噫！难言矣"。他以文史上颇有成就之诗人作例，认为"夫高明特达之士，浏览群书，参稽众论，则必自有心得。发为天籁，合乎中声，原无待于学步而行"。这里明显强调的是诗才与积累，主要是"高明特达"之才，是知识学问积累。其曰："唐之大历十子、宋四家、明七子、国朝六家，何一非出经入史？"强调为诗之道，无一字无来历。对诗学，其自谦"余复索居廿载，终鲜交游，惟以素所闻见者，由浅及深，约示一二"，足见他对诗之见识毫不苟且，尤其对实践经验、理论传授十分慎重。这里林滋秀并未言及或强调生活与题材积累之于诗之重要性，而更多认为"高明特达之士"即天才之人，"浏览群书，参稽众论"就可"发为天籁"之音，"合乎中声"，这自然是理论上之一片面与缺失。要写出好诗，不能只靠"学步"，而须高明特达，且博览群籍，这无疑是真知灼见，但不可专赖"高明特达"与"浏览群书"，这也许与古代诗家多以为诗乃"学而能"影响有关，诚然，多读古人作品，多品味古代诗词见解，确可触类旁通，写出好诗来，但需要以丰厚扎实的生活经历为基础。之所以能写出那么多好诗，重要一点就是有难得的丰富阅历。他实际上也深知如元稹、白居易之属，除有"汪洋博衍之才"外，"其所为诗大抵按切时势洞悉人情，只求词达理举，虽间涉轻俗，风味自佳"。缺者，只是没能突破古来文论，直接予以强调而已。而查古文论，古人或隐或现都承认"文章合为时而著，歌诗合为事而作"（白居易语）"不平则鸣"（韩愈语），承认社会经历、实践、现象对作诗之重要，天下之事是为诗之缘由。有一句很通俗却颇入理的对子"世事洞明皆学问，人情练达即文章"，正好说明这一道理。

在这一才学积累为主的理论主导下，林滋秀"痛陈俗弊，推阐元音"，从各个角度表述了自己的诗歌见解。

林滋秀先从福鼎本邑为诗者之流弊分析开始，指摘本邑诗界存在之风习，"乾隆初年，吾邑学者专心于传疏经义之学而不及诗，得一稍娴韵语者推为能手，未尝探溯源流也。嗣是转相沿袭，学为唐子畏、李笠翁纤佻一派，唱予和汝，牢不可破，至今犹称述之"。一语中的，切中时弊。读此，身边之流风似乎也在吹晕我们，令常以此为乐的我辈诗词爱好者出一身小虚汗。那种相互沿袭、唱来和去、全无新意见地的凑热闹的唱和诗我们见得并不少。林滋秀希望弟子们"亟回狂澜，共为中流砥柱，所关匪小"。林滋秀也反对"胸无故实"而一味提倡浅白（所谓学元白）为诗，"以自文其枵腹（空虚，胸无点墨之弊），遂援元白为口实"，"一见名手引据（引证经典）议论，反嫌涂泽（修饰润色）之非"，认为此辈乃"不知元白有汪洋博衍之才"，更不知元白"虽间涉轻俗，风味自佳"。林滋秀主张，"作诗之道，先在入手，始基不立，后必无成"。通读全文，其所谓"始基"，当指下文之"诗法入门"，写诗的基本技法。林滋秀不甚赞同当时流行之《千家诗》，以为选本"年代不分，工拙罔辨"，不足为范。也反对《唐诗鼓吹》"多选中晚，而略初盛（初唐盛唐）"之弊端。推重横塘居士精选之《唐诗三百首》作为入门范本，因其"各体俱备"，初学可据，且能"取法乎上"之意。再及其他"别裁"选本，唐宋元明清诗均有别裁选集，尽量多涉猎，"由是上探古诗源流，沉浸骚选，寝馈经史。久则水乳交融，不至误入邪道"。他还认为，多涉猎一点各代诗论如《王渔洋诗话》、沈德潜《说诗·晬语》之类，了解各种识见，熟看诸书，有的"虽论法太严，循习既久，自合古人绳尺"。总之，他力主多读原著，尤其历代名著名诗人之作品，作为积累，再了解点各位名家体格，积久自然会融会贯通，生发感悟。强调学者"亦必博观远取，转益多师学焉，而得其性之所近"。

其二，林滋秀从各种诗体入手，强调"诗必相题（按指认真拟题，品味题目要求）"，且分别就登临吊古、感物怀人、应酬题咏、唱和题赠、惠赉谢启等类，分述其见解。尤其惠赉谢启类，强调"即小见大，寓言外勉励之意""咏物小体，亦须寄托深远"。他反对花里胡哨之作，如回文诗、暗藏名号之类游戏诗。他还提及题目要简明扼要，序文更如此。

其三，关于同韵或次韵类，林滋秀主张不能盲目次韵、循韵，"古人作诗或同一韵，无句句次韵者"。即有，"第和其诗，不用其韵。至元、白、皮、陆间有步韵，亦是别开生面"。不可"敷衍成篇，失却自家面目"而应"别开生面"，自有"生意"。"近人专以此（指一字不变原诗韵字）见长，名曰和韵，实则凑韵，宜（致）脉络不能贯通也，有志者尚宜矫俗。"

其四，在引古、引经、用典方面，林滋秀引古人"诗有别裁，非关学也"为训，以为："严氏以神明妙悟，不专学问耳，何尝教人废学？"他强调写诗要有"妙悟"，并非教人"废学"，强调要读书，且"贵在实事使活，熟语使新"，意为推陈出新，别出新意，不可自装渊博，餖飣古籍，"如徒搬衍类书，满纸死气填塞，其弊又失之砌（堆砌）"，这种为诗者"不得称为作家"。

其五，在学习各种诗体上，林滋秀主张"博观远取，转益多师，而得其性之所近"。他对此有非常精辟的概括和推荐："七绝以语近情远，音余弦外为贵，（王）龙标、（李）义山、（杜）牧之最擅胜场。五绝要自然高妙，宜（李）太白、（王）右丞一派。七律如铜墙铁壁，属对宜稳，遣事宜切，捶字宜老（练），结响宜高，而又血脉动荡，非仅争一联警拔，有句无章也，当多读杜（甫）。五律能通体完整，第一可贵；次则求一二联动人宜佳。大约用虚实对、流水对为上，意求变换，切忌合掌。中二联情景参半，若纯是写景，易致直塌之嫌。次联和平，三联必挺拔而出，结末或收住，或宕开，要有体势。此种揣摩王（维）孟（浩然）而究以（杜）少陵为宗法。又有通体俱散，八句平对，五六散行，前半扇对之式，俱属诗中变格。"在此中能如此简略而又详细归纳诸体及诸家诗歌特点，除了他博览群书、博识诸家作品外，与他之博见有十分重要的关系。如能深体先生拳拳之心，深味先生谆谆教诲，为学者当有飞跃之进步尔！

此外，林滋秀还对古体（五古、七古）及文学史上各家流派诗体、其他变体作了介绍与论述。其对古体诗，"五古长篇要起伏顿挫，首尾完备。短篇忽起忽止，含蓄无穷，可不必另缀起结"，"七古转韵初无定式，或二语一转呼，或四语一转，或连转几韵，或一韵叠下几语，总要缓急相受，波澜相生"。并举历代古体，点示其不同写法特点，并劝四言诗"诣力未到者姑缓学"。还认为，"古诗天籁自然，神工靡测，可循声应节，非按式填腔。"（《复华菉园明经书》），主张循声应节，灵活变通。

在阐述自己为诗理论总结之余，林滋秀又引证了两位老友，同为一地区内著名诗人的浙南华文漪、福州黄卓人的为诗见解与体会，作为自身立论之补充。浙南华文漪先生概括列举文史来各大诗人的诗歌特色及可学之处后，强调"择善而从"，"后人若强为摹仿，适为优孟（指一味模仿，没有创意）而已"。其推崇学杜，认为"少陵入蜀诸诗，刻意冥搜，笔参造物，后人游山水诗，若稍解依傍，便足令人惬心动目"，以为"少陵以独造为宗，沉郁顿挫，开阖伸缩，无法不备。其尤者以力为揣摩，必能出人头地"。其次，推荐学东坡，而绝句当由牧之、义山以上溯龙标、太白。至于福州黄卓人先生，也强调通读经史，以为储备，这与林滋秀见解十分相似。他也认为，学诗以学杜为上，学唐学宋，"而究必以杜为宗，自宋元以下，诸大家无出其范围者，甚矣！杜诗之不可不学也……杜诗一首一法，非若今人千篇一律，令人阅而生厌"，认为"七律则声调要雄响，气格要高浑，力追盛唐……绝句则当以风韵为尚……五截（绝）在诗最难，必一时兴会所到，触机而发，冲口而出，成天地自然之音故能佳，非借涂泽装点而就"。还认为，写诗者，"要必以'健笔写真情，硬语造险语'为上乘"。不过，黄卓人先生很实在地忠告为诗者曰："诗者时也，处何时作何诗而已。"即写诗无非是兴至而为，无病不呻吟。

从泰顺书院归来，蛰居石湖以后，林滋秀仍主讲桐山书院，吟咏中总觉，少时读李杜韩苏诸人诗苦未得要领，在研读何义门手订《王渔洋诗集》后，始顿悟"诗之旨要在和平温厚，不泥于字句也"。这使其后期创作实践和诗歌理论又上升了一个层次。

黄卓人先生极赞林滋秀"知为钜手无疑""才力甚大，超出流辈"。超出林滋秀20多岁之老辈、省城之名诗人，如此赞美年轻一辈之才力、诗才见解，并主动与之交流读诗写诗之经验，实属不易。

林滋秀在引证名家诗论加以总结提升后，还提出自家"诗则"。林滋秀在一卷末至二三四卷，分别列举了前朝、当朝、当代诸多名家或足以流传之各地诗人之诗作，即"其有刻而未传，存而未刻，卓卓成家为予所心悦者，不惮约举梗概，以为观摩之一助"。并分别介绍和评点其人其诗风格，称赞他们"就题着墨，可谓探骊得珠"。这些都是先生自年轻以来寓目、阅见、搜抄、记录而汇集起来之好诗，作者闽浙居多，又遍及京城或各省，不论身份、地位，只论心目中之好诗，力求不遗失于市井，而后作简介或评点，甚至有与之交识之介绍，洋洋四卷，可谓珍贵难得，功不可没。这里有当代名家法时帆（式善）、王惕甫（芑孙）、梁元（肃雍）、张船山（问陶）、林蓼怀（轩开）、黄卓人（汉章）、华菉园（绮文）、鲍石（芝台）、林朝栋（伊云）、谢杏（银淞）、王虚谷（锡龄）等的诗作，其目的是让学诗者"以为观摩之一助"。

该部分占《快轩诗则》三卷有余，作者自己评点不多，总体点示一二而已，多为列举，供读者"多寓目"，足见先生之用心是希望从学者自己阅读并能从中体会不同诗作风格、倾向。作者只总体简介其人、点示其诗风格，或清新，或蕴藉，或疏爽，或沉郁，或善状世情，或寄意言外，或宏肆华瞻，或矜炼涵藏，读之者可从中体味揣摩学习。有些简介还十分有趣，点评也扼要中的，下文择取数例，同时加些我个人见解。

卷一介绍法时善，是"著有《存素堂诗集》……廨宇清幽，有诗龛、书屋，广藏典籍书画，凡经师文士有名一艺者，无不受其扬诩，洵风雅之总持也。"如此广集众长者，作品能不佳，学之者能不长进吗？而对王芑孙大学者，林滋秀只以作品说话，有《题楞伽山房》半截："亦是人间语，尘埃一点无。旷怀小天地，好句满江湖。""贫贱交心易，文章造命难。诗成在驴背，趁尔未为官。"诗切实而又平白，属赞其道人所未道。介绍梁雍，"承脉相府家学，地望高，才华博"，读其《暮秋》中二截："满地月明桐院静，一帘露湿草堂秋。黄花寂寞人凭阁，落木萧疏雁过楼。"我认为，诗意亦属淡淡言喻，含蕴自现，是功夫。许宝善，进士，为官京师，人评其"矜炼含蕴，学杜而不袭其貌"。有诗《秋日郊行》："林际烟光湿，残霞半夕阳。雁声沉古渡，客影怯秋霜。梦为关河断，书缘岁月长。乡心共春草，一样石城荒。"《乡信》："拭目对霜露，秋来泪未干。可怜双白发，遥隔暮云端。残月夜方永，草虫声带寒。饥年得乡信，不想便开看。"林滋秀赞其诗意绪纷繁，令人同情，均沉郁耐读。许作另有《赠薛四》"知君不得意，高卧松林端。山月流溪古，春风带雨寒。诗怀缘病减，时世为贫难。日暮沧江上，含情独倚看。"每一景一情，均切身份处境，可圈可点，难怪林滋秀要引荐给读者。

卷二，择例四。石埭唐步瀛，副贡，有政声，为诗"疏爽轩豁，殆自抒其性情者"。《闻钟》："易送年华是此声，江湖十载梦魂惊。扁舟惯泊枫桥夜，怕听寒山寺里鸣。"《四十初度之二》："江北江南久逗留，乡关回首思悠悠。三生不了轮蹄债，千里来为升斗谋。黄土尚迟封马鬣，青山何地卜菟裘。年光一半匆匆去，省识霜华欲上头。"吕乡云诗"清妙可传"，例《阅甲辰岁归山吟草有感》中二联："江令才华垂老尽，杜陵归计为贫延。青山故国迷残梦，白发他乡负壮年。"《咏柳》："风流惯占酒人家，临水楼台面面遮。逢着好春须自爱，莫轻一路乱飞花。"此外如"总角论交同辈少，白头相对感怀多""樽前有酒须同醉，莫待星霜犯鬓华"确都清新可读。商盘，会稽人，翰林，少负逸才，年五十余就著《质园诗》几及万首，典则明丽，雅近樊南（李商隐），歌行尤放宕。《舟中排闷寄秣陵旧游》云："乌丝蜂蜡暗销磨，簪佩丛中有逝波。鸲鹆舞回人影散，鹡鸰典去酒痕多。飘零庾信长如此，宛转桓伊竟奈何？雨晦风狂春易老，江南花落泪滂沱。"歌行如《孙妹按剑图》《忠武军符歌》。张綦毋，平阳贡生，父张南英，进士，为诗"力求臻古人堂奥。古今体均以七魄胜，落落自豪，同时瓯郡作者，莫能与之比肩也"。古体《有所思》："有所思，海之涯，洪涛如山谁越之？雁飞在天鱼在渚，夜尝彷徨昼不得语。罗袂薄兮秋风起，红莲委露挂花雨。梦中去来魂不许，嗟夫君兮愁独处。"《大龙湫》："上不在天，下不在田。崩崖断壁几千级，挂此一道之清泉。仰视玉龙天一亩，含珠抛下何处眠。跂鸟傍午来射影，五色欲化蓬莱烟。驰波日夜东海去，阿香不着丰隆鞭。吁嘻！川上古来叹鲁叟，我亦华发催流年。"

卷三，择例四。瑞安诸生蔡逊谷蔡敏，为人与诗，均有趣，其人"性脱略不治生产，不数酒筹，唯咏诗是务，每夜坐必达旦方寝，傍午而兴。尝有句云：'耕桑树畜仗荆妻，家政无须待我齐。只好灯前书一卷，拥炉闲坐管鸡啼。'年七十余尚健谈，又有句云'最是善眠兼善饭，平生寝食占人多'，一时传为佳语……所著《半醒轩诗稿》寄示，读之觉翻陈出新，独抒性情"。林滋秀举其诗例《春晴》："晓起春花红，一鸟鸣前林。晴旭亦既佳，闲庭坐披襟。和风忽然至，散步发微吟。随意逞逞瞩，明媚生遥岑。延溪任孤往，流泉有清音。行行得真趣，旷然古人心。"我以为，此翁诗作确有独自特色，不但属性灵诗，且写来自由自在，移步见境，十分亲切，林滋秀所举数例，多有此特色，读者可自行品味，此不赘。张船山，遂亭相国曾孙，翰林，官山东莱州知府，其诗"高远冲淡，摆落横蹊"，林滋秀特录未入《张船山诗集》之二首《挽李忠毅公》："只手强于百万兵，居然大海一长城。生来飞将真才气，配得青莲古姓名。柁尾有龙擎使节，刀头如雪涌诗情。十年莽莽东溟水，都是英雄战鼓声。""神交东望水天长，碧海骑鲸有报章。为想军威犹勃勃，只看笔阵已堂堂。蓬瀛逸气光青史，荼火忠魂照黑洋。樽酒论文虚旧约，朱旗引我梦飞扬。"并点评曰："二诗感旧苍凉，另是一副笔墨。"船山先生在乾嘉年间属大家，我读其诗尤得其律诗之浑厚情感，似也不缺蕴藉，而于构体严谨，嘱对十分讲究虚实词交错穿插，三四与五六之变化，避免上下呆板，更可防止拜掌，未读者不妨读读。伊朝栋，福建宁化人，乾隆己丑进士（令嗣书法家伊秉绶），"读史乐府二十首，浏漓顿挫，逼近西堂，各体美不胜收"。《南归到中杂咏》（选二）："碧海扬尘岁已更，平山犹记醉翁名。门生白发空搔首，一片青山万古情。拂面荷风酒半消，寻幽未惜马蹄遥。吴山第一峰头立，饱看钱塘上下潮。"朱锡谷，侯官人，进士，录《左蠡》："逐鹿当年事未休，六龙曾此莅貔貅。一天波浪翻龙血，万叠云山拥马头。劫火灰中销战垒，秋风江上有渔舟。远烟无际晴岚碧，目极浔阳九派流。"

卷四，择例三。林轩开，闽县人，进士，"骈体宏博似随园（袁枚）"。录其《书魏志陈思王传后》："文章体格建安开，事业当涂只劫灰。乱世奸雄有才俊，一家骨肉太疑猜。艰危莫问三分鼎，今古终输八斗才。未共功名羊德祖，丧躯端为抱长材。"王锡聆，举人，应选知县辞不赴，居家授徒讲学，多有成就。生平好学不倦，博览群书。录其《江心寺文信国祠（二）》"走遍闽山又越都，孤臣开府剑南州。漳潮节钺风霆壮，燕赵悲歌天地愁。亡国无依雷化石，清江谁问海门秋。只今碧岛神鸦集，风雨潇潇噪满楼。"《送林云墀之江南》："惆怅江南泪满襟，杏花春雨百年心。昔游已倦方投辖，细草初生送我骖。甓社湖中江月晓，延陵祠外酒楼深。金山尚迩南来雁，正好裁笺报远音。"我认为，读该诗与其余几首，颇觉其有不尽怅慨之情。蔡封，邑内布衣，"幼好声韵，年未壮成《伴云居诗草》全卷。为人天性孝友，履蹈端严……故正士乐与之游，而与余过从益无虚日。"录其《苦旱》："懒龙鞭不起，阳乌骄婆娑。昨夜忽然雨，雨无数点多。欲将面上泪，洒此田中禾。高楼者谁子，挟瑟扬清歌。"《月夜怀友》："明月当兹夜，清光凝不流。友朋千里隔，风露一庭秋。人意凉于水，笛声多在楼。近来生别感，知汝亦含愁。"此二诗均负怜悯之情。

林滋秀在正定

华逸民

2019年10月，国务院公布了第八批全国重点文物保护单位，河北省正定县的明代建筑"梁氏宗祠"赫然上榜。清代中期的福鼎少年奇才林滋秀，当年就曾在正定梁家的蕉林书屋坐馆6年。

正定，史称常山、真定，位于太行山东麓、滹沱河北岸，正定城池有着1600多年的悠久历史，是国家级历史文化名城。明清时期，梁家是正定首屈一指的名门望族。其六世祖梁梦龙，明嘉靖三十二年（1553）进士，官至兵部尚书、吏部尚书、太子太保，人称"梁阁老"。至其曾孙一代，梁清标、梁清宽、梁清远均为清初显宦，同列九卿，尤以梁清标为最，历任兵、礼、刑、户部尚书及保和殿大学士，时人尊称"梁相国"。除了地位显赫外，梁清标还是名冠南北的藏书大家，有"收藏甲于天下"之说。清康熙六年（1667），梁清标于祖宅北侧修建起了几间房子，以存放藏书字画。因其极爱芭蕉之"广敷清阴，湛然如水"，院内种蕉数丛，名之为"蕉林书屋"。

到了清嘉庆年间，蕉林书屋的主人已为梁清标玄孙、时为候补知州的梁德谦。嘉庆四年（1799），参加会试的林滋秀与在京候选的梁德谦结识，梁非常欣赏他的才学，在林滋秀会试不第后，邀他至蕉林书屋坐馆执教。

初到正定，梁德谦在蕉林书屋为他接风洗尘，并拿出祖上梁清标传下来的夔龙砚请他赏玩。酒席宴间，梁德谦还让儿子操宋代霹雳古琴弹奏助乐。乘着酒兴，林滋秀提笔写下了一首《蕉林书屋》：

> 春日香云一径阴，相公流韵溯蕉林。
> 传家砚刻夔龙字，侍坐人挥霹雳琴。
> 御府图书纶诏重，平泉花月绛帷深。
> 酒酣耳热银筝拨，谁与西堂嗣好音。

这年中秋前夜，梁德谦在蕉林书屋与林滋秀等人举杯赏月。酒毕，林滋秀写下了《八月十四夜聚宴秋碧堂》：

绿萝庭馆静无哗，良夜樽开宰相家。
贝阙三千秋满座，琼栏十二月当花。
衣裳人集诗怀壮，车笠谈深酒量加。
醉返南窗清不寐，阳和楼角噪栖鸦。

秋碧堂是梁清标的斋号，亦即蕉林书屋，其精选历代名家真迹刊刻的碑贴即名《秋碧堂法贴》。明清两代，大学士之职相当于过去的宰相，因梁清标曾为保和殿大学士，故林滋秀称其为宰相家。诗中提到的阳和楼，位于蕉林书屋南侧，横跨南北大街，为正定镇府巨观，被著名古建大师梁思成赞叹为"庄严尤过于罗马君士坦丁的凯旋门"。

正定文物古迹众多，素有"九楼四塔八大寺、二十四座金牌坊"之说，积淀了深厚的历史文化底蕴。授业读书之余，林滋秀常与友人探访名胜，凭古怀幽。

始建于隋开皇六年的隆兴寺是一座清代皇家寺院，位于正定城东部，其主殿为天宁阁，又名佛香阁、大悲阁，阁内有一尊宋代铜铸佛像——千手千眼观音，像高21.3米，为全国之最。林滋秀曾数次登临天宁阁，为此他写下了：

登天宁阁

山之高分太华岳，十丈莲花向空擢。灏灵执矩四方削，天其生之乃寥廓。未闻不假神斤凿，金碧楼台半天落。如此高雄诡丽天宁之佛阁！我从炎方来，几陟凌霄台。金山虎阜无其峻，飞鸟到此心魂摧。滹沱河水奔溽濊，日月双轮相激吞。临流舟子小于豆，鸦声渺渺黄叶村。平原风起皂雕劲，沙砾蓬根卷不定。摇鞭断堠玉骢骄，未若松寮听清謦。女墙列堵竞当牖，华塔层尖搁在手。千家鳞瓦次参差，园林霜条半如帚。下方裙展纷喧腾，游人笑语鸣苍蝇。迎廊枯瘠沙门僧，独我身在琳宫最上层。大罗榜或姓名登，不然大地一茫茫，胡不飙车云马凌虚翔？左拍毗卢肩，右挈弥勒囊。灵鹫岭，落星冈，几度仙风下太行。

佛香阁顶望雪

梵语齐云笑倚栏，天高地迥雪漫漫。
春从金碧楼台丽，人在琉璃世界宽。
蘸日尽惊银海眩，御风疑逐羽仙寒。
年来鹫岭游踪遍，第一登临此大观。

位于正定城北部的崇因寺是一座明代皇家寺院,建有藏经楼,贮佛经新旧各一藏,林滋秀也曾前去访读。

游崇因寺

琳宫捧日耀青鸯,三五从公礼梵王。
惊绝人声群鸽起,哗然客到一僧忙。
东垣驿马如相织,西土昙花自在香。
为慕楞伽经典熟,法安堂上见韬光。

位于正定城南部的广惠寺以其精美绝伦的华塔而名闻天下,被梁思成称为"海内孤例"。乾隆皇帝六下江南,三次登临此塔。如此胜景,林滋秀又怎能错过?

登广惠寺塔

众山如障水如襟,河朔称雄阅古今。
百劫墟烟连广漠,九秋词客独登临。
上方铃语诸天近,绝塞鸿飞木叶深。
回首汉唐征战地,陉关无际夕岚沉。

正定城南二里,就是被文天祥称为"过了长江与大河,横流数仞绝滹沱"的滔滔滹沱河。相传东汉末年,后来的光武帝刘秀曾在此渡河争战,并留下了"滹沱冰渡""芜蒌豆粥""滹沱麦饭"等传说。面对滔滔的滹沱水,林滋秀写道:

正定怀古·汉光武冻河头

漠野龙争汉中兴,赤符王气发舂陵。
久环星宿将军垒,薄假滹沱午夜冰。
麦饭君臣供热火,芜亭风雪下饥鹰。
至今匹马邯郸道,纵目洪流势倍腾。

正定还是秦末汉初南越王赵佗的故乡,其先人墓冢保留至今。林滋秀亦曾前去拜谒,为此他写下了:

赵陵

山水吟哀思故乡,玉兔飞尽路茫茫。

可堪颇牧为猿鹤，谁使邯郸入虎狼。
火遍沙宫巢雀堕，楼空神女晚云凉。
年年陇上车声咽，拼与行人吊国殇。

除了座馆的梁家蕉林书屋外，林滋秀还与当时正定另外一名门望族——东门里的王家有很深交往。梁清标曾为其四世祖王顺作《太和先生传》，其后世多人或以功名或以才学而著称于时。王家当时在城外西北处有一桃林，花开时节，粉红摇曳、灿若朝霞，是一处文人骚客雅聚的绝佳之地。清嘉庆九年（1804）三月初八，林滋秀首倡在王家桃林举办了一场赏花诗会。事先，林滋秀撰写了《招宴桃林启》，称"便酿青蚨三百，群公皆桂杖而来；同看粉蝶一双，贱子亦抠衣而去"，这则启事引来了众多文人雅士响应。赏花品酒间，大家以"正定怀古"为题吟诗作赋。林滋秀写下了包括《汉光武冻河头》在内的正定怀古十二首。诗会之后，他还写下了《桃林高会赋》及柏梁体诗一首。

在《桃林高会赋》中，林滋秀写道："古常山郡西门，迤北有桃林数百株，当春雨初酣，平泉灿烂，望之如朝霞。林子客馆城南，暮春常偕诸子游赏……"

其柏梁体诗则将参加"群仙之会"每个人的形态、特征精练为一句，描绘出了活生生一幅春兴宴乐图：

琼林宴别群公豪，北平沈定夫学博。
老夫耄矣来分曹，衡水周晋元广文。
挂冠而去发频搔，绛州支瑞圖明府。
春风回首蓬莱高，古粤陈星堂参军。
海上郡仙观素涛，毗陵秦兰台参军。
冰轮乍吐弹云璈，于越董雪圖少尹。
纯阳尺剑洞庭飘，秦中白蓉塘少尹。
几历人间甲子朝，大同孙六峰分尹。
看花谁与相招邀，鹿门冯苍舒布衣。
掀髯有客仙娥嘲，中州甄南墅孝廉。
偷汝桂枝簪满髻，闽海林纫秋孝廉。
月斧倘伐云中梢，岭南吴寻源国学。
何不灵槎泛葡萄，燕中张霞宇茂才。
尚书坊里红杏娇，正定梁欧亭副元。

记否当年王子桥,东城王也愚犀生。
叨陪公后宴蟠桃,南城杨半矩犀生。

嘉庆十年(1805),因父疾催归,林滋秀告别正定蕉林书屋,回到阔别已久的家乡。但6年的执教生涯、拥读万卷的经历,使正定成为他常常想起、念念不忘的那个地方。后来,林滋秀在其《三十自叙》中这样写道:

正定为尉佗赐玺之乡,赞皇亦卫国投簪之里。天连恒岳,思望秩于虞巡,泽出滹沱,记肇裡于晋事。赵武王长沟复垒,带砺提封;刘文叔急骑寒渐,关河播越。孤城落日,雕盘李牧之营;古陇斜烟,鸦噪蔺卿之墓。叩残钟于废刹,榛莽千年;寻断镞于空壕,尘沙万骨。固已苍凉贡袂,悲愤迎鞭。而复入陆澄之厨,蒐罗秘籍;下严武之榻,检校群英。载酒桃林,行马郎官麇至;侍衣棠馆,珥貂子弟蝉嫣。摹碑来秋碧之堂,听梵上佛香之阁。秦权汉铜,璘璘鉴向园亭;宋椠唐绫,往往购从市肆。或登高望远,醉扫烟毫;或感物怀人,愁生云叶。或一吟而酬匹绢,或一赋而馈兼金。执经无陆氏庄荒,味道等绥山桃饱。佩古锦囊,我心宁有不快,载郁林石,平生足以自豪矣。

自清嘉庆四年(1799)至嘉庆十年(1805),纵观林滋秀这6年在正定经历,用其一首《春斋漫兴》足以概括:

镇日蹉跎守绛纱,春风今又到人家。
重门帘影初来燕,曲院铃场未谢花。
漫忆踏青游北里,且教浮白读南华。
酒醒一笑浑无事,静对炉烟缕缕斜。

彭蕴章与福鼎

✍ 陈仕玲

福鼎旧隶福宁，自清乾隆四年（1739）置县以来，人文蔚起，科甲不绝。清嘉庆《福鼎县志·叙》中曾作如是记载："界连浙省，外达海洋，实为闽北冲邑。太姥、东溪山水幽邃，名胜古迹所在多有。且自朱子流寓讲学以来，名儒辈出，民愿俗淳。忠孝节义，史不绝书。理学文苑，后先辉映。允称海滨邹鲁。"因为地处闽浙孔道，且山海兼备，风光独特，自唐代以来，先后有陈陶、郑樵、朱熹、王十朋、谢肇淛、张煌言、方以智、熊明遇、赵翼、张际亮、陈寿祺等人流寓于此。还有一些官员学者，是因为考察政务或担任地方官员而进入福鼎，如明代的沈僟炌、俞士章，清代的李拔、傅维祖、胡建伟、彭蕴章。

彭蕴章（1792—1862），字泳莪，又字琮达，江苏长洲（今吴县）人，出身世家大族。其五世祖彭定求，康熙十五年（1676）丙辰科会元、状元。曾祖彭启丰，雍正五年（1727）会元、状元，官至兵部尚书，在朝为官达40年。祖父彭绍升，乾隆二十六年（1761）进士。父亲彭希涑，举人出身，学问很深，在当时较有社会影响。彭蕴章于道光十五年（1835）得中进士，初授工部主事，累迁鸿胪寺少卿，擢工部侍郎。咸丰元年（1851），命在军机大臣上行走，寻擢工部尚书、协办大学士，后拜文渊阁大学士，管理工部及户部三库事务，充上书房总师傅，卒谥"文敬"。在任期间，曾协同军机大臣祁寯藻，以及桂良、花沙纳、肃顺等大员采取增收厘金、发行官钞、改铸铜钱、扩大捐资及漕米海运等措施，以解决清政府因筹集镇压太平天国的军费而造成的财政困难。据民国赵尔巽、柯劭忞《清史稿》卷一百七十二记载："祁寯藻、彭蕴章久领枢务，翁心存数论军事，久筦度支。三人者并与肃顺不协，先后去位。"翻开清朝历史，汉人担任首相者屈指可数。况自明朝以来，朝廷自然形成了一条规定，即"非翰林不得入内阁"，彭蕴章非翰林出身，最终能够入阁为相，这在明清两朝十分罕见。虽说史论对彭蕴章褒贬不一，终究与其博学干练息息相关。值得一提的是，彭蕴章传家有道，后裔中亦多有栋梁之材。长子彭祖贤，官至湖北巡抚；孙彭翼仲，被誉为"维新志士、爱国报人"。孙女彭氏为七十五代衍圣公孔祥珂正室夫人。

彭蕴章不仅是一代名臣，同时也是一位诗人和书画家。他出于名儒王芑孙、探花帅承瀛门下，早年就负有诗名，与吴中名士朱绶、吴嘉洤、沈传桂、王嘉禄、潘曾沂、章光黻合称"吴中后七子"。道光五年（1825），与著名藏书家黄丕烈等人创立"问梅诗社"，颇具声望。

清道光二十六年（1846）十一月，彭蕴章因"明习掌故，勤能称职"，被朝廷任命为提督福建学政。据彭氏遗著《松风阁诗钞》卷十四《庚戌正月五日到京复》提到"训温闽峤三年"，至道光二十九年五月始离任。当时诗人江湜以彭氏表侄（彭母为江湜祖姑母）的身份应邀赴闽，入其幕府，随侍左右，他在《伏敔堂诗集》卷五"（道光）戊申"收录有经行福宁各县的诗作。其中《福宁寓斋杂兴》二首有"二月春将半，百花开过期。霍童寒食路，太姥梦游诗"几句，可见彭蕴章莅临福宁府是在道光二十九年二月，莅临福鼎县也在这一时期。《松风阁诗钞》卷十一有《先慈讳日试福宁试院感赋》《仲春至霞浦寒甚口占示同行诸子》二诗，彭母讳日（去世之日）为"二月初五卯时"，而"仲春"亦为二月，这些可与江湜之诗互为印证。

彭蕴章在福鼎逗留时间虽然短暂，却能履行"衡文校士"之职责，慧眼识珠，选拔了诸如王守锐、王守愿昆仲等优秀生员，并为福鼎留下数量不菲的诗词文章。据《松风阁诗钞》二十六卷、《归朴龛丛稿》十二卷以及民国版《福鼎县志》统计，涉及福鼎者计有诗5首、序跋3篇。

福鼎县城旧有"桐山八景"，分别美其名曰"石湖春涨""莲花曙月""玉塘秋色""龙山霁雪""罾坪渔火""御屏积翠""双髻凌云""栖林烟雨"。此前已有福宁知府李拔、光泽知县吴名夏、邑令萧克昌、训导童珩等人留有题咏。彭蕴章为政之余，又为其中的四景精心题写了四首五言绝句：

石湖春涨
石湖在吾郡，此地亦同名。
春水碧如此，怀哉范致能。

莲花曙月
太华峰移此，倚天削不成。
月明山夜碧，一杵梵钟声。

玉塘秋色
玉塘横十亩，秋色满鱼庄。
白露零丰草，霏霏秔稻香。

双髻凌云
　　仙姝留髻影，苍翠压人寰。
　　跨虎归真去，何时还故山。

　　这些诗句言简意赅，寓意深远，他甚至以苏州老家石湖胜迹（南宋范成大隐居处）比拟福鼎石湖，以西岳太华峰形容资国寺莲花峰迷人景致，可见作者对福鼎山水爱慕有加。

　　另外一首五律《题王月船刺史光锷太姥山记游诗》则作于彭蕴章视学泉州府期间。全诗如下：

　　别有神仙骨，名山借一枝。
　　峨眉萦旧梦，太姥纪新诗。
　　翰墨缘非浅，功名数未奇。
　　萑苻空大泽，不负拥旌麾。

　　王光锷时署泉州府事。据民国版《永春县志》卷二十六"循吏传"记载："王光锷，字月船，四川巴县人。嘉庆戊辰举人。道光二十三年（1843）任（永春知州），尊贤礼士……好选学，长于诗……后擢任泉州知府，老于闽。"王光锷的记游诗今已无从查考，彭蕴章的这首五律亦不见于民国卓剑舟《太姥山全志》"艺文"，它的增补为太姥山人文历史增添了新的内涵。

　　收录于彭蕴章《归朴庵丛稿》的两篇序跋，为卷六之《虚谷文集序》与卷十一之《太姥山图跋》。前者是彭蕴章应门生王守锐、王守愿昆仲之请，为他们已故的父亲王锡聆文集二卷所作的序言。王锡聆，字乔松，一字虚谷。秦屿人。福州府学教授王孙恭子。乾隆五十四年（1789）己酉科举人，祀乡贤。民国《太姥山全志》、清光绪《福鼎县乡土志》均有传。民国《福鼎县志》卷二十一"艺文志"也提到了这篇《虚谷文集序》，此外还有一篇《虚谷诗集序》，为《归朴庵丛稿》所未见。王氏兄弟受知于彭蕴章，在民国版《福鼎县志·卷二十八》中也有提及："王守锐，原名守钝，

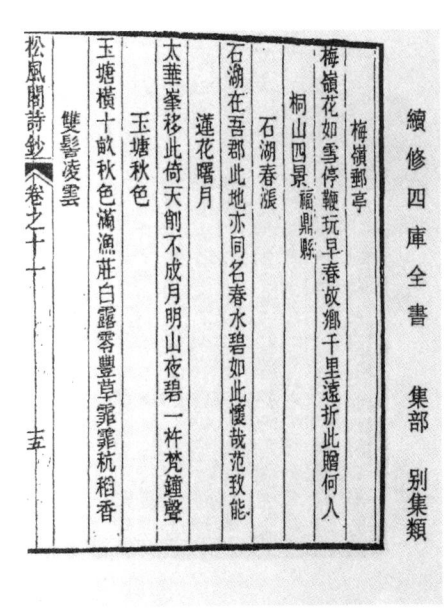

彭蕴章《松风阁诗钞·桐山四景》书影

秦屿乡贤锡聆子也……道光己酉，长洲彭文敬公督闽学，奇其文，命易今名。旋以选拔贡成均。"正是因为彭蕴章对王氏兄弟文才的赏识器重，才会欣然动笔，留下两篇褒誉有加的序文。

《太姥山图跋》则是彭蕴章在接受福鼎学官洪某馈赠《太姥山图》后所做的跋文。这幅精美画作出自县学生员陈九苞之手。据跋文介绍，画作气势恢宏，涵盖太姥山精华景点，云雾缭绕，形态万千。彭蕴章观赏之余，不由点首称赞："洵天下奇境也，虽不能至其地，得此图以当卧游亦差快意矣！"同时也对陈九苞的精湛技艺敬佩不已，于是跋文中留下了这样评价："陈生尝游关中，览太华、终南之胜，又随林殿撰鸿年至琉球。岛屿千重，洪波万顷，倜傥奇怪，皆入毫端，宜其画法苍秀，不落恒蹊也！"最后还说："余既爱斯图，又慕陈生曾乘长风破万里浪，其胸襟磊落有足多者。"诸多原因使彭蕴章与太姥仙山失之交臂，始终为之耿耿于怀。以至在离开福鼎回到府城之后，他还留下了"东有太姥西武夷，芒鞋一两平生思"（《霞浦试院雨中看山作》）的无限感慨！

在民国鼎邑名士杜柳坡、杜琨编辑之《闽东诗抄》中，还保存有王守锐《出都呈彭咏莪师依赠别元韵》七律一首：

> 冰鉴三秋朗，铅刀一割难。
> 西风惊旅梦，匹马去长安。
> 鸣鹤云霄近，归鸿海国宽。
> 依依望兰省，霖雨慰宸欢。

王守锐于道光三十年（1850），以拔贡生赴京参加朝考落选，与闽省其他考生悻悻南归。彭蕴章为鼓舞士气，特作诗相赠，但这已是后话了。但这已是后话了。诗曰：

> 金自九州贡，钱因万选难。
> 囊书辞故里，蹑屩去长安。
> 鸾凤栖无定，云霄路尚宽。
> 鹿鸣来岁咏，重见我心宽。

赵之谦桐山遇"王姓客"

○ 白荣敏

赵之谦(1829—1884),初字益甫,号冷君,后改字为㧑叔,号悲庵、无闷,浙江会稽(今绍兴市)人,晚清艺术史上的重要人物。《辞海》这样介绍他的艺术成就:"精篆刻,初学浙、皖二派,后突破秦、汉玺印的藩篱,吸取古钱币、镜铭及碑版等篆字入印,讲究章法,浑厚恬静,别创新格。篆、隶书师法邓石如,并以魏碑笔势写行书。擅花卉蔬果,笔墨酣畅,设色浓艳丰厚,开清末写意花果以金石入画之先河。有《二金蝶堂印谱》《悲庵居士诗剩》《补寰宇访碑录》《六朝别字记》等。"清学者张小庄在《赵之谦研究》认为,与清代的其他艺术家相比,赵之谦的全面能力显得非常突出,他诗、书、画、印"四绝",在各个艺术领域都取得了卓越的成就,在中国近代艺术史上称得上是一位具有转折意义的关键人物,他开宗立派,震古烁今,堪称是位划时代的大师。

赵之谦历经晚清道光、咸丰、同治、光绪四朝。这是一个风雨飘零的时代,清廷统治日趋没落,政治腐败,经济凋敝,国防虚弱,社会动荡不安。赵之谦在"内忧外患中度过了颠沛流离的一生。他的人生饱尝辛酸,然而都结出了丰硕的果实,给予后世以极大的影响"(张小庄《赵之谦研究》)。

赵之谦出生于一个商人家庭,祖上虽然殷富,但到了父亲赵松筠手里,家道中落。天禀瑰异的赵之谦成年后便不再经商,而是以儒为业,在家靠卖字画及教授童子度日。20岁考中秀才,同年拜识了后来对他影响甚大的缪梓,从他为考证之学。后缪梓任绍兴知府,赵之谦进入缪幕,协助办理一些文案笺奏之类的文秘工作。清咸丰九年(1859),31岁的赵之谦参加己未恩科乡试,以第三名中举人。考官汪承元对其文才推许备至,一时声名鹊起,以是,赵之谦人"未入都而名已动公卿间"(赵之谦《悲庵剩墨》)。次年早春,赵之谦准备北行参加春闱,但途中被太平军所阻而返,适逢"杭州之变",太平军忠王李秀成部攻陷杭州,赵之谦受业恩师、时任盐运使的缪梓惨烈战死。赵之谦回到绍兴后,闻听凶讯,悲恸不已。缪梓既死,幕府便散,赵之谦生计没有了来源,万般无奈之下,接受友人傅以礼之劝,于咸丰十一年(1861)二月,辞别家人前往温州,投靠温州府同知兼署永嘉知县陈宝善。两个月后,随温州知府钱维诰去瑞安辅佐戎幕,调停金钱会、白布会之间日益激烈的对立矛盾。

赵之谦在《章安杂说》中记曰：

> 平阳人金钱会，假保身家记为敛钱计，铸钱曰"金钱义记"，背文两方胜，与会者百钱而给一。近复益红帖，一帖亦给百钱。又有一布条，上印连环合同。始于氓愚，遂及儒官。自咸丰八年至此，聚人及万，类杂多不靖，而尤与白布会为仇。

时浙南一带闹金钱会已有两年多。浙江平阳、瑞安、永嘉、青田、泰顺和福建福鼎等地农民10万余人加入。而白布会则是回归瑞安故里的原广西学政孙锵鸣和原安庆知府孙衣言兄弟在地方团练的基础上，"村各为团，人执义团白布一方为号"，于咸丰十一年（1861）五月宣告成立。赵之谦在《章安杂说》里说："以白布方寸钤关防于上，人给一方，出领钱百四十，歃血饮酒，名白布会。"孙氏兄弟有意打击金钱会，凡入白布会者不许入金钱会。

本为谋生计、避战乱而来温州，而结果温州局势动荡，兵荒马乱，也不宜久留，而家乡绍兴城又陷落，更回不去，赵之谦接受友人的建议，想于咸丰十一年十月随邵步梅（时任温州州司）舟行到福州，并计划搭海轮往北京，但因陈宝善的挽留而未成行。直到十二月初六才坐船赴福州。第二年（同治元年）六月，温州在太平军的围攻下战事告急，闲居福州半年之久的赵之谦接受陈宝善和陕安镇总兵秦如虎的邀请重返温州襄助军事。

这一次从闽返温，赵之谦走的是陆路，即闽浙古官道。这条闽浙古官道南起福州，一路上铺驿连缀，最后到分水关连接浙江温州。赵之谦一路北上，经过桐山时，目睹了金钱会对当地造成的破坏。

赵之谦回到温州后，写了组诗《三怜》，题注曰："忆途中事得三诗，题之以怜有苦心焉。"《三怜》分别记述他在途中遇到的三个普通百姓，一是客死福鼎的温州商人，二是生不逢时的畲族美少女，三是对赵之谦仗义相助的张姓仆夫。赵之谦在诗中对他们既表示同情，又为他们鸣不平，同时也慨叹自己生逢乱世，怀才不遇，命运多舛。且读《三怜》之一的"王姓客"：

> 福鼎县城贼烧尽，剩有一店当南门。
> 我来冒雨急入户，但听惨绝人呼冤。
> 主人告我客王姓，抱布贸丝来自温。

县官张为旧时侣，授餐适馆比弟昆。
自闻贼退急归去，行货帜易官衔尊。
亲军数十尾之走，出城突劫无一存。
客反告官官曰诺，今夕且住盗已奔。
盗奔奈何官不问，客贫逐病亡心魂。
医师视之脉当死，异在我室官之恩。
有弟有妻来无日，僵卧叫号三朝昏。
见人尚有垂死泪，凝眼不流干一痕。
我听未毕主人泣，旁立担夫声为吞。
明朝共是出城者，空囊且幸难同论。
近来类此事多有，以热熬饼真不翻。
客今死久事已寝，纪此聊当途人言。

诗歌写道，福鼎县城被金钱会差不多都烧尽了，在南门处还剩一家客栈，赵之谦那天投宿这家客栈，一进门就听到了有人在悲惨地喊冤。客栈主人告诉他，这是一位刚刚死去的客人的妻子和弟弟在悲号。原来，有一位来自温州的王姓客人，在福鼎做布匹生意，本来做得好好的，有一天出城时却遭到了"亲军"的打劫，于是就到福鼎县衙告状，却遭遇了"盗奔奈何官不问"的尴尬处境，最后因贫病交加而客死福鼎。诗歌还写道："近来类此事多有，以热熬饼真不翻。"金钱会虽被镇压，人民百姓依然生活在水深火热之中。此诗读来，不禁嘘唏不已，沉痛落泪！

话说金钱会于咸丰八年在浙江平阳钱仓创立，到了咸丰十一年，再加大旱，广大人民生活极度困难，在"官逼民反"的口号下，金钱会于六月二十六日揭竿起义，随后占领了平阳县城、温州府城，并有一支南下福鼎，与清兵在福鼎域内发生激烈战斗。胡珠生先生《温州近代史》中详细记述了"福鼎之役"的经过：

（九月）廿九日，金钱会谢公达等率众六七千人由灵溪前往福鼎。闽军都司许忠标背水扎于桥墩门桥北，义军初战不利，被杀200多人。其后大队人马开到，四面包抄，转败为胜。十月初五五更时分，义军手执火炬，两路攻扑分水关，因闽军开炮，不支退去。十五日再次攻扑分水关，并由小路直扑水北溪隘口，准备两路进占福鼎县城，因闽军防守甚严，退回桥墩门。谢公达于此役前后被俘死去。十八日，金钱会众分四路进攻福鼎，闽军福宁总兵陈韶舞等拼死阻击，义军三面包抄，愈战愈多，终于由小路进入县城，并分股进入白琳。"劫军局,取库银,开禁门,出死囚","焚劫城内外三千余家,街市自北门小坝外起至城内临水宫止,焚毁净尽,抢掠罄空……城内一月有余无官守"。十一月廿一日,陕安镇总兵秦如虎进驻白琳,廿三日驰抵石湖桥,由小南门进入福鼎县城,义军撤退。廿六日在水北溪曾鏖战两时之久,阵亡数百人,被俘七人。廿九日,终于被闽军击败,分路退回。福鼎之役至此结束。

金钱会起义于同治元年(1862)逐渐被镇压下去,是太平天国革命时期浙江四大农民起义之一,配合了太平军在浙江的斗争,有力地打击了浙南的地主武装,打乱了清政府在浙南的统治秩序,客观上反映了农民大众的不满和反抗,有其积极意义。但是,金钱会起义没有明确的宗旨,缺乏远大的理想,只是"官不法,民难活,逼得良民造金钱"(《金钱会起义民歌》)这样的造反,所以,他们所到之处,除了与清军作战,还大肆焚掠,对当地社会经济造成极大的破坏。而更可恨的是,清军所过之处,剽掠恐吓,对百姓造成的骚扰和伤害相比起义军有过之而无不及。正如高南英《记匪患》一文所言:"乃贼氛甫退,而大兵旋至,需索百端,肆夺无忌,民不堪命,莫甚于此!"同治元年赵之谦过白琳之所见,正是金钱会被镇压后的余绪:"居人说近事,乍听汗盈把。"

陈鹏翛和他的文成堂书坊

　　陈承宝　白荣敏

文成堂的创立和发展

　　文成堂创立于清光绪四年（1878），位于福鼎县城关北门外，始创者陈鹏翛（1855—1925），字信昌，号素行。早年家贫，因成家较早，子女较多，生计艰难，小摊生意难以养家糊口，故决定创一番事业。福鼎建县较晚，且由于交通闭塞，山峦阻塞，地僻户少，举凡城乡书塾启蒙必读之书籍，无论经传或浅如《三字经》《千字文》《百家姓》《五言杂字》等，本地均无刊行，都要贩自福州、金华、杭州。福鼎原本就是一个崇尚文化之地，陈鹏翛认为创办书坊不仅可以满足一家生计的需求，又可以造福地方，成就一番事业。

　　起初决意从福州进书，但家贫，亲朋好友鲜有富贵，资金难筹，何况又要跋山涉水，有数百里之遥，货源难辟。经细致权衡利弊，决定土法上马，自制木板印刷。首先独自上省城福州学习，凭一腔热忱，赢得印社的同情，学习印刷程序、工具及材料，并购回样本；继而向本邑集古斋精心学习刻字技能，掌握基本技法，又组织家中子女学习印刷技术，创办"聚星堂"，后改堂号"文成堂"。文成堂是典型的家庭手工作坊、前店后厂，陈家子女媳婿十余口人，分工合作，男人负责刻板，女子印刷装订。随着经营的欣欣向荣，陈鹏翛高瞻远瞩，延师授业，让子女学文化，边工边读。文成堂开始只刻蒙塾必读诸书，继而经史子集等亦广搜善本，不论寒暑，四十余年间刊书数十种，凡经史子集百数十种，刻板高盈数屋。文成堂所印之书，在福鼎目前尚可见者大致有《三字经》《孝经》《大学》《中庸》《论

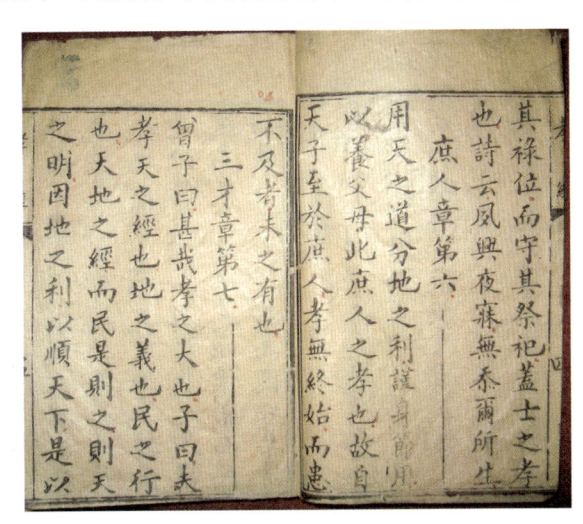

文成堂刻印书籍

语》《孟子》《诗经》《易经》《书经》《弟子规》《六字直言》《描红》《五言什字》《千家诗》《昔时贤文》《劝世文》《声律启蒙》《算盘歌》《目连经》《女儿经》《创世歌》等。

文成堂刻书的特点及刻工

文成堂刻书的母本来源复杂，有监本，最多是来源于苏浙皖闽刻印中心的刻本。以这些书籍为摹本，陈家子弟亲自雕版，板材多为梨木、枣木、柚木，木质坚硬，浸泡不易膨胀。由于是新建的手工作坊，字体虽然工整，但也经常肥瘦不均，此外由于边学边干，用墨较为粗糙，有些书文字脱落，后由刻工用毛笔一一补上。"文成堂"所印之书，开始阶段做工粗糙，随着规模的扩大，陈氏后裔学识水平不断提高，在印制过程中边工边读，也请了一些老先生及技艺精良的手工艺人。现陈氏后人手中存有一本《千家诗真本》，图文并茂，字体丰润，每页插图线条流畅，粗细有致，深浅达意，人物、花草、飞禽走兽栩栩如生，是文成堂难得的精品。他们在雕版方面，字形工整流利，字体大小均匀，笔画棱角分明，用力均衡。陈氏后裔中也涌现出许多能书、能刻、能画的高手，陈厚绥、林匡翰就是其中的典型。

文成堂刻书的程序为刻板、印刷、装订，其中装订包括分、拣、叠、整、订、糊封面、捆扎、压平、裁边等。印刷用墨为乌烟掺醋细研而成。用纸包括泰顺一都纸、毛边纸、洋联纸等。

文成堂刻板（陈承宝 摄）　　　　　文成堂刻印书籍（陈承宝 摄）

刻版传承：

第一代为创业主人陈鹏翛，雇用工有林可爱、林习蕴、施宜衡、施宜慎。

第二代为陈厚荫、陈厚攒、陈厚载、陈厚膺、陈厚绥。

第三代为陈世琚、陈世珽、陈世星、林匡翰（女婿）。

装订印刷有陈厚荫、陈世琛、陈爱梅、陈秀兰、陈秀清等。

当时闽东各县均无刻坊，文成堂所印书籍实行批零兼营，经营范围遍及福鼎、霞浦、福安、寿宁、周宁、泰顺、平阳等闽浙两省七县。五四运动兴起后，文成堂积极投身于新文化运动，自福州、上海大量购进学校教科书、新旧小说和各类进步书刊，开辟新门市部，四壁置书橱，陈列《饮冰室全集》《中山全集》《独秀文集》《三民主义》《原富》《黑奴吁天录》等各种新书以及《红楼梦》《水浒传》等古典小说，书刊不下百千册，供学生及社会人士公余课暇浏览阅读，门庭若市，座无虚席。先贤梁寿仁撰联称颂："生来大雅堪名世，坐拥群书作主人。"文成堂看到贫困子弟无钱买书，常常将厚本书籍亏本销售，阅报发现济人良方则刊印赠送，地方有修路桥亭之举，无不极力赞襄。文成堂之名，当时传播遐迩，乡先贤廪生周梦庄老先生题《信昌先生华堂行乐图》云："积善人家百事宜，太和元气萃门楣。齐眉荆布欣偕老，绕膝凤麟俱异资。环悦承欢知妇孝，分甘垂爱望孙慈。披图遥羡先生福，悦见当年郭子仪。"

1945年日寇过境，文成堂书坊毁于兵火，抗战胜利后方重整家业。现存一幅陈鹏翛手撰门联，以"文成"冠首："文艺萃六经，梨枣摹传遵阁本；成章综百代，简编搜检集桐冈。"

上官春略传

◇ 卓亦溪

上官春（1872—1933），又名剑南，福鼎城关人，幼承家学，研讨古典医书及名家学说，善取诸说以融会贯通。其学习笔记，对于理法、方、药，均集几家注释于后，详列细辨，取其精华，可见他用功之深、穷理之熟。年二十余，在福鼎城关开设"松下堂"，坐店行医。辨症权衡轻重，立法兼顾本末，用药妥帖稳当。尤精内科，亦擅骨科，名噪闽浙边区泰顺、平阳、福安、霞浦、柘荣等市县。

上官春医德高尚。每年端午节，用纸装好苍术、良姜等，赠人薰之，又用中药香粉赠送儿童小孩以制香袋；炎暑季节，准备防暑药物如藿香、佩兰、滑石、银花、甘草等赠送过往行人，人皆称道之。每日就诊者门庭若市，他态度和气，诊察细心，尤其急重病号，随到随诊。如遇请出诊者，即刻前往，从不推辞。他常对门人何兆柏、吴思燕和儿子上官庆全说："医生之心应如父母心，病入危急之际，医者应竭尽全力，及早抢救为先，此为医之本也。"上官春授徒，诲人不倦，诊余讲解中医基本理论和心得，毫无保留；从辨症到立法，从选方到用药，逐一讲明，并常教导，"学而时习之"和"学无常师"是学习中医最重要的方法，舍此难以提高。有一次遇产妇昏迷，他用醋一大碗，以火铲烧红，插入醋中，使其气直入患者鼻孔中而苏醒。平时结合古人论说，给予论治。用药治病，则从实际出发，师古人之意而不泥古人之方，辨证施治，方药似乎平常，但疗效显著，往往收到立竿见影的效果。

上官春行医三十余载，虽诊务繁忙，然于地方公益之事，无不热心为之。1923年，住福鼎江西同乡筹建会馆，公推上官春主此事。后来他亲赴上海、温州等地采购建筑材料并从外地请来泥、木工人，花了一年多时间，建成一座五榴三层砖木结构的楼房，即福鼎第一座洋楼"琴会馆"。1926年初，他被选为福鼎县商会会长，任职期间同地方人士陈监波、颜声九等募修建溪岗石桥。是年冬，福县知事黄若柏闻知周荫塘、蒋鸣岐部队自福州撤退过境北上，带走大印，同老婆避往平阳镇霞关。处此险恶情势时，上官春挺身而出，会同地方人士去请求前任知事陈廷衡出面负责维持，全城赖以安。1926年前后，福鼎饥荒，上官春同镇边施宜臣等人，筹款放账，维持治安。

上官春逾花甲之年，仍白天繁忙地给病人看病，晚上坚持钻研医书，他虚心学习别人的成功经验，经常勉励自己的子女勤奋学习，对书本的知识灵活运用，不死搬硬套。他的儿子上官庆全、孙子上官秀久继承祖业，刻苦行医，皆为福鼎县医院骨干医师。

（本文摘编自《福鼎文史资料》第10辑）

记金雁翔大夫

> 佚 名

金雁翔（1885—1946），福鼎城关十字街人。其父金潮于清光绪四年（1878）从浙江兰溪迁来福鼎城关开设"金益堂"药铺。金雁翔少颖，13岁时入店为学徒，开始学医，其父督课甚严，使其遍涉名家典籍，基础厚实。年16岁，为名医苏寿仁所赏识，纳为传人，授以医学秘传，医术大进。20岁脱颖而出，声名噪起。他诊病拟方，思考周详，用药专切，深为病家所信赖。

金雁翔行医40余年，爱注疴瘗，独不爱钱，对贫困者不但不收诊金，还常常免费供药。如轿场轿夫张阿亮，无资酬医，卖轿以应，金雁翔闻知，将红包暗置病人枕下，嘱其赎轿谋生。又如十字街柘兰母，孤寡无依，因重病延金雁翔诊治，他察知其困境，切脉处方后，置银圆两枚于其案头，覆以茶杯，病者发现送还，他否认为己所放。

金雁翔同情革命，烈士黄淑宗生前曾来城活动，寓邻人梁常生家，为国民党侦悉，将入梁宅搜捕，他不避风险，出面周旋，因获脱险。黄丹岩烈士被捕时，他为之奔走营救，邀集街坊，具结担保，惜未如愿以偿。

金雁翔为人也，仪容整洁，长须宽袍，既有学者风度，又善拳击武术，救死扶伤，济困周贫，不遗余力，医术医德，远近咸钦。

1949年，沙埕瘟疫流行，死者甚多，金年事已高，不辞劳顿，深入疫区施治，存活多人，不身染病身亡，终年62岁。

忆先父潘雨峰

潘 玲

先父潘雨峰原名潘国润,因闽南话"润"与"论"谐音,福鼎人皆称他为潘国论。先父生于1889年,病故于1952年,终年63岁,青少年时代献身辛亥革命,中老年弃官经商仍不忘人民革命事业。我每每追忆先父,肃然起敬,无限感慨之至。

受美籍牧师器重　免费入教会学校

先祖父系私塾教师,家境清寒,为人笃厚诚实,却思想开放,内心激进,不愿受拘旧封建礼教,与美籍牧师相交。先父先天聪颖夺人,加之先祖父对先父督教至严,三岁已启蒙,熟诵《千字文》,六岁已能诵读《四书》,众皆赞为神童。美籍牧师主办圣公会中学,校址在福宁府(霞浦),见先父奇才可嘉,破格吸收先父入学,不唯学费免却,且供衣、食、用全部生活费。福鼎至福宁府,必须越过一高山,名谓"福宁府岭",过去院试必须到福宁府,后人即以"过福宁府岭"作为秀才的代名词,许多人称赞先父"六岁爬福宁府岭"。美籍牧师不但教先父数、理、化各新学课程,还教先父外文。先父不仅各学科成绩优越,还爱好文体活动,对篮球、排球、足球、游泳、击剑、琴、棋、书、画等都有兴致。

潘雨峰像

考进保定军校　结识革命党人

美籍牧师欲培送先父赴美国圣学院深造,但先父心中已充满反洋灭清的志向。1903年,适逢当局招募学生军,先父决意北上,企望通过投笔从戎,打入新军,以期政变之宏图。美籍牧师拗不过先父之求,资助路费之余,又写介绍信给北平圣公会的神父,俾使先父到北平后能得人照顾。年仅14岁之少年,竟千里跋涉到了北平。先父经神父之指点,没有参加新军,而考进保定军校。保定军校分步、骑、炮、工、辎五科，先父入工科。先父对各门功课根底扎实，故业余时间较多，社会活动得有充分条件。因为原来琴、棋、书、画、球类、武术等有基础，仅就读一年，成为校内优秀分子，成为跨越"科界"生之一，与各科高才生共同钻研功课。保定军校骑科有一项艰难实习，经常在入夜放马旷野，马无缰无鞍无衔，有如野马，教官命学生捉马归营就寝。马被生人骑上后，又惊又怒，又摔又掀，或踢或咬，时有卧地打滚，即使骑服也得奔跑到马已浑身是汗，筋疲力尽，方可遂学生之愿归营。此项习作，确为骑科学生之大难题。先父曾为白崇禧、顾祝同等骑科同学代捕马"交卷"。保定军校炮科对炮位计算必须自立议程用几何三角函数解之，炮科高才生刘建绪、蒋光鼐等经常求先父助之"交卷"。由于先父在教会中学时，学过日、英、俄三国文学，故对三国文字也有一定根底。是时陈仪学日文，蔡廷锴学俄文，黄绍雄学英文，先父都乐于与他们共同学习探讨。因此，他们对先父很有好感。先父在球类是校队主将，游泳能踩水过脐，因此先父在保定军校与白崇禧、顾祝同、刘建绪、黄绍雄、蔡廷锴、蒋光鼐、陈仪、程潜等爱好球类和体育的同学，紧密相处，相交极厚。且与上一期同学黄兴（黄克强）等人亦有密切交往。当时保定军校第一期学生大部分是保皇派，第二期学生大部分为维新派。先父就读三期，该期学生几乎全部是辛亥革命派。三期学生入学之时，正值兴中会、华兴会、光复会、哥老会等各革命会道门进入保定军校活动，适逢学生诣欲寻觅革命党派，正是"踏破铁鞋无觅处，得来全不费工夫"。先父由黄兴介绍结识了朱执信，朱执信对先父才学兼优十分赏识，先父得以参与革命党之结社，叩响同盟会之门扉，以至奔赴革命之疆场。

东渡日本晋谒孙中山先生

朱执信长先父4岁，先父尊之为兄长，十分敬仰之。朱执信爱先父多才多艺，亦视先父为亲弟弟。1905年，朱执信、黄兴、廖仲恺等人赴日本东京，旨在并各革命党组织成立同盟会。朱执信在先父的恳求下遂携先父同行，先父因而得谒见孙中山先生。孙中山先生听了朱执信和黄兴对先父介绍后，对先父十分赞赏，拍着先父肩膀说，今后将招先父为贴身警护，先父也在此时由朱、黄介绍参加了中国同盟会，孙中山先生还让先父参加了同盟会第一次会议。这次重大议事决定了中国辛亥革命势在必行，与会11人，唯有先父一人未成年，先父登此"龙门"后，因此被某些国民党元老尊为革命先驱。

发展同盟会员，进行革命活动

先父东渡日本往返仅半月余。返校后，先父大肆发展同盟会会员，嗣后这批经先父介绍成为同盟会会员的砚友们，均成为国民党内重要人物，对先父十分敬仰。后人误认为先父是国民党中央委员，因某次中央委员会开会之时，先父在孙中山先生身边，孙中山先生未命先父离席，而中央委员有一部分系先父介绍入同盟会而转入国民党的，先父在这次中央委员会议上确实也发了言，受到与会者赞许。先父说起参加同盟会和参与国民党中央委员会议诸事，总是喜扬眉梢。

1907年，先父卒业保定军校，应承同盟会之命，南下直奔广州投朱执信。朱执信领先父进谒邓仲元将军，邓仲元从朱执信口中，早已知先父，一经见面大喜，命先父去海丰、陆丰，秘密组织工农民团并授为前敌总指挥。后又派先父到福建、广东交界之潮汕地带，秘密组织闽粤工农民团，朱执信为总司令，先父被委为副总司令。不久又派先父到清廷新军中活动，意图发动粤军之新军来投革命党，做好起义准备。当时粤军新军之头目，均受大商贾收买，听令于商贾，而商贾虽对革命党有所寄托希望，但终是脚踏两条船，认为投靠洋人和清廷，亦有发财发迹之机遇，左右摇摆不定。先父不辞东奔西跑之劳累，更不惜生命安危，出生入死，夜以继日，进行地下秘密活动，应付艰难而复杂的斗争，为建立辛亥革命广州起义（黄花岗之役）的武装力量，打下良好基础。1908年，遵廖仲恺之命，远涉重洋下南洋新加坡一带筹募军饷，并参与经商。际此，先父即在新加坡置有十五亩橡胶园，开设百货、南杂、布匹三爿小型商店，贡献于革命，借以增加并稳定军饷之收入。当时陈炯明组织粤军商团，亦在海丰、陆丰有所活动，视先父发展工农民团为眼中钉，恨不得早日并吞工农民团。因此，先父既得防范清廷，又得抗衡商团，还得牟利和募捐，处境之不利，工作量之大，责任之重，实无法估量，然先父却节节进展，为朱执信、邓仲元、廖仲恺所称赞。

率工农民团参加广州起义

1911年广州起义（又名黄花岗之役）之前，清政府两广总督张鸣岐对革命风云已有所察觉，早已严加戒备，而革命党人对于清军虽有戒备却朦胧无知，诸领导对于发难日期意见尚未一致之际，主攻两广总督衙门的领导人黄兴执意定下日期，其他各部不能再等待观望，只得仓促配合。4月27日（农历三月二十九日）凌晨，朱执信偕先父率领闽粤工农民团近千人，由海丰、陆丰抵达广州，以迅猛之势攻入南门，把清军压入两广总督衙门激战一昼夜仍不克。鉴于清军将来增援，革命军决定退却。革命军捐躯百余人，大部牺牲在两广总督衙门中（黄花岗收尸72具），外围激战伤亡不多，只是在退却途中失散数目惊人。朱执信命先父率部返海丰、陆丰，整理残部时，竟只剩下两三百人，且枪械丢失大半，实堪心痛。广州起义受挫后，朱执信、邓仲元总结了经验教训，立即考虑到武汉起义问题，又派先父火速到武汉。

武昌起义创建功勋

当时已探定武昌清军戒备甚严，主要是保护楚望台军械局之军械。革命党人原来决定首先在汉阳发难，紧接着在汉口起义，两路围攻武昌，当此之际楚望台军械局起义做内应，则大功可成。先父作为同盟会的特派员身份匆匆来到汉阳，但同盟会文学社领导蒋翊武却决定在武昌首起发难，先父只得立即赶到武昌配合老同学熊炳坤，及时处理楚望台军械局守军方姓头目（熊、方二人均系保定军校同学），俾使熊炳坤猛攻，而攻克楚望台军械局。本来方头目已答应率部起义，后见清军势力雄厚便动摇。先父入方头目军营，与方对饮欢聚，随即佯醉发狂，将方头目双手十指斩断，使方头目无法临阵，熊炳坤一举猛攻取胜。起义民军得到军械弹药，如虎添翼，包围黎元洪。先父率部直闯黎军营，讲明利害关系，黎见民军起义军枪支弹药充裕，军势大振，民心所向，只得起义，发出通电，要求各省独立。各省独立之际，袁世凯投革命之机，迫协宣统退位。先父在黎发通电后，随即返穗，向朱、邓汇报经过。1911年12月，孙中山自日本回国，是时十七省都督通电拥护孙中山先生，推举孙中山为临时大总统，先父随朱执信赶到南京，晋谒孙中山先生，孙中山命先父伴之身边，犹如贴身护卫。

辛亥革命推翻了清政府和中国两千年封建帝制，人心大快，可是先父心情不佳。原因是武昌起义之成功，决定于熊炳坤攻克楚望台军械局，而熊之取胜则取决于先父斩去方头目之十指。方头目系先父保定军校工科亲密同砚，后又结伴为兄弟，情过手足。先父后半生曾为此过痛苦的日子。

服从朱邓指挥，拥护三大政策

中华民国成立之日，各省军阀仍各据一方，孙中山先生教导：革命尚未成功，同志仍须努力。朱执信、邓仲元体会殊深，实感需各方力量支持，遂命先父到汉口，找苏联领事鲍罗廷求助。鲍罗廷提出中国革命去向的建议后，先父旋即返穗，将此事与朱执信汇报，朱执信与邓仲元、廖仲恺等商讨，众人等欣然赞同，旋即向孙中山先生汇报，为后来孙中山先生制定联俄、联共、扶助工农三大政策打下良好基础。先父也在这一时期秘密参加中国共产党，直线联系人为林伯渠。先父自从投朱执信、邓仲元之后，完全听命服从指挥奔走在鄂皖苏赣各省，与很多重要人物商讨革命大事，了解各省军阀动向并及时报告。先父曾奉命到云南晋谒蔡锷将军，曾伴唐继尧进军贵州，曾作为李烈钧副手辗转征战湘鄂各地。后又应朱执信、邓仲元之命，重整粤军工农民团，保护廖仲恺为首的革命政权。我在电影《廖仲恺》中见到一位年轻军官对抗商团，在会场上支持正义，就联想到先父。但陈炯明用商团压制革命，大权在握，先父欲挽狂澜却已无能为力。后因朱执信、邓仲元相继牺牲，陈炯明吞并民团，先父奉命筹军饷，又奔向南洋，去新加坡等地筹措革命经费。

力斗陈炯明，救出廖承志

北方袁世凯、张勋、段祺瑞等军阀一再作祟，北洋军阀互相混战，蒋介石篡夺国民党军政大权，黄兴从南京撤走，李烈钧离开湖北，李宗仁、唐继尧分霸桂、贵，陈炯明在广州吞并商团和工农民团自封元帅。广州整个局势已无法压抑军阀，先父竭力保护廖仲恺之政权，奈何孤掌难鸣，无法与陈炯明抗衡，最后陈炯明叛孙中山，并杀害廖仲恺，先父舍命抢救出廖承志，并带往海陆丰兵营达半年以上，而后护送出境，使廖承志能赴日深造。

先父救廖承志之事，我于1960年到北京王大人胡同一号（现为北新桥一号侨委）见何香凝老太太时得到证实。1978年我又上京到东四、十二条五十六号求廖承志助我平反时，交申诉书，在申诉书中有阐明先父救廖之事，廖承志在我申诉书批"先安排工作再平反"邮寄福建省侨委办理。承侨委转文福鼎县委，在县委信访办宋同志的帮助下得以重返福鼎皮革厂当临时工，不久后得到彻底平反。这一经过充分说明廖承志未忘先父旧情。

先父被陈炯明逼出广州后不久，重投故交许崇智，从而依靠许崇智力量彻底击溃陈炯明。

联系共产党，参加第一次国内革命战争

孙中山在朱执信、邓仲元、黄兴、廖仲恺之相继亡故后，感到孤独，决定联系共产党，创立第一次国共合作，策动北伐。当时北伐分两路进军：蒋介石领兵中路，何应钦进兵东路。先父早已失去兵权，又与蒋介石有隙，只得投在何应钦麾下参加北伐。先父被何应钦委任为参谋，参谋总长为白崇禧，后白崇禧因兼任前敌总指挥之故离开，由先父代理参谋总长之职。北伐胜利会师，在南京庆典毕，先父眼看蒋介石篡得国民党军政大权，诸好友皆投拜蒋之麾下，殊为不满。后来蒋介石公开叛变革命，制造"四一二"事变，屠杀共产党人，先父便解甲返商，决定重返"西江贾"之行，往返于杭沪与新加坡之间。

为解救共产党人充任盐城、金门县长职务

1927年6月，蒋介石在某些中立派劝阻下，表面上停止屠杀，缓和国共关系，但却逮捕了很多共产党人，关押在江苏盐城。共产党通过林伯渠（国民革命军第六军政

治部主任）给先父转达救人方案，请求先父去当江苏盐城县长。先父毫不犹豫，欣然上任，为期一年，尽释"要犯"。蒋介石察觉，命人立即除去先父。然而先父早有逃难之准备，携带上海第一流名伶赴欧到法国旅行去了。先父此次能脱身鬼门关，全赖何应钦、白崇禧等诸多高级将领和国民党元老暗中施救。

仅隔年余，1929年，先父为拯救被关押金门岛监狱的共产党重要人员，又欣然接受金门县长职务。真是"明知山有虎，偏向虎山行"。先父与林家兄弟、雷家兄弟共购鼓浪屿建别墅，携妻儿（我方九个月）并我的外婆住进鼓浪屿别墅。先父要求当时省主席陈仪派重兵守金门保鼓浪屿，以防金门海盗来袭。陈仪提军饷困难，先父立即借给大洋两千块，陈仪给借条为凭（直到1936年陈仪第二次到福建任省主席时，才还给先父一千元）。陈仪原系先父同窗好友，对先父政历尽悉，只认为先父为伴美娇娘和爱子享天伦之乐来到鼓浪屿，不会亲临金门办公，并安排亲信为县秘书代行县长职权。先父确实不离鼓浪屿，成为"名副其实"的挂名县长。先父将金门监狱长介绍到广东某行署当警察署长去了，原任监狱升官提数级，实是飞黄腾达，监狱长喜出望外，顾不及办移交就走了，故而原监狱长仍未除名。先父又将我姑父丁祖章介绍给秘书长去接任。我姑父为人十分忠厚诚实，秘书本已欢迎，何况又系县长之姐夫，当然信任之至。我姑父的确是地道诚实的人，办事谨慎认真，只是贪爱怀中之物，初上任点滴不沾，而后偶有小饮，均无碍工作，不意一夜竟醉卧至翌日天将明，伸手不见牢门钥匙，并发现监狱牢门大开，空空荡荡无有一人，不仅囚犯无存，甚至警卫、老年佣人、洗衣妇女、囚犯幼子也无影无踪。我姑父吓得浑身战栗，奔到先父处，双膝下跪。先父心中明白，不慌不忙扶起姐夫，交给黄金银圆，嘱他悄悄归里。我姑父回福鼎后一年多不敢露面，真苦煞老实人，根本不知先父变戏法魔术的奥妙所在。金门县秘书哭丧着脸也来到先父处，先父说丁祖章系广东人黄花岗某烈士的姐夫，只因某烈士和先父称兄道弟，故而先父亦为姐夫。先父劝秘书立即逃亡国外，介绍他到新加坡等地去经商，并赠给一些黄金美钞，秘书只知逃命要紧，顾不上向陈仪汇报而出国去了。先父亲自向陈仪汇报，陈仪啼笑皆非另派亲信，用上报因流行性病亡代替逃犯，逐步了结之。蒋介石大为震怒，陈仪不免也遭了"鞭笞"，蒋介石肯定先父系此案主犯，是"异党分子"。又是靠何应钦、白崇禧等高级将领及诸多国民党元老明争暗保，既说先父贪色误事，绝非"异党分子"，又说先父患精神病，更说是从黄花岗里爬出来的有一定功劳，总之千方百计阻止蒋介石对先父下毒手。先父也将计就计，犹如济公装疯卖傻，到上海法租界经商去了。蔡廷锴、蒋光鼐在福建成立人民政府时，先父曾有参与，事败后，蒋介石命戴笠亲自杀死先父，戴笠曾将此事暗示何应钦、白崇禧二位，他俩在蒋介石、戴笠双双在场时力保先父。最后，蒋介石命戴笠亲自警告先父。戴笠对先父说明情况后，先父决定携妻儿往新加坡，不意新加坡被日寇沦陷，只得返回故乡福鼎。先父在家乡仍装疯卖傻，乡人误以为真，终成传奇。

坚持抗日，无私利的爱国者

先父对日寇侵华恨之入骨。1928年，济南五三惨案中的蔡公时烈士与先父抗日主张情投意合，他牺牲后年余，先父从金门逃难至沪，即将上海山东路（南京路口）之唯一住宅捐献出来，办起"公时中学"聊表纪念，并借此激发人民抗日情绪。日本人侵占上海后，欲杀先父，先父逃居法租界旅馆避难。1932年，日侵略军发动"一·二八"侵犯上海事件，蒋光鼐、蔡廷锴率十九路军抗击日寇时，先父全力支持，全不顾妻儿生活，日夜奔波在抗日前线，为支持十九路军抗战废寝忘食。我兄妹只好随母寄居在舅父家里。先父见蒋介石对日寇手软，眼见日寇不断蚕食中华得逞，只好逃离上海，欲往新加坡，结果南行不成，留居家乡。

立功不受禄，谢绝建楼房

黄绍雄任浙江省主席时，送一"巡视专员"之名誉官职给先父，虽然一点权也没有，但可以"逢县吃县，逢府吃府"。恰巧温州行署专员及警戍司令都是保定三期砚友，驻衢县的汤恩伯是同窗好友，于是先父偕我旅游浙西、浙南等地近30个县府。先父每到一县，只收一点"程仪"作为应旅途花费。

刘建绪任福建省主席时，除了送"巡视专员"之外，又送第25集团军参议、省参议、省侨委等诸多名誉官衔，当然也没有掌权，先父又偕我优游福建近30县。闽浙两省共125县，我随先父旅游半数矣。1943年，刘建绪授意福鼎县长王道纯为先父建一幢三层楼房，拟在旧市场（即今剧场）兴建之，并用母亲和我二人名字报领每月约等于300斤大米代价款额补贴生活，为先父谢绝。先父只求拨给城关街头顶外之寮岱破庙地基，王道纯立即答应。当时拆庙兴建学校，值大殿屋架未拆，先父献出两条小牛作为抵值。先父在旧屋架上盖上茅草并绿化墙内宫基，效仿诸葛孔明茅庐，诚为乡人谈笑之"佳料"。1949年后，人民政府仍继续供应先父生活费，土改时还颁发土地证，该证现仍保存我处，由是先父至为感谢共产党、人民政府之恩德。

解救人民群众，反对乱抓壮丁

顾祝同任第三战区司令长官时，福鼎城关吴晋康因参与中共地下党活动，被关押在江西上饶集中营，其家人来求先父解救，先父一封书信给顾祝同，吴晋康即被放归回家。

中共浙南游击纵队司令员郑丹甫前妻之哥温承厚"白皮红心"，明为保长，暗为地下党交通，1936年被国民党80师绑赴法场，午时三刻问斩，狠心的80师竟将"亡榜"竹签插入他背部的肉内，谅来必死无疑。共产党派人促先父解救，先父身穿长袍，手持竹杖，漫步入法场，80师238旅旅长敬起让座。尽管该师已在福鼎杀戮数百人，不放过任何一个嫌疑人，但当先父要带走温承厚重新审问时，该旅长竟让先父将温松绑带回了。这惊人消息不胫而走，曾轰动福鼎全县，老少咸知。先父亦曾从死牢中救出潘嗣税、温石柱等多人。

先父对国民党乱抓壮丁，至为不满，凡是属独子或患残疾者，有其亲人来求救时，先父了解实情后用名片或命我直抵接收新兵的部队进行交涉，将该名壮丁释放回家，如是为期数年，获救者实在多得无法计数。

先父回故里后，坚决抵制高利贷盘剥，对恶霸地主、土豪劣绅，均给当头棒喝或予以沉重打击。他曾兴办农会，提倡二五减租，唤起民众抗日救国，并为受迫害之群众申不平，解救很多劳苦大众。

1949年春，国民党溃军过境桐城，既乱拉夫又抢猪肉，唐志诚（后为二轻局副局长兼福鼎皮革厂中共党委书记）为宰猪逃避抓壮丁，躲在先父茅草屋中。有一日唐志诚途中遇国民党一个连长和一个排长，见唐志诚身上穿有猪血沾红之围兜，逼供宰猪所在，唐志诚无奈向茅屋一指即他遁。该连长、排长入先父茅屋，见有若干猪腿猪肉，想要抢走，先父披上将军服军大衣，手持竹杖追上，用竹杖狠鞭排长。连长见将军级军服的先父，立即下跪求饶，排长亦下跪，并送回猪肉，鼠窜而去。随后，该连长领一连人包围街头顶，挨家挨户大肆搜查唐志诚，幸而他躲入吴正光母亲之新娘房中，得免灾难。事后先父得知，欲再责该连长，他却漏夜率队离鼎而去。唐志诚每每与人谈此事，众皆惊叹不已。

策励子女参加革命

先父在世，谆谆教导我辈，要为中国革命尽忠，我方5岁即随先父奔游各方，7岁随先父由沪来榕，一路上按鲁迅先生提出的"有一分热发一分光"口号，进行"一分钱"募捐活动。是年到福州参加儿童节4月4日省儿童演讲比赛，是"国家兴亡、匹夫有责"之类抗日救国的内容，当时我获得第一名。1936年红军攻进福鼎桐北，有人说红军是土匪，先父即用红军抗日救国的功绩来教育我，使我在幼小心灵中烙印上"共产党好""红军好"的深刻印记。在先父策励下，我十六七岁参加中共地下党，妹妹潘慧如15岁参加中共浙南游击队，弟弟潘明15岁参加中国人民解放军。现我兄妹三人均已办得离休，确也未污先父遗训，未辜负共产党的栽培。先父不维教育子女拥护共产党,他本人也为共产党地下游击队,做过很多有益革命的工作。1946年至1949年,他不断与林乃芳、林乃珍、黄腰弟、谢秉培、潘国佳等地下游击队员联系,提供敌军活动情报,多次为游击队购买枪支弹药及军需品。1949年后中共福鼎县委尊优先父,供给先父生活费,直至1952年春先父病逝为止。我兄妹共5人,3人在革命队伍,另二弟妹系年幼儿童,无法俸养先父,多亏共产党、人民政府对先父照顾,在此深表感谢。

留文教育后代,住茅房清贫一生

先父存有保定军校同学录、一本革命战友通讯录、一本国民党高级将领和元老的亲笔赠言纪念册,还有一本硬纸照片簿。这照片簿中,有辛亥广州起义和武昌起义的纪念文物摄影,有东渡日本与孙中山先生诸先辈的照片,有与同盟会领导人的合影照片,有保定军校活动留影,有海陆丰工农民团战友照片,有为争回台湾琉球谈判照片,有部分亲友照片。其中有两张照片我记忆特别深刻:一张是先父与朱执信合影,先父在照片侧旁右上角,贴一张朱执信着黄色中山装半身脱帽黄底一分邮票;另一张是先父与邓仲元合影,先父也在照片侧旁右上角贴一张邓仲元着灰蓝色军服半身戴大檐帽兰底半分邮票。不惟照片系革命文物,即是两张邮票也是珍贵的物件。先父在1952年春逝世前,一再叮嘱我辈珍重这批革命文物。真可惜,是夏因我家被搜遗失了。

数年前,朱腾芬先生令郎朱鼎邦先生参加福建省辛亥革命老人后辈座谈会从福州归来,曾问我为何没有参加。朱鼎邦先生告诉我,朱腾芬先生夫妇之结合系先父为媒妁。我这才记忆起先父在辛亥革命时期到闽粤边界组织民团时与朱腾芬先生有工作联系。

至于桐城寮岱茅房,该房屋已被街头顶生产队使用,不提也罢。

(本文摘编自福鼎市政协编的《福鼎县纪念辛亥革命八十周年专辑》)

悲怀慷慨：卓剑舟其人其诗

张振弻

卓剑舟像

早有听闻民国时期名播浙东南、闽东北的福鼎著名诗人卓剑舟先生，后与其哲嗣卓亦溪先生短暂过从，更了解其父生平著作。谈及其父，他颇为自豪，列举了一些交往名士，可惜由于卓亦溪先生忙于征集《太姥诗词书画集》，相见无非议论书画，不久我改调蕉城，难于见面，而卓亦溪先生亦于不久下世。愿望落空之后，探询其后辈族侄，亦不甚了了，熟知其事之前辈又未留下更多详述。故想详评剑舟先生，实属难事。幸手边辑有先生部分诗作，近日更有恒鼎先生出示藏本《摩兜坚馆诗草》，欣喜至极，拜读之余，兼及他处所辑，感其为文为人，不揣浅陋，欲写下些文字就教于高明者，私心希望抛一砖而引数玉。

就我案边阅读所及（卓剑舟先生33岁至去世前诗多不在此中），读先生诗，字里行间透出一股沉雄豪健之气，复有中怀郁结，伤世悯人之感，悲怀慷慨，潇洒淋漓，磊落豪放，叫人为之动心，为之共鸣。先读读几首诗。

书愤
身世飘零惯，浮云转眼过。
醉时倚长剑，睡去著诗魔。
故国烽烟满，深秋霜露多。
一腔忧愤在，搔首起悲歌。

写感
欲击唾壶碎，蹉跎叹此身。
新亭余涕泪，故国况荆榛。
放眼殊高古，扪胸无点尘。
茫茫熟知己？千载一灵均。

感事

时局嗟荆棘，途穷可奈何。
烽烟迷海国，鼙鼓动星河。
大地腥膻满，江山涕泪多。
夜长不成寐，拔剑欲高歌。

遣怀

年来意气渐销磨，浊酒无端慷慨歌。
壮士矢心报家国，书生短计止干戈。

感怀

底事悲歌慷慨声？侧身天地死生轻。
寒泉出匣双龙吼，怒气摩空一鹤横。

哀时

风风雨雨倍无聊，逋客哀时恨未消。
极目河山余涕泪，雄心激起七州潮。

以上是年轻诗人的几首悲叹国家衰败，欲挽狂澜于既倒，然而却又难酬壮志的抒怀诗。笔者除了钦佩其年轻捷才，慷慨豪壮，更赞佩其见识高超，笔力雄健犀利。诗人自少年时起即有雄心报效家国，故小小年纪就外出求学，辗转而终至上海，进了上海国语专科学校。这段时日，他目睹或听闻了辛亥革命后中国黑暗社会的种种闹剧，也经历了五四运动等天翻地覆的世变，少年的漂泊经历和感受让他一下子成熟了许多，少年老成，眼顾八荒，心存家国，口出壮语，志存高远。所谓"剑舟磊落才，奔走万里路。倚剑大声呼，九霄散云雾"。（《六龛室题辞》）所谓"歌哭淋漓三百首，悲欢离合万千场"。（《古梅州赵铭三年七十八岁题辞》）所谓"命途多舛，颠沛叠遭……潦倒半生……少怀哀郢之思，壮作登楼之赋……"（《自序》）。也就是说虽然诗人无法为社会做出惊天大事，自叹"书生短计""哀恨未消"，然而这特定的社会、遭际、志向和捷才，也成就了诗人与诗作，如他《自慰》诗中所云："失意安知非得意，压囊却有百篇诗。"

先生生于乱世，眼见内忧外困，民不聊生，本人又是漂泊颠沛，于是年纪轻轻就忧愤不置，不吐不快，所谓"歌哭淋漓"，"意气吞斗牛，下笔动风雷"（丁鸿南题语）。

这类诗作除上文列举者外，还有《闲眺》："夕照满原野，行歌亦楚狂。微风吹水皱，海月上楼凉。目与天边尽，心因世事伤。万方多难日，俯仰意茫茫。"《夜静有感》："牢落尘环廿五龄，灯前顾影叹伶仃。人间不尽风云变，襟上犹存泪血腥。"《穗垣中秋》："天荒地变怆神州，满眼疮痍人倚楼。月下悲歌看拔剑，五羊城外作中秋。"不胜枚举。

这种咏叹主题占了诗作主要篇幅，即便题赠诗和写景诗也不离此旨。诗人念念不忘，满腔积愤于国事衰微，这种爱国情恨渗透于他所有作品中。请看两首题赠诗：

题陈波（棠）挹翠楼壁二首

一

楼成挹翠涤襟烦，图画天然郭外村。
十里山光都在望，一场春梦了无痕。
偶衔杯酒愁怀减，常对烟霞笑语温。
白眼看他当世士，满腔冰炭不须论。

二

高楼结构费商量，罕伴同登喜欲狂。
四面溪山飞翠色，几重云树拥晴光。
品题烟景归金管，咳唾珠玑入锦囊。
自是元龙豪气在，我来把酒醉诗肠。

这里诗人在主旨题壁之外也不忘对现实的关怀，对当道权贵不关心民瘼，冷若冰炭之心的抨击，并借阮籍青白眼之典表示鄙视之情。第二首更借东汉陈登、陈元龙之典表达对当道者的不屑，透露出一种不平凡的豪气。这种充满豪壮之慨的作品，有引人奋发的潜在感染力。

历史上每当国难当头、民族危亡、生灵涂炭之时，那些充满苍凉悲怆愤激慷慨之情的诗句都将成为感愤国人、激励壮士的号角，成为支撑民族脊梁的正气，充盈于每一个爱国志士的胸胆之间。唐宋以降，在这种民族正气的鼓舞下，多少仁人志士走上保家卫国的疆场，走上为民请命的刑场，又喊出了许多悲怀任气、慷慨激昂的呼声，让后人为之愤起，为之伸张，为之激扬，如李纲、岳飞、文天祥、辛弃疾、张孝祥、陈亮、张元幹、谢翱、张苍水、丘逢甲、郁达夫……绵绵不绝，世代传承。笔者以为卓剑舟先生之诗作，颇受这种诗风影响，骨子里流露出一种伤世悲怀之情，天下兴亡之叹，苍凉激愤之慨，忧国忧民之痛，读后让人产生一种感奋激越之情。而其辞采又颇沉雄刚健，雄浑豪迈，气势不凡。这类充满向上激情、雄心壮慨之诗应是先生一生诗作最重要的主题。且看他在异国他乡的诗："壮心天与久沉沦，一剑纵横大海尘。万里投荒殷鸟岛，英雄末路作诗人。"（《壮心》）先生为谋生计，于1928年冬赴南洋婆罗洲（加里曼丹岛）一带讲学，然又深感与祖国远离，报国雄心无以实现，一种苍凉忧郁之情填塞胸间，即便如此仍露出一股雄豪之慨。"一灯客馆思如何？满耳秋声入夜多。落魄频年挟书剑，伤心万里走关河。朗吟屈子问天赋，漫学王朗斫地歌。俯仰乾坤无限恨，轮囷肝胆苦销磨。"（《秋夜书感》）先生身处乱世，四处奔波，秋夜独处客馆，一盏孤灯，四处风吟虫鸣，却无人声，孤单落寞，不油然感慨万千。想到即将去国万里，落魄频年，携书讲学，想到祖国衰亡，危机四伏，他俯仰天地乾坤，无限心事，问天不应，叩地无响，肝胆轮囷，回肠九折，忧国忧民之情跃然于纸上。此诗格调凄怆，意境苍凉高远，读后让人为之一动。

在异国独处的三四年时间里，先生写了不少这类感慨愤悱之诗，这时的诗更多倾向于揭露抨击日寇犯我河山，践我国土，杀我军民。在国内时诗人似乎早有这方面的忧愤和流露，如《息鞭亭北望》中的"山河破碎恨绵绵""不斩楼兰莫息肩"及《豪杰》中之"楼兰犹未斩，何日快恩仇"等语。而在"九一八"后，日本陷我东三省时，先生更是忧心忡忡，不胜其悲其怒。"闻道东三省，灾黎血泪含。豕蛇惊野哭，豺虎视人眈。赈恤愁难继，生灵苦不堪。无衣哀冻卒，转战正沉酣。""休说辽东事，而今事更艰。人犹谋肉食，谁肯抱痌瘝。家国愁如海，边关骨似山。腥臊知满地，回首泪痕潸。"（《感事二首，分柬南洋诸友》）他悲愤填膺，愤激透纸。这两首充满民族仇、家国恨的五律，前首写尽了日寇霸吞了东三省后国破家亡，抗战人士的艰难，灾民的苦痛，法西斯惨无人道的情状，后一首更把日寇铁蹄下的东三省惨状写得凄切动人——尸横遍野，骨堆如山，强盗恣行，黎庶苦不堪言，真是惨不忍睹，想想都泪眼潸潸。真是家仇国恨如海深，海天愁思，无以尽述。

诗人虽然远离家园，身在南洋，却始终心系国难，"天南词赋多酸楚，故国关河更战场""极目乡关天万里，伤心家国泪双流"（《送王俊卿盟兄归长溪》），"目断长天雁，心飞故国楼"（《感怀》），"惆怅华年常旅食，不堪倚剑望神州"（《述怀寄王俊卿》）。他用饱蘸着同胞血泪的笔触抒写着洋溢爱国主义激情的诗篇，并且还急切想回国投身抗战。除了抒写忧国忧民、家仇国恨之外，诗人还写了许多怀乡思亲念友诗，虽苍凉凄婉却不觉悲观，不失雄浑。"故园花草未忘情，日日言归归不成。又是一年春去也，婆罗岛上度清明。"（《婆罗岛客感》）"秋堂寂寞夜漫漫，偶听胡笳惨不欢。四十五回明月夜，可怜都在异乡看。"（《九月十五夜对月》）"黄花满地雁声长，佳节思亲未敢忘。谁念远人愁断绝，柳风蕉雨作重阳。"（《邦戛重阳》）这些诗，也隐隐露出怀乡念远之外的忧国之思。

笔者最激赏诗人的抒怀诗，这类感慨激昂、悲怀任气的歌诗发人深省，感人肺腑，引人激越，令人热血沸腾。除前段所列三首怀乡绝句，我们再回到《写感》："欲击唾壶碎，蹉跎叹客身。新亭余涕泪，故国况荆榛。放眼殊高古，扪胸无点尘。茫茫孰知己，十载一灵均。"诗人对20世纪80年代军阀混战、国事蜩螗十分不满，感慨客身在外，蹉跎青春，忧愤不已，于是到《离骚》中去寻找安慰。然而十载读《离骚》，越读越愤慨，急于想寻找知音，寻找拯民救国的真正力量。诗人用了晋王处仲击碎唾壶的典故表示对《离骚》的激赏之情，及对前途的担忧。

再看《即席赠汕头余晓天、张剑修》：

大千世界任浮沉，何幸天涯遇赏音。
气味竟如公瑾酒，交游谬许伯牙琴。
忍挥感事千行泪，独抱怜才一片心。
白玉盈樽歌慷慨，腰间雄剑作龙吟。

诗中同样充盈着诗人面对国势危亡的愤悱之情。"腰间雄剑作龙吟"，多么激昂的情绪，身为知识分子的诗人效仿古今文人的气度，书肝剑胆，希望为国效力。

应该强调的是，诗人尽管反复扼腕慨叹壮志难酬、就书生短计，但他仍对"天生我材必有用"充满自信："且道吾材终有用，会当鼓翼破天风"（《罗汉殿奉如海上人》），"男儿未把恩仇报，匣底龙泉诉不平"（《述怀二首》）。他企望"何时得遂雄飞志？好借长风破浪行"（《述怀》），鼓励北伐同志"寄语同胞者，努力树奇功"（《送北伐诸同志》），可见"歌哭淋漓"、充满海天愁思的诗人并非对国事完全失望、悲观，他只是"睥睨神州（败落）感易生，无端歌哭一纵横"的忧愤而已，他要"挥金交遍振奇士，挂壁龙泉夜有声"（《寄内子》）。也因此，他对抗战也充满必胜信心，为每一个小小胜利也欢呼赞颂。如他毫不掩饰诗人对英勇抗战得力卫国的将士的称扬："申江一战建殊勋，国难声中扫贼氛。四万万人齐下拜，英雄唯有蔡将军。"（《怀蔡廷锴将军》）此诗写的是1932年1月28日夜日寇武装入侵上海，蔡将军领导的十九路军狠狠击败了日军的侵犯，说明日寇并非不可战败。诗作表达了国人对英勇抗战者的崇敬。

即便是游山写景诗，诗人也不忘于中表达自己对时局对国家对民生对社会的关注："目与天边尽，心因世事伤。万方多难日，俯仰意茫茫。"（《闲眺》）心系世事民生，即使在闲眺中也难忘四方苦难。"传说容成此脱胎，丹猿黑虎漫疑猜。飞泉鸣咽笙簧奏，怪石撑空剑戟堆。枯管难收仙世界，短筇未尽佛楼台。人间多少不平事，欲叩天阍诉一回。"（《太姥山中行》）人间黑暗，欲向天神倾诉人间不平，人间丑恶，是诗人的幻想，但也是诗人殷切的心。不久时过境迁，抗战胜利，诗人则心情开朗，高声吟唱："与君同上摩霄顶，衣袂飘飘欲出尘。迎面诸峰青有意，凝眸大海碧无垠。祗今日月销兵气，不问山川孰主人。万里秋光开笑眼，王师指日下东瀛。"（《秋日奉陪陈佩王李华卿二同砚游太姥山》）抗战终于胜利之后，诗人与朋友同游太姥，他心境很好，兴味无穷："怪石玲珑万象生，清游如许快平生。山花顾我似相识，野鸟忘机时一鸣。遥望蓬山波飘渺，上凌霄汉气峥嵘。豪情最是陈惊座，倚剑高歌绝顶行。"（《秋日奉陪陈佩王李华卿二同砚游太姥山》）多轻快愉悦的太姥游！诗人为国家有了新生而欢欣鼓舞，移情到太姥怪石上，也是"怪石玲珑万象生"，似乎怪石也感染了诗人的欣悦，与胜利前充满杀气的"怪石撑空剑戟堆"形成强烈对比。

笔者有理由认为，不仅是际遇、感慨类诗作明显体现出诗人慷慨沉雄的诗风，写景诗也不乏这种慷慨沉雄的风格。再举二例以证：

登摩霄峰
跻屐摩霄第一峰，烟波倒浸玉芙蓉。
云飞白昼常疑雨，松老千年欲化龙。
午夜鸡鸣沧海日，五更霜落石楼钟。
振衣思揽天河水，一洗平生磈魂胸。

石船
人世沧桑满眼秋，奈何天地苦沉浮。
何当破浪乘风去，借尔仙槎问斗牛。

这些即景抒怀，借景色浇洗心中块垒之诗篇同样有不尽的感人力量。

以上，笔者挂一漏万地分析了卓剑舟先生的诗风和一些诗作。咏诵其诗，一股浩然正气顿时充沛胸间，让人奋发。历来熟识先生诗者，均赞赏其才气，尤激赏其诗风骨，至于其行文淋漓酣畅更令人钦佩。无怪乎星洲（新加坡）心惮居士评《摩兜坚馆诗草》有云："相别未久，诗之进境乃尔。所谓得于江山之助者然耶！使由是而进之，则继陈同甫、辛稼轩而起者，舍先生其谁归？"评价颇为切当，先生之诗确实得益于祖国环境的哺育、社会风云的激发。吴江名士柳亚子先生尝为题词云："天南遁客（卓剑舟先生自号）擅文思，十载精研一卷诗。我已江才销歇尽，那堪牵率为题词。"大才子柳亚子尚且如此自谦推崇，足见卓诗当时的影响与成就。

退而冷静思考，再联系诗人生平遭际阅历，笔者又认为这种诗风的形成、诗作的丰赡，并非空穴来风、无迹可寻、无源可稽。刘勰在论述建安风骨时说："观其时文，雅好慷慨，良由世积乱离，风衰俗怨，并志深而笔长，故梗概而多气也。"先生所处时代，战乱频仍，社会动荡，一切均有甚于建安年代。身处如此风云际会，社会急剧变化的时代，积愤蕴忧，一个热血青年，岂可闭窗学问、无所申诉？刘勰云："文变染乎世情，兴废系乎时序。"诗人的创作与时代形势是直接联系一起的。卓剑舟生于1901年，经历了清王朝颓衰，外强入侵，列强瓜分中国，资产阶级民主思潮汹涌，爱国呼声高涨，辛亥革命，袁氏称帝，蔡锷讨袁，张勋复辟，五四运动，北伐战争，"四一二"政变，"一·二八"反击日寇，亲历抗日战争和解放战争，卓剑舟先生的阅历可谓是难得的丰繁复杂，五味俱陈。古人认为，为诗者需备才、学、识，笔者以为，还须胆气，为才、学、胆、识，才学固重，胆识尤要。深富胆识，才学便可利用得淋漓尽致，此卓剑舟先生之谓也。先生出身小绅士家庭，自小受到较好的国学教育，又受过周梦虞（前清贡生）、王翼谋等乡贤前辈关爱，基础很好。再加曲折的人生经历、阅世颇深，锻炼了他的胆气和识见。卓剑舟原名朝楒，颇有讲究，颇显父辈文化底蕴，楒，剑之饰具。卓剑舟以字剑舟补名，剑者出其锋可置敌于死地，足见他对自己名字很自得。其别号"天南遁客"则似有自嘲之意。

先生长于语言文学，也擅于医科中医学，早年曾随从著名语言学家黎锦熙先生编纂《国语》杂志，得益于长他十余岁的黎先生不少帮助；又致力学医，欲以医学救乡民，还在南洋悬壶济世、救助灾民。他与上海名医秦伯未、章次会、周岐隐等过往甚密，经常切磋交流中医学术，还获南京国民政府考试院的中医开业执照。然先生意在救国救民，故从业不囿于一端，从教从政从事创作均有所为。他工诗词，善书法，还入常熟虞社，澄海壶社，与四方名流吟诗唱和，中年后又从事地方志《太姥山全志》《福鼎县志》纂述。正基于这样的道德人品志向，他著作颇丰：如《注音字母讲义》《摩兜坚馆诗草》《太姥山全志》《福鼎县志稿》《太姥纪游集》《说剑斋丛话》《说剑斋诗文集》《福鼎诗存》《福鼎诗文征》等。但先生最让人称道的可能还是他的诗吧。他在浙东南、闽东北声名颇响也缘于他的诗名。

剑舟先生诗题材广泛，形式多样，音律谙热，

林森题卓剑舟《太姥山全志》书名

文风沉雄，五言七言，绝句律诗，无所不精。才气纵横，文思敏捷。意境广阔，笔力雄浑。他前半生大部分时间均在外省市，上海、宁波、广州、厦门，甚至南洋婆罗州（加里曼丹岛印尼、马来西亚一带）各地从医任教讲学，同时与各地著名诗人唱和交往。平生诗家文友，交往商酌最相契者有广东梁启超，浙江绍兴蔡元培，江苏吴江柳亚子，鄞县周湜，浙江金华王廷扬，宁波周岐隐、周采泉兄弟，新加坡许元之，浙江镇海陈器伯，浙江瑞安池源瀚，永嘉梅雨清，福建霞浦黄寿祺。以上均为当时名士与进步人士。这些人中，有些是他的师长或兄长（如蔡元培、梁启超、黎锦熙、柳亚子），有些则是他的契交、诗友，有的还是医学上的师友，是见其交游之广、学习之殷切及成绩之可观，否则不可能得这许多名家的指点或与交往，更不可能与他们投合唱和。

总之，动荡的时代造就激扬的人才，苦难的阅历催生雄健的诗人。卓剑舟先生一生历尽国家磨难，社会动乱，亡国危机，理想幻灭，但也为他诗歌创作准备了成功的条件，"愤怒出诗人"，正好对他做了注解。

忆方东先生

谢瑞元

每当翻读《福鼎文史》时，就会浮现方东先生祥和而严谨的面容。

他是福鼎早期编文史的前辈之一，他接手编文史的时间很长。

我任政协常委时，曾在编辑文史中做他的助手。他的父亲是教过私塾的，因此他的旧学造诣甚深，能诗善文。他爱旧诗，又不辞劳苦，加编《太姥诗讯》，并不时搞些诗钟评奖活动。他工作认真又热情，把文史工作搞得很红火，团结了不少民主人士。

初来乍到，我对文史工作十分生疏，也不太感兴趣。他鼓励我也要着手写几篇。记得我写《璇玑洞前觅旧踪》时，他对此文颇感兴趣，说："朱熹曾避难太姥山。以后，又数次经过福鼎。因没有留下什么，为此有人对此事产生怀疑，认为没有到……"他兴致很好地看了我的文章，觉得史实太单薄了，立即将他掌握的史料给我，以充实我的文章。

太姥山在宗教盛行的唐代，有三十六寺。因年代久远，没有留下太多史料。他笑对我说："在文史来稿中，很少这方面的稿件。你是否去调查落实一下，写几个寺庙呢？"在他的鼓励下，我先写了一篇《国兴寺》。他读后十分欢喜，并略做充实与修改。以后，我又写了《白云寺》等文章。他欣喜异常，鼓励着说："你索性往这方面写下去，是很有价值的。"

果然，由于我连续写这方面文章，引起宗教局的重视。当时的黄局长，亲自来找我，问是否可写一写福鼎的资国、昭明等六大寺。因为我没有写过寺志这方面文章，便求教于方东先生。他显得很有兴趣，也认为写这些寺很有意义。于是他替我拟了写寺志的提纲，叫我逐条去充实材料。在他帮助下，我完成了这个任务。

方东除文史工作外，又兼写他原所在单位的志，夜晚还替人代写书信、报告等，因辛劳过度住院了。记得我去探望他时，曾在病榻畔恳切地对他说："方东先生，您年事已高，工作可适可而止了。"他听了我的话后，神情只一愕，没有表现出要停下工作的意思。

他出院后，又继续编写政协的文史，仍似以前一样认真，一丝不苟。他编的文史最后一卷还未付梓时，又累病了。在重病中，他还关心我的文章错了一字，吩咐家人叫我到他家里去。我一到他的房间，他想从床上挣扎坐起来，但已不能如愿。我忙扶他躺下，他显得很吃力地说："请你到案上翻出你的那篇文章，改正一个错字。"我忙从案上翻出来改了，并拿给他看。他这才宽心地点头说："是是，就是这个字。"这时，我难过极了，又乘机劝说："方东先生，你病愈后工作适可而止，在家养养病，或吟几首诗就算了，别再搞编写文史工作。"这次，我的话他听进去了，爽快地说："哦哦！我要休息、休息了。"然而，当我离开他家的第二天，他心中的那盏为工作而燃尽的灯已熄灭了。

方东先生，您逝去已十几年了。而我至今才提笔写这篇追悼的文章，实在太迟了。能告慰您的，是我还未停下写文史的笔。请安息吧！

（本文摘编自 2006 年 12 月 28 日《闽东日报·闽浙边界》，原题为《哀悼方东先生》）

提倡伏邪说的林一经

谢瑞元

长期以来，结缔组织疾病困扰着病者。提倡伏邪学说的中医专家林一经先生，通过长期的悉心研究，找到治疗此病的突破口，撰写出系列指导治疗此病的学术性论文，如《试探伏邪》《再探伏邪》等，并临床成功地治疗了一例又一例的病者。

任何学术领域的尖端，都离不开基础知识的铺垫。林一经从医有其深厚的家学渊源，祖上有五代行医。林一经少年奋读祖传医书，吸取了祖辈积累的丰富经验，打下了坚实的基础。

1961年，他因故大学休学，从家庭到社会，接触到不少人为结缔组织疾病所困扰。此病俗称"嫩病"或"拖拖病"，常人说是什么"邪气"导致。

此后，他因母病，请当时名老中医林怀席先生诊治。他与林老纵论诸种病理时，也涉及结缔组织病，并提出质疑。林老一生从医，博学多才，经验丰富，但对此病亦未曾做过系统研究，竟一时难于说清。他不凡的见解，老人惊叹，并乐于收他为徒。从此要他熟读经典，博览群书，对他从严要求，先从《黄帝内经》入手，以后旁及各家。五年的学习，使他以后更有了治疗结缔组织疾病的坚实基础。

1979年，县中医院的前身——中药研究所的汪济美先生慧眼识才，第一道"金牌"便是调林一经到研究所。汪院长退休后，他接替院长之职，并晋升为副主任中医师、市中医学会副会长。责大任重，他义不容辞地担当研究伏邪学说的任务。经过学术上的一探、再探，终于逐步揭开罩在结缔组织疾病上的迷雾。通过成功的一例又一例的临床验证，更加强了他对伏邪学说的认识和扶正祛邪治疗法的信心。

1985年，林先生到中国中医研究院研究生院进修半年，写了《六气伤人，因人而化》的论文。此文更进一步指导治疗结缔组织病的临床实践，廓清了邪气伤害人体，又因人而化的辨证论治。

结缔组织病学的医学星空是辽阔的，在探索此病的过程中林一经已花甲之龄，亦继汪院长之后退休了，而他在学术研究上并没有退休，仍在更深层次地探究伏邪。

（本文摘编自《福鼎文史资料》第24辑）

家父鲁丽生事略

鲁晓红

1914年，我的父亲鲁丽生诞生在古城桐山一个十分贫困的家庭。父亲3岁的时候，我的祖父因生活所困投水自尽，自此，一家五口过着更加饥寒交迫的生活。父亲小学便辍学，从少年时代起就开始了历经坎坷和磨难。

辍学后的父亲，和伯父一起开始挑起了全家的生活重担。为了生计，他们兄弟俩背井离乡，外出谋生。生活的贫困，造就了父亲的节俭，但出人意料的是，他天生就有一副侠肝义胆、慷慨大方。自己穷，却时常接济别人，因此人缘极好。这使他慢慢有了积蓄，到了1949年，古城桐山南门的鲁家已是殷实之户。

父亲外出谋生时期，接触了一些从事地下活动的共产党人，如叶秀藩、王宏文、郑丹甫、陈百弓等，初步了解了共产主义的理想和真理。回到家乡后，积极投身抗日救亡运动，支持共产党的抗日救国主张，抵制日货，推销国货，经常为中共鼎平地下组织和游击队提供各种援助。

中华人民共和国成立后，父亲全身心地投入社会主义建设的热潮中。那时的福鼎，贫穷落后，百废待兴，父亲以他的热忱和慷慨，以及对共产党的信任，动员和带领全

鲁丽生像

1951年12月10日，桐山镇工商联筹委会及县工作组成员合影（二排左四为鲁丽生）

城的商家投入振兴福鼎经济的建设中。

1950年11月,县委领导指示成立桐山镇工商联(后转为县工商联),父亲出任主委。其间,父亲不领薪酬,为恢复生产、发展经济、振兴福鼎工商界积极努力工作。解放之初,福鼎、浙南公路未通,台湾海峡受美国第七舰队封锁,沙埕港海运无法通航,为解决浙江矾山明矾及福鼎茶叶、烟叶等土特产品出运,父亲受县委领导委派,负责筹办福州永安船务行驻沙埕港办事处,利用英商怡隆行代理福州永安船务行开辟沙埕港,引进英国和南美等境外几千吨货轮,由公安部门领航源源不断驶入沙埕港,活跃了一方经济。

1950年,父亲好友陈百舟(前岐人)准备到县城联合私企合营办电厂,但苦于没有资金,请求父亲助资,县工商科领导也前来我家与父亲协商。为促进福鼎经济发展,解决民生问题,父亲慷慨解囊出资6000万元(旧币),解决了蒸汽发电机组和全城输变线设备,创办了鼎光电力有限公司。公司兼营碾米、磨面粉业务,父亲出任公司董事长,还以我伯父鲁明卿名誉继续投资4000万元(旧币)。

1950年左右,城关江太药店、联昌药店、寿仁堂药店等因缺乏资金几近破产倒闭,群众处于缺医少药状态。为方便群众用药,父亲出资1000万元(旧币)到上海、温州进货,创办中天参药行,兼营批发部。城关各家酒店处于破产倒闭,为促进酒业私企合营,父亲又投资1000万元(旧币),创办福鼎北海酒厂,兼营门市部。城关各家手工作坊的印刷店、文具店处于破产倒闭,父亲又投资300万元(旧币)到温州购买原料、印刷机器,创办福鼎新生印刷厂。福鼎没有像样的百货商店,几家小百货摊处于破产倒闭,为繁荣市场方便群众,父亲投资800万元(旧币)到温州进货,创办福鼎新生百货商店。上述企业,后来先后转为国营,父亲在这些企业没有领取薪酬,没有拿企业盈利分红和利息。

父亲主持工商联工作,以身作则积极支持抗美援朝爱国运动,出任抗美援朝总会福鼎分会委员,发动福鼎县工商界捐献飞机大炮,自己率先捐献1000万元(旧币),起带头推动作用。后因福鼎县工商界任务数没完成,再献款1500万元(旧币)。母亲则把金手镯、金耳环、金戒指等家里所有金银首饰率先捐献出来,在县城妇女界中起了表率作用,1951年被《福建日报》予以报道赞扬。

我们家在南门外有一榴祖传的铺面房,父亲半卖半送给政府作为桐南街道居委会的办公用房。他还积极支持繁荣地方事业,捐物建设福鼎城关南门市场、前岐市场。支持福鼎城关修筑街道新路面,并为困难户代出应摊的份额。他支持党委举办职工业余教育事业,为工农夜校安装电灯照明,代出经费、电费等。

这就是我的父亲,一位受政府和社会尊重、为繁荣地方经济作出贡献的开明人士。

鲁丽生（左）与工友

1956年8月，福鼎县政协成立，父亲出任县政协常委兼县和平解放台湾小组长，负责动员台属和在台工作人员，积极为和平解放台湾实现祖国统一大业贡献力量。同年，他到秦屿筹建电厂。

1960年，连年的自然灾害，电厂火力发电使用的木炭货源紧缺，供应不上，父亲毅然决然地挑起了木炭采购运输的重担。他不辞艰辛，带领运输人员跋山涉水，深入边远山区寻找货源。木炭采购运输异常艰苦，山区烧制木炭村民生活十分困难，父亲在征得领导同意的情况下，从电厂拨出专款，用于补贴运输人员的伙食，接济村民生活。他自己则风餐露宿、节衣缩食，时常清晨出走，深夜归家。在我孩提时代的记忆中，运输木炭的司乘人员是我们家的常客，家里仅有的一点菜肴几乎都让父亲用以接待他们。由于父亲的努力，电厂一直没有中断发电，保证了当地工农业生产供电和全城百姓正常照明。

1966年，"文化大革命"开始了，父亲用于接济村民和运输人员生活的经领导批准核销的2200元专款，竟成了他"贪赃枉法"的罪证，许多"莫须有"的罪名落到了父亲的身上，让他度过了八年的铁窗生活。1977年4月，父亲因年老得病，保释就医。

1980年4月，中共福建省委统战部、福建省高级人民法院给予父亲平反昭雪。1983年，父亲出任第五届县政协委员。1989年3月17日，父亲与世长辞，走完了坎坷而又闪光的一生，享年75岁。

鲁丽生（左）在生产车间

父亲早年以散尽家财的义举致力于福鼎工商业的振兴，走的时候已没有任何积蓄，没有给子女留下任何财产。祖宅依旧，平屋数间，庭院清凉，墙垣风蚀斑斑，花台兰香如故，除与母亲结婚时的家具外，几近家徒四壁。但是，父亲却给他的儿女留下了无私、爱国、光明磊落的精神财富，留下了"先天下之忧而忧，后天下之乐而乐"的家国情怀，留下了在福鼎工商业发展史上足可大书特书的感人事迹。所有这些，已经成为我们鲁家后代的精神支柱和传家之宝，激励我们前行，教育我们应当如何做人处事。

文教卫生

1950年以前福鼎城区教育史料汇编

儒学

儒学即县学。儒学校舍称学宫，位于城南孔庙右侧（今市医院古城院区），清乾隆六年知县傅维祖始建。学宫中为明伦堂，左右为斋，北为训导署，训导署再往北是藏经阁。明伦堂前有仪门，仪门前还有一道头门。

儒学设立训导一员，负责训导教诲生员、监督考试、评定生员优劣及晋级等职责，下属两位办事人员。

清乾隆年间，在学生员34人，其中廪膳生、增广生各10人，附学生员不限额，岁科两试各取7人，武生则岁科并试一次取7人。道光以后，在学人数有所增加。

社学

社学始设于元朝，是由地方筹款兴办的一种学校，和私塾同是城乡儿童受启蒙教育的地方。元代每五十户为一社，每社设学校一所，称为社学。明清沿用。但由于经费困难，实际创办很少。它的学习内容主要是先读《孝经》《三字经》等，后学《大学》《论语》《孟子》等，兼学《御制大诰》、本朝律令及冠、婚、祭等礼节。社师择当地"文义通晓、行谊谨厚者"充任。

福鼎自清乾隆二十一年（1756）才设社学，由时任知县萧克昌首建，至光绪年间，共有社学10所。萧克昌建社学3所，其中一所在城区，另两所一在秦屿，一在点头。光绪初年，知县邓嘉绳又设立了6所社学，有3所在城区，一所为南门社学，在城南门外（今桐南社区）；一所为北门社学，在城北门外（今桐北社区）；另一所为玉塘社学，在今桐城街道玉塘村。其余3所，分别在前岐、白琳、沙埕。之后，知县丁芳再建1所社学，即县署社学，在县署（今市人民政府）。

作为官办学校，福鼎创办社学自清乾隆，至清末废科举才停办，延续了200多年。

私塾

私塾属私学,也称蒙馆。福鼎私塾始于何时,历代办了多少私塾,无法查考,清末民初,城乡兴办私塾已相当普遍,几乎村村皆有。

私塾有几种类型:一是家塾,富有人家为了培养子弟读书致仕,延聘较有名望的塾师来家坐塾,专门教授儿孙子侄,俗称"聘馆";二是族塾,由宗族出资设馆办学,延聘塾师教授本族子弟;三是村塾,在乡村和城镇由几个头人自筹经费,延聘塾师,招收学童就读;四是家塾,由塾师设馆,招收本村和邻村学童入馆施教,或塾师迫于生计外出招收生徒设塾授课。村塾和家塾,俗称"蛤蟆馆",在城乡很普遍。民国时期,仅城关和附近乡村就有10多所。

在城区,最有名的私塾当属于桐山西园高家家塾。高家家塾创办于明代,塾址在城西福全山圆觉寺(今福鼎一中高中部),明朝参政游朴(柘荣人,高家之婿)曾在此读书。

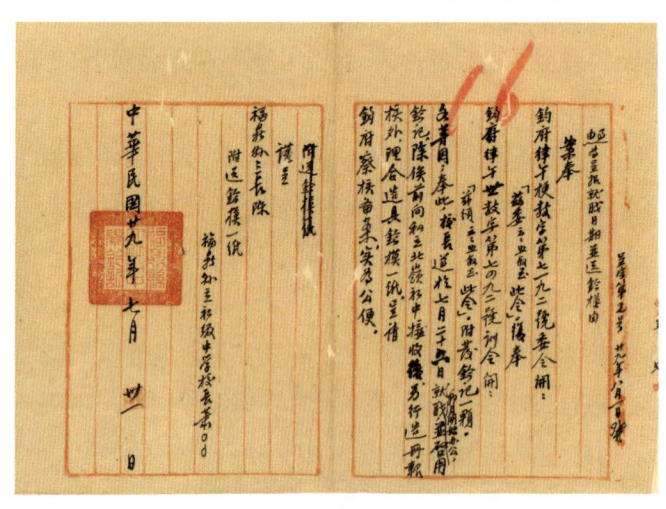

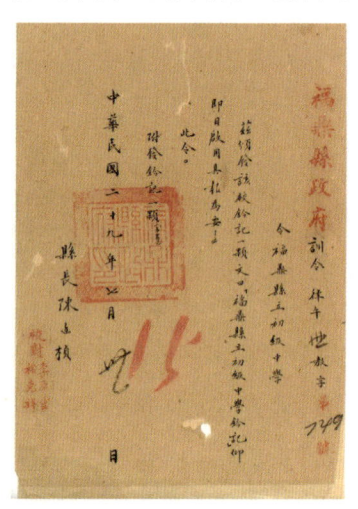

民国时福鼎县政府关于教育的文件

1931年,福建省教育厅发布《改良私塾规程》。城区卓笙甫于1936年创办"镛斋改良私塾",地址在桐山溪西地主宫,招收生童近70人,分甲乙两组,每组30多人,甲组年龄较大,乙组年龄较小,为刚入学之幼童。这所私塾革除了学生拜孔子、老师,教师送笔、送扇,学生送礼等陋俗,采取集体授课,订有课程表,授课科目有《时文》《算术》《幼学》《尺牍》《升学指导》《时事》《弟子规》《六字真言》等,还设有写字、自习、活动、音乐、图画等课,塾师常利用星期天带领学生进行大扫除或郊游活动。

卓笙甫毕业于福建省立第三中学,教学认真负责,有民族自尊心。1938年台儿庄抗日获胜,城关群众扮演"戚继光平倭"的高脚祝捷,卓笙甫撰写牌灯联一对:"光饼留香功不辍,台庄克敌气初平。"

"镛斋改良私塾"一直办到1950年,校址更换多处:地主宫、城关圆觉寺、观音亭、仓楼、南峰山等。学生数以百计,一部分在社会就业,一部分上中学继续深造。

直到1950年,福鼎全县还有私塾72所,其中城关地区8所,学童数156人。

教育局和教育会

教育局 清末租赁民舍设县劝学所在桐山学校对门。1918年一月移设旧桐山营游击署。1924年奉文改为教育局,局所仍为劝学旧址。1928年改为教育科,1929年复奉文改为教育局。自设立以来,仅以旧学宫田租充局用,置员寥寥。1929年奉教育厅令整顿并奉给省库补助费若干金,方置局长一员,课长督学各一员,课员三、书记一。翌年,复奉厅令附设全县教育经费管理处。

教育会 民国元年(1912)设在县治南关外旧儒学明伦堂。不久停办,1919复兴,逾年又停。1930年冬复奉文设立,票选干事7人,会所借桐山小学第二校舍。

学区、学校

1927年,教育局奉厅令划为中、东、南、西、北5学区。1928年又奉令更正,略易其辖属而区数无异。1942年设学区委员并于次年成立办事处。城区及周边玉塘等村划归第一学区,学校有七:

县立桐山小学校 在治城内莲池社。光绪三十一年(1905)知县黄鼎翰修葺桐山书院并设立本校,专培养高级生。时邑绅周梦虞以院长改充校长,中间曾两次附设初级班,均不久裁撤。1928年春复添招初级生,以符部令。全校悉旧书院场所。惟后又将该院内之节义、忠孝两祠遗址改为教室,将旧民豫义和仓改为寝室。体育场原属营地,清宣统年间因场地狭隘不便运动,由校呈请县令周赓慈会同桐山营游击李孟春详请拨充,地颇宽敞,员生均称便焉。至1931年,校长曾世清复购场之南西桑园扩而张之。1940年秋,曾校长以学校学员额激增又募款扩建新舍。校初设立时名为福鼎普通小学堂,民国以后名称屡易。1927年奉厅令改称县立桐山小学。至1938年,因学制变更复将桐山、育仁两校合并,改设县立桐城中心小学。

县立育仁小学校 在治城内旧考棚,清光绪三十二年(1906)开办,初名官立全邑初等小学堂。宣统二年(1910)添招高级生曰两等小学校。未几高等停办,只有初等之称。1916年改称县立模范小学校。1920年又办两等名曰县立第三高等小学校,1928年奉厅令改称育仁小学。至1938年2月奉令合并桐山小学,改为桐城中心小学校。旋又充为私立北岭初中校舍。后因中学移往圆觉寺,原校舍被县行政干部所使用。

桐北国民学校 在治城北大帝宫,清光绪三十一年,知县黄鼎翰谕董事卢培章、颜焕文等创办。初名为北社公立初级小学堂，1925年添招高级班，改称第一区区立第一小学校，1928年奉厅令改称桐北小学校。1935年，因经费支绌，奉厅令停办高级，改称区立桐北初级小学校，校址由中山堂移往小西关闽泉会馆。

莲池小学校 原在治城内莲池社文昌宫，1920年，前劝学所长李锡庚创办，名曰女子初级小学校，1924年添设高级，名曰女子小学校，校长周忠魁。1928年高级停办，奉令改称县立莲池初级小学校，移设南关外天后宫，后复迁于文庙。原校舍改为国民党县党部。

私立贞光初级小学校 在城内基督教堂，1925年设立，1932年附设幼稚园，后因教会经费不发乃停办。

私立广陵初级小学校 在北关西外园高氏宗祠，1932年设立，创办人高庆凤，董事高庆钰、高定芳。

私立玉塘初级小学校 在十九都塘里夏氏宗祠，1932年设立，嗣又易名万真初级小学，后改为玉塘乡中心学校。

值得一提的是，尚有施氏私立石渠小学未列入。

附：

福建省教育厅印发民国十八年三月督学视察报告·福鼎部分

孙承烈

一、教育行政

福鼎县政府教育科长尚未由厅委任。曾经县长陈希彭委林镯龄代理。林科长办事尚有精神。县督学曾恐为王前厅长委任，系旧学出身，年老恐不耐劳，唯检阅报告书尚有出发视察。计全县分为4学区：第一区小学5所，第二区小学4所，第三区小学22所，第四区小学8所，共39校。全年教育经费原有9355元，省库补助1600元，地方款882元。全县学生数共2673人；教职员数L63人3全县师范本科毕业生8人，一年期师范简易科毕业4人，闽海道立师范讲习所毕业9人，现在教育界服务者只数人，余皆改就他业。至教育经费分配无相当标准。城区学校教育经费颇足以维持，而乡区学校多以经费困难无形停顿，殊失提倡乡村教育之趣旨，亟须设法改良。

二、学校教育

督学到县视察之日，该县各校均已提前放假，教职员亦多回家，间有校长下乡办理公债，全邑几无教育可以视察，尚幸第一区学校纵已放假，少数教员及校长在校，故只就其设备管理课程及学生人数详加视察，谨将视察各校情形陈述如下：

（一）桐山小学开办垂二十余年，设在桐山书院内。校舍宽敞，亦见清洁。校长周梦虞极有教学经验，办事又有精神。学生手工图画成员均有可观。全校学生数共89人，分高级一年上下学期、高级二年、初级一年、初级三年共五年，尚少初级二、四两年级，亟应设法补充俾成完全小学。

育仁小学办理二十余年，校长均系李梦星充任，未尝更换。到校视察日已放假，员生均已散去，李校长亦下乡办理公债，只留教员两三人在校邀同参观。全校学生共133人，分为初级四级、高级二级，学生手工图画成绩尚有可观。校设在旧考棚，颇见宽敞，整理亦清洁，察阅所定各级训育标准，极具革命精神。唯查该校长多预社会事情，并无担任功课，此节应请令县转令该校长专心校务勿干外事。

莲池女子小学校舍窄狭甚碍卫生，设备亦甚简陋，全校学生分为六级，四个教室教授，计当日出席者33人，经费无多，教职员6人，合格者极少，是人才经费校舍均不足办理完全小学，最好专办初小，并由县另觅场所令其迁徙，且应除去女子二字以符小学男女兼收之原则，学生刺绣成绩尚有可观者。是日各校均已放假，该校犹能召集教职员及学生三十余人在校开欢迎会，其办事精神亦足嘉许。

桐北小学校设在北门外大街，极近市廛，环境不佳，不宜教育，且校舍窄狭，教室光线不好，全校学生82人，分为六级，设备不完全，壁间悬挂表簿，间有久不填载，并无体育场，经费支绌，人才缺乏，校舍狭小，设备不全，拟请令其单办初小更为合宜。

前年由绅邑公议设县立初级中学，其经费已奉准筹划者只三千余元，不敷开支，故延未成立，亦未着手征收。查该小学计39校，每年毕业生大半因家庭不令其升学或贫无力不能升学者均赋闲在家。社会文化不能进步，学校教职员之缺乏相当人才实基于此，故初中之设诚亦不容缓也。

1944年统计福鼎学校概况表（城区部分）

校别	地点	创办时间	经费数元	学生人数
桐山中心校	河堤头	1938年3月	1570	545
桐北国校	小西关	1930年9月	1140	345
桐南国校	南门孔庙	1944年9月	740	165
山前国校	山前保杨府宫	1939年10月	195	63
山门国校	山门保李氏宗祠	1943年10月	180	46
镇边国校	镇边保三官宫	1939年9月	275	64
玉塘国校	玉塘保夏氏宗祠	1940年3月	375	59
升平国校	升平保大帝宫	1944年3月	185	54
外墩学校	外墩保外楼	1939年4月	195	53
私立石渠校	中华保施氏宗祠	1939年9月	60	67
私立广陵校	西园村高氏宗祠	1932年12月	60	42
私立万真校	玉塘保夏氏宗祠	1944年3月	60	49

（本文据周瑞光《福鼎教育史料汇编》和《福鼎教育志》等整理）

福鼎文庙

> 钟而赞

今天的市医院古城院区所在地，曾矗立着一个宏大的建筑群，就文化与精神的角度而言，它甚至比位于北面的县衙还要高崇。这就是文庙及以其为核心的建筑群。

清嘉庆《福鼎县志·学宫》载：

> 文庙在邑治南关外。国朝乾隆四年设县，六年，知县傅维祖奉文建。中为大成殿，东西翼以两庑。殿之南为戟门，戟门左为名宦祠，右为乡贤祠，又南为棂星门。门之外为泮池，缭以宫墙，大成殿左为崇圣殿，殿前为奎光阁，又前为省牲所。

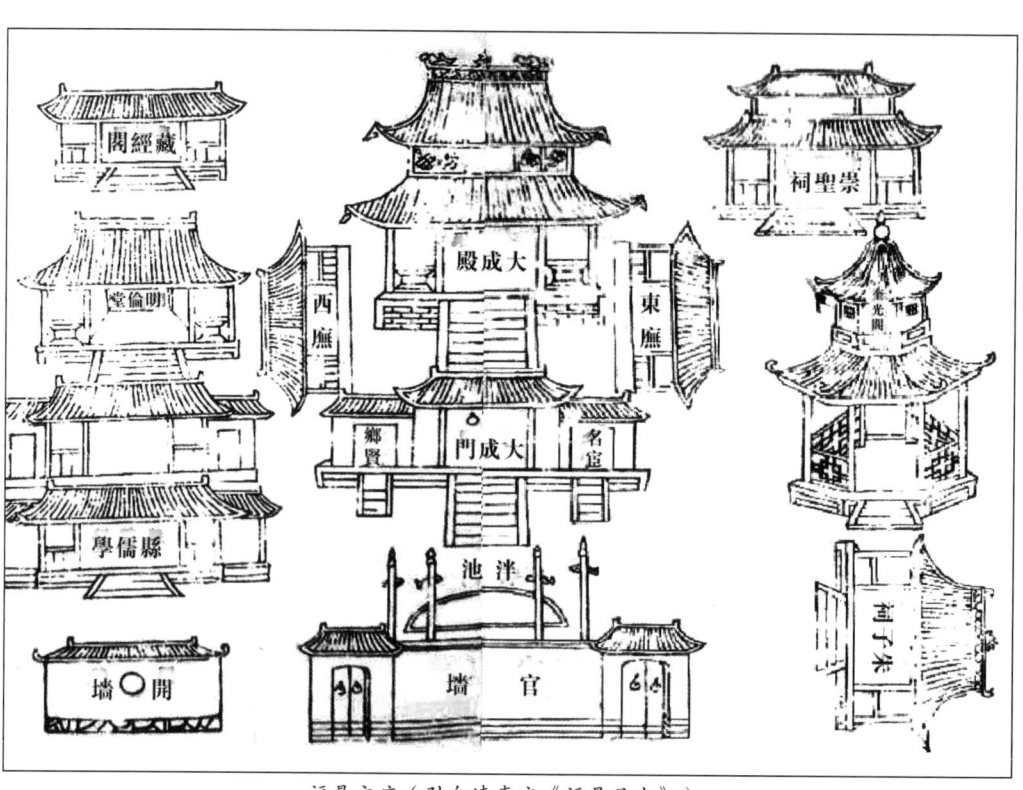

福鼎文庙（引自清嘉庆《福鼎县志》）

文庙，又被称作孔庙、夫子庙、至圣庙、先师庙、先圣庙，是纪念和祭祀我国伟大思想家、政治家、教育家孔子的祠庙建筑。历代封建王朝对孔子尊崇备至，把修庙祀孔作为国家大事来办，唐以后，规定州、府、县的治所都应建有孔庙或文庙。

孔庙的祭祀是中国人文教化的重要形式。汉高祖刘邦在曲阜以大牢祀孔子，开创帝王祭孔的先河，至南北朝近800年间，华夏大地历经朝代更替、佛教兴盛，但祭孔、立庙相沿不废。唐贞观四年（630），太宗下诏，令"州、县学皆作孔子庙"，从此"州县莫不有学，则凡学莫不有先师之庙矣"。这促使士人耳濡目染成圣希贤的荣耀，对"入祀孔庙"这一文化价值的形成具有潜移默化之功。唐朝以后，历代政府将弘扬与践行孔子思想的杰出人物也在孔庙供奉，他们中有孔门弟子，更多的是历朝历代的儒学大师。文庙祭祀孔子及历代圣、贤、哲、儒，是孔子和儒家文化最具代表性的物化象征，在传承传统文化方面具有不可替代的作用，是传统中国历代知识精英的心灵家园。

福鼎于清乾隆四年（1739）置县，草创之初，文庙的建设当在待兴的百业之中。第三年，即乾隆六年（1741），首任知县傅维祖奉文，依规动工兴建文庙。其后任何翰南、萧克昌等均曾筹款重修。

文庙包括大成殿、两庑廊、戟门、名宦祠、乡贤祠、崇圣祠、奎光阁、省牲所（朱文公祠）等一组建筑。大成殿位于文庙中部，居中心位置，悬挂有清代帝王御书匾额，有康熙皇帝御书"万世师表"、乾隆皇帝御书"与天地参"、嘉庆皇帝御书"圣集大成"等。殿正位祀"至圣先师孔子"。殿之南为戟门（大成门），戟门左侧为名宦祠，祀唐、宋、元、明、清各代名宦59位，戟门右侧为乡贤祠，祀宋、清两代乡贤4位。戟门南为棂星门，门之外为泮池，泮池前环绕着宫墙。

大成殿左边是崇圣殿，正祀5位，崇圣殿前为奎光阁，再往前是省牲所。乾隆五十三年（1788），监生施斌魁重修，将省牲所改为朱子祠。民国《福鼎县志·祠祀志》载："朱子祠，在治南关外文庙左，岁春秋二仲上丁日致祭。"

文庙的一个重要特点是"庙中有学，学中设庙""庙学合一"，既是祭祀先圣先贤之所，也是学宫，是一府一州一县的最高学府。庙是学的信仰中心，学是庙的存在依据。这种"庙学合一"建制有助于学子在对先圣先师顶礼膜拜的氛围中耳濡目染，潜心研读儒家典籍，从心灵深处感知、领悟儒家文化精髓。

所以在文庙建成后又在庙的西侧扩建了县学（即儒学，也称学宫），两者双位一体。县学的主要建筑包括：以明伦堂为中心，是为正殿，左右两侧为书斋，明伦堂的北面建有训导署，南面建有仪门，仪门前还有一道门，叫头门，头门前竖有一面照墙。

清乾隆十九年（1754），知县何翰南重修文庙时，在两旁各增设了一座石砌坊表，树立了下马碑。乾隆二十二年（1757），知县萧克昌在明伦堂增设了卧碑，上书《卧碑文》，详列教条，用以约束在学生员们的日常行为，相当于现在的《学生守则》。今天，我们还能看到时人记述萧克昌修缮文庙增设卧碑的两篇文章：一篇是县学训导、邵武人童玨作的《修建县学卧碑记》，另一篇是福宁郡守李拔应知县萧克昌之请所作的《修福鼎县学记》。

清代的在学生员，要经历县、府、院三级考试（统称童试），通过考试才被称作生员（别称"附生""庠生"），也就是俗称的秀才（或称"秀士""博士弟子员"），从而取得免费入县学或府学学习和参加乡试（三年一考，在各省省城举行，中试者为举人，可参加次年在京师举行的会试）的资格。生员在校管理相当严格，入学后每年要参加岁科考试，成绩优等的为廪生、增生，由官府供给伙食费。乾隆年间，福鼎县学在学生员34人，其中廪生和增生各限10人，附生名额不限。每年还要举行两次考试，录取文武童生各7名。从道光一朝开始，县学的在学生员人数才有所增加。

如上所述，清代县学设有训导一职，且在学宫中专建有训导署。入县学就学的生员每月要听一次训导讲学，即所谓的月课。课前必先拜孔子和背诵《圣谕广训》，并接受教官管教，检查遵守《卧碑文》的情况，参与朝拜孔子和其他礼节性的祭祀活动。

县学有一定数量的藏书，主要有：《御撰易经》四本，《诗经》八本，《春秋》八本，诗集、文集六十八本，《十七史》一部，《御撰讲章》一道，《十三经注编》一部，《钦定学政全书》二十四本，《乐谱》十本，《御撰佩文韵府》一部，《省志》一百一十二本，《钦定〈四书〉文》一部，《钦定三礼义疏》一十八本，《祀典册》一本，《圣谕广训》一本，《小学实义》两本，《钦定礼部杂例》六十本，《节韵幼仪》一本。

文庙一直存续到20世纪50年代。清末废科举、倡新学，文庙已不再开展教学活动，不过祭孔仪式仍持续保留。民国《福鼎县志·祠祀志》载：

> 孔子庙……旧称文庙。民国三年，中央政府礼制馆新定《祀孔典礼》，不易庙名。所有崇祀名次略经更定，仍于春秋二仲上丁日祀，以太牢。十八年经国民政府改为今名，但就孔诞日（国历八月廿七日）行纪念典礼。大成殿正位祀至圣先师孔子。

抗战期间，萧宗潜等人创办福鼎简易师范学校，即以文庙为校舍，1949年停办。中华人民共和国成立后，原孔庙、明伦堂、三官堂被拆除，原址上改建福鼎县医院。

福鼎县城孔庙形制追记

> 陈相如

福鼎建县较迟，是在清乾隆时期才立县的，因此，福鼎县城的孔庙当建在乾、嘉年代或稍后。

福鼎县孔庙坐落在县城南门外。抗战时间，由萧宗潜（希陶）先生等教育界前辈创办的福鼎简易师范学校，后期校舍就设在孔庙内。我于1946年秋季考入该校就读，对孔庙的建筑结构形制有依稀印象。

孔庙位于南门外，紧挨城墙，坐北朝南，面对广阔的南校场，庙正面左侧为三官堂和朱文公祠，右侧为明伦堂（桐南小学校舍）。庙宇的建筑，在当时颇称雄伟，占地约在3500平方米以上。站在南校场，首先映入眼帘的就是孔庙正面的一堵高墙，墙顶呈圆弧形，顶端刻有"万仞宫墙"四个大字。墙的左右下方各开一门，左右门额镌有"金声"和"玉振"各两字。高墙内侧顶端刻有"鸢飞鱼跃"四字，下端有仿岳飞笔迹写的"还我河山"四个行草大字（当为师范校方所作，不是孔庙原有的）。进得门来，有一半月形水池，称为泮池，池周围有栏杆。泮池之后，有一"棂星坊"，系用四根石柱上架石梁，形成三个门洞，石柱顶端为云板，类华表状。在棂星坊和泮池之间有一长方形的大埕，师范时学生升降旗和做健康操都在此进行。进入棂星坊有一道甬道，长约30米，甬道两旁为花园，植有柏树、柳树和其他花草，学生可以在这里闲憩和下棋。走完甬道，就是孔庙的第二进门。第二进门按孔庙建筑格局称为"圣时门"，是封建时代皇帝钦定的。据四书《孟子·万章下》"孟子曰：伯夷，圣之清者也；伊尹，圣之任者也；柳下惠，圣之和者也；孔子，圣之时者也"，其意思就是在圣人之中，孔子是最适合时代者，所以称为圣时。这个门，中间为厅，左右两室，师范时，左右两室辟为教室中间的厅既为通道，也为学生在两壁张贴周刊和优秀作文（贴堂）之用。

第三进就是孔庙的主建筑大成殿。大成殿为重檐歇山式，高约11米，宽约21米，面阔5间，殿前有两庑和庭院，庭院正中紧靠大殿处有一露台（俗称月台）高约15米，面积约40平方米，供春秋两季祭祀之用。上露台的石阶，尚雕有云龙图案。听缪景铭先生说：大成殿原有孔子及四圣（颜子、曾子、子思、孟子）塑像，但他们进校时已不存在，唯在大殿上方尚挂有许多匾额，最正中也就是塑像的正上方最大的一块为"万世师表"四字，据说是康熙皇帝的御笔，颁发全国文庙统一悬挂的。旁边还挂有"德配天地""道贯古今"等多幅匾牌。这个大殿就是学校的礼堂，凡是集会如开学典礼、毕业典礼、晚会均在此举行。

　　大殿东西两侧的两庑，据说主要是供奉儒家中的著名人物，就是通称的先贤先儒。其面积约有4个教室大。师范时将其改造，其中东庑做一间教室和学生活动的地方，西庑则作为校长室和教职员的办公室。

　　在大成殿、圣时门、棂星坊这一组主体建筑之东侧，还建有一座奎光阁，也就是通称的魁星楼，楼八角形，双檐，原有魁星之塑像已废。师范时将它改造为图书馆，作为学生阅读课外书和资料的场所。魁星楼的后面有一榴平房，不知原来作何用处，师范时作为寄宿生的宿舍；魁星楼的前面是学生的膳厅和厨房，当为校方后来所建。

　　福鼎解放前夕，简师因一批学生奔投革命而被撤销。1949年后县人民政府在县中学设师范科，将原孔庙、明伦堂、三官堂拆除，修建为福鼎县医院。

　　时光流逝，离开学校旧址孔庙已经四十余年了，现仅就记忆所及记述如上，谬误之处在所难免，盼知者正之。

（本文写于1995年）

桐山书院

📖 冯文喜

这是福鼎人最为自豪和引以为荣的地方。

它拥有一个漂亮的名字,叫"桐山书院"。

福鼎城中原分九社,从小南门到桐山书院为莲池社,书院的原址就是现在的福鼎市实验小学。翻开旧制《福鼎县志》的"福鼎县全图",仍有其显著的位置和名字"桐山书院",足见它在一座城市中的历史地位。

桐山书院是福鼎第一所官办书院,建筑格局、规模、风格和基本设施等外观状况,并没有较为清楚地保存下来,甚至连一砖一瓦也没有看到,它只保存在一张图纸上,不能不令人深感遗憾。办书院兴教育历来是一件艰难的事情,作为建县不久、经济薄

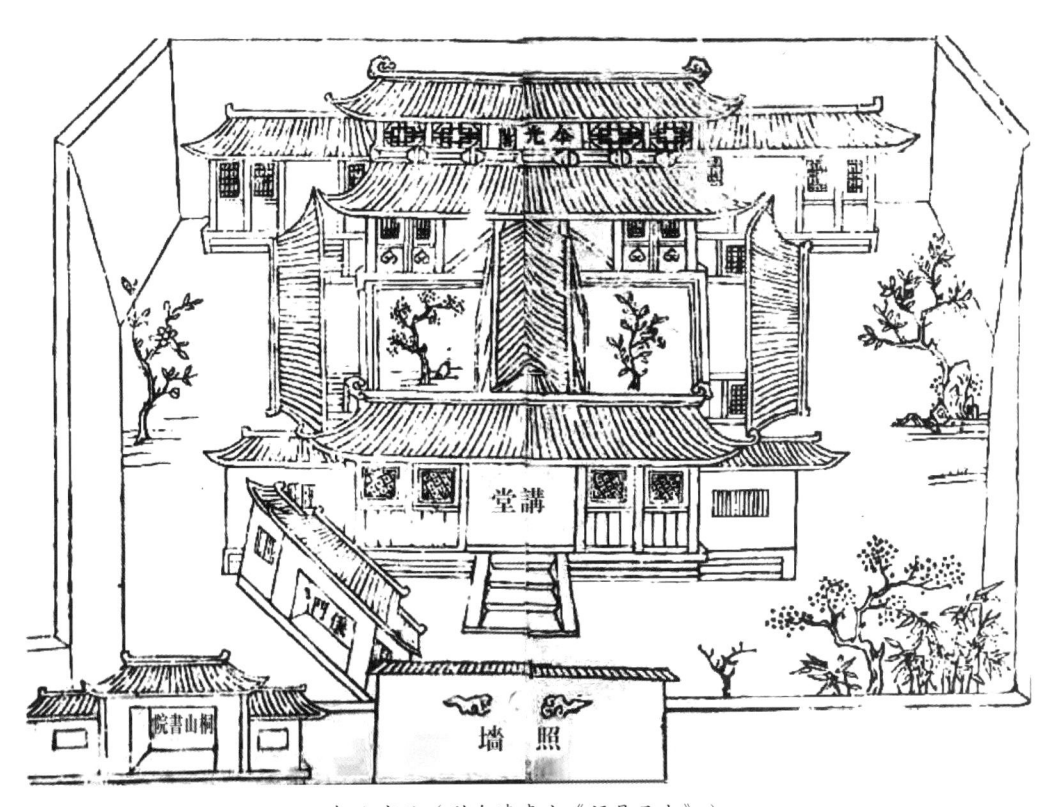

桐山书院(引自清嘉庆《福鼎县志》)

弱的福鼎来说，就更不容易了。清初曾一度明令禁止私创书院，以抑制书院发展。清雍正十一年（1733）也只有省一级才设置书院，使之官学化。到乾隆年间，府、州、县也相继创建书院，"凡省会郡县，均立书院"。官立书院获得空前发展，并成为以考课为中心的科举预备学校。乾隆十二年（1747）夏季，任福鼎知县的徐德峻初来乍到，见"桐冈耸秀，长溪潆洄"，认为此地可出人才，便调查教育情况，听说福鼎尚未设立义学并延师教读，他深感失望："荆山之璞，不琢不莹；灵蛇之珠，不探不出。虽有忠信之美，而无熏陶之资，几何不沦于荒芜而无所成也？"此话说的就是兴学教育、培养人才的重要。徐德峻认为兴建义学已刻不容缓，自己有责任丕振文风，把建设书院作为自己守土从政一方荣耀的政事。同年，他撰写了《募修福鼎桐山书院序》，相当于今天的倡议书，号召大家："爰捐俸金，以为权舆，选择诚实绅士，身任董率。凡合邑士庶，无论远近，勿拘多寡，量力捐输，以赞盛举。"

正当徐德峻踌躇满志、大力倡建之时，却接到一纸调令，易地为官。接他班的是高琦，字魏堂，江苏武进举人。高琦莅鼎后，就扩充义学体制，全力筹建桐山书院。应该讲，桐山书院是由徐德峻倡建，经高琦鼎建而成。高琦鼎建书院时，也存在与前任同样的难题，就是工程没有经费，又顾虑建成后缺乏资金来维持书院日常开支。乾隆十四年（1749）初冬，高琦只好召集地方富户、绅士，齐聚于县衙大堂，共同商议兴建书院大事。大家欢欣鼓舞，有钱出钱，有力出力，为筹建书院做贡献。众人相中了桐山城东南隅一角，横竖共两亩地，拟作地基。经了解，此地为县中在坊武举人张为霖家祖地，听说县上要用此地建书院，张为霖慷慨乐施，就捐献了出来。张为霖，字端经，为人善良，事孝亲人，母亲双目几近失明，他早晚用舌舐拭，便母亲双目复明。在张为霖义举感召下，众绅士纷纷拿出银两，共捐得白银上千两。高琦于是拟报告请示省巡抚潘思榘、监察陶方伯和福宁郡太守秦仁，全部批示通过。高琦一有了经费，二有了批文，就招集工匠，购买材料，建筑工程正式开工。书院坐北面南，左中右3间，中为讲堂，进深13柱，高琦题匾额"岳峰萃秀"于上方，面对照墙，上镌刻"官墙翼辅"四字。左右为两厅，东西为两庑，分置书室、蘩房、膳厨，各个分布井井有条。庑中峙立阁楼，供奉梓潼像，为庇佑诸生学业有成。文阁楼轩宽敞，登楼凭栏望远，四山苍玉如拱，旷达襟怀。西厢外有小溪流过，形成一个半圆形水池，称泮池，架小桥以进出。泮池在古代一般建在文庙、学宫、学府等建筑前，有振兴学业之说。过泮池拱桥，可达街道。乾隆十五年（1750）冬天，桐山书院落成，福建巡抚潘思榘亲手题写匾额"桐山书院"高悬于门楼。福宁府郡守秦仁题"乐育群英"。

桐山书院竣工投入使用后，又面临一个难题，就是供延请塾师、生童求学的费用尚无着落。于是高县令着手筹划学田作为书院开支。据载，当时拨石湖观、荷峰庵和江井庵并全县捐田共一百五十八亩二分九厘，以田租收入供养塾师。乾隆二十年（1755），福鼎知县萧克昌在政务之余，深入书院与诸生讲学，了解书院办学体制，生童纷纷反映，求学所需经费"膏火"缺乏，生员寥寥无几。萧克昌对此深感不安，认为此事是自己的过失，于是他召集人士说："家不读书，马年牛襟裾；户无礼义，草木同弃。学者传家之宝，士者华国之器，其奈何忽之？今余捐微实禄以资膏火，诸公其有意乎？"这就是他著名的《桐山书院膏火记》的经论，他率先作出榜样，捐出微薄的薪水。众人深受鼓舞，踊跃捐款，共倡捐白银一千两，付盐商营运。此后调拨了学业突出者共30人到书院就学，生童各15人，其中生员每月给银6钱，童生给银4钱。萧克昌，陕西咸阳人，举人，在福鼎为官5年，兴利除弊，廉洁奉公，热爱士民，修理城垣、桥道，建设学宫，造福一方，深受百姓爱戴。经萧县令倡捐，桐山书院办学费用大有好转，福宁府郡守李拔在《宁郡五县书院延师课士议》道："府属惟鼎邑书院租息足供膏火，其余各邑，田租鲜少。"可见育才有方，还得需备足资用。乾隆三十六年（1771）任知县的王应鲸曾在《听桐山书院读书》一诗中描写了书院，表达了自己的心情："满院飕凉秋气生，动人最是读书声。"

今实小图书馆

清代书院的院长由县令聘请，书院院长又称山长、师长，多为品学兼优的饱学名儒，籍贯不受限制。第一任桐山书院山长何西泰，字素华，侯官人，乾隆戊戌进士，授编修。在任期间，他还留有一诗《桐山书院闲居偶述》："比来客思转清幽，拟卜林塘小隐谋。夜静溪声时到枕，雨余山色恰当缕。琴书永昼柴荆掩，风日一庭花木稠。向晚平台试凭眺，白云流水两悠悠。"李拔在他的《宁郡五县书院延师课士议》中，还提到他调拨各县书院山长一事。桐山书院的第二任山长是黄瑞鹤，四川西充人，乾隆十四年（1749）进士，乾隆十六年（1751）任长乐令，其时已卸任。桐山在坊人高荣，庠生，是他的学生，有记载"四川进士黄瑞鹤主桐山书院，荣师事之"。之后有福鼎举人林滋秀、霞浦举人王宗槐、福鼎桐山举人高龙光、秦屿拔贡王守锐和王守愿兄弟、福鼎桐山举人施浩然、文渡贡生江本侃、秦屿附贡周梦虞等一批名儒先后接任桐山书院山长，培养了一大批人才。

光绪三十一年（1905），清政府废除科举，桐山书院改为高等学堂，前后共创办150多年。它是福鼎官方教育的先声，具有划时代的意义，值得后人永远记忆。

关心建设桐山书院的几位贤士

施如全 字苑川。在坊人，清乾隆甲寅科经魁。博学能文，笃友谊。霞邑孝廉杨延梁公车北上，中途资斧为肱箧者席卷去。期试已近，全赠二百金以壮其行。遇荒年辄平粜赈济。邑建考棚，倡巨钜款，乡人祀之兴文祠。嘉庆间曾偕举人王锡聆、岁贡生高昊分修邑志，事见《通志》。子延藻，亦好义举。捐助宾兴、赈恤水灾，不吝倾囊。同治甲子，地方办团防匪，捐米四十石。孙家麟，字云樵，咸丰己未副举人。克绳祖武。偶得善书钞读忘倦，辄于稠人广众中举以劝诫，闻而化者不少。掌教桐山书院时，评骘诗文而外，尤谆谆以立品砥行，勖及门士习以端。曾筑柯岭边义塚，并出多金以助城垣义仓诸善举。

湛官印 原名观应，又名煌，字卿伍，号敦斋。渠洋人。家本小康，其祖贻隆于乾隆壬午，曾捐金兴学，里人祀其主于桐山书院。官印力耕作，益致富。自奉极薄，待人不计铢锱，中年好善尤力。里有争讼辄排解之，危急辄救济之，远近咸称善人。其孙夌、垄，俱以好义闻。道光间，邑中绅富捐集田亩，年收其课金，以供士子乡、会试之用，名曰"宾兴"，垄以官印名义捐田五石，祀邑兴文祠。今其田悉由湛氏子孙种作，年纳课金，名曰"自储"。

郑得辉 字春亭，硖门人。精医术，以活人为已任。里有鼠雀争，得其一言悉平。道光间，海盗登岸肆掠，村民患之。辉编联保甲，亲率丁壮，往杀贼数十。事闻邑令包公巽权，旌之曰："一乡善士"。年老，与宾筵。子梦兰，字见斋。国学生。平日好施舍，老而弥笃。尝命其子錞元、腾元、献元、秋元、搏元倡建登春桥于硖门溪。工既竣，续建四小桥于其里之虎坑、五斗、下竹阳、长澳里诸要路，又建亭于相宅（一作上宅）岭巅，并于亭右筑广被坛以祀里之无嗣者。献元，字文冈。犹能扩先志。光绪戊戌，登春桥圮于水，命其子侄出赀重修。逾年饥，又命其子往连江采谷平粜，境赖以安。清末，邑创办学校。献元犹仰体祖父遗意，以其弟秋元茂才名义捐金五百两，可谓世有令德矣。

清末至民国历次学制改革

钟而赞

清末，在资产阶级民主革命浪潮的冲击下，废科举、兴新学呼声日甚。在福鼎，留学日本的朱腾芬主张废"八股"，研新学，主讲《天演论》，介绍西洋数理知识，成为福鼎新学的启蒙者。

清光绪二十八年（1902），清廷主管教育的大臣张百熙拟订了《钦定学堂章程》，由于当年是壬寅年，所以又称"壬寅学制"。新学制由于反改革的顽固派的抵制和自身存在的不足，未能施行。第二年，清廷命张百熙、荣庆、张之洞以日本学制为蓝本重新拟订学堂章程，并于清光绪三十年（1904）1月公布，即《奏定学堂章程》，是年为癸卯年，故称"癸卯学制"。

"癸卯学制"是个系列学制系统文件，包括《学务纲要》《各学堂管理通则》《蒙养院章程及家庭教育法章程》《初等小学堂章程》《高等小学堂章程》等，统称《奏定学堂章程》。这是中国近代史由中央政府颁布并首次得到实施的全国性法定系统，较"壬寅学制"更为系统详备。

按照新学制的要求，光绪三十一年（1905），福鼎知县黄鼎翰改桐山书院为官立高等小学堂，同时在城区新创建桐山初等小学堂和两所初等蒙学堂。桐山初等小学堂（后为县立模范小学）地址在旧考棚（始建于道光二十年，地址在今市委市政府大院），两所初等蒙学堂一是县治北社初等蒙学堂，地址在城北大帝宫（原中山影院）；一是县治南社初等蒙学堂，地址在城关南门天后宫。

至1911年，福鼎全县已有小学堂15所，其中城区4所，包括官立桐山高等小学堂，桐山初等小学堂和北社、南社两所初等蒙学堂。

中华民国成立后，南京临时政府制订了《壬子癸丑学制》，颁布了一系列改革教育的政策法令，诸如学堂改称学校、堂长称校长、废止读经科、男女同校等。至1915年改小学校为国民学校，福鼎全域已有公立学校17所，其中城区4所，即县立桐山小学（今实小）、县立模范小学（前身即桐山初等小学堂）及桐北和桐南两所初级国民学校（前身即南社、北社初等蒙学堂），另有一所缙阳私立初级国民学校。

风气大开，一些热心教育的社会人士纷纷创办新学，其中就有孙中山奖章获得者

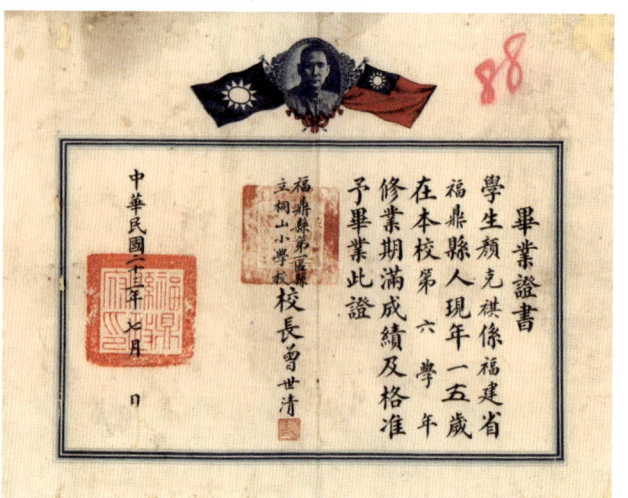

民国毕业证

  周忠魁于1920年在城关文昌阁创办的莲池女子学校。莲池女校是福鼎第一所女子小学，创办者周忠魁率先提倡推广国语授课，极力反对女子缠足、溺杀女婴，被视为福鼎女权的首倡者。

  民国政治纷乱，教育政令频繁变动。如1934年，政府在学校推行"新生活运动"，第二年出台《福建省义务教育实施计划》，推行民众教育，全县创办了30所短期义务小学，同时在苏区周围实施"教养兼施"的特种教育，开办了5所中山民众学校。1937年，全面抗战爆发，省政府又对教育布局进行调整，福鼎县政府呈请按全县划三个行政区分设中心校，位于福鼎城区的桐山、育仁两校合并为第一区县立桐山中心国民学校，其他短期、简易小学也给予重组归并，均改称为战时国民学校，完全小学改称中心国民学校。教育布局调整至1939年上半年才全面完成。1941年，县政府又因财政困难对学校进行调整，停办了一批学校，停办的主要是农村村级小学，位于城区的几所私立小学如桐南的大雄小学、西园的广陵小学、桐山施厝的石渠小学、王塘的万真小学，县政府的经费补助被叫停了。

抗战胜利后，国民党发动全面内战，又有一批学校相继停办。至1948年，全县有中心小学18所、国民小学45所。城区2所中心小学分别是：第一中心国民学校，位于河墘头；第二中心国民学校，位于小西关。7所国民小学分别在山门（山门里）、玉塘、灰窑（罾坪）、镇边、山前、丹岐。另有4所私立小学，即大雄小学、广陵小学、石渠小学、万真小学。

这一时期可视为幼儿教育、中学教育及职业教育发展之滥觞期。1934年，福鼎县基督教会在十字巷毓贤堂创办了贞光幼儿园，是全县第一家幼儿园，创办6年，因经费困难而停办。1944年，县立桐山中心小学附设幼儿班，是福鼎历史上第一家公立幼儿园。本县的一些有识之士大声呼吁要发展中学教育，并为之积极奔走，至1938年，在政府还未批复的情况下当地先行成立学校董事会并创办私立北岭初级中学，暂时以旧考棚（今市委市政府大院内）为校舍，后又因抗战迁校白琳翁江，两年后才获省教育厅正式批复，改名为福鼎县立初级中学，迁址福全山下圆觉寺（今一中高中部）。同期，福鼎在城区创办了2所职业学校，但办学时间都不长。一所是福鼎佛教会于1940年创办的私立慈济纺织学校，一所是1942年创办的福鼎简易师范学校。

学制与课程也随政治的变革而频繁变易。清光绪二十九年（1903）的"癸卯学制"规定：蒙小学堂学制四年，初等小学堂五年，高等小学堂四年。1913年制定的"壬子、癸丑学制"规定：初等小学四年，高等小学三年，入学年龄分别为6至7岁、11至13岁。1922年的"壬戌学制"规定：6岁入学，学习年限初小四年、高小二年。这一学制沿用至1949年，其间穿插其他学制，如1935年办的短期小学学制一年，简易小学学制二年，1937年多数短期小学转为简易小学，少数短期小学升为初级小学，学制四年。

新学的发展源于探索强国富民之策，在新思想的熏陶之下，师生们关心国家和民族的命运，勇于反抗帝国主义的欺凌、压迫、侵略及当局的黑暗统治。

1919年，五四爱国运动的消息传到福鼎，城关第一高等小学和莲池女子小学等学校组织师生宣传队，上街演说，散发传单，抵制日货。在省城读书的青年陈百弓、林时勉、黄菊坡、潘菊农、郑干人等10多人回到福鼎，与小学教师周诚卿、周应杰、陈敷濂等人组成宣传队，开办工人民校，抨击封建礼教，宣传新思想、新文化，以科学、民主、自由的思想，唤醒民众。1925年"五卅惨案"后，一批福鼎籍知识青年陆续从省立第二、第三中学毕业回到福鼎，先后在县立各小学执教。他们在学校宣传科学、民主，破除迷信，反对封建文化，并带头发动在全县范围内开展查禁日、英货活动。

抗日战争爆发后，在中国共产党的领导和影响下，全县中小学开展了各种形式的抗日救亡活动，城区中小学尤其活跃。1938年秋私立北岭中学创办，当年中共福鼎县委领导人即在该校秘密组织"民族解放先锋队"，到第二年4月，已在学生中发展党员15人，成立了中共北岭初中支部和党的外围组织"读书会"，组织开展教唱抗日歌曲、上街下乡演说、举行抗日义演等抗日救亡宣传活动。

　　抗日战争胜利后，国民党发动全面内战。当时法币贬值，物价飞涨，苛捐杂税繁多，民不聊生。中共福鼎城工部发动全县中小学教师罢教，抗议国民党政府无理减少教师薪金。而随着国民党政府的土崩瓦解，城乡多数小学难以维持，处于停顿、解体状态。

蓬池女子小学创办经过

◎ 周秀莲

前言

民国初年，我父亲周忠魁转入三都中学任教，与游弢庵先生（福州籍，清末举人，著名女教授游寿之父）素善。父亲支持游先生创办霞浦第一女子高等小学，游先生为校长，聘请家母苏玉琴女士为国语教员（当时该校女教员有3人，除了我母亲，一为吴碧瑜，一为陈老师，她们均为霞浦人，年龄均在50岁上下）。我姐荫莲、爱莲均在该校就学。父亲迫切希望，能在福鼎也办一所女子小学，回鼎与教育局长李锡庚先生商讨，对方欣然同意，每年拨款200元作为该校经费。设女校首先要聘请女教师，适荫莲在霞女子高等小学毕业，顾不得她继续升学，就让她到福鼎创办第一女子小学，任为校长。聘请清拔贡曾仁山老先生为国文教员，浙江平阳逢春人陈女士为教员，又请牙洋母为校工，人事初定，设备也初具，办公桌、风琴、单人课桌椅（连在一起）四十副，在当时还算是第一流的。

校名沿革

1918年创办时，初名福鼎第一女子小学。在教育局长周梦虞先生任内，改名"莲池女子小学"。到刘大玟任内，迁校址于南门外天后宫，改为"南社初级小学"。

开始时办一班，后增两班，继三班，最后拿节孝祠作高年级教室，学生百余人。利用大门内院子为操场，墙角下砌一周台，栽种花木，四季常青，花香扑鼻，秋季更是菊花争艳，均为父亲栽培。校内开展文娱活动，办过文艺晚会，演出话剧《匡衡凿壁偷光》

莲池女子学校旧址，今为桐南小学

《冯骝击剑》和舞蹈、歌咏等。夜场演后父亲提着美孚灯，沿路送女学生回家。

动员学生入学

当时女子不出闺门，"无才便是德"，要打通家长思想劝导女孩子入学，绝非易事，父亲与荫莲挨家挨户动员，李锡庚局长带头，促侄女李慕南、李娟梨和女儿李雪梅入学，上至街头顶，下至南门外，还到南郊天帝宫动员女斋僮陈明霞、蔡翠英入学，使四十张课桌椅坐满一堂，朗朗的书声、悠扬的琴声和着歌声充满校园，语文课更是习字作对，课余刺绣、编织、游戏在一起，可说是福鼎首批女生走出家门，初次享受着读书乐趣。

培养教师与发展学生数量

父亲继续动员女子入学，到秦屿、屯头、硖门、宁洋各地宣传，连东稼湖头庵堂女斋人如莲姐也来入学。这时校内有寄宿生数人。

学生人数增加，班级增设，教师配备也得加强，于是到霞浦聘请张人权女士（她刚由福州陶淑中学毕业回来）来校任教员，家姐爱莲在此之前也教了一学期，家兄应杰在辞却霞浦汉兴中学教员后，也来担任高级班教员。此后本校毕业生中的陈明霞、黄波弟、施绮霞等人相继留校为教员，珊莲霞中毕业后留校为教员一年，后到浙江温州女子中学附属师范学校升学，毕业后原在永嘉第一小学任教。后父亲为提高校长素质起见，一定要珊莲回来担任，调换荫莲到永嘉小学。抗战开始后，珊莲到福州南台小学任教，并参加福州邮局部分职工以话剧形式到各县乡宣传抗日的活动。此后，这所小学乃由张人权、周荫莲等接替任教，改名为"南社初级小学"。

师生投入爱国运动行列

20世纪初期，我国处于内忧外患、军阀割据、列强步步紧逼企图并吞我国的局面，"五卅"等惨案接二连三地发生。初见曙光的女子们，义愤填膺加入爱国运动。她们用悲壮的歌声，唱出"五月九日，五月九日，国耻痛无极"，高呼口号游行示威。她们因为受教育认识了自己的地位和责任，纷纷投入了爱国运动的行列。

（本文摘编自《福鼎文史资料》第 4 辑）

晚清及民国城区初等教育发展概况

> 刘本焯

晚清时期

戊戌变法和义和团运动失败后，帝国主义加紧瓜分中国，清政府为维护其反动统治和适应帝国主义侵略需要，应付日益严重的国内危机，方于1901年1月起实行所谓新政。改革文化教育是新政的内容之一。1903年，清政府颁布了学堂章程（即"癸卯学制"），整个教育体制分为"三段"（小学堂、中学堂、大学堂），"七级"（7岁、12岁、16岁、21岁、24岁、28岁和32岁）。

光绪三十一年（1905）清廷明令废除科举："即自丙午科为始，所有乡会试一律停止，各省岁科考试亦即停止。"同时"广设学堂"等。是年，福鼎知县黄鼎翰将本县书院改为学堂，原桐山书院改为官立高等小学堂；并创办官立初等小学堂2所，其中城区1所；公立（民间捐资）初等蒙小学堂12所，其中城区2所。开列如下：

名称	立别	开办时间	创办人
桐山高等小学堂	官立	1905年4月	
桐山初等小学堂	官立	1905年4月	
县治北社蒙学堂	公立	1905年	卢培章、颜焕文
县治南社蒙学堂	公立	1905年	

民国时期

1912年1月成立的福建军政府转发了南京临时政府教育部的通电，宣布：改学堂为学校，监督堂长为校长，行一年二学期制，初小可以男女同校。

9月，中央教育部公布教育宗旨："注重道德教育，以实利教育、军国民教育辅之，更以美感教育完成其道德。"并公布了《学校管理章程》，规定小学分为高、初两等，高等三年，初等四年。同月教育部颁布"壬子、癸丑学制"，从小学至大学全程18年（儿童6—24岁），较晚清施行的"癸卯学制"缩短8年。

1915年，全县初等小学改为国民学校，全县计有学校17所，其中城区有福鼎县第一小学校（今实小）、县立模范小学（在旧考棚，今市委大院）、桐北初级国民学校、桐南初级国民学校。1920年，新增福鼎第一女子小学（即莲池女子小学）。1925年，新增私立贞光初级女子小学。

  1931年，推行义务教育，福建省颁布《修正福建省简易初级小学简章》。简易小学是以试行初步义务教育为宗旨，招收8岁以上至13岁（实足年龄）未入正式初级小学之儿童入校肄业。学校编制分为全日制和半日制两种，必要时并设夜校学制，每夜2小时。全日制每日授课4课时，半日制每日授课3课时。小学课程为国语、算术、常识、体育4科，必要时得增设音乐科。凡入简易小学儿童如修满3000小时计18万分钟即算义务教育毕业。

  1935年4月25日，福建省颁布《福建省各县民众教育中心机关推行标准工作实施方案》规定："各县民众教育中心机关办理民众学校须分设短期义务小学。分儿童、妇女、男子三部，每部得设高初两级，短期义务小学儿童部专收13岁至16岁之年长儿童，妇女部专收16岁以上之女子，男子部专收16岁以上之男子。"各部授课时间：短期义务小学部上午9时至11时；妇女部下午2时至5时；男子部晚上7时至9时。各部毕业期限：短期义务小学部1年毕业；妇女、男子两部均6个月毕业。"各县民众教育中心机关办理民众学校应免收一切费用，书籍及用品费均由学校供给。"

桐山书院、福鼎县立桐山小学旧址，现为福鼎市实验小学

1935年1月，国民政府出于"反共防共"之目的，在苏区周围开展特种教育。本县奉令开设中山国民学校，每年均为5校，其经费由省直接拨给。1938年2月部分并入国民学校，改办成中山中心国民学校。至1942年奉中央教育部令，"将特种教育合并国民教育办理"，因而中山中心学校及中山国民学校尽行改为中心学校及国民学校。

1937年全县之国民学校分为四种性质：一为小学（完小），二为初级小学，三为短期小学，四为中心国民学校。是年秋季，短期小学多已改为简易小学，延至1938年秋，省派高级中学二年以上肄业生下县服务民教工作，增强民众抗战力量，本县奉令除将原有简易小学及初级小学，择其一部改为战时民众学校外，并新设多校。其教学程序：夜教成人，早教儿童，午教妇女。1939年秋，战时民众学校之名称又奉令改为保国民学校，旋将保字废除，方名国民学校。

1938年1月12日，福鼎县政府呈请按县三个行政区分设3个中心校，第一区桐城、育仁两校合并改为"福鼎县第一区县立桐城中心国民学校"，计办12个学级，校长林嘉澍，于5月10日获省厅核准。

1939年，福建省政府为增强全省民众对于抗战建国之认识与能力起见，特就全省普设战时国民学校，实施战时国民组训，采取保训教合一，将全省战时民校、简易小学、短期小学一律合并改办成战时国民学校。"战时国民学校设成人班、妇女班及儿童班，采取复式编制施行教学。各班学生即为预备队、妇女队、少年团之队员或团员。"战时国民学校成人班、妇女班学生以16岁以上45岁以下之失学男女为主，若学校不能容纳亦可招收16岁以上30岁以下之失学男女入学。儿童班学生以9岁以上16岁以下之失学儿童为主，合乎年龄之成人、妇女、儿童采取强迫就学。战时国民学校成人班、妇女班修业期间分初级、高级二种，每种4个月，每日上课4小时，并参加少年团训练。

6月，本县完全小学改为中心国民学校。秋，依县各级组织纲要实施义务教育，将战时国民学校等改办为国民学校。此后，因县政府财政困难，先后有一批公立学校要求暂时停办，对于私立学校的政府捐资也停止了。

1946年，省厅要求各县每乡镇有中心国民学校，每保有国民学校，同时要求各县指定5—10所中心国民学校作为示范性质之国民学校。福鼎县曾指定桐山等5校为示范中心国民学校。1948年，县教育局又指定桐山第一中心国民学校及桐南国民学校为示范学校，列表上报。当时桐山第一中心校校长为温简兴，桐南国民学校校长为朱葆震。

1947年9月，本县按《福建省战时国民学校施行细则》之规定，在城关流美设立国民教育巡回班，招收儿童班61人，成人班19人。1948年3月校址迁城关灰窑升平保，并在桐山镇柯岭乡添设第二巡回教学班。

附：

1948年度第二学期城区（时为桐山镇）设校情况

学校状况	校名	地址
中心国民学校	第一中心国民学校	河乾头
	第二中心国民学校	小西关
国民学校	山门国民学校	
	玉塘国民学校	
	丹岐国民学校	
	昇平国民学校	灰窑
	镇边国民学校	
	流美国民学校	
私立小学	大雄小学私立小学	桐南
	广陵小学私立小学	西园
	石渠小学私立小学	桐南施厝
	万真小学私立小学	玉塘

（本文摘编自《福鼎文史资料》第11辑）

城区普通中学发展概况

☆ 庄孝赵

民国时期，福鼎长期没有中学，青年须经长途跋涉，前往霞浦县福建省立第三中学或福州、温州等地中学求学。这不仅经济负担重，而且诸多不便。1925年和1927年，福鼎各界热心教育事业人士，先后两次组成"初中筹备处"。前者以卢振纲、朱克文为正副主任，周梦虞、梁镜寰、陈棠、曾守琼、缪景铭、曾世清为委员；后者公选周梦虞、李梦星为正副主任，梁镜寰、缪景铭、曾世清、陈棠、曾守琼、卢学膏为委员。筹备处多次向国民党政府陈述兴办福鼎初级中学的必要性和紧迫性，并多次召集有关会议讨论筹建初中问题，但终因经费问题而未实现。

1938年，以林锡龄为首24人联名给县长陈廷桢呈文，请求创办福鼎初中。其呈文摘要如下：

> 本县地处闽东，地瘠民穷，教育不振，文化落后，以致社会事业停滞不展……反观莘莘学子有志求进者，又以经济之拮据不能赴外升学，所以每需求初中人才均不易得。如现有之小学师资多以小学毕业者充任，似此状况教育安有不愈趋愈下？再就霞浦义教师资训练班学员资格而论，其他各邑均系中等毕业，惟本邑所保送者概为小学生。此外省立所招设立各种训练班，亦莫不如是。此非就地无可选之才，实因无造才之机会。欲挽救此弊，应以筹设造才之机会为先。查本邑过去升入中学者，多负笈省垣及浙瓯各地。近自中日战争发生，昔日文化之区今皆沦为战争之地，原有学校停办者停办，迁徙者迁徙，一般学子愈感升学困难。比如本省省垣原有中学，现多迁移闽北一带，本邑学生如欲往赴数千里求学，纵使家庭经济如何充裕，亦为事实上所难能，则无形中将使本邑教育生机愈陷绝境。此战时筹设初级中学实较平时尤为切要也。同人等有鉴及此，爰召集地方热心人士开会讨论筹设初级中学，以培植人才而挽救地方，矧教育为救国根本大计，所以陈教育部长对于抗战期中教育之重要，亦曾三令五申冀固国本。复查省教育厅现对各地筹设中学亦非常重视，藉以补救战时教育之偏废。我县座热心教育，素为同人所

钦佩，敢将拟议筹设县立初级中学事宜，佥请察核采纳施行，迅予委派干员筹备，赶于本秋成立，以救失学青年，而重地方教育，实感公便。

附：筹建"福鼎县初级中学"发起人名单

林锡龄	丁梅薰	潘雨峰	董德明	张维周	梁镜寰	卓剑舟	李梦星
李得光	曾世清	林时端	曾世锐	缪景铭	缪怀珍	吴晋翔	施得士
李　海	陈维新	陈海亮	周　南	卢学膏	林嘉树	周仲濂	肖宗潜

是年秋，虽未下批文，即成立"学校董事会"，推周梦虞为名誉董事长，林鹤樵为董事长，决定创办私立北岭初级中学，以县城旧考棚为校址，聘任教职工11人，招生两个班100人，校长陈维新。翌年8月，因抗战迁白琳翁江。1940年初，福建省政府教育厅函告福鼎县政府："据私立北岭初级中学校董会呈报，遵令筹足基金及经常各费，并附校董会立案、章表及经费证件，请准立案……本厅视导员叶渊鹉查报属实……复经贵县政府查明均属确实，姑准立案。"同年8月，该校迁回县城，定址城西圆觉寺。是年冬，改名为福鼎县立初级中学，其办学经费由县拨给。1942年，建校舍1座，学生5个班262人（女生33人），其中，一年上期60人，一年下期72人，二年上期49人，二年下期48人，三年下期33人。教职工共16人。

1948年秋，福鼎县参议会第十一次大会会议呈请增设高中班，其呈文道：

鉴于当时福鼎县立初中学生毕业后，由于要远赴宁德三都中学读高中，故每届升学人数不及十分之一，且本县初级中学自民国廿七年8月创办迄今已十周年，毕业学生计13班287人，在刘端材校长领导下，师资、设备、教学均见增进，具备增设高中班的条件，请求福鼎县政府筹备，于民国卅八年

福鼎一中的前身为私立北岭中学，以县城旧考棚为校址，后定址圆觉寺，现校园内保存有原圆觉寺旧建筑

2月就本县初中增设高中一班……

翌年3月，县长丁梅薰就本县初中添设高中一事呈报福建省政府审核。然而，此时国民党政府已日薄西山，土崩瓦解，终无复函立案。

1949年6月11日，福鼎解放。是年秋，县人民政府接管福鼎县立初级中学，全校学生4个班169人，教职工24人。1950年，改校名为福鼎县初级中学。1954年，学生发展为8个班470人，教职工增至35人。1956年，增设高中部，当年招收初中新生270人，高中新生52人，全校在校学生700余人，并改称福建省福鼎中学，为本县第一所完全普通中学。1958年，福鼎中学改称为福鼎第一中学。

1970年，提倡"读高中不出公社，读初中不出大队"，包括城区一、二、三小在内的全县15所中心小学均附设初中班。随着改革开放的不断深入扩大，福鼎县普通中学教育逐步走向正轨，并稳步发展。1980年，创办城关中学，归并城关一小、三小、四小3所附设初中共20个班，学生1112人，教职工58人。1981年，城关中学设高中部，招生4个班228人。

福鼎是多民族聚居县，为了培养少数民族人才，1987年创办县民族中学。至1990年，发展5个班、学生347人。鉴于县城和城郊人口不断增加，福鼎一中和城关中学满足不了小学毕业生升学要求，是年创办山前初中，归并山前小学附设初中班，学生共9个班、397人。1993年，创办桐城初中。同期，桐城丹岐小学附设初中一直延续办学。

（本文摘编自《福鼎文史资料》第13辑）

1995年以前福鼎城区职业教育发展概况

庄孝赵

福鼎职业教育基础比较薄弱,民国时期全县仅有两所专业学校,而且办学时间不长。一所是福鼎私立慈济纺织学校,由城关佛教会于1940年创办,置有纺织机10余台,学生20余人,校长梅子湘,教授初中教材,不久因经济困难而停办。另一所是福鼎简易师范,校址在城南明伦堂,1941年创办,首任校长萧宗潜,招收初中毕业生1个班,50人,学制一年。1942年后改收高小毕业生,学制4年。1946年,学生增至3个班、133人。1949年春撤散停办。该校累计毕业生200多人,大多成为福鼎教师队伍骨干。

1949年,职业教育得到了发展,先后3次出现办学热潮。一次是1958年"大跃进"前后,根据上级指示,为发展农业生产的需要,大办农业中学。1958年至1961年,全县共办茶业农技等7所农业中学,分别在桐山、点头、白琳、磻溪、前岐、管阳、

福鼎市职业中学

店下7地，在校学生共283人。办学形式多为半工半读。1962年贯彻"调整、巩固、充实、提高"八字方针，全部压缩停办。

这一时期，城区还创办了5所中等专业学校。一所是福鼎初师，于1959年寄办于福鼎一中，隶属其管理，始设初师2个班，幼师1个班，学生共120人，专职教师6人，学制2年。一所是福鼎卫生学校，于1959年由县医院筹办，1960年春正式开办，校舍设在县医院，招收初级2个班，学生37人，学制2年，校长由县医院院长屈振杰兼任。其余3所是：福鼎工业学校，1个班，在校学生50人；福鼎水产学校，2个班，在校学生90人；福鼎艺术学校，1个班，在校学生22人。以上5所学校由于校舍、师资、设备等办学条件跟不上，1962年亦压缩停办。

1964年，国家主席刘少奇发出关于"两种劳动制度、两种教育制度"的指示，又一次掀起办职业教育的热潮。是年秋，创办了两所中等专业学校，一是闽东渔业职业学校，校址在沙埕，由沙埕中心小学附设初中改办；一是福鼎农村师范学校，校址在县城东南郊赤石岔，即原福鼎老区畜牧场（后改为农科所），校长李笃融。福鼎农村师范学校初招学生1个班、50人，1965年建1幢教室和1座膳厅，增收1个班、50人，教职工共7人。

1964年至1965年，全县还在前岐、店下、秦屿、硖门、磻溪、白琳、点头、城关以及镇西、西阳、荚阳、太姥洋、翠郊等处共办15所多种形式农业中学，其中茶业5所、农技8所、渔业1所、卫生1所（短训班）。办学形式主要是半耕半读，亦农亦渔，在校学生共计19个班、486人，教职工共47人。

1966年6月，全县上述专业技术学校均停办。"文革"期间，职业教育停顿，造成中等教育结构单一化。普通中学高中毕业生只有少部分升大学，大部分人要参加生产劳动，却又缺乏专业技术和管理能力，影响了劳动后备队伍的素质。

发展职业教育是振兴经济的一项战略措施。1980年，国务院颁发了国发〔1980〕252号文件指出："改革中等教育的结构，发展职业技术教育，适应四化建设的需要，是当前亟待解决的问题。"于是，出现第三次创办职业教育的热潮。全县先后创办两所中等专业学校，即闽东技工学校福鼎分校和福鼎卫生学校。同时，先后创办店下、点头、管阳、城关4所职业中学和丹岐职业初级中学。

闽东技工学校福鼎分校创办于1981年7月，校址在桐江溪畔、阮家尖山下，校园占地面积9.6亩，建筑面积1940平方米。该校隶属于县人民政府领导，劳动局主管，面向宁德地区招生，专业设置先后有茶叶精制、制革、皮革制品、织造印染、车间成本核算、家电维修、食品加工、工业化学分析等8个专业。1985年，宁德地区劳动局、闽东技工学校对全区技校专业结构进行调整，该校定型为以食品化工为主的中级技工培训基地。至1990年，学校共计招生639人、毕业539人，教职工17人。在完成国家计划任务的同时，还培训在职工人、待业青年140人，为提高工人素质做出了贡献。1985年、1986年，该校先后被宁德地区和福建省评为技工系统先进单位。

福鼎卫生学校于1984年经省卫生厅批准正式开办。校址从县医院迁于城关山前，校园占地5亩，建筑面积1454平方米。校长许永顺，专职人员8人，兼职教员20人。该校承担省、地统招护士教学任务。1986年后还开办省统招在职人员职工护士班和地区统招职业中专护士班。1987年，经省教委批准，校名更为福鼎卫生职工中等专业学校。至1990年，该校共培养护士223名，散布在地区各县、全省各地医院，大多成为护理骨干，不少人还当上了护士长。

20世纪80年代初，福鼎开始改革中等教育结构。1982年，县中等教育结构改革领导小组、职业教育领导小组相继成立，县教育局在中教股配备职业教育专职干部，全县职业教育逐步走上正轨。1983年，城关中学兼设2个职业高中班，学生112人。1984年，桐城乡创办丹岐职业初级中学，学生48人，设水产养殖专业。1985年，中共中央作出了《关于教育体制改革的决定》，为职业教育的发展进一步指明了方向。这一年，全县职业教育发展较快。城关中学兼办的职业班，正式命名为职业中学。全县共有职业班23个班，学生760人。这以后，采取横向联系办学形式，拓宽了办学路子。职业中学与县林业局、农业局、水产局和农械公司等有关单位联办，依靠社会支持，建设了生产基地和实验场所，初具规模。全县拥有林地2740亩，苗圃5亩，果树实验场100亩，茶园7亩，水产养殖场30亩，对虾池7亩，淡水养鱼池4亩。职业中学的专业设置根据学校条件和当地发展经济的需要，学制长短结合，大多为2年制，有些3年制，个别专业为1年制，从而给办学注入了活力。

1986年后，职业教育继续稳步发展。1987年，全县有职业班27个班，学生共929人，其中职业初中4个班，在校学生136人；职业高中23个班，在校学生793人。教职工共98人。

1988年3月，宁德地区职业中学办学经验交流会在福鼎召开。会议提出，要树立主动地为当地经济建设服务的办学指导思想，多层次、多形式、灵活多样地办职业教育。这次会议，推动了我县职业教育沿着正确的办学方向发展。是年，城关职业中学从城关中学分出，独立设校，改名为福鼎职业高级中学，校址迁于城关体育场西南侧（今桐北小学），占地10亩。原福鼎县委书记杨有志、福鼎市委书记刘建荣先后为该校名誉校长。两任书记多次深入学校指导，解决办学中的问题，使学校越办越好。除拥有教学楼、办公楼、师生宿舍楼外，还建有适应职业教育需要的钢琴房、画室、舞厅、语音实验室、电脑室、电子实验室、电教室等，每个教室装有闭路电视，配1

台彩电。在办学中，根据职业教育的特点，以"办特色学校，育特长学生"为宗旨，追随形势的发展和市场经济的需求，实行"四开放"，放开专业设置，变单一型为综合型，先后设置音乐、幼教、文秘、电子、服装、美术、外经财会、旅游、办公自动化、建筑、水电、装潢、汽修、法律、保安等多种专业；放开招生范围，立足闽东，面向浙南；放开收费，用足优惠政策，全面实行收费上学；放开学制，稳定长线专业，开拓短线专业。因此，学校发展较快，办学成绩斐然。1990年，学生12个班、504人。至1996年，学生增至27个班、1012人。该校先后被福建省、宁德地区、福鼎市授予教育先进单位称号，被誉为"闽东职教一枝花"。

（本文摘编自《福鼎文史资料》第15辑）

福鼎县立师范学校的情况

李 海

1942年间，一些热心教育人士，感觉小学师资过差，全县文化程度难以提高，乃向县政府请求开办简师班一个班，以公费供给学生膳食。蒙批准后，1942年春，派肖宗潜为校长，首先招收初中毕业生50名，附设在福鼎一中内，学期一年毕业，毕业后分配全县各小学为教师。各科教师大都由一中教师兼课。办了半年，由于一中校舍困难及其他原因，大家又向政府请求成立福鼎本科师校，学期定为四年毕业，每班名额也定50名。承批准后，乃选择桐南明伦堂为校址，县府仍派肖宗潜为校长。当年秋季，开始招收师范本科学生50名，学生投考资格为初中毕业，同等学历者也可报名，投考及格后吸收入学。学生膳食由国家供给，每人每月供应糙米34.5斤，菜金2.5元。本科师范班在明伦堂开学时，把原附设在一中的简易班50名学生也搬迁到明伦堂来续学半年，给予毕业。自1942年秋季起所招收的学生，学制为四年毕业。至1947年止，已毕业任教者为数不少。1946年春秋两季所招收的学生至1949年春因二批学生参加游击队，学校因而撤停。1949年福鼎中学增设师范科，部分学生续学半年后撤消。

当年福鼎开办四年制师范学校，纯系师范专业学校性质，与现在的普师校略相仿。课程的设置有国文、数学、几何、代数、动植物、生理卫生，主要科目有教育学、教育概论、教育心理学、教育行政、教材教法，还有中外地理、中外历史以及公民、美艺、音乐、体育、园艺等，并聘请教官专司生活管理。学生自入学起全部公费，书籍课本由学生自置。

全校教师共有十多人，资历大都为大学生，如：校长肖宗潜为华北教育学院毕业，教员陈维新系北京大学历史系毕业，郑宗英系海疆学院毕业，高一迅、丁祺华系英士大学毕业，蔡景春系厦大毕业，李熙光系浙江美专毕业，缪景铭系福州乌石山八年师院毕业，陈雪影系杭州英大毕业。该校十几位教职员中，只有我一人学历最低，是福建省立福州第一高级中学国文系毕业，其他如军事教官姚旭为黄埔十七期毕业生，还有个别如朱润生乃日本帝大的留学生。

自1942年秋福鼎本科四年制师范成立之日起，我连续在该校任中外史地教员，兼总务主任，对该校的情况了解较详，兹特简略述之。

（本文摘编自《福鼎文史资料》第15辑）

在福鼎推广官话的周应杰

陈海亮

20世纪初叶，只有官场中人会讲官话（国语）。直到30年代，吾邑讲官话的人才逐渐多起来。追本溯源，功在辛亥革命老人周忠魁先生与其子女们的热心倡授。本文说一说周忠魁先生的儿子周应杰。

先师周应杰（1898—1964），字子俊，福鼎硖门东稼人。幼时，其父即用官话与他谈话并教识字，故他在三周岁就认得600多个汉字的读音与字义。童年就读于福鼎秦屿小学，后入省立霞浦三中。其父任三中体育教员时，常与外地友人会晤，用各自的方言交谈，以手比划如演哑剧，因此强烈促进他向父亲学习官话的兴趣。五四运动后，他更是极力宣传白话文，努力推广官话。

周应杰自省立三中毕业，即受聘于霞浦私立汉英学校。我适时在该校附小就读，有机会亲聆周应杰师讲课。当时全校教员中用官话授课者仅周应杰一人。在他的教授下，学生们的官话才显有长进。迨我们毕业离校不久，他亦回福鼎为其父创办的莲池女校教高小课，从此以莲校为据点，大力向社会推广官话与白话文。

施教白话文和官话，是当时教育界的新课题，周应杰师回鼎就成为福鼎教授官话的启蒙师。他为教好课，将注音符号的三十六个字母，分声母、韵母、拼音、声调绘成图表，在课堂示范发音，使学生们产生兴趣，从而掌握学讲好官话的窍门。

周应杰师在福鼎任教两年，教授国语成绩昭著，后被选调南京参加彭灵先所领导的"全国国语促进会"，并任该会组织南京国语传习会的导师，常与陆定一等研讨国语统一的方案，协同编辑以北京语音为标准的字典，努力促进全国官话的普及。

20世纪30年代起，全国普及官话蔚为热潮，福建广播电台也应时开辟官话节目讲座。周应杰师回闽，任福建省广播电台首任讲师，向全省大众播音教学官话。不久，省教育厅亦开办全省小学教员轮训班，周应杰师受聘兼任主讲注音符号的导师，是吾省教授官话的先行者。日寇侵华，福州沦陷，省广播电台内迁永安，未能续办官话讲座，周应杰师乃辞职返里，就任故乡硖门小学校长，仍热衷于国语速成的研究。

（本文摘编自《福鼎文史资料》第14辑）

忆肖宗潜老师和鼎师学校

喻捷华

肖宗潜,白琳翁潭人,曾执教于福鼎北岭中学(今福鼎一中)。他是一个十分热心桑梓教育事业的人,为人廉洁奉公,其道德风范深为社会人士和全校师生所钦敬。

1942年秋福鼎简师创办时没有校舍,暂时附设在北岭中学,开头只1个班,50人。次年新招春一班同学50人,才由鼎中分出迁到桐南老师邸。这里房舍年久失修,破败不堪,到处蛛网罗结,蝙蝠成群,鼠蛇出没,杂草丛生,荒凉不堪入目。

当时处在抗日战争时期,祖国半壁河山沦于敌手,前方战事吃紧,后方百业凋敝,物价飞涨,民不聊生。肖老师为了发展教育事业,培育师资人才,实现教育救国,废寝忘食,多方奔走,心力交瘁,为争取社会各界人士的支持做了不少工作。

1943年春,开学的头几天,肖老师在上课时和我们讲了北京有个土木工程系的学生自己动手建筑校舍,我们学校经费困难,也要依靠自己的力量办学。此后在他的安排和老师的带领下,同学们胼手胝足筑围墙、建厕所、清垃圾、刷粉壁、辟操场、开垦荒地种蔬菜,修建了厨房,安排了教室、宿舍、书报室,所有房舍、油漆粉刷一新。在经费极端困难的情况下,肖老师依靠师生力量,争取社会支持,经过一个多星期的努力,终于使学校初具样子。

开课后仍然困难重重,师资缺乏,经费见肘,因省会交通濒于断绝课本也买不到。读师范的多数是穷苦学生,在当时物价飞涨的情况下,伙食也十分困难。要把学校办好,确实不容易。肖宗潜老师处处以身作则,从不搞特殊,平日生活非常俭朴,坚持和同学们一个膳厅用饭,三餐皆两菜一汤,和同学们一样过着清苦的生活。他在困难面前从未低头,而是想方设法把问题逐一解决掉。首先雇了两个工友,带领同学们在榕树下的一片荒地上开荒种地瓜,补充口粮,并在后门校园里种上各种蔬菜以改善伙食,食堂民主管理,每月由两位同学轮流采购副食、值班监厨,杜绝漏洞,每月口粮由同学按定量分开,自己保管,每人分配一个瓷罐炖饭,定量国家供应,三餐自己掌握,同学们只缴很少的菜金便可以解决膳食问题。在师资缺乏的情况下,肖老师就地取材,聘请本地社会知名人士兼课。这些老师品学兼优,都有一定的专业知识,他们对地方教育相当重视,乐于应聘,不计报酬。当时学校聘请语文教师卓剑舟、梁镜寰、黄菊坡、张文衡、卓笙甫等人，数学教师游绍丹、施从闾，音乐教师黄联辉、叶渊浩，体育教师张序牍，总务由李海和朱葆震担任，这些老师食宿在家，不常住学校，以节省经费开支。这一系列有效措施，对巩固学校起了很大作用。

为解决课本问题，肖老师煞费苦心。当时省城沦陷，省会迁到永安，买书确实不易，肖老师聘了两位职员，专门誊写油印历史、语文讲义；地理、博物则由老师摘录在黑板上，由同学们抄下来。教学用书分别发函永安、穆阳各地兄弟学校邮寄支援，从而保证了学习的需要。

肖老师十分重视培养同学们德、智、体全面发展，平时要求严格，禁止学生吸烟，实行军训，作息时间安排很紧。每天清晨打好绑腿扎好皮带，从桐南出发跑步到桐北街头顶，商户开门前跑回学校操场，寒暑无间。每晚必亲临寝室查铺，严防学生乘夜外出。各班所出刊物，他都亲自批阅校正，并发给校刊题词。我们春一班刊名《旭光》，他在题词中写道："旭光！旭光！如旭日之在东方，光芒四射，照耀得遍地辉煌，愿春一的同学们，有如旭日之光。"他殷切地期望每个同学能像太阳一样发热、发光。至今想及恩师的光辉形象，犹令人缅怀不已。

学校为了培养学生的政治热情，语文方面选读了一些富有政治哲理的文章，诱导同学们提高政治认识。回忆当时的课文，如柳公权《种树郭橐驼传》"不爪其肤、不动其本"的哲理寓意，又如《原道》"圣人以治天下为事者也，必知乱之所起"，使同学们幼小的心灵对国家兴衰治乱有了初步认识。为激发同学们的爱国主义精神，历史方面着重讲了清兵入关史可法死守扬州，甲午战争中左宝贵战死平壤、全家殉难，以及顾炎武《日知录》的"国家兴亡，匹夫有责"等。诗词方面选读了《卖炭翁》《石壕吏》和林觉民的《与妻书》等等。这些文章在一定程度上激发了同学们的民族意识，在心灵深处痛切地感受到苛政猛于虎，认识到抗战时期大敌当前，个人都应该献身祖国、救亡图存。1943年春国统区动员青年参加志愿军赴缅作战，鼎师全体学生踊跃报名参加，每个同学都表示了敌忾同仇、誓死抗战的决心。

1944年春，肖老师参加了当时福安专区召开的教育会议，在会上陈述了自己对抗战时期培育师资人才的见解以及他本人创办福鼎简易师范学校的艰难历程，侃侃陈词，使当时不为人知的鼎师名扬闽东，令到会的闽东教育界人士，刮目相看，也引起了福安专员的重视，为鼎师争得荣誉，获得了经费支持。福安、连江、平阳、泰顺各地学子，也纷纷转学到鼎师就读。

1945年春，简师和桐南小学对换校舍，由老师邸搬到隔壁的孔子庙，学校因此得到了扩展。其后，又新招了简易科和本科三班，同学计150人，共分5个班。孔子庙又经过了一番整修。暑期中布置同学向社会募捐图书几百册，经过筛选、分类编号陈列八角楼图书阅览室，每天课余开放，同学们可以自由选读，以扩大知识面。此外还修了厨房、宿舍，在厨房的墙壁上大书："锄禾日当午，汗滴禾下土。谁知盘中餐，粒粒皆辛苦"的诗句，使同学们从中受到教育。这一学期还增添各类体育器械，扩充操场，新聘桥墩李熙光先生为美术教员。李老师一来，大大活跃了我们学校的文娱生活，美术、雕刻、泥塑、剪贴等手工艺术也有了长足进步。1945年，我们学校参加的社会各种活动，如县体育运动会、端午龙舟竞渡、作文、讲演、戏剧等都取得较好成绩。这一年我们还到过温州、矾山、太姥山各地参观实习，开阔了眼界，充实了知识。

1946年春，肖老师积劳成疾，常常咳嗽不止，经过医生检查，诊断为肋骨疽病。不久，病情扩展到肺部，在福州住院动手术，校长的职务便由高一迅老师接替。这年冬，我也毕业出校。

1948年，我听说学校师生为了反对国民党司法处强占学校的厨房作马房，闹了一起学潮，迫使司法处让步。这时党的地下活动已在鼎师开展，有20多位同学投奔革命，参加泰顺一带游击战争。直到1950年所有学生毕业后，学校才停办。

1953年，我在一次进城时碰到肖老师，他因为我们班毕业文凭报省教育厅加盖钤印未发下来担心。他还写了报告由省教育厅在旧档案中找出来，盖了人民教育厅铁印，予以追认补发。他在将毕业证逐一发到我们手中后，才了却心愿。这次碰到时，他问我收到没有，我说收到了他才放心。我问起他的近况，他说他参加城关保健室工作。这次匆匆交谈之后，就再也没有见到他。

1957年，我听人说肖老师自杀，噩耗传来，如雷轰顶，十分悲痛。

时隔30多年，至今回忆恩师的音容笑貌，宛然犹在，过去聆受的教诲历历在目，而自己一事无成，深感愧对，这篇拙文，只是抛砖引玉，深望其他同学能够更全面、更深刻地加以介绍。

我所知道的福鼎一中

方 正

福鼎一中创建于1928年秋，初为私立北岭初级中学，1940年冬改为福鼎县立初级中学。1949年秋，福鼎简易师范并入本校，单独编一班。1956年增设高中部，称福鼎中学。1957年，始称福鼎第一中学。20世纪60年代初，福鼎一中被列为宁德地区重点中学，现为福建省重点中学。郭沫若同志于1962年应本校师生之请题写校名。

本校校址初在县城内，1939年秋迁白琳翁江村，1940年秋迁回县城，定址城西圆觉寺。

创始维艰　今昔迥异

原先，福鼎文化交通落后，只有几所完全小学。知识青年要继续深造，须到福州、三都或温州等地求学，经济负担沉重，所以全县中学生寥寥无几，大学生更是凤毛麟角。

福鼎一中校园

教育界老前辈周梦虞先生等有识之士，曾呼吁创办中学，并为之竭力奔走，终未能取得政界、商界实力人物的支持。全面抗日战争后，交通断绝，福州、三都、温州等地学校纷纷内迁，本县青年外出求学更加困难。贫寒人家子弟固然无力负笈外地，富裕人家子弟亦感诸多不便。热心教育人士为桑梓培育人才，地方上层人物为子弟谋求上进，于是，两者利益结合起来，一时筹办中学的呼声遍及各界。众人决定创办私立北岭初级中学，组织学校董事会，公推周梦虞为名誉董事长，林鹤樵为董事长，李得光、李海等为董事，延聘陈维新为校长，于1938年秋开学。

　　北岭初中创建伊始，面临经费、师资、校舍三大困难。一是经费无着。校董商之政府，用县原有"宾兴""膏火"学租，并向茶烟明矾等行业公会摊募款目，以充常年经费。但当时私立学校必须有相当巨额的基金才能立案，这怎么办？热心者绞尽脑汁想出一个巧办法——向城乡殷实人家募集"公债券"充作基金。原来，当年国民党政府发行"公债券"，在持有者心目中几近废纸，易于大量募集，但它对当时政府仍然可抵金额。二是师资不足。热心教育的本地专职人员宁愿自己领取薄薪，而以较优薪金延聘外地教师，并请一些人员义务兼课。三是校舍难寻。学校初则借用育仁小学旧校舍（原址在今县委大院内），翌年春，因日机侵扰，白天借用离城3千米的栖林寺上一部分课程，傍晚仍回育仁小学旧校舍再上一部分课程。这样，师生往返疲劳又不安全。秋，向白琳翁江村肖姓族人商借肖氏家族的两座破旧仓楼，一作宿舍，一充教室。翁江离城约23千米，全校师生都须寄宿，学生负担重，义务兼课教师也难聘。1940年秋，学校又迁回县城，定址西郊圆觉寺。圆觉寺始建于明朝，重建于清道光年间，为本县大族高氏私产，前为佛殿，后为祠堂，所余空屋无多，只得将"太子亭"（旧时有身份人家的过路厅）用二十几根原木围起栅栏，活像监狱一般，也当作一个教室，同学们开玩笑称它为"拘留所"。还差两个教室无着，校董、教职员和一部学生上街捐募，募得一些钱，在"太子亭"两旁空地上，搭盖两间简陋平房，算是当时全校最好的教室，让给初一新同学用，而初三老大哥则暂在"太子亭"上课。当时从外地回乡为桑梓服务或从外地聘来的教师是颇有名望的，例如本县九鲤人杜琨先生，有著作，原在张家口师范任教。他们到本校也只能住几平方米的破旧房间，与高氏祖宗神主木牌为邻。佛殿权作礼堂，用薄板遮住佛像，师生大小集会即在其中，一板隔开两个世界。这在今天看来未免滑稽可笑，而在当年，求得这样的一个学习场所谈何容易啊！所以，对于这种种艰苦，师生甘之如饴，老师认真教学，学生刻苦学习。由于多方努力，终于1940年经过福建省教育厅命题，举行甄别考试，审查合格，接收为福鼎县立初级中学，成为福鼎建县以来第一个中学。回想当年艰难困苦，面对现在优越条件，愈觉身在福中应知福。

本校初创时，教职员 11 人，招生两班计 100 人。以后每年春秋两季招生，各招一班或两班，至 1949 年，全校教职员 18 人，学生不足 200 人。校舍除修缮寺祠旧宇之外，增建双层楼房 1 座，平房 3 间；开辟操场 2 个，面积不大；另由校友捐助，鸠工兴建"思源亭" 1 座，今已毁。

1949 年后，本校规模迅速发展扩大。1978 年为高峰期间，设 41 个班，学生达 2200 人。学校设有党支部，行政方面设办公室、政教处、教务处、总务处，教务处之下，设政治、语文、数学、物理、化学、生物、历史、地理、外语、体育、图画、音乐 11 个教学研究组，还有团委会、教工会、学生会等组织。校园总面积 40 亩，校舍除扩建改建外，在教学区新建教学楼 6 座，实验大楼 1 座，总计有效使用面积 5105 平方米。大操场扩大为 6840 平方米，小操场约 2000 平方米。学校图书仪器从初创时的一无所有，现在有图书 3 万余册，教学仪器特别是电化教学仪器增添甚多。

传统相承　春华秋实

建校伊始，适在国共第二次合作初期。本校教职员中多有爱国人士，当国家存亡民族盛衰的紧要关头，莫不情怀激昂。中共福鼎地下组织也迅即指派干部进校，秘密活动，在学生中发展党员十余人，于 1939 年建立中学支部，并成立党的外围组织——读书会，学习赣南根据地秘密传递来的资料，宣传党的宗旨政策，宣传抗日救亡的道理，宣传抗战形势。学校师生组织"晨呼队"，每日黎明整队上街，高呼口号，高唱歌曲。一路上，时而跑步，时而齐步，步伐整齐，雄姿英发。"大家快起来""打倒日本仔"的口号声，"工农兵学商，一齐来救亡""大刀向鬼子们的头上砍去"的歌声，回荡在桐城晨空，震动人们的心弦。学校师生还配合社会团体，为前方战士募集寒衣，慰问军烈属，搞抗日演出宣传，等等。

随着国民党"消极抗战、积极反共"的真面目的逐渐暴露，本校反动的公民课和童子军训练逐渐加强起来。在学校里，党及其外围组织的活动须更秘密进行，抗日救亡的活动逐渐困难。1941 年夏，由于叛徒告密，本校党支部遭到破坏。然而，此后在学校里屡次出现青年学生抨击某个人物、评论某种事件的现象，甚至罢课，散发传单，教师中也有同情者、支持者。烈火尚在地下燃烧。

中华人民共和国成立后，在党的领导下，师生认真学习政治，提高觉悟，参加"土改、镇反、抗美援朝"三大运动，有 30 多名学生参加土改工作队，有 20 多人参加共青团。1952 年后，中共福鼎县委不断派党、团员干部到校担任校长及其他行政职务，加强领导，重新建立党支部，陆续发展党员。同时发展共青团员，不久即成立团委会。

建校以来，学生刻苦学习成风。北岭初中时期，白天借栖林寺上课，连桌子也没有。同学们挤在又高又窄的长条凳上听课，做笔记做练习都得悬着双手，但还听得那么认真，做得那么完整。迁址翁江的一年中，伙食、住宿、照明的条件都很差，图书仪器一无所有，晚上在没遮拦的"走廊当膳厅"的膳厅里自修。热天，一手拿笔，一手用扇驱蚊；寒夜，青灯如豆，朔风裂肤，呵冻手翻书写字。同学们艰苦坚持，两年后，学业成绩经省教育厅命题考试，检定合格。改为县立后至1949年，教学设备和生活条件略有改善，同学们抱着各自的理想，勤攻苦读，以学业成绩优异为荣，总想学得多一些、好一些。课外自学，图书资料不足，就向亲友借用。1949年后，在党的教育下，同学们有了明确的学习目的，有了崇高的理想，更能勤奋好学。

本校体育成绩一直比较优异，参加县、地区、省各项比赛成绩优异。1976年全国田径赛，吴友凯同学打破全国少年400米纪录，夺得金牌一枚。第四届全国运动会，施向荣、朱雄同学双获男子4×400米接力第二名，得到银牌两枚。近年，在各项全国性分区赛中，获得全国冠军1人次、亚军8人次、季军5人次，夺得省冠军15项、23人次，地区、县冠军人次甚多。近几年，本校为北京师大体育系、福建师大体育系、福建体育学院、宁德师专体育科输送新生11名，为省地体校运动队输送运动员46名。

本校历届毕业生考入高等学校的，据不完全统计有874名，其中，不少人在全国重点学校继续攻读，取得学士、硕士学位，有的出国深造。本校为工农业及其他行业输送大批生力军，有许多人从本校打好基础，刻苦自学，获得一定程度的专业知识，在各条战线上成为骨干力量，在各个岗位上发挥他们的才智，做出贡献，或评上省、地区、县各级劳模，或评得各种专业职称，或成为有一定声望的专业人员，或担任地区、县、师、团各级干部。

本校有些校友居住在国外，如远在美国旧金山从事电脑研究的袁鸿志校友，前几年回国探亲，看到校园今貌感叹不已，欣慰之情溢于言表；在东南亚经商的商大梅校友，与亲朋通讯，常询母校情况，饮水思源之意流注于字里行间。也有许多校友现居台湾，他们的老同事、老同学、亲戚朋友在本校工作或学习的很多，大家都盼望祖国早日统一，海峡两岸校友得以欢聚一堂，共叙亲情。

历尽劫波　满园春色

党的十一届三中全会以后，本校为落实知识分子政策，平反冤假错案，做了很大的努力。实事求是，纠正冤假错案，分别在大小范围，以各种形式为20人平反，恢复名誉，给一些人恢复公职，补发各项款目，使教师心情舒畅，积极性发挥出来。

如今，福鼎一中满园春色，桃李芬菲。她西北依山，东临清溪，校门前大桥飞架通向闹市。校门内，长方形的小操场尽头，屹立着五层实验大楼。在这条中轴线的南边是生活区，北边是教学区。有两个建筑群，楼宇参差，错落有致，绿树掩映，草茂花荣。两个建筑群之间是一片大操场，面积6840平方米，可容几千人集会。200多米的跑道将各个球场围住，宛如棋盘。校园围墙以实验大楼后面小山为最高点，分向左右，蜿蜒起伏，矫若游龙，会聚于校门。朝气蓬劾的千百师生就在这座美丽的校园里，紧张而又有秩序、严肃而又活泼地生活着。每日，东方吐白，小山上，花圃里，绿树下，书声琅琅，上课铃声响了，各个教室里，或肃静无哗聆听教师讲授，或轻声谈语讨论问题，或凝神思索做书面练习。夕阳西照，操场上虎跃龙腾，文娱室欢歌酣舞、健康愉快、生动活泼；入夜，柔和的荧光灯下，同学们在静静地自修。

福鼎一中，她建校46年来，在各个历史时期为桑梓培育人才，为祖国培育人才，为实现四个现代化建设高度文明、高度民主的社会主义国家而培育人才。她坚持德智体全面发展的教育方针，不断改革，为人民做出应该做的贡献。

她在前进，她在不断前进，面向现代化，面向世界，面向未来。

（本文摘编自《福鼎文史资料》，约写于1984年）

抗战时期的桐北小学

🍃 张仕团

桐北小学的前身是现在县立第二小学,原系桐北初小,于1938年秋由桐北街大帝宫迁移现址改办成完全小学。

早年生额约200名,改办半年后,1939年骤增至800多名,比中心校(今一小)还多出百余名。若按当时教育部规定每班40名,即需编列20个班级。但县教育科只准开6个班,教职员限额10人以内(实际教员多聘2人,计为12人),经费仍照县定6个班发放,不得多报分文。处此情况下,又在抗战期间,百物昂贵,事务纷繁,只此经费一项,负责人就真够头疼的,但大家不甘低下头,始终挺着胸膛干下去!

桐北中心小学今貌

一面拼力挤出部分经费造桌椅、购图书、搞修缮，剩下来的款才按需酌发工资。工友刘金龙和教导施观山，家境困难，他俩最多，月给14元。朱绶、高英辰、卢学钧、饶新盘、卓朝基、赖思麟等7人，发给10至11元。我任校长，和毛步蔼、陈廷猷、施翠莲等，每月仅支8元。这样低微的待遇，生活够寒酸。但大家没叫苦，都紧束腰带，乐呵呵地争着干。

当年我县公路未通，邮件报刊"牛步化"。校内同仁和社会群众，都急于要听到前线抗战的声音。为配合校内抗战教育的需要，请求教育科补助60元纸料费，并经教职员的同意，调挤出业余时间，办了以下四件事情：

第一，自制收音机，编印抗日战讯。当时收音机是高档商品，我们是无力问津的，就花了七八元钱，购买铜丝、线圈、硫酸、氯化铵、碳棒、锌片、真空管和玻璃小罐子等原材料配件，由高英辰老师动手自扎自制，组装一台无线电收音机，每日夜三次，直接收录重庆台播出的前线抗战消息数十条交我和赖思麟老师共同整理组编。每日印发200份抗日战讯，免费分送各单位收看，并张贴各处广告栏以供应群众阅览，为福鼎开创自扎自制收音编报的先河。

第二，教学不忘救国。除了按期教完部分课本外，还收集编印爱国题材内容，作为精神补充的乳汁。例如：语文科以读书与救国、科学与抗战、国难可兴邦为主题选文并抄录中学生优秀作文作为示范；史地科的济南惨案、五四运动、五卅惨案、"九一八"事迹、"七七"卢沟桥事变等主题，通过桩桩件件的日本侵略者穷凶极恶、层出不穷血腥事例的罪证，教育学生，促进学生对日本侵略者的认识，加强他们对侵略者的深刻仇恨。

第三，社会宣传活动。每逢国难纪念日，则发动全校师生分组上街宣传，揭发日本帝国侵略者的血腥暴行，并开展分头劝募"一元钱献机运动"资助国家为抗战救亡购买飞机。

第四，野外疏散教学。由于日机常来骚扰，为避免受害，先将一、二年级两班400多名学生转移到较近的"神宫"里照常教学；再将三、四、五、六年级等4个班、400多名学生，由各班主任老师整队带往离校1—2.5千米的山前、铁塘里两个村庄的密林里，分班在"临时教室"上课。师生就这样围着黑板，幕天席地的传授知识。

此外，还利用课余时间，教唱"流亡三部曲"，激发学生们抗战救国的情感。午间也在密林里集体用饭，稍事休息后，继续学习到夜幕将降临时才整队缓缓归来。

（本文摘编自《福鼎文史资料》第11辑）

福鼎实验小学简史

☘ 方 东

福鼎县实验小学是由桐山书院、福鼎第一高等小学堂、桐山小学、桐山中心小学校和城关第一小学演变而来的,历时200多年。

小学沿革

桐山书院于清乾隆十五年(1750)由县令高琦(举人,江苏武进人)所倡建。其经费来源有二:一为宾兴,从后湖观、荷峰庵、江开庵三寺及各界人士捐献田租158亩3分9厘,以其常年收益供书院开支;二曰膏火,乾隆二十年(1775)县令肖克昌(举人,陕西武阳人)捐银一千两,购买田产,收租当作童生膏火之资。

戊戌变法后,废科举,兴学堂。光绪三十一年(1905),知县黄鼎翰(湖南善化人)重修书院,改设福鼎县立高等小学堂(后称第一高等小学),以原书院山长周梦虞(副

实验小学

贡生，秦屿人）任校长，当时只建高级班。至1916年，添设初级班，并奉福建省教育厅令正式改称福鼎县立桐山小学校，初具完小规模。

在封建时代，书院是培养全县科举人才的最高学府，有条件入学者只是极少教人，穷家子弟只能望门兴叹。书院改制，始建高等小学，全县仅此一家。民国以后，各主要乡镇先后建立初级小学，并于1916年就考棚旧址的原有初等小学改为第三高等小学（桐山小学为一高、二高在秦屿）。1928年，一高改称桐山小学，三高改称育仁小学。桐山小学历经周梦虞、孔昭淦、江本侃、林锡龄、曾世清、林嘉澍和温简兴等9任校长（周梦虞、曾达清曾重任），育仁小学经历李梦星、卓笙甫、黄菊坡和林时端等4任校长，至1931年两校合并，改称桐山中心小学。1949年后沿用校名，由曾一新担任校长。1981年改为实验小学。

发展概况

桐山小学的历任校长如周梦虞、孔昭淦、江本侃、曾世清，育仁小学校长如林时端，望重一乡，对教育工作认真负责，为学生所敬仰，为群众所爱戴。曾世清、林时端热心办学，享有盛誉，并以严肃著称。尤其是曾世清，常对不长进学生进行体罚，恨铁不成钢，其教育方法固不可取，但严师出高徒，学生离校后仍对他感念不忘。

历届园丁有许多知名人士，如德高望重的周梦庄、肖宗潜、周笃于、曾崧等。陈伯恭（百弓）烈士先是受业于桐山小学，其后又来校任教，最后献身革命，取义成仁。王宏文烈士也曾在育仁小学当过教员。还有孔铁瑚、周作人等老师，一生勤勤恳恳，以循循善诱、诲人不倦著称。在园丁们的辛勤培育下，学校造就了不少人才，本县或外地工作的福鼎籍知名人士，多出自该校。

福鼎高等小学，开头只有高级班时，学生四五十人。自1928年增设初级班后，学生增加到百余人，并改称桐山小学，初小4个班级，高小3个班级，毕业班增修英语及一些初中课程。以后改为高小两年制，另加一个预备班，不是初小毕业生或春季入学者，先在预备班学习，然后升入五年级。高年段学生分通学、寄宿两种，由于当时小学教育不普及，农村只有富家子弟才有条件来城求学，一般贫民除城关外，仍然无力问津。城关学龄儿童入学率也很低，发展缓慢。1938年，桐山、育仁两校合并，成立桐山中心小学。接着，桐南桐北相继成立小学，桐山中心校班级也略有扩大，1949年已增加到12个班，每班规定不超过60人，多数班级不及此数，但也有少数班级因情况特殊略有超过。到1949年，桐山校学生已发展到500多人，连同桐南、桐北两校，入学总数接近千人。

1949年8月，上级委派曾一新为校长，并决定将桐南、桐北两校改为分校，并入中心小学，更名总校、分校。总校及两分校共有教师40多人，学生数仍为1000人左右。以后总校、分校分开，分别改称一小、二小、三小，一小历经陈兆惠、施绮霞、缪艇銮、谢贤明、蔡子清等5任校长，至1981年改为实小时，由郑庆银担任校长。

政治运动在学校

1949年前，城关各所小学在学业成绩上竞争十分剧烈，1930—1933年这几年中，毕业生举行会考，名次高低攸关学校声誉，特别是桐山、育仁两校互相竞争，甚至影响到负责人之间的感情。在政治方面，学生除一些国耻纪念日（如"五卅"等）及抵制日货偶尔有些集会或宣传活动外，其他举动很少。"七七"事变后，高英辰老师（当时执教桐北校）用自制收音机收听到前线消息，全校一片欢腾，立即贴出快讯、战报，全城若狂，深感扬眉吐气。

这里附带一提高英辰，他是当时自学成材的典范。在省立第三中学毕业后，他回校担任音乐教师，既擅专业知识，又多业余爱好，特别是对化工、电器、机械等饶有兴趣。当时科技方面的资料，在我县是一片空白，他仅凭一本《中学生》杂志，乘外出学习之便，到废品摊购买一些零件，很快便装成一架土的收音机用以收听前线新闻，大家都感到惊奇。他曾创办三益皂厂，产品质量闻名遐迩，1949年后以熟练的技术先后受聘于福鼎、柘荣电厂，为发展地方经济建设事业做出贡献。

在一小的历史中，没有发生过什么学潮，只于林锡龄担任校长期间，出现过南北派争夺学校领导权的斗争。林锡龄为北派头头，于1921年接任一高校长，富有朝气，深受学生爱戴。当时南北派斗争剧烈，有一次县里举行小学生作文统考，林锡龄为博得县长好评，替学生私改试卷，事为南派侦知，以师生通同作弊为由，大事攻讦，林锡龄被免职，当局重派周梦虞为该校校长，一高学生拒不接纳，并声称将以武力相对付。周梦虞闻讯不敢上任，避入明伦堂，旋值北兵过境，师生疏散，周梦虞始乘虚入校，但大部分学生仍聚集居士林拥林为校长继续上课。相持3个月，终因经济来源告断，教师不能枵腹从公，学生只好重新回到学校，一场风波，方告平息。

实验小学的成长与壮大

城关第一小学于1981年改为实验小学，当时共有25个班，教师62人，学生千余人，这一年开始，实小试行六年制，但在1986年又重新招收五年制学生，两种学制并行。

实验小学的教学成绩在宁德地区评价较高。1985年参加省最佳教案设计经验总结评比，教师郑守植和施从义分别获得语文一等奖和数学二等奖。1986年青年教师课堂评选，数学名列第一，语文第二，并代表地区赴省评优，获得了三等奖。每学期都举行教学观摩，接待省内外兄弟学校参观，也经常派遣青年教师到北京、温州、福州、厦门等地观摩、培训，为提高教学质量创造条件。由于重视青年教师的培养，在理论学习和教学实践上都取得了一些成果，先后登载在省级刊物的经验介绍文章有9篇，另有几篇选登内部刊物。

随着福鼎县小学教育的普及与发展，目前实小已增加到27个班，有教师68人，学生1410人。

（本文摘编自《福鼎文史资料》第6辑）

福鼎市人民剧场始末

方石玉

一

1958年底，县财政拨款16万元，筹建福鼎县人民剧场（现市人民剧场），由当时分管文教的副县长颜贻萼负责。选址十字街中心闹市地段——城关柴草场。县建筑社设计室仿照省人民剧场样式设计，临街立面为罗马式建筑，有4根大圆柱。总面积2820平方米，建筑面积2068.6平方米，砖木结构，内有1360座的观众厅和乐池、化妆室、服装室、演员宿舍。县建筑社承建，1959年初动工，同年底竣工并交付使用。毛体的"人民剧场"四字，由画家马树霞仿写。剧场宏伟壮观，成为城市标志性建筑物。1960年1月，首任经理郑正益，正式工作人员3名。

二

"文革"期间人民剧场处于瘫痪状态，成为批斗的主要场所。1969年，县革委会毛泽东思想宣传站（下辖广播站、新华书店、电影公司、文化馆、人民剧场、原越剧团、

20世纪50年代建成的人民剧场

京剧团、木偶剧团）的办公室就设在剧场前楼二层。1970年前楼及楼座进行大整修，耗资近3万元，观众座位改为1302位（楼下954位，楼上改为348位）。1970年2月县毛泽东思想文艺宣传队（市越剧团的前身）成立，在剧场住宿、办公、排练。

粉碎"四人帮"后，拨乱反正，文艺开始复苏，人民剧场获得新生，被禁锢的优秀影片、戏剧重新搬上银幕、舞台。1978年寿宁县北路戏《十五贯》连演10场，座无虚席。1979年县越剧团的大型古装神话剧《孙悟空三打白骨精》连演16场，场场爆满。1982年省京剧团传统京剧《真假美猴王》原定演出6场，后增演到10场，掌声不断。1979年7月，电影公司在剧场安装35厘米电影放映座机两台及其设备。根据省文化厅文件精神，把人民剧场改为县影剧院，以演戏为主，兼放映电影，剧场只收场租。1983年上半年，越剧团迁出剧场，搬到新建的团舍。1983年下半年，剧场内部进行大整修，更换舞台台板、面幕、天幕、二道幕、边条幕、窗帘布等，粉刷内墙，观众厅天棚改造为塑花板，共投资5万多元。1985年撤销影剧院，恢复人民剧场；4月经地区电影公司批准，剧场放映电影，规定每天只放映一场，由县电影公司统一安排片源及财务结算等，全套放映设备折价4万元移交剧场管理。1985年剧场购置一台价值1.3万元的100英寸的大型投影机。从此，剧场成为以演戏为主，兼映电影，播放投影、录像和县召开会议、节日庆典活动、文艺晚会等多功能的场所。根据业务发展的需要，工作人员增加到20人，其中县编制财政拨款6人（含退休职工），企业化管理14人，人民剧场在1984年被省文化厅、财政厅、人事厅列为全省事业单位编制的77家影剧院之一。

三

改革开放的春风吹拂了祖国大地，文艺舞台繁花似锦。福鼎市是闽浙边界南来北往的文艺表演团体必经之地，剧场在演出公司的配合下，充分发挥地理优势，从20世纪80年代后期至90年代，与浙江省的温州、瑞安、平阳、苍南等市县建立演出网络，而温州地区把福鼎市人民剧场作为它的一个演出点，安排计划巡回演出。互相交流、互通有无，共引进全国29个省、自治区（除西藏自治区外）直辖市的文艺表演团体456个，演出累计1540多场，观众达108多万人次。国家级的演出单位有中央民族歌舞团、中央广播艺术团、总政文工团、海政文工团、全总文工团等。从剧种来看，有昆剧、京剧、越剧、婺剧、闽剧、话剧、歌剧、儿童剧、黄梅戏、梅林戏、北路戏；从形式上看，歌舞、乐团、杂技、魔术、曲艺、相声、小品、评话、时装、健美、武术、马戏、驯兽等。来鼎名演员有昆剧的华文漪、蔡正仁，京剧的关肃霜、李静文，越剧的茅威涛，黄梅戏的马兰；著名电影演员有杨在葆、谢芳、刘晓庆、黄凯、马德华；著名相声演员有杜国芝等；著名歌唱家有蔡国庆、宋祖英、毛阿敏、杭天棋、苏红、解晓东、曹燕珍、程桂兰、高木兰、葛军、朱晓琳、才旦卓玛、德德玛、蒋大为等许多国家级艺术家。1993年，来自俄罗斯的现代音乐舞蹈团在剧场登台演出。1985年和1991年，

20世纪90年代建成的人民剧场外观

福州环球全景电影分别来剧场放映30多场，观众如身临其境，大大丰富了文化生活。1990年9月，福建省电视台举办太姥情怀大型文艺晚会，作为福建省国庆文艺晚会节目向全省播放。剧场还举办了"闽浙边界歌手邀请赛""纪念红军长征胜利60周年""抗日战争胜利60周年""庆祝香港回归"等大型文艺晚会。现代剧如《江姐》《雷锋的童年》《托起明天的太阳》《难咽的苦果》《孩子剧团》《孔繁森》等优秀剧目，先后在剧场上演，剧场成为革命传统和爱国主义教育的阵地，成为精神文明建设的一个重要窗口。

四

随着改革开放的不断深化，社会主义市场经济的逐步形成，高科技文化的蓬勃兴起，多层次、多形式的活动项目占领文化市场，大大满足了群众文化消费的需求。在这种形势的冲击下，戏剧、电影萎缩。20世纪90年代后期，艺术舞台不景气，上座率急剧滑坡。为求生存、求发展，剧场贯彻上级文艺改革精神，努力开展"以文养文，多业助文"活动，挖掘潜力，筹集资金，以租代资。从1987年起，先后将剧场四周的围墙、危房拆除，建成各类用房，总建筑面积达3515平方米，有外来演员宿舍，演出用的服装室、化妆室、食堂、卫生间、录像播放场、舞厅、娱乐场、台球室等。四周临街店面39间，全部投放市场，年创收达30多万元，为国家增创利税3万多元。收入除解决大部分企业化自收自支职工的工资福利外，还为剧场常年维修、添置设施提供经费。如1994年投放资金5万多元，改造舞台、乐池、观众厅水泥地面，更换楼下旧木椅为活动软座1000个。1995年由职工自筹资金70多万元，在剧场北侧建造职工宿舍楼二幢17套单元房（二室一厅），总面积1594平方米，职工自行装修，解

决住房紧张状况。人民剧场受到省地表彰，先后被省地评为"五好剧场"。谢孙兴被省文化厅评为"五好经理"，翁大光被省文化厅授予"五好职工"，方石玉被地区、市评为"文化系统先进工作者"。1991年和1998年我市被评为"全省文化工作先进县""全国文化工作先进县（市）"，其中有人民剧场的贡献。

五

人民剧场经过几十年风雨的侵袭，已成危房。1997年4月8日，市建委组织对市区公共场所进行安全大检查，发现剧场屋连接梁部有裂缝松动，三、四榀木架及橡木檩条腐朽。市长办公会议紧急通知剧场对6处隐患采取加固措施。为此，剧场先后写5次报告，请求上级补助进行加固维修，或部分拆建，或原地重建。由于财政困难，

新建成并投入使用的福鼎市文化艺术中心

市里没有批复。1997年厦门"9·8投洽会"，市政府作出决定，由福州新雄房地产有限公司对剧场进行改造开发，双方达成初步意向。经过三四个月的论证、谈判、洽商，就剧场改造开发问题达成原则意见。1997年11月30日，福鼎市人民政府和福州新雄房地产有限公司在福鼎海星大酒店签订《福鼎市人民剧场改造开发项目合同书》。1998年6月28日，福鼎市人民剧场和福州新雄房地产有限公司在福鼎太姥饭店签订《关于人民剧场改造开发项目具体事项实施细则协议书》，与合同书具有同等法律效力。

改造总体项目及定位：乙方负责对人民剧场进行改造，1—2层为店面全部归乙方所有；乙方一次性补偿甲方80万元，作为清返甲方基建欠款和退返部分租金及售票房等使用，3层为乙方负责新建剧场，归甲方所有，北侧3—8层为住宅区，供甲方回迁安置25套（从东至西，自下而上）外，余下部分为乙方所有。

剧场、住宅面积与重建要求：经市房产所实地测量，双方确认总建筑面积为4301.2平方米，包括前场进入厅、观众厅、舞台、化妆室、服装室、办公室、发电机房、外来演员宿舍及职工住宅区面积。不含舞台上方副台、公共厕所、电影机房等。工程竣工后按实际面积每平方米800元结算，多还少补。

剧场规模、功能标准：舞台宽为20米，台口12米，深12米，高12米（可升降），观众厅高度15米，安装活动软椅1000个，及舞台灯光、音响设备、舞台幕布、男女厕所、通道、太平门、防火设施等。配套设施规范齐全，内装修完整，并预留空调位置。

职工宿舍重建要求：根据市房地产管理所逐户评估，经双方认定，由乙方补偿甲方各户总额28.5万元，重建住宅除统一建成各户的四周隔墙，包括门、窗门、玻璃、外墙面砖装修外，其余内部隔间、水电安装、地面、四周壁粉刷等粗装修，按工程实际造价由乙方交付甲方各户自行装修。

职工生活安置：对现有自收自支14位在编职工由乙方负责向市机关事业保险公司投保职工养老金，按月领取，直至终身。经有关部门测算，此笔投保金需250多万元，乙方难以承受。经多次协商取得甲方谅解，改为由乙方一次性交付100万元，作为甲方安置职工养老保险金包干使用，统筹解决。经研究，并经职工大会通过，除留足职工养老投保金外，余下部分按工龄计算，发部分安家费，待退休后每月领取养老金。14位自收自支职工于1998年10月办理退职安置，与剧场隔断一切关系，养老保险由养老基金会自理。

根据要求，剧场和职工宿舍，于1998年8月20日前全部搬迁完毕，交付乙方拆除；乙方于1998年12月正式动工，于2000年2月21日交付甲方使用。

（本文摘编自《福鼎文史资料》第18辑）

福鼎县图书馆的创立和变迁

陈海亮 文峰

创立阶段

福鼎县图书馆于1931年10月创立。此前由县教育局责成蔡醒皆修葺县城北门城楼作为馆址,北门城楼共3小间,分别辟为书刊阅览室、报纸阅览室和图书管理室。二层暗楼则通以活动吊梯,用以收藏旧报纸。场地虽小倒也洁净明亮,简朴实用。只是图书甚少,仅有一部商务印书馆出版的《万有文库》(尚未出齐),其他杂书不多。日报十余种,杂志三四十份。经费每月只40元,除主任、工友的工资外只余14元作为办公费和书报购置费。因图书极少,只好发动社会力量募购、捐赠。开放时间为每星期二到星期日6天,星期一关门整理内务。

1934年春,县图书馆参加了福建省政府召开的"福建全省社会教育主任工作人员会议",被福建省图书馆协会接纳为会员。

自1931年设馆起,除1932年至1933年两年馆长是郑干人外,其余时间直至1938年馆长都是陈海亮。

1936年春夏间,城南孔庙(现县医院所在地)驻一军调走,报经县当局同意,遂把图书馆迁入孔庙,活动场地变宽。

扩充为县民众教育馆阶段

1936年初秋,县立图书馆奉令扩充为县民众教育馆,把原设在镇边的县农民教育实验区并入民教馆,原实验区主任周仲濂(字壁人)转任民教馆干事。其经费也并入民教馆,合计80元。除馆长、干事、助理干事、工友工资合计58元外,只余22元作为办公费和事业费,其困难可以想见。其时经常性工作场地有四:阅览室一,阅报室一,民众代笔问事处一,民众夜校一。关于书报的补充增购,仍采取图书馆那种募捐办法。开放及借书办法也保持原来制度。

改办中心民校阶段

1938年秋，县政府又命令将县民众教育馆改办为中心民众学校，县民教馆工作至此全部结束。所有图书、报刊、器材及资产金部移交给中心民校校长吴敦接收。在此阶段，图书因无专人负责管理散失颇多。

图书馆恢复阶段

1940年中心民校结束，恢复设立县图书馆。林时端（字豪庵）被委任为馆长，并将馆址从城南孔庙迁移至城内城隍庙（即现在图书馆所在地）。此时经费略有增加，人员也增一人。林时端任馆长至1946年，后由周南（字锐生）接任，直至1949年6月。

福鼎一解放，县人民政府即在原图书馆地址设立县文化馆，图书馆并入文化馆，成为该馆的重要组成部分——文化馆图书室，按时开放阅借。1979年，拨款近20万元改建新馆舍。1981年1月正式恢复成立"福鼎县图书馆"，配备专职人员5人。

福鼎市图书馆内景

（本文摘编自《福鼎文史资料》第2辑）

福鼎图书发行

林定锷

清光绪初期，福鼎县城北关外陈信昌先生创办福鼎书坊，店号"文成堂"。"文艺萃六经梨枣摹传遵阁本，成章综百代简编搜括集桐岗"，陈老先生还为店堂自撰了此副楹联。这是福鼎最早的印书兼卖书的业铺。陈家子女媳婿十余口专事镌刻、印刷、销售私塾用书，主要有《四书》《五经》《千家诗》《五言杂字》《声律启蒙》等30余种，批零兼营，经销范围遍及福宁（即霞浦）、福安、宁德、寿宁、福鼎及平阳、泰顺等闽浙两省七县。

民国初年，孙中山倡导新学，创办学校。"文成堂"除经营私塾刻印本外，还销售新学堂的学生用书及其他图书。这些图书需到温州进货。

1945年，日寇过境，"文成堂"毁于兵火，其后裔惠房搬迁十字街，仍以"文成堂"为店号，继承旧业；恭房搬迁北门兜，开办"文华"文具店，经营小百货兼图书。此时，还有一家"赛百城"文具店与其对垒，经营各类图书数百种。

中华人民共和国诞生后，县文化馆兼办图书发行，在馆前设摊售书。1951年1月，新华书店福鼎支店建立，负责全县图书发行工作。1952年2月，县新华书店从城里迁址桐南街，人员从建店之初3人增至6人，营业面积扩大，图书品种增加，主要发行马列主义经典，毛泽东著作，阐述党的方针、政策和揭露国民党反动统治的政治读物，哲学和历史方面著作，解放区和苏联的文学作品。随着中小学校相继恢复和发展，扫

福鼎市新华书店新华书城内、外景

盲工作的铺开，课本开始纳入计划供应的轨道，书店配备有专职农村发行员，负责农村流动供应和深入部队服务。1952年至1958年，县新华书店销售额从2万元上升到4万元左右。"文华"文具店为县新华店代销图书直至1957年。

1958年，书店工作受到"左"的错误影响，图书发行围绕政治运动转，搞发行数量"大跃进"，以"放卫星"为口号，刮起"浮夸风"，盲目进货，库存猛涨，造成大量积压。1962年清仓核资，图书大量处理报废，销售下降到31622元，企业亏损。

1964年11月，书店失火，烧毁了整座店楼和大部分图书。事后省店拨款2万元，于1965年建成新店楼，是年销售额为6万元。

"文革"时期，书店大部分图书被作为"封资修毒草"禁止销售，报废处理图书594628册，码洋38000元。1968年至1973年，县新华书店隶属县革委会毛泽东思想宣传站。这个时期主要发行毛泽东著作、毛主席语录、毛主席像以及中央"两报一刊"社论、革命样板戏等"运动图书"。

1976年，县新华书店恢复正常业务，是年销售额为10.8万元，1977年上升到18.6万元。1979年新华书店体制上收，从地方移交省新华书店实行统一管理，业务逐渐走上轨道。随着"文化专制"禁锢被冲破，许多图书恢复出版发行，门市部图书有17大类，达三四千种。科技书和课本发行量大有增长，至1984年，销售额为48.2万元。1985年为搞活、放权，全省新华书店再次下放地方管理，次年销售额为69.3万元。1987年县新华书店与县财政局首轮签订为期四年的经营承包合同，大大促进了图书发行生产力的发展。1988年销售额突破了百万元大关。承包最后一年销售额达到189.3万元。1991年突破了200万元大关，总销售达到219万元，实现利润17.8万元，创历史最高纪录。

1987年开始，县新华书店增加录音磁带经营业务，年销量2.5万元，此后逐年增加。1991年《中华大家唱》卡拉OK曲库磁带问世，是年销售磁带3730盒，销售额为5.8万元。

县新华书店初期，图书年发行量为十几万册。此后逐年增加，1964年为222621册，1968年为638943册，1976年为568596册（其中课本350671册），1979年为827075册，1982年为1421354册，1985年为1663832册，1988年为1854919册，1991年为1736845册（其中课本749014册，教学辅导读物628355册）。

图书发行也为各个时期的政治中心和经济建设服务。20世纪50年代配合土改、惩治反革命运动，发行毛主席像20000多张，《新历书》5000多册，《土改手册》20000多册，《惩治反革命条例图解》6000册。为配合《中华人民共和国婚姻法》宣传，发行《婚姻法图解》5000多册。1951年10月、1952年4月、1953年4月、1960年10月分别进行《毛泽东选集》1至4卷的发行工作。1965年至1968年，为配合群众性的学习毛主席著作热潮，发行《毛泽东选集》（1—4卷）17874套，"毛著"选读甲、乙种本21030册，"毛著"单篇本103905册。"文革"搞"三忠于"，发行毛主席像（包括生活像）33200张，《毛主席语录》171009册，语录纸84522张，"老三篇"133200册。1971年配合毛主席著作学习高潮，搞"毛选"发行大普及，全县发行"毛选"6.3万套。粉碎"四人帮"后，1977年发行华国锋像21994张，《毛泽东选集》第五卷80495册。1983年，发行"四老""六老"像48000张。党的十一届三中全会以后，图书发行为经济建设服务，为改革开放服务。改革十年，县新华书店发行幼儿和中小学课本共计6782092册，大中专教材77076册，各类教学辅导读物3284248册，科技图书276998册。

本县农村的图书发行量约占全县图书发行总量的百分之六七十，各基层供销社是农村图书发行的主渠道。从1956年文化部和全国供销合作总社联合发出《关于加强农村图书发行工作的通知》开始，供销社就与县新华书店正式建立了图书批销关系，承担起农村的图书和课本发行任务。到1991年，全县13个基层社，除城关社外都建立了售书点，其中专业图书门市部1个、图书文具门市部7个、图书专柜4个。"文革"期间搞村级购销站发行网点普及，最多的1971年发展村级购销站网点62处。1980年为提高基层社图书营业员的业务素质，县新华书店和县供销社联合在管阳举办一期业务培训班，培训基层社图书营业员12人。供销社售书，1958年销售额为18526元，1991年为967679元（其中课本457862元，教学辅导读物374613元），是1958年的52倍。

图书发行体制改革之后，形成"三多一少"流通格局，全县发展集体、个体书店6家，通过县内外集体、个体书店批销图书，1990年为20.3万元，1991年为23.1万元。

1959年至1960年，县新华书店开辟古旧书回收业务，曾为不少读者添全补缺服务。1976年县新华书店设立租书柜，供出租小说、连环画册计有850本，两年接受读者5万多人次。前岐、磻溪、点头等基层社相继搞起流动租书箱，开展图书出租业务。20世纪80年代，图书市场放开后，全县发展个体租书40多家，为群众阅书提供更大方便。

（本文摘编自《福鼎文史资料》第11辑）

福鼎县越剧团团史

☙ 方石玉

一

1952年5月,浙江温州"信陵越剧团"为支援福建前线来到福鼎。当时由福鼎县总工会选派行政、舞美人员和乐队组成"福鼎信陵越剧团",派福鼎县委宣传部干事黄瑞瑶同志兼任政治指导员,团长裘月娥,副团长吕爱宝、王月楼,主要演员有裘月娥、吕爱宝、裘善花、筱湘芝、陈菊英、陶杏花、王月楼、王一娘、潘月丽等20多人,以演古装传统越剧为主。

为配合抗美援朝、《婚姻法》颁布和"三反""五反"运动等,排演了现代戏《父子争先》《兄妹》《小二黑结婚》《人面兽心》《铜墙铁壁》等剧目。1954年该团第一次参加福建省专业剧团汇演,在省府礼堂演出《梁山伯与祝英台》,影响极好。1955年派团干部马俊秋为团长,郑锡煊为政治指导员,吕爱宝任副团长,创作排演现代戏《南镇战斗》,参加福建省现代戏调演获奖。1957年合作化高潮时,团里将演员私有的服装、头饰、道具等折价归团集体所有,实行固定工资制,演职员事业心强,

20世纪50年代越剧团演出剧照

苦练基本功，唱、做、念、打，功底扎实，演出认真，台风端正，经常自背行李、被包上山下乡，跋山涉水，为边远山村、海岛军民送戏上门。每年春节参加省、地区组织的慰问团深入海岛、边防哨所进行慰问演出。剧团在20世纪50年代和60年代初期每年演出超400场以上，有时日演多达3—4场。

该团通过勤排戏多演出增加了收入，除发给演职员工资外，注重剧团业务建设，添置较充足的布景、服装、道具、灯光等器具，艺技和服务好，享有较高的声誉，群众称"福鼎越剧团"为"吕爱宝班"。后改名"地方国营福安专区福鼎越剧团"，成立团委会、艺委会，附设"福安专区越剧艺术学校"，培养了30多名演员及演奏员，这批学员后来成为该团的主要业务骨干。1962年剧团恢复为县办集体所有制，自收自支，自负盈亏，艺术生产、人权、财权都由剧团自主，全团演职员多达120多人，阵容强大，生、旦、净、末、丑，行当齐全、配备多套，以老带新收徒传艺。同时重视培养人才，经常选派剧本创作、服装道具、舞美灯光、布景音响、化妆等各艺术门类制作人员到上海、杭州越剧院学习、深造，加强剧团的舞美设计、制作、保管等环节。1960年至1964年到上海、杭州、福州、厦门、漳州、泉州、潮州、汕头、梅县、上饶、宁波、温州等地巡回演出，深受欢迎。1963年赴上海演出现代戏《金沙江畔》，深得观众和越剧界知名人士的好评。著名越剧表演艺术家袁雪芬及著名越剧舞美设计师苏石风等亲自到团讲课授艺，同时学习观摩古装戏《红楼梦》带回排演。1964年又有著名越剧表演艺术家张桂凤和导演陈少强亲临福鼎导排现代戏《回乡之后》《打铜锣》，使剧团增强了演出台本和演出质量。自1959年至1965年，共排演现代戏《白毛女》《红色娘子军》《金沙江畔》《雷锋》《血榜记》《红嫂》《节振国》《自有后来人》《渔家风波》《智取虎威山》《芦荡火种》《火椰村》《红孩子》《收租院》等20多台，古装传统戏有《红楼梦》《孔雀东南飞》《碧玉簪》《金鹰》《双珠凤》《三戏白牡丹》《胭脂》《叶香盗印》《白花莲子》《混天珠》《谢瑶环》《天山雪莲》等30多部保留剧目，其中《叶香盗印》是吕爱宝的代表作。

二

"文革"开始，古装戏被禁锢，剧团停演。

1969年6月，县越剧团和县京剧团、木偶剧团被迫解散，除少数年轻业务骨干调往宁德地区组建京剧团外，吕爱宝等几位老演员被打成所谓资产阶级黑线人物、"戏霸"，下放劳动。其他演职员被遣送回家，大部分古装戏服装、盔头、布景、道具也被集中在体育场焚毁。1970年2月，县革命委员会派郑锡煊、方石玉、俞浩3位同志负责重新组建一支20多人的"福鼎县文艺宣传队"，以演小型歌舞和折子戏为主，经常上山下乡，走遍全县14个乡镇和80多个乡村，为广大群众演出，丰富农村文化生活。1972年至1976年，先后有林开荣、邢桂山、潘国宝3位同志任文宣队政治指导员，期间，文宣队翁大光自编自演的表演唱《养猪姑娘》和反映为抢建黄沙大桥而牺牲的福鼎民工三烈士的歌舞《激浪红心》获宁德地区调演创作奖、演出奖。1972年，文宣队在省委领导魏金水带领下到浙江舟山群岛、沈家门、普陀等地慰问闽浙渔民和当地驻军部队，受到当地领导和群众的一致好评。1976年落实政策，剧团对老艺人都办理了退休手续，对"文革"期间全团演职员被迫遣散回家造成生活困难问题，由福建省文化厅拨专款6964元，给予一次性困难补助。吕爱宝、陈菊英、陶杏花、吴邦松、林冬春、吴香江等主要演员、演奏员陆续归队，并从宁德地区京剧团先后调回王宝琴、王金枝、谢美娇、康延波、潘正丰等主要业务骨干，还多次从浙江嵊县、绍兴、金华等地招收30多位演员。学员充实该团阵容，全团演职员70多人。1977年2月经县委批准，正式恢复"福鼎县越剧团"，马俊秋连任团长，副团长吕爱宝、陈菊英（兼导演），狠抓艺术生产，排演有大型传统剧《苗岭风雷》、神话剧《孙悟空三打白骨精》和现代剧《洪城枪声》《八一风暴》等大型剧目，开始恢复售票演出，仅《孙悟空三打白骨精》一剧在城关就演出16场场场爆满，盛况空前。

三

1978年3月，马俊秋和吕爱宝相继病逝，林家森任政治指导员，团长王宝琴，副团长徐江峰、陈菊英（兼导演）、王金枝。剧团排演了传统戏《金水桥》《秦香莲》《宝莲灯》《胭脂》《王老虎抢亲》《是我错》《盘夫索夫》《打金枝》《孔雀东南飞》《天山雪莲》《狸猫换太子》《五女拜寿》《哑女告状》等十几台大型传统越剧，在福州、南平、建阳、建瓯、浦城、龙泉、温岭、玉环、洞头、永嘉、瓯海、瑞安、平阳、苍南一带巡回演出。为稳住演员阵容，1979年底，剧团在本县试招演员，从500多名报考应招人员中挑选了10多名学员，随团带班，边培训、边实践、边提高。1980年在福州演出《孔雀东南飞》时，被福建省广播电视台全场录音录像向全省播放。这期间，先后有丁先知创作的反映本县老区革命斗争事迹的大型现代剧《合抱枫》，施正发创作的反映台胞回归内容的大型现代剧《离人泪》及《莫为归处愁》，翁大光改编创作的历史剧《尹氏女》等参加地区调演，均获奖。1983年剧团进行整改，把富余人员16人调到文化系统及企事业单位工作。

1983年施加光任政治指导员，徐江峰为团长，副团长温怀平、谢美娇（兼导演）。为配合普法教育、计划生育宣传、学雷锋活动等，排演了大型现代剧《合家欢》《家庭公案》《台湾舞女》《雷锋的童年》等，在宁德地区各县巡回演出均超百场。仅

1984—1990年间，全团行程16.5万千米，踏遍闽浙边界的海岛、山村，共演出1492场，年均250场（其中1985年演出达312场），观众达113.96万多人次，深受广大群众的欢迎。《农民日报》（1990年4月7日版）、福建电视台（1990年4月9日）和《闽东报》以"福鼎越剧团在农村有知音"为题进行报道。1985年徐江峰同志被省文化厅授予"好团长"称号。1987年团长温怀平（兼导演）、副团长谢美娇（兼导演）、副政治指导员金爱珠（兼演员）排演传统越剧《天要落雨娘要嫁》《康王状告》《凤楼梦中人》等大型剧目。十一届三中全会以来，剧团获省级以上奖励16次（个人及集体），获地区各种奖励35次（个人及集体）。如《离人泪》剧组，施正发获地区剧本创作三等奖，卢声华获音乐作曲一等奖，陈祥明获舞美奖，陈菊英、温怀平获导演奖，剧团获演出奖，王宝琴、温怀平、谢美娇、范丽君等获演员奖。又如《莫为归处愁》剧组，施正发获剧本创作奖，谢美娇获导演二等奖，陈明胜获作曲一等奖，郦娃娜、赖瑞芳、吴丹萍等获演员奖。再如《尹氏女》剧组，剧团获演出奖。1983年，在全省专业剧团青年演员表演赛中，赖瑞芳获演员铜牌奖。1988年，全省越剧青年演员广播电视大赛中，赖瑞芳获二等奖，金爱珠获三等奖，王金荣获新秀奖，剧团获"培养青年演员成绩卓然"奖。1989年，在全省越剧青年演员比赛中，赖瑞芳、金爱珠双获银牌奖，潘觉民获铜牌奖；金爱珠在省戏剧"水仙花"大赛中获戏剧唱腔优秀奖。1988年，移植改编的传统戏《红丝错》参加宁德地区评估调演，温怀平获全区唯一的导演奖，陈生获全区唯一的舞美设计奖，赖瑞芳、谢仁春、潘觉民获演员奖。1990年，该团排演了由林种（宁德地区文化局创作室主任）编剧，缪芝莲（宁德地区二级导演）与温怀平合作导演，华山（宁德地区二级舞美设计师）与陈生合作的舞美设计，陈明胜作曲的大型六幕现代儿童剧《孩子演团》，于1991年7月参加省文化厅举办的纪念建党七十周年现代戏调演，受到省有关领导和省城人民的好评；于1992年参加由中央文化部、国家教委、全国妇联、全国少工委、宋庆龄儿童基金会、中央电视台等六部委举办的全国优秀儿童剧目录像比赛，荣获全国剧目编剧奖、导演奖、舞美设计奖，吴丹萍、谢仁春、储水平三人分别获演员奖，并受到中央六部委、省文化厅、地区、县颁发的证书和奖金，省文化厅、宁德行署召开表彰大会进行表彰奖励；于1993年6月应中央文化部艺术局的邀请，由宁德地委宣传部长陈济谋、福鼎县人民政府副县长李宗廉等带队晋京参加全国优秀儿童剧目调演，在首都"中国儿童剧场"演出了3场，受到中央文化部副部长陈昌本和老同志曾志、邓立群、项南、林一心等的接见，并召开有文艺界领导、专家、戏剧评论家及首都新闻单位共28人的座谈会，对该剧宣扬主旋律和创作、演出等艺术质量予以较高评价和肯定，《北京日报》《北京晚报》《北京青年报》和中央电视台进行新闻报道，《光明日报》《剧本月刊》《戏剧电影报》《中国文化报》《福建日报》《剧谈报》等新闻媒体也进行报道或发表评论文章；于1994年获中央宣传部"精神文明建设五个一工程"提名奖。《孩子演团》剧在闽浙边界和闽东各地演出达210多场，尤其使中小学生受到一次生动的爱国主义教育。

福鼎县越剧团体制在"文革"前为县办集体所有制，在"文革"后改为县办经济上属差额补助的事业单位，1985年经省文化厅、财政厅评估定为全省二类剧团，核定编制控制数60个指标，采取"四定一奖"（定演出场次，定上山下乡演出任务，定人员，定收入，超产奖励），按全团演职员人头工资的80%由县财政拨补（含退休人员），每年财政拨款从20世纪70年代补助3万元，到90年代提高到16万元。1980年县财政投资13万元，征地1480平方米，至1983年建成一座三层楼房的剧团团舍，内有排练厅、会议室、厨房、仓库等设施，从此剧团有了自己的"家"。1986年根据福建省文化厅、福建省人事局的文件精神，经考试考核，属全民性质的演职员18人转为全民干部，原属集体性质的转为集体干部15人，全民合同制工人12人，县里每年给予安排部分演员农转非指标，解决他们后顾之忧。

演员的政治素质和艺术水平不断提高，全团建立了党小组，成立团支部。吕爱宝原是福鼎县第四、五、六、七届人大代表、常务委员，王金枝是县第八届人大代表，金爱珠是县第九、十、十一届人大代表、常务委员，陈菊英是第五、六、七届县政协常委，温怀平是县第七、八届政协委员常委，赖瑞芳是县第六届政协委员。团里参加省戏剧家协会会员有12人，地区剧协13人，理事1人、常务理事1人；县剧协会员43人。1989年后，全团职称评聘，有三级导演、三级作曲、三级演员、三级演奏员、三级舞美设计师等中级专业技术职务13人，四级演员、四级演奏员、舞台技术员、会计员等初级专业技术员11人，是一支艺术专业技术实力较强的专业文艺队伍。

四

党的十一届三中全会以来，剧团坚持文艺"二为"方向和"双百"方针，实行"三并举"，进行了一系列相应的改革措施，适应新形势发展需要，实行领导班子聘任制、试用制、任命制相结合，演员职务聘任制，招收演员实行合同制，建立健全演出考勤、财经管理、医疗费用报销等各项规章制度，保证剧团排戏、演出工作正常运行。

随着改革开放的不断深化，社会主义市场经济体制的逐步建立，各种新兴的现代化娱乐活动的冲击，传统的戏剧已不适应时代快节奏的要求，戏剧有所萎缩，剧团经济压力增大。为了摆脱困境，冲出低谷，适应社会主义市场经济的迅猛发展，为求生存、求发展，剧团在前几年开展的以文补文、多业助文的多种经营活动，如录像场、台球室、与温州联营冷饮冰厅，同时利用团舍所处的地理优势，改成店面进行租赁。在此基础上，进一步筹集资金开辟"镭射歌舞厅"，投股办起"镭射影碟厅"等进行营业性经营，有偿服务。"镭射歌舞厅"1992年在全省评比中被省、地区评为"文明舞厅"的光荣称号，改变剧团过去单一的服务型为经营服务型，变输血为造血，这样既解决安排部分富余人员慎又增加剧团经济活力。剧团把这些以文补文的收入，大部分用于发展戏剧事业。

(本文摘编自《福鼎文史资料》第13辑)

我和福鼎县新新木偶剧团

姚仁贵

从小喜爱木偶戏

1930年，我出生于福鼎县白琳镇翁江村的一个贫农家庭。我3岁时，二姐给霞浦县长春乡高村人抱去做童养媳，换来3担地瓜米，给全家四口做粮食。7岁时，父亲勉强送我读了半年书，就停学帮人放牛。

9岁回家，不是上山割草，就是下滩涂讨小海。一闲下来，我就做"孩子王"，敲起破脸盆当锣鼓，卷扎起围身裙当木偶，抽动左右角两条裙带当"七条线"，一边抽一边唱。小朋友们看得入神，大人们看了都笑着说："这孩子假曲真牌调，倒是个'站台角'的料！"因此，我13岁这年，白琳镇办剧团，镇长张芝光不管我爸肯不肯，就派人把我带到白琳学戏。

第二年大刀会作乱，戏班解散，我回家不过几个月，父亲被地主打落水坝得了伤寒，母亲因愁苦得病，二老相继去世，14岁的我成了孤儿，跟随大姐在秦屿吉坑过日子。15岁跟潋城潘国新先生学习提线木偶出师后，我成为提线木偶艺人，演戏度生。

参加民间戏曲艺人学习班

"霹雳一声春雷响，穷人翻身见太阳。"1949年6月福鼎解放，1950年我回到翁江老家参加土改，评为赤贫成分，选任翁江乡政府文书，妻子邓雪娇也当上妇女主任。1952年我参加县民间艺人学习班，听取了福鼎县长荆利九同志和福鼎县委宣传部长杨什维同志的报告，学习了许多从来没听过的戏曲理论。我们上百个艺人，有演剧、提线木偶、演布袋戏、唱澎澎鼓、说书的，一个个感谢不尽共产党。旧社会耻笑我们演戏的"祖宗没积德，生仔站台角"，共产党称我们是"民间艺人"，说我们艰艰苦苦学来的戏曲，是"宝贵的民间艺术"，要求我们结合演戏唱曲，宣传党的政策、党的各个时期的中心任务，做党的宣传员。

学习班结束时，县委、县府领导还和我们民间艺人一起照相，发给我们每人一张学习班结业证书，并要求我们回去向当地党委汇报，请当地党委布置宣传工作任务。

新新木偶剧团的创办和发展

县民间戏曲艺人学习班结束后，艺人们分别回到家乡，带着学习班毕业证书，向当地党政领导汇报学习情况，要求布置宣传任务，分别准备唱本，添置戏笼，整顿剧团，大家都希望自己的艺种或剧团，能够得到各地人民的赞许和欢迎。那时20多岁的我，雄心勃勃，把原来只有七八人的木偶剧团一下子扩充到有陈朝尊、许方转等老少男女13人的木偶剧团，前后台角也齐全，还配备有兼刻制木偶、道具的舞台设计技术成员。

1952年以来，木偶剧团在全县各乡镇巡回，把戏送到许多僻远的山村，一边演出一边宣传当时当地的中心工作。我们的做法是：一是不论大镇小村，一律认真做好演出；二是每到一地，都向当地党委汇报演出计划，请求指示宣传内容，并请当地党委领导在首演开台前讲话，或布置本乡镇当前中心工作；三是根据县委宣传部或文化馆寄发来的文艺宣传材料，结合当地中心工作和模范人物事迹、新人新事，编唱方言快板、表演相声或编排小演唱，在开台演出前或演出间隙演唱宣传。因此，剧团所到之处都得到当地党委的赞许和群众的欢迎，每到一个乡镇演出，周围一二十里的群众也都赶来观看。其他木偶剧团和布袋戏、说书、澎澎鼓艺人，也都根据自己曲艺的特点，安排在正式演出前、幕间演唱"开篇"或"唱段"，结合当地中心工作开展宣传，也都受到群众欢迎和当地党政领导赞许。

20世纪50年代到60年代初，我县党政领导，一直把民间戏曲艺人和民间业余剧团，看成是推动中心工作的宣传队，活跃农村文化生活的一支主力军。每年春秋两次扩干会，都通知全县民间戏曲艺人和乡镇业余剧团、文化站，集中县文化馆学习，参加扩干会，听取县委报告，编写文艺宣传材料，会后分头深入农村开展宣传。

1953年，福鼎民间戏曲艺人协会在文化馆成立，大家选我为艺人协会副主席。我觉得自己责任重了，应该进一步办好自己这个木偶剧团，于是全团人员留在文化馆整顿7天，给剧团取名叫"新新木偶剧团"，深入本县农村巡回演出，并外出到浙江省平阳、泰顺两县和本地区的霞浦、福安两县演出，并和外省外县兄弟剧团学习交流，建立了深厚友谊，也扩大了新新木偶剧团的对外影响。

1956年，奉福鼎县委命令慰问国防公路筑路民工，从分水关、贯岭、山柘坪、亭边、唐阳、磻溪、管阳到乍洋，连日沿路进行慰问演出。1958年，又奉命深入磻溪公社的吴洋山、大洋山的深山密林，向大炼钢铁烧木炭的民工演出慰问。1960年又随同县慰问团向流江海军进行春节慰问演出。尽管这些慰问演出，只领伙食费，不收戏金，是义务演出，但我们全团演职员都感到光荣，尽心尽力唱好曲、演好戏。

提线木偶戏代表性传承人同台表演

批准为县级专业剧团以后

在县党政领导的亲切关怀和各级文化部门的精心培育下，1960年福建省文化局批准我们这个土生土长的新新木偶剧团为县级专业剧团，成为我县第三个专业剧团，并发给演出执照，把我团的演出路线，纳入地区剧团的演出规划，还派来康昌新同志为我团指导员，领导党建工作兼我团司鼓。这一来，群情激奋，干劲倍增，从1960年到1962年，福鼎县新新木偶剧团，都在本县和泰顺、平阳、霞浦等县常年演出，演出节目有我亲自改编的传统戏《粉妆楼》《绿牡丹》《再生缘》《瓦岗寨》《玉持刀》《小八义》等20多部，有改编演出的革命现代木偶戏《南海长城》《红嫂》《智取威虎山》《东海前哨》《钢铁小英雄》《红色卫星》《三世仇》《张高谦》《太姥抓狼》《深山擒特》，童话剧《半夜鸡叫》《小白兔》《黄鼠狼偷鸡》《姐弟俩》《懒猫的教训》《东郭先生》等几十部。

可两年后的"文化大革命"，把"新新木偶剧团"连同"福鼎县越剧团""福鼎县剧团"这三个县级国营剧团，连同用血汗置办起来的一箱箱、一笼笼的服装、灯光、道具抛入熊熊大火之中。

1979年，县里通知白琳镇政府，准许我重整木偶剧团，向县委会报演出并给我落实政策退休，按原工资60%照发。1989年，县文化局又通知重组民间"新新木偶剧团"，参加宁德地区举办的中华人民共和国成立40周年"爱我闽东"艺术周文艺会演，演出一本《霸王庄》，授予我团"闽东第一家"称誉的锦旗奖励。

（本文由兰天据姚仁贵口述整理）

福鼎提线木偶的兴衰和艺辈

许正桃

传说汉代陈平造傀儡平番后，木偶带回皇城专为君臣贺喜取乐而演出。从唐明皇以人代偶成立戏班后，木偶被告老之臣传至民间，逐渐自北向南发展。福鼎提线木偶是从浙南（文成、北港、泰顺、浦城）一带传进，最早来福鼎演提线木偶的是浙江浦江金山笼。福鼎最早成立提线木偶班有店下垓窑、秦屿及与泰顺交界处管阳的西阳、天竹、座岭、茶阳等村。这些戏班主要在东南沿海的福鼎、霞浦、平阳等地演出。

1962年8月以前，在福鼎县政府注册的仅有福鼎县新新剧团、福鼎县新华剧团、福鼎县新民剧团等三个提线木偶剧团，属业余体制。在宣传部周义务部长、黄瑞瑶副部长，文教局刘毓竹局长、马静副局长任职期间，新新木偶剧团于1962年8月左右转为正式专业剧团，全称是"福建省福鼎县木偶剧团"。姚仁贵老师为团长，陈朝尊老师为副团长，县文化馆暂时做为团部（每演出结束道具存放县文化馆）。剧团人员待遇与福鼎县京剧团、越剧团同。1963年夏，请回国家戏剧艺术家，被称为"木偶猴王"，曾多次出国演出的国家高级艺术家，浙江省宁波市提线木偶剧团团长黄太生老师来剧团当业务团长。1964年夏秋间，福鼎县文教局派康昌新老师为指导员。新新木偶剧团在1958年至1961年间，在姚仁贵老师的编导下，曾演出《红色卫星上了天》《姐弟俩》《这里没有你的份》《钢水奔流》等童话剧。这是当时福安专署唯一召演的提线木偶团，并得到泉州提线木偶团的赞扬，而且还代表泉州提线木偶剧团往周宁、寿宁、松溪等地巡回慰问演出。当时姚仁贵老师不但自编和移植现代戏《南海长城》《智取椰林寨》《康家寨》《红

木偶戏演出（冯文喜摄）

姚义炳提线木偶《钟馗醉酒》表演

嫂》《三世仇》《捉狼》《半夜鸡叫》等剧目，而且大刀阔斧改编历史武侠长篇小说为连台戏，深受广大观众的喜爱。福鼎、霞浦和平阳、苍南、泰顺大多数提线木偶艺人采用姚仁贵老师的剧本表演。非但如此，姚仁贵老师根据时局所需，快速即编即用的方言快板堪称一绝。姚仁贵老师为了继承和发展提线木偶事业，于1958年收自己内弟邓进武为第一位学徒。邓进武于1961年冬从木偶剧团去参军，1965年春退伍回木偶剧团，1965年冬离开木偶剧团。我二师兄陈玉生是1959年春到剧团直至剧团解散，于1969年4月"上山下乡"安置回家。我是1962年5月到剧团，同我二师兄同样命运。1963年春由原剧团鼓师许方转老师带他谊子前岐梅溪海尾兰恩秋到剧团当学徒，"文革"开始后因户口不在剧团于1966年10月前后安置回原籍。姚仁贵老师在"文革"时被下放到白琳翁江某生产队劳动，为全家生活计，他进走农村说唱古书、学星算衔鸟命、教吹班。党的十一届三中全会后，姚仁贵老师因家庭经济困难，无力办置木偶行头，得到当时翁江乡书记杨久洪的大力支持，并由肖克赛、杨祖强、陈明健、黄学仁、赖尾弟、张书见每人投资人民币300元。姚仁贵老师戏班成立审批手续很快得到批准，原白琳新民木偶剧团徐茂进、徐茂松二兄弟也加入姚仁贵老师戏班名下。

现我以福鼎为主将曾为福鼎献艺授徒的木偶前台提线艺辈简述如下：

第一代 管阳西阳天竹里张熙广（又名张广信）传点头柏柳吴成龙，泰顺雅阳芦家墩欧志寿传林秀钤（雅中埠下），平阳北港阿显传陈舜彩（在南马站成门）。

第二代 秦屿冷城潘国新传姚仁贵，点头柏柳吴成龙传姚仁贵（苍南），马站陈舜彩传姚仁贵，泰顺墩头高场周齐家传周福德、周福细（周齐家是泰顺攸村周姓提线木偶第十二代传人，因蔡成彩早逝到高场续弦），泰顺雅中埠下林秀钤传黄太生，苍南桥墩八仔李孙溪传杨茂来（马站岱岭）。

第三代 白琳翁江姚仁贵传邓进武、陈玉生、许正桃、兰恩秋、姚义炳、杨祖强、黄学仁、赖尾弟，沈青秀洋黄太生传许正桃、张良华（泰顺彭溪）、黄孝德、毛秀英（女），墩头高场周阿德传张良华（泰顺彭溪）、杨茂来（苍南马站岱岭），白琳王渡头徐振朝传徐茂松、徐茂进，透埕排头李阿铝传李阿钦、孙秀颜（叠石库口），浙江平阳北港岩头王文步传王德钏、王德钉、王德架、崔学荣（具归平阳、苍南），泰顺茂竹园汤广义传俞学贵、毛秀英（女、泰顺驼地），管阳西阳座岭头潘进略和西阳天竹徐阿白传徐阿恩。

第四代 姚仁贵派下邓进武、陈玉生、许正桃、兰恩秋、姚义炳、杨祖强、黄学仁、赖尾弟。黄太生派下许正桃、张良华（泰顺彭溪）、黄孝德、毛秀英（女）。徐振朝派下徐茂松。徐茂进李阿铝派下李阿钦。王文步派下王德钏、王德钉、王德架、崔学荣。汤广义派下俞学贵、毛秀英（女）。雅中便坪陈观比、陈网鼎。徐阿白派下徐阿恩。自学成才有王帮裕（点头）、徐郑清（管阳天竹）、吴思奎（稀溪青坑）、汪承蓬（管阳茶阳）、罗云平（店下上宅）。

第五代 邓进武传邓德希、缪挺祖，徐茂松传张书见，陈观比传陈世练（白琳沿州），许正桃传周月仙（女，秦屿蒙湾）。自学成才有汪德徐（管阳茶阳）、汪月星（女、管阳茶阳）、何祥步（玉石会甲溪）、张德鉴（玉石会甲溪）。

（本文参考了姚仁贵、黄太生、张文斌等人口述）

福鼎县第一届全县运动会记述

◆陈海亮

在1932年之前，体育运动在福鼎并不被重视，学校不注重，社会不提倡，在各小学成为可有可无的课程，所以设体育一课，只不过是虚应上峰的规定，聊备一格而已。自1932年初夏，福鼎第一届全县运动会举行之后，体育之重要，方始引起人们的注意。

首届全县运动会是县教育局遵照福建省教育厅的指令筹办的。在运动会举行之前，约两个月，县教育局仓促通令全县各小学，催促加紧训练，规定年纪较大的男女学生一概参加。在此之前，体育场无疑是女生的禁区，福鼎除莲池女校专收女学生外，其他小学兼收女生是20世纪20年代中期的事，各校为数很少的女生从来只知守在教室，对于操场上只是眼观而不敢涉足的。当此之时，省教育厅发出女生也必须参加运动会的命令，就迫使她们带着好奇的心理走上操场。先是被动，后是自动，终于打破了这一封建思想的无形禁锢，促使女生勇敢地走上体育战线，逐渐与男生角逐于体坛。

第一届运动会的项目很简单，除团体体操比赛外，径赛只有50米、100米、200米、400米、800米、1500米和接力赛跑，田赛只有跳高、跳远、三级跳、撑竿跳，球类只有篮球、排球、乒乓球，余如标枪、铁饼、铅球等项目都缺，如没有足球、网球之类，更没有游泳和跳水。

比赛分组依据年龄和身高，分为男生甲组、乙组，女

福鼎第一支女子篮球队

生甲组、乙组。运动会只开了四天，参加的为桐山小学、育仁小学、秦屿小学、点头小学、白琳小学、前岐小学、莲池女子小学等校。名为全县运动会，实际只不过是全县小学运动会，僻远村校尚少参加。比赛结果，所有各组个人冠军全部为桐山小学（即今日实验小学的前身）所囊括，男生甲组个人冠军董传成，男生乙组个人冠军刘学砸，女生甲组个人冠军李月娥，女生乙组个人冠军黄畹香，团体冠军也多为桐小所夺取。

这次运动会在临举行前，福建省体育领导部门曾派指导员郑煜来县指导兼任裁判，但他只带一只普通手表，未曾带有作为裁判员必备的码表，因此在比赛优胜名次上，为了计时不甚准确曾发生过争执。由于首届运动会规模不大，且属初次试办，竞争不太强烈，结果大家以友谊为重，互相忍让解决。

这次全县运动会虽只是象征性的，但其所产生的影响极为深远。第一，从运动会举办后，才引起学校当局重视体育教学，扭转过去一向只重德智而轻体的畸轻畸重的不正常现象，收到"三育并重，全面发展"的良效。第二，解放了数千年封建思想加于女子的束缚，促使女生勇敢地走上操场，经受体育锻炼，增进了体质。第三，引起社会的重视，使社会上从来不问体育活动的青壮年人对体育事业产生兴趣，使业余体育活动从提倡走向实践，逐渐成为社会风气。

（本文摘编自《福鼎文史资料》第 3 辑）

福鼎拾锦源流

> 蓝 天

福鼎县文化馆卢声华同志,应中国民间民族器乐集成(福建卷)编委会之约,再次整理我县民间民族器乐曲——拾锦,要我写简介。因此,我走访了几位老人,并找出《福鼎文史资料》第4辑,详细翻阅了王鸿意同志写的《"拾锦"曲谱》前头的简介部分,觉得有必要就福鼎拾锦的源流说几句话。

拾锦的源流

拾锦是福鼎县的一种民间民族器乐合奏乐,也叫"打八音"。所谓"八音",按《尚书·尧典》的说法,是中国古代对乐器的统称,指金、石、土、革、丝、木、匏、竹这八类乐器,如钟、铃等属金类,磬等属石类,埙、缶等属土类,鼓等属革类,瑟、琴等属丝类,柷、吾欠、梆子、木鱼等属木类,笙、竽等属匏类,管、箫等属竹类。拾锦合奏的乐器,实际上是曲笛、竹节胡、中胡、大胡、二胡、三弦、月琴加锣、鼓、土长号等,以曲笛、竹节胡为主奏。

桐山打拾锦

拾锦源自昆腔。相传福鼎城关两溪夹流，东溪高于街道，溪坝常遭洪水冲决，频年灾患，民不安生，历任县官都以保修溪岗坝为治县的首要大事，同时支持群众于每年台风期的七八月，聘请浙江温州的好剧团（昆剧或京剧，有时两种剧团都请来）在城关溪岗的神台前面，搭台连演一个月祈神保安，称叫"溪岗戏"。当时请的昆剧团，多为"同福""品玉"两班，因为这两班剧团，不但戏演得好，而且剧目多，能在一个月内每天出新戏，不炒冷饭重演。因此，"溪岗戏"是福鼎200年来的出名的社戏。

清末，南门施家是福鼎城关出名大族，施家子弟酷爱昆曲，每年都聘请来福鼎演"溪岗戏"的昆剧团艺人或乐师，到施家教唱民腔，并成立本家族专门乐队，选取昆腔中的"想当初"、"赶渡"、"思凡"（又名"佛前灯"）、"莫不是"、"游春追打"（又名"黑麻子"）等优美曲牌（一说是十支或十二支曲牌），加上锣鼓，组成一套独特的民间民族器乐合奏曲，取名"拾锦"，意为拾取昆曲中的优美曲牌组成的（一说是选取昆曲中的十种优美曲牌组成），长年练习演奏，作为施家本族子弟自我娱乐的文艺活动形式，和管束子弟的一种手段方法，世代相传。他们的拾锦演奏活动，除在本家坚持练习外，只遇有本家族喜庆和地方迎神赛会时，才架起流动"八音棚"（一种可以随乐队行进，用以遮阳避雨的布棚）出街演奏。

拾锦就这样在福鼎城关南门施家子弟世代传承演奏中不断提高，施家有个爱好民间音乐的子弟——施矩卿，在福鼎桐山第一高级小学任教时，把拾锦整套曲牌精心做了修订，并加上开首的"七声号"和结尾的"十声锣"，成为现在流传的拾锦。福鼎县文化馆于1956—1957年间，接到福安专署关于及时抢救、挖掘、整理民间音乐的通知，由当时福鼎县文化馆文艺组的王鸿意同志，把他岳父施矩卿先生示唱的拾锦工尺谱，翻译成简谱，并走访和组织了城关的演奏拾锦。老前辈和业余音乐爱好者施矩卿、夏阿俊、施阿容、周阿梅以及当时福鼎越剧团老艺人康昌新同志等，经过反复研究后，把手抄本的板眼音符与硬介（即打击乐）协奏，做了小部分的删改和加工，取得施矩卿先生同意后，参加县代表队赴省、地区会演，被评为优秀节目，并发给节目奖、演出奖。此后，又经福鼎县文化馆文艺组卢声华同志整理，组织乐队参加第二届"武夷之春"演出，又获得节目奖和演出奖。

《"拾锦"曲谱》简介纠错

首先应该肯定，王鸿意同志是福鼎拾锦的第一个挖掘者、整理者，感谢他为此做出的努力和成绩。但也很该指出，他在《"拾锦"曲谱》前头简介中的转述篇错漏百出。

大家知道，福鼎拾锦源自昆腔（昆曲、昆剧）。昆腔元朝时候是江苏昆山一带流行的民间戏曲腔调，到明朝嘉靖年间又吸收了海盐腔、弋阳腔和当地民间曲调再加丰富，以演唱传奇剧本为主，才形成一个剧种，明朝隆庆、万历以后，昆剧才逐渐流传各地。而这个王文却说："我国昆剧是汉朝最盛行的剧种之一"，甚至还说"楚霸王很喜欢昆剧"，实为大错。

而且，拾锦是清末福鼎城关南门施家子弟组织的专门乐队，历年聘请昆剧艺人来家里教唱昆曲，他们在长期的演奏活动中，并在这些艺人的指点下，选取自己最爱听的昆曲优美曲牌，加上锣鼓，联成一套器乐合奏曲（开始是三五支曲牌，以后逐渐增至十多支曲牌），反复演奏、不断提高才形成的。而王文却说拾锦是2000多年前楚霸王的一位琴师把昆曲曲牌改编，"以纪念楚霸王当时在秦末起义的汗马之功"，实在不妥。

王文的小错漏，俯拾皆是，如把"婺调"错作"湖调"，把"乱弹"错作"论弹"，把"瓯调"错作"欧调"。他不知道浙江金华古称"婺州"，"婺调"出自金华；他不知道"瓯调"即"温州乱弹"，出自温州（瓯江），而说昆剧"在浙江金华叫瓯调"。

总之，我认为草率、错乱地介绍拾锦这一宝贵的民间艺术是不应该的，是应该批评纠正的。

有待进一步挖掘抢救

福鼎拾锦现在仅挖掘、整理出5支曲牌，还有5支或7支呢？还有没有其他演奏乐器？究竟还有没有原来的手抄本？还有拾锦形成的具体情况，如开始于清末何时，完整形成于清末何时？……希望王鸿意同志、福鼎县文化馆同志、南门施家后人和当年曾参与施家演奏拾锦的老前辈，以及全县业余音乐爱好者们，帮助收集、整理、研究，把我县拾锦完完整整、没有遗缺地挖掘、整理出来，继承、发扬下去。

（本文摘编自《福鼎文史资料》第8辑）

桐山打拾锦

冯溱

拾锦（十景），福鼎民间又称"昆腔"，其乐曲与罗鼓经的巧妙配合产生出非同凡响的音乐效果，令人久听不厌。施厝上辈流传说"常常听昆腔不老又健康"，不无道理。拾锦原是流行苏浙的民间曲艺，时间长了，衍变成多种流派，正歪莫辨。现在桐南社区老人文艺协会组织练习的拾锦原是桐南施姓家传古曲艺，盛行于清乾隆年间，为工尺谱曲，至今200多年，音韵古朴、节奏明晰，张弛有致，曲调悦耳，堪称欣赏曲中的佳品，不同于其他流派，誉为"施厝昆腔"。旧时它常做台阁、高跷踩街的前导乐队，深受广大群众的赞赏。

清康、雍、乾盛世，桐山施氏也随着兴盛发达，科第蝉联建高厦，喜爱音乐颇多，先后引进有"十番""昆腔"等曲艺以自娱，道光年间施氏宗祠建成后，昆腔便作为祭祀之乐，主要是仿古人制乐、奏八音而御八风，以为祝福、平安。昆腔便在宗祠正厅经常演奏，为此普及至本姓子孙，成为当时民间一绝。

在福鼎城关过去凡举办踩街活动的，便按住址自然形成北门、城内、南门三派，也自然形成三大特点——北门铖头、城内拳头、南门行头，现七八十岁的无人不知。打拾锦曲调取自昆曲中的《霸王想当初》、《五阵东向》（福鼎普遍称赶度）、《莫不是》、《佛前灯》《王老虎游春调》（游春拍打）等五调，为前辈流留下来，现在加上的有小调《梅花三弄》和《金蛇狂舞》。

桐山打拾锦的创始人施大惠（1736—1808），字乃吉，号迪峰。自小聪颖博学，精通经史，尤其酷好音律，一生不慕功名，潜心古乐研制。《施氏宗谱》中曾这样叙述他："迪峰公善作器具，屋中箫笛无数皆公手制。每风清月白，酒阑烛炽时吹奏娓娓动听。"由于从小耳濡目染，施大惠对优雅婉转的昆曲情有独钟，他常以曲会友，与众多擅音律、会乐器的文人贤士切磋交流，日日笙歌，夜夜箫鼓，自娱自乐。

一门艺术的兴起需要始创者，更需要集体创作的浓郁氛围。而当时的氛围恰恰使集体创作成为可能。施大惠在众曲友的帮助下，借鉴、吸收了当时流行的各种戏剧音乐以及江南民歌小调的特点，对昆曲曲目中的伴奏音乐进行了深入研究、整理加工。他将鼓板、笛、管、箫、笙、锣、弦子等乐器集于一堂，以集锦的方式把多种戏剧音乐有选择地吸收融合起来，不断地丰富、发展、完善而逐步形成具有一定意韵的曲式和旋律，即一定的音乐形成进行演奏，并取其名曰"拾锦"。据称当年所创曲目有十首，由于年代久远，有的已经随着岁月的侵蚀而消失在历史长河。至今仍可找到的工尺谱和20世纪50年代收集流传下来的，只有7首，分别是昆曲中的《想当初》、《五阵东向》（又称"赶渡"）、《莫不是》、《思凡》，黄梅戏中的王老虎游春调《游春拍打》，再加上新改编的江南小调《梅花三弄》和聂耳编写的《金蛇狂舞》。

现有传人年岁都近八旬，有施世守、施正秋、施惠生、施栩仙、施均柽、施继翔。因没有适合地点容纳多人练习，加上后继无人，拾锦濒临断代。

20世纪60年代，桐山打拾锦乐队曾多次参加省、市群众文艺汇演，作为一种庄重、高雅的文化艺术，深受观众好评。"文革"期间，拾锦曾经一度沉寂，被埋入历史的深海。直至20世纪90年代，在一批志同道合的拾锦爱好者共同努力下，才重新组建乐队，挖掘整理古曲谱，坚持每周排练，终于在施厝巷内又悠然奏响乐章。近年来，拾锦乐队不仅频频亮相文艺演出舞台，还走出了福鼎到各地交流演出。2008年，桐山打拾锦被列入福鼎市非物质文化遗产名录；2010年，被列入宁德市第三批市级非物质文化遗产名录。

布袋戏

🌿 林 宇

布袋戏是福鼎传统的地方戏剧，起源于福建泉州，明末清初随移民传入闽东，与闽南、台湾布袋戏一脉相承，几百年来，逐渐成为具有浓郁地方色彩的民间艺术，备受当地群众（特别是一些上了年纪的观众）的欢迎。福鼎布袋戏以城区为中心，辐射白琳、磻溪、管阳、太姥山、店下、硖门等乡镇。

布袋戏因演出使用的戏偶除头、手、足以外，躯体部分均用布缝制而成，形状酷似布袋而得名。又由于表演时要用手伸进戏偶身子的布袋来操纵，故又称"手指戏""掌中戏"。

布袋戏由一人一台组成，戏台是一米见方的木制台架，四周加布幔围而成，分前、后、上、中、下五扇相折连为一体，前台由下架和天花板组成，中扇是雕刻龙凤花鸟的遮屏（加官屏），遮住戏师的脸。戏师在演戏时，通过雕刻图案的小缝隙来观察戏偶的各个动作及台前观众在看戏时所产生的表情。遮屏左右各有20厘米宽的小门（小

观看布袋戏表演（朱乃章 摄）

面廉），上贴"出将""入相"，旁边各有楹联。后台上下对掀，张挂当晚表演所需且已装扮好的戏偶，其他如头盔、刀枪等道具，放在加官屏下，方便戏师容易拿到布幔上。

戏师坐在戏箱上，集吹、拉、弹、唱、口动、手动、脚动（两只脚踩四种乐器）表演于一身。演完戏，所有的行当全部装在两只戏箱中，戏台前后四扇互折靠拢中扇卷起台幔。一条扁担，挑起"戏班"走村串乡，不受人力和场地限制，想去哪演就去哪演。哪里想演，随时派一个人去就可以请到演员，实谓"方台可演万般事，箱中能容世上人""双手演绎三界事，一口道尽千斤白"，非常大众化。

布袋戏角色分为生、旦、净、末、丑，其故事内容多取材于我国汉、唐、宋、元、明、清各朝代的历史故事和民间传说。布袋戏演出时，台上的艺人在幕后一边用手熟练地操纵戏偶，表演各式各样的动作，一边还要模仿各种人物声调，绘声绘色地叙述剧情。既有引人入胜的道白，也有典雅婉转的清唱，时而还插入一些幽默有趣的语言，配合着后台双脚踩踏各种乐器的声响，一个个雕刻精美的戏偶展现在人们眼前，逼真传神，活灵活现。

布袋戏结合了方言、民间音乐、雕刻、彩绘、刺绣，由掌中操纵戏偶而综合展演。演出时，演员运用南腔北调，配以地方话道白。表演者要揣摩并模仿不同年龄、不同性别角色的声音特点及语言特色，生动地展现生、旦、净、末、丑、杂等各种角色的说话腔调，从而表演出各种不同的角色。同时，艺人还要操纵这些角色，包括让戏偶展示写信、喝酒、使用武器等动作神态，模拟人物动作，传达神态，让每一个戏偶都能展现各自独特的艺术风格。

表演布袋戏的艺人像一位说书者，一个人就能将整个故事情节表现得淋漓尽致。艺人既能说又能演，通过在后台手脚兼用，操纵戏偶表演各种各样的剧情，模仿各种人物声调，乐器相互配合，做到手脚合一，运用自然。

布袋戏唱腔以闽南话为主，腔调为本地声调，吸取南（声尾音长）北（声尾音短）两派腔调精华，分出轻、重、缓、急、吞、吐、浮、沉等各种音调，以福鼎方言（桐山话）道白，叙述人间悲欢离合，使剧情更加通俗易懂。

艺人演绎每个不同角色，演七情六欲，道善恶美丑，在表演时做到剧情丝丝入扣、点点带情，使台前观众随剧情身临其境。曾有人这样形容布袋戏："艺师身坐四方台，一口道尽千古事。双脚踏响交乐器，十指弄成百万兵。"

布袋戏擅演历史小说，戏曲节目丰富，包罗了生、旦、丑的武打戏、宫廷戏、审案戏、连本戏等，保留下来主要有《粉妆楼》《万花楼》《八美楼》《宋太祖征南唐》《玉技刀》《乾隆下江南》《罗通扫北》《薛仁贵征东》《薛丁山征西》《薛刚反唐》《七剑十三侠》、《大闹三门街》等历史传统节目。特别是连本戏，一般的戏师都能表演5—10本，每本都在10场以上（40多小时），本本连接，环环相扣，是观众和行家公认的通俗易懂、轻便实惠的地方特色戏。

乡村逢迎神节庆时，都有请布袋戏艺人参与演出，以示喜庆。特别是春节期间，不管是农村或集镇的中老年人，对于通俗易懂、简便实惠的布袋戏更加青睐。20个世纪七八十年代，是布袋戏最兴盛的时期，往往是戏班少，想请演的地方多，加上外乡镇闻名，请戏的人还得事先约定好演出时间，甚至出现"供不应求"或争抢的场面。在当时，点头布袋戏有着较好的生存空间，最兴盛的时候，仅点头镇就有30多个戏班，每场演出的观众少时200多人，多时达五六百人，每到一个地点演出，附近几千米甚至几十千米的村民都赶来看戏。1985年后，随着电视进入寻常百姓家，及其他因素的影响，布袋戏市场冷淡，许多艺人纷纷转行，昔日盛况不再。

现在布袋戏是福鼎的非物质文化遗产，代表性传承人有洪玉厚、许明金、范世图。他们早年都经过严格的学习和训练，掌握各种基本功，并能坚持演出至今，且演技娴熟，口碑良好。

点头的洪玉厚戏师，1950年生，初中文化，1965年学艺，师从堂叔洪如星。其师祖点头镇翁溪村人池尚妹，传承布袋已有120多年的历史。洪玉厚是1980年12月福鼎民间艺人协会发给演出证的艺人之一，他表演的布袋戏，曾于2007年在福建省电视台、宁德市电视台、福鼎市电视台等上做专题播报，于2012年被《福建日报》等多家报刊刊登，于2013年5月和2014年9月先后参加福鼎《中国微演艺》、第九届太姥山旅游节等演出，获"民俗大庙会"证书。

现如今，布袋戏的演出已越来越少见，这项曾经那样辉煌的传统艺术，它代表了一个时代，是一代人的印记，它凝聚了传统戏曲的精华，又以通俗易懂的唱腔，展现了一段段精彩的历史典故，演出了一段段脍炙人口的佳话。我希望这项瑰丽的传统艺术能够得到良好的保留和传承，也期望下一代及再下一代人，可以读懂并领略这项传统艺术的独特之处，并去传承、改善和发扬它。

嘭嘭鼓

✎ 冯 溱

　　嘭嘭鼓，又称"渔鼓"，闽南方言称之为"嘭鼓"。其模样独特：裁竹筒，长二尺八寸，以皮昌其首，皮用猪板油上薄膜，用两指击之，又用筒子两片以竹子为之，长三寸，阔一寸半，歌时用二片筒子合击为朴板。两指弹鼓伴奏作"以和者也"，一般为一人单独说唱，用闽南语，生、旦、净、末、丑均通过一个艺人的一张嘴来演绎。

　　嘭嘭鼓在福鼎流传甚广，还流行于周边苍南、洞头、玉环等讲闽南话的地方，深受观众喜爱和欢迎。

　　明末清初大量福建移民北迁平阳，渔鼓大约是在那时由北迁移民带入福鼎的，已有400多年历史。嘭嘭鼓传入福鼎以后，经过历代艺人不断完善，逐渐吸收福鼎木偶戏和南戏等戏曲的技艺特点，并与当地民间音乐相结合，演唱曲目通俗易懂，节奏轻快，韵律讲究，拖音短而尖，形成别具一格的演唱特色。清末至民国，福鼎嘭嘭鼓进入鼎盛时期。由于嘭嘭鼓来自民间，源于生活，贴近百姓，而且演唱形式简单，深受广大民众喜爱，民间遇到红白喜事、游神还愿等总要请上嘭嘭鼓艺人堂唱，街头巷尾到处可闻嘭嘭鼓唱声。

　　嘭嘭鼓主要以拜师学艺的方式传承，旧时为贫苦人民谋生的手段，具有很强的社会性。关于渔鼓传承人，上可追溯到清末柯阿金，民国时期又出现了具有影响力的张家田，1949年后有张家田的学生纪孔珊、林开储、周超涨等人崭露头角，20世纪70年代的白希文等人经过专门学习，具有一定的渔鼓演唱功底。

　　中华人民共和国成立初期，福鼎登记入册的嘭嘭鼓艺人有100多人，历经六代：

　　第一代　　福建泉州人，洪祖光。

　　第二代　　浙江桥墩人，洪关清。

　　第三代　　福建贯岭战坪洋温亦财，以后去苍南跟吴明月老师再学8年.

　　第四代　　陈为莲，浙江省苍南县灵溪镇宕顶村，1956年出生，现为国家级非物质文化遗产传承人。

　　第五代　　温腰弟，师父陈为莲，女，1951年出生，福鼎市贯岭镇贯岭村人。

　　第六代　　林祥本，男，1969年出生，自小学习民间山歌，后跟温腰弟学习嘭嘭

民间艺人表演嘭嘭鼓（傅克忠 摄）

鼓艺术。2017年2月份应邀参加福鼎市微演艺演出。6月份应邀到沙埕流江空军基地表演。10月1日福上居文化旅游节，在江边表演。

嘭嘭鼓吸收了民间优秀音乐和兄弟曲种的曲调，改由单人演唱为多人分角色演唱，还在原有的长筒和简板的基础上，配备了三弦、二胡、琵琶等乐器，使唱腔更加丰富多彩，曲调更加悠扬婉转，深受大家的欢迎。嘭嘭鼓至今还保留着50多个曲目，主要有《幸福福鼎》《十二月采茶诗》《城乡新面貌》《十九大》《看花诗》《移风易俗》《太姥山风景》《中国扶贫第一村》。

嘭嘭鼓从演唱技巧到故事情节，处处体现地方风格，朴实无华，贴近生活和群众。这些曲目分小段唱词和连台本词。旧时嘭嘭鼓艺人大多出身贫苦农民或残疾人（盲眼、跛足等），社会地位低下，以走村串户门头唱为主，唱些米钱度日，门头唱一般都是唱小段词；那些较有名气的艺人唱嘭嘭鼓不搞门头唱，一般都是大户人家做红白喜事、游神还愿、庙神庆诞等聘去堂唱，演唱传书和民间故事，一般唱连台本词。

少年儿童"盘歌会"始末

纪学文

1942年至1944年,每当盛夏学校放暑假了,桐山北门街的新泰兴茶行与对面银行的门前,时常于夜晚聚集着两帮少年儿童在盘(对)山歌。这对文化生活十分贫乏的小城百姓来说,也算是一个消闲的好去处,所以吸引了许多观看者、听唱者、助阵者,少年儿童居多,成年人也不少,很是热闹,被称为"盘歌会"。

"盘歌会"的起始也挺有趣。那是1942年暑假的一天傍晚,我们小西关桐北小学的几个同学一起到坝仔外(现青少年宫前堤坝外的溪滩)的溪里打水仗,累了就躺在番薯地上休息。不记得是谁带头唱起了山歌,其他人也跟着唱起来。那时我们小孩子大多会唱几首山歌,是从家中大人或小伙伴处学来的。唱着唱着,少年人好胜心起,总想压倒他人,声音越来越大,已经不是唱而是号了。有个叫王念观的同学(透埕人,寄住在他姐姐、我堂嫂家里念书,会唱很多山歌)跳起来大吼一声道:"不要吆喊了,有本事晚上到新泰兴大门外比一比!"这个倡议立即得到大家的赞同。

当晚天黑时,小伙伴们陆陆续续地来了。有的穿着家里做的没有袖子、没有领的芝布"经济衣",有的干脆赤膊着上身,一律穿着裤衩和木拖鞋,顿时响起一片嘈杂的声音。王念观为头,把大家集拢,先是将人分为两帮,用的方法是圈成一个圈,齐喊"一二三",把各自的右手平伸向前,掌心向上的为一帮,掌心向下的为另一帮。然后商定赛歌的办法,是一帮一首山歌轮流地唱下去,同一帮内的人谁都可以唱,但歌词不能重复,每一首山歌的开头必须是"石榴开花"4个字,哪一帮没有人能够接唱了,就算输了,输的一帮要给赢的一帮每人一支铅笔,作为胜利纪念品。比赛的有关事情协商停当了,"盘歌会"也就开始了。你一首来,他一首去,都用桐山话。中间有哪一帮的人唱卡壳了,或是一时不能接唱了,对方和观众就发出"嘘嘘"声以喝倒彩,很是活跃。一直盘唱到小伙伴们认为已经夜深了,虽然未分胜负,双方还是商定了下次比赛的时间,各自回家去睡觉。

"盘歌会"雨天不举行,不下雨也是连续进行四五个晚上就要停歌一天,给双方一个充分准备的时间。主要是向大人收集山歌,或是小伙伴们集体创作,我们称为"备子弹";同时去宣传发动会唱山歌的同学加入自己的一帮,称为"招人马"。所以,"盘歌会"上的山歌越唱越多，有许多新歌出现；唱山歌的人也越来越多，有许多新歌手涌现。一直延续到秋季学校开学了，这一年的"盘歌会"才收场，要待到次年暑假时再重整锣鼓。寒假期间是不搞"盘歌会"的，我们这些穷家孩子，冬天的夜晚一般都不出门，躲在家里抱火笼取暖，或是早早地钻进被窝里去了。

在我的记忆中，"盘歌会"始终没有分出胜负。并非每次双方都是势均力敌，而是小伙伴中多是"赖皮鬼"，明明自己一方唱输了，却要找出一个理由：什么这次不能算，我们某某人今晚有事没有来，他的山歌多，来了你们肯定输；或是把唱过的山歌拿来重新唱，若对方指出是唱过的，就一口咬定没有唱过；或是先发制人，眼看对方要赢了，就诬指对方是"炒冷饭"……如此吵吵闹闹。当时没有录音机，不能证明某首山歌是否已唱过，没有评委，不能有权威的评判，只好在争辩中不了了之，明晚"见输赢"了，送铅笔的事也就从来没有发生过。

"盘歌会"上所唱的山歌，每首都是七字的四句。头一句只是"兴起"，与整首的内容无关，所以在唱的时候往往把头句的前四个字"石榴开花"省略掉，成了三句半。不过与通常的三句半不同，那半句在头句不在尾句。每首山歌一般都押同音或近似音的韵，其作者多是下层劳动人民，或是少年儿童，是识字不多或不识字者，作品显得粗糙，缺少文采，但贴近生活，朴实健康，通俗易懂。其内容几乎涉及社会生活的方方面面，归纳起来大体有如下几大类：

政治类 当时正是抗日战争时期，抗日救国是全民族的第一重要紧迫任务，在山歌中有着大量的表现，如："石榴开花叶长长，日本强盗是豺狼。中华儿郎齐奋起，报深仇来雪大恨。""石榴开花叶青青，十二（岁）少年去当兵。别人问我怎样当，手拿刀枪杀日兵。"

当时国内阶级矛盾也尖锐突出，劳动人民深受压迫和剥削，反抗、控诉反动统治阶级的山歌日益增多，如："石榴花开叶青青，这个世界大不堪。苛捐杂税层层剥，重租高利真凄惨。""石榴开花叶厚厚，乌云总罩穷人头。众人会肯结一帮，拨开乌云出日头。"

经济类 那时社会动荡，民生凋零，国民党滥发货币，币值一日数贬，物价飞涨，人心惶惶，在山歌中自然会有突出的表露，如："石榴开花叶带紫，天光担柴去城里？柴钱犹买米一斗，半晡只剩二斤九。""石榴开花叶长长，诸般奸商烂心肠。囤积居奇吮人血，大秤小斗没天良。""石榴开花红艳艳，讨租催粮要人命。灾荒没吃没人管，丢了田园去逃命。"

生产类 劳动人民一辈子不离开劳动，他们对自己从事的生产有深厚感情，通过山歌唱出了他们的甜酸苦辣。如："石榴开花红又红，天星照我去落田。粮食本是汗水换，多下苦功多丰登。""石榴开花真可爱，最喜摇船闯大海。风吹浪打无烦恼，讨鱼讨虾人自在。""石榴开花叶青青，落田又喜又不甘。喜是自家粮好吃，不甘将它喂豺狼。"

生活类　　人们除了进行劳动生产外，还有其他方面的活动，像社交往来、个人爱好、文化娱乐等，丰富多彩，成为山歌的一个重要内容。如："石榴开花叶油油，落田正好访朋友。一壶香茶两个碗，讲天讲地乐悠悠。""石榴开花叶油油，番薯插好去跶躅。上山听听鸟唱歌，溪边看看鱼仔游。""石榴开花红艳艳，天暗赶去曝谷垟。寂寂听唱嘭嘭鼓，都替古人苦乐忧。"

情歌类　　虽然少年儿童还不懂得谈情说爱是怎么回事，但他们从大人处学来了许多这一类的山歌，也就依样画葫芦地在"盘歌会"上搬出来了，如："石榴开花叶尖尖，阿妹洗衣在溪边。想同阿妹讲讲话，赶牛吃水到溪沿。""石榴开花叶齐齐，看见阿哥没穿鞋。脚踏瓦碎妹心疼，连夜赶做一双鞋。""石榴开花红又红，阿哥莫坐妹门前。你心若有真情意，赶紧归厝请媒人。"

儿歌类　　"盘歌会"的歌手清一色是少年儿童，山歌的一部分又是少年儿童自己所创作的，儿歌的比重自然不会少，如："石榴开花叶青青，我坐后门数天星。天星手提灯一盏，点头眨眼笑吟吟。""石榴开花叶粗粗，买鱼买肉请外舅。外舅细腻（客气的意思）没敢吃，外甥争吃闹纷纷。""石榴开花叶鲜鲜，结帮骑牛到溪边。牛放溪滩吃青草，人去摸鱼打野战。"

劝善类　　扬善谴恶、扶正祛邪是中华民族的优良传统，有利于社会安定、家庭和睦，历来为老百姓所重视。劝善揭恶是山歌中的一大项内容。如："石榴开花叶尖尖，世间最歹是赌钱。田园懒做没收成，妻离子散泪涟涟。""石榴开花叶尖尖，世人切莫吃鸦片。鸦片会吮人血髓，破人家财害人命。""石榴开花叶青青，做人都要有良心。好人终究有好报，歹人吃困不安宁。"

其他类　　在"盘歌会"上唱的山歌中，还有唱历史人物、天相、行路等，确实是丰富多彩。如："石榴开花叶长长，三关全靠杨六郎。五郎没志当和尚，四郎惊死投番邦。""石榴开花叶青青，雷雨不过大田塍。天公也是没本事，一爿落雨一爿晴。""石榴开花叶厚厚，灵溪九铺慢慢走，柘洋九铺走到啼，秦屿九铺正好走。"

由于"盘歌会"是分成两帮人，以山歌的多少来定输赢的，所以往往会出现临时凑出来救急的"急就章"。这种山歌大多没什么有意义的内容，常常有明显的不合理性，使人不知所云，还带有浓重的孩子的口吻，此不赘述。

"盘歌会"能够连续进行好几年，一帮少年儿童乐此不倦，也没有听小伙伴们说过因为盘歌回家迟了而受到父母的责骂，就是由于"盘歌会"是一种很有益处的活动。

那时夏季假期的夜晚，少年儿童没有什么事做，又没有什么娱乐活动，一般家庭都不点灯，看不到东西，蚊子跳蚤多，房屋狭促闷热，在家里待不住，便到外面去玩耍。一部分人往往聚集在一起惹是生非，或打群架，用废纸包灶灰，互相投掷，往往祸及行人，受到臭骂；或利用夜色三五成群悄悄地溜到野地，偷挖人家番薯，偷摘人家的果子吃，更要受人毒骂，对人对己均有害无益。有了"盘歌会"，便有了正当的活动，有了消闲的去处，参加"盘歌会"的人欢欢乐乐，围观听唱的人高高兴兴，没有人去干那些惹是生非的事了。同时，山歌的许多内容是少年儿童没有见识和体会的，通过盘唱，就是一个很好的交流，可以使少年儿童了解劳动生产的艰辛，浅识当时社会的不公平、不合理，产生反抗旧社会的朦胧意识，对同学的成长有着潜移默化的作用。还有，为了在"盘歌会"上能够取胜，小歌手们白天收集山歌，或几个人凑在一起集体创作，对山歌越来越有兴趣，无论在思想和文字表达能力上都得到了提高。我长大后在一段时间里，与民歌结下不解之缘，就是早年"盘歌会"影响的结果。

到了1945年夏季，小歌手们多数小学毕业了，有的考上初中准备升学，有的回到农村帮父兄生产劳动，有的走街闯巷卖小零食，有的当了小学徒。大家四散而去，连见面的机会都很少，更不要说凑在一起玩耍了。"盘歌会"就这样不宣而散了。

（本文摘编自《福鼎文史资料》第15辑）

忆桐城业余妇女剧团

> 潘秋江　邢宗发

　　桐城业余妇女剧团，前身是个群众夜校宣传队。中华人民共和国成立初期，党和政府发出扫除青壮年文盲的号召，群众夜校如雨后春笋般创办起来。县妇代会代表潘玉凤也领头在天灯下（今百货大楼附近）施鹊生家大厅创办了一所夜校，进校学习的大都是青年妇女。她们热爱党，富有政治热情，又活泼奔放。每逢党的中心工作宣传，她们就组织街头宣传队宣传表演，很受群众欢迎，也引起了党政领导和有关部门的重视，因而队伍不断扩大，演出任务也不断增多。在上级领导和社会各界的支持下，1951年筹备成立了桐城业余妇女剧团。

　　筹备委员会由15名成员组成。十字街长王阿水任主任委员，桐南街长殷甲三任副主任委员，委员有邢剑影、潘玉凤、丁林、邢宗发、李启英、潘秋江、褚钰珊、曹宗垣、高美华、潘国波、张珏妹、林永生、朱佩兰。剧团成立后，由潘玉凤任团长、潘秋江任副团长。下设编导组（组长江伟生）、音乐组（组长曹宗垣）、舞美组（组长吕培梅）、总务组（组长邢剑影）和宣传组（组长李启英），职员共30多人，演员有潘秋江、褚钰珊、卓牡丹、潘立春、朱佩珍等。之后演职员队伍又不断壮大，编导人员褚克禄、王鸿意等人加盟之后，剧团的阵容就更出色。

　　剧团的演出活动十分频繁。围绕党的各项中心任务，如土改合作化、抗美援朝、婚姻法、农业机械化、除"四害"讲卫生等进行宣传，同时为每年的人大会、党代会、工代会、妇代会、劳模会、扩干会等宣传演出。还下乡到点头、白琳、管阳、沙埕等乡镇以及桐城的镇边、玉塘等村宣传慰问。宣传演出的主要场所是街头宣传和在中山剧院（即后来的中山影院）、政府礼堂以及小西关操场（后为体育场，今为福鼎一中初中部校园）。演出的主要剧目有《王秀鸾》《三上轿》《太平桥》《小二黑结婚》等全本剧，《兄妹开荒》《卖花线》《拜年》《白毛女》《花篮舞》《采茶灯》《茶山情歌》等歌舞，《福鼎拾锦》等器乐合奏，以及《十送红军》《苏武牧羊》《牧羊姑娘》《台湾小调》《妇女自由歌》《翻身道情》《光荣灯》等独唱歌曲。每年演出数十场次，其中1954—1957年，每年演出近百场次。整个20世纪50年代，演出共达600多场次。

剧团的演艺具有一定水平，演出活动场场爆满，掌声不断。1952年参加地区业余剧团汇演，获地区演出一等奖，被授予最大面奖旗。其中歌舞《卖花线》《茶山情歌》《十送红军》等被地区选调参加省演出得奖，演出消息和照片被省报头版刊登，演员卓牡丹还被省选调赴首都参加全国舞蹈汇演。

桐城业余妇女剧团创办十年，取得了很大成绩。主要原因有：

其一，演出内容紧密配合党的路线、方针政策和各项中心工作，深受群众喜爱。20世纪50年代，人民群众关心国家大事，而现代化的传媒又尚未发展，文艺宣传的"二为"方向深受群众欢迎。

其二，党政领导和各部门以及社会各界的关心支持。当时历任的县长荆利九、桑正财、董德兴，宣传部长杨什维、李有智以及文化科长刘毓竹、民政农业科长高定静等，经常前来指导工作，与演职员共同研讨剧本和排演，并安排在各种纪念、慰问、宣传等场合演出。1957年赴沙堤慰问海军时，桑县长亲任团长。民主人士鲁丽生慷慨乐助，特制一面缀有"桐城妇女剧团"的大幕赠给团里。

其三，演职员高度的政治热情和精益求精的艺术追求。全体演职员都是义务参加剧团的演出活动，非但没有报酬，而且剧团活动的所有经费来源也是演职员们自掏腰包，所有的舞美服装道具都由演职员们自己动手制作。随着剧团演出活动的增加和排演新剧目的需要，剧团经费有困难时，就承包专业剧团演出（为专业剧团介绍演出、拉票等），所得盈利全部用于业余剧团的开支，全力把节目排好、演好。

1960年，剧团因国家经济困难以及主要演职人员的分散而停办。

（本文摘编自《福鼎文史资料》第15辑）

桐城旧事

> 刘顺庸

"台阁"赛会

台阁，是民间一种艺术性较高的文娱活动，分为半铁枝和全铁枝两种，半铁技扮演的人物分两层，全铁枝分三层。旧时桐城每年元宵前后都举办全铁枝台阁比赛，参加的有北门、城里和南门3个队，每两天赛一场。会场在南校场（现茶厂处）。比赛进入高潮时，赛事成为街谈巷议的热点话题，常常出现一家人争吵不休，北门的妻子说北门的好，城里的丈夫则说城里的好。

1931年，台阁赛办得很精彩，那年我14岁，有两场现在想起来仍历历在目。

比赛至第二场，城里办一台"方世玉打擂台"，铁枝尾上方世玉与一个黑汉在圆盘形的擂台上对打，边打边转，转两周后，方世玉蹲下抓对方的脚，黑汉则爬在他头上摊开手脚旋转。转几周后，黑汉蹲下，方世玉用肚子顶在他头上照样转。他们都是

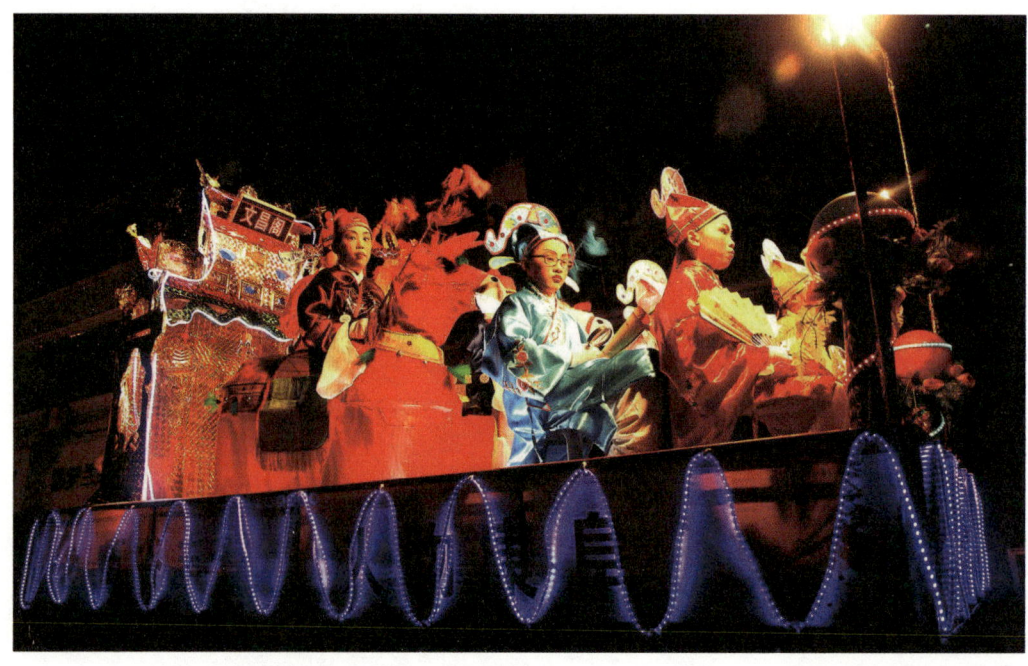

台阁表演

十三四岁小孩装扮的,在两丈多高的台上表演,实是精彩,城里队明显得胜。当台阁游到北门时,连北门人也喝彩。

第三场比赛情况正相反,北门队办得更为奇妙,是《西游记》中的"盘丝洞"。奇的不是底层蜘蛛变的五个美女翩翩起舞,也不是枝顶上孙悟空翻跟斗耍棒,而是在二层唐僧头顶左侧挑出一棵树下结着的大蜘蛛网(用铁丝编的)。表演时,从鸭掌形的树叶下爬出一只黑蜘蛛(矮小孩子扮的)。沿一条蛛丝爬入网中央,脚踏网丝,一格一格地旋转,当头转向下时,还故意做出抓猎物的动作。蛛网在台外悬空吊着,小孩无牵挂地在上面表演,实是台阁史上的创举。看的人无不叫好。可城里队不服输,有一人跳上台面向北门队大喊:"拆枝!拆枝!"台阁第二层人物至第三层人物若留有二尺多长空档,叫作"过枝"。如何把这段粗的铁枝遮得自然,是"台阁"艺术的难点。北门队"过枝"是右边一棵弯弯曲曲树桠,左边是猪八戒手执铁耙子,两枝都显得粗糙无巧。城里队"过枝"左边是一个花瓶插着一枝梅花,右边是一只鸟笼里面一只鸟,显得清雅玲珑,两条"过枝"一真一假。所谓"拆枝",就是叫对方认定哪条是真枝,然后当面拆开看输赢。当城里队喊"拆枝"时,北门队有人喊"花瓶",城里队立即上人去"拆枝"。当时我也认为是花瓶"过枝",故惊出一身冷汗,可是花和瓶拆离后竟无一物。奇怪,竹制鸟笼四面透亮,如何过枝?近台围观的人看了很久才断定铁枝是从笼中一个水筒进入,然后弯曲成横杠并通过米罐出笼往上弯去,笼外至枝尾那一段由宝剑的穗子和一把胡琴组成。枝顶人物就站在半斜的二胡马头管首上。宝剑双头穗子是用红丝线特制的。红穗子随风飘动,画眉鸟在笼中横杠上跳跃鸣叫,妙极了!简直是天衣无缝!这天南校场万人品论,特别热闹。城里队争回这一点面子后也不久留,明知失利,却故意由乐队奏打得胜鼓,抬着台阁上街游行。

其实南门队也办得蛮不错,一直保持着"南门好行头"的特点,人物穿戴合理,形象逼真,过枝的制作也很干净秀气。

可惜,1932发生何金标匪乱、接着"九一八"事变和全面抗战,赛事也就长期停办。

庆祝撤县设市踩街游行时,好多台阁上街,其中沙埕镇推出一台全铁枝最为精彩,我们几个老人看了都为台阁工艺没有失传感到非常高兴。谈论起台阁,大家都认为当年北门的《蜘蛛精》和城里的《画眉鸟笼》堪称台阁的精品。

"桐桐古"与福鼎烹饪文化

清光绪末年,文昌阁主事人、廪生、桐山书院院长朱腾芬得知县衙内有位叫"桐桐古"的厨师厨艺高超,征得知县同意,请来主办文昌诞宴会。文昌阁是文人和绅士们赋诗和议事的地方，每年文昌圣君诞庆，凡是秀才、贡生、监生、举人都来参加祭典，并无偿享受一餐丰盛晚宴（民国时中学毕业生都可参加）。

　　这次宴会七桌菜肴非常出色。客人入席后，对四盘小菜称赞不已。这是四个咸和甜的拼盘菜：甜排骨和山楂冻糕合并，白切鸡和绿梅脯合并，烧鸭肉和糖瓜块合并，炸鱼块和杏脯合并。每盘叠成半尺高的宝塔形，颜色形状都很美观。主菜是"鱼唇起"，第一道清汤鱼唇，是用犁头鲨鱼的长口唇和头皮制成的，生脆可口，是海味珍品。桐师傅不但厨艺高超，而且花样也多，如锅烧鸭、四宝菜、腰子凉拌等本地厨师都未曾做过。锅烧鸭上桌时，众人对焦黄色鸭皮布满米筛花纹感到奇特。这道菜的烧法，先在锅底横直铺两层葱叶，把切好的鸭肉原样放在上面，烧熟后去掉焦葱，皮上就出现花纹。四宝菜是用干贝、鲍鱼、鸡肉、肚尖并成的扣碗汤菜，四棱分明，清雅高贵。凉拌由腰花、梨片加麻酱拌成，是席间爽口菜。桐师傅非常讲究菜的味道，他有两个秘诀：下厨第一件事就是制料汤，料汤原料是牛肉，每桌一斤，汤熬好后捞出牛肉块，一边将热鸡血倒入沸腾的肉汤内，一边用木棒搅拌，这时肉汤中所有浮油、泡沫及底渣都被鸡血吸收凝成血束，把血束去掉后，汤呈淡黄色，澄清如镜，倒入钵内备用。这种汤做菜当然美味无比了。加上他制作的点心如烧卖、春卷、孽荠糕等也很有特色，客人评价很高。菜上完后，师傅出场"亮相"时，每桌都向他敬酒，无不夸奖。我父亲是桐师傅的学徒，十多年后该酒席由他主厨，菜单始终无大变动。

　　"桐桐古"乃福州人，为知县随任厨师，他娶妻福鼎，知县卸任后他落户不走，在县衙前斜对面独营菜馆。他的拿手菜如扎糟鳗、荷叶粉肉和各种红烧炒盘，适合福鼎人口味，他的肉包馅内含汤也与众不同，因此生意兴隆。这时他又收了两个学徒，请他去煮菜的人越来越多，但须事先约定方能请到，"桐桐古"的名声无人不晓。桐师傅老后，他的学徒畲客、二妹和我父刘金成都成为桐城名厨。第三、四代的厨师无一不是他的门下徒孙。1949后，"桐桐古"仍驰名不衰，可以说是福鼎菜一代宗师。

官宴"全猪宴"

　　桐师傅在县衙主厨期间，曾为款待知府，办了一桌"全猪宴"。全猪宴是官宴，据说旧制规定宴请五品以上官员才能开此宴，一品官则全猪加全羔，只有太庙、孔庙祭圣才能用三牲（全猪、全羊和全牛）。酒席是"燕窝起"的高档菜加一样烤全猪。全猪是用出生两个月左右的小猪烤成，其制法与烤鹅、鸭无大异，主要是上菜礼仪和吃法与通常不同。客人一进膳厅就看到一个兰花大盘装着一只一尺半长全身发亮的深黄色的烧全猪，四周排着咸甜冷盘，入席后只吃冷盘不动全猪。正菜上桌时，把全猪端下放在几上。菜上三道后，厨房抬出砧案，主厨带刀出场，把全猪放木砧上，用刀板平拍猪皮，把猪皮拍得脱肉后，在底部和两侧各划一刀，然后用刀将猪身横直各砍五六刀，上盘合成原形，由主厨亲自端盘上桌。这时桌上残食已全部撤下，厨师又排上四盘自制烧饼。开筷前主人用筷把猪正背上一块皮夹在饼中双手献给主客，待大家都夹好饼后，主客双手举饼左右相敬后大家才开始嚼饼。吃全猪是吃皮不吃肉，吃肉就失雅，吃皮一定要夹饼，单吃皮就失礼。这种隆重、真诚又文雅的官菜官吃的礼仪，除对客人表示尊敬外，还体现了与宴者的高贵。

这道菜砍猪是个技术活，用刀要熟练、利落、准确，不能砍丢掉一块或砍散了合不成原形。

这次知府下县视察，带有一部电影，宴后在膳厅放映，大家又一饱眼福。这是清末我县第一次上演的无声电影，距今有90多年。

谯楼更鼓

福鼎早时县衙头门，是座五开间两层双檐门厅式建筑，第二层五间清一色木通格窗扇的楼厅，就是旧时桐城夜间报时的谯楼（俗称鼓楼）。其他地方鼓楼一般设在市中城楼上，福鼎县由于乾隆年代城墙低矮无楼，所以附建在县衙大门上。谯楼的更鼓是每一刻打一次，一更八刻，一刻十五分钟。木鱼声报更，锣声报刻。谯楼木鱼不是寺庙里的圆木鱼，而是五尺长与真鱼一样的长形大木鱼，声音响亮全城都能听到。楼厅墙边原放着一座古代计时器——五层五缸大"漏钟"，听说乾隆年代用过，后来被嘉庆年间的西洋自鸣座钟所替代，再后来自鸣钟又为国产挂钟替代。这是谯楼用具170年里唯一变动的物件，其他一切照旧。

五时正打的第一更称为"定更"，四个人用锣、鼓、木鱼和梆子一齐奏打的，连续奏打约10分钟。其调头隆重、热闹，像是告诉人们："将入夜了，该下工吃晚饭了。"我小时候非常爱听打定更。我家住河乾头，夏秋时傍晚，常常一个人站在学堂门前小桥上，欣赏谯楼独特的音乐催促红遍半边天的晚霞不断变化的美丽景象。

谯楼初鼓。昭明夕照，园觉晓钟。栖林烟雨。

我如果是画家，一定将上述四景勾勒成耐人寻味的《桐城春秋图》，下两个景点并画为"春"，上两个景点并画为"秋"。

（本文摘编自《福鼎文史资料》第15辑）

20世纪50至90年代中期福鼎象棋活动

一

福鼎广大群众喜欢参加文体活动，特别对象棋尤为热衷。不论集镇闹市，还是乡村屋坪，不同文化层次，把它当作工余闲暇、健身益脑的文体活动。20世纪五六十年代，象棋在福鼎城关已相当普及，拥有众多的爱好者，也涌现出一批棋坛好手，许世文、叶阿洛、刘志宝、王传政、刘正贻、林延龄等人曾名噪一时，沙埕的王忠连数年间闯荡四方，20世界50年代独霸沙埕棋坛。人民政府十分重视群众文体活动，对广泛普及的象棋更是着力引导和组织，先归文化部门管理，后由文化馆组织领导，每逢重大节日，县文化馆组织比赛，曾数度邀请霞浦王树贤等高手来鼎献艺比赛，切磋棋艺。地区体委于1964年带领王树贤等人到福鼎设擂比艺，刘志宝、

老年象棋比赛

林延龄、刘正贻、叶阿洛、张伯光等人与之轮番狙击，双方打了平手。这场擂台赛，算是"文革"前福鼎象棋界最有影响力的赛事，也使几位高手扬名闽东。

20世纪50年代至60年代初，各类体育项目的开展以及赛事受到一定的局限，但群众性的象棋活动依旧活跃。当年秦屿有个外号"秦屿宝"的棋迷到桐山邀战刘志宝，二"宝"相遇，各使浑身解数一决雌雄，那一天从早饭后开盘厮杀到临近黄昏，时值酷暑，两人一天正襟危坐，全力以赴，有好事者却生一盆炭火偷偷置于棋盘桌下，头顶烈日，脚下炭火，但二"宝"浑然不知，置之度外，一时传为棋界趣谈。沙埕后澳村林阿端，一生嗜棋如命，在村无用武之地，耳闻哪里有好手，必当登门较量。"文革"中，他自带行李，蛰伏沙埕岭头，与几个浙江棋迷溺战，三个月不下山，虽耗费不少，但心甘情愿，现年逾古稀仍乐此不疲。当年桐城高手许世文医务繁忙，仍不辍棋道，言传身教使其子孙三代都有不凡的棋艺，可谓业余的象棋世家。

二

"文革"间，文体活动万马齐喑，但象棋活动仍然不衰。两人对弈，忘情世事，方块天地成了消闲的好去处。其间，象棋爱好者镇西小学教师马音西，利用"停课闹革命"的无尽闲暇，觅得一本20世纪50年代弈林第一国手杨官麟《中国象棋谱》第三集，几年时间，居然把棋谱熟背精通，棋艺突飞猛进，独步20世纪七八十年代福鼎棋坛20年。同时他热心提携，培养和成就了一批出色女棋手，他也因此分别于1986年和1988年评上福建省及全国教育先进工作者。

至1984年党中央《关于进一步加强农村体育工作的通知》的实施，福鼎城乡群众性象棋活动更趋活跃，覆盖面更广。从市镇到乡村，从机关单位到场厂学校，从街道居民到农家庭院，工余农隙、茶余饭后，在职工之家、文化馆站、老人活动中心及居家庭院，常常看见对弈厮杀和助威观战的人群。县体委、总工会等有关部门在节假日中，经常举办棋比赛，如：1989年7月间，举办县委机关象棋赛，有不少领导带头报名参加；1988年五四青年节时，硖门乡举办了一场青年棋手擂台赛；县毛巾厂从1987年开始，举办了四届"雀屏杯"象棋赛，1988年第二届，应邀前来的有浙江苍南及本省霞浦、周宁、寿宁等县代表队；桐山流美村1988年以来举办了三届"丰收杯"象棋赛，管阳、桐城、店下、硖门等乡镇都派出代表参加，推动了乡村象棋活动的蓬勃开展；管阳镇结合开展"千万农民健身"活动，也举办了四届象棋比赛，规模最大的一次有镇直单位和各村农民棋手计60多人参加。

"文革"后20年间，福鼎崛起并稳坐棋坛宝座的可算马音西和陶文凯两人，1977年4月在霞浦举行的宁德地区象棋赛，马、陶两人分获成人组冠、亚军。1978

象棋比赛

年6月马音西在省七运会象棋赛中获得第六名。

三

1980年开始，国家体委把女子象棋列入全运会比赛项目，激发了当时已调任流美小学校长的马音西的一个大胆设想：女子象棋刚起步，农村女孩又有肯吃苦耐寂寞的特点，只要选准一些好苗子加以培养，准会有造就成才的机会。这与县体委正在力抓后备人才的计划不谋而合，于是在县体委的大力支持下，1983年下半年，以流美小学夜读班的形式办起了少年儿童象棋培训班。马音西慧眼识珠，抽选一些学员，开始了他的苦心耕耘，特别是对几个女子好苗子的培训。功夫不负有心人，数年的汗水换来了丰硕的收获。据统计，自1984年至1995年间，有7人共11次获得过宁德地区女子象棋儿童组、少年组和成人组第一名；有8人共19次获福建省女子象棋赛各个组段的前三名，有5人参加过全国女子象棋赛，有2人被省体工队吸收为女子象棋专业运动员。第一期培训班的学员林秀琴，得到名师的调教和自身的勤奋努力，进步神速，1984年即获福建省女子象棋赛少年组第一名，1986年9月获省女子成人组象棋赛第二名，1986年10月在省九届运动会上，与队友章雪凤合作夺取团体第一名，后被省体工队选调。1987年12月，林秀琴在第六届全运会上以6胜2和1负的成绩为我省女子象棋队夺取团体桂冠立下了汗马功劳，为我市获取全运会金牌第一人，受到省政府表彰并被省妇联授以"三八红旗手"称号。流美村另一学员章雪凤，1985年2月获省女子象棋少年组第二名，1986年7月获省女子象棋青年组第一名，1986年9月获省女子成人组第四名，1987年至1989年连续三年夺取省女子象棋赛冠军。1990年4月，章雪凤代表我省参加第三届全国农民象棋赛获女子第七名，并被农业部、全国农体协抽选为农民代表队参加全国比赛。后起之秀的马松颖，在其父马音西的熏陶和精心调教下，1989年初出茅庐即获中小学生象棋赛儿童组第二名；1990年7月获省"华兴杯"少儿象棋赛第一名，1992年8月获省十届运动会女子象棋赛第四名，1993年获省第五届"闽燕杯"农民象棋赛女子第四名，后入选省体工队集训，1994年获全国农民棋王赛女子第五名，1996年7月参加省第三届工人运动会获女子象棋赛第一名。此外，还有朱丽雪、李惠、林阿清等几名女棋手在省地市各类比赛中都曾有不凡的表现和成绩。十多年间，福鼎女子象棋脱颖而出，人数之多，成绩之好，在福建全省其他县市尚不多见。

四

进入20世纪90年代，福鼎象棋活动更趋蓬勃发展，一些青年棋手十年磨一剑，终于冲破了马、陶"一统天下"的格局，开始了"分庭抗礼"新局面。谢济师、翁扬勇、张经友、王德银、柳文耿、石朝贵、林榕等中青年棋手，成了活跃福鼎棋坛的中坚力量，象棋爱好者则不计其数。为了加强象棋活动的发展，经有关部门批准，1995年1月，"市象棋协会"正式成立，并把它办成棋友之家，总工会专门开设了弈棋室，在两年中组织了六次比赛，还不定期地编写印发《福鼎棋讯》，采取多种形式，吸收更多的爱好者参加到象棋运动中来，以求更加普及和提高。棋协的弈棋室内，每天棋手鏖战，"棋"乐融融。各乡镇甚至村庄相继成立的职工之家、老人活动中心等文化活动场所，象棋尤为群众所喜好。几年中，全市已拥有万计的象棋爱好者，店下、硖门、沙埕、管阳等乡镇也不乏新象棋手。一批批青年棋手不断涌现，而一批老的棋手仍活跃在棋坛上。沙埕王忠连，1990年获地区老运会象棋第一名，同年赴省参加第二届老年运动会获男子象棋第六名。实验小学退休教师施临芳，1992年获地区老运会女子棋赛第一名，同年在省老运会获第二名。贯岭镇退休干部黄广妹，1992年获宁德地区老运会棋赛第四名。退休教师刘寿沂和张忠首，1995年分获地区离退休教师象棋赛第一、二名。

（本文摘编自《福鼎文史资料》第15辑，由福鼎市体委和象棋协会供稿）

流美社区有支象棋"飞虎队"
——流美社区开展象棋活动小记

林思思

"棋逢对手将遇良才,楚河汉界谋略深远。"这是桐城流美社区老年人象棋队队长马英西家门口的一副对联。在马老师的庭院里,还挂着一幅满载着象棋荣誉的海报,内容是他和社区象棋队友们的成绩单。他今年74岁,是个象棋高手,31年来不懈坚持推广、普及象棋运动。

流美社区群众性象棋活动文化氛围较浓,经常可以见到社区老人在路边玩棋。1984年,在棋友们的争取下,流美村指定省棋协委员、象棋名手马英西老师办起象棋扫盲班(后为地区象棋重点班),亲自督教一批学生,并于每年春节期间定期举办象棋赛事。

进入21世纪后,流美社区更是大力推广象棋赛事。在社区内、龙船宫里、溪江坝下纳凉点,创建各种活动场所支持下棋活动。同时从少年、儿童着手,成立少年之

流美象棋方阵多次参加市大型活动踩街

家组织棋艺培训。社区从财力、物力上给予了群众性象棋活动大力支持，不仅为象棋室添置了一批棋钟、扬声器、黑板、象棋等器材，还在原本无任何活动场地的情况下，联合市老体协积极与其他社团进行协调，先后在流美社区的多个区域增设了2个活动场地，配置了专业的象棋桌椅，为协会会员交流、学习解决了后顾之忧。

多年来，流美社区和流美小学派代表参加的全国性赛事获奖者达5人次，省级团体前三名达8人次，省级个人冠、亚军达22人次，地区级团体冠军6次、个人冠军16次。其中，女棋手林秀琴在1987年被省体工队选中代表福建省组队参加全国第六届运动会象棋团体决赛，为我省夺冠立了功，荣获全国体育三级奖章，誉满八闽。2012—2013年两年间，社区响应省体育局全民健身号召，积极组队参加福建省象棋联赛，锻炼了年轻棋手。2014年，福建省全民健身运动会玉桂杯象棋（团体、个人）赛，福建代表队摘取了团体冠军，来自福鼎桐城流美社区的马松颖取得女子个人冠军；在福建省第十五届运动会上，流美社区的青年棋手高定若荣获个人第一名好成绩。

这些成绩的取得，更促进了全民参与象棋活动，之后社区多次举办市"丰收杯"象棋大赛，把群众性象棋活动推向高潮。

（本文摘编自《福鼎周刊》，写于2014年）

《福鼎报》创办五年

> 林心完

《福鼎周刊》版面

当城乡社会主义改造高潮进入到1956年下半年时，闽东各县乃至全省纷纷办起了县报，《福鼎报》（前身是《福鼎人民报》）同样应运而生。那时我在闽东《新农村报》任职，6月底的一天，中共福安地委宣传部长乔坦把我召了去，说是福鼎县委要创办《福鼎报》，地委宣传部同意让我回县主持县报工作。我二话没说，匆匆忙忙整理行囊，带了介绍信，告别家人随即前往。在福鼎县委领导下，经过同仁3个多月的紧张筹备：选拔干部搭起编辑部架子；制造"福鼎人民报"刊头，后改为"福鼎报"，替县委函请郭沫若先生题写"福鼎报"；筹集经费；发展通讯员，制订宣传报道计划；与邮局、印刷厂（后改为福鼎报社印刷厂）订立发行、印刷合同等。经福建省委宣传部批准后，《福鼎报》终于在1956年8月1日创刊，与广大读者见面了。

《福鼎报》八开、二版、三日刊，公开发行3000份，主要对象是农村基层干部和广大农民群众，1960年改为双日刊、四开版，发行量增至1—2万份，最高时发行量达3万份。

福鼎报社内设编辑部，在县委大院内办公，设总编辑1人，秘书1人，编辑2—3人，记者2人，办事员1人。1959年7月以前，总编辑由我担任，我调到县委办公室工作后，总编辑由黄瑞瑶担任，直至1961年7月停刊为止。报社人手少，设备条件差，工作任务繁重，每天工作时间都在10个小时以上，有时为了抢时间赶版面，通宵达旦，赶编稿件，艰苦奋斗，发扬党的优作良风，永远值得后人学习。

《福鼎报》为中共福鼎县委机关报。县委重视报纸工作，除确定王一民书记分管（后由牛占先书记分管）、县委宣传部长具体抓外，书记、部长都审查报纸大样；县委定期审查宣传报道提要；重大事件和社论，书记亲自抓亲自管。记得有一期报纸在校对上出了差错,把"治病救人"错为"治病杀人"。编辑部发现后,报告县委,县委指示我们:把已发出的报纸全部收回,重印重发;总结经验,吸取教训,不再重犯。在大炼钢铁时,有一期报纸要综合当天炼铁的吨数,新闻写好了,只因唐阳小炉群未出铁水,王一民书记坐在编辑部,也像我们一样的心急。10时许,喜讯传来,唐阳小炉群终于流出了铁水,头条新闻发了出去,王书记才心情轻松地离开了编辑部。

报纸紧紧围绕党的中心工作,开展宣传报道。当时更多的是宣传社会主义"三大改造"成就和社会主义建设事业,特别是宣传互助合作运动,发展工农业生产,但同时也宣传时事政策、文教卫生和农民生活的提高情况。

1999年复刊的《福鼎报》

有件事我难以忘却,那就是1967年(时《福鼎报》已停刊,疑为1961年之误。编者注),农村闹粮、闹社(闹退社)比较严重时,县委副书记梁邦权同志带领工作组到管阳七蒲村搞互助合作调查,说互助合作要搞"三退",要退到互助组才能适应农民的实际要求。当他提出这一探讨性的文章要在县报发表时,却把我们难住了,以后请示了县委第一书记李天瑞,他表示不赞成发表才作罢。

大众化、通俗化,是《福鼎报》最大特色,它很快成为闽东各县报的佼佼者。报纸图文并茂,通俗易懂,形式多样,开辟的小栏目很多,诸如"老林讲时事""农村见闻""照照镜子""革命故事""孙悟空""三言两语""街谈巷议""群众呼声""党的生活"等等,都得到了广大基层干部和农民群众的好评。通俗形式的宣传报道,既调动了群众生产积极性,推动了经济建设,又培养锻炼了一大批写作人才。在福安地委召开的报纸工作会议上,《福鼎报》多次受到表扬,1960年度被评为福建省新闻系统先进单位,黄瑞瑶总编曾代表《福鼎报》出席全省文教系统先进表彰大会。

(本文摘编自《福鼎文史资料》第15辑)

情系两岸
——《今日福鼎》录像带输台之后

◎ 夏桂仙

我县在台人员由于人为的封锁,虽隔一水却两岸40年不通信息,使台胞对大陆政策不了解。1987年台湾当局开放探亲之前,在台的许多大陆籍同胞,思念家乡亲人,既想回来又不敢回来,只好每年同乡会集会时亲朋好友在一起回忆家乡风貌,交换思乡之心。我们了解到台胞想念家乡这一信息后,着手拍制录像带,帮助台胞了解家乡,开拓两岸相通的新渠道。1987年,在省长龙影视联合公司支持帮助下,先后摄制了《今日福鼎》《海上仙都》《桐城春浓》《游子恋》等录像带,通过探亲台胞带回台北播放。1987年10月底,又将《今日福鼎》作为庆贺台北福鼎同乡会成立两周年的礼物,交托台胞王先生带回去。

1988年2月,王先生再次回乡探亲,到台工部拜访时说:"在台乡亲看到《今日福鼎》录像带如获至宝,欢喜欲狂,他们相互转告,携带儿女赶到同乡会观看。有的还看了两三遍,当他们看到小时念书的北岭中学(现福鼎一中)、河墘头小学(现实验小学)时,连声称赞变化很大,建设很好。"台胞叶先生来信说:"录像节目精彩,大家看后欢喜,争相拷贝。"《今日福鼎》已被台胞复制了100多盒。台胞叶先生慷慨解囊,先后复制了50多盒录像带分送乡亲好友,满足他们了解家乡思念亲人的愿望。据说在台福鼎乡亲基本上都看到《今日福鼎》等乡情录像,由此激发了回乡探亲之心,1988年就有188人先后从台返乡探亲,台北福鼎同乡会15个理事,回乡探亲的就有13人,会长陈正磊、顾问丁梅薰、秘书长郑振明先后回乡探亲两次。当时,在桃园机场工作的赵先生看了《今日福鼎》后说:"当我从荧幕上看到养母还健在、兄弟健康、侄儿活泼、相聚谈笑的情景时热泪盈眶,激起我思乡之情。"还说:"台湾当局现在不准公务员回大陆探亲,我只好利用到海外休假的机会私自绕路经福州回乡与亲人会面。"1991年4月退休,他又一次回大陆探亲。台北高级律师、同乡会长陈先生于1988年11月初回乡探亲,他说:"《今日福鼎》拍得很成功,在台湾看到家乡变化,这次回来看了很真实,我也很想为家乡做点好事,为家乡培养人才。"

《今日福鼎》录像带输台后许多回乡探亲的台胞还为家乡的建设添砖加瓦。近年来就有33位在台乡亲和一个慈善机构为家乡修建城关防洪堤，乐捐人民币71490元。前任台北福鼎同乡会会长陈先生先后赠人民币25万元，在他的故乡磻溪溪口村建造小学一座，从校舍、教工宿舍、课桌椅、电视、校服都配套齐全。台胞李先生为排头家乡建造小学一座，赠资台币104万元，建成全县造型完美第一流的乡村小学。在台的18位原北岭中学（现一中）的校友，为一中五十周年校庆集资台币10万元，建起"思源亭"。杨竹虎先生也在一中母校设立"杨竹虎奖学基金会"，在其生前每年从台湾寄来美金100元奖励在校成绩特优的学生。

福鼎台北同乡会为了促进海峡两岸文化的交流，集资人民币一万元给福鼎文联，每年抽出一些奖金奖励中学生作文比赛的优胜者。

此外，台湾施品同、卢家淮、林昌坊、褚克霞、曾秀英等十多人也为家乡修桥、铺路等公益事业，乐助台币计100万元。

目前，海峡两岸的文化、学术、经济等项的交流，已在我县蓬勃地开展起来，并结下累累的硕果，为今后祖国统一打下了坚实的基础。

（本文摘编自《福鼎文史资料》第13辑，写于1995年）

中国微演艺：独具地域特色的文化品牌

2013年春，时任福鼎市文体新局社文股股长的陈生，在全国策划首创了"中国微演艺"草根演出平台，以"家常味、泥土气、小而活"为特色，吸引了国内外众多的草根文艺爱好者莅鼎演出。从最初的网络报名，参演者到鼎海选、复选、现场PK的起步阶段，发展到"走进乡村""走进百姓"的成熟阶段，2017年更是从"推进全域旅游、打造品牌体育、提升本土文化"的战略高度来提炼升华中国微演艺的品牌效应。至今，中国微演艺已成为福鼎的文化艺术品牌和对外宣传福鼎的窗口，在一定程度上实现了福鼎市委、市政府提出的文化发展目标，满足了人民群众日益增长的文化需求。

一是文化引路牵线，企业上台唱戏。在第十届天津旅博会上，中国微演艺包装的省级文化遗产项目——福鼎畲族提线木偶和姚氏提线木偶惊艳旅博会现场，让全国各地的参展者和观光者驻足福鼎展台，使50平方米的"方寸"展台成为展示福鼎旅游产品的大舞台。中国微演艺还主动融入"一镇一品"，助力乡村振兴，带动农民增产增收。每年一届的开茶节，中国微演艺平台都成功地演绎了开茶节的开幕式盛况，吸引着全国各地的茶商云集福鼎。

二是繁荣地方文化，满足文化需求。中国微演艺以服务基层为宗旨，以草根为特色，演员来自全国各地甚至国外，都是非专业的草根表演者，节目内容也紧贴百姓生活，以百姓最熟悉、最亲切的形式加以表现，组织者、导演还有意识地结合节日、纪念日或其他有利时机，开展"慰问环卫工人""关爱残疾人""庆祝敬老节""青春飞扬"等走进基层特殊岗位、特殊群众系列演出，同时担纲每年一度福鼎市科技卫生文化"三下乡"主角，成为群众最喜闻乐见的文艺项目。

三是服务双拥共建，助推军民融合。中国微演艺以服务军地共建作为服务重点之一，走城区、下乡村、到学校、进社区、上高山、下海岛，并远赴海南和广西的福鼎艇慰问部队官兵，通过文化拥军、文艺走军营激发部队官兵对第二故乡的热爱之情。2019年9月28日，中国微演艺继2017年走进"海军蓝"后，在中华人民共和国成立七十周年之际再进"海军蓝"，让地方品牌文化的魅力在军营中再放异彩，举办了以"勇当尖兵固海防、鱼水情深庆华诞"为主题的中国微演艺2019走进"海军蓝"军民共

中国微演艺走进六中校园

建大型联欢演出,将高尚的艺术情操送给驻地子弟兵。

四是媒体高度关注,形成轰动效应。中国微演艺已经引起了国内相关主流媒体、自媒体的高度关注。《人民日报》曾报道:"微演艺走红福鼎,把文化惠民做成天天有活动、月月有演出。"新华社报道:"文化创意中国微演艺品牌影响力与日俱增","中国微演艺'四进'走基层文化送欢乐"。人民网、中新社、凤凰网、《中国文化报》《农民日报》等83家媒体报道了创办中国微演艺的典型经验并给予充分肯定,也在很大程度上宣传了福鼎,从而成为福鼎三个文明建设的窗口之一。2015年,中国微演艺获福建省委宣传部"福建文艺发展基金"项目资助品牌。

至2019年,中国微演艺创办6年多来共举行创意不同、主题不同活动226期,惠及53万多人次,老百姓支持追随热度始终不减,互联网、手机用户端点击视频、图文达226万多次;已有全球32个国家的国际友人,国内29个省、自治区、直辖市的文艺爱好者12500多人携带1143个各式各样剧(节)目来到福鼎,登上中国微演艺的表演舞台。

(本文据福鼎新闻网相关报道整理)

城区医药业的发展

◆林振秋

清乾隆四年（1739）立县以前，福鼎无专设医药业，惟有医者备药兼营。清嘉庆间，福鼎中药业方兴。清末民初，是福鼎中药业鼎盛时期，全县分布中药铺200多家，经营各种药材1400多种。清光绪十七年（1891），西药由英国传教士传入，1919年始设西医诊所，兼售西药。20世纪30年代，西药进入发展时期，除西医诊所兼售西药外，较大的中药房亦兼售西药，但无专营西药业机构。1956年成立国营医药公司以后，才有专营西药的批发经营部和西药零售门市部，经营西药和器械1600多种。中西医药业发展的共同特点是，由医兼药到专门医药业。

城区作为一县之治，医药业的发展得领风气之先。

中药铺

清乾隆间，福鼎县先后开张的药铺有两家，其中一家在城区，即桐山的九一堂，于清乾隆十五年（1750）开张草药铺，民国时转为膏药铺，创始人张鼎三。1970年其第八代孙张大渺在大陆停业，张继福则在台北市沿用九一堂牌号营业。

至清道光末年，全县已有中药铺10家，其中有5家是从浙江省兰溪县迁入的，为福鼎培训了许多药剂生和学徒工，对推动福鼎中药业的发展有一定的促进作用。尤其清嘉庆十八年（1813）诸葛家族兄弟4人在桐山开张的恒山堂，传进了较系统的中药加工炮制工艺技术，奠定了中药业立足的基础。清同治末年全县中药铺有25家，宣统三年（1911）中药铺有102家，25家在城区，其中桐山22家、桐城3家。

民国期间，全县中药铺有240多家，连同清代开张的有340多家，其中有一部分开业又停业，至1948年继续经营者173家，遍布全县14个乡镇、70多个村庄。

1949年6月11日，福鼎解放后，中药业人员在中国共产党领导下走社会主义道路。1956年在桐山、点头和白琳等地对较大的中药铺实行公私合营。桐山的蔡回春、陈济生、洪天和、新联荣、江太元、广芝林、联康、康安、林养生、泰来、陈同春、中天、保和堂、联丰永记等14个中药店计39人，合并为8个公私合营商店门市部（后减为6个）。政府对陈济生、蔡回春等大药铺的营业厅、仓库及其他大中小药铺的药柜、药罐、刀具等采取赎买政策，收归国有。

1957年，政府对全县医药机构进行了一次调查登记，福鼎全县有合作医药商店11家，坐堂医生11人，药剂员6人；中医联合诊所18家，坐堂中医49人，药剂员21人；此外，尚有中药铺40家，坐堂医生44人，青草药店48家，草药医43人。1958年春，对尚未参加联合诊所和合作商店的中药铺，全部组织起来改为合作医药商店和联合诊所。1958年冬，各乡镇先后成立人民公社，公社医院亦相继成立，联合诊所和合作商店并入公社医院。这样一来，全县所有中西药铺均由公社医院所代替，医疗单位和群众使用的药材，全部由医药公司药材批发经营部和零售部独家供给。

党的十一届三中全会以后，福鼎县先后成立了集体所有制的卫生院和个人开设的药铺、个人诊所。

西药店

鸦片战争以后，西方基督教各派别竞相捷足中国。清光绪十七年（1891），英国传教士伊武维最先在澳腰进行传教并传入西药，光绪十九年（1893）伊武维又相继在西洋（今西阳）、白琳等地传教行医。光绪二十九年（1903）福宁支区教会委派徐承泽、沈守光、郑长隆来福鼎桐山街头顶租赁民房3间，进行传教和行医工作。这是西医在城区发展的初始。

西医一进入福鼎，就发展得很快，至光绪三十二年（1906），福鼎当年从福州进入西药所费银圆即已达2万多元。

清代和民国期间没有专门的西药店，大都由教会、诊所兼售或药房兼营西药。1919年，浙江省平阳县人阮赛娇在沙埕首创开设以接生为主的私人诊所，不到3年因营业不佳而停办。1920年，福州人陈玉峰在县城创办桐山医院，也由于营业不景气只几年就夭折。1928年，古田人林灯炎在桐山开张"福星诊所"，一直至1952年并入联合诊所，是福鼎县开业时间最长的私人西医诊所。20世纪30年代在福鼎开张的西医诊所有3家，其中桐山2家，一是1935年张培仁寄居圣公会开设的仁寿医院，一是1936年陈文棋开张的仁济医院。40年代，全县又新开张了5家西医诊所，其中两家在桐山，分别是1948年开张的林挺"平安诊所"和1949年开张的周仲儒"福音诊所"。

中华人民共和国成立以后，福鼎县委对全县西药店（诊所）逐步实行社会主义改造。1957年进行登记统计时，全县有西医联合诊所3家、中西医联合诊所15家，尚未联合的西药店和诊所13家、镶牙店8家。1958年以后，除县医药公司的西药批发部和零售部独家经营西药外，所有诊所、西药店全部并入卫生系统的医疗机构。党的十一届三中全会以后，集体和私人诊所不断相继产生，据1988年底统计，全县西医诊所和中西医联合诊所有52家。

重点药铺简介

恒山堂 恒山堂中药铺是诸葛銮家族兄弟4人开张的。清雍正间，太子爱新觉罗·弘历流寓苏州文成药行多日，受店东诸葛文兆殷勤接待。后弘历登基为帝（即乾隆帝），姑念旧情，为文成药行题额"万寿"恩赐，使诸葛药行名扬四海，成为江南名药行。其子孙后代分赴沪、苏、浙、闽、皖、赣等地开设药铺药行200多家，恒山堂是其中之一，在清嘉庆十八年（1813）进入福鼎，传入苏杭一带药材加工炮制工艺。恒山堂坐落在桐山北门城外，店面宽广，陈设堂皇，经营1400多种药材，从不缺味，代代如此，是福鼎县在清代经营药材品种最齐全的一间药材商店，但很少开展批发业务。恒山堂在福鼎历经8代，繁荣时间100多年，资金2万多元。1927年第七代时由诸葛家纪纯、纪元、志聚、宝森、浦州等叔伯兄弟合股经营，聘请原店员黄云庆管账。诸葛家族虽在福鼎开设药铺，但其家属未迁居福鼎，每年从浙江兰溪祖家前来分红三四次，到了20世纪40年代诸葛庭才安家落户。恒山堂的管账黄庆云，浙江省平阳（今苍南）县人，15岁时在恒山堂为徒。他诚实可靠，里外业务精通，药品炮制技术娴熟，药铺全权委托于他，许多外人误认为他是老板。黄庆云在恒山堂计63年，1942年2月13日，因邻居失火，恒山堂药铺遭受火灾，店中财产全部化为灰烬，黄庆云也空囊告老还乡，时年78岁。恒山堂从此一落千丈，1947年连地基也变卖了。

九一堂 九一堂膏药铺坐落在福鼎城内育贤巷口，因制膏药出名，故群众称育贤巷为膏药巷。清乾隆十五年（1750）开张青草店兼诊伤科，创始人是河乾张家第三世孙张鼎三。张家历代武艺高超，并在衙门内任武职，擅长骨伤科。张鼎三第四世孙张鸿鸣，讳锦勋，字雁诚，号云卿，武举出身，曾任宁德县千总，回乡专治伤科。张鼎三第五代孙张应中，是清光绪十一年（1885）武举，曾任桐山营把总，许多人称他张老爹。他在衙门工作之余，还兼医和药铺工作。张鼎三第六世孙有兄弟二人，兄张瑞楼于1936年赴台，在台北市开张参行，仍沿用九一堂牌号营业，后由其子张继福继承。弟张瑞团，字朋鸾，医学精进，是民国时期福鼎名医之一，放弃经营青草，专营自制祖传膏药。九一堂自制的膏药分黑绿二种，对刀伤、枪伤、跌打损伤、疔疮痈肿、无名肿毒等疾患有显著疗效，且经济实惠，深受病者欢迎。该店于1970年因张家第十代孙张代渺病故，女儿出嫁，无人继承而停业。

回春堂 回春堂俗呼"蔡回春"，创办于清光绪二十三年（1897）。创始人蔡志悦，字焕文，清光绪四年（1878）出生在浙江省平阳陈家堡村贫苦农民家，14岁来福鼎恒山堂为徒，3年后艺成出师，踌志满怀自办药业，因缺资本无店铺，便置药郎担沿街卖药。历经3年游药生活，20岁时（1897）寓在福鼎溪西街租赁一间店铺开业，挂出回春堂牌号营业。又经过29年的勤俭持家艰苦创业，于1924年以2000块银圆一举买下宁波人陈规唐经营的又新货栈（今中山路179号）为药行。由于他经营作风好，讲信用，守道德，声誉越来越高，资金亦越来越多，鼎盛时期拥有4万多块银圆资金，店员11人。其批发业务除本县各药店外，远及周宁、寿宁、霞浦、福安、柘荣及浙江泰顺、平阳等地，常与上海景德参药行、温州同仁堂药行和叶三保药行保持供销关系。由于信誉卓著，深得上述药行信任，大批进货资金不足时可得到部分或全部赊购，待药品销售后付款，甚至在年关结账时付款。蔡回春药材货源充足，库存数量常是资金的数倍，是福鼎县20世纪30年代资金最雄厚的名药店之一。1942年创始人蔡志悦病故，回春堂由其后代继承。1943年继承人蔡学进等兼营茶叶生意，因出口受阻，亏本数万元，造成资金短缺，药源进不来。于是，福鼎资金最雄厚的名药店逐步让位给济生堂了。

济生堂 济生堂于清光绪三十二年（1906）开业，原店址设在桐山镇溪西街长官巷口，资金5000块银圆起家，开展批零兼营业务。1936年购置了中山路张家店铺，经修缮后于1937年迁入新店。创始人陈景周，1880年出生，1995年16岁时入桐山天源堂中药铺为徒，27岁时离开天源堂独立开张中药铺，1931年病故后，由其子陈传茂继承。时陈传茂22岁，已经在店中有6年的实践，掌握了经营方法和加工炮制工艺，有创业思想，善于钻研经营管理业务，故营业兴旺，资金增多，鼎盛时期盈利达50000多银圆，营业额达数十万银圆。20世纪40年代重建了营业厅和仓库，添置了一批药柜药罐，店中装潢陈设古朴大方，雇用店员12人，成为福鼎县当时名药店。济生堂经营之法，上与上海致丰、立和等药行及温州同仁堂、叶三宝、谢景记、元昌、葆大等参行挂钩，下与福安王回春、阮玉记、寿康、平泰安、建元昌，霞浦的香山堂、达寿堂以及本县各乡镇有关药铺保持供销关系，并用船运、挑运送货上门。抗日战争时期，温州沦陷于日寇，陈传茂常潜入敌占区组织药源，做到了货源充足、品种齐全。仓储管理严格，药材无虫蛀、无霉变，质好色鲜，深得顾客信用。1956年第三代陈家泉时进入公私合营，时店9人，资金清点合人民币8380元。1983年，陈家泉已从管阳供销社医药批发部退休，尚有女儿、孙女在医药公司工作。

（本文摘编自《福鼎文史资料》第11辑，原题《福鼎的医药业》）

福鼎卫生防疫站四十年工作回顾

范希随

福鼎市卫生防疫站组建于1957年9月3日，至1997年，走过了四十年历程。作为防疫站一名老兵，忆昔抚今，喜不自胜，兹略述一、二。

福鼎卫生防疫站的前身是福鼎县医院（当时称福鼎县人民政府卫生院）的防疫股，有股长（陈文雄）等6名工作人员，借居在城关桐南街旁一民房。1957年9月成立福鼎卫生防疫站，站址借用溪西街李厝，人员12人，内设防疫、卫生、检验、行管4个股。1958年4月与妇幼保健站合并，更名为福鼎县防疫保健站，增设妇幼股、工业卫生股、宣教室，人员有32人。次年5月迁到街头顶七星墩新站址，占地约2亩，新建砖木结构两层办公楼1座（约480平方米），单层职工宿舍1座（约180平方米），单层职工食堂及动物房各一座（共约110平方米）。1958年特大台风在福鼎正面登陆，房屋部分被毁，省卫生厅拨补救灾款7000元，除修复被毁房屋外，又向北征地约2亩，再建一座"L"形单层平房12间（约96平方米）做宿舍及厕所。

"文革"期间，卫生防疫站，机构被撤销，房屋辟作传染病房，1968年10月人员并入"工农兵卫生院"，仅在卫生院革委会下设防疫组，卫生防疫工作几乎处于零打碎敲状态。1972年6月恢复原编制，重建防疫保健站，人员32人，迁回原址，11月改称卫生防疫站。此后经过1975、1979、1981、1982、1988这几年5次对房屋进行改造、扩建，形成现在站貌。历任站长有孙文灿（副站长主持全面工作）、杨连华（副站长主持全面工作）、刘文杰、李如华、江伟生、范希随（名誉站长）。历任党支部书记是孙文灿、刘文杰、施景华（副书记）、江伟生。

40年了，防疫站目前情况与建站之初相比，变化很大，发展很快。如今，在册人员64人（包括离退休人员），在岗卫技人员中有高级职称2人，中级职称10人，初级人员29人，设置防疫、宣教、计划免疫、卫生监测、食品卫生、地方病慢性病防治、检验、行政管理等8个科室。拥有房屋3890平方米，其中业务用房1360平方米，生活用房2530平方米。主要仪器、设备有原子吸引器、200mAX光机、Co_2测定仪、r辐射仪、生物微量测定仪、解剖镜、分光光度计、酶标仪、电冰箱、显微镜、光电比色计、分析天平、微机、汽车等较先进仪器设备。

建站 40 年来，在各级党政领导的领导下，全站领导和卫生人员白手起家，艰苦奋斗，怀着满腔的革命热情，坚持预防为主方针，依靠广大人民群众，身背被包，腰挎药箱，手提马灯，风里来、雨里去，靠着"一张嘴、二条腿、三个器（注射器、喷雾器、采血采便器）"跋山涉水、夜以继日，坚持不懈地与危害人民健康的疾病展开顽强的斗争，在传染病、地方病、流行病、慢性病防治、在环境卫生、劳动卫生、食品卫生、学校卫生、卫生执法和健康教育等方面，作出了可喜的成绩，城乡卫生状况显著改观。因此，防疫站曾获得宁德地区科技成果三等奖 3 项，卫生防疫先进单位 1 次。

福鼎丝虫病已基本消灭

吴秉俊

丝虫病曾在福鼎市流行时间长、面积广，农村常可见到"流火"、鞘膜积液、橡皮腿、阴囊橡皮肿等患者。

1953年县里组织巡回医疗队（队长屈振杰）在秦屿区首次对橡皮腿患者家属6人进行血检，发现4人有斑氏丝虫。1956年5月成立福鼎县血吸虫病防治委员会，同年6月组织调查小组对不同地区人群进行调查，其感染率分别为：城关居民1%，城郊农业社2%，秦屿潋城32.88%。这说明丝虫病流行程度较严重。为控制、消灭血丝虫病，自1958年至1986年在全县开展5次大面积的反复查治工作。一代又一代的卫生防疫工作者历尽艰辛，不管寒冬酷暑，还是刮风下雨，身背被包，手提马头灯、血片盒，肩挂药箱走村串户，进行采血，送药，跑遍了全县的山山水水，为血丝虫病的查治出力流汗、默默奉献，共血检822043人，检出微丝蚴血症者28501例，治疗40230例次。

该工作以采取反复查治，加强微丝蚴血症者的治疗为主，结合爱国卫生运动的综合性防治措施为辅。其工作大体分为五阶段：

第一阶段为1958—1960年。首次组织大量人力和财力，开展全民性普查工作，血检了261930人，查出微丝蚴血症者8048例，采用海群生9天4.5克疗法，治疗12415例次。这次全民性的普查普治，摸清了全县丝虫病的流行情况，并治愈了大批丝虫病人。

第二阶段为1970—1971年。第二次开展普查普治，血检262423人，检出微丝蚴血症者10104例，治疗13938例次。

第三阶段为1974—1978年。复查1970—1971年阳性率在1%以上的乡村，共血检160698人，检出微丝蚴血症7795例，治疗4829例；1976至1978年复查5124人，检出微丝蚴血症126例，复治7830例。

第四阶段为1982—1985年。主要是抽查与浙江省交界的沙埕、前岐乡及1975年阳性率在5%以上的乡村，共检131868人，检出微丝蚴血症2428例，治疗1218例。

第五阶段为1985年11月—1986年3月。根据孙德建等专家认为："通过反复查治，使居民微丝蚴率降为5%以下的低度流行区，采用'药盐'防治的效果较为满意"的理论，在全县 9 个区 143 个村采用全民服用海群生药化食盐治疗丝虫病，微丝蚴率 5% 以下的地区服用 3 个月"药盐"，5% 以上高流行区服用 4 个月"药盐"。1986 年 6—8 月，抽查原微丝蚴感染率高、"药盐"工作不够落实的乡村及 3 个观察点，共 28 个乡村、48095 人，检出微丝蚴血症 6 人，微丝蚴率为 0.11%。1986 年 11 月经省、地区、县三级联合考核，结果证明福鼎已达到中央卫生部规定的基本消灭丝虫病的标准。1986 年 12 月 1 日，福建省卫生厅正式宣布福鼎基本消灭丝虫病。

（本文摘编自《福鼎文史资料》第 15 辑）

参加援塞内加尔医疗队

1992年春天，福建省卫生厅任命福鼎县医院院长纪元忠同志为我国第十批援塞内加尔医疗队队长，并授权在宁德地区卫生系统挑选队员。福鼎县医院有6人入选，他们是：医疗队队长兼内科副主任医师纪元忠，主管检验师吴桂瑜，主管药师李斯达，耳鼻喉科主治医师张金，麻醉师周建珍（女），厨师施继对。

医疗队一行17人于1993年11月21日离境赴塞，1995年11月22日离塞回国，历时两年整。医疗队抵塞后，在我国驻塞使馆直接领导下，在卫生部援外办公室、福建省卫生厅及地区主管部门亲切关怀下，圆满完成了援外医疗任务。两年来，计完成门诊量377人次，收入院3244人次，抢救危重病人2706人次，完成大小手术4917台次。外科大夫为一女性成功切除巨大甲状腺瘤，眼科大夫成功为一警察施行右眼白内障囊外摘除加后房型人工晶体植入手术，耳鼻喉科大夫为3岁幼女以食道镜成功取出在食道存留21天的10法郎硬币一个，这3例手术由塞官方报纸《太阳报》作了报道，医疗队精湛的医疗技术和良好的服务态度，赢得了塞国官员和群众的信任和好评。来就诊的病人除塞国外，还有马里、冈比亚、几内亚比绍、加蓬等国慕名而来的病人。

在援塞期间，福鼎派出的6名医疗队员表现突出。队长纪元忠发挥了卓越的组织和领导能力，保证了医疗队任务的圆满完成，同时兼任内科诊疗，抢救危重病人，为全队起了表率作用。主管检验师吴桂瑜在十分简陋条件下开展肝功、生化等检查，为临床提供诊疗医据。主管药师李斯达克服设备条件困难，生产灭菌大输液，满足临床急救病人需要，同时还执笔编译了15万字的《法文药品商品名与主药成分对照手册》，交卫生部援外办公室，对法语地区援外医疗工作有现实指导作用。耳鼻喉科主治医师张金克服手术器械不全等困难，为幼儿取出食道异物14例，并开展乳突根治术等，受到《太阳报》及地方电台广播表扬。麻醉师周建珍积极配合手术医师开展各种高难度麻醉手术，保证了胸腔、颅脑、肿瘤切除等手术顺利进行。厨师施继对积极做好后勤工作，保证了医疗队员的身体健康。

医疗队员们的良好表现受到了塞国官员及群众的一致好评。1995年11月17日，塞国卫生部长受塞国总统的委托为医疗队授勋，授予医疗队队长纪元忠国家级狮子勋章，授予其他队员国家级骑士勋章，并高度评价医疗队的突出贡献。

卫生部和福建省卫生厅对第十批援塞医疗队的工作也给予充分的肯定。1995年6月，福建省卫生厅评选我队为省先进医疗队。1995年9月，由副省长王良溥为团长的福建省政府代表团出访塞国慰问了医疗队，对医疗队的工作表示满意。1998年4月，卫生部授予我队为全国援外医疗队先进集体称号，队长纪元忠晋京接受表彰。

（本文由福鼎市医院供稿）

忆回春堂药店

> 上官锐

回春堂中药店，创建于清光绪年间，店址先设在桐山溪岗巷下首。嗣因业务繁荣，遂以3000元买下桐北街货栈1座为新址，于1930年迁至新地开张。

回春堂药店创始人蔡志悦，祖籍浙江平阳县，原在桐山恒山堂药店为学徒，学习期满后，得亲友支持，自行开业，兼营中药批发业务。由于货源充裕，价格公道，营业蒸蒸日上。迨至1943年1月蔡志悦因病作古，遂由其子蔡昌龄接替。1949年后因工商改造并入医药公司，其子孙也转为国家职工。回春堂主要有三个部门：

门市部

回春堂临街靠壁一边，设四个一人多高的药橱，橱的顶端横眉上有一对联："修合虽无人见，存心自有天知。"橱的上半截，摆着盒和瓷瓮，用于盛放贵重药材。橱柜的前向设一曲尺形柜台，柜台里面便是一排排的抽屉柜，最上一排是扁形抽屉，放置包药纸张、戥秤和片状药材。其上面方形抽屉里，薄板隔成二或三个格子，盛放小饮和块状药材。柜台尽头处有一竖匾，上书"延年益寿"四个金字，熠熠生辉。

柜台前边是个店厅，摆了几把靠背椅，供远近顾客来店买药时稍事休息之用，以减少顾客站在那里等候取药的疲劳。

蔡昌龄每见到顾客手中执着药方前来买药时，笑容可掬地把药方接来，其他店员也学他那样热情对待顾客，准确调配药物。遇方中超剂量或配伍禁忌时，即对顾客说明，提请医生修改后再行调配。遇到方中规定"先煎""后下"的药品另行分包；如方中注有"各件另包"字样就把方中十来味药品包成十几小包，每个药包四面见方，有棱有角，接着将各包叠成一堆，再用大纸包成一整包；对没有注明"另包"字样的，只把药品逐项秤准，倒在一张长方形纸中，并行核对后，折成上宽下窄的药包，外加苎麻丝束缚。

每年端午节，门市部还备有居室消毒用的良姜、苍术、甘松、白芷等味合成的熏药，包成数十包，免费分送给顾客，作为室内氲熏祛邪之用。

制药工场

　　店堂的后进，是制药工场，各个药工不但熟习切药的手工活，片状药材要求切得厚薄均匀，甚至切得薄如蝉翼。对于药材的制炒，我曾到工场参观询问，药工们不厌其烦地介绍他们的操作工艺。

批发部

　　对顾客亦如门市部热情接待，药款不够，允许先赊后还，三节（即端午节、中秋节、除夕）归清，以照顾缺少资金的小铺开展业务。

　　至于丸散膏丹的配制，均按规定，从不马虎，成品被医生和顾客使用后，效验颇佳，赢得群众信誉。

　　该店对人们身体健康责任感很强，选药考究，调配认真，对待顾客和蔼而热情的态度，值得当代人学习。

民间中草药单验秘方的收集整理与研究

🍃 王国贤

1949年后，福鼎在贯彻党的中医政策，继承和发扬祖国医药学遗产，发展中医药事业的过程中，为更好地利用中草药资源，发挥其防病治病、保护人民身体健康的独特作用，于20世纪六七十年代广泛开展民间中草药单验秘方的收集整理、筛选验证、剂型改革、科学实验研究等工作，取得了一定成果。

福鼎地处亚热带，依山傍海，气候温和，雨量充沛，中草药资源丰富，种类繁多。据20世纪60年代初调查，可供药用的植物（草药）就有400多种，其中医疗上常用的有一枝黄花、积雪草、蕺菜、千里光、兰花参、益母草、鸡血藤、盐肤木等220多种。长期以来，中草药是劳动人民同疾病作斗争的锐利武器，民间蕴藏着大量的单验秘方。

自1958年12月4日《人民日报》发表了《采集民间药方，发掘中医宝藏》的社论之后，收集民间单验秘方的活动在全国范围内展开。1959年12月，福鼎县中医研究所成立，1960—1962年（1960年改称医药科学研究所，1963年1月撤销）间，该所与县医药卫生学会配合，深入农村、深入群众，广泛开展采风访贤活动，收集民间中草药单验秘方和老中医临床经验等医药资料，汇集编成了《锦方集》（7辑）、《福鼎本草》（附插图100幅）和《福鼎民间草药药性歌》等中草药专书。同时，一些医疗单位把中草药单验秘方应用于临床进行筛选验证。

民间中草药单验秘方是祖国医药学伟大宝库的重要组成部分，具有验、便、简、廉等优点，对防治农村常见病、多发病乃至一些疑难病症，保护人民身体健康发挥了巨大作用。20世纪60年代以来，特别是70年代农村普遍实行合作医疗制度，医疗上提倡广泛使用"一根针方一把草"，大力推广采、种、制、用中草药，县医院和多数公社卫生院结合中草药单验秘方的临床验证，建起土药厂，进行剂型改革和制剂试验。巽城卫生院成为当时采、种、制、用中草药的样板和剂型改革、制剂生产的基地。1976年县卫生局在巽城举办了有赤脚医生、老中医、老草药医、老药工代表参加的"中草药剂型改革学习班"，各医疗单位互相交流了剂型改革的经验，并就各种剂型的制作原理、操作方法及有效成分的提取等进行示范和实习。通过交流，从县医院和巽城、秦屿、白琳、桐山、南溪、点头、磻溪、管阳、前岐、硖门、店下等卫生院共选出8

个剂型、71个制剂品种（其中糖浆8种、合剂10种、片剂38种、冲剂4种、散剂2种、茶剂2种、软膏4种、针剂3种）提供各医疗单位用于临床，继续验证。

1977年县医药研究所重新成立后（1976年筹备重建期间即开始工作），根据医药研究的任务要求，从当时农村防病治病和巩固发展合作医疗制度的需要出发，集中主要力量，主持并组织中草药单验秘方剂型改革和临床试验研究。

1977—1980年（1980年10月以该所为基础成立县中医院，建制撤销），先后重点选定滴炎平（治疗宫颈炎、阴道炎、阴道滴虫）、消核片（治疗甲肿、甲亢、淋巴结核、纤维瘤）、疝台酊（治疗腹股沟斜疝）、肺心片（治疗肺心病）、慢支冲剂（治疗慢支、支气管哮喘）、肝炎合剂（治疗急慢性肝炎）、五叶止咳糖浆（治疗上感、支气管炎）、仙鹤草（治疗脱力劳伤）和一马煎（治疗流感）等9个单验秘方（制剂）作为科研项目，与县、社医疗单位（均建立科研协作小组）及省内外一些兄弟单位协作进行科学实验研究。其中，滴炎平1978—1980年实验526例，包括江苏省皇塘公社卫生院、浙江省文成县医药科技情报组、柘荣县协作组等单位协作实验110例；消核片实验314例；疝合酊、肺心片、五叶止咳糖浆、仙鹤草、一马煎均在实验（少则数十例，多则数百例）的基础上，写出临床报道；此外，还对苎草（治疗急慢性肾炎）、桂枝甘遂汤（治疗心包积液）进行临床试验。上述这些中草药制剂经临床试验后，多被县中医院列为常规处方，其中滴炎平和消核片二项获1981年宁德地区（科协）科技成果三等奖。

20世纪60年代以来，从民间收集到的单验秘方通过临床验证、反复筛选，至1979年汇集疗效确实、资料较全的共141方。其中，治疗内科疾病68方，儿科7方，妇科14方，五官和外科51方，其他1方。

1976—1981年，县医药研究所汇集中草药单验秘方剂型改革、实验研究等资料，编辑出版了《福鼎中草药丛书·剂型改革》《福鼎中草药丛书·效用歌诀》《福鼎中草药丛书·验方新编》《草药验方歌诀》和《福鼎中草药采收季节》等多种中草药图书。

（本文摘编自《福鼎文史资料》第16辑）

福鼎县中药资源开发与生产

林振秋

福鼎依山滨海，地理环境山海兼备，资源丰富，中药材种类繁多，开发历史悠久。中华人民共和国成立以后，人民政府很重视，有计划地领导引种、培植、采集、利用各种中药材。

资源调查

福鼎县中药资源在1950年以前是一本糊涂账，野生药材任其自生自灭。1950年后，人民政府很重视，先后两次进行全县中药资源的调查。第一次调查于1959年由县卫生局牵头组织12人调查小组，收集了数百个药材品种，编写出《福鼎县本草》第一辑3.5万字，1960年由福鼎县医药科学研究所和福鼎县医药卫生协会合编并出版，印发3000册（后因故无续编）；编写出《福鼎县民间草药药性歌》，1961年出版，印发1000册；出版了《福鼎医药资料》《福鼎县中草药采收季节》等5万多字，印发2000余册。第二次调查是在1987年，在县人民政府直接领导下，由县财委、科委、水产、林业、卫生、商业、医药等单位，成立了中药资源普查领导小组及办公室，并抽调医药公司4人和卫生局1人，组成专业普查队伍，历经半年时间，踏勘了全县大部分乡村的山山水水，采集整理了标本535份、品种480个，编写了《福鼎县中药资源名录》《资源普查技术报告》《太子参生产专题报告》等资料，有计划、有目的地培植家种药材和野生转家种药材，满足人民用药需要。

中药资源分布

福鼎县地处亚热带，常年气候温和，土地湿润肥沃，适宜各种中草药生长栽培。但由于县内地形复杂，海拔高度差大，气候垂直差分明，植被类型多样，构成药材分布不平衡。

海拔800米以上的中山区，在县西部、西北部的管阳乡、叠石乡和西南部的磻溪乡，面积约137平方千米，占全县土地面积的9%，土层薄，气温低，湿度较大，主要的药材有乌药、伸筋草、韩信草、杜鹃花等。海拔500米至800米的低山区，在县东北、北、西北、西和西南的前岐镇、贯岭乡、管阳乡、磻溪乡、叠石乡和太姥山周围地带，面积约39平方千米，占全县土地面积的25.5%，土层较厚，适宜多种中药生长，分布有淡竹叶、伸筋草、狗脊、贯众、夏枯草、土茯苓、金樱子等，人工种植的大宗品种有厚朴、白术、太子参、使君子等，动物药资源有穿山甲、刺猬、山鸡等，矿物药资源有银、锌、明矾石等。海拔50米至500米的丘陵区，在贯岭、桐城、前岐、点头、白琳、秦屿等乡镇的山区地带，面积约817平方千米，占全县土地面积53.3%，土地肥沃，植被丰富，人口较密，交通较便，分布有百合、半夏、复盘子（覆盆子）、香附、海金砂、射干等，动物药资源有黄鼠狼、云豹、蝙蝠、鸟类等。盆谷平原区，在沿海的秦屿、店下、硖门和港湾地带的桐山、桐城、前岐、点头等乡镇，面积约118平方千米，占全县土地面积的7.7%，地势平坦，土层深厚，分布有车前草、马鞭草、积雪草、益母草等，主要的家种品种有泽泻、荷叶、瓜蒌、丝瓜等。泥岸、滩涂区，在县东南的前岐、桐城、店下、秦屿、硖门等乡镇海湾沿岸，面积约69.9平方千米，占全县土地面积4.5%，分布有瓦楞、牡蛎等贝类动物药和海藻、鹧鸪菜等菌类植物药。海域面积约14967平方千米，是全县陆地面积的9.77倍，分布有海马、海龙、石决明等名贵药材和昆布、海浮石等各种海产药材资源。

中药蕴藏情况

植物药的蕴藏量 根据1987年资源普查资料分析，植物药年产3万公斤以上的大宗品种有黄精、马兰、狗脊、香附、淡竹叶、寒草、鸭跖草等；1万公斤以上者有乌药、海藻、紫花地丁、栀子、虎杖、伸筋草、海金沙、天门冬、马鞭草、爵床等；3000公斤以上者有半夏、一枝黄花、鱼腥草、荠菜、仙鹤草、菝葜、地稔、益母草等；1000公斤以上者有乌梅、刀豆、厚朴花、金银花、佩兰、薄荷、山药、荷叶、侧柏叶、枇杷叶等；少量的有瓜蒌、天花粉、射干、石斛、枳壳、山柰、使君子、垂盆草等；珍稀的有银杏、木荷、灵芝、楮实子等。

动物药的蕴藏量 根据历年狩猎、捕捞和采集资料分析，陆地上野生禽兽类较少。100只以下的珍稀品种有苍鹰、云豹、水獭等，500只以下稀有品种有鹿、山獐、鲮鲤、刺猬等。虎在1962年后已经绝迹。爬虫和昆虫类较多，较大量的在1万只（条）以上者，有蛇、蟋蟀、螳螂、蟑螂等；1万只以下者，有龟、鳖等。海上的自然资源，可入药者达百余种，蕴藏量在30吨以上者有墨鱼、黄鱼、鳗鱼、鳄鱼、带鱼等，10吨以上者有石斑鱼、鲈鱼和鲫鱼等，10公斤以下的珍稀品种有海马、海星、海粉等。

矿物药的蕴藏量 经福建省地质队探明的有铅30万吨，锌247万吨，铜505万吨，硫2.1万吨，钢32吨和大量的明矾石，还有取之不尽的海盐、用之不渴的海浮石等。

中药的开发利用

福鼎县药材开发很早,相传在太古时期,黄帝的大臣容成子曾在太姥山采药炼丹,三国时吴国名医董奉,侯官(今福州)人,常住董江流域采药炼丹。为纪念董奉医迹,董江因此得名。唐乾符年间温麻里马真人(女)到昆田山(今属点头)采药炼丹,她走后留冠,乡里人把昆田山改名马冠、人民为纪念她,还在白琳、前岐、点头、管阳等地建有马仙宫。

福鼎县中药资源虽然开发很早,但在清乾隆四年(1739)立县以前,人烟稀少,交通不便,调出很少,故开发利用的药材数量有限。立县以后,随着人口逐年增多,药店相应增加,药材开发的品种和数量都有不同程度的增长。据清嘉庆《福鼎县志·物产》记载,福鼎县在清嘉庆十年(1805)中药材开发的品种有茯苓、绵茵陈、使君子、枸杞子、栀子、五倍子、麦冬、天冬、何首乌等230多种,其中有130多种如辛夷、木槿、木瓜、长春花等撰在物产范围,而不列入药材项下,说明福鼎药材虽已开发,但一部分未作为药材利用,开采的品种和数量也只立足于当地需要而已。清光绪以后,始有黄精、栀子、麦冬、天冬等少量药材出口和调往外地。民国时较大量开发利用的药材有栀子、黄精、鹧鸪菜、狗脊、枇杷叶、桑叶等。

1949年后,尤其是1956年闽浙公路通车并成立了药材公司以后,国家提倡"一盘棋"思想,中药材由药材公司统一经营,医药行业间交流开发技术经验,互通有无,取长补短,才有大规模的开发。海金沙是国家重点品种,福鼎县各乡镇均有分布,但不知采集植物叶上的孢子囊(药用部分)技术,1959年在上海医药站人员指导下才学会开采技术,并开始开发利用。自1959年至1988年止,福鼎县对海金沙药材进行大规模开发,调往全国各地共计55多吨。海浮石,是海底的矿产,其药用价值在20世纪50年代才被认识,每年以平均10吨以上的规模进行开发,最高年份的1979年开发量达52.35吨,并全部外调,得到充分利用。

中药材的生产

1949年后人民政府对药材生产甚为重视,逐步将其纳入国家计划。1958年10月31日,国务院下达"关于中药药材生产问题的指示",并确定了"就地生产,就地供应"的方针。自1956年至1988年,国务院、上级部门和报刊连续不断地为发展药材生产发出指示、通知等。福鼎县在贯彻上级一系列指示发展药材生产工作上,经历了40年坎坷渐进的路程。

调入药苗,扶持生产　　1959年至1964年,上级医药部门调运了白芷、元胡、红花、杜仲等各种药材苗种，供应福鼎县栽种。1966年，医药公司从浙江省乐清县聘请技术员陈公铁等3人方前往管阳、点头、磻溪等地，指导培养和栽种白术，共种植白术20多亩，收成5.5吨。1967年至1971年，医药公司先后从外地调回一批白术、白芍、玉桂等18种苗种计19321公斤。1972年调入丹皮、川莒、附子、牛蒡子、山朱萸、茯苓、砂仁等苗种种子17种158.55公斤，金额19596.6元。1973年家种药材867亩，其中肉桂100亩，泽泻400亩，白术290亩，元胡10亩，茯苓10亩，木瓜2亩，其他55亩。1982年又调回枳壳苗1万株分配给嵛山岛栽种，调回杜仲苗1万株分配给点头种植，调回金银花苗18.5万株分配给磻溪种植。至此，福鼎县家种药材有51个品种，其中从外地引种44种，野生转家种7种。

支持化肥和资金　　为了支持药农种植药材，1963年至1988年止，上级医药部门每年都拨下化肥，扶持药材生产。据不完全统计（20世纪70年代以前数字散失），1976年7.5吨，1981年至1982年44吨，1983年22吨，1984年15吨，1986年7吨，1987年15吨。1958年起，上级医药部门还经常下拨生产扶持资金：1958年付给管阳、西阳等20个保健院、站发展药材资金1万元，1959年付给各保健站转发给农民发展药材资金1万元，1962年付调来白术苗款5609.76元，1969年付给湖林、管阳等11个单位生产药材资金2400元，1972年上级医药站拨来试验费1500元，1974年省药材公司下拨药材生产扶植费2000元，1979年付枳壳苗种400元，1982年福安医药站下拨金银花扶植费800元，1984年福安医药站拨下金银花扶植费900元。此外，1969年至1983年县医药公司贷款3万多元给农民种植太子参等，其中13000多元无收回，后作为扶持药材生产资金冲账。

建立药场，吸收种药经验　　自1959年至1973年止，福鼎县先后举办了18个专业药场，引种了红花、白芷、玉竹等50多个品种。除了甘草、杞子、桔梗等少部分品种失败外，大部分药材品种均获得较满意的效果。但由于各种原因，各药场都没有善始善终。下面介绍福鼎县3个药场情况：

医药公司药场。自1959年10月至1961年4月止，先后在桐山的黄家山、老虎湾、凤家山、镇西岗脚、麻坑里等地借用56.27亩土地，作为中药材试验场。抽调6人专人专管，培植吴朱黄、射干、郁金等44个品种，收获红花等各种药粉164公斤，虽得不偿失，但取得了经验。后因农民索回土地而停办。1961年抽调9人在太姥山天门寺周围，借用土地30多亩办场，种植白芷、牛膝、荆介等20多个品种。后因多种原因，以失败而告终。1962年至1964年又先后在管阳章坑和巽城与当地医浣协作合办，由医药公司供应苗种和技术指导，获得了元参、姜黄、黄连等多种药材栽培成功。两年左右，皆因故辍办。

公社医院药场。沙埕公社医院最早创办药厂，由5名医务人员和12名半农半读学员于1959年3月办起了40多亩药场，医药公司派谢秉鹤、梁其忠二人做技术指导，种植白术、枣仁、元胡等30多个品种。1959年10月，由卫生局主持在巽城召开药材生产工作现场会。1960年4月5日，中共福鼎县委宣传部通报表扬并批转了沙埕公社医院搞好药材生产基地的报告，从而推动了药材生产全面发展。接着有秦屿人民公社医院、管阳人民公社医院、硖门人民公社医院、白琳人民公社医院、点头人民公社医院、磻溪人民公社医院等先后创办了药场，掀起了全县生产药材的热潮。然而这些药场由于政策体制的频繁变化、经营不善等种种原因而销声匿迹。

卫生局药场。1969年至1973年卫生局在管阳租用了70多亩山地，抽调县医院、防疫保健站及医药公司共20多人开办药厂，由医药公司负责药苗种子和技术指导，种植杜仲、厚朴、太子参等30多个品种，收获太子参、白术、菊花等各种药材2000多公斤。1972年医药公司由于卫生局改属商业局而退出药场。1973年药场撤散。药场栽种多年生的厚朴、木瓜、杜仲、内桂等，后来也被群众破坏殆尽。

药材生产数量和金额　　福鼎县常用地产药材达400种以上，常年大宗生产并收购的药材有太子参、栀子、黄精、狗脊、海金沙、海螵蛸、陈皮、海浮石、香附、半夏、射干、算盘子、伸筋草、土茯苓、仙鹤草等90多种，最高年1979年生产收购数量达304700公斤、113.3339万元。还有青草店、保健站自用收购的药材，如芭蕉芯、蜂巢、雷公藤、费菜、鲜石斛、螺丕草、葫芦茶、七层塔、白花蛇舌草、鱼腥草、爵床等200多种，虽没有大宗生产收购和外调任务，却满足了本县人民用药的需要。

（本文摘编自《福鼎文史资料》第10辑）

1950年以前福鼎中医药漫谈

王国贤

一

福鼎中医药源远流长，历史悠久。相传早在4000多年前，黄帝大臣容成曾到太姥山采药炼丹。三国时，吴国名医董奉曾在董江（今桐城街道董江村）一带为人治病，医术高明，医风感人，董江因此而得名。

自古以来，福鼎人民群众依靠中医药治病疗伤、防病保健，中医药深受群众信赖。尽管从鸦片战争到中华人民共和国诞生的百余年间，中医药曾遭受歧视、排斥和摧残，但由于它有深厚的群众基础和可靠的疗效，仍得以传承和延续，即使在清末西医传入之后，仍居于防病治病的重要地位，发挥着独特的作用。

福鼎市中医院

二

1950年以前，福鼎历史上从未有过官办（公立）的中医医疗、教学、研究等机构。中医人才皆出自民间，主要靠家传、师授和自学成才。他们或个人开设诊所，或居家兼业看病，或自设药店医药兼营，或受聘坐堂应诊，或游走四方流动行医等。他们的医术主要通过临床实践求得提高，或专治某病某症，或兼擅数科，或挟一技之长，或善用草药单方，其中不乏医术精良、医德高尚而受到群众信任和称颂者。

南宋时，磻溪花门头林汝峡，字伯深，号则庵，嘉定四年（1211）中右榜状元（武状元）。早岁从父习武兼研医术，精通本草，善治骨伤，为福鼎史载最早的骨伤名医。

明成化十二年（1476），管阳西阳董方山从处州弃官回乡行医济世，其后几代相传，为儒医世家。

清康熙间秦屿邱荣（1698—1764），字建成，号向而，武庠生出身，继承家传医业，自采自备中草药，行医民间，常随带草药到病家诊治，对贫苦患者施治不收费，且送钱相助，深得群众爱戴。

清乾隆十五年（1750），桐山张鼎山开设"九一堂"草药店，专治伤科疾患，颇有治验。传至民国，其后代转为膏药铺，所制膏药对金刃跌打损伤及疔疮痈肿等均有显效。

清道光至光绪年间，有名医苏寿仁（原籍闽南，晚年客居福鼎），自幼随父习医，精研典籍，又遍访苏杭名家，博采众长，学验俱丰，医术精深，治病热心尽责，不计名利，用药奇巧，行医六十余年，活人无数，医名广布，而有"苏活仙"之誉。

管阳西阳名医董方山后代董邦炼、董邦睿兄弟，继承先辈医业，并于道光丁未年（1847）自设"董义号"国药店，以便自家处方配药之需。从医四十年，精于切脉辨色，擅长妇科、儿科。历传四代直至民国，先后出了董德同、董廷净、董廷款等颇有名气的中医多人。

清末至民国时期，福鼎民间中医渐多，其中较有名望的还有林培因、林怀席、金雁翔、钟文镰、张育章、郑敏生、林季仁、杜楚楠、卓剑舟、郑良怀、朱弦生、肖楚孙、郑香岩、林上卿等。

1937—1948年，由当时县政府登记在案，发给"开业证书"的中医有林剑农、夏肖熙、黄士箴、郑良怀、朱弦生、卓剑舟、林季仁等23人。1942年成立福鼎县中医考询委员会，由县长邓宗海任主任委员，金雁翔等6人为委员。此前（时间未详）成立过福鼎县中医公会，夏肖熙任主席。1948年，全县有中医89人。

福鼎市医院百胜院区

三

中药业的经营最早是清乾隆三十年（1765）点头孙店郑开择创设"松竹堂"中药铺，后来在道光年间，浙江兰溪县诸葛"恒山堂"中药店迁来福鼎城关北门外开业，为当时县城内第一家中药店。随后又有几家兰溪中药店相继迁入福鼎。至道光末年，全县中药店有10家，其中兰溪迁入的占5家。"恒山堂"等兰溪中药店善于经营药业，尤擅长中药加工炮制，先后培养出数十名中药人员，对福鼎中药业的发展做出一定的贡献。

到同治末年，全县中药店增到25家，又历光绪至宣统，全县中药店发展到102家。其中桐山22家，桐城3家，秦屿、管阳、店下各8家，前岐、磻溪各7家，点头13家，白琳14家，沙埕9家，硖门3家。1942年，成立福鼎县国药商业同业公会，卓剑舟任主席。

民国时期，福鼎有五大名药店，即城关回春堂、陈济生，前岐林颐寿堂，点头夏广裕和白琳吴平安堂。其中除吴平安创办较晚（1936年）外，其余4家均于清光绪年间开张；夏广裕为最早，创办于光绪元年（1875），历5代，累计有学徒、伙计百余人，分布各处开业，有的远涉中国台湾、新加坡、马来西亚、缅甸等地经营中药业。

至1949年，中药店173家，其中较具规模47家。

（本文摘编自《福鼎文史资料》第15辑）

三年困难时期医药欠缺的补救措施

✿ 黄菊坡

　　1958年，生产部门搞掇苗并丘，造成收成锐减，不得不采取粮食低标准供应措施。全县人民多以瓜菜弥补食粮之不足，导致营养不良，体力消耗，水肿病例到处发生。由于粮食紧张，限制药用作物种植，医药部门药源奇缺，收购困难，上级公司拨下来的药材供不应求。我当时任县人委卫生科副科长，召集全县医药人员开会研究，土法上马，敢想敢做。沙埕保健院院长林上卿建议无中药配方可采用青草，即席喊出"一枝香，牛套鼻，又吃补，又去气"的响亮口号。接着管阳保健院汪智昭院长说："用生松毛煎红糖取液饮服，可退水肿。"钟文濂老草医说："用牛粪晒干捣碎调红糖煎淡取服，有疗效。"……真如八仙过海，各显神通。经过一段治疗，临床观察，虽能取得初期疗效，但间有复发病例。

　　我考虑必须设法引种栽植健胃补脾中药材来应用，才能巩固疗效。医书不是有"中洲一健，则百骸皆生"这一句话吗？所谓"中洲"，就是脾胃。于是，我就向桐山镇镇长李世华反映，经允许将近郊黄家山杨府宫一片山园和清末把总林国太墓周围荒地拨给县医药公司为药场，栽种滋补脾胃的白术、淮山、玉竹、薏米、缩沙仁及藏红花等一些中药材。并指定麻坑底蜈蚣墓下隙地让医药公司建盖一座房屋，贮锄头、水桶等必用工具。医药公司领导吴乃铭、张树庭率领职工上山垦殖轮流浇水，推广经验，召开保健院负责人会议布置上山开荒种药任务。沙埕林上卿院长开会后，回去立即实行三上山，即把药场搬上山、猪栏搬上山、医务人员轮流上山，在南镇山开荒引种栽植土党参、土当归、小旋花、土茯苓等药物，经医务人员全力以赴，培植成功，投入药用。林上卿还以鱼骨煎胶，营养丰富，遂收集带鱼刺煎胶供应外区兄弟院站，对治疗水肿病后身体衰弱有一定作用。管阳保健院长汪智昭干劲十足，开会回院立即提出种药计划，大种白术、薏米、山猪仔，向区委汇报，深获区委书记与晏溪乡支书的大力支持，把晏溪看天田用来种白术。在王屋山开荒种薏米、山猪仔，收获很多，投之药用。又把收成白术用红曲制酿白术酒，售给农民春耕生产饮用，觉得下地翻土犁田很有力气，对促进生产起很大的作用。巽城保健院院长郑香岩是名医，临床经验丰富，利用院后荒山，发动职工开药场，种植土人参、木瓜、黄精、白毛笠、狼把草、阿利筮（竹头、屯下）等药物。在粮食低标准中取阿利筮配牛骨煎胶，名"牛骨胶"，效力很好，在春耕时，各地农民竞相向巽城保健院购服。此外，各地均有发现食蔬菜中毒病例，本来食菜中毒西医是用米兰治疗，而郑香岩则用雍菜根煎液治疗有奇效，这是中药一个新发现。店下区保健院长陈明杰以药场水源缺乏，种上药物成活率很低，最后找到岚亭鼓鲤坑有水源不断由山壑流出，便把药场移设该地，大种北沙参，年年丰产，除留自用外，售给群众炖鸭及治疗水肿病的阴虚症很有效，还可支持外区兄弟院站分售配药使用，对保护人民身体健康有很大的贡献。店下区金竹湾、涵头村医眼科专业医生陈振丰是慈善家，每届盛夏施茶，让过路行人饮用，陈医生将家里小花园改种药用花卉，亦能解决一些药品问题，值得一提。

1964年春，我随县委书记陈勉良到温州雪山疗养院参观百草园回来，就在革命根据地山门底溪南寺建立百草园，组织力量投入，我总负责，周瑞根任培植、制标本，谢如某任采药苗，何克敏任记录。时任县委宣传部长周义务大力支持，抽一中一批高中学生随带工具到溪南寺协助锄荆斩棘，挖石搬沙，平整山上观音楼废墟，培土扩展园地面积，栽上中草药800种，制有一套标本，供卫校教中医课教具使用。福建省卫生厅张副厅长了解到福鼎创立百草园种药很多，带两个中医药专家莅临视察，指导科属名称。福安专署卫生局王汉忠局长也来视察，索取标本带回福安建立百草园。周宁县卫生科派一名医士来园学习。原拟种上一千种草药改名"千草园"，是年下半年福鼎开始社教，我回县参加学习，未几"文化大革命"运动开始，以前所制标本散失殆尽。我在老区畜牧场劳动余闲，在龙船岗周围采摘药物，并得本场生产队长王忠意、草医谢如某搜集到草药共600多种，重新制造标本，按科分类，编著《福鼎中草药》7本，以供医务人员学习中草药做参考。

（本文摘编自《福鼎文史资料》第6辑）

福鼎县人民医院和县卫生科的创办

🍃 郭济隆

历史背景

1949年初，中共华北局执行党中央、毛主席"打过长江去、解放全中国"的号召，从太行（河北）、太岳（山西）两个老抗日根据地，选调4000多名优秀干部，组成"南下干部长江支队"随军南下，接管、建立一个省的党政群团等机构。

我和刘文杰同志从晋冀鲁豫边区太岳第三专署广华医院（地区医院，驻山西省晋城市，我是该院秘书）参加了"南下干部长江队第六大队队部医疗所"，我任所长。大队长康润民（副专员，陕西清涧县人）、政委王毅之（地委副书记，河南沁阳县人）、参谋长苏奋（公安处长，山西临猗县人）、供卫处长刘仁道（县长，河南济源县人）、副处长侯辅廷（山西沁水县人，后调国务院财经办公室）。

我们大队含由地委、专署等单位干部组成的直属中队108人，第一中队晋城干部168人，第二中队高平干部115人，第三中队河南济源干部120人，第四中队山西垣曲干部，第五中队河南孟县干部。各中队由县长任中队长、县委书记任教导员，全大队共500多人，于1949年3月11日从晋城出发，3月22日到达河北省武安县，与太行干部汇合，由支队领导学习新区有关政策。

南京解放的第二天，4月25日我们从武安出发，步行经河南、安徽、江苏，5月15日到达南京，进行休整学习。

5月27日上海解放，战争迅速向南推进。6月12日我们从南京出发，乘火车到达苏州待命，归属"中国人民解放军第十兵团"（司令员叶飞，政委韦国清，参谋长陈庆先，政治部主任刘培善）进军福建。

7月13日我们从苏州出发，17日驻江山县淤头镇休息。31日从浙江峡口出发经仙霞岭进入福建。8月17日福州解放。9月5日我们大队进驻福州南台"三一学校"待省委分配工作。9月18日到达福安赛岐。省委决定：闽东地区，中共福建省第三地方工作委员会和福建省第三行政督察专员公署驻福安城内。地委书记王毅之（后调中央轻工业部副部长），专员康润民（后任中央政务院机关事务管理局长）。专署驻福安城内湖山，在此分配了各中队赴闽东各县工作。第六大队队部医疗所改为第三专署医疗所，我仍任所长，驻湖山脚下墨林诊所的院内。

中国人民解放军长江支队第六大队番号撤销。1949年9月29日我们从赛岐坐船当天到达福安驻下。自1949年3月11日从山西出发，经河北、河南、安徽、江苏、浙江、江西、福建等8个省，至9月29日到达目的地，历时半年，行程6480多千米，一路之上受到群众的欢迎与支持，同志们精神振奋，团结互助，克服困难，遵守纪律，胜利地完成了南下任务。

创建福鼎县人民医院

1950年初，专署任命我为"福鼎县卫生院"副院长。1月28日（农历腊月初十），我同县人民政府民政科科长韩惠（山西屯留人，后任福建省农学院纪检书记）等同志从福安起程，于2月1日到达福鼎，驻县政府。据介绍，原县卫生院的人员全都各奔前程，只留下空房子为县税务局（局长郭宇威，山西沁源县人，后任龙岩专署办公室主任）所有。原卫生院医生林灼丹在城内大街开了个"福星诊所"行医。县政府买了些药品由阮连英和会计黄润同志管着，干部有病请林灼丹来诊治。

我既为第一任卫生院长，就得把院创建起来。我想应先建"庙"后请"神"，便在城内到处找公房。有一天我走到东城墙外的孔庙（县文庙），这是座公产，经了解原系师范学校校舍，该校与县中学合并后已迁走，大部分房子空着，隔壁的大雄小学借住了一部分。文庙前面有一大片空地，一侧是朱文公祠，是个大有发展前途的好地方，我想就在该庙办医院。我与县文教科科长商量，他不同意迁走。我把这个远景规划向民政科（管卫生）韩科长说了，他很支持，他向文教科商量也未解决。我找县长王烈评和县委书记贾镛同志（山西阳城县人，后任中央水电部中地设计院党委书记，驻湖南长沙市）汇报，终于得到解决。

我们几个人从县政府搬往文庙，进行筹备建院工作。刚解放的新区，经济困难。县政府决定，中山堂（戏院）演戏的收入给卫生院用，但因入不敷出，不久便关门停演了。县里又给了1万斤地瓜干（红薯片）作为开办经费，因变质卖不出去又落了空。怎么办呢？只能想办法自力更生。

其一，民政科韩科长已调任福鼎茶厂任厂长，搞筹建厂房，就在文庙南边大兴土木，求他帮助，他借给我们一些木料，修理房子，做家具，搞设备。后也未还给他，他顺势就说捐赠给医院了。

其二，解放军"鹿山部队"师卫生部驻福鼎，找我了解地方疾病流行情况，我与他们结下了友谊。我把县政府给的解放前留下的"救济物资"如石膏带、急救包等暂时用不着的积压品，与部队交换了一批药品器材。他们以"民拥军、军爱民"的精神，后来又给了我们很大的帮助。我们常来往，关系很好。

其三，县财政科将街上战乱中倒塌的公房拆除清理，能用的旧木料、砖瓦等材料拨给卫生院。领导动员县委、县政府机关干部星期天义务劳动，搬材料。我更是努力带头干，受到好评。

其四，供给制干部职工，每人每月有7市斤大米的医药费，专署扣留2斤作为特殊病人和重患者外出住院用，余下5斤由县粮食局（局长成富凯，山西阳城县人，曾任厦门市渔业公司经理）经销，款交给卫生院统管使用。

其五，经县领导同意，我动员了林灼丹医生和他的妻子陈芳兰参加工作，县政府人事科批准他夫妻为县卫生院的医生和护理。为了解决"一心两用"问题，他的"福星诊所"的药品器材作价卖给了医院，诊所关门。

筹建工作基本就绪，就请"神"进"庙"。县和专署先后派来护士张芝香、苏素金，医生郑颖浩和会计谢瑞锡以及尤杨鑫、赵丽清、陈可福、林其妹等同志，另外福安县卫生院医生屈振杰此前随同专署医疗队来福鼎，因病借留未返福安，共计有12人，可以开院应诊了。

我们在文庙孔圣人大殿背后的围墙新开了大门，以便城内病人走近路来院就诊。于1950年4月成立"福鼎人民医院"（后改称卫生院），在医院大门上挂出了牌子。贾书记、王县长等领导均来祝贺，可惜相片照坏了未留下来。我们又用轻铁皮分割做了"福鼎县人民医院由此进"几个大字，油漆白底红字，高半米，用铁线穿连横挂在大街空中，非常引人注目。群众说："这个医院是福鼎前所未有的，共产党、人民政府就是好，为我们办了件大好事。"

麻疹流行，专署医疗队来鼎

1950年3月间全县麻疹流行，专署派王亮之科长（山西襄垣县人，后任晋城市师范学校校长），带领福安县卫生院屈振杰医生（河北省平谷县人，屈是1949年11月由康专员从福州疗养院接收来的，他不是南下干部）等组成的医疗队来县防治。工作未完，屈振杰医生病了，留院治疗。防疫工作结束，医疗队返回专署，屈未一同回去，由于我县医务人员缺乏，我给专署写信要求留屈，屈也写信请调到福鼎，专署均未同意。

陆锡仁接任院长

1950年7月，福安专署成立卫生科（科长王璇，部队转业），调我回专署卫生科任主任科员，兼福安军分区司令部卫生科科长。专署派陆锡仁同志来福鼎接替我的院长工作。同他来的还有他的妻子徐秀花（均部队转业干部）。7月27日欢送我的照片上也有他俩。我办理了交接手续离开了福鼎，屈振杰也一同离鼎。

第二次来鼎工作

1951年5月，陆锡仁院长病逝（他爱人徐秀华后来嫁福鼎县长杨什维，山西安邑县人，生前任福建省地震局副局长）。1951年8月，康润民专员对我说："福鼎卫生院陆院长病逝，你去年创办了福鼎卫生院，做出了成绩，受到县委的表扬，他们点名要求把你调到福鼎工作，你有什么想法和要求可以谈谈。"

我说："康专员，你是了解我的。1949年南下时，我爱人即将临产，我上无父母，下无兄弟姐妹，没有照顾她，我把她送到医院托给组织。我南下走后的第七天，她生了一个女孩。我从来服从组织决定。福鼎医务力量弱，能不能把屈振杰医生和刘文杰同志也调去？"

过了几天地委组织部给了我一式三张表，即《干部提拔调动申请书》，要我填写。退回给我的一份自荐的表上，看到党委意见栏内写着："拟调该同志任福鼎县卫生院院长之职。1951年8月12日 康润民（章）。"批准栏内有"同意"和"8月16日 中共福建省福安地方委员会组织部（章）"。

我第二次来福鼎任卫生院院长，同我一起来的有屈振杰医生，他为福鼎县卫生院医生的时间是1951年9月。还有赵必芳、陈文雄、吴清仙（河南恋川县人，国民党军人，返回老家在福建的途中碰上我们"长江支队"跟上我们来的，在专署当炊事员从而参加革命）等同志也来福鼎。不久，又派来助产士陈西桐和护士黄笑眉等同志。我又接到县政府转抄专署公文上称：医政干事单兆山同志调柘荣县卫生院，与刘文杰同志对调工作。刘文杰是山西省阳城县固隆乡寨上村人，他于单兆山到柘荣后的1951年11月4日来到福鼎卫生院，担任医政干事。到1951年国庆节"福鼎县卫生院全体人员暨卫协会负责同志（林廷）欢迎郭院长，欢送单干事（兆山）留影纪念"的相片上，在卫生院工作的已有22人了。

福鼎县卫生科成立

为了进一步开展全县卫生工作，在县委、县政府的领导下，由我负责，于1951年10月23日召开了福鼎县第二届卫生行政扩大会议暨福鼎县卫生工作者协会会员大会，参加会议270多人。会期3天，由县领导作动员布置了工作。我被选为县"卫协会"主席，林廷、上官瑞为副主席。

1951年11月，接到由县长荆利九签署并盖有人民政府大印的福鼎人民政府民干字第186号通知称:"成立县卫生科,科长由郭济隆兼任,医政干事兼主办科员由刘文杰担任。"

1952年国家干部定级,我被定为正科级行政17级,供给制改为工薪制,月工资合现在人民币101元(五类地区)。

由于卫生科工作面向全县,任务重,人员少。1952年初,我患肺结核病,但工作仍放不下,荆利九县长来院看我,他说:"医院的同志说你不好好养病还在工作。小郭同志,你这样不行,送你到福安中心卫生院好好治疗,不要考虑工作,让刘文杰当院长,盼你早日康复回来工作。"于是我被送到福安。

福鼎有我难忘的乡情

在福安中心卫生院,我给刘文杰院长去信,提出我关于修建卫生院房等的设想和建议等。康专员知道了,他来院看我,劝我转院,经卫生厅介绍送到福建省干部南平疗养院,于是我又到了南平。

我住院期间,工资等由福鼎每月给我寄来,直至1954年4月病愈出院。

我出院时疗养院把我介绍回福建省卫生厅。厅领导说要接管教会医院,把我派到晋江地区接管美国人办的仙游协和医院任院长。为了领导方便,县委又决定我为仙游县卫生科第一科长。原有一个科长黄启昌,古田县人,卫校毕业分配去的。之后,我又担任了中共仙游县委知识分子办公室主任。1956年我调到福建省卫生厅中医处任秘书。1958年5月5日,我参加省委检查团,随省卫生厅李惠(广东佛山人)副厅长到寿宁县。我写的《访山区老革命中医师王陶生老先生》一文,发表在1958年7月15日《闽东日报》和《福建中医药杂志》上,还被卫生部办的《中医杂志》1958年第8期转载。随卫生厅左英(上海人,福州军区刘培善政委的爱人)厅长参加中央卫生部在河北保定市召开的"全国中医药工作会议"后,我具体负责筹建福建中医学院。该院成立后,我为院长办公室第一任主任,院长由左英厅长兼任。1971年初,我为福建医科大学学生营第一任营长。医大成立医疗系后我为第一任系副主任及系党总支副书记。后来医大成立"中医系",我又为该系第一任党总支副书记、系副主任。1981年为照顾家庭团聚(我儿子从部队转业河南洛阳),我调任洛阳市第一人民医院院长。在福建工作了30年,福建是我的第二故乡,近50年了,福鼎有我难忘的乡情。

(本文摘编自《福鼎文史资料》第18辑,原题为《解放初期福鼎县的卫生机构》)

中国县级医院竞争力100强的福鼎市医院

福鼎市医院始建于1937年，为福建省首批县级三级乙等综合性医院，集医疗、教学、科研和预防保健于一体，是福建中医药大学非直属附属医院、第七临床医学院，福建医科大学教学医院，附属协和医院协作医院，省肿瘤医院协作医院，为卫生部国际紧急救援中心网络医院，福建省交通事故医疗抢救定点医院。2010年步入艾力彼"中国县级医院竞争力100强"行列，为福建省唯一入围该排行榜的县级医院。

医院现有古城院区、百胜院区、富民院区3个院区，编制床位1010张（含原中医院160张），实际开放1328张。开设20个一级学科共50余个专业，辅助科室齐全。2018年门诊量117.64万人次，出院4.5万人次。2020年全院在职职工2093人，其中，高级职称117人，卫技人员占全院职工总数84.5%。

医院医疗用房功能完备，设施先进。大型设备如西门子1.5T磁共振、西门子64层螺旋CT、奥林巴斯电子内窥镜系列、全自动生化分析仪、PCR实验室、ICU成套中央监控系统、产科中央监护系统等一应俱全。同时，大力推进医院信息化建设，投资4000万元实现了就诊各流程信息化管理，贯穿医院日常管理各个环节，信息系统

福鼎市医院百胜院区夜景

的稳定性和安全性不断增强，数字化医院已初具规模，为科技创新、专科建设和服务能力提升，做出强力支持保障，对强化医院管理和优化诊疗流程起到了积极的作用。

同时，医院强化医德医风建设，崇尚廉洁行医，共同营造了文明行医、文明服务的和谐氛围，得到社会各界的肯定和群众的广泛信赖，近年来获得了"全国五一劳动奖状""全国综合性医院中医药工作示范单位"，福建省卫生厅"卫生系统先进集体"和"院务公开示范单位"，福建省总工会"福建省女职工标兵岗"等殊荣。

福鼎市委、市政府十分重视市医院的建设发展，已在百胜新区规划用地建

福鼎市医院古城院区病房大楼

设新院区和在原福鼎市制药厂址建设北院区。目前，百胜院区突发公共卫生事件诊疗中心、门急诊妇儿中心已陆续投入使用，后续项目已在紧锣密鼓的建设之中。

2018年，以市医院为龙头医院的福鼎市医共体——福鼎市总医院挂牌成立，由福鼎市医院、福鼎市中医院、福鼎市妇幼保健院、3家社区卫生服务中心、14家乡镇卫生院和1家卫生管理站共21家成员单位组成。总医院按照"一个加强、七个机制、九个统一"的运行机制，打造"横向到边、纵向到底"的市乡村医疗服务一体化管理的紧密型医疗共同体，经过前期的努力，完成了总医院基本框架的搭建，初步实现了分级诊疗和双向转诊的发展目标，基本公共卫生任务、3+X家庭医生签约服务、慢病一体化管理、健康扶贫等各项工作得到有效推进，总医院的公益性质得到初步体现。

在全面构建和谐社会的今天，鼎医人以人民的健康事业为己任，以三级医院为平台，继续秉持"严谨、务实、创新、发展"的精神，深化公立医院改革，持续推动医疗发展模式从"以治病为中心"向"以健康为中心"转变，精准对接人民群众的健康需求，让医改成果更多更好地惠及闽浙边界群众，提升人民群众的健康获得感，为建设"健康福鼎"而努力奋斗。

（本文由福鼎市医院供稿）

文物古迹

福鼎市区文物基本概况

桐山、桐城、山前三个街道共有各级文物保护单位（文物点）39处40个点，其中省级文物保护单位2处3个点，市级文物保护单位13处，尚未核定公布文物保护单位的不可移动文物（俗称文物点）24处。

福鼎市区文物保护单位一览表

序号	名称	级别	地点	年代	备注
1	昭明寺塔	2009年公布为福建省第七批文物保护单位	桐城街道外洋村鳌峰山顶	明嘉靖十三年（1534）	
2	玉塘城堡	2013年公布为福建省第八批文物保护单位	桐城街道玉塘村	明嘉靖三十九年（1560）	八批省合并公布为玉塘城堡
3	夏氏义冢	2013年公布为福建省第八批文物保护单位	桐城街道玉塘村尾厝园自然村东门外100米	清道光十五年（1835）	八批省合并公布为玉塘城堡
4	栖林寺	1989年公布为福鼎县第一批文物保护单位	桐城街道柯岭村柯岭自然村鳌峰山下	清	
5	福鼎革命烈士公墓	1989年公布为福鼎县第一批文物保护单位	桐城街道石湖社区岭下自然村福鼎革命烈士墓园内	1956年	
6	王明扬烈士墓	1989年公布为福鼎县第一批文物保护单位	桐城街道石湖社区岭下自然村福鼎革命烈士墓园内	1955年	
7	圆觉寺	1989年公布为福鼎县第一批文物保护单位	桐山街道福全社区福鼎一中校园内	明、清	
8	南阳烟墩	1989年公布为福鼎县第一批文物保护单位	山前街道石亭社区烟墩山山顶上	明	
9	资国寺	1997年公布为福鼎市第二批文物保护单位	桐城街道资国村资国寺	唐、宋、明、清、1993年	
10	高岗墓	1997年公布为福鼎市第二批文物保护单位	桐山街道水北村小坑自然村东200米	明正德十二至十六年（1517—1521）	
11	天灯下井	1997年公布为福鼎市第二批文物保护单位	桐山街道十字社区政府路路口	元至元三年（1266）、清	
12	北山亭、观音殿	2002年公布为福鼎市第三批文物保护单位	桐城街道岭头村北山亭自然村内	明、清、民国	
13	林滋秀故居	2013年公布为福鼎市第四批文物保护单位	桐城街道海口社区	清代	
14	桐城江边仙翁塔	2013年公布为福鼎市第四批文物保护单位	桐城街道江边村	清代	
15	三广宫	2013年公布为福鼎市第四批文物保护单位	桐山街道镇西村	清代	
16	福鼎革命烈士纪念碑	2013年公布为福鼎市第四批文物保护单位	山前街道程家洞社区	1991	

文物和古迹都是属于文化遗产中的物质文化遗产，它们指的是具有历史价值、科学价值、艺术价值，遗存在社会上或埋藏在地下的历史文化遗物和遗迹，含有可移动和不可移动两类，本文专指不可移动类文物和古迹。文物和古迹的不同之处在于，文物是专门部门（文物行政部门）调查且经认定并公布的。福鼎市文物调查主要包括第二次全国文物普查（1984年前后）、第三次全国文物普查（2007—2011年）以及参与涉台文物、畲族文物、革命文物、红色文化遗存等专题普查。未经过认定的遗址、遗迹、古建筑等只能算古迹。

　　省级文物保护单位集中在桐城街道，分别为昭明寺塔、玉塘城堡（夏氏义冢）。

　　福鼎市级文物保护单位三个街道都有，桐山街道5处，为三广宫、北山亭观音殿、天灯下井、圆觉寺遗址、高岗墓；桐城街道6处，为栖林寺、资国寺、林滋秀故居、桐城江边仙翁塔、福鼎革命烈士公墓、王明扬烈士墓；山前街道2处，为南阳烟墩、福鼎革命烈士纪念碑。

　　从文物类别来看三街道共有古遗址6处、古墓葬5处、古建筑22处，石窟寺及碑刻4处，近现代纪念场所3处。

福鼎市区已登记在册尚未核定为文物保护单位的不可移动文物（文物点）

序号	名称	类别	位置
1	沙垅岐角遗址	古遗址	桐城街道沙龙村
2	岩前遗址	古遗址	桐城街道岩前村
3	夏羹庵墓	古墓葬	桐城街道塔下村
4	罗青田墓	古墓葬	桐城街道龙山社区
5	肖家坝桥	古建筑	桐城街道流美社区
6	岐头黄氏民居	古建筑	桐城街道董江村
7	外墩水井	古建筑	桐城街道外墩村
8	兰厝兰氏民居	古建筑	桐城街道浮柳村
9	丹岐张氏宗祠	古建筑	桐城街道丹岐村
10	小溆谢氏宗祠	古建筑	桐城街道三门里村
11	高厝高氏民居	古建筑	桐城街道浮柳村
12	桐城石湖桥	古建筑	桐城街道石湖社区
13	桐城江边仙翁塔	古建筑	桐城街道江边村
14	八斗杨府爷宫碑	石窟寺及石刻	桐城街道八尺门村
15	呑里大坪头遗址	古遗址	桐山街道镇西村
16	岭头碗窑坪窑址	古遗址	桐山街道岭头村

(续表)

序号	名称	类别	位置
17	施厝巷施氏宗祠	古建筑	桐山街道桐南社区
18	溪西地主宫	古建筑	桐山街道溪西社区
19	水北汀州桥碑群	石窟寺及石刻	桐山街道桥头村
20	百胜岗尾碗窑址	古遗址	山前街道百胜村
21	乌岐头后山遗址	古遗址	山前街道兰田村
22	太原王氏芳斋墓志铭	石窟寺及石刻	山前街道石亭社区
23	水库里许成名墓	古墓葬	山前街道灰窑村
24	普后高公墓道前鲤鱼望柱	古墓葬	山前街道水北村

注：本表为2013年公布数据。

古人类遗址

福鼎市区历史悠久，早在新石器时代晚期就有人类在此繁衍生息，在桐山、桐城、山前三个街道都有古人类遗址发现。根据1984年全国第二次文物普查以及后期历次调查发现，至少在距今约3500多年前的新石器时代晚期，就有先民在今福鼎山前街道枕头山、乌岐头后山，桐山街道呑里大坪头，桐城街道沙垄、岐角、岩前等一带居住。先民们在此繁衍生息，主要以捕鱼、狩猎、采集果子或从事原始农耕为生，使用磨制石锛、石斧、石矛、石刀等石器，已掌握纺织、制陶等生产技术和相应的装饰艺术。由于市区大部分遗址在发现时已经被开发，因此除枕头山遗址外，总体出土器物偏少，但仍能证明了在这个地方曾经有先民在这里居住过。福鼎先民所创造的"文化"不仅满足自己使用，还随着先民的迁徙，传播到了中国台湾以及太平洋的南岛语族等地区。

枕头山遗址

枕头山遗址位于山前街道普后村枕头山，今置信锦绣园内。该山为相对独立的山头，相对高度约45米，未发现文化堆积层。这个遗址是开发置信锦绣园时，由住在周边的一位村民发现的。正在开发置信锦绣园时，他偶然发现有近似历史书本上看到的类似石器的东西，于是天天上山捡拾，大概捡了半年时间，有好几个麻袋，而后选了几片到博物馆，经博物馆认定，发现的大部分是石锛、石斧、石器以及石片等。从发现石器数量和种类来看，这是市区各个遗址中发现石器最多、种类最丰富多样的古人类遗址。博物馆人员赶到现场并联系置信锦绣园施工方，立即暂停施工，但现场发现由于长期挖土机钩挖，山体大部分已毁，仅有一条挖土机用的临时山道，已经没有保存价值。博物馆人同时在山顶发现宋代瓷器，制作精美，疑似存在一处宋代建筑遗址。

乌岐头后山遗址

乌岐头后山遗址位于福鼎市山前街道兰田村索溪自然村埕步乌岐头后山。有村民反映，乌岐头后山遗址所在的那座山有可能不叫乌岐头山，这主要是1987年普查时，调查人员有些是来自省调查组的人员，那时候很多当地人不会写字，用音相近的字代

乌岐头后山遗址

替是很有可能的，还有一种可能是后来村里改了名字。该山呈南北走向，为相对独立的山头，山顶较平，相对高度为70米。面积600平方米。1987年4月普查，发现有石锛1件、残石器4件，未发现文化堆积层。2009年11月普查，该山已经大部分开垦为茶园，未能在地表找到遗物。2013年此处由福鼎市人民政府公布为不可移动文物。

大坪头遗址

大坪头遗址位于福鼎市桐山街道镇西村厼里自然村，山高87米，总面积为250平方米。山为南北走向，大坪头山是一座独立的山丘，东北坡下为水北村，西坡较为平缓。根据1987年4月14日普查，发现磨光石锛及已腐蚀的残石锛各1件，磨光小石片1件，未发现文化堆积层。2009年第三次全国文物普查，未发现文化堆积层，发现文物标本石锛残片。2013年此处由福鼎市人民政府公布为不可移动文物。

大坪头遗址

沙龙岐角遗址

沙龙岐角遗址位于福鼎市桐城街道沙龙村岐角自然村岐角后山，相对高度30米，面积2600平方米。遗址为东西走向，是大山延伸出的连体小山包，山顶较平坦，土质为灰沙土。1987年4月14日普查时，在山坡东北面及山顶的地表上采集石锛残件3件，石片12件，未发现文化堆积层。该山现已开垦为茶园，还种植有小片菜园，西北、西南面被松树、杂草覆盖。2009年12月29日普查时，地表杂草丛生，无法发现器物及文化堆积层。2013年此处由福鼎市人民政府公布为不可移动文物。

沙垅岐角村遗址

岩前遗址

岩前遗址位于福鼎市桐城街道岩前村部北100米，相对高度35米，面积为4000平方米，呈东西走向。遗址由大山延伸出来山顶较平缓的小山包，为灰沙土壤。据1987年4月14日普查资料记载，在东北面及山顶的地表上拾到零星石器，有残石锛3件，碎石片7件，未发现文化堆积层。该山现已开垦为茶园。2009年12月29日普查时发现石片1件。2013年此处由福鼎市人民政府公布为不可移动文物。

枕头山遗址

马树霞

每当早晨北游桐江坝时，我总要看看桐山八景之一的"双髻凌云"。它位于桐江之东，前有枕头山，一道道山峦，云遮雾绕，真有层层山、重重雾、层层山峦云断路的诗意美。双髻山就在峰巅，由于山形似女人头上双髻，故名。相传桐山八景为南宋理学大家朱熹总结得出，遗憾的是他当年在双髻山旁讲学的遗址一览轩至今尚未发现，清代文人林滋秀有诗"龟峰遗址今何在"，参与编写民国《福鼎县志》的卓剑舟先生之子卓亦溪先生也曾向我谈过，他先父为寻找一览轩遗址花了不少时间。

在挖掘枕头山史前文化遗址时，枕头山顶端发现大量宋代瓦片、砖头、基石和瓷片。瓦为布纹瓦，有的青砖刻有花纹，为我市少见。瓷片中不少为名窑瓷，有龙泉白胎厚釉美如玉的青瓷残片，属官窑；有北宋影青白瓷残碗，碗心碗背花纹线条流畅，碗心花纹尤为精美；有福建黑建盏残片……这些都是名窑烧制，上到北宋，下限为元代，没有明、清瓷片发现，说明遗址毁于元代，至今700多年，还说明宋代这里有名门望族住过，不然不会有这么多高档瓷片和刻花砖遗存出现。连日来，为了寻找遗址遗物的渊源，我翻山头，找资料，访群众，终于发现这座枕头山为龟穴，名龟峰。我马上联想起桐山西园高氏族谱中的一幅木刻图——朱熹龟峰讲学图。难道这里就是朱熹讲学之处一览轩！无怪这里埋存着精美瓷片。从地形、方位来看这里真有可能是一览轩，有县志载，双髻山，旁有龟峰，州志说"峰最高处，有一览轩遗址"。

枕头山，位于水北之东，相对高度45米，三面临水，一面背山，山形似龟，称龟峰。山环水抱，北望水北长流，有御屏峰，可见"御屏积翠"；西望青山重叠，有鳌峰山，可见"昭明夕照"；南望远山如眉，桐江万家烟火；东望双髻凌云，烟蒸霞蔚，青松翠竹，真是理想的观光胜地，养生处世的净土。龟峰一览轩，为桐山名门贵族高氏所建，是文人墨客的居住地，当年南宋理学家朱熹就在其中讲学。有一首宋诗《双髻山》云："双髻屹立几千尺，古木长藤风瑟瑟。虚空八表气清冷，月白中天露华滴。桂花影照团圆光，猿猱笑声秋夜长。广寒宫府近相逼，妙歌一曲舞霓裳。"当看到这些历史悠久、名贵的刻花砖、布纹瓦、龙泉瓷、黑建盏、影青碗、芒口盘时，我们好像看到当年文人雅士谈笑风生、品茗吟诗，也听到朱熹的高谈阔论。

遗憾的是，当我们发现时，山头已快被推土机铲完了。不然一定会发现更多的东西。十架推土机在工地繁忙，于开发商看来，时间就是金钱，对我来说，那一铲铲铲掉了历史文明、珍贵文化。我联想起20年前一次文物会上领导的讲话：大建设过程，对文物来说是大发现过程，也是大破坏过程，如何做好文物普查宣传非常重要。

窑址

　　窑址是陶瓷生产经营过程中遗留下来的手工业遗存，可能遗留有古代废弃、毁坏、掩埋的窑场、窑炉、窑具、作坊和烧窑遗迹等。窑址蕴涵着丰富的历史信息，能够反映当时的科技水平、文化交流情况、艺术审美情趣等，具有极高的文物价值和社会价值。福鼎市区目前发现的窑址主要有两处，分别为桐山街道岭头碗窑坪窑址和山前街道百胜岗尾碗窑址。两处窑址主要生产青白瓷，同时有少量白瓷、黑釉盏等，为日用瓷。

　　岭头碗窑坪窑址位于福鼎市桐山街道岭头村碗窑坪自然村大澳至溪坪公路约10.6千米西坡上。据二普资料记载建于南宋，距今约700年。海拔约200米，东西长约5米，南北长约4米，总面积20平方米。1987年4月调查，未发现窑口及废品堆。仅局部

岭头坪窑址剖面俯拍

岗尾窑出土器物

地边田头有少量残匣钵采集、残支座、垫饼、残窑砖各1件，残青碗底足6件，青釉划滗纹瓷片7片。2009年第三次全国文物普查，该遗址大部分被杂草及茶园覆盖，在公路上园地里只发现了零星残片及匣钵。遗址现在大部分已开辟为公路和茶园。据出土器物分析，产品以白瓷为主，器形以碗为主，主要为日用瓷。2013年此处由福鼎市人民政府公布为不可移动文物。

百胜岗尾碗窑址位于福鼎市山前街道百胜村海边自然村岗尾，窑址是大山延伸部分较为平缓的小山坡，三面临海，相对高度30米，面积20000平方米，呈东西走向，2009年11月普查时发现。地表随处可见大量匣钵及碗碎片，窑口已露出地面。采集有匣钵5件、匣钵残件13件、碗1件、碗底足片26件、碗口沿片18件。初步断定为南宋时期所建。该窑址面积庞大，保存一般。据出土器物分析，产品以青瓷为主夹有少量白瓷、黑釉盏等，器形以碗为主，主要为日用瓷。百胜岗尾碗出土器物较多，可惜在发现的时候大部分已经开发（今泰禾红树林、碧桂园一带）。

（本文由福鼎市博物馆供稿）

圆觉寺

圆觉寺位于桐山街道西园路，今福鼎一中校园内。坐西朝东，属二进四合院式砖木结构。中轴建筑由前亭、前殿和后堂组成。

前亭俗称太子亭，相对独立，面阔3间12.8米，进深3柱5.6米。屋顶为重檐木构，下为悬山顶，上为庑殿顶（庑殿顶在中国各屋顶样式中等级是最高的）。雕刻有卷草纹、花瓣纹等。前殿是圆觉寺大殿，由门厅、天井和正殿组成，道光二十六年（1846）重修。正殿面阔7间23.5米，进深7柱11.8米，抬梁穿斗混合式木构建筑。前殿后侧紧连后堂，前后以砖墙隔开，相对独立。后堂实际是高氏宗祠，由前门廊、天井、后堂和两侧厢房组成，占地面积约647.5平方米。前门廊面阔3间12.5米，进深2柱1.5米，天井宽10.3米、深7.1米，后堂为两层楼建筑，重檐硬山顶，面阔5间23.6米，进深7柱10.7米。

根据明万历《福宁州志》、清嘉庆《福鼎县志》以及《桐山高氏宗谱》等记载，圆觉寺旧名罗汉寺，始建什么时候已无法知晓，明永乐二年（1404），西园高氏族长高伯泰"因其故址而重拓之"。明正德十五年（1520），高氏又"捐资市易工材，拓旧址而新之"。明代以来，特别是嘉靖中期开始，倭寇活动进入最猖狂期，随着倭寇活动加剧，福鼎也时常遭受倭寇侵扰。始建于宋代的桐山营营中的高氏祠堂，在这个时期"毁于倭乱"。同时，高氏族人也发现，倭寇"独敬佛不毁寺观"，因此，迁神主于圆觉寺后楼，"盖以避倭也"，所以形成现在看到的圆觉寺"前寺后祠、寺祠合一"格局。圆觉寺除了祭祀活动外，高家族人还在里面办起私塾。高氏的女婿、柘荣县明万历二年（1574）进士游朴，秀才时就曾在圆觉寺读过私塾，并且留下了《题圆觉寺》诗："圆宫性所爱，临眺不妨迟。流水无春夏，岩花自岁时。山人谈梦幻，渔父识推移。预订他年约，归来共钓丝。"清桐南贡生施庭嘉（字亮泰）亦有《题圆觉寺》诗："松杉荫满古禅寺，翠竹黄花遍地芳。一阙钟声通觉路，十分月色是圆光。"到了清道光二十六年（1846），高大亮主持改建圆觉寺，现在我们看到的圆觉寺格局、形式，基本是这次维修保存下来的。20世纪20年代高氏在圆觉寺兴办广陵小学。1938年秋，林鹤樵、李得光（华卿）、肖希陶等人创办私立北岭初级中学，先后在育仁小学旧校

圆觉寺太子亭俯瞰

舍（原址在今县委大院内）、栖林寺、白琳翁江肖氏旧仓楼办学。到1940年秋定址圆觉寺，以太子亭为教室，以佛殿为礼堂，以祠堂为校舍。同年冬，经过福建省教育厅命题考试，审查合格，接收为福鼎县立初级中学，是福鼎建县以来第一所中学，也就是现在福鼎一中的前身。此后，圆觉寺作为福鼎一中校产，多次维修。

1989年，圆觉寺被福鼎县人民政府公布为第一批县级文物保护单位。

金维娇故居遗址

金维娇故居遗址位于桐山街道水北村高滩自然村,基本被毁,仅余一面石外墙较完整,但整个格局还在。

金维娇,贯岭邦福村牛角垅自然村人。清宣统三年(1911)生于穷苦农家,7岁时与高滩村的蔡宗竹定下"娃娃亲",17岁嫁到高滩村。1936年,中共瑞平泰中心县委书记郑丹甫、中共桐霞县委书记林辉山等到高滩村秘密进行革命活动。金维娇与丈夫蔡宗竹积极参与活动,任地下党交通员。1936年初夏,红军在高滩村附近的南峰山、青山岭迂回作战,频频告捷。金维娇遵照党组织的部署,动员乡亲筹粮筹款,赶制军衣草鞋,支援前方部队。6月,金维娇担任高滩村人民革命委员会妇女委员,带领全村妇女参加轰轰烈烈的反青苗斗争。1937年6月,浙南人民革命委员会妇女部长蔡爱凤与通讯员池方喜来到高滩,金维娇与她们密切配合,暗中往返于坪园、溪底等十几个村庄宣传革命,建立妇女小组,组织群众进行秘密活动。不久,经蔡爱凤介绍,金维娇光荣地加入中国共产党。

高滩村红色政权的建立和游击战争的开展,引起国民党的恐慌。1937年10月12日,国民党福鼎县保安四团出动一连兵力洗劫高滩村。金维娇为了保护来不及转移的蔡爱凤,屋后被搜出标语,背着2岁的小女儿,撑着7个月的身孕,与蔡宗竹、蔡宗木、蔡宗梅3兄弟及50多个村民同时被捕,一起被押往县城。15日,经历了敌人的吊打、夹杠、坐老虎凳、灌辣水等酷刑后,金维娇被残酷杀害。

青山岭战斗旧址

青山岭战斗旧址位于桐山街道岭头村和贯岭镇何坑村之间的青山岭。1936年6月下旬，刘英、粟裕率领的红军挺进师进入福鼎的上澳、青山岭，临时省委机关驻扎在贯岭透埕南峰山。6月25日清晨，敌闽保四团2个连兵力从桐山城出发，要对岭头、何坑、库口一带进行"清剿"。得到情报的刘英同志决定在上澳、青山岭一带打一个伏击战。青山岭山势陡峭，许多地方坡度超过40度，山林密布，易守难攻。由于被敌探子发现，战斗提前打响，从当天下午两点一直打到天黑。在相持不下的情况下，岭头、何坑、大南山、上澳、青山岭、南峰山等地的群众纷纷赶来助战，敌连长见势不妙，带领残敌20多人从游击队火力较弱的北向突围逃往县城。经过近1个小时的激战，打死打伤敌军30多人，缴获轻机枪1挺、步枪30多支、短枪1支。此战红军仅轻伤8人，游击队员牺牲1人。青山岭伏击战，是红军挺进师在福鼎域内继王家山战斗后取得的又一次胜利。

普后北斗宫

  普后北斗宫，位于山前街道普后村。始建无考，明正德二年（1507）由高泩重建，嘉庆十五年（1810）、1993年分别重修。正殿坐北向南，面阔3间9.5米，进深5柱减中柱7.5米，面积103.6平方米，硬山顶式砖木结构。大殿中间有一神龛，供奉五显灵官大帝。神龛前为供台，宫内另有石碑一通，香炉一口。

  在神龛和供台上分别刻着"大明正德二年丁卯正月之吉桐山营高发心采石重建"与"嘉庆十五年水北里人林似锦立"的字迹。正梁上写着"公元一九九三年癸酉年九月六日吉旦，兴发境、顺昌境、顺安境再建"的字迹。殿坐北朝南，面阔3间9.5米，进深5柱减中柱7.5米，建筑面积103.6平方米。硬山顶砖木结构。神龛正前方有一供台，长1.63米，宽1.215米，高0.865米，为青石结构；神龛左侧有一块石碑，碑宽0.41米，高1.04米，厚0.155米，底座为梯形式样，上宽0.52米，上厚0.21米，下宽0.55米，下厚0.31米，高0.355米；石碑上面刻有"立公碑，五福宫三境福户于光绪元年喜舍宫基一所，与兴发境新建杨府圣王宫一座，前后所有余地竹木，凡归五福宫所管，于发境各户无涉，此订光绪九年岁次癸未顺昌、普后、顺安三境公敬立"。正宫左侧一间供奉看牛大王和财神，正宫右侧一间供奉观善大师和福德正神。案前有一个香炉，上面雕刻有龙凤图案，较为模糊不清。

栖林寺

栖林寺位于福鼎市桐城街道柯岭村柯岭自然村鳌峰山下。清嘉庆《福鼎县志》载："栖林寺，在治西五里。《三山志》作栖林院。后晋天福三年（938）建。"宋宣和年间重修，之后有南宋温州平阳四十都（现泰顺县）檀越张千二施舍周围园址厝基，并施本州管下到鼎邑共计1200箩田园以及寺院前后左右四周山场。元代至元、至正年间，张公后裔千十一再次重修。"文革"期间寺院封闭，直到1980年才开放。1981年，福鼎县佛教协会在栖林寺成立。

该寺现由山门、天王殿、法堂、大雄宝殿、后殿、观音楼、卧佛殿、华严别院等组成，占地面积7500平方米。天王殿有弥勒佛、伽蓝菩萨、四大金刚（天王）等雕像。正殿面阔3间16.3米，进深7柱减中柱15.2米。重檐歇山顶，抬梁式木构架。中央供奉释迦牟尼佛，两旁有十八罗汉像。大殿佛像两旁分列《大悲咒》《波若波罗密多心经》《往生咒》等。释迦牟尼佛后方供奉观音菩萨、地藏王菩萨、文殊菩萨、普贤菩萨。后殿面阔9间31.2米，进深7柱带前廊12米，穿斗式木构架，重檐歇山顶。寺后有"惟精井"，建于宣和六年（1124），井沿用四块青石锁成，直径1.5米，每块青石厚为0.17米、高046米。井旁刻有"惟精颂"碑铭。寺内有石碑2通，分别为县仪案和奉宪立碑。此外在山门左方山丘上，至今还保存着一座埋葬母猪的宋朝古墓，墓碑上书有"猪母墓"三字，碑文后刻有时间"北宋政和辛卯年（1111）十二月

"县仪案"碑

初六日"。1989年被公布为福鼎县第一批文物保护单位。

　　猪母墓是我省目前发现的唯一一座母猪墓,这座古墓背后还藏着一段感人的故事。据现任住持德清法师讲述,在《福鼎县志》和《栖林寺志》中记载,栖林寺建于五代后晋时期,至160多年后的北宋政和年间已经显得破败不堪,僧人们想翻修一番,但苦于资金不足。当时寺庙里散养着几只猪,僧人们每天都会将剩菜剩饭留下,敲一敲钟,猪就跑来吃。有一天,僧人们敲了半天钟,却怎么也叫不来一只老母猪。后来,他们在后山找到了这只老母猪,发现它正努着鼻子使劲拱土,还发出哼哼的叫声。寺内僧众发觉此地有异,于是挖开了母猪拱的地方,发现了三口装满白银的坛子。这一笔财富恰好能解决寺庙翻修的问题,僧人们喜上眉梢。为了感谢发现银子的老母猪,在它死后僧人们予以厚葬。那一年正是宋政和辛卯(1111)年,也就是宋徽宗当政时期。由于母猪没有名字,寺院僧众因业在墓碑上就写着"猪母墓"三字。因此,900多年来,每任住持都会交代下一任在清明节时要去扫墓,它无关信仰,而是一份感恩之心,至今传续不迨!

　　栖林寺在历史上一直以昭明寺下院存在。昭明寺主持往往兼任栖林寺主持。南宋状元王十朋曾题诗:"我如倦鸟欲栖林,喜见禅僧栖处深。家住梅花小溪上,一枝聊慰北归心。"

石湖桥

石湖桥位于福鼎市桐城街道石湖社区龙山溪上。该桥始建无可考,传为王仙源所建的三十六桥之一,有"三十六桥风雨夜,几多诗句在人间"句,明成化元年(1465)玉塘夏荣重修,西园高宏于桥头建屋9间,清乾隆十六年(1751)夏勋再修。石湖桥呈东北—西南走向,是两孔一墩花岗岩青石构的平梁桥。全长24米,桥身长19.2米,宽3.35米,高4.3米,两旁护栏,青石质地,高55厘米。分为3节,每节由6—7块花岗岩质地石块组成。石桥古朴大方,为桐城古五桥之一,也是目前保存最为完整的石桥。该处原为龙山溪下渡口,海水涨至石湖桥下,春涨带雨,大小船只停泊于桥下,舟楫飞渡,生意盎然,构成了桐城八景之一的"石湖春涨"。志载自石湖桥至春牛亭,一路芳草长堤,桃红柳绿,翠竹新篁,美不胜收,乃仕女游春流连踯躅之所。春牛亭,

石湖桥

旧时为县太爷祭春的场所，每年春耕时节，县太爷要在这里祭春，并亲自牵着耕牛下田犁田，曰"开犁"。这天各地男工女工，纷纷来看"开犁"。其时正是踏春时节，石湖桥畔热闹非常。清光泽知县吴名夏有诗："参差石齿砌长堤，春水初生两岸齐。渡口乍移迷故道，沙浪新涨失前溪。雉头俯视围如带，桥面平铺卧似霓。题柱当年怀驷马，长乡题后更谁题？"

石湖桥头有地主宫，由门厅、天井、正厅组成，门厅面阔10米，进深7.7米，悬山顶抬梁式木构架，天井进深4米，面阔6.1米，正厅面阔3间10米，进深5柱减中柱8.3米，悬山顶抬梁式木构架，月梁、斗拱、雀替雕刻有鹿、花卉、鳌鱼等图案，雕刻精美、形象逼真，正厅供奉观音、仙娘、关帝。现在前部改建为石湖书苑。内有桥头宫碑、改造石桥姓氏碑和福鼎四至残碑（嵌于墙内）。其中桥头宫碑青石质地，位于桥头地主宫（今为石湖书苑）内，高1.22米，宽0.46米，厚0.09米，底座花岗岩石质地，上宽18厘米，下宽22厘米，上长56厘米，下长70厘米，高40厘米。

林滋秀故居

　　林滋秀故居位于今桐城街道海口社区海口路林厝里，据说因门前两棵桂花树，因此叫"双桂堂"，至今已有400多年。故居坐北朝南，占地面积2000平方米，建筑面积1300平方米，由前门、前厅、正厅、后门组成，四合院结构，前门与前厅、前厅与正厅之向，均有天井。前门砖构，上铺瓦片。前厅、后厅均为二层，重檐歇山顶，抬梁式木构架。前厅面阔3间5.2米，进深6间11.5米，两旁建有厢房。连接前厅与正厅的天井用青石砌成的道路，宽1米，长6.2米，正厅面阔3间5.2米，进深15米，所有厅梁、雀替都有雕刻，但雕刻较为一般。后门也为砖构，比前门简单。林滋秀故居2013年被公布为福鼎市第四批文物保护单位。

林滋秀故居

陈九苞故居

陈九苞故居位于桐山街道施厝巷内，坐东北朝西南，故居前有一照壁，照壁正中间有一"福"字，旁边绘有蝙蝠和云纹图案。由于年代久远，加上风吹日晒，部分图案已模糊不清。故居四合院构造，占地1000平方米，大部分已改建新居，仅余前厅部分。前厅建筑面积250平方米，抬梁式木构架，厅前为大门，前有二小门，高一米许，小门上有花卉图案。前厅中央面阔3间4.7米，进深4间5.4米，雀替雕刻有麒麟、龙、兔、鳌鱼等图案，雕刻精美。前厅柱础形状多样，有鼓形、多面体形、方形等不同形状。左、右两旁各有两间厢房，陈九苞当年就住在右边的厢房。厢房有两格窗户，花纹多样，雕刻各种花的图案（以桃花为主），但因年代较久，许多地方已经残损。

陈九苞所绘八仙山水四条屏为福鼎市博物馆藏品，经专家鉴定为3级文物，四条屏裱绫长1.5米，宽0.335米，画心长1.17米，宽0.281米，四条屏合计重295克。屏为四幅一套，均为纸质，设色山水，绘有八仙（每条绘八仙中的两位仙人）及山水。

其一人物内容为八仙中铁拐李、汉钟离二仙，铁拐李立于葫芦上，汉钟离手执蒲扇，立于荷叶上，葫芦、荷叶在水上漂行。左上角有款识"甲寅秋日筼崖苞写"，行书。其他款识与第一张相同。

其二人物内容为八仙中吕洞宾、曹国舅二仙，二仙坐于松树下品茶，左上角有款识"筼崖陈九苞"。其他款识与第一张相同。

其三人物内容为八仙中张果老、韩湘子二仙，两仙坐于树下石头上，张果老打快板，韩湘子吹笛，左上角有款识"筼崖九苞写"，款识下为两个印鉴，印鉴均为朱文，一为"陈氏九苞"四字，一为"筼崖"二字。右下角有一印鉴，朱文，内容不清。

其四人物内容为八仙中蓝采和、何仙姑二仙，蓝采和划船，何仙姑手执荷花，一前一后，两位仙人间隔头上方挂一花篮。左上角有款识"筼崖氏写"，草书。其他款识与第一张相同。

陈九苞设色山水四条屏

桐山·桐城·山前

昭明寺和昭明寺塔

昭明寺位于福鼎市城西 3.5 千米的鳌峰山顶，建于南朝梁大通元年（527），距今已近 1500 年历史。昭明寺是福鼎六大寺之一，相传为昭明太子萧统敕建。据《福宁府志》记载，梁大通元年，昭明太子萧统敕建寺宇赐额，并造七级浮屠以镇温麻，遂以"昭明"名寺。寺内有山门、天王殿、大雄宝殿、钟楼、法堂、禅堂、藏经楼、净土堂、玉佛楼、白衣阁和六角砖塔等。昭明寺是福鼎城郊一大胜景，"昭明夕照"是桐山八景之一。明签事林爱民、参政游朴，清乾隆翰林院编修何西泰等古代名人均为它题有诗赋。

昭明寺塔亦始建于南朝梁大通元年，现存塔为明代嘉靖十三年（1534）建造。塔身高 25.6 米，空心，六角，为仿木构楼阁式七层砖塔。基座以石块砌成，底层面积 47 平方米，塔身为仿木结构，每个转角处，设仿木立柱，上架斗拱，第一层有外廊，防止雨水冲刷。每层屋顶以叠涩而成。以上各层逐层收小，屋面俯视为凹弧形，转角

昭明寺

隆脊向外作飞檐式，顶部均有小铜铃。顶为塔形，各层正中均有佛龛，佛龛内供奉佛像。塔身均为青灰砖。多为素面，小部分有文字、图案。塔中间为空心，有楼梯可登至塔顶，登塔顶可鸟瞰桐城全景。底层塔身写有文字，记载本寺田产。昭明寺塔位于昭明寺中央，清乾隆五十六年（1791），塔顶被雷击毁，1983年对塔身进行加固。2009年公布为福建省第七批文物保护单位。

昭明寺塔是福建省始建年代最早寺塔之一，据县志载，在建昭明寺的同时"造七级浮屠，以镇温麻"。"大梁大通元……"残砖于1983年重修昭明寺塔时出土，经鉴定为3级品。残长15厘米，残宽10.5厘米，厚4.8厘米，重920克。灰色，可见铭文"大梁大通元"与"一所以"字样。这块残砖虽然破损厉害，由于时间明确，很好地印证了昭明寺塔始建于南朝梁大通元年，因此有很高的价值。

昭明寺塔一层中央有明代嘉靖十三年碑铭，上书：

此塔建自萧梁昭明太子大通元年丁未，迄我朝嘉靖甲午千有三十五年。奈何世久，砖瓦飘零，主持僧广性请同福宁州十七都信士徐湖、信官高祥同弟高汉募众同修，采妆圣相，塔后复建禅堂五间，总报四恩，齐资三有，咸祈法界庄严、胜事悠久者。

大明嘉靖十三年甲午腊月谨识

昭明寺塔

残砖

玉塘城堡和夏氏义冢

玉塘城堡旧名塘底堡，位于福鼎市桐城街道玉塘村，明嘉靖三十九年（1560）夏氏乡民为抗倭而筑。城墙南面临海，北面绕山，为花岗岩石构，平面近似方形，总长约874米，城墙高2.5—7米，厚0.6—3米。原设东、西、南、北4门，因北门险峻，筑城时因失一石匠而封闭，现有东、南、西3个门。西门拱形，宽3.1米、高3.5米、厚2.6米，门额刻"玉塘城堡"四字；南门拱形，宽2.2米、高3.1米、厚3.2米；东门为长方形，宽1.7米、高3米、厚1.7米，门额刻"东门"二字。北侧城墙有走马道，宽1.5—3米。城堡建有敌楼3处、女墙数垛，均已毁。大部分墙体虽然遭受数百年来雨水风化等侵蚀，但是基本保存较好。城堡内明清民居，布局合理，灰墙黑瓦，花窗

玉塘全景图

玉塘夏氏义冢

梁栋，精雕细刻，古朴大方，是典型江南民居的风格，是研究民宅古建筑艺术的瑰宝；古街古巷，卵石铺地，设有七巷七井（现存六井）；街傍城边，水渠川流，清澈见底。城堡于2013年被公布为福建省第八批文物保护单位。

据玉塘《夏氏宗谱》记载，清顺治十三年（1656）农历八月十八夜，倭寇从海上攻来，族众英勇抵抗，战况异常惨烈，夏士可奋勇杀敌，被寇活活烧死。夏元绅勇冠三军，顽强杀敌，身负重伤，衣血披襟，毒发麻风，为使剧毒不传染他人，自求活埋。但最终寡不敌众，倭寇破城入室，尸横遍野，血流成渠，满目焦土，惨不可闻。这次战斗，给玉塘夏氏造成重大损失，夏氏族人平均每十人仅存一两人。战后尸骨随意埋葬，直到100多年后的道光十五年（1835），夏氏后人才于东门外集中堆尸入冢，设夏氏义冢，坐西北向东南，呈圈椅形，鹅卵石砌成。通面阔6.2米，通进深14.3米，占地面积88.66平方米由墓坪、墓碑组成，墓坪宽6.2米，墓碑高0.6米、宽0.4米，青石质地，碑上刻书："玉堂夏氏义冢，道光己未年花月吉旦，全六房为首，夏炳、文、陈、常立。"1997年玉塘夏氏义冢被公布为福鼎市第二批文物保护单位。玉塘夏氏义冢是一处重要抗倭墓葬，是进行爱国主义教育的场所，是玉塘城堡的重要组成部分。为纪念这些抗寇英烈，玉塘村民每到清明节都以鸡血祭奠。日本熊本大学一位研究东方文化的木下尚子教授在参观玉塘城堡时说:"日本人给中国人民留下血的教训。"

西南面城堡外有一坝头溪,旧时沿溪和山坡,多植枫林、乌桕、桂花等,每到秋日,城堡内外树叶一片丹黄,游鱼飞鸟,景色十分迷人,称为"玉塘秋色",是福鼎著名的"桐山八景"之一。

另外玉塘村有许多独特的民俗风情活动,尤其是戚继光在闽东沿海抗倭时提倡的活动,如曳石、三人骑大马、拔竹竿、车缸等。现在已经成为当地中秋节重要节目,活动起来,满城火花,还有轰轰声响,好像战备一样,当年倭寇,听到这样的声响不敢进港。这种民俗活动,场面大,随意性大,参与性大,是珍贵的非物质文化遗产。

玉塘夏氏宗祠原收藏民国透雕七层象牙塔,后玉塘夏氏捐赠给市博物馆收藏。象牙塔玲珑小巧,高27厘米,底径6.9厘米,重425克。塔身7层,每层逐渐缩小。塔的每一处细节,都可见其精湛的制作技艺。塔刹顶部刻有一只小鸟,塔身每层均有塔铃,塔铃可以摇动,内部还刻有庄严的佛像。瓦楞门楣,窗棂走廊,一应俱全,栩栩如生,若是仔细看,会发现每一层的窗棂与栏杆都有细微的差别。象牙是大象身上最坚硬的部分,在这上面雕刻的难度可想而知,而要做到像这般精巧,制作之人的匠心可见一斑。

民国透雕七层象牙塔

三门里交通站旧址

　　三门里交通站旧址位于桐城街道三门里村沿山16号，房屋左侧偏房部分倒塌。1937年，国民党反动派的"围剿"逐步升级，闽浙边区的形势越来越严峻，福鼎地区的根据地遭到严重的摧残，党的组织受到严重的破坏。在残酷的斗争环境中，郑丹甫等革命同志根据敌人对老区疯狂"围剿"，而对新区比较放松的规律，决定钻到敌人的眼皮底下活动。三门里离县城只有5千米，是个新区。郑丹甫同林辉山利用同姓宗亲的关系进驻三门里，建立了党、团组织，通过发动贫苦农民，相继成立贫农团、妇女会、儿童团。在党的领导下，三门里成了可靠的"革命之家"。三门里基点村的开辟与各种组织的建立，正处在敌人8个月疯狂"围剿"的最艰难时期，三门里就像红色的堡垒保护着革命，赢得了反"围剿"斗争的最后胜利。

丹岐张氏宗祠

丹岐张氏宗祠位于桐城街道丹岐村丹岐自然村。据族谱记载，始建于清嘉庆丁丑年（1817），经光绪二十二年（1896）以及1920年两次修缮，坐东南向西北，属砖木结构。通面阔17.4米，通进深9.5米，面积为165.3平方米，祠堂面阔5间17.4米，进深5柱减中柱9.5米，抬梁式硬山顶。祠堂内斗拱、雀替、梁架彩绘雕刻精致。

福鼎市桐城街道丹岐村张氏始祖景良于明洪武年间从原长溪县阜坪迁至依山面海的丹岐村。1817年，丹岐张氏始建成小规模宗祠一座，期间虽经多次扩建整修，但也已不适应因人口增多而举行较大型祭祀活动。2004年冬，经理事会倡议，举全族之力，众多能人、贤人慷慨解囊，投入资金300多万元，建成一座占地面积4300多平方米，总建筑面积1300多平方米，主祠建筑面积580多平方米，集砖、木、石混搭于一体的仿明清祠宇风格，又具有新时代特色的一所堂宇建筑群。

祠堂开五槛，二进一院，整体结构堂皇气派、肃穆凝重，主体结构制作精雕细刻。正堂厅顶用八角藻井、九龙缠鼎、盘龙吐水、八角花篮、八仙过海等浮雕加以装饰。其木、石雕工艺的精湛艺术在福鼎的祠宇建筑中名列前茅，祠宇屋顶双龙互对，屋面琉璃瓦铺盖，金碧辉煌。祠正门上方高悬"张氏宗祠"玄武石匾额，正门一对石狮守护，两旁祠墙用花岗岩石板雕刻二十四孝图像。正门前建有花园式祠埕空间，面积约1500平方米，可供大型祭祀活动。围墙绕祠宇一周，使整个建筑群融为一体，浑然天成矣。

丹岐张氏宗祠

小㳇谢氏宗祠

小㳇谢氏宗祠位于桐城街道三门里村小㳇自然村内，根据梁架结构与平面布局判断始建于清代。祠坐西南向东北，属一进合院式砖木结构，基座由花岗岩石砌成。通面阔 14 米，通进深 21.6 米，面积为 302.4 平方米。中轴建筑由大门、戏台、天井及正厅组成，大门宽 1.8 米，正上方书"谢氏宗祠"四个大字；戏台面阔 14 米，进深 7.8 米；天井宽 7.3 米，长 4.2 米；正厅面阔 5 间 14 米，进深 4.2 米，抬梁式硬山顶。祠厅内月梁、雀替、窗雕精美，雕刻有狮子、花卉、人物等，形象生动、古朴大方。谢氏宗祠对研究当地民俗文化有一定的历史意义。

仙翁塔

仙翁塔位于桐城街道江边村江边自然村东 500 米仙翁山山顶品岩洞。据塔亭碑文记载建于清代，坐北向南，由塔亭和塔组成。碑亭青石砌成，宽 2.05 米、深 1 米、高 4.7 米，碑宽 0.7 米、高 1.2 米，正中刻"宁福山品岩洞仙翁香位"。塔建于几块大花岗岩石块上，平面呈六边形，花岗岩石块砌成，由塔座、塔身、顶刹组成，塔底周长 8.5 米、高 0.32 米；塔身九层、逐层逐渐缩小，最长的为 0.8 米，塔身正面有一圈顶门，门宽 0.6 米、高 0.85 米，顶刹为葫芦形。

该塔一直以来被认为是一座道教塔。前几年，省古建专家到现场调查，认为这种塔的形制与闽南的一些灯塔类似，以及塔所在的位置判断，应该是灯塔的可能性更大。只是后来荒废了，又有其他人随意改造为现在样式，特别是塔的顶部也有较大的改造痕迹。

仙翁塔

施氏宗祠

施氏宗祠

福鼎桐山施氏家族于400多年前明朝嘉靖年间，由福建泉州府晋江县衙口乡辗转迁至福鼎桐山城南桑园境（今施厝巷）定居，繁衍生息。清道光五年（1825）修建施氏宗祠，于道光九年（1829）落成，立堂号"时思堂"。本堂前后左右，衡宇相望，均为施姓宗亲，故名施厝巷。施氏宗祠坐落于施厝巷9号，总占地面积1200平方米，坐南向北，属一进合院式砖木结构。祠由门厅、天井、正厅组成，门厅面阔4.28米，进深7.72米，正厅面阔5间，进深5柱减中柱，抬梁式悬山顶。两旁有厢房。祠内的雀替、斗拱、梁架上雕刻精美，刻有狮子、花卉、人物等。祠碑厚0.1米、宽0.95米、高1.52米，底座宽0.87米、厚0.32米、长0.5米。门外有一对旗杆夹，为青石质地，厚0.13米，高1.5米、宽0.3米。

施氏宗祠雕梁画栋，尽显庄重雍容气派。祠堂大门彩绘两尊相貌威武的门神，大门两侧还踞立着一对雕工精细、形神兼备的青石狮子，更显得气势威严。"修旧如旧"后的宗祠内部依然古色古香，精湛的建筑装饰随处可见。各类雕塑装饰图案造型雅致、内容丰富，表现出深邃的文化内涵与精湛的艺术品位。2013年该祠被福鼎市人民政府公布为不可移动文物。

汀州桥碑群

水北汀州桥碑群位于福鼎市桐山街道镇边村水北汀州桥西面桥头。原来的古桥已毁,仅存 8 通桥头碑,散布于桥头各处,分布面积大约 40 平方米。碑刻有青石和花岗岩质地两种。碑一宽 0.88 米、高 1.4 米、厚 0.09 米;碑二宽 0.9 米、高 1.6 米、厚 0.55 米;碑三宽 0.88 米、高 1 米(未见底)、厚 0.9 米;碑四宽 0.55 米、高 1.1 米、厚 0.11 米;碑五宽 0.9 米、高 2.1 米、厚 0.1 米;碑六宽 0.9 米、高 2.1 米、厚 0.1 米;碑七宽 0.9 米、高 2.3 米、厚 0.11 米;碑八(已残)宽 0.87 米、残高 0.8 米、厚 0.09 米。8 通桥头碑记载自嘉庆六年(1801)至清末,各朝代修桥政府拨银及当地人们捐银等内容。汀州桥是福鼎市第一个由政府出资修建的桥梁,所以具有较高的历史意义,而汀州桥碑对于研究古代建桥梁历史有重要价值。2013 年碑群被福鼎市人民政府公布为不可移动文物。

汀州桥又称水北溪桥、长汀石板桥,是由政府出资修建的桥梁,据《福鼎县乡土志》记载:"始建于清嘉庆六年(1801),县令岳廷元倡建。"汀州桥原长 280 多米,东西走向,有 63 个桥墩,是福鼎市内最长、最古老的石板桥,后经加固加宽。当年,它是闽浙两省交通往来的重要桥梁,是福建、浙江等客商往来的必经之路。据桥头村村民介绍,以前浙江商人都要步行过桥做生意,那时候这边的客栈多达 11 家,为往来商客提供住宿,昔日繁华可见一斑。因此,桥头村也曾被誉为"小台湾"。直至 20 世纪 90 年代,一场大洪水将石板桥冲毁大半,桥面和桥墩经过修补加固已很难看出它的原貌。值得庆幸的是,桥端仍残存部分完好的石墩,与石板交错镶嵌,可见古人的智慧。桥头斑驳的石碑见证了石板桥昔日的繁华。长汀桥曾先后翻修过几次,最近的一次是从 2018 年农历九月开始,到 2019 年农历二月二十六正式通车。以前桥边有玄帝宫,但在"文革"时期遭到了破坏,现在的是根据以前的描述重塑的。

"血染柴山"旧址

柴山村在革命年代这里只有 3 幢房子，住着 16 户人。也就是这个边区小村，早在土地革命时期就是鼎泰区的一个地下交通站，也是边区地下党组织活动的一个秘密据点。抗日战争时期，这里还发生了震惊边区的"血染柴山"事件。

柴山村处于福鼎的西北方向，距岭头、横路脚、三坵盾等村均两三里路，离县城十余里。在第二次国内革命战争时期，当地群众就积极参与革命活动，担负运站岗、放哨、带路、送信、买东西等任务，甚至配合游击队打土豪等工作，在对敌斗争中表现出许多值得歌颂的英勇事迹。当敌人来搜捕时，他们积极想办法保护同志们脱险，而自己遭敌逮捕时，无论在刑场上、法庭上或者监狱里，都保持大无畏牺牲的精神，绝不泄漏党的秘密。1936 年，福鼎的革命活动正在蓬勃发展着，国民党反动派为了消灭福鼎的革命力量，派八十师于 1937 年春进驻福鼎"清剿"。他们除对根据地进行烧、杀、抢掠外，并实行移民并村及自首等政策，在大村子里驻兵，建立保甲制度，组织联甲队，修建碉堡，采取软、硬兼施的办法对革命施以高压。但福鼎的共产党人在广大群众的支持下，坚持革命活动，红旗不倒。

1937 年清明节以后，郑丹甫等几位同志住在柴山村，其中一位女同志名叫蔡爱凤。这时形势很紧张，有叛徒带着国民党反动派八十师的兵，到处"搜剿"。按惯例，柴山村群众为了同志们的安全，每天天未亮，就催同志们吃饭，饭后就把同志们带到一个秘密的石洞里。这次，蔡爱凤同志没有去隐蔽，群众也认为女同志目标不大，而且也不一定会那样巧，敌人今天就会来"围剿"。

想不到事情还就是那么凑巧。大约 9 点钟，叛徒陈文凯（原中共鼎泰区委书记）带着敌人，分两路从柴山村背后岭头村和右侧的横路脚村包围过来，蔡爱凤同志处在危险之中。可是群众是不会让敌人把蔡爱凤同志抓走的。他们很快把黄忠潘嫂背上背着的孩子解下来给蔡爱凤同志背上，把盖头布盖在她的头上，又给她一个茶篮伪装上山到茶园采茶去。敌人到几座房子里进行搜查无果，然后就搜山。这位女同志沉着应对，一手忙着采茶，一手拍拍小孩："不要哭。"这把敌人骗了过去，敌人搜了全山没有发现什么问题，垂头丧气地溜回去了。同志们在柴山村群众的掩护下安全地脱险了。

1942年春，柴山村群众配合游击队去筹集经费帮助解决财政上的困难，因目标暴露，被地头蛇告密，敌人突然来包围，12个党员和群众按捕，支部书记黄章兴是其中之一。敌人当天就驻扎岭头村进行审问，想从群众中了解到同志们活动情况，以便进一步消灭游击队。首先被审讯的是黄章兴，虽然敌人如狼似虎，可是黄章兴在敌人面前立场坚定，不屈不挠，绝不泄露游击队的秘密。

　　敌人想从黄章兴口中得到游击队情况的妄想落空了，便恼羞成怒，以杀死其一人来吓唬其他群众，黄章兴就这样在敌人的屠刀下牺牲了。柴山村的群众没有因敌人的残酷而吓倒。他们没有动摇，严守党和革命的秘密，始终没有供出同志们住的地方。当时王明扬、郑衍宗、谢秉培、池方喜等8人住在牛栏岗，距岭头仅5里路。

　　这次柴山村群众遭受敌人摧残是严重的，村里除东西被抢外，有11个男人被捕判刑，剩下的只是老人、妇女和小孩。就黄章兴一家来说，黄章兴牺牲了，他大儿子黄忠楼被捕后牺牲在监狱里，二儿子黄忠民参加了游击队，家里只剩下他妻子和一个女儿、一个5岁的小儿子。黄忠潘4个兄弟，黄忠灿，黄忠五、黄忠炎都被捕，黄忠灿牺牲在监狱里，其余3个判了徒刑，家里只有他60多岁的老母亲、他老婆和两个孩子。下厝抓了林阿梅、林阿扬、林阿双3人；外厝抓了邓阿忠、施石妹、施阿罕3人，他们都被无故判刑。在这种情况下，该村群众的痛苦是不言而喻的，过着吃不饱、穿不暖的生活，有的群众到其他地方去讨饭来维持一家人的生命。柴山村革命群众在遭受敌人严重摧残后，在生产上、生活上处于极端窘迫的情况下，仍然对革命充满必胜的信心。1945年日本鬼子侵入福鼎城关时，在距柴山村仅3.5千米的北山庵山岗上驻扎岗哨，举目可以看清全村的情况，黄章兴同志的妻子毫无惧怕心理，同志们到达该村时，仍然热情接待，为他们烧饭、送茶水上山。

王明扬烈士墓

王明扬烈士墓位于桐山街道石湖社区岭下自然村石湖烈士陵园内，1955年建，坐东向西，混凝土花岗岩构，占地面积2000平方米。王明扬烈士墓西面刻有"公元一九五五年建"；东面无刻字；北面刻"为革命事业英勇牺牲永垂不朽"；东面正上方刻"王明扬烈士之墓"七个大字，下方小字书"明扬同志，你为革命事业尽终，你的精神将永远留在人们心里鼓舞着我们继续前进！——中共福鼎县委员会题"。烈士墓为四棱柱，由砖、石、水泥筑成，墓正方形台阶式6阶。

王明扬，原名炳康，浙江宁波人，1915年举家迁沪，幼年求学于上海九亩田万竹小学。毕业后入南市大南门民立中学就读。当时，他受革命思潮熏陶，追求进步。1931年加入中国左翼作家联盟，同年加入中国共产党。1933年，王明阳任中共中央出版部发行科科长。他乔装商人，负责党中央文件和革命书刊的运送工作。1935年，中共上海党组织遭到破坏，他与组织失去联系，先后到英办天祥洋行、法办保险公司任职员。1937年，抗日战争爆发后，他加入上海职业界抗日救亡工作。不久，他被日军逮捕，虽遭严刑逼供却坚不吐实，后经其父多方营救获释。翌年1月，他受中共组织派遣，到浙江开展工作。3月调任中共金衢特委宣传部长、组织部长兼中共兰溪县委书记。1941年2月任中共浙南特委组织部长，6月又调任中共闽浙边区办事处主任。其时，国民党派重兵"驻剿"闽浙边区，他置生死于度外，深入福鼎贯彻中共

王明扬烈士墓

中央"隐蔽精干"的政策，部署部分干部以各种职业为掩护，分散隐蔽，以保存有生力量。1942年，3月，他复赴福鼎，召开县委骨干会议，组织学习《敌人进攻的实质和我们的对策》，部署斗争，并四处巡视工作。4月，王明扬在福鼎岭头沙潭村遭到国民党福鼎便衣队和保安队的合围，中弹牺牲，时年30岁。王明扬牺牲的第二天正是清明节，人们为边区失去一位好领导，为大家失去一位贴心人而恸哭。边区人民是吓不倒、杀不绝的，他们化悲痛为力量，前仆后继，继续战斗。

中华人民共和国成立后，福鼎县委和县人民政府在福鼎城关为王明扬建立纪念碑，让后人凭吊。

福鼎革命烈士纪念碑

福鼎革命烈士纪念碑位于山前街道山前村阮家尖山山顶，程家洞社区城东北路457号的福鼎市革命烈士陵园内。福鼎市革命烈士陵园于1986年12月奠基筹建，1991年10月竣工。陵园坐西向东，总占地面积36.2亩，投入资金136万元。进入大门为大埕，大埕至顶峰320米，南北两旁石阶各344级，拾级而上，山顶立着高25米、三角形的玄武岩纪念碑，三面书刻着"福鼎革命烈士纪念碑"9个镏金大字，象征福鼎与泰顺、平阳三县市人民在中国共产党的领导下，从1930年起至全国解放为止从来都没有停止过并肩战斗，共同以鲜血谱写光辉的革命历程。烈士陵园由纪念碑、革命历史陈列馆、碑亭、叶飞题字碑、南北中心台阶、门楼、绿化带等建筑组成。

半山腰上另有碑6通，青石质地，分别是：

中共鼎平县委员会纪念碑（叶飞题），碑长0.8米、高1.6米、厚0.1米。

王明扬烈士纪念碑，长1.5米、高1.46米、厚0.1米。

中共闽浙边界临时省委扩大会议纪念碑，长1.5米、高1.55米、厚0.1米。

浙南人民革命委员会成立纪念碑，长0.8米、高1.9米、厚0.1米。

鼎平办事处纪念碑（已残），长1.4米、残高0.8米、厚0.1米。

中共福鼎县委成立纪念碑，长0.8米、高1.9米、厚0.1米。

1986年12月28日，福鼎县委、县人民政府在城关召开"福鼎县人民革命委员会成立50周年纪念会"之际，举行烈士陵园奠基典礼。陵园占地32亩，依山而建，坐西朝东。主要建筑物有福鼎烈士陵园纪念碑、福鼎革命历史陈列馆、福鼎革命烈士英名碑碑亭及陵园门楼，陵园小公路环山到达顶端。门楼左右各有两个赤色花岗岩砌成的高6米的梯型门墩。门内陵园大提，正中横着一尊高级油青花岗岩结构的卧碑，横嵌着全国人大常委会原副委长叶飞题写的"福鼎革命烈士陵园"8个金色大字。大门到山顶有320米，共有348石级，分两道12台，每道宽4米，两道相距8米，中间用绿草团嵌成"功垂史册、气贯长虹"8个大字，使整个陵园浑然一体，庄严、肃穆。山腰北侧为福鼎革命历史陈列馆，南侧为革命烈士英名碑亭。沿着石阶，拾级而上，到了山顶，便是陵园的主体建筑——福鼎革命烈士纪念碑。

福鼎革命烈士纪念碑

福鼎革命烈士陵园是福鼎市重要的革命传统教育基地。在清明节和其他重要节日，很多学校师生及社会各界人士到烈士陵园，缅怀先烈，寄托哀思。

桐山街道其他文物简介

马英杰

高冈墓

该墓位于福鼎市桐山街道水北村小坑自然村东200米的山坡上。据墓碑文记载，建于明正德十二至十六年（1517—1521）。坐西北向东南，青石构，平面呈"风"字形。占地面积294平方米。由栏杆、墓坪、祭台、墓碑、龟背形墓丘及两旁护手组成。墓碑圆首青石质地，长0.76米，高1米，碑文刻"营中广陵高公之墓"。墓丘面阔6.2米，进深4.2米。1997年公布为福鼎市第二批文物保护单位。据桐山《高氏宗谱》记载：高冈（1380—1408），字叔渊，福鼎桐山人。

三广宫

该宫位于福鼎市桐山街道镇西村，据台柱记载，始建于清嘉庆年间，1996年10月4日重修。坐北向南，属一进四合院式砖木结构，宫殿外墙砌青砖。三广宫中轴建筑由正门、戏台、天井、正殿、后门组成，通面阔25.1米，通进深20.8米，面积522.08平方米。正门宽2.2米，门上中间题"三广宫"，两旁对联为："万丈华光海山普照，千秋金鑑孝友同风。"天井宽10.6米。戏台面阔5.1米，进深5.1米，抬梁式硬山顶。戏台柱为青石质地，上刻对联和年代铭文，左文"道光拾年岁次庚寅孟秋谷旦"，右文"民国三年岁次甲寅仲冬谷旦"。

天灯下井

该井位于福鼎市桐山街道政府路口工商银行门前，口沿处刻有铭文：元至元三年（1266或1337。元至元纪年共有两个，一个是元世祖忽必烈年号，另一个是元顺帝年号。由于元世祖忽必烈使用此年号时未统一全国，南方还是在南宋管辖范围，因此1337年的可能性比较大，但也不排除后期重建时使用元世祖忽必烈年号纪年）仲春造，大清光绪廿七年（1901）菊月重建。井栏方形，为花岗石质地，边长0.6米，井身圆形，口径0.52米，井栏顶距地面高0.29米。该井为福鼎城区古代留下最悠久水井，可以说明至少到元代福鼎人口已经达到一定规模。因市工商银行扩建,致地下水被堵塞,现仅存井栏。

北山亭观音殿

北山亭观音殿位于桐山街道岭头村北山亭自然村内,据碑铭文记载,殿始建于明中早期,分别于清咸丰元年(1851)、同治元年(1862)、同治十一年(1872)、光绪十二年(1886)、1918年重修。坐北向南,一进合院式砖木结构,中轴建筑由北山亭、天井、观音殿组成,通面阔12米,通进深17米,面积204平方米。北山亭大门宽2.1米,正门对联仅剩一边,上书"烟树晴开孤轮回"。开东西二偏门,东门上方刻有"北山亭"三个大字,亭面阔3间12米,进深5柱减中柱5.15米,抬梁式硬山顶。天井宽4米,长4.3米。观音殿面阔5间10.6米,进深5柱7.55米,抬梁式悬山顶。2002年被公布为福鼎市第三批文物保护单位。

溪西地主宫

溪西地主宫位于福鼎市桐山街道溪西村,据碑记载建于清代,坐东向西,庭院式砖木结构,通面阔10米,通进深9.4米,面积94平方米,抬梁式硬山顶。宫内有碑一通。该宫始建于清代,民国末年被毁,1998年重修,最后一次重修为2007年。2013年被福鼎市人民政府公布为不可移动文物。

乐善寺

据《福钦法脉寺庵志》载:乐善寺原名乐善堂,坐落于桐山西北三里许之梭罗山安基坪。该寺始建于南宋祥兴元年(1278),乃闽地顺昌知县王小回舍地建堂,后因长时失修而堂废。据《旧志略》载,至清康熙十年(1671)时重建。清光绪十一年(1885),里人周谱等又募金扩建。"文革"期间,遭受法难浩劫,全寺仅留一座平屋佛堂,时仅有比丘尼释正西与优婆夷周二妹二人维持香灯念佛。"文革"后,有立平法师来寺,见名刹庵堂年代浸久,栋梁倾颓,莲座蒙尘,风雨不庇,顿感凄凉,然悲心不忍视其倾毁,毅然挑起复兴担责。师自是起以身作则,发菩提愿,每日与十方善信奔波劳作,推磨挑砖,日夜勤耕,为修葺旧宇,兢兢业业,鸠资整治。30多年来,经师之手,新建大山门，庄严矗立，门前两座巨大石狮雕像虎虎生威，入山门拾级而上，气势宏伟的大雄宝殿便映入眼帘，大殿后则建有高耸壮观的万佛楼，一层是西方三圣殿，二层是毗卢殿，三层为千手千眼观音菩萨殿，一至三楼的墙壁上则塑有万尊佛像。万佛楼后建有观音楼、念佛堂、讲经堂，两厢则建有斋堂、客厅、僧寮、客房、东西配殿、功德堂。并于山门左旁建地藏殿，地藏殿两边匀称地矗立着四座海会灵骨塔。各殿堂、佛像皆近30年来新建新塑，使庵堂旧貌焕然一新，道场庄严宽大。于是，立平法师当即改堂为寺，取名"乐善禅寺"。

桐城街道其他文物简介

马英杰

夏羡庵墓

该墓位于福鼎市桐城街道塔下村塔下自然村，据墓碑文记载始建于清乾隆丙午年（1786），坐东向西，三合土结构。由两个墓坪、登台、供台、墓碑、墓丘组成，通面阔5.2米，通进深11.15米，总面积59.8平方米。墓坪一深1.2米、宽2.4米，墓坪二深2.5米、宽4.2米，供台宽1.7米、深0.5米、高0.9米，墓碑宽0.4米、高0.65米。该墓雕刻较为简单，墓体大部分被杂草包围，2013年被福鼎市人民政府公布为不可移动文物。

罗青田墓

该墓位于福鼎市桐城街道龙山村莲花岗上，据墓碑记载建于清道光九年（1829），坐北向南，三合土结构，呈"风"字形。由两个墓坪、供台、墓碑、墓丘组成，通面阔7.3、通进深15米，总面积109.5平方米。墓坪一进深2.6米、面阔3.8米，墓坪二进深4.9米、面阔6.3米，供台宽2.9米、高1.1米、深0.7米，墓碑宽0.55米、高0.8米。墓碑上刻字为："豫章郡清显祖考号清田罗公之墓　祖妣淑贞宋氏孺人　考号碧渊罗府君之墓　妣溢贞勤陈氏老孺人　道光九年岁次己丑年月吉立。"2013年被福鼎市人民政府公布为不可移动文物。

肖家坝桥

肖家坝桥又称断桥，位于福鼎市桐江溪肖家坝段，据载建于清代，东西走向，属石梁柱桥青石质地。桥残长35.5米，宽1.87米，高2.5米，石桥现存9节，每节宽1.7米（根据《福鼎县志》载桥体原先长130.8米、37孔），桥面每节都由4条石条并排铺成，每条石宽0.5米、长3.6米、厚0.25米，桥下方由3—4条石柱支撑。石桥多年受强台风袭击现已成残桥，故福鼎人民俗称该桥为"断桥"。2013年被福鼎市人民政府公布为不可移动文物。

资国寺

该寺位于福鼎市桐城街道莲花峰。莲花峰顶宽阔平坦，山峦环拱，林壑幽美，形如莲瓣环抱，每逢董江朔涨潮，山影映现水面，酷似莲花。每当黎明东方泛白，远眺莲花峰，又似一朵浴水而出、蓓蕾初开、亭亭玉立于江波之上的碧莲。月朗风清之夜，又仿佛可以窥见蟾宫，故素有"莲花曙月"

资国寺旧址

之雅称，正是"玉轮扎露湿团光，老兔寒蟾接桂陌"，后被推为"桐城八景"之一。

寺始建于唐咸通元年（860），为唐冠庄叶庞兄弟所建，宋代大全祖师重修。明代重建法堂，明代中期本邑玉塘夏姓一支系施白金一百两助建大雄宝殿。清乾隆年间，重修祖师殿。清光绪十六年（1890），兴建伽蓝殿。清咸丰三年（1853）再次重修寺庙。寺坐东南向西北，砖土构，总体面积100多亩，系福鼎六大寺之一，"桑美"台风后资国寺仅存一堵山门，其余都是新建。旧山门面阔8.7米，门宽2.15米，门楼上写有"资国寺　莲峰妙境"门两旁内外柱子上有对联："参不二法门首除我见，愿大千世界齐披佛光。""杂峰头望月水轮开曙色照见五蕴皆宝；□莱□参禅菩树有慧根佛得一尘不染。"1980年，资国寺被福建省政府定为首批对外开放重点寺院之一。1989年，被公布为福鼎县第一批文物保护单位。

相传该寺在兴盛的宋朝有九井十三墩，现存有宋香炉两只，政和二年（1120）、七年（1125）石斛各一个，唐、宋井各一口，元丰六年（1083）碑刻一块，此外还有莲花台、石槽及千年铁树一棵。

岐头黄氏民居

该民居位于桐城街道董江村岐头自然村岐头55号，根据梁架结构与平面布局判断建于清代。坐西向东，一进合院式砖木结构，通面阔17.7米，通进深21.6米，面积382.32平方米。中轴建筑由围墙、天井、正厅组成。天井长8.8米，宽8.4米；正厅面阔3间4.7米，进深7柱带前廊8.4米，穿斗式歇山顶；两旁厢房面阔3.2米，进深20.1米。黄氏民居雕刻精美，月梁、窗、雀替雕刻有鸟、花、瑞兽、云纹等，这些雕刻生动形象、古朴大方。2013年被福鼎市人民政府公布为不可移动文物。

外墩水井

该井位于福鼎市桐城街道外墩村外墩自然村西北侧，大概建于清代，三合土构。井台呈圆形，直径3.25米，井身呈圆形，口径1.1米，井栏顶距底深3米。此井当年是村里的主要水源，现使用的人已经很少了。2013年被福鼎市人民政府公布为不可移动文物。

兰厝兰氏民居

该民居位于桐城街道浮柳村兰厝自然村兰厝10号，根据梁架结构与平面布局判断建于清代坐东南向西北，庭院式木结构，穿斗式悬山顶。通面阔19.05米，通进深8.8米，面积167.64平方米，中轴建筑由庭院、正厅组成。正厅面阔3间4.25米、进深5柱7.8米，厢房各两间面阔7.4米。月梁、雀替、斗拱木雕有人物、马等，雕刻精致，技艺精湛。2013年被福鼎市人民政府公布为不可移动文物。

高厝高氏民居

该民居位于桐城街道外洋村高厝自然村内，根据梁架结构与平面布局判断建于清代，坐东北向西南，一进合院式砖木结构。通面阔26.5米，通进深21.2米，面积561.8平方米。中轴建筑由大门、天井、正厅组成。大门宽1.7米，大门上方正中刻"奎壁隆辉"4个大字；天井宽12.2米，长9.4米；正厅面阔3间4.7米，进深7柱带前廊12.6米，穿斗式重檐硬山顶。两旁厢房各面阔10.9米。斗拱、雀替、月梁雕刻蝙蝠、花卉、瑞兽等，造型奇特，形象生动，古朴大方。2013年被福鼎市人民政府公布为不可移动文物。

八斗杨府爷宫碑

该碑位于福鼎市桐城八尺门村八斗自然村，据碑文记载始立于清同治元年（1862）六月吉旦。碑坐北向南，半圆方体青石质地，宽0.79米、高1.11米、厚0.11米，底座上宽0.83米、下宽0.93米，上厚0.22米、下厚0.42米、高0.4米，碑文内容为："恭逢，圣诞，敬演犁园原为保障各村地方上连神麻下卫，房舍凡寺旦乏议公禁前后树木，毋得损坏以及中间宫埕台前不许安顿铺设贸易违者罚戏一台，安福境弟子，郑地厚、地州、地熠全喜，拾熟同园一号祈保子孙昌盛如意。同治元年六月吉旦三境福户全勤立。"2013年被福鼎市人民政府公布为不可移动文物。

路边亭石狮雕像

该雕像位于福鼎市春亭社区路边亭 551 号对面,据雕刻风格判断为清代作品。青石质地,分别为坐南向北和坐北向南。四只石雕狮子总占地面积为 3.65 平方米,南巷口东旁狮子长 0.65 米、宽 0.45 米、高 1 米、底座高 0.07 米。南巷口西旁狮子长为 0.65 米、宽 0.4 米、高 1 米、底座高 0.07 米。北面巷口东旁狮子长 0.65 米、宽 0.45 米、高 1 米、底座高 0.07 米,北面巷口西旁狮子长 0.7 米、宽 0.45 米、高 1 米、底座高 0.07 米。狮子雕刻精细,神态逼真,活灵活现,给幽幽深巷增添了几分庄重和古朴的景象。2013 年被福鼎市人民政府公布为不可移动文物。

石狮雕像

溪南寺

该寺位于桐城街道三门村三门里村福泉山,因传南宗曹溪之法脉,地处三门大溪以南,故名溪南寺。据《福鼎县志》载:"溪南寺,在十九都,旧名福泉庵,后晋天福元年建。"现存宋代古碗及明代雕像等。

慧明寺

该寺原为水北庵,位于桐山街道水北溪桥头。据史料记载,慧明寺始建于唐代,为唐玄宗皇帝赐批,与唐宋时期的资国寺、栖林寺、普照寺、圆觉寺、圆通寺、溪南寺、乐善寺、兴福寺、安灵寺、古林寺、皈心寺、西坑寺、象山寺、古关禅寺等齐名。据慧明寺清代墓碑记载,乾隆五十九年(1894)十二月,第 20 代掌门人为了纪念第 18 代掌门人慧明法师,对寺院重新整修,故名。现存慧明寺遗址为清代遗址重修,建筑面积达 600 多平方米。

凉坪下

凉坪下位于桐山南门下街尾宁泰境,旧时这里有个凉坪茶亭,建于巷的中间,也称骑亭。南北通道,东向有美人靠椅,亭中可以吃茶、卖酒、谈天、纳凉。有时还有民间艺人在此说唱,表演曲艺。茶亭正面有间祖传制"失力丸"的闻名闽浙边界,过去平阳、泰顺、柘荣、福安、霞浦等地都来这里买"失力丸",因此说到凉坪下,当年闽浙边界许多人都知道。当年茶亭旁边还有两间店铺卖洋货,有洋烟、洋油、洋烛等,这些洋货都来自洋行里。

洋行里

洋行里位置在今天凉坪下35号,一进合院式,通面阔15米,通进深37.6米,面积564平方米。由大门、前天井、门厅、中天井、正厅、后天井和后门组成。大门宽1.5米,正面门额书"奎光拱照",背面门额书"孔孟芳邻"。正厅面阔3间4.6米,进深7柱11.1米。该屋为南门施家所建,清代租给英国、荷兰、日本三国,作为福鼎茶叶代办处,兼收烟叶。当年福鼎大宗出口农产品为茶、烟,俗称采茶、捆烟。群众称这里"洋行里"。洋人的交通工具是骑马,养有3—5匹马,他们经常骑马到点头、白琳等茶乡收购茶叶,收到一定数量,由本国船只来福鼎运茶。洋人的船是火轮船或箭船,这种船速度是常用木帆船的五六倍,同时这些船也带来本国的货物,有洋烟、洋油、洋烛等。洋行里提供了清代茶叶出口十分珍贵的历史史料。洋人养的马日常多在巷中行走,这条巷就有很多马屎,群众称"马屎巷"。

马屎巷

马屎巷全长两三百米,以洋行里为中心,洋行里北侧100多米,通到南门大街,南侧100多米通到宁泰门大街。以前这里有个石牌坊,称宁泰门。石牌坊在1958年的时候被拆,牌坊前面的四只石狮子,现在搬到了洋中巷。快到大街处至今仍有一块宁泰境石碑和宁泰井。宁泰境碑,青石构,宽0.4米,出露地面高0.4米,厚0.09米,方形,背面未磨平。石碑前为宁泰井,水井由四块青石拼接而成,方形,边长1.4米。马屎巷内除了洋行里还有几栋四合院,其中洋行里上首一栋曾经是铸造鏴(锅)的鏴楼。这栋楼主人是陈名源,群众称为鏴楼源。他铸的鏴很著名,抛多远也不会碎裂,用多久也不生锈。至今群众还谈起鏴楼源的鏴好用。今天我们再走进马屎巷,住在这里的老人家们还会给你讲很多洋行里和马屎巷的故事。

(本文据第三次全国文物普查资料整理)

山前街道其他文物简介

🍃 马英杰

兰田村石拱桥

该桥是由天然石料作为主要建筑材料的拱桥，位于兰田宫后，至今已有100多年历史，约4米长，2米宽，是旧时前沙埕往福鼎市区的必经之路。虽然这是一座不起眼的桥，但它凝聚着建设者的汗水和智慧，每次过桥都应感恩。"隐隐飞桥隔野烟，石矶溪畔问渔船。桃花尽日随流水，洞在清溪何处边？"历史文化之音萦绕在耳边，不失清婉。石拱桥，伴随着河流汩汩流淌，默默书写一方水土的沧桑岁月，令人感怀。

法华寺

法华寺为普及法家佛光，故名。它位于福鼎市山前街道灰窑村，宋乾德二年（964）建，明清两度重新修建。寺内存一尊玉佛。

皈心寺

皈心寺位于山前鸡心山，故俗称"鸡心寺"。始建于唐大顺元年（890），原名中峰寺，后改名皈心寺。历经唐、宋、元、明数朝，至清乾隆盛世时达到鼎盛，常住僧人达千余人，故也称"千僧寺"。

白马明王宫

南乾白马明王宫，本地村民又称"罗山宫"，因它坐落于南乾村罗山而得名。宫始建于100多年前，占地约50平方米；内供奉白马明王、圣母娘娘、巡海大王等7尊神仙。据老人口述，当时村民因为小孩妇女不是很平安，由老一辈到浙江泰顺泗溪圣母娘娘宫请愿分香炉至南乾保平安。本地村民还在宫里办过学堂。

真庆宫

真庆宫现位于山前街道铁塘社区单斗岗。前身为桥头宫，原坐落于溪江桥（今彩虹桥）头，始建于明朝成化元年（1465），宫前有石碑。历经岁月沧桑，几百年来多次兴修：清朝咸丰三年（1853），因山洪暴发，该宫的建筑、神像、匾额、碑记等均散失；同治元年（1862）众信士重新修造；光绪末年（1908）又修造一次；"文化大革命"期间被破坏，1971年重修；1995年春，众信士重新修造；2002年，因开发福瑶新区需要，搬迁到单斗岗重建。现占地面积1830平方米，建筑面积887平方米。玄天上帝大殿为重檐歇山顶，六扇五间，砖混结构。红色琉璃瓦，雕梁画栋，斗拱及枋檩为和玺彩画，建筑宏伟壮观。大殿信奉玄武天上帝、文赵康马四大元帅、土地公、牧牛大王。

福兴道观

福兴道观位于福鼎市山前街道梅溪里陈厝，据道观里法师口述，福兴道观始建于光绪二十六年，原名叫"凤山寺"，1980年刘诚德法师重建后改名为"福兴道观"。建筑面积500平方米，占地面积1200平方米。刘法师2011年过世后，有陈起桃接班。福兴道观里有大罗宝殿、圣王宝殿、圣母殿，供奉三清道祖、玉皇大帝、道母元君、丘祖师、观音大士、广泽尊王、陈八大王、十三太保、五雷元帅、土地公公等。初一十五，村民都会来烧香。

水库里许成名墓

该墓位于山前街道灰窑村北灰窑水库后山，据墓碑记载建于清乾隆年间，坐北向南偏东20度，青石构。通面阔4.5米，通进深11米，占地面积49.5平方米，由上下两个墓坪、一个墓碑及墓丘组成。墓碑宽0.5米，高0.6米，碑身刻字现较模糊，刻有"显考讳成名许公妣王氏安人、次妣王氏安人、继妣顾氏安人之墓，本山坐□十九都，土名长地峰安者坐癸□加丑，庚子□午分金及介绍田地归属"等字样。墓四周长满杂草。村民介绍，该墓俗名"皇帝墓"，由来已不可考。2013年被福鼎市人民政府公布为不可移动文物。

南阳烟墩

南阳烟墩，也称"烽火台"，位于山前街道南阳村烟墩山山顶

南阳烟墩

上。据史料记载，它建于明代，由花岗岩石块砌成，正方形，边长8.9米，面积82.77平方米。顶部稍窄，边长7.6米，中部有一突起的水泥柱。1989年被公布为福鼎市第一批文物保护单位。

普后高公墓道前鲤鱼望柱

普后高公墓道前鲤鱼望柱位于山前街道水北村普后自然村枕头山置信锦绣园别墅区前。原为福鼎高氏祖墓前的望柱，现高氏祖墓已移至普后枕头山对面山上。根据桐山《高氏宗谱》记载，该墓建于宋代。鲤鱼望柱为南北走向，青石雕刻，北面望柱长1.15米，高2.4米（未见底）；南面望柱长1.15米，高3米（未见底）。两条望柱雕刻精致，鲤鱼栩栩如生，惟妙惟肖。2013年被福鼎市人民政府公布为不可移动文物。

鲤鱼望柱

太原王氏芳斋墓志铭

太原王氏芳斋墓志铭位于福鼎市山前街道石亭社区石亭里自然村石亭小区8巷1号屋旁，建于清朝嘉庆七年（1522），坐东向西，青石构，由墓亭、墓碑、栏杆组成。碑亭面阔、进深均为一开间，面阔2.25米、进深2.05米、高2.6米。石亭石构，四条柱，柱高0.9米，四周围栏，高0.6米，柱高0.9米。中间立一墓碑，墓碑由碑和碑座组成，碑宽0.78米，越往上越小，顶部宽0.72米。高1.69米、厚0.1米，碑座上宽为0.87米、下为0.91米，高0.39米、上厚为0.23米、下为0.3米。墓碑正面书有"太原王氏芳斋墓志铭"，背面介绍墓志铭内容，上方书"太原寿藏"，中间书"王公贰拾捌府君之墓"，两旁为碑文，碑文字数较多，有数百字。由于年代较久，碑身长满石斑，大部分字迹模糊不清，无法辨认。2013年被福鼎市人民政府公布为不可移动文物。

（本文据第三次全国文物单位普查资料整理）

民俗风情

清嘉庆《祭至圣先师仪注》中的祀典仪程

☘ 冯文喜

清嘉庆《福鼎县志》中有一篇《祭至圣先师仪注》，讲的是祭拜孔子、贤士及其门生礼仪习俗的一些注释。仪注是礼的重要部分，它讲究的是仪节，对节俗的执行有一定指导、约束作用。仪注只用于一时，用罢即搁置起来。有的时候，前后仪注的不同，也带来令的变化。今日著令，明日修改，并补稳定。

孔子是儒家教义的创立者，清代极力推崇孔子，并把祭孔仪制提升到大祀，今日祭孔仪制多为其时所定。文庙大成殿内，"正位"为孔子神位，其全称是"至圣先师孔子之位"，居正中，南向。据《福鼎县志·学宫》载："文庙在邑治南关外。国朝乾隆四年设县，六年，知县傅维祖奉文建。中为大成殿，东西翼以两庑。殿之南为戟门，戟门左为名宦祠，右为乡贤祠，又南为棂星门。门之外为泮池，缭以宫墙，大成殿左为崇圣殿，殿前为奎光阁，又前为省牲所。"福鼎文庙始建于乾隆六年，由第一任县令傅维祖所建，地点是在现在的桐南小学附近。

另据民国《福鼎县志·祠祀志》载："孔子庙，在邑治南关外。清乾隆六年，知县傅维祖奉文建，旧称文庙。民国三年，中央政府礼制馆新定《祀孔典礼》，不易庙名。所有崇祀名次略经更定，仍于春秋二仲上丁日祀以太牢。十八年，经国民政府改为今名，但就孔诞日（国历八月廿七日）行纪念典礼。大成殿正位祀至圣先师孔子。"

《祭至圣先师仪注》全文如下：

>祭崇圣祠毕，文庙中鼓初严，殿上两庑诸执事者各燃烛焚香，丹墀及露台上皆明炬，各官具朝服。鼓再严，歌生、

福鼎至圣先师孔子浮雕石像（冯文喜摄）

乐舞生各序立丹墀两边。鼓三严,各执事者荐羹及启牲匣盖,以汤浇牲体,使气上升。各引赞引各献官至戟门下,北面立。通赞唱:"乐舞生各就位。"乐生随司麾者入殿内,各就所执乐位,舞生各随司节者上露台,分东西班立。司节者就西立。通赞唱:"执事者各司其事。"司罍洗者各执罍洗。司瘗毛血者俟瘗毛血。凡有司者各司其事,通赞唱:"陪祭官各就位。"各照官衔品级就拜位。康熙四十九年(1710),诏天下武员把总以上皆得入庙陪祭。"分献官各就位。""正献官就位。"随引赞就拜位。唱:"瘗毛血。"执事捧毛血,正祀由中门出,四配、东西哲由旁门出,两庑随之,瘗于坎。通赞唱:"迎神。"麾生举麾。唱:"乐奏《咸平》之章!"乐作,舞生执籥未舞。通赞唱"跪,叩首。"正献、分献、陪祭俱行三跪九叩礼,兴,平身。麾生偃麾。柷敔止乐。通赞唱:"捧帛。"执事者各捧帛盘,正祀由中门进。配、哲由左门进,两庑分东西进,诣各神位之左,鞠躬,旁立。"行初献礼。"引赞二人导正献官行。赞:"诣盥洗所。"献官盥手毕。赞:"诣酒尊所。"司尊者举幂酌酒。执事者注酒于爵,捧爵者在献官前行,正祀由中门入,余由左门入,诣各神位前。鞠躬,旁立,引赞赞:"诣至圣先师孔子神位前。"献官随引赞由左偏门入,至神位前,朝上立。麾生举麾。唱:"乐奏《宁平》之章!"击柷作乐,舞生按节而舞。引赞赞:"跪。"随作乐随行礼。赞:"奠帛。"捧帛者西跪进帛,献官拱举,执事者接置神案上。赞:"献爵。"司爵者西跪进爵,献官拱举,执事者接置神案上。赞:"叩首,兴,平身。"赞:"诣读祝位。"献官至香案前。赞:"跪。"通赞唱:"众官皆跪。"唱:"读祝文。"读祝者取祝版跪读。祝曰:"维嘉庆某年岁次某干支二、八,月某干支朔越某日某干支,正献官某、分献官某敢昭告于至圣先师之神曰:'惟师道冠古今,德配天地。删述六经,垂宪万世。今兹仲春、秋,谨以牲帛礼粢,祗奉旧章,式陈明荐。以复圣颜子、宗圣曾子、述圣子思子、亚圣孟子配。尚飨!'"读毕,麾生举麾,乐续作。初读祝时,麾生偃麾,乐暂止,至是接奏未终之曲。读祝者将祝版复置神案上。通赞唱:"叩首。"献官行三叩礼,兴,平身。引赞唱:"诣复圣颜子神位前。"赞:"跪。"赞:"奠帛。"赞:"献爵。"俱如正祝仪。唱:"叩首,兴,平身。"赞:"诣宗圣曾子神位前。"赞:"跪。"如前仪。赞:"诣述圣子思子神位前。"赞:"跪。"如前仪。通赞唱:"行分献礼。"另引赞各引分献官,或十哲,或两庑,俱如正祀仪。今东哲增朱子一案,礼亦如之。引赞赞:"诣亚圣孟子神位前。"赞:"跪。"如前仪。赞:"复位。"麾生偃麾。柷启止乐。引赞引献官及分献官由西角门出,复于原位,朝上立。通赞唱："行亚献礼。"俱如前仪，惟不盥洗，不奠帛，不读祝文。麾生举麾。唱："乐奏《安平》之章。"击柷作乐，舞生按节而舞。献毕，唱："复位。"麾生偃麾。如前仪。通赞唱："行终献礼。"如亚献仪。麾生举麾。唱："乐奏《景平》之章。"击柷作乐，舞生按节而舞。献毕，唱："复位。"麾生偃麾。如前仪。通赞唱："饮福，受胙。"引赞赞："跪，饮福酒。"东执事进爵，献官饮讫，西执事接置神案上。赞："受胙。"东执事进胙，献官受讫，西执事执胙由中门出。赞："叩首，兴，平身，复位。"通赞唱："跪，叩首。"正献、分献、陪祭各官俱行三跪九叩礼，兴，平身。通赞唱："撤馔。"麾生举麾。唱："乐奏《咸平》之章！"乐作，舞止。撤讫。将神案上品物略移动。通赞唱："送神。"麾生舞麾。唱："乐奏《咸平》之章！"乐作，舞止。引赞赞："跪，叩首。"正献、分献、陪祭各官俱行三跪九叩礼，兴，平身。麾生偃麾。如前仪。通赞唱："读祝者捧祝，司帛者捧帛，各诣瘗所。"正配祝由中门，左右庑各随班皙由左右门，两俱诣瘗所。唱："诣望瘗位。"各献官诣瘗位。麾生举麾。唱："乐奏《咸平》之章！"有乐无舞，乐章同送神。赞："望瘗。"唱："焚祝帛。"唱："复位。"麾生偃麾。乐止。通赞、引赞同唱："礼毕。"各官俱朝上一揖，退。文庙祭毕，乃祭名宦、乡贤祠。帛、羊、豕、簠各一，笾四，豆四。

本文作于清嘉庆年间，是优秀传统祀典文化的重要部分，可资有心人参考。

桐城畲族宗祠源流与祭祖习俗

李宗焕

广东潮州凤凰山为畲族发祥地，畲民在唐、宋、元时期从原住地陆续向外迁徙，大多在明清朝时期迁到福鼎山区、半山区地带生活。据谱志，明洪武二十八年（1395）白琳镇牛埕下雷氏迁入福鼎境内，明永乐二十一年（1404）钟姓入迁店下西岐，明正德八年（1513）畲族李氏、明万历四十二年（1614）蓝氏、清朝顺治三年（1646）畲族吴氏相继迁徙到福鼎，形成福鼎畲族五个姓氏。经过五六百年发展，福鼎现有畲族人口32000多人，有宗祠13个，其中，桐城街道就分布着浮柳蓝氏宗祠和深坑李氏宗祠。

浮柳蓝氏

浮柳蓝氏宗祠坐落在桐城街道浮柳村，为汝南郡种玉堂号，坐申向寅兼艮坤分金，始建于清同治八年（1869），原址在外洋村后洋，1990年经福鼎市土地局批准在现址浮柳村所旁建祠，正殿五间双层，2003年扩建两廊，2015年征地5.6亩建上下二埕和会议室，礼堂建筑面积900多平方米。

浮柳蓝氏祭祖（李宗焕 供图）

浮柳蓝氏将"敬祖宗"列为族规族训的首要内容，重视"明世系，昭祖恩"，相信祖先有灵能庇佑福荫子孙，虔诚崇拜祖先，将祖先视为保护神而顶礼膜拜。每年正月初五为祭祖日，分房轮流做东。以宗祠为平台，是日各地族亲相聚一堂，举行隆重而又虔诚的祭祖活动。

浮柳畲族蓝氏祭祖祭祀仪式主要流程为：主祭裔孙及陪祭裔孙沐手，依次拈香并上香祖炉，归位后行一跪三叩首礼，接着献上鲜花祭祖，再敬献灯、敬茶、献果、献酒、敬食、敬牲礼，依次献完供品后，再行一跪三叩首礼，之后宣读祭文。祖炉归后行一跪三叩首，献上鲜花祭祖，再敬献宝。

浮柳蓝氏宗祠祭祖仪式融合了畲族精神文化的要素，并用以教育后代，表达了畲民对祖先的怀念以及祈福消灾的诉求。该习俗已列入福鼎市非遗保护项目。

深坑李氏

深坑李氏宗祠坐落于桐城街道浮柳村深坑自然村，属陇西郡，坐甲向庚兼卯酉分金。初建宗祠为光绪十年（1884），1986年和1996年两次重修，2010年重建主厅，2020年建厢房、门楼，办公楼等配套工程，占地面积3亩，建筑面积1000多平方米，宗祠一进5间式钢筋混凝土结构，祠右一座两层办公楼。

深坑畲族李氏每年正月初六祭祖，来自苍南、泰顺、霞浦和福鼎的当地族人相聚在一起，锣鼓声、鸣声炮大作，热闹非凡。

主要程序有：摆设香案，司仪、宗亲代表、乐队先到场准备；焚香明烛，司仪宣布仪式开始，宗亲代表点燃香烛、鸣炮、奏乐；主祭进祠，主祭族长，按照辈分列队，步入祠堂，大家起立鼓掌，鸣炮奏乐；迎请祖先，司仪双手捧香高举至天井，颂"今天是……子孙敬迎列祖列宗受祭拜，请就位"，再到香案插香，鸣炮奏乐；宣读祭文，由司仪代表宣读，后鸣炮，奏乐；供献祭品，把"八宝""三牲"递交主祭人，跪着向始祖神像作揖后放回原处，奏乐；宗亲祭拜，主祭、陪祭为先，三拜九叩，再陆续由族人有序祭拜，奏乐；鸣炮结束，司仪致祝福祠，烧纸钱、鸣炮，结束。

祭文（畲语念）：

始太宗及历代列祖列宗神前悦从文曰：

乾坤浩浩，中华泱泱。李氏家族，源远流长。繁衍生息，山高水长。
根深叶茂，居住闽浙，李氏世家，忠孝名扬，誉满环宇，德重国邦，
历代祖先，义正垂芳。亲睦四海，泽阴千房。祖德颂功，源本难启。
仰宗报本，世代荣昌。饮水思源，数点不忘，敬宗敬祖，亲族爱乡。

李氏子孙，永世其昌。盛备酒馔，叩请品尝。佳联成对，红灼辉煌。
其乐融融，瑞气满堂。赫赫祖灵，仆拜升堂。庇佑后裔，万代兴隆，
李氏家族，无尚荣光。子子孙孙，瓜瓞绵长。时逢盛世，岁在开放。
发家致富，生活小康。遵祖遗训，创业发扬。开拓进取，百业兴旺。
男女老幼，福禄寿康。承先启后，千古流芳。祖宗德泽，没齿不忘。
继承遗志，再续华章。先祖有灵，保我马堂。佑我家族，如意吉祥。
举族同尊，我祖荣光。子孝孙贤，济济一堂。赞兮颂哉，世泽永强。
子孙叨福，受雅无疆。恭陈敬列，喜气洋洋。再拜我祖，万载悠长。
大礼告成，谨告尚飨。

深坵畲族李氏在福建省李氏委员会福鼎理事会的指导下，以爱国文明祭祖活动推进族训家风建设，营造和睦融融家族氛围。

桐山旧婚嫁习俗

☆ 陶开惠

1949年以前，桐山民间婚嫁喜事的操办，大部分人，遵循古老婚嫁习俗操办，是在"父母之命"，"媒妁之言"的原则底下，通过媒人说合，而后进行纳彩、择吉，迎娶。现将婚嫁喜事操办述略如下：

拜谢父母养育之恩 良辰吉期前夕之夜，是女家大宴宾客之夕，也是出嫁女向亲友长辈拜别之时，通常是酒过三巡，出嫁姑娘由女伴陪同对父母行三跪九叩之礼，拜谢养育之恩，接着对在座长辈亲戚施大礼。

制轿 当男家雇请的花轿抬进女家大门时，女家一边喜炮齐鸣，一边却悲啼哀哭。古时嫁女有"制轿"习俗，此时此刻，出嫁姑娘和母亲必须放声大哭，方能避凶趋吉。

押扛 搬运陪嫁嫁妆人夫，不论远近，一律到女家吃早餐，餐前各负其责地把所有陪嫁食品扮成抬扛，用餐后抬着先行，抽出吹班三四人跟着先走，称为"押扛"，其余待新娘花轿起行，随在后头。

上轿 女儿上轿前要重新拜跪父母，然后，含着满口饭粒往娘家谷仓里吐，说是留粮给兄弟养子育孙。出嫁女做完了各种礼节后，由母舅抱她上轿。说女子出嫁上轿时脚不得踩踏"血地"（出生祖地），若是踩了，让地面尘土沾上鞋底带到婆家，对娘婆两家都不吉祥。新娘上轿后，却不能抬着就走，还要经过三进三退的"留轿"规矩，就是轿夫抬上肩向前走的时候，亲娘亲属挽着轿扛往后拉，如此三遍才放行。这是什么意思呢？据说花轿径直而去，娘家的"风水"就要被拔精光，其后果不堪设想，所以要来一个"留轿"挽回，方保无事。花轿的座位上放一件新郎穿过的上衣，表示迎亲（旧礼教迎亲，新郎必须到女家迎接新娘，称为"亲迎"或"亲近"，后简化以衣代之）。新娘一上轿，就把它盖在膝上，人们管它叫"膝头衫"。

换手帕 女儿出嫁时，泪痕带到婆家，乃是一件讨人嫌忌之事，因而产生"换手帕"的例俗。为避免不愉快之事，由兄弟带一条崭新手帕跟在轿后，到了适当的路上，向新娘换回那条试过泪水的手帕。倘新娘无亲兄弟，干兄弟或堂兄弟代理亦可。

迎亲队伍 跟随花轿而行的，有仪仗执事、吹鼓手、擎凉伞、擎高灯、擎掌扇、挑喜灯和扛锣旗一干人马，拥着四人抬花轿，一路上吹吹打打，热闹非凡。

拜堂习俗（吴维泉 摄）

制轿肉 花轿前头挂一块鲜猪肉，多者5斤以上，也不得少于3斤，叫作"制轿肉"。

米筛镜 花轿后面挂1个米筛，筛里系着1面铜镜、3支箭矢等物，意在抵制凶神恶煞，免伤新娘。

看新娘 每当花轿经过集市或村庄时，扛锣旗的把锣鼓敲得特别响亮，吹手也把唢呐吹得格外卖力，意思是招父老乡亲、大男小女看新娘。凡是拦轿要看新娘的，轿夫都放下花轿，让大家看个够。

开轿门讲吉祥语 花轿到了婆家，鞭炮鼓乐齐鸣，4个抬花轿的选出一个善于讲吉祥语的负责开轿门。每讲一句吉祥语，东家就递一个小红包，一连串讲出大几十、百多句，东家的小红包也一一照递。直到讲完接够，才揭开轿门帘幔，让站在一旁等待良久的"老接""接姑"上前牵出新娘。

抛红蛋 新娘下轿之前，花堂上早已挤满密密麻麻的少年儿童，原来新娘出轿时还有一出好戏——抛红蛋、撒花生哩！他们就是为着抢红蛋、拣花生而来的。

张灯结彩 男家将要迎亲之日，即开始布置，大门头竖立一对或二对高灯，大厅挂满宫灯，厅堂陈设得富丽堂皇，庭前庭后，室内室外，装饰得面貌一新。

拜堂 新郎新娘在礼生、接姑指引下，拜天地、拜高堂、夫妻对拜后，由朋友们将事前准备好的红布袋前后传递铺设地上，新娘在礼生指引下踩着布袋进入洞房，其意是传宗接代。

大摆筵宴 就席之前，二礼生主持席次，俗叫"看位"。母舅列入首席，大媒次之，其他亲戚长辈依次入座。看位时，礼生按辈序唤出新郎对他的称谓，新郎肃立厅尾，每看一位，都行下跪大礼，看完，一一依序入席。当晚，由二礼生端上喜烛、捧着红毡，领新郎跪拜父母及逃席未拜的长辈。更深时，由二礼生主持"佳期宴"，参与此宴宾客大都是平辈青年，一般宴到通宵。

（本文摘编自《福鼎文史资料》第 10 辑）

福鼎畲族婚嫁习俗

☙ 李圣回

　　福鼎畲族婚礼中，男方的迎亲队有一个特殊的角色：牛或羊。它们走在迎亲队伍的最前头，有个专有的名称，叫"踏路牛"或"踏路羊"。家庭经济条件好、又讲究排场的人家用牛，普通家庭用羊。

　　"踏路"含有探路、开路、拓业的意思。踏路牛或踏路羊是父母给女儿的陪嫁，代表着财富，也寄寓着父母对女儿的美好祝福，祝愿女儿从今往后依靠勤劳开创崭新、富裕、幸福的生活。这是一条通往新生活的道路，牛、羊便成为开路的象征，因为牛或羊在开路。这条路于她而言便有了专属于她的意思，是属于她的新道路。如果途中碰巧相遇另一个顶新娘坐的红轿，彼此还要停轿，两新娘各自拔下一根自己头上插的银花相赠对方，互相祝贺，然后起轿，继续前行。

　　踏路牛（羊）的脖子上箍着红纱，用织裙带作牵绳，由新娘的弟弟牵行，媒人扛着脸盆架与踏路牛（羊）同行。紧跟后头的是嫁妆，一杠杠依次排列，由迎亲人员或抬或提或挑着往前走。嫁妆要先于花轿到达新郎家，在新娘临门之前提前将嫁妆在新郎家一一铺设好、摆放好。

　　现在，主角要上场了。"哐，哐，哐……"一对大锣响亮地响了9声，新娘的花轿抬起来。一时间，鞭炮鸣，唢呐响，旁边是两个举行高灯的高灯手，高灯上写着"皇封××侯××府"，一柄大龙伞撑开来，日月龙凤大掌扇展开来，五颜六色的数十面彩旗排两边，"吹班"又吹又打，那顶大红轿在浓浓的喜乐氛围中显得尤其鲜明亮丽。

　　当队伍来到男家大厝埕外，这边再就准备的放炮手及时点燃放响鞭炮迎接新人。花轿穿过浓烈的烟雾，停在大埕上。新郎官的姑姑或寮下（村里）的伯母、婶婶已等候在轿前，开轿门迎接新娘下轿，小姑子端上"糖茶"请新嫂子品尝。姑姑、伯母或婶婶是事先挑选确定下来的，要由父母儿女齐全的好命人充任。捧蛋茶的小姑子一定是未嫁女，如果新郎官无姐妹，选择必须要挑父母双双健在的堂姐妹或宗族姐妹充任。新娘象征性地尝一下糖茶，或只是看一眼，便取出一个红包放在茶盘上，给的这个红包叫"糖茶包"。这场合还少不了一个晚辈男孩，也是事先就选定的人，挑着两只点亮的灯笼在花轿前边迎候，等新娘子下轿吃过糖茶，再挑灯引领新娘走进厅堂行拜堂大礼。灯笼寓意"添丁",一对新人拜过堂后,这对"添丁"灯要挂在他们的新房里。

过去有个约定俗成的传统,同一个厅堂同一年不能娶两门亲,一个厅堂娶过一门亲后,一定要等来年才可以娶另一门亲,一般是等过了年后到正月,有的地方过了立春节气就行。所以,要用到同一厅堂的两家人就要事先商议好谁先娶谁后娶,一般情况是看辈分看大小,辈分高的先娶,哥哥先娶。

畲族早期是实行走嫁风俗,即新娘出嫁靠步行。随着时代发展和经济物质条件的进步,先是改为坐轿,现在则主要是坐小汽车。不管坐轿还是坐汽车,新娘方都要向男方索要"走路工"。走路工意为走路的工钱,这应当是走嫁风俗的遗存痕迹。

厅堂里早就布置得红红火火、喜庆祥和。大柱、两边墙上张贴着对联,这些对联是母舅、姑丈、姨丈和其他亲戚送的,一大早,就由新郎的姐夫(姐夫头)组织一干人手——张贴齐整。厅堂正中布下一张八仙桌,镶上桌角,围上桌围,摆上烛台、锡酒壶、酒瓶、果盒、丁料、红毛巾(代替福寿牌),还有香一束、天金一贴、斗灯、三杯茶、五杯酒。斗灯由米斗(内装大米)、尺、剪刀、镜、斗灯神(斗灯神是一张姜子牙画像,由《封神榜》的故事衍化而来)。当母舅送来的大号红蜡烛插上红烛台点燃后,作为婚礼最重要仪式——拜堂就要开始了。

迎亲(冯文喜 摄)

抬红轿(冯文喜 摄)

抬陪嫁(冯文喜 摄)

拜堂(钟丽华 供图)

新郎官满面红光中透着腼腆、拘谨、局促。今天他的头发理得特别清爽。上午，理发师傅就来了，给他理新郎官头。理头也是事先算定了吉时的，一般在辰时，要摆上果盒、丁料和接新娘时小外甥挑的灯笼，还要给土地公烧大金（一种用于祭祀用的箔纸）。理发前，理发师傅口中念念有词，这是在请祖师。师傅非常用心，献出最佳手艺，理出最好的新郎官头。完成了这项任务后，他就可以惬意地享受主人敬献点心——一碗蛋酒，接受主人赠的红包，中午还要留下来吃"正酒"。

福鼎畲族有句俗语"娶亲一厅堂字，嫁女一间鼻涕"，意思是娶亲的男方祖厅贴满婚庆喜联，而嫁女方的房间由于哭嫁心酸搞得满房间地上都是鼻涕。畲族以凤凰为图腾，所以男女青年结婚时，厅堂正中贴上"凤凰到此"。舅舅们送的婚联，要张贴在厅堂大柱上、厅墙上，次序十分讲究。虽然大舅二舅都是舅，三舅四舅五舅也是舅，加之堂舅舅，加之姨父、姑父，都要送喜联，也都要张贴上墙，如果没有理清匆忙张贴，贴错了，揭又揭不下来，就是件麻烦事。大舅舅的对联应该贴正柱，然后按大小母舅顺序张贴，如果没有对号入座错贴，搞不好舅舅会愤然离去，那就出大事了。拜堂后"跪姥爷"（也就是新郎官拜跪舅舅）也要按大小次序，千万不能弄错。舅舅们就餐桌席位次也不能弄错，舅舅们坐主桌，大舅舅坐主桌主位（大位），其他舅舅依次排列。所以舅舅有几位，谁是哥谁是弟，新郎的父母事先一定要向张贴婚联、排座次的人交代清楚。

一些特殊情况下，需要和舅舅们商量。比如，新郎的父亲的原配早早去世，没生养儿女，后又续弦娶了二房。对新郎官来说，生母的兄弟是舅舅，父亲前妻的兄弟当然也是舅舅，两家舅舅都来喝喜酒，也都要送喜联，可厅堂只有一对正柱，贴谁送的联呢？这就叫两家舅舅坐下来商量，互相谦让一番，问题总会得到圆满解决。拜跪和桌席位次也如此处理。

婚联除母舅联、姨父联、姑父联外，主人家要写陪联，这些陪联贴在新房门、窗和厨房门以及厅堂的外柱、外窗上，主要图喜庆。

新郎新娘被接引到厅堂，男左女右面向大门并立。姐夫头扬起寓意福寿的红毛巾喊"天赐福寿"，新郎官行跪拜礼，新娘行鞠躬礼。姐夫头用红毛巾在地面晃一晃，喊"地赠光辉"，新郎官行跪拜礼，新娘行鞠躬礼。两位新人转身面向厅堂，新郎新娘换个位，还是男左女右。之后还会进行数次换位，换位时新郎要从下方经过，不能让新娘踩到新郎身影子。姐夫头再次扬起红毛巾，这次手上加一束香和一贴天金，向厅堂福德正神扬示，喊"五福临门"，新郎行跪拜礼，新娘行鞠躬礼。而后姐夫头吩咐将手中的香给土地神点上，天金也烧给土地公。以上三拜是姐夫头用寓意福寿牌的红毛巾提示，接下来的九拜就不用红毛巾了，用八仙桌上实物。新郎还是行跪拜礼，新娘行鞠躬礼，总计十二拜。九拜的次序分别为：面对神祖牌位喊"五世同堂"端起红蜡烛喊"麒麟送子"，端起茶杯喊"添丁进财"，示意桌角喊"财丁兴旺"，托起茶盘喊"五子登科"，示意斗灯喊"十子团圆"，端起酒盏喊"百子千孙"，端起酒瓶喊"福禄寿喜"，端起锡壶喊"荣华富贵万万年"。姐夫头与新郎官面对面送欢三次，礼成。小外甥挑灯走在前面，小姑子捧茶盘，姐夫头二人执红蜡烛一前一后，将新郎官、新娘送入新房。姐夫头唱："一请新郎起身行，送郎一起送到京，送郎送到学院内，送到院内中头名。二请新郎便起身，送郎一起送到京，送郎送到皇帝殿，皇帝殿内封朝臣。"整个拜堂过程，新郎官都行跪拜礼，新娘拿着花手绢掩面行鞠躬礼，有的新娘戴讲究的凤冠，已经将脸部整体掩盖，即将手绢拿在手上。

福鼎畲族婚礼中"暖房"，其实就是"闹洞房"。这是婚礼中最重要、最热闹的一个环节。畲族无处不歌，这样的大欢喜场合更不能没有歌。首先，要摆单蝴蝶或双蝴蝶，前天八卦或后天八卦和状元狮印、探花虎印、榜眼金印、马鞭各一支。

晚宴的主席便是暖房桌，摆在厅堂正中，就餐者一般情况由新郎官、姐夫头2人、"暖房脚"8人共11人。新郎被请到"暖房桌"，姐夫充当"暖房头"，选择新郎同辈好友8人充任"暖房脚"，其中一位是"放牛仔"。"放牛仔"一定要精心挑选，歌要唱得好，脑子反应要快，因为他随时要准备替别人补位，以免冷场。遇到其他"暖房脚"不太会唱酒令诗句，他就要顶上去。

歌是暖房中的一大主角，这是畲族婚礼中的一类专用歌谣，包括"酒令""诗句"两大类，每个大类又有各自小类。暖房歌唱的都是吉利的诗句，诸如庆贺新婚幸福、早生贵子、福禄增寿、习文中举、兴旺发达、子孙满堂等。

暖房是就新婚夜而言，相当于为两位新人开始新生活所进行的暖场活动，贯穿整个新婚夜的各个环节，不同环节有不同内容的酒令、诗句。

暖房酒是暖房的一个重要部分，是婚礼最后一餐重要酒宴。旧时福鼎畲族办结婚酒，母舅等宾客要住两夜三天。婚期前一天晚上的一餐称"起媒酒"，婚礼当天新郎新娘拜堂后的午宴称"正酒"，晚上这一餐叫"请母舅"，两个早餐为便餐。"正酒"最隆重，菜肴高档，精致丰富，上的"丰肉"最大。晚宴"请母舅"实为"闹房酒"，也就是暖房酒。暖房酒宴上的"联对令"是专指母舅而言的。现在旧俗形式的"暖房酒"越来越少见，一是因为懂门道又能唱能说能演的全才式的"姐夫头"少了，一些当姐夫头的甚至连畲语都说得不流畅，对旧俗不熟悉；二是畲汉通婚越来越普遍，婚俗也发生了很大的改变。现在，闹洞房当夜的酒宴虽还称暖房酒，又叫"朋友桌"，主角是伴郎、伴娘和新郎新娘，男一边女一边对坐，猜拳拼酒，营造喜庆氛围，而后将新郎新娘送入洞房。

这边闹暖房，新娘那边也没闲着，一拨一拨的客人跑来向她讨"茶泡"。"讨茶泡"是福鼎畲族婚礼中一个别有趣味的习俗。所谓茶泡，就是炒田埂豆、炒麦豆（豌豆）、花生、水果糖、饼干、红枣、柚子、柑、桔等零食水果，混装在一个水红纱袋里。新娘进门后，"茶泡姑"（新郎姐姐或妹妹）就会向前来祝贺和看新娘的宾客、邻里乡亲特别寮下大人小孩分茶泡。女人小孩爱热闹，一拨一拨地涌向新房，向新娘讨茶泡，调皮的小孩更是讨了一次又一次。洞房门外门内人挤人，笑闹声一波叠着一波。老话说"新娘房三天没大小"，新娘从步进洞房开始的三天，都会来很多人，说笑调侃，还不少荤话粗话，新娘子不但不能生气，还要拿出茶泡招待。

福鼎畲族闹房有个不成文的规矩，时间不能超过十一点，不能误了新人早早就择的良辰吉时。

福鼎城关灯彩习俗

冯文喜

一

年近了，灯会也随之开始。街头街尾，邻里邻外，门首挂红灯笼。灯笼圆鼓鼓、红通通的，周身写有"招财进宝""福禄寿喜""吉祥如意"字样，表达美好祈愿。大年三十这一天，大家都要张挂红灯笼，事前把门窗收拾干净，除旧迎新，好让灯笼挂出色彩。榴房门前挂红灯笼，看上去喜庆，又有气势，把整条街道装扮成"火长龙"的模样。福鼎旧街区保留下来的老房子大都是木构建筑，门户洗涤得干净，贴上了春联，再挂上灯笼，尤其显得祥和、融洽、温馨。

二

红灯笼是由古代宫灯演化而来的，宫灯起源于朝廷元宵节张灯习俗，为与民同乐，灯彩逐渐流入民间。相传，唐宋时期，灯彩达到了高峰，辛弃疾的词句"东风夜放花

灯会（张亭 摄）

千树，更吹落，星如雨，宝马雕车香满路"，就描写了灯火璀璨的热闹场景。

早些年，福鼎本地以张挂竹编灯笼为喜庆，民间手工作坊制作以供需求。竹灯笼以细篾作骨架，制成圆桶形，上下留圆洞口，下洞口较小，上洞口较大。外糊具有防水功能的蜡纸，玲珑通明，可见到细篾格子。另外，制有一圆饼状小圆板，中间钉铁钉以插烛。张灯时，将红烛点燃放在圆板上，再将灯笼套上，待张挂时提起即可。竹灯笼外写有"喜""春""财""五子登科"等字样，不同节庆或喜庆使用不同的红灯笼。

除夕之夜，桐江万家灯火，爆竹声声，街街张灯结彩。悉数有旧城南门外桐树灯、中山中路店头灯、桐江游玩孔明灯、龙山北路门前灯、西溪桥街灯，将城区装扮得其乐融融，喜庆洋洋。

张灯有着修饰门面、营造节日氛围的效果，采用电灯照明，以红、黄颜色为主，具有喜庆色彩。灯形有圆鼓、桶状。灯头配有勾耳，可直接张挂。红灯的装饰效果好，在烟花映衬之下，将传统的年味酿造得浓厚。

除夕之夜，街上的红庆灯、路灯一直亮着，家里的灯也是一直亮着，不能熄灭，有"初一至初五每夜寝室燃灯彻晚，名曰岁灯"之俗。古代元旦有"贺岁"礼仪，包括沐手备香烛祭祀祖先，然后拜谢长辈，再出访亲友。这几天家里不要扫除，也不要去水井打水，全家大都要吃素食三天或一周时间。初一至初五为放假时间，做买卖的人也不能贸易。待到初四日，则要备牲礼盒供品祭祀神灵，称为"接神"。这几天里，各设酒肴，亲友递相邀欢，称为"春酒"。

元宵，即正月十五，是一年中的第一个月中，称为"上元"，福鼎有"张灯"风俗。尤其是各大庙宇上演一场场灯会，可谓盛况空前。此时不仅张灯结彩，街衢还耍百戏，燃放花炮。民间艺人早早开始张罗鱼灯、龙灯、马灯，沿街挨家挨户过去庆贺，并伴以锣鼓之声，喧嚣达旦。

在沿海乡镇、城堡、渔村，届时彩头悬灯、击鼓、开宴，以助神祀，称为"闹灯酒"，自十三夜到二十夜止，历时一周。其间有儿童扮成马灯打起"马灯舞"助兴，也有"滚龙舞""线狮"助兴，并上演社戏庆贺。马灯、龙灯、线狮舞沿街而打，每到一家必进门户，以示庆贺吉祥安康。

三

福鼎流传的马灯舞，又称"竹马"，阵容庞大，需50多人参与表演。早年以孩童作为演员，代有传人，用竹篾编制成道具"战马"，模拟古战场而操练起舞，极具观赏效果。春节至元宵前后，打马灯是沿海民众喜闻乐见的一项民俗活动，马灯表演阵容形式,叫"马灯操",传统打法来源于古战场阵操的演练,并伴随有鼓乐、民俗礼仪的渲染和推衍,展示了海边人的性格与豪情。马灯一度作为"极动感"项目参加过省内外大型文化活动表演,在闽浙一带享有很高的声誉。现在应一些企业开业、庆典和婚宴需要,马灯都前往助兴,其"马到成功""马首是瞻"寓意,博得人们的欢迎。

福鼎鱼灯在制作技艺上都精致逼真,活灵活现,早年的匠师都工于制造,从打竹篾、编鱼架、糊纸,再到上彩、定型、加灯光,都无不精心。能工巧匠们,化平常为神奇,一把劈刀,削开青竹,化作无数薄片,编经纬,定格架,糊纸化妆,在手中把玩,用目光打量,不断深化、细化,直到形神兼备。古代的"一夜鱼龙舞",是说打鱼灯的尽兴致力,更是民众同乐的写照。

舞鱼灯也有它的阵容,福鼎鱼灯队一排十二三只,加上打龙珠1人,号队5人,规模最为庞大的一队在20人左右。艺人各持一只"鱼",身穿节庆彩服,在号乐声中"鱼贯而入",灵活、自由、喜庆是鱼灯的表演风格,"打手"们脸上都堆满了烛光灯火映红的年意。鱼灯是从海洋文化中获得灵感创作而成的,打出了对丰年的诉盼。

那时,"鱼灯打到哪里,哪里就有平安",凡滨海渔村,在春节期间,都会迎来一场打鱼灯,村里头人来迎接,点上香案,燃放喜炮,送上大红包,那鱼灯队立即就过来了。在谷坪上,或在一家大院子里立马打起来,那阵势舞动了整个村庄,一片沸腾,人们都沉浸在朴素、纯真、自然的世俗里。世传,临近春节,族人就拉出鱼灯队,在龙珠带领下,众乡亲敲锣打鼓,齐集宫中参拜,叫作"参宫"。而后,鱼灯挨家挨户而舞,所到之处,家家鞭炮,户户焚香,以表平安赐福,年年有余。当地有民谣:"鱼灯到各户,送福又送宝。鱼灯到各地,百姓皆欢喜。"每回新编鱼灯舞了后,须将灯具送至宫里焚化,待来年再办新"鱼",推陈出新,亦年年有余。

福鼎龙灯也是著名的,现在保留下来的有桐城外墩龙灯队,曾参加过市里各种大型文化节表演活动。龙灯的衍进固然与福鼎滨海、闽浙交界地理位置攸关。清嘉庆《福鼎县志》记载,在上元时节,"街衢杂百戏,放花炮,装鱼龙各灯,沿门庆贺",舞龙灯是元宵灯会的主打,"自十二日起,至十七日止",正月十五"正日"最为热闹。城关各社区还酾金设醮,谓之"祈福",然后摆起桌宴欢饮,为一时之乡风。

龙灯是福鼎海洋习俗的动感标识,有"龙神在县宁泰,雍正年间建,凡祈晴雨均致祭焉"之载。清嘉庆《福鼎县志》有《祭龙神礼》一篇,对祭祀备详,设赞官、祭官,规格很高。而后,进中门,鼓三严,于清晨齐集庙中。行初、亚、终三献及三跪六叩礼。这篇祭文是嘉庆年间版本,由官员致敕封福鼎济应龙王神,词曰:"惟神德扬寰海,泽润苍生。充塞水土之平,径流顺轨;广济泉源之用,膏雨及时。绩奏安澜,占大川之利涉;功资育物,欣庶类之蕃昌。仰赖神庥,宜隆报亨。谨遵祀典,或协良辰。敬布几筵，肃陈牲醴，尚飨。"文句绉绉，韵律悠长。礼毕，主祭官朝上一揖，众官皆退。

如果根据志书上"上元张灯，庙宇尤甚"的记载，那么祭龙神时是要舞龙灯的，以祈求平安吉祥，风调雨顺，五谷丰登。福鼎本地龙灯习俗固然与滨海风尚有关系，缘由也久，主要用于节俗庆典，其动感演绎具有观赏价值和喜庆色彩，因此博得民众喜爱，长久不衰。

福鼎元宵踩街活动时，当地的"板凳龙"参与巡境。它是由几十条长凳首尾相接组成的一条"长龙"，身上置灯，形如火龙一样，颇为壮观。每节"龙身"由二至三人抬起，沿街而进。火龙在鼓乐声中游行，没有作急步走，人群随之缓缓而行。这民俗红红的灯火，映衬在大家的脸上，火光里跳动着祥和、安宁、美好的愿景。火龙就随着人潮徐徐而游，将渔村各个境巡了个遍，将太平愿景传递给各家各户。这节俗渗透着民众最初、最朴素的心愿。

福鼎连灯习俗始于清康熙年间，盛行于清乾隆至民国时期。从每年的正月十一到正月十五，连灯就开始了巡游活动。制作连灯是一门巧功夫，主要有三道程序，包括盘扎灯笼、裱皮上彩、装点灯光。盘扎灯身多选取一条长1.3米左右的木棍为手柄，在木棍顶部横架两支约0.5米的撑竿，两撑竿间的距离依灯身宽阔而定，每个撑杆5个灯笼，构成"工"字形的灯架。灯笼盘扎工艺讲究色彩艳丽、灯光透亮、结构灵活。盘扎好的灯骨架需要裱皮上彩，裱灯多选用一种薄而稀的纱布或透光性较强的丝帛类布料。连灯由几十个成年汉子手持撑杆排成长队，好似一条长龙，十分壮观。

四

灯会还常在庙宇祭祀供奉时举办。福宁府城隍庙，正月望日（十五），在东社五境，排设花灯，以祀威灵公。二月二，七圣真君神诞，府城民众铺张报恩答谢神明，"遇闰二月，则花朝重庆，加以夜间灯会"，热闹非凡。

花灯在民间已成为吉祥幸福的指代，是重要的民间艺术，以打花灯、跑马灯、鱼灯、各式花灯（宫灯）展等活动为主，伴随有社戏、祭神、灯谜、民间故事、民间艺术，紧密地依伴着各种节日习俗而出现，成为年节生活的一部分。以竹、纸、布等材料制成的鱼灯、龙灯、马灯汇集了民间艺术家的扎制和彩绘技巧。寺院成了庙会场所，灯会延续了生生不息的民间艺术，是传统习俗的蓦然回首、追寻技艺的一幅幅动人色彩。

走入老城区，旧街在年终热闹起来，人头攒动，比肩接踵，洋溢着浓浓的年味。门户早早地张挂红灯笼，春联、焚香点点，传来几声"砰砰"爆竹声。鱼龙舞起来了，舞着浓浓深深的年节味，直到永远。

水流美端午龙舟竞渡

◆冯文喜

每年端午，福鼎重要滨海港道——桐山水流美都在上演一年一度的龙舟竞渡。福鼎水流美原称水头尾，即桐山渡旧址，是内海与河道交汇处。清康熙年间盛行龙舟，至今不衰。

龙舟渊源久远，宋梁克家《三山志》中载："端午竞渡，楚人以吊屈原，后人方以为故事，是日竞渡为戏。"清嘉庆《福鼎县志·风俗》则记叙："数日内，尤尚龙舟竞渡。"县志中的《祭龙神礼》载："维嘉庆□□年□岁次□□月□□日朔越祭日，福鼎某官致祭于敕封福鼎济应龙王之神曰：'惟神德扬寰海，泽润苍生。允襄水土之平，经流顺轨；广济泉源之用，膏雨及时。绩奏安澜，占大川之利涉……'"在闽中滨海，端午划龙舟有多重的纪念意义，相传闽王于五月初五薨，凡是闽国，都感恩闽王之德，是日不能饮酒作乐，都要包角粽送给亲友，家门悬挂蒲艾以避邪。那时的人，

水流美划龙舟（冯文喜 摄）

对海洋是敬畏的，衍化龙神祭科，伴有一定的会海仪式，可能是为了叩谢大海的恩赐，或诉求出海猎渔平安，于是产生了多姿多彩的渔业习俗。

江滨这里的华光府旧址是一处文物古迹，建筑门头很有气派，朱红墙、琉璃瓦，门朝桐山溪，门首重山檐翘角，内开天井、大殿、两庑，香火旺盛。现在这里也是文体娱乐场所，老人们在这里看电视、听戏曲。

在右侧通廊上，我们发现一方青石碑刻《重修神宫碑记》，曾受过敲击而断裂，在重建神宫时，董事们将它重新黏合在一块。此碑时间署光绪九年（1883），记叙了华光大帝府宇的建设始末。

水流美华光府《重修神宫碑记》（冯文喜 摄）

宫府创自康熙五十三年（1714），历道光十四年（1834）、道光二十八年（1848）、同治十三年（1874）、光绪二年（1876）、光绪五年（1879）重建修缮，而成于光绪九年（1883）。

但最有价值的是对桐山划龙舟的记载，铭文中叙"随造龙舟二，每逢端阳竞渡，颇具风头之胜"，这里"水头"即指神宫所在地桐山水流美，按碑记所说是桐山"高球所舍也"。以往，这里为当地氏族所有，族人为建神宫，求得福报，以舍地捐金方式出资，并有碑铭保留下来传给后世。这是民间传统的遗产传承方式。民俗活动是公益，筹办需要一定的经费支持，"田亩为竞渡费"，就是用田租作为活动资金，才能筹办得下去。

碑文还有两处讲到龙舟情况，光绪二年，龙舟被船厂崩塌压坏而两度被停赛；光绪五年有了捐金，立马兴修，"龙舟告俊，愈见生新矣"。从这方铭文中，我们看到福鼎三百年之前龙舟竞渡的盛况，它焕发生机，雄赳赳劈波斩浪，在历史深处向我们划桨而来。

福鼎海岸线长，龙舟竞渡活动颇具沿海特色，组织一次活动包括造龙舟、勇夫报名、龙舟竞渡、洗海等，是福鼎所有民间节俗活动中规模最为宏大、延续时间最长的一项活动。五月初五中午，勇夫们集中在各自海岸的宫庙参加"祭龙"仪式，为之"正水"。每条龙舟配有20名勇夫（龙舟长的配有30—40名），按左右手习惯分列于龙身两旁，艄长一名，锣鼓手二名，之后，开始进行为期三天（初五至初七）的竞渡活动。在"咚锵、咚锵"的锣鼓声指挥下，划桨勇夫和着号子，奋力划桨。

龙舟在港道"洗海"，传递了海洋精神。通过龙舟这种体育竞技，陶冶了人们的精神，强健了人们的体格。龙舟是端午节俗中规模最大活动，在本源上具有纪念先人的性质。龙舟竞渡是一场盛大视觉盛宴，带动了民俗产业发展。龙舟精神在勇夫们奋力地划水中代代相承，从古到今。

福鼎龙舟也存在一些不完善之处，传统的民俗仪式被边沿化，没有很好地传承下来，特别是纪念精神人格性质被淡化。现在依托民间信仰的力量举办，妈祖、华光、龙王神明在祭奠上缺乏仪式，变成只单纯为娱乐而办。沿海渔村分布最好龙舟能举办数日，然后将几处龙舟集中在一起上演一场盛大的"龙舟竞渡"视觉盛宴，以带动民俗产业发展。

每年龙舟结束后，各村将培养新的勇夫列入计划，在农闲时节进行训练，不断提高经济，包括制造"龙舟"师傅、民俗"头人"都加以训练、传承，强力打造龙舟竞渡文俗，作为我市一项特色的海丝非物质龙舟竞渡文化，予以传承发展。

福鼎端午有风味

王婷婷 蔡丽军 邱川燕

端午节，不仅清晰记录着先民丰富而多彩的社会生活文化内容，也积淀着博大精深的历史文化内涵，更是在包粽子、划龙舟等民俗的动静之间，传递浓浓的乡情和亲情。而在福鼎这片灵秀的土地上，端午节又衍生出多姿多彩、独具风味的文化，脉脉相传。

畲族"五月节"

端午节是中华民族传统节日之一，福鼎畲族同胞称之为"五月节"。这一天，家家户户都要包粽子，祭祀祖先。

福鼎畲族所包的粽子，与其他畲族地区的横式粽不一样，与汉族四角粽相似。畲族粽子有用粽竹叶包的，也有用鲜老竹壳包的，讲究"三角二耳"，代表田中诸事刚起头，一时也做不完。同时，畲族群众还会用红纸条、红线扎两束菖蒲和艾草挂在门楹上，因菖蒲叶似剑可驱妖，艾草芳香能除污；泡雄黄酒，洒雄黄酒。

如今，在福鼎畲族乡村，粽子口味因人所好，有纯米粽、豌豆粽、红豆粽、咸蛋粽、肉粽、蜜枣粽等。制作时，需要去山上砍来一种叫"羹柴"的灌木烧成灰后，用清水淋出灰碱水，浸泡米包粽子并煮粽子。与粽子有关的风俗，有"新娘粽"和"孝粽"。所谓"新娘粽"，是结婚后的第一个端午节，送粽子给娘家，叫送"头年节"，属"喜粽"，一般会包红枣。所谓"孝粽"，是指某家有老人亡故，因第一个端午节不可淋"灰碱水"包粽，否则对主人家不利，故嫡亲在节前会先包好并煮好粽子馈送该家，俗称"送孝粽"，属于"丧粽"，一般为纯米粽。

在送"粽"的时间上也大有讲究，畲族风俗以时间为界限，凡五月初送的礼为"丧"礼，四月底之前送的礼为"喜"礼，不能超出这个时间界限，以免引起误会。当然，端午祭祀时，还离不开茶与酒，三杯茶、五杯酒，茶在前，酒在后，接着才摆上牲礼菜供。

头年粽

"玉粒量米水次淘，裹将箬叶苎丝韬。炊馀胀满崚嶒角，剥出凝成细纤膏。"清代文学家谢墉的一首诗《粽子》，将人们洗米、裹粽、煮粽、吃粽的过程描写得惟妙惟肖。福鼎当地老百姓一年四季都习惯于制作食用粽子，端午节期间对粽子尤为重视，从粽叶的选择、糯米的挑选、粽子馅的搭配等，都精心准备。在众多粽子中，头年粽与其他粽不同，被称为"娘家粽"。

送头年粽是福鼎特有的端午节风俗之一，新婚夫妇结婚后的第一年，女方娘家要在端午节前给男方家送上头年粽，五个一串，十个一组，并搭配"枕头粽"送到男方家中。送头年粽非常讲究，粽子大小要统一，外表要结实好看，而且要用精美礼担和礼篮挑着送去，男方收到礼物后，按"十个媳妇粽，两个枕头粽"为一份，及时送给亲朋好友和左邻右舍，让大家共同来分享这份美好的祝福。

福鼎非物质文化遗产杨记头年粽制作技艺传承人杨慧玲介绍，头年粽每个36克左右，五个一串共180克，选取上等箬竹叶，每张叶子6×30厘米左右。"五个一串寓意'五子登科'，十个一串寓意'十全十美'，枕头粽内包有红枣、蜜枣，寓意着'甜甜蜜蜜、早生贵子'。"

"每个角都要整整齐齐的，这样比较好看，这是福鼎的特色。女儿出嫁的第2年，娘家在端午之前包好头年粽，送到女婿家去。女婿家再分给左邻右舍、亲戚朋友，就是告诉大家'我家娶新媳妇了，第一年过端午节'。"市民吴丽春对头年粽也颇有了解。

头年粽里搭配着的枕头粽外形别致，成立体长方枕头形，当地也称"豹皮粽"，用干竹笋壳包裹，扁平状，四个角，内用红枣、花生等作馅料，寓意"早生贵子"，为人"方方正正"。标准的枕头粽，仅从粽叶处理算起，前前后后需要16个小时，可谓是精工细作、独具匠心。"豹皮粽是福鼎特色的粽子，我们家的豹皮粽，每个大概是在280克左右，对粽叶很挑剔，太宽太窄都不行，每张叶子大概都在10×50厘米。"福鼎非物质文化遗产杨记头年粽制作技艺负责人陈振贵说。

杨记头年粽制作技艺是福鼎非物质文化遗产，其粽子原材料均产自本地，主要有箬叶、花竹叶、糯米、鸭蛋黄、土猪肉等。

每逢端午节前，头年粽的需求量总是很大。"端午节大家都要吃粽子，之前买过一次给温州的同事吃，之后几乎每一年他都让我帮他买一点。"市民陈先生说。"端午节必须吃粽子，这是我们的传统，也是对传统习俗的一种延续。"市民陈大姐坦言。

在福鼎，除了头年粽，还有孝顺粽、外甥粽、双喜粽、牛角粽、虎符粽等。每种粽子的制作都非常讲究，需要历经多道工序，用"匠人"的话来说，这是对食物虔诚的敬仰，也是对几千年传统文化的坚守。

午时草习俗

◎ 李圣回

每年端午节之中午（11时至13时），采回的草药，叫午时草。据说过了午时，就是草不是药，没疗效。为什么要采午时草呢？简单地说，就是畲民认为，那个时候采得草疗效较好。这未必全对，但应是一种长期经验的总结，具有一定的实践性。

小时候，每到端午，爷爷带我到山上采午时草，回来洗净，用柴刀剁断晒干，抓若干放大锅里熬汤，放在村路口让过路人随便饮，解渴解暑。

午时草良药有昌莆、大艾、过路蜈蚣草、金钱草、扁茅、白茅根、芦竹根、两头贴刺根、千斤拔草、鬼针草头、龙葵草根（或整株）、狗脚迹草、六棱草、小青草、大青草、金线吊芦草、六月雪草、小艾草、车前草、益母草、夏枯草、半边莲草、一枝黄花草、积雪草、满天星草、龙牙草、地胆草、鱼腥草、酸苍草、海金沙藤、饼花草、霍香草等30多种。

怎样采午时草呢？在日常的劳动中多注意，记下哪里有哪些可以做午时草的药草。端午节那日，安排好路线，必须在一个时辰之内把这些午时采到，剁节晒干即可。

桐山旧时信俗活动

方 东

福鼎桐山旧时民间信俗活动之风极盛，每逢神诞例应演戏谢神，借此机会公开聚众赌博，俗称"会市"。赌棍戏迷，成年累月地赶会市、跟戏子、参加赌博，不务正业，优游卒岁。

在桐山，每年春节期间，例有龙灯、跷、扛等正当娱乐活动之外，赌禁也开放到农历二月初二，过此，除了举办信俗活动时，只能转明为暗，不许开设赌摊。一年之中，神诞频繁，农历三月廿三为马祖诞，一般演戏三至五天，费用除宫租开支外，另由船户凑集；农历四月初八，三元宫做功德、放生，规模盛大，但不演剧；亭仔下泗洲佛（原址在今干部招待所）则于初八日起演戏谢神三至五天；六月六为杨府圣诞，按例杨府爷不看溪岗戏，每年都在杨府爷宫（在今气象站）单独演戏谢神。

最热闹的是七八月间的溪岗戏，抬出大帝爷、关帝爷、五帝爷、奶娘妈、马祖婆、将军爷等6位神祇软身神像，坐在銮驾里，前往溪岗神台观剧；而地主爷没有软身，只把香炉抬去。这些神像出宫时，第一天先要游街一趟，大帝爷和神隍爷还要巡洋，尤其是神隍爷排场大，前面是全副执事牌，接着一队八将，然后是黑、白无常（俗称七、八爷）跳跃前进，背后跟着六曹的六乘骄子，四个判官，牛头，马面，扮黑白阴阳脸的土地公也有两乘轿子，土地公轿边有两个童子，最后皂隶多人，一路"哎、哟"地唱道，威风凛凛，阴森可怕。另外，还有一路递呈文书的专人，此人可沿街要酒喝，各铺户都会满足他。八庙菩萨依次在溪岗观戏，其中6位都是3天回銮，只有大帝爷，因为寺产多，财力雄厚，多出两天戏金，观看5天回宫。因此，溪岗戏一演就是26天，加上请来的戏班，落地、谢神义演两天，共为28天，桐山居民，差不多整月在狂欢中度过。

溪岗戏开支，除八庙公产负担外，还有摊棚租给小食铺、包楼、茶馆等使用。此外，在神隍出巡时，还有许多祈福许愿的善男信女，披麻戴孝，颈项钉上木枷，跟在菩萨后面，沿街行走，他们是为长辈报孝，祈求消灾赐福的，也要缴纳一定香金，表示输诚许愿。除此之外，就由首事集资，北门资力雄厚，由24家鱼行及京果商店老板负责，每年以掷笅方式，卜定八人当值。抬轿脚夫，则由近郊农民义务出工，如将军爷和通天圣母（奶娘妈）由菜园里群众抬，大帝爷由溪岗农民抬，关帝爷则由肖家坝农民抬，这些脚夫只供点心，不要酬劳。就是这样，一年迎神费用，仅桐山一地，大抵不少于万元。

神隍庙还供奉七对无常，各有堂号，由善男信女供奉，这七个堂号，包括长生、庆寿、庆延、保寿、保英等，各堂另有公产。七对无常中的六对，安放在神隍庙内，另有一对摆在地主庙。

旧时，除了春节期间和迎神演戏时，另一个高峰期是在旧历年关。

（本文摘编自《福鼎文史资料》第8辑）

溪岗戏与城隍出巡

刘顺庸

一

旧时桐城溪岗，每年夏天上演一个月的迎神戏（俗称"溪岗戏"），同时又是盛大集市贸易会。历史悠久，远近闻名。

溪岗是块坝边大场地，环境荫绿清爽。北面是水竹林，东面环绕一片杨树林，通向大街笔直大道旁，有五六十米长的小箭竹篱笆墙。场中还有三棵两人合抱的大榕树，冠幅达十五六米，场内除一座行宫和一座戏台建筑外，其余的都是在演戏前临时搭盖的稻草凉棚。戏台两侧和台前两边凉棚里，排设有四列高脚长椅，约有300多个座位（私人收租）。台前中央至行宫都是站台。北面两座大凉棚里开设有30多家固定食品摊位，各种应时福鼎特色小吃，应有尽有。竹林边、榕树下还有许多插着白布大方伞的流动摊点，多数是卖冷食凉饮、馄饨、牛肉丸子和瓜果等。南面一座大凉棚是个赌场，白天以大花会、小花会、三投骰和押宝等小赌博为主，晚间则是骨牌桌。戏场场口和戏台北侧两排民房，开设六七家菜馆，生意兴隆。

从整体看，溪岗堪称以唱戏为主集买卖、吃喝、赌博、消夏为一体的夏天大型娱乐场。

关于溪岗戏的由来，有说清咸丰三年（1853），福鼎县发生历史上最大水灾，溪岗大坝倒塌过半，房屋漂流无数，死亡几百人。北门外地处城关要冲，大水虽涨五六尺高，但房屋安然无恙。事后有人说当晚大帝宫瓦顶发亮，是华光大帝镇守北门才避免遭殃。于是次年大修大坝时，北门人出资在溪岗建大帝行宫保卫大坝。也有人说道光末期，福鼎县红茶外销欠佳，茶市两年不景气，因此北门商人发起大帝宫办庙会，在溪岗另建大帝行宫，并定生意淡季的七月为会期。随着庙戏演出，集市贸易交流会也形成了，市场非常活跃。在北门兜一家布店当伙计的朋友回忆说，一个月溪岗戏全街都有好处，但北门收益最大。整条鱼行街早晨几百担鱼货堆得几乎连通道都塞满，可到半晡时鱼货一销而空，各店家忙着冲水洗街。又说那个月北门大街自然地分3段，北门兜至溪岗巷一段，专门排列海产干品之类，内地客商的山货，都集中在长宫巷口至大帝宫那段街上。谈到他家布店的生意时，他说："那个月比全年最旺的12月还增一倍以上，每天站柜台13个小时，晚上9时多才关门，领来加班点心费赶到溪岗刚好看最后一本戏，并买一包点心回家与老母亲共享。"

溪岗戏是北门大帝宫主办的，费用来自店屋房产租金和福首们分摊。北门是当年最热闹的商业区，福首多是店家老板，上演前一个月，福首就进宫了，一面派人到浙江请戏，一面清理溪岗场地建盖草房。为使市场生意红火，他们非常认真，挑聘戏班除要选一流班外，还对其角色、行头、乐队一一挑审。

溪岗戏上演的有京剧和昆剧两种。中老年和女人爱看昆剧，青年人爱听京剧，所以经常调换。我父亲常说他小时溪岗曾演过两年闽剧，语言相通且多嬉戏有趣。听说有一年在省城已聘定了一个好班，字据也签妥了，可是有个红旦变卦，嫌爬山跑县会影响名声，钱再多也不干，从此再也不与闽班打交道。

溪岗戏名义上是演给城关八位菩萨观看的。东道主华光大帝为首，地方官城隍爷押尾，按次序把它们抬放在行宫前殿的正中神台上，算是看戏。

头两天是各角色亮相戏。每年一般都点《玉堂春》和《碧玉簪》为开场戏，华光大帝坐台头五天戏，虽然看新班人多热闹，还不如半个月后两位女神——顺天圣母（亦叫奶娘）、天后妈祖坐台期间那么爆满。这七天戏是安排女人看的，剧目专点故事曲折有趣爱情戏。夜场座位女人全包，宫前长廊上也排满临时椅子。旧时女人很少出门，回城关娘家都要坐轿子，这几天是她们露面好机会，个个浓抹艳装、花枝招展。

我从小是个戏迷，整个暑期都泡在溪岗。观众对3位京剧演员最为赞赏，他们是阿松生、蒲门旦和池弟丑。阿松是演唱俱佳老生，他演《徐策跑城》跑圆场时，高昂的唱腔、利落的动作，不俗不腻，恰到好处。蒲门旦（男花旦）演《红娘》《拾镯》最为拿手，他演《大劈棺》最后一场滚台戏，功底到家，全场鼓掌经久不息。昆剧也很有特色，昆剧《武家坡》与京剧全然不同。薛平贵乔装穷酸汉，当王宝钏认出他就是她苦等十八年的丈夫时，气得不再挖菜，提着菜篮急步逃回寒窑关下窑门。平静下来后，又怕丈夫真的要走，急忙开门认夫。丈夫看到雪地里男女同行脚印时，对妻子的贞操产生怀疑。妻子对丈夫的巧言盘问，不答以真相，而故弄玄虚，弄得丈夫疑心加重，久久不敢吐露自己真正身份。演这场窑前盘妻戏的昆剧青衣阿梅旦，那流利的口白、甜美的唱腔和庄重带嬉的动作，风趣横生，确比高出一筹。

溪戏岗最后一年（1931），是最精彩最热闹的一年，聘请了重新整顿的温州金福联班，行头全新，角色调换过半。还特地以高价从南京聘来一位坤旦。这位坤旦派头可大，自带行头有二十只大皮箱，并有专人管理。这位红遍南京的名花旦怎肯来温州插班？原来她是福鼎人的媳妇，丈夫演小生名阿西，父母家住在南门关帝庙旁。她的演技和唱工与温州旦截然不同。她刚到时演《宝婵送酒》和《春香闹学》两出折子戏，正宗京白，吐字如珠，观众听呆了，全场鸦雀无声。她与丈夫合演的新戏《人面桃花》连演5场，场场爆满，有些人连看3晚不厌。

这一年邻县赶来看戏的特别多。我霞浦的姑丈是个商人，每年这期间总是运来目鱼鲞、虾干、鱼蚵等三沙水产品参加交流，换回桐油、棕片、土纸和黄麻等回三沙。有一年随船带来3位客人，是专程来看溪岗戏的。过了两天姑丈又带来两位客人，他们对阿西嫂非常崇拜，说她是真正京旦，福建人难得看到。演了7天，却遇到了大水灾，灾后第三天观众仍然场场爆满。

溪岗戏至1931年已整整上演90个年头。虽已停办了60多年，但溪岗戏当年的盛况还在流传着。

二

溪岗戏这个月里，大街锣鼓声不断，八尊看戏的菩萨，十六次出巡和回宫游街活动，把全城闹得沸沸扬扬。在各种互比排场的游行队伍中，较为突出的要算八将班，每班八人，用红绿白兰黑五色画出各种不同怪面谱，头戴红缨帽，身穿铠甲，双脚系响铃。每尊菩萨少则两班多则四班。旧时男人们常常十数人立一社结拜把兄弟，供奉一神为坛主。这八将就是这哥儿们扮演的。还有吸引人的南门"八音棚"，每年妈祖和关帝出巡就出场。八音棚就是在白布凉棚下由8种乐器奏打昆腔的音乐队，头戴台葛帽、身穿白广长衫，能奏十几个曲牌，音色清雅、优美、流畅，一大群人尾随不舍。

城隍出巡队伍，最为庞大壮观。且看它的行列次序：三对扛旗鸣锣开道队；四副前导木牌，上书城隍正堂、显佑伯和回避、肃静等字；仪仗队，八人手执斧槌戟等长柄古兵器；三班八将；前列乐队；六曹坐着六顶无盖轿子；七班高矮爷（即无常），每班间隔约30米边走边表演；提炉队；四对皂隶；大香炉；主簿判官；城隍銮驾；囚犯队；后列乐队；一长列身穿夏令长衫，右手执黑布伞，左手套白手帕执着一炷香的福首和信士。队伍浩浩荡荡，足有半里长。

提炉队和囚犯队是地地道道的孝子队。他们为了生病的父母能早日康复，自己许愿服刑受苦。提炉队近20人，天未亮就集中城隍庙，跪在烛火辉煌的香案下，福首为他们穿刺银勾。两枚银勾刺透左右手腕皮下，以香灰止血，痛得咬牙也不敢出声。两个两斤重的锡制小香炉（炉内燃香木）系二条两尺长的小钢链吊挂在两手银勾下，然后再用两根工字形红漆小木杠从腰间支着两手，人呈十字形在大街上慢慢行走。每人都有一个家属保护着，为他擦汗、饮水、添加香木，其苦状令人目不忍睹。囚犯队约30人，天亮陆续到庙，跪在台下戴上各自备的铁链和木枷，庙祝为他们贴上城隍封条。

这些人戴的都是二寸到二寸半厚的重枷，不戴斗笠，在烈日下常有人中暑晕倒。

城隍游行路线较长，出巡时北至西门镇西，回宫时南至流美，沿途以千计的少年儿童在自家门前戴着大小不一的薄木枷，也贴上城隍封条。

高矮爷在大街上玩追人游戏最为有趣。高爷叫七爷，白脸，头戴无常高帽，帽上绣着如长生堂、永安堂等字，手执一把潮州扇，身穿白绸长衫，长衫腹部处开个口作为视眼，身高八尺许，摇着扇子，慢悠悠地走着"之"字步（向左斜跨三大步，停一下又右斜跨三大步），很少摸人。矮爷叫八爷，大头红脸，头戴多缨武松帽，身穿半长衫，左手执一根捕人的红头签，表演时一人敲着小锣在前面跑，八爷在后面追。每次回跑至七爷面前时，八爷都要举签到胸行半跪礼，七爷则回斜身屈膝礼。打锣的都是调皮鬼，八爷快他就快，八爷慢他就慢，八爷停他就敲锣逗弄，八爷追紧时，他就一个急转身从臂窝下窜到他脑后打锣，闹得八爷精疲力尽无可奈何。但是有时碰到聪明的八爷，巧使假动作追上打锣的，以其木头五指掌，击中他的肩膀就算输了。围观人群不时助威呐喊，喊声喧天。八爷和打锣的沿街不断换人，爱玩的都可一试。7个班总有200多人参加这项活动。这一天街上人山人海热闹非常，差不多家家都有来客，店店生意火红。

这7个班的七爷、八爷各有自己堂号，每堂哥儿们在大厅里立神牌设坛供奉。七爷、八爷的穿戴各堂提供，每年出巡都互相攀比，衣帽是苏杭定制的，八爷帽更是百珠百缨华丽无比。哥儿们还一年两次为七爷、八爷举办生日宴祝寿，西门有的搭台演三天木偶戏。我始终不理解，这些哥儿们为什么与阴府的无常交朋友？

社戏（冯文喜摄）

唱酒令

李圣回

福鼎民间结婚时的唱酒令颇有特色，收录几个如下，以飨读者。

蜡烛令
一双蜡烛长又长，照入间内好新娘。
新娘肚内好贵子，贵子肚内好文章。
贵子一肚好文章，文章那好上考场。
文章本是上司考，第一金榜状元郎。

灯笼令
新做灯笼新又新，蜡烛点火照新人。
三岁孩儿多伶俐，十七十八结成亲。
新做灯笼新朗朗，蜡烛点火照新郎。
三岁孩儿多伶俐，十七十八结妻房。

戴盔穿靴令
一请新郎戴头盔，身穿红袍定国带，
头戴纱帽安两耳，身缚国带两边来。
二请新郎来穿靴，文武百官闹曹曹，
头戴纱帽安两耳，身缚国带两边拖。
三请新郎出间门，文武百官闹纷纷，
文武百官来随后，三声地炮四声铳。
喜请新郎出大厅，恰似八仙落凡间，
文武百官来随后，探花榜眼来相见。
五请新郎出厅堂，恰似八仙落凡洋，
文武百官来随后，探花榜眼状元郎。

联对令

一枝杨柳插瓶青，二月三月桃花生，
三岁孩儿童书宝，一双联对母舅名。
一枝杨柳插瓶栽，二月三月桃花开，
三岁孩儿童书宝，母舅联对挂下来。

桌凳令

一举桌凳光朗朗，桌凳左右排两行，
又请母舅来饮酒，桌上饮酒喜满堂。
二举桌凳光昂昂，酒盏碗碟排两边，
又请六亲来饮酒，六亲贺喜闹欢天。
一举桌凳光朗朗，二举左右排两行，
三举同房花烛夜，喜举新郎坐中央。
一请新郎上位坐，坐了上位有官做，
做官本是文才起，恩师赐教有功劳。
门前栽桔栽枇杷，一双金砖垫桌牙。
十双牙筷定金盏，弟兄朋友齐来坐。

酒瓶令

一对银瓶似双龙，长生饮酒双双斟，
今日来饮暖房酒，明日中举上朝廷。
一双银瓶似双其，长生饮酒斟下司，
今日来饮暖房酒，明日上朝有马骑。

斟酒令

花是园内正当开，酒是银瓶斟出来，
今日同房花烛夜，子孙代代中秀才。
花是园内正当生，酒是瓶内斟出行，
今日同房花烛夜，子孙代代有官名。

饮酒令

手拿牙筷百里开，苏文公子梦月台。

小姐又送红罗记，桌上饮酒连干杯。

下司府发令

一岁本是定来到，本是姐丈起令头，
令头本是姐丈起，弟兄朋友全轮到。
轮得到，讲的来，十子团圆在桌贝，
新郎本是中央位，银瓶斟酒两边来。
新郎面前酒双杯，新郎面前双杯酒，
添丁进财，重重叠叠上门来。

上司府回令

一岁发十岁，十岁发百岁，
百岁发千岁，千岁发万岁，
状元本是凡间子，宰相本是天上来。
一世发十世，十世发百世，
百世发千世，千世发万世，
状元本是凡间子，宰相本是天上儿。
一枝发十枝，十枝发百枝，
百枝发千枝，千枝发万枝，
千枝万枝都结籽，眼映作子枝枝是。
眼映作子枝枝好，弟兄朋友桌上饮。

十二择帖

十二择帖两头翘，又请上位母舅头，
母舅面前贺双礼，外甥孝顺爱做到。
十二择帖两头红，又请上位媒人公，
为郎做媒多辛苦，今下我郎结成双。
十二择帖两头弯，又请上位好厨官，
厨官本是好手艺，手艺那好真出名。

八仙令

八仙庆贺都来临，王母骑狮落天庭，

当朝一品未出现，新娘投来文曲星。
今夜同房会八仙，一双登科来两边，
神仙掏笔点魁斗，金童玉女落凡间。
第一仙师铁拐仙，脚穿宝鞋落凡间，
头上又戴还魂帽，进宝葫芦入南天。
第二果老落凡间，身骑宝马对金鞍，
手拿一把朱砂笔，又拿一把长生满。
第三仙师曹国舅，万件宝贝庆千秋，
姻缘本是天注定，姻缘注定前世修。
第四仙师汉钟离，新娘新郎好朝时，
仙师拨落仙国货，插花结纽共枕时。
第五仙师吕洞宾，人家注定结成亲，
仙师拨落仙国货，一把宝剑带在身。
第六仙师韩相修，腾云驾雾到南朝，
仙师拨落仙国货，口含八角六份箫。
第七仙师兰彩和，新主新里好铜锣，
仙师拨落仙国货，手拿花篮两边讨。
第八仙姑落凡间，手拿撩筚在身边，
手拿撩筚云头现，庆贺夫妻千万年。
人家注定笑哈哈，盘古八百寿辰多，
麻姑又吃千二载，天地同休杨龙婆。

企棋杆令（十杯酒）

闹房酒，一杯干，门前登岳节节弯，
五落大府扛梁企，十二天井起旗杆。
旗杆上面双加斗，子孙代代骑马官，
状元行过不知睬，秀才行过仔细看。
闹房酒，二杯干，门前树柱雕八仙，
厅堂又挂福禄寿，金漆文理排两边。
百步企柱排桌上，琴棋钟鼓铃啷声，
红绸来结四个字，美女新娘扛门前。
闹房酒，三杯干，一个大石在海边，

海边涨来太不现，潮水退去石看见。
一只大船在海边，四桅又起大官厅，
四海生意做得着，大城州府好名声。
闹房酒，喜杯干，可比张公一般般，
九胎又养十八仔，个个伶俐进入京。
聪明伶俐进入京，十八省内好名声，
十八省内名声好，旗杆丛丛在门前。
闹房酒，五杯干，五子登科做高官，
五福六寿都福禄，可比晏公一般般。
五子登科好名声，秀才加级起旗杆，
皇帝殿上敕圣旨，福如东海寿南山。
闹房酒，六杯干，六部尚书在京城，
六十甲子春不老，雍也第六论语前。
五府六部闹嗳嗳，五湖海内隔山来，
六亲九眷来贺喜，六句京内试金魁。
闹房酒，七杯干，七姐下凡赠同年，
七赠宝塔仙河洞，七星来赠珠宝盘。
三七二一是经史，金榜题名进家前，
牛郎织女同相会，孔雀瓶内开牡丹。
闹房酒，八杯干，八门老将赵子龙，
八锤大闹朱仙阵，八十梁和中状元。
天龙八井归原位，生双龙蛋在海边，
主人得着龙蛋吃，子孙做官好名声。
闹房酒，几杯干，可比凤凰采牡丹，
牡丹树上结纽子，五子连登大其昌。
五子登科值千金，九龙灯内照新人，
九龙头上珍珠宝，九世同居喜融融。
闹房酒，十杯干，官府衙门企旗杆，
旗杆企落喜相逢，果树落泥根也生。
果树落地根也生，代代做官好名声，
旗杆企落千年在，荣华富贵万万年。

上司府倒令

太阳上山一枝花，新娘带子转回家。
伯姆妯娌全来睇，眼映树上开红花。
眼映树上结纽子，旺丁旺财兴旺家。
一点明月在天上照得好，二点银花在头上插得好。
三更鼓在焦楼上打得好，喜娶新娘在床上坐的好。
五朵梅花在树上开得好，六位孩童书堂上读得好。
七织挂星在天上望得好，八仙庆贺在洞上排得好。
九世同居在世上合得好，十子团圆在桌上讲得好。
十子团圆，百世千孙，千子万孙，十人行过九人问。
九岁读书未开期，八月十五长生人考举。
七篇文章典赞基，诗书写来上金榜。
五项金榜挂名时，多边彩旗焰焰红。
三杯御酒闹纷纷，两点银花插头上。
一举成名天下知，一举成名天下知。
丁兰题目四句诗，口中讲话是君子。
可比从细去读书，狀元骑马上大人。
高山开田孔乙己。鲤鱼跳过化三千。
父母年老七十士，教书先生尔小生。
平洋地土佳作仁，可智礼也也礼智。
楼上打更鼓楼下有田笔，×××府代代有官职，
新郎送喜：旺百子千孙，财丁兴旺。
（此时闹房酒暂告一段落，送新郎入新房）

算酒数

上大人，上大人，高山开田孔乙己，
平洋地土化三千，也情排来七十士，
教书先生尔小生，尔小生，八九子，
家家户户佳作仁，佳作人可知礼也，
也礼知可仁作佳，子九八生小尔，
士十七千三化，己乙孔人大上，
一二三三二一，

一二三四四三二一,
一二三四五五四三二一
一二三四五六六五四三二一,
一二三四五六七七六五四三二一,
一二三四五六七八八七六五四三二一,
一二三四五六七八九九八七六五四三二一,
九九八十一。
会吃吃一勺,不会吃吃一锅,
吃了企门外,叽哩咕咯,叽哩咕咯。

翻床令

一请新郎起身行,送郎一直送到京,
送郎送到学院里,送到学院中头名。
二请新郎便起身,送郎一直送到京,
送郎送到皇帝殿,送到殿前封朝臣。
脚踏间门两边开,新娘间内酒三杯,
今年吃你三杯酒,明年有喜又有财。

拦路酒令

拦路酒拦路贝,拦路摆酒在门贝。
拦路摆酒我不饮,新郎官今时送入来。
拦路酒拦路边,拦路摆酒在门边。
拦路摆酒我不饮,新郎官今时进入前。
脚踏间房两边开,又请新郎脱头盔,
头盔脱了放床上,子孙代代有顶戴。
又请新郎官脱马衣,子孙代代有马骑。
又请新郎官脱了靴,子孙代代有官做,
又请新郎官脱了袜,子子孙孙荣华富贵对逍悦。
年丁进贵子,贵子头上五登科。
个个贺喜送新郎,新郎送来入间房,
间房内里金交椅,金交椅边好牙床,
牙床两头鸳鸯鸟,鸳鸯床上好罗帐。

双手拉开红罗帐，红罗内里花粉香，
金铜来打蚊帐钩，红绳结钱康熙皇，
间四角，床四方，被又阔，席又长，
新席新被新蚊帐，未知酒，见凤凰，
焚香酒，排两行，新巧娘，新巧娘，
糖加蜜，蜜加糖，今夜来翻你眠床，
一翻麒麟生贵子，二翻珍珠满池仓，
三翻财丁都兴旺，四翻谷米百万担，
五翻牡丹花当开，六翻麒麟送子进门来，
七翻七篇文章字又深，八翻长生不老中举人，
九翻九世同居同偕老，十翻十子团圆去做官。
再来翻，再来翻，翻你新娘手巾做为盘，
翻你豆仔百二份，翻你花生百贰斤半，
翻你饼子真也有，翻你柑子橘子真也多，
翻你柚子真喜欢，翻你糕子真多盘，
讲出诗句罗哩连，一班弟兄听我编，
一班弟兄听我讲，出来又吹南北战，
发财旺丁财喜双联，十子团圆，十子团圆。

民间谚语

> 李圣回

谚语，闽东畲族人称为"插头活""凑头活""嘴头话"。这不仅是不同民族对谚语的不同称谓，而且是畲族对谚语使用和解释的一种独特见解。畲家人说"嘴头话"，侧重俗语的意思；说"插头话"，侧重成语的意思；说"凑头话"，侧重歇后语的意思。畲族对谚语的称谓和理解，是值得我们重视和研究的问题，于是在闽东畲族人口头流传的"插头语""凑头话""嘴头话""讲古语话"都尽量予以普查采录，把谚语与俗语、格言、成语、歇后语有相交叉、有双重身份的，作为畲族长期客观流传的一项文化实体，给予保存下来。

畲族谚语也有着纵向自古至今，横向东西南北，情况复杂，但从畲族独特的民族文化心理、生活习性、语言表达习惯及流传方式等方面，还是能看出畲族谚语的族属及其民族性的。

"山客，山客，不是亲戚就是叔伯。""山客，山客，没岭不记得。""凤凰山上好开基，同是南京一路人。"这些主要是祖辈世代传承下来的谚语，多反映畲族同源的历史、徙居、族亲等内容，表现其独特的共同文化心理和生活习性。这类谚语，显然只有畲族才有的。

"山客做生，汉人做死。""神仙未见火柴灵。""王袚死布娘无法。"主要属宗教文化影响传承的谚语，反映出畲族文化与道教文化关系密切的民族性特色。

畲族谚语，除具有浓郁、古朴的民族性特征外，从内容上看，同样具有经验性、哲理性，有部分谚语还具有阶级性和时代性。以下按主题略录一些地方谚语，备读者诸君见仁见智（部分字词为根据畲语音拟汉字）：

思维 人心肝、牛肚子、衫长袖管短，忖到做不到。

上半夜忖自己，下半夜忖别人。

真理 食，食味，讲，讲理，一理通，百理同。

真金落炉不怕火，真龙不怕龙井深。没钱压倒英雄汉，分毫厘分没定来。

实践 好酒沉缸底。

秤砣落井沉沉去，蛇落竹筒回头难。

	洗面碍着耳。老虎头，老鼠尾。
机遇	没时鬼，碰着灯笼啄。
	十八年过来，还差十八土。
是非	海洋茫阔，般头双靠，有托无疑，有疑无托。
	在时烂布袋，没掉丈二步。
	十年缸九个盖，狗头砍油缸着打。
爱憎	再睏没那梦，再找没那人。
	见砖厚，见丸薄，好当酒，坏当醋。
	瘦猪羔，吃无打又有。
知识	宰相门下没白身人。
	文章不读没字写，当田不做没租收。
	没矿不算真财主，没字不算真会人。
理想	好马不吃回头草，好蜂不采落地花。
	柴人仔下水假灵。
胆识	老婆不怕，贼的胆。
	蛇没眼，虾做眼。
	破鼓能救月。
智慧	会十七八，不会七八十。
	会到飞，不会到煮粞。
学习	连老学包脚，八十学吹箫。
谦慎	路湿早脱鞋，一锄头两畚箕。
文娱	半水桶兴淌，半夜歌兴唱。
	后生不乐，老来硬壳壳。
	台上有那戏，台下有那人，猴子翻跟头，给乞丐做好。
集体	好篱三行档，好人三个帮。
	三个做阵，就有一鬼。
	一拳难敌四手，一条竹杆盖一船人。
团结	鱼傍水，水傍鱼，牛犁押缠耕藤。
	三股绳打来严，万人解不掉。
交游	裙衫爱新人爱旧，黄牛不运水牛潭。
	借人牛还人马，不吃蛋不理你头。
谈吐	皇帝千人骂，乞丐骂千人，会做媒人两头请。

	舌头没骨，由人折郁。
宿命	男人嘴阔吃天下，女人嘴阔吃自己。
	细凛身未退，大人身未来。
习俗	送更吃蛋酒，做十睇寿戏，蹚春寮前寮角熏。
	尝新节吃半晡，年没看节没映，全映七月半。
持家	千棕万柏，家里不究。
	多一斗莫多一口，俭省好过年。
	路边烂草鞋，捡一边挺爿凑双，就会过得十二月。
	捡饭迹布娘好漂亮。
劳动	土面好求，人面难求，田刀做稿双面光。
	吃快嚼粗做快胡图，抱子扶孙都是稿。
	自己少少种，胜过别人多多送。
	别人田园不使拼，田壮不怕禾晚播。
衣	莫笑穷人穿烂衣，好衫不值破苎布。
食	兴食不做第一赖，爱做家伙也艰难。
	有菜莫吃菇，咸带柳当家货。
	教人种菜，自己点盐。
	住海头吃腌，住山头吃鲜。
	会吃吃一勺，不会吃吃一锅。
	要吃饱，豆芽米粉炒。
	胚坏吃馄饨，胚死吃乌烟（鸦片）。
住	金屋银屋，不值自己狗窝。
	学做丸，住草寮。
行	路是人走出来的。
	有路莫搭排。
生活	吃肉吃鱼也要菜间筷，肥猪肉不会食几粒。
	台风小，回南大。

浮柳畲族棍术

◎钟维兵

"棍术"在闽东畲族地区的福安、霞浦称为"盘柴槌",而在福鼎多称"杖棍",练习称为"打仗"。畲族棍术历史悠久,是畲族最为古老传统且最具畲族特色的武术,相传起源于畲族发祥地广东省潮州市凤凰山,由畲族先人雷乌龙首创,后经历代棍师的传承、发扬,并博采其他门派棍术之众长,几经创新,逐渐形成了如今的畲族棍术。

浮柳畲族棍术亦有数百年的历史,明朝景泰四年(1453),畲族李氏李廷玉公与其父恒生公避靖难出逃,又遇倭乱,至福州汤岭蓝姓畲胞门下当差,因"品行端方,才貌过人,招为女婿",遂学成畲族棍术,后迁徙至霞浦水门雁落洋居住,畲族棍术亦随之流传至霞浦雁落洋。清朝时,浮柳村白坑李有山,前往霞浦雁落洋务工而学成畲族棍术,回乡后传入白坑、深垅等畲族村落,后又由族人李信生、李信罗、李思垒等人结合少林棍套路,演变成较为完整的浮柳畲族棍术,族人历代演练流传至今。

流传于浮柳村深垅、白坑等村落的畲族棍术,主要为"丈二棍",棍长一丈二尺,取赤楠、水杨梅等材质坚韧、不易开裂和反水的树木做成,粗度以一握为宜。可单人耍弄,亦可双人对打,有金鸡啄米、猴子翻身、天劈地铡、牛牯车栏、双头棍、三步进三步退等十多种套路。每套四至二十节,基本功作为拨、扫、抡、戳、劈、架、撩、点、翻、转、撑等。拨棍,棍梢斜向前上方左右摆动,用力轻快平稳,幅度不宜过大;扫棍,棍梢在腰部以下水平扫摆,或尽以棍梢贴地、棍身倾斜扫摆,迅速有力,力达棍梢;抡棍,单手或双手将棍梢向左或向右平抡,平抡不得超过一周,加转身不得超过两周,迅猛有力,力达棍梢;戳棍,棍梢或棍把直线向前,向侧或向后戳击,发力短促,力达棍梢或把端;劈棍,棍由上向下打下为劈,迅猛有力,边达棍梢,与之相对应的破解招数为架。

长期以来,畲族人民偏居山间,过着刀耕火种和秋收冬狩的生活,常遭受土匪及猛兽的侵袭。而畲族棍术的传承与普及,为畲族民众的自我生存和繁衍发展发挥了巨大的作用。"畲族棍术不仅能防兽拒匪,还能强身健体,是我们畲族的传统武术,我们畲族人一定要世世代代传承下去,并发扬光大!"浮柳村白坑的畲族棍术传人李荣朝把弘扬畲族棍术看作自己最大的责任。他的棍术是家传的,其祖父便是白坑盛名的

畲族棍术(钟维兵 摄)

畲族棍术高手。李荣朝自幼临习,白天在山上放牛的时候,他对着青山白云,挥动着长棍,一招一式,一气一态,尽可能做到淋漓尽致,棍随腕动,态由心生,夏练三伏,冬练三九,终于学会了畲族棍术完整的套路与招式。"畲族棍术虽然看似简单,但要学会得经得吃苦,若要舞得得心应手没有几年苦功是无法达到的,半年不练习就会荒废,所以练到现在都是坚持天天练习。"年过半百的李荣朝舞起近两米杖棍虎虎生风。他与弟弟对打的畲族棍术视频,被宁德中华畲族宫和浙江景宁畲族博物馆永久收藏。

畲族舞蹈《六结花》

蓝俊德

基本简介

《六结花》是福鼎畲族《祈福舞》中的第三段"奢魂"的主要舞步，是巫师所做的法事舞蹈，由三五人组成，手持锣、鼓、钹、击铃、角等响器，有节奏地击打着围绕四方桌案，按照每个方位做前后交替穿梭变化队形动作姿态，旨在表现曲线美和"三道弯"的流动感，同时配合舞蹈中的每一小节口唱祈词，跑圆场数圈而结束。

该舞上可追溯到《尚书·益稷》记载的"击石附石，右兽率舞"，和《吕氏春秋·古乐篇》记载的"昔葛天民之民，三人牛尾，投足以歌《八阕》"。从近而意，关于畲族歌舞的记载，要算明邝露所著的杂记《赤雅》说得最清楚了。他说，"瑶名畲客，古八蛮之种"，祭祖时"奏乐则男左女右，铙鼓、葫芦笙、忽雷、响瓠、云阳，

1984年排练畲族舞蹈《六结花》（潘友玲 供图）

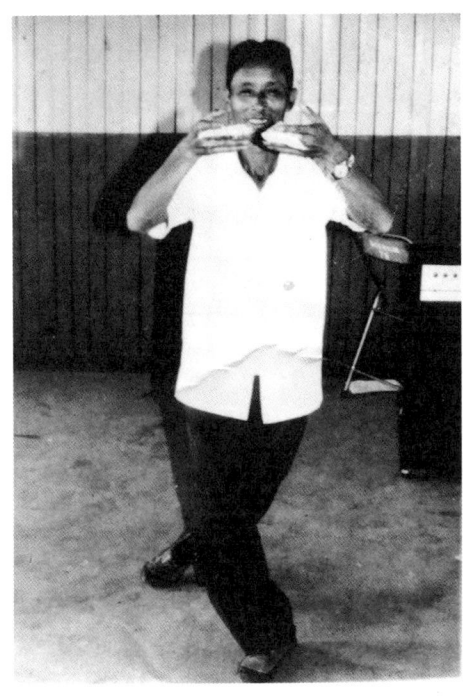

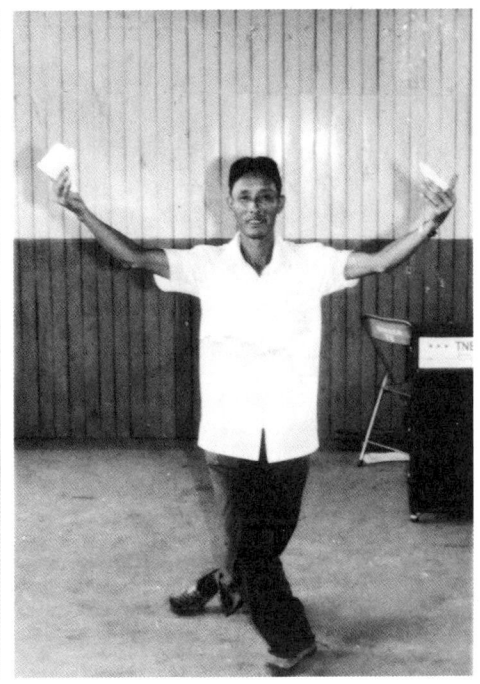

1984年老艺人表演《六结花》（潘友玲 供图）

祭毕合乐，男女跳跃，击云阳有节，以定婚媾"。据传承人蓝莲花介绍，该舞实源于三清山道教巫舞，明朝中期传入闽东、浙南一带畲乡，成为由畲族巫师表演祈福的祭祀舞蹈。舞蹈角色男扮女装由6—12人，以开步、扭腰、踏步、双辗步、跃步、八字步、扬手、绕手、合掌手、摆手等为主，手脚配合，身法变化起伏，动作刚健有力，伞以音乐和唱词及锣、鼓节奏，舞姿多彩，技艺较高。其颂词基本内容多以赞讼祖先或是先人的德行和功劳，祈求降福子孙保佑后裔平安、健康、顺利。

该舞广泛流传于闽、浙两省广大畲乡，代有传人。如浮柳的蓝法档传给蓝永光再传给蓝莲花，已有10代。又如蓝雷何传给雷祖财，也有6代。现福鼎传承《六结花》所在地主要是桐城浮柳村及周边乡村，位于福鼎西北部，距市区7千米，是福鼎主要的畲族聚居地。该舞具有较鲜明的畲族特色，在畲族乡村唱畲语祖先歌，歌词多样，深受畲族人欢迎，在闽、浙两省畲族乡村具有较深远的影响，并流传着许多神奇传说，对于畲族历史文化的研究具有很强的科学价值。

主要内容

畲族舞蹈唱词的基本内容多以赞讼祖先或是先人的德行和功劳，祈求降福子孙保佑后裔平安、健康、顺利。《六结花》现存唱词和舞蹈基本框架整理如下：

唱腔多用排歌调

1 1 1 | 3 5 — | 6 1 1 | 5 6 — | 6 5 6 | 1 2 — | 6 3 5 | 2 — — |
一盘啊 好花   正当啊 开啊   当初啊 本事   是姓啊 雷

1 1 — | 6 5 — | 1 3·5 | 6 3 — | 6 5·6 | 2 2 5 3 | 3 1 3 | 2 — — ‖
雷公   调上   黄帝啊 府哎   黄帝啊 御   医   头一哟 个。

乐器（鼓与锣）伴奏配合舞步

咚咚 匡 | 咚咚 匡 | 咚 匡 | 咚 匡 | 咚咚 匡 ‖

舞蹈演员唱词

唱词主要有两种，一种汉语，一种畲语。汉语的唱词为：

一盘好花正当开，仙伯遇着祝英台，
范郎得着孟姜女，这好姻缘天送来。
二盘好花正当年，当初陈三去磨镜，
只因贵妃金交记，被郎睇见心正欢。
三盘好花生婷当，官爷用计骗周苍，
周苍本是掌与厩，韩振功劳怪久长。
四盘好花白铺铺，奶娘学法好功夫，
十七十八学法转，龙卓鼓角水面浮。
五盘好花笋冲冲，当初打虎是武松，
交郎三七路边等，武松落店闹纷纷。
六盘好花笋青青，奶娘学法去间山，
十七十八学法转，遇着老者耕嫩线。
七盘好花叶清清，山东罗马是罗成，
放火烧监甘国宝，逃走番边程咬金。
八盘好花叶毛毛，官爷用计唔怕多，
一心要赠杨柳记，一心要赠杨柳哥。
九盘好花青苗苗，当初英雄是马超，
马超又是英雄汉，金直拨落白龙超。
十盘好花唱完成，剃头本是吕洞宾，
剃头本是仙家子，落凡假做剃头人。

畲语的唱词为：

一盘好花正当开，当初本事是姓雷，
雷公调去黄帝府，身任御医是头个。
二盘好花正当年，当初本事是姓盘，
盘姓弟子福运好，夏朝盘庚坐皇城。
三盘好花生婷当，当初本事是姓蓝，
又封蓝田做令尹，蓝田功劳怪久长。
四盘好花白铺铺，当初本事是蓝诸，
封倨中山做国主，食邑汝南久长期。
五盘好花笋冲冲，当初本事是姓钟，
郧公钟仪楚夫子，又娶蓝女结为婚。
六盘好花笋青青，当初本事雷海青，
手持琴瑟去平反，后来封居做戏神。
七盘好花叶穹穹，当初本事雷万春，
安禄山贼来造反，武周王帝要倨平。
八盘好花叶清清，当初本事雷万兴，
举族反唐五八载，子孙离散又作阵。
九盘好花叶长长，当初本事佃玉郎，
姓蓝佃玉去平反，传转番薯救饥荒。
十盘好花叶滔滔，当初本事蓝彩和，
手持花篮罗仙草，罗着仙丹有功劳。

舞蹈的基本步

主要有六种，分别是：

开步，踏步，穿梭一，双辗步，八字步。
开步，踏步，穿梭二，双辗步，八字步。
开步，踏步，穿梭三，双辗步，八字步。
开步，踏步，穿梭四，双辗步，八字步。
开步，踏步，穿梭五，双辗步，八字步。
开步，踏步，穿梭六，双辗步，八字步。

主要特征

其一，畲族祈福舞蹈《六结花》，是福鼎市畲族民间传统舞蹈，具有浓郁的民族特色。该舞蹈作为畲族祈福仪式的重要组成部分，每个环节都有跳栽竹舞。畲族祈福仪式现存最为完整的是运用于畲族道场，栽竹舞得以传承于畲族民间法师身上。其祈福舞蹈仪式共有9个环节，分别是发奏、迎圣、请神、进表、栽竹和分钱、焚符、移星转斗、设供和谢神等。每个环节都要有舞蹈，其中迎神、栽竹和设供要跳最为繁复的《六结花》。

其二，融合了多种的艺术语言。有畲族祭祖、定婚媾的歌舞和乐器伴奏。舞蹈角色男扮女装由6—12人，以开步、扭腰、踏步、双辗步、跃步、八字步、扬手、绕手、合掌手、摆手等为主，手脚配合，身法变化起伏，动作刚健有力，伞以音乐和唱词及锣、鼓节奏，形成舞姿多彩、技艺较高的艺术特性。

其三，具有崇敬祈福的深刻寓意。《六结花》也叫《穿心结》，一般要5—6人来跳，有进有退，边进边退，用挪步走，即脚法，形成一个"结"。手法则用香花手，用花样来表示迎神或敬神。手势和脚步在"结"中穿梭，不断变幻，伴随不同节奏，表达不同内容，但意义都在于敬神、祈福。

福鼎城关的饼花

马英杰　冯文喜

饼花概述

饼花是200多年前,福鼎当地民间艺人独创的富有地方特色的一种画种,专门贴在中秋月饼上做装饰,表现内容以戏曲题材为主,形式新颖,有美人式、八景式、八果式、团式等。画面色彩鲜艳、热闹,以红、黄、绿、桃红等色为主,线条清晰,深受群众喜爱。饼花也流行于闽东霞浦、福安、柘荣各县和浙江的平阳、苍南一带,各地群众都习惯于在小孩排饼赏月、吃了中秋饼后,把一幅幅饼花贴在自家大厅壁或房

福鼎饼花传承人在制作饼花(冯文喜摄)

间壁上装饰欣赏，成为一种特有的节日风情。

关于饼花的源头，现无文字可考，只知清乾隆间就有百子花，以后又有手绘团式饼花。福鼎于清乾隆四年（1739）置县，由于期间人口增多，经济繁荣，也带来文化繁荣，庙宇增多，各种迎神庙会和民风民俗活动也跟着逐渐丰富起来。绘画艺人能书能画，能彩扎，特别是到了清末民初出现民间艺人群体，代表人物有陈赞、叶汝舟、江梅、庄晋康等人，他们创作了美人式、八果式、八景式等饼花，为全国罕见。饼花的题材，主要为戏文，所以饼花艺人常带学徒一起看戏，看完戏后当夜创作。

他们除画饼花外，还画宫庙连环画、茶箱画、眠床画等。到了民国，一位演木偶戏名叫林通玲的将手绘饼花刻在木版上，木刻饼花从此开始，出现了南阳潘记木刻饼花作坊、文成堂饼花、巽城朱元胜饼花等。后来上海洋版戏文图，如"火烧红莲寺""白蛇传"等冲击福鼎饼花市场。

饼花基本特征有以下两个方面：

第一，与中秋民俗活动相依存，本身成为民俗活动的重要组成部分。从外公、舅舅给外甥送中秋饼，到斗饼花、贴饼花，都形成与中秋民俗相互依存的特色。

第二，多种艺术形态的融合。饼花本身并非单一艺术形态，百子花与剪纸艺术相似，手绘团花、泥金饼花本身就属绘画艺术，木刻饼花则与木刻、木版年画相似，除百子花外，许多饼花是艺术创作取材于戏曲艺术，对于研究同时期当地戏曲艺术也是一个重要史料。有的饼花还记录了地方民俗和当时发生重要事件。特别是构图独特的"美人式"饼花，把美人与武戏相结合的画法，为全国罕见。

饼花的种类

饼花种类众多，包括百子花、团花、泥金饼花、木刻饼花等。

百子花的创始年代无文献可考，从艺人口述了解，在清乾隆时就有百子花。百子花是以红、白、绿三种色纸剪成，白纸剪人物的手和脸，红纸剪衣，绿纸剪裤（或者绿纸剪衣、红纸剪裤），用墨色画五官，然后拼贴而成。人物以儿童为主，故称。作品如《佛手孩儿》《孩儿攀莲》《刘海戏金蟾》等每个月饼只贴一个人物。又因画面较小，只有拳头大，所以又叫"拳头花"。

团花的创作出现于清末，是艺人画在纸上的圆形饼花，故名。团花格式圆，大小有直径四寸、六寸两种，直径四寸的画一至两个人物，直径六寸的画两至三个人物。内容以戏曲为主，人物的周围以色彩勾上五彩祥云衬托之。

泥金饼花在团花的基础上发展而来，它的画法是工笔重彩，加上金色，画面富丽堂皇，形式由团式发展有"美人式""八果式""八宝式"，并以人物多少标定月饼的重量，如一个人物定为四两饼，两个人物半斤饼，三个人物十二两饼，四个人物一斤饼，最多十六个人物为四斤饼（一斤十六两旧制）。艺人计算工资，也以人物多少来计算。泥金饼花画面细致，以粉抄脸（分浓淡画法，俗称抄脸），五彩画衣冠，金色勾袍甲，蓝、绿色填地（底色），粉彩点花果，色彩鲜艳。其工价往往比月饼本身高好几倍。当时价格银圆一至五角，大户人家还会向艺人定约。

泥金饼花蛋式　三仙醉酒（彩版）

"泥金饼花"最盛行时期约在1921—1936年，内容以画福鼎县城关群众一年一度请福鼎附近水平高的戏班，在溪江神台演的谢神戏（溪江戏）为主；也有当地风俗画，如《中秋佳节画》，描绘当时当地社会过中秋节情景，有相互送礼、儿童排饼赏月等场面。

泥金饼花在绘制技法和形式上，由简朴的百子花、团花发展而来，创造出工笔重彩，形式上出现新颖的"美人式""八果式""八景式"，大大增加了饼花品种。特别是"美人式"，构图大胆，人物身上画人物，在国内的民间艺坛中少见。饼花面向生活，直接以福鼎"溪江戏"和当地风习为饼花主要题材，备受群众欢迎。而饼花艺人面向群众，创造出以饼花人物多少标定月饼重量的办法，方便了群众。为适应饼花的热销和群众的需要，当时的福鼎社会就出现了一支以饼花制作为职业的艺人队伍，进一步促进了饼花创作。

木刻饼花八景式　凤仪亭（彩版）

泥金饼花是福鼎饼花的一大发展，是福鼎手绘饼花的发展高潮。

其一绘制工序，基本上是流水作业：起稿——画师起稿；模稿——学生根据老师画稿用海月纸（近似单宣纸）或连史纸（比海月纸更薄的纸）描出画稿；填色——学生根据描出来的画稿，填入五彩颜色；开衣纹——由水平较高的学生，用类似色开出衣纹，如涂红色衣服，用淡红色开衣纹，淡红色衣服用深红色开衣纹；上墨线——由水平较高学生，在类似色衣纹基础上上墨线。开脸——由老师开脸。上金色——由学生或老师上金色。裱褙——将画家的饼花用官边纸或毛边纸裱托。剪花——沿各式饼花外廓剪出饼花。

还有"木刻饼花"，其历史要从民国初年说起。那时福鼎有位木偶戏艺人叫林通玲，看到饼花销路很好，福鼎邻县霞浦、柘荣、泰顺、平阳等地都纷纷来福鼎定购饼花，他就收集些饼花稿，刻在木板上，用墨来印，在墨线基础上填色彩，这种木版饼花，人物脸部不印五官，是在印完之后用粉料开脸，画出五官，民间艺人称这种饼花为"洗脸饼花"。不久，福鼎县城关文成堂书坊陈厚瓒、城关附近南阳潘记也先后刻木板印制饼花。这两家印制比较完整，颜色基本定型，主要用水料，如洋红、洋绿、紫、黄等色，发动自己家里妇女上色。后来温州叶新大石印局和福鼎潘宗銮石印局，进一步把饼花稿描在石印上印饼花，以后还有福鼎巽城朱元盛、朱英贵，仿水印木刻效果，刻制套色水印木刻饼花，天色还分浓淡。福鼎城关文成堂也刻套色饼花，文成堂陈吉人、林弼受新兴木刻的影响，吸收新木刻线条刻制饼花。这些都是福鼎饼花创作的进一步发展。直到1941年左右，上海洋版戏文图推销到福鼎市场，色彩既鲜艳，价格又便宜，就逐渐代替了福鼎木刻饼花。上海洋版戏文图推销中断，木刻饼花又一度盛行起来。后来上海洋版戏文图再次推销我县，又代替了福鼎饼花。从这时起，福鼎木刻饼花的流行，就一直衰歇。

木刻饼花的绘制工序如下：

起稿——由饼花创作者画戏文；刻版——由专业刻版工人将画稿描在木板上刻制；印刷——由一般家庭妇女或工人印刷，纸张用福建连城"海月""连史"，墨用鸭烟、

木刻饼花 八果式（彩版）

醋、桃胶调成；裱背——由专业裱背工完成，底纸用连城"官边"或"毛边"纸。上彩——上彩用水料如洋红、洋绿、杏黄、金黄、大红粉等，先由饼花创作者画出样张，再由家庭妇女依样照彩；剪饼花——是最后一道工序，由家庭妇女将饼花留一道白边顺外形剪。

  作者要在端午节后就开始画饼花。各个艺人创作的饼花，都有固定的饼店承包，饼店要早付定金给画饼花艺人，艺人有义务在每年中秋送给承包饼店一张"招牌花"（即特大饼花），内容有"嫦娥奔月"等，也有结合招牌名来创作，如某艺人送给郑长胜饼店的三张"招牌花"，就画有《郑阮成下婢》《长坂坡》《黄忠取胜》（《定军山》三个戏出，以三个戏名的"郑""长""胜"三字合成"郑长胜"招牌）。每年八月初一开始，各个饼店就将订约饼花张挂饼店。当时桐山饼店就有七八家，家家饼店张灯结彩，展挂饼花。好像是饼花大展，招引不少观众。

福鼎剪纸

🍃 冯 溱

福鼎剪纸艺术历史悠久,独树一帜,在闽东占有重要一席。过去统称"剪鞋花",出现了不少优秀民间艺人,多数为家庭妇女,其中佼佼者如宋美珠、沈吓招等人。福鼎剪纸风格完全不同于闽东各县,显得清秀飘逸,高雅大气,具有"书卷气",主要原因是受浙南温州"瓯绣"和"瓯塑"、苏杭刺绣、东阳木雕和上海工艺美术的影响较大。况且,福鼎这些有代表性的剪纸艺人,多出于商人与书香门第家庭,学习交流更有基础,因此,福鼎剪纸是闽浙边界民间文化互相学习、取舍、交流、吸收、升华的典型产物。

福鼎剪纸作品(上官秀明 供图)

福鼎剪纸在20世纪50年代参加福建省剪纸艺术展览和美术作品展，得到专家一致好评。其中宋美珠剪纸《七仙女》和沈阿招剪纸《义和团打洋鬼子》得到评价最高。宋美珠是上官秀明的外婆，知书达理，能剪善绣，富有传奇色彩，在闽东及浙南很有名气。闽浙文人曾将她的传奇人生编成民歌和故事。上官秀明从小受到宋美珠的言传身教，熏陶影响，经常观看外婆剪纸、刺绣，耳濡目染，渐渐爱上剪纸这一艺术。上官秀明勤奋好学，爱好广泛，喜好文学、诗词、收藏、集邮，经过几十年的不懈努力、执着追求、辛勤探索，采用多种多样的表现形式，通过剪、刻、染、衬、贴等技艺，充分展示了剪纸艺术的魅力。同时，他又博采众长，兼收并蓄，扬长避短，不断创新，持续创作出新的剪纸风格、品种和内容。"隐意"就是上官秀明不断创新的杰作。他的剪纸作品先后获得全国、省、地、市、县奖，有30多幅作品被国家邮政局作为邮资明信片在全国发行，其中以太姥山为主题的有两套共20幅，福建电视台、东南电视台、厦门电视台、闽东及福鼎电视台对其做专题采访播报。

福鼎剪纸具有如下四个主要特征：

第一，内容丰富。福鼎剪纸以日常生活、民风民俗为题材，内容健康和谐、积极向上，寓剪于乐，喜闻乐见。山水、人物、花鸟、鱼虫、水果、蔬菜、飞禽、走兽、文字、图案等均可入剪，其效果栩栩如生，活灵活现，清秀飘逸，高雅大方，让人爱不释手，拍案叫绝。

第二，形式多样。福鼎剪纸表现形式多彩多姿，有单色、染色、套染、套金、衬银、浓彩、淡墨、方圆、大小、微型、细纹等，构思巧妙，变幻合理，让人耳目一新，成为收藏精品。

第三，雅俗共赏。福鼎剪纸既可以走进寻常百姓家，用于喜庆装饰，也可以登入大堂雅室，用于收藏纪念。上官秀明剪的《百寿图》《百福图》《龙凤呈祥》《平安是福》等剪纸既是赠送佳品，又是传递亲情和友谊的信物。

第四，成本低廉。福鼎剪纸所用材料除了各种宣纸、纸张外，竹壳、树叶、麦杆、布条等均可制作，工具也简单，剪刀、刻刀、铅笔等就可。

瓦窑工和做缸

 周石生　徐达武　张兴宇　黄建军

瓦窑工

瓦窑匠人周石生的父辈就是瓦窑工，他从15岁开始做瓦，一直到50岁。据他介绍，外洋村做瓦窑的技艺已经有100多年的历史，瓦窑工非常辛苦，都是些体力活，平均一天需要工作13个小时，早早起床干活。周师傅告诉我们，看似小小的瓦片，制作起来非常烦琐，每烧一窑瓦片，从装窑生火到冷却出窑，通常要20多天。看似简单的瓦片，却要经过好几道工序，每一道工序都和瓦片的品质息息相关。

窑门的烧窑工（吴维泉 摄）

传统瓦窑内部（马智灵 摄）

  首先是选土。制作瓦片需要黄黏土、溪泥、山土按不同比例混合，这样瓦泥才既有黏性又不至于太黏。选土需要瓦工长年累月积累下来的经验进行判断，周师傅特别强调，泥土不行整窑瓦片就废了。

  其次是踩土。在瓦窑一侧的瓦棚里，大水牛在一个直径三四米的泥坑里来回走动，经过两天的反复踩踏，瓦泥就变得既有黏性又有弹性。踩土就是为了让泥土均匀密实有弹性，保证瓦片烧制后不会因为材料不均而出现破洞漏水的情况。

  再次是制瓦。踩土完工后，瓦工才上场，一个瓦斗（制瓦模具）、一把木弓、一块木片，就是制瓦的全部工具。周师傅跟砖瓦打交道35年，制瓦的动作他每天都要重复五六百次，瓦斗放置地上，放上泥料赤脚踩实，手脚配合将瓦斗挑起，放置工作台，木弓切割，木片刮平，一片瓦就基本成型，全程不到两分钟。"生瓦片"一片片叠起如同书页，放置阴凉处晾干。

  第四是入窑。半个月后，还略带湿度的生瓦片就会进入瓦窑。这不仅是体力活，更是技术活，每一摞有几十斤重，抱在怀里要十分小心，防止破裂。

最后是烧制。小火3天,大火7天,这10天瓦工24小时轮班添柴,保证窑火不熄,此时窑内温度可以达到2000多摄氏度。这个过程也最考验瓦工,它需要瓦工熟悉瓦窑的"脾性",才能控制好窑内温度,烧"熟"瓦片。

停火后就要封窑10天,在此过程要通过窑顶水槽加水,水渗进窑内与烧"熟"的瓦片产生反应,瓦片才会变黑。最后,再经过10天冷却,才能逐渐开窑取瓦,再由瓦工仔细敲打,瓦片"书页"一片片分离。

每窑只能出六万多片瓦片,其中包括损耗的瓦片,整个流程一般来说历时两个多月,不过也因天气而定,天气好时一个多月差不多就能完成,用手工慢慢制作出来的瓦片和机械制作的瓦片是有很大的区别的。周师傅说:"我举一个例子,如果是机械瓦,我试过,折一小段,用瓦片摩擦瓦片,它会裂开,一直裂下去,我们这种火烧出来的瓦就不会裂开,真材实料,用火烧出来的,大火烧三四天,小火两三天,一共用了六七天,这种瓦片随便你摩擦不会裂开。"

以前桐山盖老房子都是用外洋村的土窑砖瓦,如今在福鼎用到传统黑瓦的地方已经不多了,出产的瓦片基本都被运到泰顺。因为产量低,每出一窑瓦,预订的客户很快就会上门取货。

而现在这个行当还遇到了新的问题,由于制瓦需要挖土以及烧柴,被认为不利于环境保护。对此,周石生解释说:"我们不挖良田,不生毒烟,努力做环保,希望能有生存之地。"

周石生感叹,即便他们这些瓦窑工再顽固地坚守,也无法改变后继无人的现状。这口烧了百年的瓦窑,或许要在他们这一代的手里就此熄火。

做缸

江桥村制缸的历史大概可以追溯到400多年前,徐氏的祖先刚搬迁到这里的时候,烧瓷的工艺世代相传。据徐达武老人回忆,缸窑远看像是一段隆起的土坡,但这段长60多米呈纺锤形的土坡内部,是砖石叠砌的中空窑室,制缸匠将做好的泥坯放进窑室,从四周的孔洞放进火柴点火闷烧15至16个小时,再晾上24个小时,就可以烧制成一批缸器。

陶土是烧制陶器的原料,江桥村不仅有丰富的陶土资源,而且质地细腻、黏性好,烧出来的产品硬度高、不脱釉,其制作工艺流程主要有8道,分别为挖土、捣土、制坯、阴干、修坯、上釉、装窑、烧窑。

挖土,用锄头拨去表层的泥土,至地表下1米或1.5米处,挖取优质陶土。原料解决后,接着就是捣土。将陶土按比例加上水后,反复踩踏和搓揉,使之变成"熟土"。

在揉土过程中得剔除土中的石粒和杂质。制坯分为两种情况：制作"小货"时往往需两人配合，一人用脚使劲蹬着轮盘旋转，另一个则坐在轮盘前用手将"熟土"轻轻地拉和托。在旋转过程中，把"熟土"变成陶器的初坯。制作大缸只需一人，先将"熟土"搓成一条，围成一圈，然后根据缸的大小，一圈圈往上接，最后形成缸坯。制坯时要用两把槌子反复槌打，使之成型，再用沾过水的布将缸坯外表搓光滑。一位制坯工一天一般只能完成2个酒缸泥坯，难易程度可想而知。

接下来要处理的环节是阴干。或把泥坯放在工棚里慢慢风干，或在太阳下晒干。泥坯一般晾晒10天左右才能烧。修坯是制缸过程中必不可少的步骤，它主要起刻画花纹、线条或棱条的作用。

上釉的原料大多是用灌木烧制的灰加水泡成釉水，然后均匀地涂抹在坯件上。接下去就是装窑了，把上过釉的坯件放在窑中事先搭好的架子上。烧窑是整个环节中最为关键、最见功底的技术。用松树枝围在坯件四周，架起来进行烧制。烧窑工在窑眼边连续24个小时日夜不停地添加柴草。把窑内温度烧至1000℃，一次窑大概要耗费掉5000公斤的柴草。最后出来的才是陶器成品。缸窑的整个制作过程都由手工完成，并且所使用的均为传统工具。

家中盛水用缸的需求量相当大，直至20世纪80年代，大缸仍是家庭必备品，做水缸、米缸、腌菜的缸，生活中处处可见。但随着江桥村旧缸窑的拆除，传统的制缸手艺也慢慢落上了历史的尘埃。

物华吟赏

话说传统木质用具

垚 子

福鼎以古木船厂传承为代表的木质农具传统制造技艺，广泛运用于木构建筑、农业工具、民俗生活用品，世代相传，在闽浙颇有影响。

木质用具传统工艺的种类有很多，主要包括农具、家具两种。其中播种工具如搓秧机、打谷机、稻穗收割机、收豆谷机，是为生产生活而制造的；又如播种的秧桶，是用杉木制作，柔软轻盈，容易漂浮在水面，农民插秧时只需后脚一推便容易移动。

早时农业工具，大多采用木制，耕田的犁耙大部分采用坚硬耐用的中华蚊母树，扁担用檫梓木。打谷机用青钢栗，该木质耐磨，打出米粒多坚硬完整。农耕工具还有压田机、檽水、横刀、锄头柄、田樯等。

实用的压田机制作技术很难，其手柄、下轮和齿轮采取石栊木，木材质心透红，坚硬无比。坚硬的材料做的农具十分耐用，能踏几千万转。下面的机轮口径八寸粗，一排排的齿牙厚一寸，宽一寸五分，参差排列。齿轮滚动时不会卡住，容易翻动。人跨上压田机，脚踩踏板，能把稻草头压到田里。为改良土壤，农民就地取材，以陈年稻草根头压下田，等一年半载，草根就会腐烂，持之以恒地"补钙"土壤，培育发酵，提高了农田的生产力。

"犁"有弯曲的部分，第一弯为"犁梁"，第二弯为"犁座"，第三弯则为"牛扁担"，取材坚硬耐用的蚊母树。牛拉犁耕田使劲，不易断。手柄七寸长，犁座下方长一尺一寸，上部有手柄三尺两寸。犁梁长三尺八，犁壁是铁，"犁柱"两尺，一寸厚，三寸八分宽，加横栓，榫卯凸上显三寸。"犁梁"头部安装螺旋铁钩，其上还悬挂着"犁挂寿"。

"田樯"是丁字形，横料是中华蚊母树，手

木质农具传统制作（池长主 供图）

柄采用柳杉木。"丁字形"代表其为一种吉祥工具，中华蚊母树意为生生不息，柳杉源远流长，"丁"则是人丁兴旺、五谷丰登。

"锄头柄"采取"科木"制作。俗语用"光泽，轻飘，不要一直吐口水"来形容它的光滑。"锄头柄"头大尾小，头大有四节，尾小有二十四节，共二十八节，代表二十八星宿。头四节代表一年四季，尾二十四节代表二十四节气。农民锄禾时，地瓜园要直，整平丘田一排排，整整齐齐。

家居生活木制用具主要有八仙桌、轿子、眠床、罗汉床。

八仙桌，大多用楠木做成，民间传闻楠木有仙气之灵，家中摆放楠木做的餐桌会兴旺发达、事事顺心。八仙桌用途广，有家用、酒宴用、道场用。起洪楼酬宴用八仙桌，洪楼有三楼、五楼、七楼、九楼、十一楼、十三楼，三楼依次类推是三张八仙桌相叠，结婚连环晚宴，当天晚上新郎官的"两房头"要遵循民间风俗，民间艺人会在晚宴八仙桌上用筷子汤匙摆上八卦、八角金盘、双蝴蝶、桃园三结义、三印、柳瓶、烛台等。新郎官"两房头"会解开这几种花样的民俗摆样。"两房头"解答："混沌初开盘古先，三皇五帝定乾坤。尧舜坐朝为道主，周朝甲子八百春。"晚宴吃好了要谢八仙，"两房头"叹道："八仙过海在云中，一班兄弟过得好。九世同居在礼上，代代儿孙合得好。"

轿子有好几种，一种是民俗神仙坐的神轿，俗称"銮驾"，神仙坐着游景，用以保佑民间平安、风调雨顺、国泰民安。民间出嫁的轿子是不一样的，文官、商人坐的轿子等各有不同。民间出嫁的轿顶上有三层珠，轿门为鲁班所设计。开轿门要念口诀："双手拉开轿门开，麒麟送子进胎来。三岁孩子题金榜，十岁儿子当探花。"

眠床是民间百姓生活中必需的木质物品，材料大部分用香樟木、楠木、杉木。眠床有好几种，如龙床、棍、罗汉床、十七扇、十三扇、十一扇、五堵花、三立梆等。最具艺术特色的是"十七堵雕花眠床"：长七尺一寸六分，宽四尺八寸六分，床坐高二尺一寸六分；床梆前两根宽六寸六分，中间两根三寸六分，合并再用柴榫拴起做固定，四根床底关，上铺床板一定要五块、七块、九块才吉利；中间后堵柜九寸九分深，八字形弦空着向后挂，左右三堵柜，前左右两边扶手蚊帐花阁，宽一尺二寸，高四尺六寸，上十七堵花板站起来，用马蹄榫卯、大头小出榫卯、三角榫卯、挂榫卯方式来合床。十七堵花板雕刻有八仙过海、侍女、鸟语花香、走兽、戏剧多种人物。眠床前脚左右雕刻狮子，用巧雕、线雕、浮雕、圆雕、透雕、微雕琴棋书画、渔樵耕读、田园生活、神话传说、历史故事、古曲小说等内容。油漆过程，时在春天里的南风天气，最适合做老漆。老漆是一种生桐油，要经过锅煮熟，再凉温调配颜色。花板上贴金铂，堵板漆画，写上诗词。

木具制作在工艺技术上有较高的要求，工艺过程包括材料选择、配料加工、材料锯割、木料刨削、划线定格、凿眼制榫、装配修整。每一种农具材料都要秋天白露后取料最适合，材料经过蒸汽脱水或碱水三个月浸泡。

木质工艺彰显特色，用杉木制成的茶桶不容易裂开，而且耐磨，不朽、不腐、防虫蛀、驱蚊。

福鼎油桐生产的兴衰

○ 上官鉴

桐油是工、农、渔业和国防工业必需品下，它是福鼎三大木本油料之一。至1990年止，全县油桐种植面积有58881亩，平均年产油桐将约1041担。县供销社最高年收购量为808担，最少为48担。

福鼎何时开始种植油桐已无文献可查考。但可以肯定，福鼎县桐山是盛产梧桐的地方。在清乾隆四年（1739）以前，清嘉庆《福鼎县志》记："桐山（即今县治），平坡宽旷，旧多产桐，故名。"据高耆绥老人说："企岭街（今十字街东面）原来是山坡地，都种有桐树。"旧时山区农民"家有竹和桐，生活蛮好牵"（牵，即小康意思）。可见，当时群众对种植油桐是普遍重视的。

民国时期桐油是主要输出品，政府提倡种植。1937年福鼎后胆创办一所林业合作社，种油桐10万余株。1938年为了发动群众种油桐，于5月间在桐山南校场和铁塘底公山办起苗圃大量苗育桐提供农民栽植，每株桐苗定价1角。当时即以"征工造林"方式进行栽植。1939年，全市建立油桐生产合作社14个，有社员1838人，专门经营油桐生产，于次年种植油桐20余万株。1941年，吴锡璋任县长时，以国民劳役投入造林，全县植播油桐892亩（1899200穴），这一时期油桐生产有较大发展。1943年，"太平洋战争"爆发，输出渐感困难，桐油滞销，农民经营油桐积极性受挫，走全市桐油产量仅120市担（合桐籽250担），呈下降趋势。

中华人民共和国成立以后，人民政府对发展油桐生产非常重视，采取了经济扶持政策，鼓励农民垦殖。20世纪60年代以前，油桐生产提倡合作造林，每亩补助3—4元。1952年县政府林业科，在七区白琳与旺兴头农业社实行"国社合作"栽植油桐750株，试图促使油桐发展，但实际成效只4亩。1953年后，随着互助合作的发展，油桐造林有所增加，但多混种在农地四旁。据1952—1957年调查，全县造林有340亩油桐，产量也逐年上升。1952年油桐籽产量有500担，1957年即上升到700担。

1959年以后，为了便于生产管理，鼓励农民营造油桐纯林，采用大面积植播造林。当时由于追求数量，不重视科学管理，成效甚微。从1959年至1971年全县油桐造林累计17889亩，实际成林的寥寥无几，全县保存油桐纯林只97亩（1973年森林普查数字，城关 47 亩，磻溪 50 亩）。四旁零星保存油桐 1906 株（南溪 281 株、白琳 777 株、沙埕 798 株、磻溪 10 株、硖门 40 株）。油桐将产量下降，从 1958 年的 500 担，至 1970 年只有 208 担，相差一半多。

1973 年，县供销社为了贯彻上级指示，发展油桐生产，曾以磻溪为重点，扶持生产队集体种植油桐 1290 亩，由于"重造轻管"，大多数荒废。

从 1976—1982 年的 7 年间是本县油桐大发展时期，先后有 12 个公社、85 个大队种植油桐 58760 亩，其中有 13 个大队创办了油桐专业场（磻溪公社的磻溪、湖林、炉屯、油坑、桑园、黄岗，点头公社的大坪、山柘、后井，白琳公社的白琳、大赖，硖门公社的瑞云，秦屿公社的太姥洋），面积达 14200 亩，面积多的场有 1500 亩，少的场有 500 亩。这些场实行以桐为主，林地套种农作物，以短养长，专业管理。其间，县供社为建场投放建场住房资金 3 万多元，建筑面积 2870 平方米，投放化肥 210 吨，修建磻溪至炉屯公路 2 千米。从 1973—1976 年供销社总共投资 8 万元。同时县林业局从湖南调进"葡萄桐"良种 2000 斤，育苗 15 亩。1977 年桐苗出圃 15 万株，为各场队提供了优质种苗。从 1977—1986 年，县林业局还发放了扶持费 486817 元，共新造油桐 58881 亩，抚育了 101409 株，育苗 374 亩，雄株改造 154950 株，全面改造 1060 亩，建立采穗圃 18 亩。这个时期由于政府的扶持，生产得以发展，耕作管理水平提高，桐油产量成倍增加。从县土产公司桐油收购实绩看：1976—1980 年收购量为 315 担，1981—1985 年为 994 担，后五年比前五年提高了 3.5 倍，经济效益显著。但在这个时间造林面积也有不实现象，经 1986 年调查实际的只占原上报面积的 42%。

1983 年以后由于桐油价格不高，油洞场生产效益低，13 个村办油桐场入不敷出，依靠国家补助维持，加上后来一些手工业厂家以制造创汇产品为由，大量收购油桐树材，引发农村大砍油桐树，至 1987 年全县保存油桐纯林仅 2134 亩（秦屿 191 亩，磻溪 845 亩，点头 1092 亩，管阳 6 亩），并呈逐年减少趋势。因此县供销社桐油的收购量直线下降，1989 年仅 48 担，1990 年只 16 担。此后，市场上所需的桐油均靠外县流入。

（本文摘编自《福鼎文史资料》第 11 辑）

编者注： 油桐在福鼎种植历史悠久，品种有千年桐、三年桐和葡桐。果可榨油，油桐树果子含油率比较高，榨取的油料称为桐油，色泽金黄，在过去，农村的木质建筑、家具、农具、器物均用桐油涂抹，能起到防腐、防霉、防变形、耐酸、耐碱保护木质结构的作用，尤其是过去的木质船只和油纸伞等，都会使用桐油涂抹保养。

槟榔芋

◎ 冯文喜

福鼎槟榔芋形如"炮弹",形状伟岸,最重达6公斤多,是淀粉含量颇高的优质蔬菜,因带槟榔纹,故称。它素有"芋中之王"之美誉,清朝年间列为贡品,享有"皇室贡品"之称;1990年,参加北京人民大会堂召开的"福建省闽东老区扶贫成果汇报会",受到中央领导和广大来宾的好评,被视为"国宴佳肴";2009年10月,"槟榔芋王"在福鼎诞生,首创吉尼斯世界纪录。

福鼎芋原名"山前芋",据傅克忠先生《"福鼎芋"及其栽培》一文介绍:民国初年,由山前村民蔡妹銮从外地带回小芋种,收成后拿一些送给他已出嫁到上屿(岛屿)的女儿。第二年,蔡妹銮将小芋仔放新地上栽种,长得很好,就传开了,山前村里其他的大姓陈、王、董、赖人家也纷纷推种这种芋,后被称叫"山前芋"。近年来,

芋王赛现场

对外称为"福鼎芋""福鼎槟榔芋"。

福鼎种芋历史可上溯到宋代,最早见于梁克家《三山志》:"芋,陶隐居云,蜀川生者,形圆而大,状如蹲鸱,谓之芋魁。闽中出者,形长而大。细者如卵,生芋魁旁,食之尤美。州北,下洋尤多。"清嘉庆《福鼎县志·物产》载:"陶隐居云,状如蹲鸱,谓之芋魁。"清乾隆版《福宁府志·物产》载:"芋,《三山志》陶隐居云,蜀川生者,形圆而大,状如蹲鸱。朱子诗:沃野无丰年,正得蹲鸱力。"以上是地方志书中对芋种植历史的记载,说明福鼎产芋历史至今有1000多年。文献中记载的陶隐居,即陶弘景(456—536),字通明,齐梁间道教思想家、医学家,自号华阳隐居,著有《陶隐居集》《本草经集注》。所记"蹲鸱",即大芋,因状如蹲伏的鸱,故称。《史记·货殖列传》中载:"吾闻汶山之下,沃野,下有蹲鸱,至死不饥。"又有晋左思《蜀都赋》写道:"垌野草昧,林麓黝儵,交让所植,蹲鸱所伏。"宋苏轼《上神宗皇帝书》写道:"是犹见燕晋之枣栗、岷蜀之蹲鸱,而欲以废五谷,岂不难哉!"清陈维崧《满江红·江村夏咏》写道:"论生计,蹲鸱一顷,菰蒲百亩。"这些说明芋作为民众日常生计的食物,很早就受到极大的关注。福鼎地处闽东北,正是槟榔芋在"州北,下洋尤多"中记录的状况。朱熹于宋庆元年间流寓长溪(包括福鼎),并在福鼎讲学,有门生杨通老、高国楹等人,曾说芋是农家菜,民众作为助食而得到广泛种植。这也说明了福鼎芋文化历史的悠久和深厚。

据史料记载和专家考证,福鼎槟榔芋在福鼎栽培已有近600年的历史。清嘉庆《福鼎县志·物产》中就有"状若野鸱,谓之芋魁"的记载。民国时期,只有山前、透埕、何坑等地在沙质壤田种植,促进了槟榔芋的发展和栽培技术的提高。1980年开始进行深加工,生产芋粉、芋泥、芋块,畅销闽、粤、港、澳、台地区和东南亚各国,深受消费者好评。香港市民把福鼎槟榔芋称为"福鼎芋",并沿用至今。

福鼎槟榔芋生产,主要集中在山前、贯岭、叠石等乡镇。这几个地方处于福鼎东北部,历史上隶属于福宁州(福宁府)廉江里十八都。其中,山前、何坑、库口、透埕这几地方现在是槟榔芋的主产地。

据福鼎市农业科技专家谢云妹、黄义杰、丁世光等人的《福鼎槟榔芋栽培与加工》介绍,槟榔芋种植技术流程包括整地、品种选择、种植、施肥培土和水分管理等。

槟榔芋制作的传统美食主要有挂霜芋、芋头泥、芋头饭等。2018年,当地深入挖掘槟榔芋传统制作技艺,申报美食非物质文化遗产,共有4项。其中,由福鼎市尝春食品有限公司申报"香芋莲子制作技艺"于2018年列入福鼎市第四批非遗保护名录;福鼎市餐饮烹饪与服务行业协会申报"福鼎挂霜芋制作技艺",福鼎市老福海鲜馆申报"桐山芋头饭制作技艺",福鼎市新牛牛餐厅申报"山前芋头饭制作技艺"等3个项目于2019年列入福鼎市第五批非遗保护名录。以芋作为传统蔬类美食的技艺特色明显，体现在选料精细、传承古法制作，比如，福鼎挂霜芋必须选用何坑当年12月至次年2月上市的槟榔芋，制作方法系世代相传并有所创新。福鼎挂霜芋以"香、酥、粉、嫩"扬名，1990年进入国宴，深受民众欢迎而名播四方。

浮柳工夫红茶

🍃 钟维兵

从福鼎市区一路向西，沿盘山公路逶迤而行，行程7千米，峰回路转，便到了一个生态优美民风古朴的畲族村寨——浮柳。浮柳村为桐城街道所辖，全村人口2800多人，蓝、雷、钟、李等姓氏畲族人口占八成以上，散居于蓝厝、深坑、往里等20个自然村。

浮柳是距离福鼎市区最近的一个畲族村寨。畲民同胞们在这里繁衍生息的同时，更是创造了别具特色的畲族文化，工夫红茶便是其中最具代表性的畲族传统文化之一。

据《深坑畲族李氏宗谱》记载，明正德八年，畲族李氏万十三郎，由霞浦雁落洋迁徙白琳村，生6子分6房，其中一房派衍福鼎桐城浮柳深坑，深坑畲族李氏始肇于此。相传，深坑畲族李氏先人定居深坑后，垦山植菁，以种粮和狩猎为生。一日，先人追逐一头已中箭的山麂进入了一个陌生的山谷，四下搜寻山麂无果，正失落沮丧之际，蓦然发现前方的山崖下长着一簇茶树，与平常茶树大有不同。时值阳春，在深绿色的老枝上，新抽的是一芽芽紫红紫红的叶芽，芳香四溢。先人称奇，遂小心挖掘移植到村中周围种植，悉心管理，压枝繁殖，取名"赤米茶"。畲民们视它为珍宝，纷纷传种，种植面积逐年扩大。

每年清明前后，茶叶抽芽，畲民们便纷纷背着茶篓，挎着竹篮上山采摘赤米茶。采茶时，讲究选择没有病虫害的一芽一叶或一芽二叶。人工提手采、分朵采，切忌一反捋。采满一篮后用草遮盖，及时送回家中摊晾，以免被日光灼伤而红变、焦芽、焦边。摊晾也称萎凋，将刚采摘的茶叶以5厘米左右的厚度，均匀地摊放在竹匾上，置于避光通风的屋内数小时，待散热和挥发部分水分后，便将茶叶转移到太阳下晾晒。中午前后将茶叶移回到屋内，因为此时太阳浓烈，较易造成焦芽、焦边。当茶叶在阳光下晾晒至叶面失去光泽，由鲜绿色转为暗绿色，叶质柔软，手捏成团，松手时不易弹散，嫩梗折而不断，青草气部分消失，略显清香时，将茶叶移回阴凉的屋内摊晾散热。如遇阴雨天，则将鲜叶在屋内直接摊晾上述状态，途中要勤翻拌。

鲜叶经过萎凋后，按一定的分量放在竹筐内，按顺时针方向用脚揉或用手捻，这是一道塑造优美外形和绝佳内质的重要工序。根据茶叶的老嫩，揉捻的次数和时间有所不同，嫩叶分三次揉，每次 30 分钟；中等叶子分两次揉，每次 30 分钟；较老叶子分三次揉，时间相对延长，每次 40 分钟。嫩叶轻压短揉，老叶重压长揉，萎凋程度比较深的叶子适当重压，萎凋程度比较轻的叶子适当轻压，否则，容易造成叶柄与叶片分离为碎叶。每次揉捻后要及时进行解散团块，待散发降低叶温后，方可进行下轮揉捻。直揉捻至茶汁充分外溢，黏附于叶表，手紧握茶坯，茶汁外溢而不成滴流，松手后茶团不松散，茶坯局部发红，有较浓的青草气味即可。

将揉捻后的茶叶摊放在竹筐内进行发酵，摊放厚度一般为 8—12 厘米，嫩叶要薄摊，老叶要厚摊，气温低时要厚摊，气温高时要薄摊。上覆干净的湿白布，置于 25℃ 左右的通气良好的室内发酵时间一般为 2 到 3 小时，发酵的叶温保持在 30℃ 左右为宜，如叶温超过 40℃ 时，就要进行翻拌散热，否则，会因发酵过度激烈而使红茶香低味淡、色泽黯淡。如果气温不足 25℃，可将茶叶直接置于太阳下发酵，但要掌握好时间。直发酵到叶青草气消失，出现一种新鲜的、清新的花果香，叶色红变，即为发酵适度。将发酵后的茶叶摊撒在竹筐中，待散发热气后便可进行烘焙这道最后的工序。

如逢晴好天气，可将发酵后的茶叶直接置于太阳下晾晒，晒到茶梗折可脆断便大功告成。若遇阴雨天，则用炭火进行烘焙，把发酵后的茶叶转到红茶炭焙笼上，待木炭完全烧透，放入炭焙锅中，覆盖灰烬不露明火，温度控制在 50℃ 左右，高则厚覆灰烬，低则摊薄灰烬，直至茶干燥。

以赤米茶为原料制成的畲族工夫红茶成品茶，外形条条细紧、弯曲、色泽乌黑油润，汤色红艳明亮，香气鲜爽馥郁而高长，滋味浓茂醇和，犹如风姿绰约的畲家女，充溢着绽放的热情和美艳的成熟。种茶、制茶、温茶早已深深渗入了畲族人的生产生活中，世代相传。家家户户每年都用心制作上好红茶，悉心珍藏，用作祭祀、敬神、待客、自饮。畲族人在祭祀先人、求神祈福时，最先敬奉的是三杯红茶，其次是五杯糯米酒，俗称"三茶五酒"，最后才是鸡鸭鱼肉等牲礼；家中来客，招呼客人的不是烟和酒，而是一碗热气腾腾的红茶荷包蛋；畲家人每天都要泡上一大陶罐的红茶，置于厅堂，供家人及路人饮用解渴，特别暑热难当大汗淋漓之时，一海碗红茶咕咚下喉，顿觉两腋习习清风生。

20 世纪 60 年代，"农业学大寨"运动在全国如火如荼地展开，当时的浮柳村亦不甘示弱，号召全村村民发扬大寨精神投工投劳，在深垅的各个山头开山凿坡，修造梯田，开发种植赤米茶 100 多亩，创办了畲族工夫红茶加工厂，年产红茶上百担，涌现出了李宗兰、钟义尔、李信法等一批畲族工夫红茶制作能手。桐城浮柳畲族工夫红茶一时声名鹊起，名扬四方，八方茶客纷至沓来，应接不暇，红茶供不应求。20 世纪六七十年代，是桐城浮柳畲族工夫红茶的鼎盛时期。深垅也因茶而兴，俨然已是当时浮柳村的文化、经济、政治的中心，深坵小学、下乡知青点、发点电站相继落成。

20世纪八九十年代后，随着国际形势发生变化，国外对红茶需求下降，红茶的产量逐年降低。尤其是现在，福鼎白茶以其独特品质风靡全球，工夫红茶基本没有生产。桐城浮柳畲族工夫红茶也完全退出了历史舞台，百亩赤迷茶已改造成了福鼎白茶，红茶厂亦拆除建成新的深坵小学，畲族工夫红茶历史旧观不复存在，村里已鲜有村民会制作，畲族工夫红茶制作技艺传承濒危。

值得欣慰的是，畲族工夫红茶制作能手李宗兰之子李荣万，自幼耳濡目染了祖辈、父辈制茶能手的工夫红茶制作技艺，深谙其道。其后又在点头、管阳等地红茶厂工作多年，技艺日臻完善。有感于畲族工夫红茶制作技艺传承濒危，为了不使工夫红茶这枚畲族瑰宝淹没于滚滚的历史洪流，多年前即投身于畲族工夫红茶的传承保护工作。浮柳畲族工夫红茶制作技艺，已于2018年7月成功申报了第四批福鼎市非物质文化遗产和第一批福鼎市畲族非物质文化遗产。

黄辣椒

王代进 郑成勇

我国黄辣椒主要产在福建、贵州、浙江、江西等地方，各地在外形、口感、香辣度、品质和产量上等各不相同。福鼎的黄辣椒与外地的主要区别在外形和香辣度上，有的地方产出的辣椒个头比福鼎要大，有的地方却偏小，一般尾部偏圆，辣度不同，但香度却不如福鼎的黄辣椒。由于受气候和土壤因素的影响，福鼎黄辣椒的特点是像一把弯刀，似天上的弯月亮，呈圆形，样子很可爱，长度约为8—10厘米，上端直径约为0.7—1厘米，尾巴尖尖，成熟后的颜色为淡橘黄色，富有光泽，味道极为特别，在炝锅中散发出来的味道鲜香无比，让人垂涎欲滴。

黄辣椒喜热，比较适宜生长在气候温和、阳光充足的环境中。辣椒种植相对便捷，当地许多家庭在房前屋后和阳台上都种有黄辣椒，食用时摘几棵，清洗后即可食用，但辣椒需要轮作，在同一块土地上不能连续种植。福鼎黄辣椒一年可以分为二至三季种植，一般在每年的端午节后为头季，种出来的肉质较厚，辣味和香味俱佳，之后季节种植的肉质和香度相对减弱。

黄辣椒集食用、药用、观赏于一体，果实美观，皮厚甜脆，维生素综合含量高。

未成熟的黄辣椒

成熟的黄辣椒

可作为药物来使用。记得小时候感冒，家长煮了一碗米粉汤放一些辣椒，食用后立马出汗，感冒症就会减轻许多。

新鲜的黄辣椒不宜长期存放，即便放在冰箱冷冻也会因为时间长久而减弱香辣度。勤劳智慧的福鼎人民经过长期的学习、生活、劳动，积累了丰富多彩的美食经验，把它制成辣椒干、辣椒水、辣椒酱、辣椒油、辣椒粉等。辣椒干是将鲜辣椒经过日晒挂起来或放在冰箱储存；辣椒水是将鲜辣椒清洗后，用少量的水放在锅中煮沸，一起装在罐子中；辣椒酱是将新鲜辣椒清洗后晾干，加食用盐磨成浆，装在坛中，上面用御豆叶压实，可以保存一年以上，辣椒油是将新鲜辣椒洗净晒干，制成辣椒面加入食用盐、白糖等，并用清水浸湿搅拌，再备多种香料，锅置火上下油至五成热时下各种香料，待炸干香料各种水分时，滤去香料，将热油倒在辣椒上装瓶使用；辣椒粉是将新鲜辣椒晒干后磨成粉状，食用时添加即可。除了新鲜辣椒用途较为广外，一般这些制作过的辣椒都有其特定用处，辣椒油、辣椒水一般是米面类美食使用较多，辣椒粉一般使用在生醉类美食上，辣椒酱一般用于炒制类较多，比如炒鲜笋等。

黄辣椒是福鼎美食的灵魂，福鼎到了无辣不欢的程度，许多传统菜肴都离不开它、如酸辣海参、酸辣岐乳、爆炒蚬皮、炒蚬肠、炒蚬血、全折瓜、白炒鱼、汤泡鱼、爆炒鱼筋、发菜鳗泡、炒目鱼鲞、蒜茸蜈蚣干、生醉海蛎、生醉梭子蟹、淹虾、炸带鱼、爆炒鱿鱼等都需要用到，许多小吃如氽汤、肉片、鱼片、牛肉丸、鱼燕、鱼面、鱼饺等也离不开黄椒，福鼎许多菜肴都是以酸辣为主，这些美食如果没有使用黄辣椒便会失去原有的风味。

许多老福鼎人念念不忘本地带有黄辣椒味道的美食，20世纪80年代末，许多福鼎籍的台湾老人回家乡探亲，四处打听，专门去找带有福鼎黄辣椒味道的鱼片、肉片等美食，品尝一碗家乡黄椒辣味的小吃。如台北中心小学的校长、台湾福鼎籍联谊会长卢家怀老先生，他回乡探亲的第一件事情，就是品尝一碗带有黄椒味道的福鼎鱼片，寻找儿时的回忆，为此还专门写了一篇介绍福鼎带有黄辣椒味道美食的文章。

蒲艾种植

◎李圣回

　　蒲是菖蒲，艾是大艾，这两种草都有药用价值，端午节时，人们还把它们挂在门楣边上。这里有一段美好的传说。相传很久很久以前，赤墙村出生一人，名黄巢，貌差身弱，年长十二，家人送到深山寺学道，日间读书夜练武，十年艺满回门，道师送他一把宝剑，言说："此剑所是仙剑，百年没有出鞘，一出鞘就是十里刀风人头落地，专除心术不正、挑拨离间、男盗女娼、坏事做绝，无恶不作之人也。"他回村后贴出告示："三天后试剑，此剑有十里刀风，锋利无比，见风头落地。"村里人闻知纷纷出走，一时搞得村里人心慌慌。远见道上有一妇人，肩背一大孩，手牵一小孩，大有七八岁，小有四五岁，路人见问原因。妇答："小是自儿，大是小叔。"路人心知，随手伸出路边一拔，蒲艾各一株，叫仨插头上，可以避灾避邪。此人就是黄巢。后来人们纷纷效仿，端午门楣插蒲艾二草避灾避邪从此传承至今。

　　水沟地、小溪边最适宜菖蒲的生长。菖蒲根基粗壮易繁殖，自生自长，当时的罗唇溪两旁至双华溪边两旁，早春二月菖蒲就抽心，到了农历四月初溪边一大片青绿青绿，任人采挖。到端午那天，四面八方的村民赶到，整条溪人如潮。这菖蒲也怪，你怎么拔、怎么扭、怎么挖都可以，你就把它拔光剩下茎部，来年还是一片绿油油。唯独不能刀割，刀一割它就死绝。因为刀割，如今罗唇至双华溪两旁找不到一株菖蒲。

　　大艾就不同菖蒲，需人去栽种，在房前屋后闲杂地栽几株大艾，来年就繁殖一大片。栽种大艾一般都是农历十月份，立冬后种植发芽快，不怕霜冻。种植大艾可追溯到明、清时期，在浮柳村深坑往里、八斗等自然村，李荣杨、李思满等数十户人，闲杂地、水沟边约合种植6亩，到每年端午这天他们就去折回，和菖蒲一束一束扎好运到城关销售，一亩地也有几千元的收入。

草木灰烧制

✎ 李宗焕

"畲人纵火焚山，西风急甚，竹木迸爆如霹雳……下山回望，十里为灰矣。"这是明代谢肇淛（1567—1624）在《太姥山志》里写的，他在明万历三十七年（1609）二月间，过太姥山湖坪时目睹人们开荒烧山情景，表明福鼎畲族利用植物燃烧草木灰为肥料的习俗。在刀耕火种的石器时代，烧林种地实际上就是对草木灰的一种原始利用，到了农业生产较为发达的封建社会，对草木灰的使用沿袭了下来。劝农诗"从来土沃藉农勤，丰歉皆由用力分。薙草洒灰滋地利，心期千亩稼如云"说的就是把草木灰当肥料有利于农作物生长的诗句。

草木灰是草和木头燃烧后的灰烬，在古代可以说是随处可见。在20世纪六七十年代，我国的化工肥料对农业生产供应还不足之时，乡村农夫很普遍烧制草木灰作为农作物肥料。

小时候，我常见过乡亲们给旱地锄草后，将锄起来的杂草摊开晒干，然后堆成高高的草垛焚烧成灰用于施肥。首先选一块空地，把晒干的杂草集中堆在空地中间，视杂草多与少，按圆形或长方形样一层一层垒上，高一米多，最上方压上一些细土，从底层四周引火，因上有压土而慢慢往中间燃入，浓烟从小堆周围缝隙中冒出，烟雾弥漫开来。刚开烧的时候，人要在旁看守，以免火势蔓延火烧山。两三日便可燃成一堆漆黑的草木灰，接下来农夫用锄头把烧好冷却的灰垛摊开，把未燃尽的杂草和稍大的土块挑出，有的用筛子筛一遍，草木灰变得细小匀称。农夫还会挑来尿粪水泼上，对草木灰进行搅拌后，最后集中在空地中间，盖上遮雨的草屏或薄膜之类以备用。旧时快过年的时候，农民都要清理房前屋后的臭水沟以及周围杂物，把这些杂物摊在空地上，晒干后也会烧成草木灰，又整洁环境又变废为宝，可给蔬菜、马铃薯、油菜等施肥。

古代的农学家贾思勰在他的《齐民要术》里就提出了"粪多力勤"的施肥原则，并且指出可以"以灰为粪"，即以草木灰代替粪便施肥。据考证，草木灰主要化学成分为水溶性的碳酸钾，很容易为作物吸收，还有磷、铁、镁、铜、锌、硫等植物营养元素，对于农作物用处很大。

俗话说"一棵红薯一把灰，结得红薯一大堆。"这里用的就是草木灰，草木灰既可以作基肥，又可以作追肥、叶面肥，在番薯膨大期，浇灌稀释的草木灰水，可以让番薯外皮光滑，肉质清脆。

草木灰所含的钾素，90%以上可溶于水，为速效性钾肥。根据这一特性，草木灰可作根外追肥用，即用浓度为1%的草木灰浸出液进行叶面喷洒。草木灰适用于各种作物，尤其适用于喜钾或喜钾忌氯作物，如马铃薯、甘薯、烟草、葡萄等。钾在植物体内能促进氮素代谢及糖类的合成与运输，可促使植株生长健壮，增强其抗病虫与自然灾害的能力，此外还具有提高植物抗旱能力的作用，保证各种代谢的过程顺利进行。草木灰用于马铃薯，不仅能用于土壤施用，还能用于沾涂薯块伤口，这样，既可当种肥，又可防止伤口感染腐烂。

草木灰还有消毒作用，可用作农作物或畜舍的消毒剂杀灭病害虫、原菌及病毒，其效果可媲美常用的强效消毒药烧碱，又有它自身无副作用、无刺激性等优势。

现在随着化工业的发展，化肥品种多样，使用方便，逐渐取代草木灰肥料。另外，在山上焚烧草木灰怕引发火烧山，而造成环境植被的破坏，有的地方禁止烧制，但老农夫们还是忘不了过去的草木灰。

浮柳青草药膳

钟维兵

一方水土养育一方人，广大畲村群山延绵，溪涧纵横，植被繁茂，草木相生，蕴藏着丰富的青草药资源。畲族民众为了谋生存求繁衍，尝遍药草，逐渐掌握了这满山遍野的青草药的性味功用，从中获得了治病救人、强身健体、延年益寿的妙方，不断完善，逐步形成了适合自己居住地域的畲医畲药。虽"良药苦口利于病"，但青草药多苦涩，常服久服令人难于入咽，使人生畏。为克服药物的难吃，便利人们的食用，畲族民众便选用药食同源的青草药与食物相烹调，创造了人们乐于服食的药膳，畲族民众称之为"食补"。于是，良药不再苦口。值得一提的是，畲族民众烹调药膳时所配伍的食物往往是猪、羊、兔、鸡、鸭、鹅等家禽家畜，基本没有海鲜，这也许是畲族居住山地远离海域之故。同时，畲族民众感念牛的勤劳和狗的忠诚，烹调青草药膳时，忌讳使用牛肉和狗肉。

畲族青草药膳讲究凉补、平补、温补。凉补如山韭菜炖鹅，有滋阴养肺、清热解毒之效，全年均可服用，尤其适合夏令和秋燥时节。平补如牛奶排骨汤，药性平和，具有滋阴清热，健脾和胃，养肺补虚之功。温补如野艾草兔肉汤，具有益气补虚，健脾和胃之功，是秋冬进补佳品。同时，畲医认为，畜禽的内脏或骨肉与人体相应的内脏或组织有着特殊的补益关系，所以，治疗四肢关节病痛的药物多配伍猪蹄，治胃病多用猪肚，治心悸不安多用猪心，治小儿遗尿用猪膀胱，等等。药膳用药剂量也非常大，野艾草兔肉汤的野艾草用量多在300克左右，山韭菜炖鹅之山韭菜用量高达400克以上，有的供全家人"食补"的药膳用药量甚至高达2千克以上。畲族亦重药引的作用，烹调药膳多用自酿的红曲糯米酒为药引，认为红曲糯米酒能通血脉、行药势、增疗效。

在福鼎畲村，最为家喻户晓的药膳当属鼠曲粿，鼠曲草性甘平，具有清热解毒、调中益气、止咳平喘之功效。每年临近清明节时，村里的妇女们便提篮携筐上野外采撷鼠曲草，采回洗净焯熟滤干水分，摊上竹匾晒干，用石磨磨成细粉备用。待到清明日，蒸上一甑粳米，加入适当比例的鼠曲草粉，在石舂中反复捣打直至软烂，搓成半斤重的扁长形粿条，而成鼠曲粿，即可解馋饱肚，又祛疫健身，一举两得。

青草药膳为畲族民众的医疗保健做出了卓越的贡献，也为革命斗争奉献了力量。

在1935—1937年的闽东游击武装斗争中，福鼎广大畲村地处僻野山高林密，国民党反动势力鞭长莫及，畲族民众上山采集青草药，熬汤或制成药膳医治红军伤病员。杰出的无产阶级革命家曾同志在闽东身患重病，是一位畲族大娘用青草药膳治愈她的病，整个治疗过程和身心感受，被他详尽地写入《一个革命幸存者——曾志回忆录》一书中。

畲族只有语言而没有文字，这些历经几百年实践而得的青草药膳汤方，无法用文字以记载，只能通过子继孙传、口传心授、耳提面命来传承。并且畲医畲药素有传内不传外、传男不传女的习俗，随着时间的推移，以及时代发展医学进步，20世纪80年代后出生的人能认识青草药性味功用的已不多，能够运用青草药膳的更是屈指可数。多年来，我在业余虚心向畲族族人请教，收集整理了一些青草药膳汤方，抄录于后。特别提醒若要使用这些汤方，应在医师的指导下慎用。

祛暑猪肚汤 取连线草、三白草、鱼腥草、积雪草、马兰、龙芳草、白芙、鱼毛耳草、石菖蒲、马蹄金、夏枯草各100克，猪肚1个，将上药煎汤滤渣。入猪肚炖熟服用。主治夏季中暑发痧。

立冬滋补汤 钩藤根、大青根、瓜子藤、狗脊、南蛇藤、虎刺、山苍根、羊耳菊、楤木根、白毛桃根、扶苏藤、清水藤、土木香、金橘、络石藤、覆盆子根各100克，猪蹄髈1个或猪脊骨、或鸡鸭、上药煎汤去渣，加入猪蹄炖熟、有祛风湿、强腰膝、益精血、强肾阳之效。

王草香鸭汤 截叶铁扫帚、木槿根、楤木根、栀子根各20克，香鸭一只，炖服，可滋阴清热，健脾益胃，壮腰补肾。

养心草猪心汤 鲜养心草100克,猪心1个,蜂蜜30克,水炖分2次服,可治惊悸、烦躁、失眠。

山韭菜鹅肉汤 山韭菜100克，鹅肉500克，加水、粳米酒炖服，可清热解毒，防暑化湿。

络石藤猪肚汤 络石藤100克,猪肚1个,加适量水、糯米酒炖服,治乏力、胃痛。

关门草水鸭汤 关门草100克，水鸭1只，炖服可宁心安神，滋阴明目，治夜寐不安、视物昏暗。

圆盖阴石蕨猪蹄汤 鲜圆盖阴石蕨200克或干品100克，猪蹄(七寸)1个，加水、糯米酒炖服，治腰肌劳损。

三草猪蹄汤 夏枯草、野艾、盐肤木根各50克，猪蹄1000克，炖服，可健脾胃、助消化、增食欲、补气血。

山苍根小肠汤 山苍根100克，猪小肠300克，炖服，可平喘止咳、理气润肺。

龙芽草猪肝汤 龙芽草100克，猪肝250克，炖服，可补气调中、止血补血。

麦斛猪肚汤　　麦斛即单叶石枣 100 克，猪肚 1 个，炖服，治胃病。

野草钩猪蹄汤　　野鸭椿根、钩藤根、草珊瑚各 50 克，猪蹄 1000 克、酒、水炖服，治疗风湿性关节炎。

乌米饭　　鲜乌饭树嫩叶 100 克，糯米 500 克，捣烂取汁加适量水浸泡米，然后捞出蒸熟，可补益脾肾，益肠胃、明目、乌发。

桐江鲈鱼

◆ 汪　晴

桐江鲈鱼历史悠久，在明代与黄河鲤鱼、长江鲥鱼、太湖银鱼并称为中国"四大名鱼"。桐江鲈鱼又称"花鲈"，产自我国沿海及近河口海域，属广温、广盐性鱼类，喜栖息于河口咸淡水，也能生活于淡水。一般每年春季在海中产卵，大部分长成小苗后游入淡水，冬季洄游入大海，在海里性成熟、长大，渔民的捕捞也在海里进行，"海鲈鱼"由此得名。花鲈渔期为春、秋两季，每年的10—11月为盛渔期。

生长环境　理想优越

桐江鲈鱼地域范围是桐江溪流域和桐江溪入海口至沙埕港口以内的流域。该流域从海水到淡水，纵深长达35千米，呈狭长弯曲状，由东南向西北延伸，直抵福鼎市城区，水域宽度一般在1—2千米，最窄处为400米，湾内水深大部分在15米以上，海水盐度在18‰—30.8‰，平均水温18℃—20℃，水质清澈无污染，流速适宜，饵料丰富，是桐江鲈鱼栖息、繁衍、生长的理想水域。

福鼎市属于亚热带海洋性季风气候，四季分明，夏无酷暑，冬无严寒，日照长，热量丰富，雨量充沛，年平均气温15.3℃—18.5℃，极端最低温度为-5.2℃，大于10℃的年活动积温4000℃—5500℃，平均相对湿度为80%，年降水量1800毫米—2200毫米，雨量充沛，分布较均匀，全年无霜期达224—266天。优越的气候条件，丰沛的优质水资源，为鲈鱼的生长、繁衍提供了理想的自然环境。

饮食文化　历史久远

《本草纲目》中记载："鲈鱼性甘温，有益筋骨、健肠胃、加快愈合伤口之功能。鳃性甘平，有止咳化痰之功效。"花鲈因其肉嫩鲜美，营养价值高，高蛋白质（蛋白质含量≥18%），低脂肪（脂肪含量≤4%），且富含蛋白质、维生素、钙、镁等元素，适合贫血头晕，妊娠水肿，胎动不安者食用，乃食补之良方，颇受人们喜爱。

早在古代，鲈鱼就已经从众多海鲜珍馐中脱颖而出，甚得饮食大家、文人墨客、帝王将相之青睐。据《晋书·文苑·张翰传》记载，西晋时期，江南文学家张翰在洛阳为官，一年秋天，西风乍起，寒潮将临，他忽然想起家乡的鲈鱼和莼菜正是肥美之时，随即吟道："秋风起兮木叶飞，吴江水兮鲈正肥。三千里兮家未归，恨难禁兮仰天悲。"唱罢，便辞官回乡吃鲈鱼解馋去了。从此，莼鲈之思的美谈流传至今。

福鼎能够立县，据说与这鲈鱼还有着莫大的关系。相传乾隆二年（1737）三月，乾隆皇帝下江南，偶遇鲈鱼羹后赞不绝口，兴起赋诗一首："芽姜紫醋炙鲈鱼，雪碗擎来二尺余。尚有桃花春气在，此中风味胜莼鲈。"并下令要年年进贡。福鼎坊间流传，正是因为乾隆皇帝对桐江溪鲈鱼的极力赞赏，回朝后特下敕令，于乾隆四年（1739）把福鼎从霞浦县划出，始置福鼎县。

大量捕捞　濒临绝迹

据旧志记载，早在唐宋时期，福鼎即有渔民出海捕鱼。明清时期，已开发形成了渔场和渔港。《福鼎县乡土志》多处记载沿海居民以从事渔业为生，如《四都分编》："居民咸舍末耜以从网罟……以捕鱼为生活计。"《五都分编》："南镇而上，为钓澳、澳腰、后港三村，皆沿海岸，居民颇多……率系业渔。"《六都分编》："每冬末，渔船沿岸泊以百计，旬日间卖鱼者多集于此，俨一市镇。"再说养殖。早在宋代，福鼎秦屿、沙埕一带渔民就在滩涂上划块进行贝类养殖，但方式落后，产量低。明清时期，沿海海水养殖已比较兴盛，成为明清时期渔业发展的一个重要标志。

而20世纪80年代兴起的网箱养殖则主要养殖鲈鱼、大黄鱼、石斑鱼、金鲷、白鲵等各种珍稀名贵鱼类，水产养殖成为福鼎"海洋强市"发展战略的重要组成部分。但由于传统的大量无序、无节制捕捞，桐江鲈鱼数量急剧下降，甚至濒临绝迹。

人工育苗　突破瓶颈

20世纪90年代，福鼎养殖业刚刚初具规模，纯粹靠从海里捕捞鱼苗，杯水车薪，难以为继，可当时人工培养鲈鱼苗的技术在国内还是一片空白。经过多方探索努力，鲈鱼育苗技术研究获得重大突破。

2007年，福鼎闽威公司与雷霁霖院士成功总结出"花鲈生殖调控和室内人工育苗"技术。该技术采用的亲鱼是地道的本地桐江鲈鱼原生种，彻底改变了花鲈养殖业徘徊不前的状态，改变了鲈鱼四年性成熟，一年一产卵的自然规律。

这项技术在亲鱼成熟前，选择最为体质健壮，色泽优良，生长速度快，具有典型生物学特征的后备亲鱼进行强化培育，对亲鱼进行人工调控，有效克服了鲈鱼自然繁衍的劣势，改变了传统花鲈抗病能力低的问题，实现花鲈一年一次产卵变为一年三次，苗种的孵化率由60%提升到90%，成活率从50%提升到85%，由此形成了稳定的规模化培育花鲈优良苗种的生产能力，为花鲈产业化生产奠定了良好的基础，是鲈鱼养殖的一次革命性的飞跃。

网箱养殖　带动产业

过去养殖桐江鲈鱼都用野生苗种，捕捞、养殖成本相对较高，成活率低，养殖户收益甚微，所以养殖规模较小。直到20世纪80年代，福鼎开始了网箱人工养殖鲈鱼，后经过不断实践和研究，率先摸索出一条海水大网箱仿生态养殖鲈鱼的路子。该项技术有效保障了养殖的鲈鱼接近野生鲈鱼品质，很快在全市范围内推广应用。

1981年，福鼎市内湾海域开展海水鱼网箱养殖，采用的是小型传统浮式3.3×3.3×3米的木质网箱。1992年养殖网箱发展至2000多口，逐步代替无序捕捞。

木质网箱的无序散养存在不环保、难以抵御台风等缺点，为了找到一种新型的养殖模式取而代之，2008年，福鼎闽威公司与雷霁霖院士进行"花鲈鱼工厂化养殖技术"项目对接。项目投资3000万元，把花鲈的养殖从池塘和网箱养殖，变为室内工厂化养殖，拓宽养殖方式，规避台风等自然灾害，促进海水养殖可持续发展，使花鲈鱼从育苗养殖到成品鱼深加工产业链更加完善。

2012年4月，再次开展离岸智能化抗风浪深水网箱研制与产业化示范项目。经过几代的更迭，网箱已升级为周长104米的新型全塑胶环保深水大网箱，福鼎建立起标准化仿生态养殖模式并在全市推广应用。

同时，在全市范围内采用可追溯模式，对亲鱼的挑选、苗种繁育、鱼苗的投放及每个网箱的生产记录（pH、盐度、水质等）、产品出处、精深加工等方面都进行详细的登记，实现产品质量的全程可控和可追溯，保证产品从源头到终端的食品安全质量。

加工首创　声名远播

鉴于精深加工产品辐射面宽、附加值高、带动就业率广等多方面原因，21世纪初福鼎重点开展了鲈鱼加工产业。最初，福鼎水产企业多以生鲜、盐渍等初加工为主，现如今已全国首创多款鱼松、鱼脯、鱼脆等产品。

桐江鲈鱼以品质著称，凭借行业知名度、美誉度获得众多荣誉。

2010年4月16日，中华人民共和国农业农村部批准对"桐江鲈鱼"实施农产品地理标志登记保护。近年间荣获"福建省名牌产品""福建省著名商标""首批中欧地理标志互认保护产品""金砖国家领导人厦门会晤专供水产品"等系列荣誉。

为进一步提升福鼎的经济文化形象，提高"中国鲈鱼之乡"的知名度和美誉度，2011年至2020年，福鼎先后举办了六届中国鲈鱼文化节，修建了首家中国鲈鱼文化博物馆等，助力桐江鲈鱼的复兴和传承。

现如今，桐江鲈鱼已形成"育苗、养殖、加工、研发、销售"为一体的产业发展模式，建有国家级花鲈水产良种场、国家级水产健康养殖示范场，已成为福鼎市鱼类养殖的主导品种，养殖鲈鱼成为本地渔民增收致富的首选产业。桐江鲈鱼现作为一种名贵食材，不仅遍布全国，销售到北京、上海、浙江等城市，其出口势头也一片叫好，声誉响彻海内外，产品远销中国香港、中国台湾和日本、韩国、新加坡、马来西亚、菲律宾、泰国等国家。

青蟹

施鹏跃

桐城许多个村子都在桐山溪入海口处，入海口盐度较低，有机质丰富，适合很多的优质海产品生长，青蟹就是其中的一个代表。桐城街道的外墩村地处沙埕港沿岸，这里历代以打鱼养鱼为业。外墩村80多岁的老人张儒凤回忆："我们这里以前海里螃蟹（指青蟹，下同）很多，我们以前两个人一天下海捕捞能抓几十斤。螃蟹以前很多，不值钱，一斤五六毛，现在一斤100多。我们以前最多的一天能抓100多斤，最少也有20多斤，最多只能卖十几块。抓螃蟹一般是用诱饵，螃蟹来吃的时候，用绳子钓上来。"

青蟹的学名为锯缘青蟹，俗称"鲟""蟳蜅"，是我国珍贵的水产品之一。青蟹

养殖青蟹的滩涂（施鹏跃 摄）

喜栖息在江河溪海汇集口，海淡水缓冲交换的内湾潮间带泥滩与泥砂质的涂地上。青蟹是游泳、爬行、掘洞型蟹类，一般白天多潜穴而居，夜间出穴四处觅食。青蟹以肉食性为主，喜欢寻食小杂贝、小杂螺、小杂鱼、小杂虾及小杂蟹等。桐城一带海湾营养物质丰富，小海鲜生长多，为青蟹的生长提供了充足的食物来源；同时海水盐度低而且稳定，适宜青蟹生长。除此之外，福鼎和桐城街道相关部门和当地百姓都重视对环境的保护，这片海域基本没有污染物，因而青蟹的品质较高。

　　福鼎人把在滩涂上捕捞海产品叫作"讨小海"，青蟹就是小海中比较名贵的一种。桐城的不少老人都回忆说，几十年前青蟹的数量非常多，当时几乎能够把青蟹当饭吃，那时候粮食是短缺的，青蟹就常常被用来充饥。这些年来随着大量捕捞和滩涂面积缩小，野生青蟹的数量日益减少，价格自然也是水涨船高，在桐城的农贸市场，贩卖青蟹的摊位不少，价格都在几十元一斤不等，个大质好的更是达到了100元一斤以上。这样的现状也促使青蟹养殖业的快速发展。大约从20世纪80年代开始，福鼎沿海就开始了青蟹的养殖，桐城也不例外。青蟹养殖一般选择在自然的潮水位较高的自然滩涂区域，水质好、污染少、潮差大这些自然条件是青蟹养殖区域的重要指标；另外，交通、市场等要素也是选择养殖区域的参考内容。

　　作为一种传统而且优质的海产，营养丰富的青蟹自然成了酒宴上的珍品，福鼎的青蟹壳薄、膏黄、肉质细嫩、香味浓郁。福鼎人吃青蟹的做法也有很多，简单的有直接劈开成两半后下锅煎，加入葱姜、料酒、盐等调味后香味四溢，清甜味美，唇齿留香，若是配上一壶小酒，那更是绝佳的享受了。比较复杂的做法则是有青蟹八宝糯米粉、玉枝青蟹等，这些以青蟹做成的菜肴自然也成为福鼎菜和福鼎美食文化的重要代表。

海蜈蚣

周连华

桐城有一种鲜美的海产品显得异常生猛，让很多人觉得难以接受，它就是海蜈蚣。

单看名字，就让人想要避而远之。海蜈蚣形似蜈蚣，学名沙蚕，俗称"海虫""海蛆""海蚂蟥"等，它生长在沿海滩涂泥沙中，以海藻和别的小蠕虫为食。海蜈蚣的分布范围很广，大西洋、太平洋两岸均有分布，一般长度在几十厘米，而福鼎沿海的海蜈蚣能够长到一两米。海蜈蚣许多地方是作为钓取海鱼的主要饵料，爱吃、会吃的福鼎人则把它变作了一种特别的美食。

海湾边的外墩村就有叫大面积的滩涂，滩涂上海蜈蚣不在少数，当提及物产，外墩村的张忠日首先提到了海蜈蚣："我们这边内海有个特产，就是海蜈蚣，它是纯天然的，没有人养，滩涂上就有。学名叫沙蚕，我们就叫海蜈蚣，长得像千足虫一样。

海蜈蚣美食

我们内湾是不禁渔的,所以退潮了大家就会来挖海蜈蚣。以前最早的时候抓海蜈蚣来吃基本上都在我们外墩和这边附近的一些地方,现在吃这个海蜈蚣就比较普遍了,温州等地方沿海也有挖的,但是最早吃这个海蜈蚣是我们这边兴起来的,之后浙江瑞安那边也开始有人抓,后来抓得人多起来了,政府就规定太小的不能抓,就像禁渔期一样,大家就去别的地方抓,因此慢慢地别的地方也开始吃海蜈蚣。这是我们一个特色。"

关于海蜈蚣,在福鼎人的传说中,它的由来和八仙有关。八仙每年一度要到太姥山聚会,何仙姑看到福鼎滩涂上彭蜞横行,跳鱼飞跃,海螺点点,心里高兴,顺手将花篮中一枝蜈蚣草扔下,后面赶来的铁拐李用拐杖一拨,蜈蚣草直入海滩变成了海蜈蚣。此虽是一个神话故事,但之所以会有海蜈蚣的传说,充分体现出了海蜈蚣在福鼎人民心中的重要地位。

福鼎的海蜈蚣基本都是野生的,抓海蜈蚣也是一个技术活,因为海蜈蚣生活在滩涂上的洞穴当中,外表让人觉得可怕。海蜈蚣实际上是一种胆小、温和、对人没有任何攻击性的软体动物,它一听到响声便会迅速钻入洞穴中,所以不易被发现。每天退潮之后,村子里的妇女们常常结伴来到滩涂上,拿着挖海蜈蚣的小锄头,仔细搜寻着,有经验的渔民用手就能挖出一整条来,长的可达一米多。不同产地的海蜈蚣,口味也不一样,福鼎的海蜈蚣肉质鲜美,因为这里所产生长在淡水和海水交汇处。

福鼎人吃海蜈蚣也有自己的方式,往往会把它切成小段爆炒或是红烧,最常见的方式是用姜丝爆炒。宰杀海蜈蚣也是技术活,手持剪刀,在海蜈蚣肚子中迅速穿行,似行云流水,去除头尾和内脏,清洗干净,便可改刀入锅。将处理好的海蜈蚣放入锅中汆熟,因为海蜈蚣中含有大量水分,一斤海蜈蚣在汆熟后能够剩下二两左右。锅置旺火,下少许油,生姜丝煸香,将汆熟的海蜈蚣下锅,放入蒜白、盐、料酒等翻炒即可出锅,海蜈蚣本身鲜美无比,不需要加味精和鸡精等增鲜调料。海蜈蚣鲜美无比,细细品尝会有一丝甜味,很有嚼劲。福鼎渔民也常把海蜈蚣加工成海蜈蚣干,可长时间保存,也能作为送礼佳品。

跳跳鱼

◁ 刘芙蓉

福鼎海岸线绵延曲折,在大大小小的海湾内有着一片片宽广的天地——滩涂。跳跳鱼就是生长在这片天地里的快乐天使。

关于跳跳鱼,古人有过这样的描述:"状如蜥蜴跃江干,背上花纹数点攒。生怕涂田泥滑滑,不嫌力小几回弹。"这黑不溜秋、随潮而跳的跳跳鱼,又称"跳鱼""弹涂鱼",长不过十来厘米,外形酷似泥鳅,在水中能游,在泥洞能钻,在海礁能爬,在滩涂能跳。人们常常看见它竖起背鳍,张开大嘴,转动着圆溜溜的大眼睛在泥涂上面跳跃爬行。

跳跳鱼虽然其貌不扬,但却是海鲜中的佳品。它的肉质细腻鲜嫩,属高蛋白、低脂肪、高维生素食品,是滩涂海产品中最富有营养的佳肴。

跳跳鱼的吃法多样,既可干煎、焖烧,也可油炸、做汤肴,味道均鲜美无比。

酸菜烧跳鱼,是一道佐酒下饭的佳品。将跳跳鱼稍微煎一下,再和酸菜一起焖熟即可。跳跳鱼的肉质细嫩鲜美,富含油脂,酸菜的咸涩,融入跳跳鱼的细腻肉质中,让鲜美的鱼肉更多了一份回味。干煎跳鱼则简单得多,直接以热油煎至金黄即可,色泽明亮,松脆鲜嫩,香味浓郁,让人品尝后赞不绝口。

酸笋跳鱼汤是口味独特的美食。酸笋是本地人烹调海鲜时常用的配

跳跳鱼

料，独特的酸味很能刺激味蕾，让人食欲大增。烹制也极为方便，以高汤入锅，煮开之后倒入收拾干净后的跳跳鱼，再加适量的酸笋，烧开后调味出锅，一道香溢味美的汤就做好了。形态各异的跳跳鱼，在雪片般的酸笋片间或隐或现，有的直，有的弯，有的似猛力冲刺，有的如甩头摆尾，十分有趣。整道菜黑白相间，香味沁脾，汤白鲜美，鱼肉清香，甘甜爽口，最大限度地保留原有的鲜味，着实令人食欲大增。

跳跳鱼不但肉质细嫩，味道鲜美，而且具有极高的营养价值。日本和西方人将跳跳鱼视为餐桌上特有的海鲜佳品，誉之为"水中人参"。特别是冬令时分，跳鱼肉肥腥少，更是被人们视为滋补的佳品，有"冬天跳鱼赛河鳗"的说法，其时，跳鱼炖酒就成了一道营养丰富的美食补品。活跳跳鱼买来后，先在清水里养一段时间，让它把体内的泥味去尽。然后倒入砂锅，在砂锅内放入家酿的红酒配以枸杞、党参等，加入少量开水，大火烧开后改小火炖数分钟，加入盐、味精少许调味即可。跳跳鱼炖酒味道极香醇，不但鱼肉松软爽口，鱼汤鲜美无比，而且具有恢复体力之功效。

若有机会到福鼎海边来，独具海鲜美味的跳鱼佳肴岂能错过？

福鼎鲈鱼宴

> 王代进　张明贵

鲈鱼宴在浙江嵊州、山东龙口、福建漳州都有。福鼎鲈鱼宴是在鲈鱼生长于特殊的地理位置和烹饪过程中工艺精细的基础上形成的。

2010年，福鼎荣膺"中国鲈鱼之乡"。在福鼎，鲈鱼可制成数十道精美的菜品，菊花鲈鱼、红烧鲈鱼、五彩鲈鱼脍、刺身鲈鱼、鲈鱼得水、过桥鲈鱼、七彩鲈鱼米、开鲈鱼胃、家烧鲈鱼、酸汤鲈鱼、明火鲈鱼、糖醋鲈鱼、桐鲈望日等，其中具有代表性的菜品有红烧鲈鱼、菊花鲈鱼和刺身鲈鱼。红烧鲈鱼是将鲈鱼去鳞、鳃，在鱼腹下端横切一刀，去内脏后洗净，揩干，鱼身两侧肉面，每隔2厘米剞至中骨，加入调料腌制5分钟后，将鱼下锅炸至金黄色起锅时沥油，再将炒锅置旺火上，下油，将配料煸炒，加入清汤等调料，用湿淀粉调稀勾芡后，加入醋，起锅浇在炸酥鱼体上即可，具有色泽金黄、香辣酸甜的特点。刺身鲈鱼是将鲜活鲈鱼尾部切开，放入清水中自然

红烧鲈鱼

清蒸鲈鱼

生吃鲈鱼

放干血、去鱼鳞、内脏清洗干净；将放干血的鲈鱼去骨、去皮、取下鱼肉切成薄片、摆放于冰盘上，加上配料即可食用。此道菜的特点是肉质鲜美、软糯、香甜、入口爽滑。菊花鲈鱼是剁掉鲈鱼的头和尾，片成两片，在鱼肉面用直刀剖上花刀和斜刀，制成菊花鲈鱼生坯，将鲈鱼生坯用干淀粉抖匀后下锅，鱼块炸卷成菊花形时，装饰成型将调配料制成汁，淋于鲈鱼上即成。此道菜品具有酥香嫩鲜、甜酸适口特色。

福鼎鲈鱼宴一般由4—6个围碟或冷盘、12道菜品组成，其中至少有8道盘菜、3道菜汤、2道主食，烹制方法有炒、爆、熘、炸、烹、煎、烧、焖、炖、蒸、煮、烩、腌、烤、冻、卷、滑、焗等。

福鼎白茶宴

🍃 王代进 黄 河

  以茶入菜由来已久。茶的品种繁多，而功用也有差异，茶宴中以茶入菜有诸多讲究，只有茶与美食搭配得当，方能相得益彰。福鼎人管"喝茶"叫"吃茶"，一个"吃"字就已道破天机。茶可不仅仅只是拿来喝，还能吃，而最直接的方式应该就属"白茶宴"。随着福鼎白茶发展的日益火热，茶文化日渐融入人们生活中，茶文化与餐饮结合所派生出的茶食、茶点已成为福鼎茶产业中新的亮点。

  福鼎白茶宴最重要的是白茶食材。近几年，福鼎市加快了白茶宴茶食茶点的研发速度，在名厨郑成勇大师的指导下，以注册中国烹饪大师刘元建为首的福鼎烹饪大师们，在传统闽菜技艺的基础上，经过多年的潜心研发，已有近百道茶菜肴相继问世，其中涵盖冷菜、热菜、小吃、面点、茶饮等 5 个烹饪项目。白茶宴最有代表性的菜品，有寿眉遇见虾、银针氽海蚌、佳茗豚肉蒸公鲟、白牡丹炖鲍鱼、山海大观、白茶小笼包、春茶鲜贝煎、茶芋乡情、老白茶煲连城白鸭、茶香鸡卷、香茗铁棍山药、茶香卤核桃、禅茶面茶糕、茶露慕斯、茶香爆米跳鱼、寿眉流沙球、白玉绿雪芽、茶韵养生盅、茶香马铃、茶露胶囊、满腹经纶等数十道，烹调方法有炸、炒、蒸、煎、烹、炖、卤、酿、煮等。茶食茶点的融合创新，需要根据茶叶的加工制作工艺所形成的属性，结合食材的味性，因食、因人、因节气科学配伍，根据药食同源的烹饪原理，运用禅宗、烹饪色彩学、茶文化、意境菜等不同的烹饪技法和调味技法进行呈现，以此制作出茶叶与食材融合的创新茶食茶点。制作福鼎白茶宴呈现有三重境界：一是吃茶见茶，二是吃茶不见茶，三是茶文化入菜。每道茶菜都有茶文化的寓意和意境，作品极具展现闽菜魅力，符合人们健康美味的养生理念。

  随着福鼎白茶产业的发展，带动了相关产业兴起，也促进了福鼎白茶宴的发展成熟，过去福鼎只有茶爆虾、茶炖鸡、茶叶蛋等为数不多的茶美食，现在白茶菜肴研发的速度也进入了飞速发展时期，也被广大消费者接受和喜爱。

  2019 年 7 月 24 日结合福鼎美食地标城市的评审，专家组在福鼎朗悦大酒店对福鼎白茶宴进行了认定，专家组成员看到一道道惟妙惟肖、精美绝伦的白茶菜品后，只顾用手机一直拍照，却忘了评审品尝。专家组成员、享受国务院津贴的中国烹饪大师严惠琴说:"见到这么精美漂亮的烹饪艺术品舍不得动筷。"在 7 月 26 日由福鼎市政府组织召开的评审反馈会上,专家组成员、武汉大学教授方爱平对白茶宴进行了专门点评,他表示,白茶宴的菜品确实很具特色,从菜品造型和装盘点缀,白茶与其他食材搭配,冷盘、面点、盘菜、汤菜的比例,宴席流程的安排,做到精致合理。还指出,宴席要从包厢装修格调、现场氛围、美食文化上下功夫,面向消费者,易于推广普及,增加一些文化元素,做到尽善尽美。

《烹饪艺术家》杂志,以《茶叶入菜祛腥增香又提色》为题目,专版介绍了福鼎白茶宴菜品,主持人写道:"玉指纤柔漫采茶,汲来泉水细烹茶。将食材味性与白茶的特性相结合,研发出了极具特色的茶食,这不仅是食材之间的味道碰撞,更是茶文化与食文化的融合。"

2019 年 6 月,福鼎白茶宴制作技艺获得第五批福鼎非物质文化遗产,2019 年 9 月被中国烹饪协会列入"中餐特色宴席名录"(中华名宴)。央视《生财有道》、《工人日报》、湖南卫视、《茶道》、《宁德晚报》等媒体都曾专题报道福鼎白茶宴的制作技艺。

茶韵养生盅

贡眉葫芦鸭

银针汆海蚌

中华名宴——香芋宴

> 王代进　陈加画

香芋宴全部由槟榔芋为主料。福鼎芋除了上半部芋叶外，全身都是宝，芋头作为美食主要原料，芋枝可以作为特色菜的配料，如"玉枝鲟肉"等，芋根可以作为餐前冷盘，如葱油芋头、白灼芋头。槟榔芋还可制成饮料。

在烹调方法上可以炒、熘、烧、焖、蒸、烤、煎、炸、煮、煲、烩、炒，做粮做菜皆宜，目前，香芋宴中比较有代表性的菜品有"香芋扣肉""太姥挂霜芋""鱼形芋泥""香酥芋丸""香芋饭""八宝芋泥""太极芋泥""芋丸王"等系列名菜。宴席所使用的槟榔芋有讲究，由于既可以烹制成主食又可以制成菜品，搭配要合理，一般一台宴安排12道菜左右，2道主食外，2道汤品，8道盘菜，但从营养学角度上都应与其他原材料合理搭配，槟榔芋使用量不宜过多，有芋的元素即可。

以下介绍几种代表性香芋美食的制作方法：

芋液金波

香芋扣肉 五花肉处理后放入沸水锅中煮熟，用酱油上色，炸至金黄色捞起，切成厚片；同时将槟榔芋去皮切成厚片炸熟。将五花肉、槟榔芋按交错搭配整齐排在扣碗内，肉皮朝碗底，上调料，再倒入高汤上蒸笼蒸至 20 分钟左右待用，将蒸好的香芋扣肉取出反扣在煲仔内，锅置火上，下调料烧开后用湿淀粉勾芡淋明油，浇在香芋扣肉上即可。其主要风味特色是肥而不腻、风味独特。

芋泥 取槟榔芋纯肉，切块熟烂，用熟猪油和白糖捣成芋泥，用各种配料制成馅心，取一半芋泥装入碗中加馅心，将另一半芋泥盖在馅心上，上蒸笼用旺火蒸热将调成，汁浇在蒸热的芋泥上即可。这道美食具有细腻软润、香甜可口的特点。

芋枝鲟肉 将槟榔芋白管去外膜，切块洗净，用盐抓至发软稍压水分，放入开水锅中余熟投在冷水中浸泡片刻捞起沥干水分，下锅下调料与蟹肉稍烩，用湿淀粉勾芡起锅装盘即可。其特点是一荤一素、清鲜醇美。

福鼎"香芋宴"中有一道美食称"高丽"，制作这道美食最主要的原材料是猪肥膘，但是由于那个年代物资极度匮乏，很难买到这道美食的食材，厨师们便尝试用槟榔芋、番薯等各种原料来代替，后来便有了"真高丽"和"假高丽"之分，其中由于槟榔芋松酥软糯，清甜细腻，香味四溢，口感极佳，所以被保留了下来，而且经过文人的推敲，这道美食被正式命名为"太姥挂霜芋"。2016 年 4 月 16 日，由香港六大社团主办的"赏心乐食 Together"大型户外文化美食节在香港维多利亚公园揭幕，福鼎美食参加了本次展销活动，其中福鼎太姥挂霜芋供不应求，准备了 7 天的货源，结果 2 天半时间销售一空。

1990 年 12 月 1 日，闽东名厨郑成勇大师等在人民大会堂现场进行制作烹饪表演，出席品尝会的有关人士对福鼎槟榔芋制作的菜肴给予高度的评价，钓鱼台国宾馆便把福鼎槟榔芋制作的一系列菜肴选列为人民大会堂国宴佳肴。

2004 年 10 月 20 日至 23 日，福鼎市组队参加了在福州市举办的第十四届中国厨师节暨中国海峡两岸美食节，参加项目是：一台名宴、一道热菜、四种地方风味特色小吃。经过大家的共同努力，勇于拼搏，9 名参与认定的制作者全部获得金厨奖，其中福鼎槟榔芋宴获得"中国香芋宴"称号，芋丸王和鸡汤氽芋饺 2 道小吃荣获中国名小吃称号。2011 年 11 月第四届福鼎芋王争霸赛，2016 年 1 月福鼎店下乡镇旅游文化节，2020 年福鼎（贯岭）槟榔芋农旅体育文化节暨第八届福鼎槟榔芋芋王大赛，都进行了全芋宴展台展示，受到了广泛关注和好评。2019 年 6 月，福鼎山前芋头饭、福鼎挂霜芋制作技艺被列入第五批福鼎市非物质文化遗产。

桐山"八盘五"

薛宗碧　王代进　郑成勇

"八盘五"是指福鼎宴席的传统老菜，即八个盘菜、五个汤品、二个大将（二个饱食），此外还加四围碟或八围碟或十六围碟，围碟数量根据宴请的档次来确定，菜肴越精致，围碟越多，档次越高。它是从原"廿四碗"演变而成的，偶尔也有"十八大碗"。"廿四碗"在福鼎有着较为悠久的历史，民间流传着其出菜顺序的歌谣：

头碗祥燕做头前，二碗香菇凑一双，
三碗田鸡垫粉条，四碗豌豆煮目鲞，
五碗丰肉满溇溇，六碗鲜蛎紫菜勾，
七碗芹菜拌蛇血，八碗蛏干浼流流，
九碗猪肠炒笋丝，十碗瓮菜交跳鱼，
十一鲟仔好炒蛋，十二鲨鱼面粉敛，
十三清味大粒蚶，十四蒜白炒猪肝，
十五黄虾头剥壳，十六出出白鲩干，
十七丁香煎鸭蛋，十八莲子猪肚汤，
十九全鸡垫冬笋，二十鱼胶酸辣汤，
廿一黄瓜头仰仰，廿二清炖马鲛鲳，
廿三白鳓牵红线，廿四盖尾红枣汤。

桐山"八盘五"与宋皇裔和许多名人有关联。公元1160年前后，南宋一支皇家后裔南迁入闽，在福鼎点头王孙村定居。他们携带不少金银财宝，在周围买了很多田地。其所买的田地被称为"官洋"，平常养马的地方被称为"马洋"等。当然，皇家的后代对美食也是非常重视和讲究的，其厨师称为厨官（厨官称呼被沿用至今），许多宫里的美食都在当地流传下来，包括"八盘五"中的许多菜肴。"八盘五"的"蹄髈扣"是从"东坡肉"演变来的。"高丽"这道菜是宋朝从高丽国引进来的，如今它的做法各地有所不同，浙江杭州一带以鱼为原料，而福鼎用猪肥膘肉为原料制成的称真高丽,用福鼎槟榔芋或番薯为原料制成的称假高丽。"八盘五"的第一道菜肴"澎海",与宋大理学家朱熹有关。1199年,朱熹为避禁伪学南下路经福鼎,春夏之交和学生从太姥山来到黄岐村。经过一天的奔波,已是筋疲力尽,门人高松向主人建议,煮一碗鱼汤给先生充饥。吃了主人煮的这碗羹汤后,朱熹当即把羹汤命名为"澎海"。明朝戚继光抗倭率兵到福鼎,老百姓为慰劳戚家军煮了一篮子一篮子剥壳鸡蛋,将士们吃了,大打胜仗,给蛋起了个名字,叫"太平蛋"。福鼎"八盘五"随着时代的变迁,老百姓生活水平的提高,其菜肴不断从"廿四碗"中加以提取和改进,同时又增加一些新的元素,还延续了宋朝宫廷筵席中的十六围碟传统。

"八盘五"有着许多美食文化元素。首先,在器皿上,要使用兰花碗、尺盘、龙缸(赵匡胤之后乃龙子龙孙,故称汤碗为龙缸),尺盘一定要有鱼的图案,寓意着年年有余,龙缸要有花的图案,围碟要有小生的图案。其次,出菜顺序非常有讲究,按当时的物价和生活水平,根据第一道菜肴就能判断出主人这台宴席的档次,如鱼皮起、鱼翅起意味着这台宴席价格不菲,档次较高。此外,档次较高的宴席可能还会上十六围碟,即四咸、四甜、四水果、四点心。一般情况下,较好的菜肴都会排在前面,同时根据围碟、盘、品和大将的数量,上菜的顺序是:未上热菜前围碟先排在桌上,此后便是一个汤品、两个盘类菜,接着上一个大将,再一轮又是一个汤、二盘菜、三个品、

十六围碟

一个大将，之后上全鸡，暗示整场宴席接近尾声，俗称"鸡爬桌"，稍后上二盘炒类的菜肴，末了一个是甜汤。

举办"八盘五"宴席也有讲究，一般是寿宴、结婚宴、上梁乔迁宴、满月宴等喜事。寿宴档次最高，较好的燕窝起，同时还必须有一道羊肉扣，取"羊有跪乳之恩，鸦有反哺之义"。结婚宴分正餐和闲餐，"八盘五"是正餐时才用的，闲餐可以使用"廿四碗"或"十八大碗"。而丧事宴席不能上"八盘五"，一般是"十八大碗"。"八盘五"宴席不能将全部菜肴吃个精光，一定要剩下一碗扣类菜，寓意有吃有剩。"八盘五"宴席必须要有1—3道扣碗类才能成席，如蹄髈扣、羊肉扣、猪肚扣、全鸡全鸭扣等。过去大户人家到了年终都会摆"八盘五"招待长工，其中一道全鸡上桌是有其深刻含义的，主人将鸡头对准谁，说明来年要将此人辞退，此人自然明白其中的用意，第二天会主动卷铺盖走人。如果是将鸡切成块状的说明全体被辞退，如果鸡头向主人，说明来年大家都还继续在主人家打工。

"八盘五"在原料使用上也是有讲究的，根据地域特点，有上八珍、中八珍和下八珍之分。福鼎沿海"八盘五"主要以海鲜为主，山珍海味齐全。福鼎"八盘五"所有宴席的制作原材料必须是产自福鼎当地的，不论原料贵贱，过了季节皆不用，如春季不用鲜牛肉，夏季不煮黄瓜鱼，秋季不做滩涂蛏、冬季不上蛤蜊汤。福鼎人有一句谚语："退时龙凤不值鸡，过时黄瓜不值七星茄（鳉一种小海鱼）。"还有"夏鱼不过午"之说，一指厨师加工要及时，二指原料不新鲜不用。此外"八盘五"不论档次高低，每道菜肴都必须撒上葱叶，叫"葱花碗碗着"，还专门编了谜语：白面书生去读书，身穿青衫腹里虚，尾溜（巴）没带枪刀剑，撒（杀）尽牛马撒（杀）尽猪。

2019年6月，桐山"八盘五"制作技艺被列入第五批福鼎市非物质文化遗产。

头年粽

马树霞

福鼎民间有句俗语"爹娘送年仔送节"。按福鼎地方习俗,嫁出去的女儿都要给父母送年、送"猪脚面",爹娘要给出嫁的女儿送节,在第一年的端午节送"头年粽",称"送头年"。这在福鼎流传至今已有200多年的历史了。

"杨记头年粽"是其中的代表,其品种有:

媳妇粽　一小串五个,寓五子登科,二小串为一组分给亲戚称"十全十美"。

孝顺粽　女方要送一篮粽给男方父母吃,称孝顺粽。

头年粽

外甥粽 婚后外甥出生要包一篮粽给外甥吃，称外甥粽。

笼粽 要包一对立体正方形，先要用六张同样大的粽叶折成正方形，包时要二人一起协作，将粽米装入正方体内，外扎红线。现在已鲜有人能有这样的技艺。笼粽又称"双喜粽"，粽下端要挂个香袋，送香袋就是给外甥端午节这一天挂的，小孩端午必需挂香袋避邪。

牛角粽 原为畲家的粽，粽形尖似牛角，故称牛角粽。汉人俗称"脚乳粽"，似旧时缠脚妇女的"三寸金莲"。

虎符粽 也是畲家粽，一对长方体，似旧时调兵的虎符。相传畲族祖宗盘瓠勇敢善战，高辛皇封盘瓠为忠勇王，赐他一对虎符，任他调兵，畲族人民为纪念忠勇王，就将粽子包成一对虎符样子代代相传。汉人也包虎符粽，俗称"枕头粽"。

从粽的食材来分，又可以分为米粽（糯米粽、黑米粽）、豆粽（红豆粽、绿豆粽、苗豆粽、豌豆粽）、枣粽（红枣粽、蜜枣粽）、肉粽、花生粽、蛋黄粽、板栗粽、虾米干贝粽、菠萝粽、橄榄粽等。

别看粽子个子小，想要做出好吃的粽子，这里面还是有很大学问。比如，扎粽子，既不能扎得太紧，也不能太松，要适度，一个叠一个把粽子绑上去，这样既能让里面的糯米自然膨胀，又能保持粽子的整体不至于松垮。光练习这个技巧，就得花好久的时间，才能把握好力度。

为什么送"头年粽"这么讲究？据说，旧时送"头年粽"会有亲戚、朋友、邻居来看热闹，看你娘家体面不体面，故大家都很重视，特别是大户人家，有专用的精美礼担和礼篮挑着送，每件礼品贴上剪纸礼花，如鸳鸯双喜花、寿桃长寿花、年年有鱼花，这些图案都有吉祥寓意，十分精美。

由于娘家送给女方的"头年粽"要分给亲戚朋友和邻居，量很多，而且包得十分讲究，大小要统一，外表要结实好看。所以往往要雇人来包，于是社会上就出现包"头年粽"的专业户，且代代相传。现在"头年粽"已被列入第三批福鼎市非物质文化遗产，获2016年度福鼎市第二届文化创意设计大赛二等奖，是福建名小吃。

芥菜饭

钟维兵

每年的农历二月二这一天,吃芥菜饭是福鼎城关的习俗,有"吃了芥菜饭不生疥疮"的说法。这一天,家家户户烹制芥菜饭,满城氤氲着芥菜饭的独特香味。芥菜饭饭松菜嫩,香甘爽口,是福鼎传统的地方小吃。

二月二吃芥菜饭这一习俗,还有一段有趣的传说。清乾隆皇帝微服私访,一天走到闽东一户书生家时正值中午,一路跋山涉水早已饥肠辘辘,乾隆便请求在书生家中吃顿便饭,书生热情好客,欣然应允。在准备做饭时,才发现赤贫之家早已米缸见底,且无菜肴。正一筹莫展之际,蓦然瞥见屋后菜园中有一畦长势喜人、青翠欲滴,遂计上心来,立马剥来一大把芥菜叶,加点佐料,煮成一锅绿白相间的芥菜饭。乾隆皇帝平日吃腻了山海奇珍,一闻到这四溢的芥菜饭香,不禁食欲大增,吃得津津有味而赞

芥菜饭

不绝口，连问这绿白相间的饭是怎么做的。书生急中生智地答道："这是芥菜饭，吃了不会生疥疮。"因这天恰逢农历二月初二，从此二月二吃芥菜饭习俗便流传了下来，至今方兴未艾。

福鼎市城郊，特别是桐城浮柳、桐山岔门等山区村，素来喜种植芥菜，阳春二月，春光明媚，生机盎然。田间地头，屋角路边，随处可见一垄垄、一畦畦绿油油、青翠翠的芥菜迎风起舞，煞为壮观。芥菜除了鲜吃外，秋季时可将其整株砍下，晒软腌制起来，或晒成梅菜干，贮藏以备过冬所需。芥菜植株高大，叶片有阔叶和鸡爪叶之分，但都是又绿又嫩又肥，种植不需多费工夫，生长期长且耐摘剥，叶片可随剥随吃。若经冬季霜雪打过的，滋味尤为鲜美，而且剥得越勤，芥菜就长得越快越好。福鼎有民谚曰："小孩不教不成人，芥菜不剥不成簇。"

芥菜不仅好吃爽口，还富含大量的叶绿素和维生素，常食可提高自身免疫功能，所以"吃了芥菜饭不生疥疮"的说法也不是完全没有科学依据的。

二月二这天，福鼎城关各家各户的主妇都会早早上采购一些芥菜回家烹制芥菜饭，周边的农民也会在这一天纷纷把上好的芥菜挑到城关售卖，鲜嫩的芥菜青翠了半个城。芥菜饭的炒制过程，其实并不复杂，选取上好的糯米和鲜嫩的芥菜叶儿，比例以为一比一为佳，再配些猪肉、虾仁、香菇备用。将糯米煮成熟饭，将芥菜嫩叶切细备用，把切好的猪肉放入锅中煎香出油，把剥好的虾仁、香菇米、芥菜倒入锅中与肉同炒，炒熟后，即把糯米饭倒入锅中一起猛炒、拌匀，最后放入佐料，焖一两分钟，即可起锅开吃，那股香浓的味儿满屋弥漫开来，令人垂涎三尺。

炒制芥菜饭，最好用猪油，口感会润滑些，香味也更浓郁，但不宜放太多，太多会油腻而影响食欲。

挂霜芋

冯溱

挂霜芋，制作原料特殊，需采用"福鼎三宝"之首的福鼎芋。

挂霜芋因芋块表面所挂的白糖呈白霜状得名。挂霜芋制作看似简单，但选料和熬糖的火候把握甚为重要。要做出"香、酥、粉、嫩"的挂霜芋，需选当年12月到次年2月这段时间上市的3—4斤重的福鼎芋，比较成熟，肉质粉脆。

选好福鼎芋，然后去皮，选中间段，切成长6厘米宽2厘米的长柱体芋条备用。炒锅入油，油量以能刚好没过芋块为宜，大火烧热至热气能烫手为度，然后放入芋块，转小火，不断翻动芋条，使其受热均匀，防止炸焦，待芋块表面颜色转为淡黄，出锅，沥油备用。油锅洗净，按白砂糖与水20比1的比例留水，按芋块与白砂糖1比1的比例放入白砂糖，用小火熬糖至白砂糖完全熔化成液体再改为小火，在熬糖的过程中要不断地搅拌，防止白砂糖焦化。待糖液熬至泛白黄色，用筷子蘸糖液提起，中间能拉起一条糖丝，则说明白糖已熬至恰到好处。此时应马上熄火并放入芋头，不断快速翻炒，使糖液能均匀地粘在芋块上，最后出锅装盘冷却。一盘白里透黄、香气浓郁的挂霜芋就大功告成了。

福鼎菜善于挂霜，从福鼎使用槟榔芋开始，福鼎人就开始制作挂霜芋，挂霜芋

挂霜芋

是福鼎官宦人家、大户人家喜爱的点心，也是各种宴席必上的一道点心。民国年间，颜寿玉、矮子振在北门开的"玉振酒店"制作的"挂霜芋"最为出色。1949后，黄其国在饮食公司制作的"挂霜芋"受到各级领导的好评；1990年，在人民大会堂制作的"挂霜芋"受到国家领导人的称赞。

根据桐山老一辈厨师口述，传承谱系为：师公颜寿玉，生卒年月不详、福鼎县县衙厨官。矮子振，出生年月不详，与颜寿玉师徒俩于民国初期在北市场经营"玉振酒店"。王其国，原在"玉振酒店"当学徒，公私合营后任福鼎饮服公司任副经理。郑成勇作为现今主要传承人，1964年出生，中专毕业，烹调高级技师，福建闽菜大师，中国烹饪大师，国家职业技能鉴定考评员，福建省第五届烹饪协会理事，福鼎市烹饪协会副会长。1984年6月闽东技术学校烹饪专业毕业后，分配在饮服公司工作，1987年7月调入福鼎饭店担任厨师长，1991年后兼任餐厅部经理。

1990年12月，郑成勇应邀到人民大会堂进行槟榔芋为原料的热菜、面点、拼盘、风味小吃烹饪表演，得到党和国家领导人的高度赞扬。当时还有钓鱼台国宾馆等国家级接待部门的高层管理人员观摩了整个操作过程。目前，郑成勇开始潜心研究传统地方风味小吃，进行抢救性的挖掘创新，积极参加编撰《福鼎菜谱》，协助市委编写《福鼎美食文化》丛书，为福鼎市的经济建设贡献自己一分力量。2012年4月，他荣获"福建省高技优秀能人才"。2014年7月，他荣获闽菜大师金爵奖。

鼎边糊

◆ 白荣敏

福鼎有多种小吃与戚继光抗倭有关，鼎边糊就是其中一种。

相传，戚继光打击倭寇时，百姓为慰劳军士，浸米磨浆，准备精制各种粿食。忽然一匹快马带来紧急军情，谓倭寇正策划偷袭戚家军营，戚继光乃决定提前出击，然而未干的米浆做不了粿，百姓匆忙间将做馅用的肉丁、香菇、虾干、小白菜、葱放入锅里煮成汤，待滚沸再倒米浆入锅搅拌，让将士吃米糊以暖暖身子，没想到竟大受欢迎。

鼎边糊

一位老人盛了一碗给戚将军。他问："老人家，这是什么啊？"

"锅边糊。"

锅边糊就是鼎边糊。闽东方言把锅叫作鼎，便是"鼎边糊"。做鼎边糊，先将大米磨成米浆，以纱布装虾皮末煮成虾汤，大锅内的清水煮至七成熟时，分4次沿鼎边浇米浆入锅内，再放进蛏子干、香菇丝、丁香鱼干、葱、蒜和虾末汤调味。

我在福鼎桐山北市场吃的没有这么丰富的配料，只有少许葱末和酸菜，但在物价飞涨的今天，居然大碗两块五，小碗一块五。饭量小的，如小孩和女士，一块五管一顿早餐，真真便宜。便宜，草根，北市场的这一家好像连个门面也没有，在巷子的拐角处，靠着一户人家的屋前（更可能是自己家，我没有细究），搭起了一块几平方米大的油布遮雨，一个硕大的锅灶就在油布的正中下方，灶旁伸出一个粗黑的铁管，当作烟囱，附着这一户人家的墙壁往上爬。和烟囱一样高的，就是顺着墙脚往上堆的干材片了。

　　一个阿姨在熟练的操作,她先往灶膛里加两片干材片,拨弄拨弄火苗,火势慢慢就大了起来;再转一个身,到了灶面,抓起一个红色水桶,里面是兑好的汤水,顺势全部倒进了大铁锅里;放下水桶,她转身再来到灶膛前,再往灶膛里加干材片,这时,火势更大了;稍过片刻,锅里的汤水就开了,这时她抓起另外一个水桶,里面是稠得多的米浆,掺着酸菜和葱叶,她左手抓桶,右手用勺子舀一勺子米浆,沿着铁锅的边沿浇下去;米浆溜得快的,就到了翻滚的水里去了,很容易使人想到"赴汤蹈火"里的"赴汤",义无反顾的样子,溜得慢一些的,就趴在锅边慢慢地变干,阿姨看到了,似乎很责怪它们慢吞吞的样子,抄起锅铲,一圈下来,它们也全"赴汤"去了……

　　台湾美食作家焦桐写过一篇《鏪边趖》,文中把"趖"字细细考证了一番,最终认为是闽南语"挲"的谐音,意谓浓稠的米浆沿着大鼎内侧摩挲一圈,再刮落入汤里的过程。《说文·走部》曰:"趖,走意。"素有古语化石之称的闽南语,"趖",除了"走",还有"逛"的意思,即取米浆沿着锅边逛一圈之意。

　　我便想到了童年时候母亲为我们煮米羹,母亲这个"趖"的动作烙在了我的脑子里。每当她开恩为我们煮一锅米羹打打牙祭,从浸米,到磨米浆,到备配料,再到米浆下锅,对我们来说是一个漫长的过程,我们带着咕噜咕噜叫的肚肠围着灶台看的时候,就差眼珠子掉进锅里了。每当母亲"趖"一下,我们就咽一口口水,能不印象深刻?在我的记忆里,吃米羹多是丝瓜成熟的季节,大概是在春夏之交,约50厘米长的丝瓜饱满而又鲜嫩,从父亲打理的瓜架上摘下来,削去皮。正当锅里的汤水欢快地翻滚,母亲左手拿瓜,右手抓刀,刀起片飞,丝瓜一片片随着刀影跃入汤水之中,如一只只春天的鸭子看到一塘春水,争先恐后,一片欢腾。丝瓜的清甜,使一碗米羹有了季节的味道。

　　母亲做的米羹,其实就是鼎边糊,我们家乡习惯把糊状的食物叫作"羹"。米羹属于我的童年,而鼎边糊我是后来脱离母亲独立生活到了福鼎后才在北市场这边吃到的,是在我的"社会化"以后。我其实也感谢并且佩服北市场的鼎边糊阿姨,因为离我来福鼎第一次吃鼎边糊,也有20多年了,鼎边糊阿姨的青春都在里面了。我想,其实做一锅可口的鼎边糊不是一件特别困难的事,许多小吃老字号能够获得人们的喜爱,除了小吃本身,更多的还是他们心里想的是自己还是他人的问题,正所谓做菜容易做人难。

　　我时常很想吃一碗童年的米羹,那里面有妈妈的味道。

澎海

🍃 白荣敏

在福鼎，凡婚宴、寿宴、乔迁酒等各类酒席，都要上澎海，而且往往是第一道，宾客们能据此猜出其整场筵席的档次和价位。

其实澎海是一道平常的羹汤，要说独特，除了名字，是用料的不确定。一碗羹汤如一片海，这一片小小的"海"里，动嘴之前，很难知晓里面游动着什么"鱼"。做法也简单，先把海鲜主料切成丁或丝，在锅中倒入高汤，主料下锅后烧开，再放入辅料，然后用湿淀粉勾芡，最后在沸汤中均匀淋上预先备好的鸡蛋清，上锅前放一点葱花。

据澎海来判断整个筵席的档次和价位，核心标准是它的主料。鱼肉、土丁和干贝，是一个档次；蟹肉、海参和鱼唇，是一个档次；鱼翅则又是另一个档次。这些有高低档次之分的主料，被切成丁或丝之后，隐藏在伴以鸡蛋清勾芡后的汤水中，的确不易辨认。这种方式很包容，可以让贫者有面子，而使富人能够低调地大方，大家得以淡泊而温和地相处。

以桐山为政治和文化中心的福鼎市，山海交汇和闽浙交界是其主要区域特征。山海交汇决定了其资源富足，闽浙交界则意味着能兼容并包。富足使人安逸，如蜀中的成都；而包容则看上去显得温和，如众多的移民城市。桐山也算一个移民城市。从陆上说，它是闽浙古道上的重要节点；从海上看，沙埕港从东海迤逦而来，伸入内陆几十千米，最终到达桐山，自古以来，相邻之地乃至邻省平阳、泰顺，均可通过桐山以

澎海

达海上,而海上客商则自然更是通过沙埕港汇聚到了桐山。因此,桐山其实是个老码头,码头的使命就是接纳,接纳来自天南地北的人和物。而要接纳,必须善于包容。

福鼎的善于包容,我有深切的体会。作为浙南人,在福鼎生活和工作,我完全没有异乡之感,原因除了自身的"乐不思蜀",更多恐怕是福鼎朋友给的,福鼎这块乡土赋予的。我就如一碗澎海里一粒细细的鱼肉丝,已经完全与福鼎人"勾芡"在一起了。

这是一种温暖的接纳,恰如800多年前福鼎对一位大儒的接纳。

那一年,南宋理学家朱熹遭遇党禁之祸,"落职罢祠"后被赶出朝廷,回到了福建老家。他到了南剑州,到了古田,到了长溪。福鼎籍昔日弟子杨楫也是因为与朱熹的师生关系而成为这次"党禁"的被连累者,待在老家潋村避祸,听闻老师来到了霞浦,他一点也没有再受牵连的顾虑,欣欣然去迎请老师来到潋村家中。杨楫深知老师是一位本色教育家,虽然身处危难,但所到之处,仍以设帐授徒宣扬理学思想为己任。杨楫整出族中石湖道观作为老师的讲学之所,让他在东海边上这个安静的角落安心避难,也让这块土地辉映理学思想的光芒。福鼎有"海滨邹鲁"之誉,实乃自朱子讲学始也。

地方文化学者考证,朱子在福鼎的这一住,时间长达近半年之久。课余,师生们流连于东海之滨的太姥山水,以抚慰严酷时氛中的高贵灵魂。传说有一天,他们要去看看大海,来到了黄岐村,地僻路远,走得饿了,就进入一户渔家。大师的到来使渔家主人十分惊喜,但台风刚过,家无余粮,用什么招待眼前的尊贵客人呢?主妇看着灶台上仅剩的一小块黄鱼肉,灵机一动,把黄鱼肉切成细细的丁,加上鸡蛋清,做了一大碗羹汤。说来也怪,朱熹喝了这碗热气腾腾的羹汤后心旷神怡。迎面一阵风来,带着大海的涛声,想着自己的处境,和与福鼎弟子的际遇,他的心潮像海浪一样汹涌澎湃,学生们递上纸笔,他连续写下两个"澎湃",而写到第三个时,却写成了"澎海"……不知有意还是无意,但可以肯定,那一碗羹汤,是那时朱熹心中的一片海!

福鼎人就把这道菜命名为"澎海",并津津乐道于朱熹与澎海的故事。这也恰恰体现了福鼎人对美食文化的孜孜以求,因此,面对一碗澎海,不必在意这个故事的真与假,在张嘴品尝美味的同时,还能领略附着在美味上面的地方人文气质——与老朋友能肝胆相照,对落难者能全心庇护,待真学识更十分虔诚,此外,有大山一样的坚毅气魄和大海一样的包容气度。

包容是福鼎的城市性格,也是福鼎人的处世哲学,他们用包容创造了一碗清清爽爽又热情洋溢的羹汤,也造就一座清清楚楚又褒有生机的城市。

来福鼎,建议您先喝一碗澎海。

福鼎鱼片

◎ 白荣敏

  我认为福鼎的"鱼片"这个称呼不够准确。赵继康在《饮食文化杂谭》一文中说到杭州西湖的宋五嫂是做鱼片的好手,被载入《南宋杂事》,史上留名。她做鱼片是"细批薄切到透明",与苏东坡所赞"吴儿脍缕薄欲飞,未去先说馋涎垂"差不多。福鼎的鱼片显然不是这种薄薄的片状食物,也不是鱼丸。北京一专栏作者叫夏芒的,把福建的鱼丸误认为南方的元宵,二者外形像,但吃起来截然不同,于是他说:"南方的元宵,它白色的皮,实际上是碾碎的鱼肉鱼骨头,它的馅儿,是掺有神秘佐料的猪肉,有北方人无法理解的甜味儿,福建人管它叫鱼丸。"也区别于我小时候母亲常做的"鱼羹"。鱼羹的做法是,取整块鱼肉裹上一层淀粉蒸至半熟,放入锅中再煮后部分淀粉溶入水中,整道菜略呈糊状,故称鱼羹。按外形论,福鼎鱼片实际上就是"鱼疙瘩",和"面疙瘩"是同一回事。

  这就说到做法。首先是取剥了皮、剔了刺的新鲜净肉,放在砧板上用刀细细地剁,直至一堆碎末烂泥后,加入姜米(去腥味,也有用姜汁)、精盐、白糖、味精和食用碱;其次是将调好料的鱼肉使劲揉搓,至胶状鱼糜;最后加淀粉,再一次反复揉搓,至有黏性的鱼肉团(鱼泥),制成鱼片坯。坯做完后就是煮,烧一锅水,开了后把火势转小,一手拿起附着一团鱼泥的毡板,一手执小刀(或用竹片,也有直接手指捏),飞快地片出小粒投入锅中,待全部投好鱼片,加大火势,煮熟,舀入碗中,加上特制的汤料、调料。这就是制作福鼎鱼片的全部过程。因此,随意片出或捏出的不规则粒状福鼎鱼片,与其他如川味水煮鱼片、武汉双黄鱼片、山东软熘鱼片、山西湛江鱼片等真正的片状鱼片不是一回事。

  作为小吃,福鼎鱼片自成风格,有地方特色。其口感柔嫩,极富弹性,韧而有劲,口齿留香。我小时候在苍南读书,苍南与福鼎虽一山相依,但口味略有不同,就鱼片来说,两地的外形相似,苍南的汤中不放辣,淡淡的酸,有点酱油味,较为温和。福鼎鱼片多有酸辣味,但不过火,淡淡的酸辣中又有着神秘的鲜甜。福鼎很多小吃都有这种味儿,如扁肉、肉燕、牛肉丸等,最为典型的是杂烩汤,所以福鼎人就干脆又把杂烩汤叫作酸辣汤。福鼎菜善于这种酸辣的调制,跟地处闽浙交界,以闽菜系的身份

福鼎鱼片

吸收瓯菜特色有关。

　　《福鼎文史资料》第13辑收录一篇文章《别有风味的小吃》，介绍几种福鼎传统小吃的掌故和做法，其中把鱼片与粿汤放在一起，名唤"鱼片粿汤"，说旧时城关天灯下（现市工商银行对面）有一家经营鱼片粿汤的小食铺，不很显眼，可是遐迩闻名。店主叫阿昂，擅长鱼片粿汤。生意红火，其人也红火，人们把他和鱼片粿汤合二为一了，都美称"鱼片昂"。这有点文化的味道，小吃能世代相传，小人物亦能入史，两相辉映，占福鼎食文化一席之地。旅游业热起后，地处十字街的"江记鱼片"被媒体关注，上了报纸和电视。我记得老江的拿手好戏里有"鲳汤"，这种小吃的主要做法是"汤包鱼"，即把鲜美的鲳鱼切成块后，浇上地瓜粉汤把鱼包住，拌上笋块等辅料熬制，大受欢迎。鲳汤的做法属于鱼羹的范畴，"江记"真正的鱼片是用鳗鱼肉为原料的"江记鱼片"，其创始人江声赣，1934年在桐城中山中路开了商铺，传承至今已有3代。与任何一个地方的小吃一样，福鼎小吃也追求纯正和地道，其制作工艺有的是祖传，有的靠长期的摸索。

　　鱼片在福鼎是一道经典小吃，福鼎市烹饪协会编《福鼎菜谱》时把它排在小吃类的第一位。其实鱼片是一道地道的家常菜，许多家庭主妇都会做，即便做起来工序繁杂又费气力，但方便储存。旧时无电，更免谈电冰箱，海鲜只能吃一两天，家庭主妇便学会变着花样做便于保存的海鲜衍生食品，如最常有的鳗鱼，就能做出鱼鲞、糟鱼、鱼枣、鱼羹，当然还有鱼片。储存鱼片的办法是，做好鱼片坯煮熟后捞起，摊在竹篮子里挂在廊下，在冬天，这样储存能够几天不坏，要食用时取下再煮一下即可。

福鼎肉片

陈善施

福鼎肉片在福鼎是最受全国食客欢迎的小吃。2016年，厦门国际马拉松比赛上，当观众看到身披福鼎战袍的参赛队员时，不由得高呼"福鼎肉片加油"的口号！可想而知，福鼎肉片的影响力有多大！

古早福鼎，福鼎肉片是高档点心，只有贵客临门或红白喜事时，福鼎肉片才会上桌。

福鼎自乾隆四年（1739）建县后，经济发展、文风日盛、县学兴起，每年春秋两季，在文昌阁举行文宴。宴席上众举人秀才带领县学庠生吟诗作对，相互学习，好不热闹。为了搞好活动，乡亲们绞尽脑汁，拿出看家本领制作拿手好菜，办最好的宴席，招待这些才子。当轮到古十七都审清里（今管阳镇沈青村）致仕进士陈振镛承办。福鼎几大家族对文昌阁文宴的十分重视，文宴越办越精美，文宴上每道菜的制作更是精益求精。而审清里地处高山，几乎没有海产品，餐桌上以各种蔬菜为主，只有家养的猪称得上是奢侈品。在一筹莫展之际，有人向陈家提议：用最好的猪肉，最好的地瓜粉做出最好的肉圆，佐以最精致的审清里宴席菜，参加在县城桐山举办的文宴，或许可以一鸣惊人。当天宴席上，众秀才品评今秋宴席，面露失望之色……直到最后一道菜——肉圆端上桌来。只见白色大海碗，碧绿的芫荽漂浮在红嫩的肉丸子之上，香翠欲滴；一股股肉香味夹持芫荽的清香入鼻而来，令人食欲大开；入口弹性十足，慢嚼之下，肉香味在舌尖蔓延，久久不能散去。众秀才尝后，齐呼再来一碗。通过此次文宴，福鼎肉片以独特的口味在福鼎的各地传播开来，成为网红食品。

福鼎肉片的做法看似简单，其实内中工艺还是很讲究的，功夫不到，便做不出地道的味来。肉丸制作的主要原料有两种，一是精肉；二是淀粉。其他辅料有：葱、姜、蒜、盐巴、味精、小苏打、水各少许。肉和淀粉的比例是5比3，也就是一斤的肉放6两的淀粉。肉最好要取猪后腿上的瘦肉，这样做出来的肉丸才会松而韧，口感好，其他的瘦肉品质则要次得多。淀粉要用番薯淀粉，打成粉末，吸附性好，韧度强劲，能和肉很好融合。其工序主要有这几道：

第一步为取肉。就是把瘦肉里面的肥肉取干净，只剩下精肉。再把精肉切成小长条或小块，便于剁成肉酱则可。这时还应该把取出来的肉称一下，以便放淀粉时心里

福鼎肉片

有底。接下来就可以把精肉剁成肉酱，或者也可以用绞肉机绞。在这个过程中，便可以在肉里加入葱、盐、味精等辅料。小苏打则在下一步放。

第二步搓肉。把肉酱放在案板上，用双手使劲地来回搓。大约十来分钟左右，同时可以往肉酱里放入小苏打和注放少许的水，水分几次放，然后继续搓，直到肉酱被搓得黏糊糊的，能自然地黏手方可。

第三步放粉。在搓好的肉里放入一定比例的淀粉粉末，继续搓，直到淀粉完全和肉融合在一起，看上去只有肉色而看不到粉白时，福鼎肉片便做成了。

煮福鼎肉片时，要先把水烧开，水一定是要开的，这样煮出来的肉丸汤才会还是清澈的。水开时，用食指和拇指将刚做好的肉丸揪成一小块一小块投入开水中，加盖烧两三分钟，当看到水中的肉丸都全部浮起来时，再往锅里加入调味料。当然了，煮肉片不可缺少的几样调味料是：姜丝，醋，辣椒。少了它们，肉片的味道会大打折扣。西阳地道的肉丸是从不会缺少这些调料味品的。另外，根据个人爱好，还可以在肉片里加入紫菜、香菜等，味道会更加一级棒。

近年来，福鼎餐饮行业飞速发展，福鼎小吃更是走上快车道。"中国十大区域特色小吃""中华名小吃""福建省十大名小吃"等荣誉加身，福鼎肉片制作技艺被列入宁德市和福鼎市非遗保护项目，带动福鼎肉片产业飞速发展，在带动老百姓脱贫致富，实施乡村振兴战略中，发挥出巨大的作用。福鼎市委、市政府高度重视，委托福鼎餐饮烹饪与服务行业协会制作福鼎肉片制作标准，随着标准的实施，福鼎肉片将走上更就健康、更规范、可持续的发展之路。

福鼎牛肉丸

<small>王代进</small>

"牛肉丸"在福建、广东、浙江等许多地方都有，但其制作方法各地却不尽相同，有的圆圆的丸状，有的却是以牛肉为馅做成丸，而福鼎的牛肉丸从严格意义上讲有些类似橄榄形，也有人称其为"牛肉羹"。2003年春被认定为"福建名小吃"。

福鼎牛肉丸在民国初期就有了，尽管其历史不算遥远，但其典故各有说法，有的说是从鱼片演变而成的，有的说是从肉片的基础上发展起来的，到底是谁发明的牛肉丸现在已无从考究了，但解放初期却在北门一个名叫林石妹师傅的手上得到了发扬光大，据说当时他的店铺生意异常火爆，每天都是供不应求。现在仅市区就有数十家经营牛肉丸的店铺，但普通百姓都知道北门的牛肉丸是最正宗的了。

正宗纯手工的福鼎牛肉丸制作特别讲究鲜、快、精。即选择刚宰杀尚有余温的精牛肉，锤打牛肉的时间不宜过长、必须要有娴熟技术，否则会出现"返生"现象，选择上等的淀粉与肉泥混合、各种配方也要根据气候的变化按比例调配好，这样制作出来的牛肉丸才能让人品味到香、滑、韧、脆、嫩等特点。

牛肉丸的纯手工制作过程是技术、艺术、武术"三术"的融合体，它不仅让你享受美味，也让你感受到一场魅力无穷的表演，一块上等的牛肉通过厨师手中的木槌有节奏的上下挥舞，既像是优美的舞姿，又似一名鼓手正在尽情地鼓乐独奏，一会儿工夫富有弹性、富有韧性、富有光泽的肉泥就做好了，之后的肉、粉混合操作更像是一名武术大师在进行太极拳的表演，迈开弓步、马步、双臂搓揉把太极拳中的掤、捋、挤、按、采、挒、肘、靠、进、退、顾、盼、定等为基本方法都用上了，直至各种成分有机结合，制成具有筋道的牛肉丸坯为止。最后的下锅工夫也非常了得，只见操作手左手拿了一把面粉刀取些牛肉坯、右手握着一把汤匙，使劲地往翻滚的汤锅中快速流利地挥动，片刻间一碗香气四溢具有独特爽脆美味的牛肉丸就上了餐桌。如果把牛肉丸的整个制作过程连贯起来编成一个文艺节目，配上音乐，那一定是非常精彩的。

福鼎扁食

> 朱晓华

馄饨是南北皆有的大众化风味小吃，只是因为各地的语言习惯不同，所以其名称在南北也有区别。比如，广西、广东人称其为"云吞"，四川人却叫它"抄手"，北方则给它起了个"馄饨"的美名。福鼎人沿袭了北方人的称呼之余，又取名曰"扁肉""扁食"。不过，无论哪一种称呼，也无论是形如杯盖的气派，还是福鼎薄如蝉翼的精致，这款美食都是深蕴文化内涵的，不分贫富贵贱，备受推崇。

馄饨现身于福鼎的年代无从考究，不过光从福鼎馄饨店铺的字号来看，是有些时日了。"扁食霞""扁食宏""扁食友""黄记扁食"……这些老字号人们也是耳熟能详的。

所以，我们可以想象，在当时福鼎桐山这座海滨小城，一些小贩挑扁食担——一头架锅，锅内煮着热气腾腾的高汤，一头的架子上是用微湿的白巾盖着包好的馄饨，挑子底下的小屉和暗箱还藏着碗勺等物——伴随着由远及近的、梆、梆敲击声，晃悠悠地满街叫卖。

挑担的也罢，开小店也好，馄饨的做法却是大同小异的。福鼎的馄饨做法分清汤、高汤两种，高汤是用猪骨头或者鸡鸭等禽类

扁食

熬出来的，味浓且香，本地人都说味道"叮"不"叮"，言下之意，是否入味。清汤的做法就是只用沸腾的开水，末了往碗里搁上些许葱花，清淡雅致。食用前先呷口汤，品出味来，所以吃馄饨又有"喝馄饨"一说。

有家老字号做的馄饨在福鼎堪称一绝，绝就绝在他做出来的馄饨真正薄如蝉翼。每当贵客到来，他们总是让客人将扁食皮儿透着强光看东西——隔"皮"观物，还看得十分清楚皮儿如此之薄，令人拍案称奇。更绝的是，他让客人拎起皮的一角，用火一点，皮居然着火了，而且迅速化成灰，灰末呈白色——这种近乎不可能的传闻，让人生疑，每每有人到他店里求证，离去时都赞不绝口。不过到这家店里吃馄饨得赶早，因为他限量出售。这恐怕是他的名号长久不衰的原因，也是颇为巧妙的营生之道吧！

随着时代的发展，馄饨也成了福鼎最精致的小吃之一了。

蜜汁鸡翅

陈善施

"福鼎小吃好吃，福鼎小吃吃好"是人们对福鼎小吃普遍评价。近十来年以"福鼎肉片""福鼎蜜汁鸡翅""福鼎珍珠小笼包"为代表福鼎小吃异军突起，迅速占领各地小吃市场。吃一碗"福鼎肉片"，配一个"福鼎蜜汁鸡翅"，成为广大吃货的标配。据三大物流公司统计，福鼎每天发出的蜜汁鸡翅达到数十万支，还呈现不断上升趋势。

一听"蜜汁鸡翅"，很多人会将"福鼎蜜汁鸡翅"与鲁菜的"蜜汁鸡翅"混为一谈。其实福鼎蜜汁鸡翅，是福鼎一种名小吃，融合了浙菜酱鸭与鲁菜蜜汁鸡翅的制作技艺，又具有闽菜"甜"特征，是福鼎古早时早点、夜宵、茶食或席间的点缀，也是茶余饭后休闲消遣的方便食品，是当地亲友聚餐时的一道特色开胃菜，深受男女老少欢迎的一个点心。在福鼎，只要你走进一家小吃店，都可以购买到人吃人爱的蜜汁鸡翅；在大小餐厅的餐桌上，随处可见有顾客嘴上黑黑不顾仪态地啃着蜜汁鸡翅。

制作福鼎蜜汁鸡翅是福鼎每个厨师、每家小吃店必备的技艺。在福鼎制作蜜汁鸡翅的方法大致有两种。一种传统小吃店做法：将生鸡翅解冻拔毛洗净泡水三小时以上去血水，下冷水烧沸去血污，捞起泡冷水洗净，再次拔毛洗净；将用大料、草果、白芷、豆蔻、肉桂、陈皮、丁香、姜、八角、小茴香等几十种香料加上白酒、白糖、味精、酱油等腌制2小时后，放入卤锅先旺火再文火卤熟后，捞起沥干，待风干后下

蜜汁鸡翅

六成温油锅炸三分钟，捞起冷却沥干后；加卤汁、糖炒出糖色，将鸡翅倒入炒至卤汁全部附着到鸡翅上，每个鸡翅看上去是油光发亮，其肉质韧性十足，细嚼之，鲜香绵长、香味四溢、骨头酥脆。一种是工业化生产，真空包装，保质期长达半年，远销国内外，但制作过程比较漫长。其做法是：第一天早上，将鸡翅从冰库取出，通过食品传送道传送到解冻车间解冻；到当天中午将鸡翅在冷水中浸泡去血水，并进行第一次人工拔毛清洗；清洗后的鸡翅，放到专用锅中汆两分钟消毒去血水；捞起后，平铺到专用的凉台上冷却，并检查，进行二次去毛；冷却后再次清洗，进入冰库保存，使鸡翅肉收缩，紧致。第二天，将清洗干净的鸡翅放到有八角、桂皮等20多种香料的卤汤中腌制3小时；腌制后的鸡翅经过食品传送道传送到卤制车间，在卤制过程中依据卤制情况依次加入酱油、白糖等调味品，直至卤汤变干，全部附着在鸡翅上，方可起锅；起锅后的鸡翅，再传送到分拣车间冷却，分拣，进行真空包装；包装后的鸡翅，将进入到水杀系统进行杀菌，杀菌后的鸡翅在专用台上冷却一晚，并检验真空包装是否有漏气现象。第三天，根据2%的比例随机选用鸡翅进行病菌检验，和细菌培养，余下鸡翅进入食品仓库保存……到第十天，对培养的细菌进行检测，检测合格后，才可以进入销售环节。

  福鼎蜜汁鸡翅成品色泽红亮，色红味浓又清新解腻，细嚼之，鲜香绵长、香味四溢、真是回味无穷。在福鼎每每有亲人外出，都会准备上一份蜜汁鸡翅，不仅在旅途中补充营养，还带去家乡的味道到异乡以解乡愁。

  近年来，随着旅游的兴起，线上销售的流行，福鼎蜜汁鸡翅工业化生产的成熟。福鼎蜜汁鸡翅，成为国人嘴中的网红食品。福鼎蜜汁鸡翅也不负众望，获得了"中华名小吃""福建名小吃"荣誉称号；福鼎蜜汁鸡翅制作技艺也成为福鼎市非遗保护项目。2021年，福鼎市委、市政府还委托福鼎餐饮烹饪与服务行业协会制定福鼎蜜汁鸡翅制作标准。我们有理由展望未来，福鼎蜜汁鸡翅将飘香全球各地。

水粿

朱晓华

每当临近重阳，人们就开始推磨起灶，洗蒸刷锅。水粿一出炉，就送上灶台敬献给保佑全家安康的灶神。蒸水粿是很讲究的，来不得一点马虎。原料是普通的米，但要想好吃，浆就得用石磨磨。石磨磨出来的米浆有一种特殊的香味。有的人家加入八角，转动石磨时，那香味就更浓郁了，满街飘逸。磨出来的米浆细腻、油润，和豆浆不分上下。制作水粿时，先在用老竹制作的蒸屉里铺上一张白纱布，把米浆轻淋纱布之上，一定要薄。火候自然是十分重要的，大火蒸熟，文火蒸香。

水粿

水粿是故乡人祭祀灶神的主食。据说在古代，逢年过节，各种海味肉味实在是奢侈品。善良聪明的桐山施厝人就想出了把米磨成浆，加上小苏打来蒸，想做成圆圆的"大肉饼"。可试了很多次，因为米太少。很容易沉淀在最底层，蒸出来是最下层硬得像石头，上部分则软如泥。怎么办呢？后来有个智者夜晚做梦，说是灶神托梦与他，教他把每次要磨的米分几次蒸，一层盖在一层上，这样就均匀了。试之，果然。因此有的地方水粿被制作成九层，又被叫作"九层粿"，"九"指多之意。

水粿最简便的最享受的吃法是切成小细块，蘸着放点辣椒的酱油，入口即酥软又刺激，后来有人变着花样吃—煎、炸……在厨师们的富有创意的造型下，在水晶灯光的辉映下别有一种高贵，一片片叠罗汉般码在盘子里，意为步步高升；九片并联，意为永久相随。

倘若将水粿投入肉丸、鱼片之中，其味更是妙不可言。假如你来福鼎，大街小巷和美食街上的"水粿"店，绝对是福鼎最具休闲特色的"一绝"。

红龟

廖诗雄

红龟是福鼎传统的特色小吃，当地人再熟悉不过的了。椭圆形，扁平状，极似一只鲜红的龟，因此得名。红龟里面是棕黄色的馅，底下垫着一两张柚叶。闻起来有淡淡的柚子香和馅料的甜香，咬上一口柔软细腻，香甜可口，黏中有酥，酥中带软。

平常时间是吃不到红龟的，只有在孩子满月或周岁的时候，当家的会定制红龟，赠送给亲朋好友、左邻右舍，以讨吉祥，意味着孩子要像龟的寿命那样长。

红龟

制作红龟主要分成两个部分，一个是"龟壳"，即皮囊，一个是"龟肉"，即馅。龟壳一般是用糯米浆压水后有一定柔软度和可塑性后，调入一点点当地人称为"红粉"的食用色素。馅有两种做法，以前红龟的馅主要是番薯（煮熟）、大豆（压成碎末）和面粉按一定的比例和在一起，加上一定量的白糖揉捏均匀，然后揉一小团。再抓一小团富有黏性的糯米粉团，捏成一个凹槽，将馅团塞进凹槽里，再进行整压成大体的"龟"状，接着塞进刻有图案的木槽中，最后将木槽的一端轻敲桌面使其刚好掉落在摆在桌面上的柚子叶上。随后将其晾在竹匾上，达到一定数量后放进蒸笼里蒸。一定时间之后，一个个可爱的红龟就出炉了。

面茶糕

> 池龙威

若有人问起何为福鼎最著名的点心，恐怕一时间很难作出决断。但若将这一范围缩小至糕点，相信在福鼎生活过的人都会脱口而出"面茶糕"。

面茶糕，产于福建省福鼎市的一种熟粉松糕，因面粉和红茶水为主要用料而得名。面茶糕创制于18世纪，至今已有二百多年的历史，经过不断的沉淀和创新，逐渐形成了如今别具一格的口味，成为福鼎人茶余饭后的传统糕点，并凭借独特的口味和精致的工艺荣获福建省食品工业协会名、优、新、特产品武夷奖。

糕因与"高"同音，被赋予了"高升""高中"的寓意。因此，面茶糕是迎来送往时常见的礼品。临近考试时，福鼎当地人会选择面茶糕为赠品，祈盼考生"高中"。旧时，富裕人家在春节期间，会在家中备些面茶糕款待客人。一般人家出门或者女婿上门时，主人都会包面茶糕相赠，祝愿一路平安，步步高升。

面茶糕遍布福鼎大街小巷，最具知名度的当属城关的"街头顶面茶糕"。外包装是雪白薄透的油纸，包装上方写着"福鼎街头顶"五个红色小字；中央用阴刻的方式呈现着"面茶糕"三个大字。内包着的面茶糕口感柔软细腻，入口即化，具有红茶猪油之风味。"街头顶面茶糕"沿承了传统面茶糕的工艺和口味，深受福鼎人民的喜爱，是不少家庭购买面茶糕的首选品牌，甚至吸引了霞浦、柘荣、苍南等周边县市的人慕

面茶糕

名前来"一品芳味"。

面茶糕以面粉、糯米粉、猪油、红茶水等为主要原料,制作工艺稍显繁杂。糕点制作前,需将糯米粉和小麦粉分别放至锅中炒熟。随后将熟小麦粉、糖粉、猪油、红茶水拌匀,熬制成糕馅,再将炒熟的糯米粉、返砂糖、熟猪油拌匀擦透,过筛成糕料。最后,把一半糕料倒入糕模铺平,放入糕馅揿平,再把另一半糕料铺在糕馅上面,经揿平压实切块静置凝固包装即成。标准的面茶糕应是糕体完整,夹馅分明;面、底呈白色,馅芯为淡茶红色;馅料分布均匀,口感细软香甜,无杂质无异味,清香爽口,不黏牙。

八宝鲟饭

王代进　郑成勇

传说殷纣王是历史上著名的暴君，当时位于陕西境内的周文王，让贤选能，起用了伯逵、伯适、仲突、叔夏、季随等八个有才能的人，号称"八士"。这八个人后来成为周武王的谋臣，帮助武王灭掉了殷商。周武王伐纣后，曾在国都镐京（今西安市西郊）举行隆重的庆祝活动。周王的御用厨师特地用八种珍品蒸制成一种佳肴，上席时把火红的山楂汁浇在上面，用来象征"周八士人化殷纣王"。从此，八宝饭世代流传。

八宝红鲟饭，也是地方传统老菜之一，在福鼎有较为悠久历史，据说，这道菜出自光绪末年一名从广东学习潮州菜的福州人，在福鼎为知县随任厨师，名字叫的"桐桐古"，他娶妻福鼎，知县卸任后他落户不走，在县衙前斜对面独营菜馆，由于厨艺高超，其名声无人不晓，后传于畲客、二妹、刘金成等徒弟。这道名菜，即可以作为宴的主食，也可以作为一道精美的盘菜，是传统八盘五老菜之一，但婚宴较少用到，一般是寿宴用得较多，冬季用得较少，其他季节用得较多，主要是因为当地冬季带红膏的锯缘青蟹原料短缺；相对而言北方人喜欢吃咸味八宝红鲟饭，南方人喜欢食甜味八宝红鲟饭；据说1958年4月，时任公安部部长罗瑞卿大将到福鼎视察时，在福鼎县招待所品尝过由刘妹老厨师掌勺的八宝红鲟饭。

过去在福鼎主要是以甜的八宝鲟饭为主，但经过本地的厨师不断传承创新，工艺改进，完善了咸的八宝红鲟饭制作流程和配料，便有了甜的八宝红鲟饭和咸的八宝红鲟饭之分，但是使用的主要原材料锯缘青蟹和糯米一样，区别在于"八宝"上，所谓的"八宝"即8种配料，在制作过程中甜味八宝用料一般是用花生、芝麻、白糖、冬瓜糖、李果、蜜饯、红枣、葡萄干及冰糖、葱头油等，咸味八宝用料一般是用鲜虾肉、熟肚尖、鸡肫、瘦肉、香菇、干贝、目鱼丁、葱白等，但这8种配料也没有固定，重点是配搭合理即可，但两种做法都需要在蒸糯米时用一张氽过的荷叶托底，增加香气。

其制作方法是：将浸水的糯米蒸熟，炒锅中放入猪油，将配料切成小丁状煸炒，倒入蒸熟的糯米，再加入调料调拌匀；将荷叶浸泡洗净修剪外沿放入开水锅中氽一下，铺在盘底，倒入已炒过的八宝糯米饭整形打底；将青蟹剥开，去掉鳃，洗净杂物，切成几片排在打底的糯米上，再上笼屉用旺火蒸10分钟，洒上老酒即可。

嘟嘟糍

△ 赵小月

以前,盖新房是人们生活中的一件大事,上梁又是盖新房最关键的步骤,必须选择"吉时"。在福鼎城乡哪家盖新房上梁时,总免不了请上一桌上梁酒,桌上必放一大盘黄灿灿的"嘟嘟糍",在座的每个人都会吃上几块。同时,新房主人还会亲自制作许多"嘟嘟糍",分别派送给街坊邻居、亲朋好友和盖房子的师傅。这一传统习惯在福鼎很多地方一直流传至今,蜂拥而来的美食糕点一度想取而代之,但经历一小段时间后最终落败,"嘟嘟糍"始终保持着它的独特地位。

要知道,这"嘟嘟糍"除了色香味儿俱全外,还别有深意。据说,早在清朝时百姓建屋盖房就已经要食用"嘟嘟糍"了,"嘟嘟糍"有的地方叫"捞运糍","糍"与"时"在地方语中同音,意指"圆圆满满,美美甜甜好时辰",还有"时来运转"之意。上梁时请大家吃"嘟嘟糍",既是图吉利,也是迎祝福,寄托了新房主人的美好希望。正是如此,再美味的糕点也不如香味扑鼻的"嘟嘟糍"有意义。

说起这"嘟嘟糍",其实制作还相对简单。加工前,只需将糯米掺入少许大米磨成粉,和水拌匀,将这些拌匀的米粉团搓成一个个长条形,再捏出一个个的小粉团,下锅烧沸后迅速将其捞起,并倒入炒熟的黄豆粉和白糖中滚动,待小粉团均匀粘上黄豆粉后便可直接进食了。香喷喷、黄灿灿的"嘟嘟糍"很是诱人,制作人也经常做着做着恨不得马上吃到嘴里,香甜之余又韧又不黏牙,久吃不腻,趁热吃时嘴里还会充溢着黄豆的香味,久久不散。

在过去,新房主人基本都是亲自购买上等糯米和营养价值较高的,按一定比例合成,然后再用石磨磨成粉进行制作,一个步骤都不含糊。后来有了磨粉的机器,再后来随着糯米粉的出现,有些人家觉得磨粉有些麻烦,便会直接从店里买来做汤圆的糯米粉及黄豆粉,拿回家制作。其实,二者制作出来的口味并无差异,同样黏稠适度,松软可口,只是在营养价值上有点不同。为图喜庆吉利,近年来谁家要是有孕妇分娩孩子满月,有的也会制作一些"嘟嘟糍"送给左邻右舍、亲戚朋友们。店里或超市有现成的材料,制作工序简单,因而一些对"嘟嘟糍"特别喜好,又等不到别人送的人,也会自个依葫芦画瓢的制作一些解解馋。

如今，在福鼎的大街小巷，还有一些商贩用自行车穿街走巷的叫卖一种类似"嘟嘟糍"的糯米糍。粉泥团用包保温性能好的特制铁桶装放，摇动把手，粉泥团就从圆孔中钻出，一个一个掉落在满是黄豆粉和芝麻的盒子里。这种糯米糍也叫"糍粑"，个头比"嘟嘟糍"大许多，也比"嘟嘟糍"软糯许多，只要一试吃，马上就能尝出不一样的口感来。

御豆饭

林承雄

御豆，因为豆荚像鲫鱼，俗称鱼豆，又名皇帝豆、状元豆、荷包斗等，学名"莱豆"。御豆性喜温怕冷，喜光、风，怕荫蔽，忌旱瘠，畏酸碱，在福鼎本土乡野广有种植。为一年生草本植物，有大、小鱼豆之分。成熟籽粒扁而椭圆，略带黄色，红花斑点，含丰富淀粉、蛋白质和维生素，肉质酥脆鲜美，不论鸡、鱼、鸭、肉、冷盘，都可掺用，烹、炒、煮均宜，是蔬菜豆类中的佼佼者。

关于"御豆"名称的由来，福鼎民间流传一段故事。昭明太子在福鼎寻幽访胜时迷了路。这时，已是午时，他肚子饿了。只见从林中一缕炊烟袅袅升起。随从找一以主人说明来意。老汉笑说："山野人家，没什么待客，只窗前一架豆子。"于是，老汉摘下煮熟。太子吃后，赞不绝口，说这是天下第一豆。太子回朝后还时常想念在桐

御豆饭

山野外吃到的这种豆，遂派人下来寻访，终于找到那个种豆的老汉。从此老汉年年向上进贡，而附近乡村闻知此事，也都种起这种豆，就俗叫作"皇帝豆"，也称"御豆"。

在福鼎，以御豆为原材料加工制作的美食，有风味糕点式小吃——御豆酥，制作工序简单，自家也可操作。先将御豆煮熟去皮压碎，然后与面粉掺和，揉成面团，再搓成一个个小圆球，入油锅炸至金黄色，捞出放凉。开小火，加入糖和水，熬成稠糖油，关火，将炸好的御豆球滚入糖油中不停翻炒，待附于表面的糖浆凝固成白色晶片状，清甜香酥的御豆酥就做成了。

若说御豆酥是闲暇时解嘴馋的点心，而御豆饭就是饥肠辘辘时饱腹的美餐了。御豆每年中秋前后上市。集市上，粒大色艳、肥硕饱满的豆，一斤要十几元钱，虽说比一般蔬菜要贵；但为食鲜，买的主顾也多。用它煮饭，那可是美味可口的饭食。御豆饭烹制简单。将新鲜御豆，加入肉丁或火腿丁、香菇丁、虾仁，加入盐味精等调料在炒锅中稍入味。然后盛起，放入高压锅，加入洗过的米，再加水焖熟。食前，可入少许熬制的葱油（猪油尤佳）拌匀，豆籽、米粒色泽更鲜亮莹润，入口更爽滑甜润。扒一口饭入嘴，那豆香、米香、肉香、葱油香，可真是扑鼻而来，怎不令人食欲大增！顿顿大鱼大肉惯了的，或餐餐白米饭腻了的人家，间或煮几回御豆饭，也是极吊胃口的美事。

现在乡下农村宅前屋后，凡有空地闲田的人，无不种上一两架御豆，一来可尝鲜；二来来自家吃不完的，可不时拿到集市上卖，换点针头线脑儿、油盐酱醋之类的，这叫自然经济，图个实在。也有以成片田地栽种的农家，这御豆自然成了家庭经济的重要支柱。因为价钱卖得好，批发订购的也多。一到收获季节，成筐成担地采摘上市。这御豆，有利尿化湿、健脾健胃、补血安神的功效，身价不菲，也是自然的事。

御豆酥

施鹏跃

在桐城有很多很多福鼎小吃店，御豆酥是小吃店里必有的一种。

据说，御豆酥则是和一位太子有关。这位太子就是南朝的昭明太子，在福鼎桐城有一座昭明寺，相传也和昭明太子有关，昭明太子初到福鼎的时候，那时候这一带荒无人烟，食物匮乏，昭明寺还只是一个小寺庙，寺庙的方丈把当地出产的一种"皇豆"，加工成了豆酥让太子品尝，太子品尝后赞不绝口，之后便逐渐流传至民间。

御豆酥

做御豆酥所用的食材御豆是一种名贵的豆类植物，俗称鱼豆和皇帝豆或菜豆，成熟籽粒扁而椭圆，略带黄色，红花斑点，含丰富淀粉、蛋白质和维生素，重要的是，这种豆不含脂肪，是非常健康的一种蔬菜。御豆性平和，味甘美，具有祛湿、补血、健胃、强肾、养颜防衰老等功效，还有除湿、消水肿和促进胃肠消化等食疗功效。御豆肉质疏松鲜美，烹、炒、煮均宜，是宴客珍品。

制作这道小吃的过程也不简单，首先将御豆煮熟去皮压碎，与面粉一起揉成面团，而后搓成一个个小圆球入油锅炸至金黄，捞起待凉，然后用糖加水煮成稠油状后入御豆面球，停火不停翻炒，白糖凝固成粒状附于表面，即成清甜香酥的御豆酥。因真正用御豆做成的御豆酥较为贵重，上市极少，所以现在人们所见的御豆酥都是用番薯做的，虽然没有御豆的芳香味，却也清甜可口，里嫩外酥，备受老幼喜爱。

福鼎小笼珍珠包

🍃 陈善施

福鼎小吃品种丰富，深受欢迎，其中以福鼎肉片、福鼎蜜汁鸡翅、福鼎小笼包三者为最。福鼎小笼包历史悠久，以皮薄馅足、鲜嫩多汁、个小鲜香著称。

2016年6月，福鼎小吃品尝展示会在天津宝坻烤鸭店举行。活动中，福鼎小笼珍珠包惊艳现身，来自全国各地的厨师们一见齐呼："这是中国最小的小笼包！"品尝时，不管年少老幼一口一个，吃相文雅，尝者无不赞不绝口！原来，在北方一个小笼包大约重30克，包皮就达10克，福鼎小笼包一个才10克左右，皮重才3.5克，比上海城隍庙的南翔小笼包还要小巧玲珑。自此，福鼎小笼包正式走向北方小吃市场，带动相关福鼎食品在北方市场扎根。

据秦屿邱氏族谱记载，福鼎小笼包在清代嘉庆年间开始出现，并开始向周边地区推广。出生于嘉庆年间的邱文灼，自幼聪颖好学，勤学苦练，博采众长，得众多名厨指点，擅长制作各种点心小吃，一生多次被地方推荐为省、县大型聚会制作小吃点心。晚年邱文灼回归故里太姥山，看到乡亲们生活困苦，填饱肚子都困难，红白喜事的宴席成为乡亲们沉重的负担。邱文灼看在眼里，急在心里，经多年实验研究，对多种小吃点心制作工艺加以改良，把大改小，减轻乡亲们的负担。特别是首创的小笼包的三线肉包，将原来包一个包子的材料包出十个小笼包，既让乡亲们都品尝到小笼包的美味，又减轻东家的负担。

福鼎小笼珍珠包

随着时代发展，福鼎小笼包制作越来越精美，馅料越来越讲究，成为福鼎老百姓餐后最重要的点心。近三年来，福鼎市农业农村局举行"福鼎特色小吃制作"培训，来自全市各乡镇学员上千人得到培训。据物流公司统计数据显示，每天福鼎小笼包外寄20多吨，成为福鼎小吃产业的翘楚。

福鼎小笼包制作，与其他地区的"发面"不同，而采取"清水"即直接用清水揉和的方法。这种方法的步骤是：首先选用精白面粉擀压折叠，再擀压折叠直到皮韧、薄适度为止；又以地产纯种菜猪的精肉为馅，其肉采用双把刀背手工反复锤打，加入福鼎特有的槟榔芋，再用鸡汤煮肉皮取冻拌入，以取其鲜；然后撒入少量研细的芝麻、香菇、荸荠，以取其香和松软；包好的小笼包个如拇指大小、形如芙蓉花苞呈半透明状，小巧玲珑。当小笼包蒸好时，一个个雪白晶莹，如玉兔一般，惹人喜爱。戳破面皮，滑溜溜的汁水一下子流出来。雪白的面皮，透亮的汁液，粉嫩的肉馅，软滑薄韧中隐约可见馅心诱人到极致，让人垂涎欲滴。

福鼎人对美食的追求是无止境，对于福鼎传统的小笼包味道多样化不断地探索，不断地兼收并蓄。福鼎小吃经营户吴维如，一次路经上海南翔，偶然与福鼎传统风味不同的小笼包，于是他决心要把这种小笼包引进福鼎。他放下手上所有重要的事情，在上海偷师学艺，经过反复实验，最终加工出融合福鼎特色与上海特色的小笼包。

福鼎珍珠包获得了"中华名小吃""福建名小吃"等称号，2012—2015被宁德市工商局认定为"宁德市驰名商标"等。

杏仁豆腐

◎ 王代进　郑成勇

相传，在清末民初时，福鼎前岐有一名年轻厨师陈传中，到扬州拜一名在清宫廷御膳房当过厨师为师，学习制作杏仁豆腐的手艺，学成回老家后便在福鼎流传下来。陈传中后来又到了厦门大学当厨师，这时期正好鲁迅先生在厦门大学教书，他专门给鲁迅先生做厨师。

杏仁豆腐是中国的一道特色名点，在满汉全席中便有此菜。其主要用杏仁磨浆后加水煮沸，待冷冻凝结之后切块而成，因形似豆腐而得名，陈姓厨师学成归来后，他发现当地的石花菜琼胶成分很高，并具有多种营养成分，便做了试验，把石花菜与杏仁混合再加糯米，没想到这样做出来的效果无论从外观色泽和口感更具特色，于是便进行了大胆改进，形成了今天的一道极具特色的地方美食。

过去在福鼎当地，杏仁豆腐、豆腐脑、木莲果冻统称为凉冻，杏仁豆腐主要原料是石花菜、杏仁和糯米，其中石花菜是生长在福建和广东东南沿海一带岩壁上的一种植物，含琼胶、钙、镁、钾、钠和多种无机盐，多糖类等成分，中医认为，石花菜味甘咸，性寒滑，具有润肠通便、益智健脑、降脂降压、补血补钙、清热止咳、消肿利水、美容养颜的功效，呈暗紫色，可以提炼许多种元素。制作方法，将石花菜洗净晒干，加水入锅添加少许食用醋熬成胶汁，把过滤后的胶汁起锅装在盛器中，待凉冷后自动凝结成冻时，切成大块放入水中瓢洗浸泡，过程中不断换水，待1—2天由黑变白后，将石花冻倒入锅中煮沸，加入杏仁和糯米磨成并经过滤后的浆，再倒入锅中继续煮沸，变成白色液体，起锅装在盛器中，待约1个小时后会自动凉冷凝结成杏仁冻时，用尖刀割成小块，将白砂糖加水熬制成糖水，待凉后加入薄荷水，将杏仁块放入糖水中即可食用。现在受工序时间限制和利益驱使，有的用杏仁豆腐粉直接制成杏仁豆腐，也有的用杏仁、花生仁去外皮，放入磨子内磨成杏仁汁精制而成。杏仁豆腐具有洁白柔滑、清甜淡爽的特色，能生津止渴、润肺定喘、滑肠通便，真乃美食。